国家治理现代化丛书
丛书主编◎姜晓萍

服务型政府建设的战略要点与关键环节

夏志强 等◎著

中国社会科学出版社

图书在版编目（CIP）数据

服务型政府建设的战略要点与关键环节/夏志强等著.—北京：中国社会科学出版社，2021.6

（国家治理现代化丛书）

ISBN 978－7－5203－8483－4

Ⅰ.①服… Ⅱ.①夏… Ⅲ.①国家行政机关—行政管理—研究—中国 Ⅳ.①D630.1

中国版本图书馆 CIP 数据核字（2021）第 089879 号

出 版 人	赵剑英
责任编辑	孙砚文　李凯凯
责任校对	刘　娟
责任印制	王　超
出　　版	中国社会科学出版社
社　　址	北京鼓楼西大街甲 158 号
邮　　编	100720
网　　址	http://www.csspw.cn
发 行 部	010－84083685
门 市 部	010－84029450
经　　销	新华书店及其他书店
印　　刷	北京君升印刷有限公司
装　　订	廊坊市广阳区广增装订厂
版　　次	2021 年 6 月第 1 版
印　　次	2021 年 6 月第 1 次印刷
开　　本	710×1000　1/16
印　　张	32.25
插　　页	2
字　　数	512 千字
定　　价	169.00 元

凡购买中国社会科学出版社图书，如有质量问题请与本社营销中心联系调换
电话：010－84083683
版权所有　侵权必究

课题组成员及作者

夏志强　史　军　谭　毅　田　昭
郭金云　刘　锐　雷尚清

前　言

党的十八大以来，建设"职能科学、结构优化、廉洁高效、人民满意的服务型政府"，建立和完善中国特色社会主义行政体制，成为国家治理体系和治理能力现代化建设的重要内容，是新时期政府改革的主要面向。进入新时代，我国所处的国内外环境和国内社会主要矛盾发生了深刻改变，服务型政府建设的时代背景、目标取向和实践路径等方面也发生了重大变化。为了实现"两个一百年"奋斗目标，全面建成小康社会和实现中华民族伟大复兴的中国梦，服务型政府建设处在了新的历史阶段，迫切呼唤理论更新和实践创新。"建设一个什么样的服务型政府""如何建设服务型政府"，既需要理论创新与战略安排，解决建设服务型政府的顶层设计问题，也需要抓住关键环节，突破服务型政府建设实践中的主要障碍，解决地方实践探索和经验推广的关键问题。因此，本书着力理论创新，重点从政府的职能、结构、运行和结果四个方面探索建设人民满意的服务型政府的措施。

在理论上，首先厘清"什么是服务型政府？"这个关键性的前置性问题。现有成果的理论进路大致有三种类型：一是认为"服务型政府是走向工业社会的必然要求"；二是认为"服务型政府是应对工业社会的新需求的历史选择"；三是认为"服务型政府是为了迎接后工业社会而采取的积极构想"。总体而言，学界对服务型政府理论认识共识还不足，难以有效指导服务型政府建设实践。本书认为，服务型政府是在公民本位和社会本位的框架内，以公共性为基础进行权力运作，以有限且有效的最佳方式获取人民满意评价的现代政府。

在战略选择上，本书立足于"服务社会"的来临和服务型政府建设实践中"碎片化"明显的特征,加强整体性规划与设计。服务型政府建设的规划和设计本质上是一种行政工程学,即通过行政改革对政府治理模式进行有目的的规划和设计,以实现政府与市场和社会关系的现代化,实现公民和社会本位,提供人民满意的公共服务等目标。为了实现政府"善治"目标,本书从服务型政府行政工程学视角提出了"为未来而规划与设计"的战略前瞻性要求,强调设计的主动性,实现从各自为战到整体设计、从个别设计到集成设计、从应激反应到前瞻设计、从他者区隔到协商设计转变的战略思维,强调设计的整体性、时效性和包容性。服务型政府行政工程学主张将政治、行政和设计思维结合起来推动政治发展和行政发展,认为单纯的行政改革的边际效应有其限度,继续改革所需要的政治空间应稳步扩大,以实现政治领域的改革与行政改革的协调发展。改革开放以来,我国应对行政改革边际效应递减有两次重大转向:一是推动行政改革从单纯的机构改革走向职能转变;二是深化与行政改革相关的其他领域特别是政治领域的改革,推动行政改革从政府职能转变这一过程走向政府治理现代化这一清晰目标。后者为建成与国家治理现代化相匹配的服务型政府开启了宏观政治空间。我们要在治理现代化中实现政治改革与行政改革的协同,就应该加强法治的改革预期管理作用,实现从行政体制"放活"到治理体系"扩容",实现政治问责与行政问责的协同,协调技术赋权和技术赋能以增强政治和行政的回应性。

从实践领域看,转变政府职能是新时代建设服务型政府的首要问题。改革开放以来,我国政府职能的定位在不断调整,从总体上看,政府不断退出了经济建设领域,减少了对市场的直接干预,增强了公共服务职能。在新时代,根据社会主要矛盾的变化,政府的公共服务职能还存在诸多不足,与满足人民群众对美好生活要求还有很大的差距。政府职能调整的方向和定位是供给满足人民群众美好生活需要的公共服务,即"美好公共服务"。为了这个目标,就需要从行政工程学的框架,设计美好公共服务的目标蓝图和政策制度体系。在操作层面,要深化"放管服"改革,优化政府职能,更好提供美好公共服务。"美好公共服务"是由政府主导的全体公民共建共治共同的公共服务,是比一般公共服务层次更高,更加关注质量效益,更加注重民众主观感受,更加关注满足民众的个性化需求,更加强调动态调适的公共服务。"美好公共服务"既要涵盖目前基本公共服务体系中的公共教育、劳动就业创业、社会保险、医疗卫生、住房、文化体育、残疾人服务等领域，也要拓展康养、旅游、家政、公共生活、公共安全，甚至精神生活等新领域。就"美好公共服务"供给而言，对于既有的基本公共服务领域，主要是调整或增加新的服务项目，提高质量标准，更好满足民众要求；对于新增的领域，主要是明确内容体系、质量标准、实现机制，真正做到优质高效、民众满意。党的十八大以来推进的"放管服"改革，是践行以人民为中心的价值理念，落实美好公共服务职能，满足人民美好生活需要的重要措施。在新时代，必须继续解放思想，破除体制壁垒，强化改革的系统集成设计，抓住行政审批改革、事中事后监管、社会信用体系建设、智慧服务体系建设、公共服务情景与氛围建设等关键环节和问题，深入推进"放管服"改革，切实提高人民群众的获得感、满意度。

转变政府职能，需要优化政府结构。优化政府结构包含两方面含义：一是政府结构设计，即横向上的部门重组和纵向上的层级调整；二是权责的配置调整，即部门间的权责分配和中央与地方、省和市县之间的关系调整。在新时代，推动服务型政府建设中需要深化四个方面的改革：一是优化大部门制改革。要运用新思路新方法，坚持规范、高效、现代化的基本原则，积极推动建立"职能科学、结构优化、运转高效"的政府体制。二是深化"省管县"改革。核心是深入推进"省直管县"改革，加强不同层级政府之间权责关系的结构调整，增强县级政府的治理能力，激发县域治理活力。三是推行市、县分治改革。关键是基于服务型政府理念，理顺市、县两级政府的权责关系，激发市、县政府各自治理活力，突出城市与农村的各自特色治理，高质量满足城乡居民的需求，提高居民对政府公共服务供给的满意度。四是建设服务型乡镇政府。乡镇政府是嵌入农村社会的基层政府，承担社会治理和公共服务供给职能，肩负实现基层治理现代化的使命，其改革的重点是健全乡村治理体系，增强乡镇政府理性，扩大农民政治参与，提高公共服务能力。

提高政府绩效，是建设服务型政府的关键。当前，提高政府治理绩效的抓手在于：一是提升治理主体的动力和能力，不断提升公务人员的公共服务动机，完善公务员管理机制，形成政府治理主体有动力、有能力和有路径的治理体系。二是推动现代公共财政体系改革，建设适应国家治理体系与治理能力现代化要求的公共财政体制，促进"预算国家"建设，强化治理的资源保障，推动政府节约、高效。三是强化治理过程的规范化建设，完善政府监督问责的管理机制和管理方式，改进政府治理责任管理体系，建设责任型政府。

建设人民满意的服务型政府，其效果需要得到科学评估，地方的实践经验也需要得到推广。本书坚持"以人民为中心"的思想，建构了"人民满意"的四个价值维度，即基于需求回应的公民维度、基于价值共创的参与维度、基于质量改进的绩效维度、基于信任建构的公平维度，并借鉴顾客满意度模型设计出了评估框架，建构了"人民满意"导向的服务型政府绩效评估指标体系，在一定程度上弥补了服务型政府建设主观评估通用框架研究的理论缺失。在此基础上，本书还分别选取成都市社区公共服务供给、杭州市"最多跑一次"、上海市社区居家养老服务标准化、辽宁省"民心网"等四个实践案例，检验服务型政府建设的实践经验与客观绩效。同时，厘清和构建了"价值取向—实践经验—制度安排—现实绩效"之间的内在逻辑，为制度化推广服务型政府建设经验提供了路径和对策建议。

服务型政府建设是一项长期任务，经过近 30 年的理论研究和实践探索，理论认知和建设实践都取得了初步成效。建设人民满意的服务型政府，是新时期政府治理改革的核心问题，任务更加艰巨，更需要富有勇气的理论创新和攻坚破难的实践探索。本书是国家社科基金重大专项"服务型政府建设的战略要点与关键环节研究"的成果之一，在课题研究的过程中，课题组吸收近 30 年来学者们对服务型政府理论研究的精华，也汲取了全国各地实践探索的经验，力图有新的贡献。可以说，没有学界同仁的智慧支撑和实践领域的经验验证就没有本书，在此我们表示最诚挚的感谢，我们更欢迎学界朋友们一起努力，尤其是提出建设性的批判和分析，共同推进服务型政府建设的理论研究。

感谢中国社会科学出版社在出版中给予的帮助！

目　　录

第一章　服务型政府建设的理论与战略要点 …………………… （1）
　第一节　服务型政府的理论反思与体系建构 ………………… （1）
　第二节　加强服务型政府建设的整体性规划与设计 ………… （35）

第二章　科学配置政府职能 ……………………………………… （80）
　第一节　政府职能定位与公共服务职责变迁 ………………… （80）
　第二节　新时代政府公共服务职能之调整 …………………… （109）
　第三节　政府的"美好公共服务"职能 ……………………… （114）
　第四节　"美好公共服务"导向下的"放管服"改革 ……… （126）

第三章　优化政府结构研究 ……………………………………… （148）
　第一节　深化大部门制改革研究 ……………………………… （148）
　第二节　"省管县"改革研究 ………………………………… （180）
　第三节　市、县分治：服务型政府建设的新思路 …………… （207）
　第四节　乡镇政府转型研究 …………………………………… （229）
　结　语 …………………………………………………………… （253）

第四章　提高政府运行绩效研究 ………………………………… （254）
　第一节　服务型政府的治理绩效改革 ………………………… （254）
　第二节　公共财政体制改革 …………………………………… （265）
　第三节　公务员队伍建设改革 ………………………………… （292）
　第四节　强化公务员服务动机与服务责任 …………………… （336）

第五节 完善监督与问责机制研究 …………………………………（369）

第五章 服务型政府建设的绩效评估与经验推广研究 ……………（388）
第一节 服务型政府建设绩效评估的实践与问题 ……………（388）
第二节 "人民满意"：服务型政府建设绩效评估的价值
　　　　取向 ……………………………………………………（406）
第三节 "人民满意"导向的服务型政府建设绩效评估指标体系
　　　　构建 ……………………………………………………（430）
第四节 服务型政府建设的经验凝练与绩效检验 ……………（449）
第五节 服务型政府建设经验的制度化推广 …………………（467）

参考文献 ……………………………………………………………（485）

第一章

服务型政府建设的理论与战略要点

第一节　服务型政府的理论反思与体系建构

服务型政府理论是中国学者的独特学术创造,也是域内学者对公共行政学发展步入新阶段的独特学术贡献,为政府结构和行政模式的变革与重塑提供了丰富的理论给养,极大地推进了中国政治与行政改革的实践。站在二十余年后的今天,对服务型政府理论进行全面梳理和检视,既是理论增长之所需,亦是对政府治理现代化的及时回应,更是及时回答"服务型政府向何处去"的重要前提。本书认为,完全重新建构服务型政府理论或者以新的概念替换服务型政府都未必是明智之举,最佳选择应该是在梳理既有成果的同时找到学者们的共同关切和基本共识,在此基础之上,立足新时代对服务型政府理论进行体系化建构。因此,通过比较系统的考察,本书意在厘清服务型政府的提出背景、基本概念、构成要件、思想基础以及构建路径,从而立体式地呈现出服务型政府理论的既有研究成果。在此基础之上,进一步反思服务型政府理论取得的成就和存在的不足,进而从体系建构的角度整合和完善服务型政府理论,并紧密结合新时代的新论断和新要求,尝试描绘出服务型政府的一种理想蓝图,最终助力"人民满意的服务型政府"建设。

一　服务型政府理论概貌

改革开放以后,中国重新踏上了现代化探索和建设的正常轨道,立足于社会转型的时代背景之下,学者重新聚焦于政府转型的理论探讨。随着经济体制改革的深入推进,20世纪80年代中期,学者渝童宗就较早提出了从"管理型政府"转变为"服务型政府",认为政府应注重宏观管理、间接控制以及经济手段而减少微观管理、直接控制以及行政手段,从而改变中央高度集权的一元化领导的管理体制。① 中共十四大将建立社会主义市场经济体制确定为经济体制改革的目标,而为了回应社会主义市场经济体制的新要求,行政法学家皮纯协等认为需要调整传统的行政模式并加快政府职能转变,推动从"管束型政府"转变为"服务型政府"②。在此基础之上,不少学者从行政法学的观念和体系转变的角度提出和讨论了"服务行政"的概念,认为在市场经济条件下应建立旨在控制政府权力同时保障公民权利的现代行政法律制度。③ 与此同时,也有公共行政学者敏锐地注意到这一现象和趋势,并积极投入研讨,进而提出不同于传统行政模式的服务型政府,并将其作为理论更新和行政改革的目标。

在20世纪90年代末期,学者张康之从行政历史演进的视角区分和讨论了统治行政、管理行政与服务行政等不同的行政模式④,而徐邦友则从行政模式转型的角度分析了根据市场经济和民主政治的现实需求建构服务行政的重要性。⑤ 在推行政企分开的改革过程中,不少地方政府片面追求经济利益并直接参与营利性经营活动,忽视了社会建设和公共服务职能,因此有些学者反思历次政府机构改革的得失同时分析政府治理面临的问题,从理念导向和组织结构方面系统论证了建设服务型政府的意义和路径,为当代中国政治和行政改革奠定了理论基础。⑥ 进入21世纪以后,中国成功加入世贸组织从而参与到全球现代化的浪潮,面对建立良

---

① 渝童宗:《谈谈我国的政治体制的改革》,《中学政治课教学》1986年第10期。
② 皮纯协、吴德星:《90年代中国的行政体制改革与行政法制》,《行政法学研究》1993年第2期。
③ 崔卓兰:《行政法观念更新试论》,《吉林大学社会科学学报》1995年第5期;陈泉生:《论现代行政法学的理论基础》,《法制与社会发展》1995年第5期;罗豪才、沈岿:《平衡论:对现代行政法的一种本质思考——再谈现代行政法的理论基础》,《中外法学》1996年第4期;杨解君:《关于行政法理论基础若干观点的评析》,《中国法学》1996年第2期;陈泉生:《论行政法的演变和发展趋势》,《亚太经济》1997第2期。
④ 张康之:《行政道德的制度保障》,《浙江社会科学》1998年第4期。
⑤ 徐邦友:《社会变迁与政府行政模式转型》,《浙江学刊》1999年第5期。
⑥ 张成福:《面向21世纪的中国政府再造:基本战略的选择》,《教学与研究》1999年第7期;张康之:《限制政府规模的理念》,《行政论坛》2000年第4期。

好营商环境的迫切需求，不少地方政府开始主动采纳学界观点推行服务型政府建设，而出于政治和行政改革的需要以及对片面强调经济发展速度的矫正，在2005年的政府工作报告以及2007年党的十七大报告中明确将"建设服务型政府"确立为政府改革的目标。从此，有关服务型政府的学术活动和学术成果不断涌现。总体而言，学者对服务型政府的内涵外延、基本特征、价值取向、建构策略以及评估体系等方面进行了广泛研究，从而初步构筑出了服务型政府理论的四梁八柱和基本框架。

（一）服务型政府的内涵和外延研究

比较确定的概念是促进学术创新的重要基础，也是推进学术对话的重要媒介。学者对服务型政府的认知经历了一个发展的过程。刘熙瑞教授立足于经济全球化背景率先明确界定了服务型政府的含义，认为"它是在公民本位、社会本位理念指导下，在整个社会民主秩序的框架下，通过法定程序，按照公民意志组建起来的以为公民服务为宗旨并承担着服务责任的政府"[1]，并从出发点、实现过程、行为机制以及被服务者的选择权利等四个方面对比分析了管制型政府与服务型政府的根本不同。在这一界定的基础上，学者们进一步分析和拓展了服务型政府的内涵。姜晓萍教授认为服务型政府应包含"以民为本"的政府服务理念、"有限政府"的政府发展目标、"依法行政"的政府服务准则、"顾客导向"的政府服务模式以及"违法必究"的政府问责机制，尤其强调政府行为的规范化塑造。[2] 当然也有些学者提出，作为现代政府的一种可能的形式，服务型政府以公民为本位并以服务为宗旨，因此，服务型政府也应当同时包含民主政府、公共政府、法治政府、有限政府以及责任政府等核心意蕴。[3] 这就极大地扩展了服务型政府的内涵。为了更好地回应现实需求，学者们也积极讨论了服务型政府的外延。沈荣华等从观念、体制以及内容等方面展开阐释，认为服务型政府应以人为本，服从民意并了解

---

[1] 刘熙瑞：《服务型政府——经济全球化背景下中国政府改革的目标选择》，《中国行政管理》2002年第7期。

[2] 姜晓萍：《论"服务型政府"的基本内涵》，《四川行政学院学报》2004第2期。

[3] 井敏：《试析服务型政府的内涵》，《兰州学刊》2006年第7期；傅耕石：《服务型政府：我国政府发展的理性选择——关于服务型政府的内涵与合理性的思考》，《社会科学战线》2007第3期。

人民需求以提高服务质量，同时确立责任意识和责任结构，将人民满意度作为最终评价标准，从制度上确定和保护公民权利。① 综合现实生活和理论视角，毛寿龙教授等认为服务型政府就是要为社会所有公众提供方便、快捷、高效的服务，同时在理论上也要求包含政治、法制、行政、公民参与、多中心等要素。② 学者们开始对服务型政府的内涵和外延进行界定，促使抽象的理念具象化，丰富了对服务型政府的认识，激发了服务型政府理论研究的热潮，同时也使得全国范围内的服务型政府建设成为可能。

有学者从强调政府的公共服务职能的角度出发，甚至主张直接使用"公共服务型政府"的名称。譬如，朱光磊教授等提出服务型政府应遵循"规范、统一、效能、服务、透明"原则，树立"以公共服务为导向，以规制治理为手段"的理念③，更好地发挥政府的社会管理和公共服务的职能。因此，建设服务型政府是转变政府职能的新阶段。而迟福林认为"公共服务型政府"是对"经济建设型政府"的调整，"是为全社会提供基本有保障的公共产品和有效的公共服务，以不断满足广大社会成员日益增长的公共需求和公共利益诉求，在此基础上形成政府治理的制度安排"④。这一基本界定也吸引了不少学者从不同角度进一步阐释和发展服务型政府的外延，包括公共服务的供给主体、公共需求和施政理念等。从公共服务供给的角度来看，作为一项制度性的措施，服务型政府就是引入和借助市场和社会的力量，构建高效的供给机制，从而为公众和社会提供更加优质的公共产品和公共服务。⑤ 当然，以公共服务为核心职能的服务型政府，其自身也需要不断优化结构、创新机制、规范行为以及

---

① 沈荣华、沈志荣：《服务型政府论要》，《行政法学研究》2008 第 4 期。
② 周晓丽、毛寿龙：《服务型政府：现实内涵、理论阐释及其实现》，《天府新论》2009 年第 1 期。
③ 朱光磊、孙涛：《"规制——服务型"地方政府：定位、内涵与建设》，《中国人民大学学报》2005 年第 1 期；朱光磊、薛立强：《服务型政府建设的六大关键问题》，《南开学报》（哲学社会科学版）2008 年第 1 期。
④ 迟福林：《全面理解"公共服务型政府"的基本涵义》，《人民论坛》2006 第 5 期。
⑤ 张文礼、吴光芸：《论服务型政府与公共服务的有效供给》，《兰州大学学报》（社会科学版）2007 年第 3 期。

提高效能，从而不断满足城乡居民日益增长的公共需求。① 从施政理念的角度而言，燕继荣教授认为在以公民权利和社会需求为本位的前提下，服务型政府也是以提供公平、优质、高效、便捷的公共服务为宗旨的一种政府形态。② 从突出公共服务职能的角度理解服务型政府的概念，使得服务型政府的理论研究与转变政府职能的行政改革相联结，明确了服务型政府建设的着力点。

作为政府未来的理想模式，张康之教授将服务型政府作为一种独立的政府形态与人类社会发展的历史进程联系起来进行阐述，认为不同于农业社会的"统治型政府"以及工业社会的"管理型政府"，服务型政府是中国学者主动面向和迎接后工业社会的独特创造，具有全新的行政理念和组织形式。③ 大批学者沿此思路从不同角度展开研讨，将服务型政府作为后工业时代所追求的政府治理模式进行论证。基于张康之教授的论述，刘祖云将服务型政府的内涵界定为公共性价值，并从政府的存在基础、内在信念、理想追求、职能定位以及最终表现等方面进行剖析和论证。④ 作为人类社会未曾出现过的全新形式的服务型政府，是社会治理模式的根本性变革，因此应面向未来社会的特性和需求构想服务型政府。有学者同时从理念和制度的角度，综合分析了政府范式发展和变迁的规律，认为服务型政府就是将为公民而工作的价值理念贯彻到制度安排和权力运行的全过程以推进公共利益的实现。⑤ 施雪华也从人类社会发展的不同阶段入手，认为不同于传统的统治型政府和现代的管理型政府，服务型政府作为后工业社会的治理模式应遵循公民本位和社会本位的理念，以民主制度为框架，将服务融于社会治理价值体系和政府职能结构。⑥ 当

---

① 薄贵利：《准确理解和深刻认识服务型政府建设》，《行政论坛》2012年第1期。
② 燕继荣：《服务型政府需要怎样的施政理念——兼谈政府治理的误区与禁区》，《理论视野》2009第1期。
③ 张康之：《把握服务型政府研究的理论方向》，《人民论坛》2006年第5期。
④ 刘祖云：《历史与逻辑视野中的"服务型政府"——基于张康之教授社会治理模式分析框架的思考》，《南京社会科学》2004年第9期。
⑤ 黄爱宝：《"节约型政府"与"服务型政府"的内涵定位与范式契合》，《社会科学研究》2007年第5期。
⑥ 施雪华：《"服务型政府"的基本涵义、理论基础和建构条件》，《社会科学》2010年第2期。

然，从社会治理模式的历史更替角度来看，服务型政府中的服务不仅仅是一种事实描述和价值追求，而且包含了公共服务输出和政府的价值归属。[①] 学者张乾友进一步提出，服务型政府的根本在于鼓励各方主体积极采取行动，因此关键是以促进性规则取代统治型政府和管理型政府所具有的控制性规则，从而克服组织控制的悖论。[②] 从整个人类社会变迁的视角出发，求索未来社会中的服务型政府，无疑开拓了研究者和实践者的想象空间，也使得理论研究和行政实践保持了必要的距离，增加了服务型政府的理论沉淀。

（二）服务型政府的基本特征研究

立足于市场化和全球化的时代背景，学者们分析了服务型政府的基本特征，这使服务型政府获得了与其他政府形态区分开来的显著标志，从而说明了其独立存在的必要性和可能性。学者们认识到服务型政府建设乃是行为方式、组织体系、职能结构以及行政理念的全方位转变和根本性变革，因此除了服务性这一根本特性之外，透明性、竞争性、开放性、有限性以及有效性等都是服务型政府的基本特征。[③] 当然，这些词汇和话语几乎囊括了人们对理想政府治理的期许，也恰恰说明学者们所构想的服务型政府是一种新的政府形态。随着将服务型政府与时代背景和行政改革的实践进行充分对接，学者们对服务型政府的认识也更加具体和精确。因此，为了适应社会主义市场经济的需要，服务型政府成了行政改革的目标，学者们将民主责任、诚信法治、有限开放、协调精干、公正透明以及廉洁高效等特征赋予了服务型政府。[④] 这是一种现实主义的路径，旨在将服务型政府的理论与实践结合起来，从而使得服务型政府的形象愈渐明朗。薄贵利教授进一步从职能结构、组织结构和财政支出结构角度比较综合地分析和阐述服务型政府的内在和外在特征，认为服务型政府既包括民主、责任、法治和廉洁等内核，同时也包括规范有序、

[①] 杨艳：《服务型政府的概念、模式与构建路径》，《学习论坛》2014年第7期。
[②] 张乾友：《论服务型政府的规则体系》，《南京社会科学》2014年第12期。
[③] 罗德刚：《论服务型地方政府模式的结构要素》，《中国行政管理》2003年第9期；吴玉宗：《服务型政府：概念、内涵与特点》，《西南民族大学学报》（人文社科版）2004年第2期。
[④] 何水：《服务型政府：争议中的透视》，《中国行政管理》2010第10期；傅松华：《认识规律把握特征推进中国特色服务型政府建设》，《新视野》2010年第4期。

公开透明和高效便民等外在形象。① 与其他同类事物对比分析是显示独特性的重要方式，不少学者采取此路径论证服务型政府的内涵、外延和存在必要性，同时也通过"统治型政府""管制型政府""经济建设型政府"等不同政府形态的对比分析了服务型政府的基本特征。通过与计划经济条件下的"管制型政府"进行对比，谢庆奎教授认为服务型政府具有民主和责任、法治和高效、合理分权以及提供优质产品和服务等特征，因此服务型政府建设是一项系统工程，要求政治和政府创新具有长期性和持续性。② 总体而言，学者们无论将服务型政府与何种政府形态进行对比分析，对服务型政府某些方面的特征也可能存在一定的差异性，但都认为服务是服务型政府最本质的特征。③ 而学者们对服务型政府某些方面特征的不同的认识，一方面是由不同的分析视角和侧重点造成的；另一方面是由对服务型政府具体样态不同的界定和想象引致，而这些造成差异性的因素也正是学术探讨的魅力之所在。

（三）服务型政府的价值取向研究

与作为外部状况的基本特征相对应，价值取向是事物的内在规定性，决定了该事物的未来走向。服务型政府是一种全新的政府形态，具有特别的制度架构和组织体系，而这些都以独特的价值取向为根本线索，这为推进服务型政府建设取得突破提供了重要指引。学者们在重新界定了服务型政府的地位和功能的基础上，提出服务精神是服务型政府的核心所在，继而认为服务型政府以公共、民主、透明和责任等为其价值取向。④ 从公共服务职能和责任的角度出发，学者提出服务型政府的基本价值取向应包括主权在民、以人为本、顾客至上、有限政府、依法行政、

---

① 薄贵利：《"服务型政府"的三个特征》，《学习月刊》2011年第21期。
② 谢庆奎：《服务型政府建设的理论研究》，《学习与探索》2005年第5期。
③ 井敏：《论服务型政府的特征——行政理念、行为方式、组织结构和决策模式的分析》，《湖北行政学院学报》2006年第3期；孔凡河：《服务型政府的服务特质及其实现机制》，《前沿》2009年第8期；程璐：《浅析适应服务型政府新型行政人员的素质培养》，《福建论坛》（人文社会科学版）2010第S1期；孔凡河：《服务型政府的服务特质及其实现机制》，《前沿》2009年第8期；扶松茂、竺乾威：《公共服务型政府建设若干问题的思考》，《苏州大学学报》（哲学社会科学版）2011年第5期。
④ 燕继荣：《服务型政府需要怎样的施政理念——兼谈政府治理的误区与禁区》，《理论视野》2009年第1期；彭向刚：《论服务型政府的服务精神》，《社会科学战线》2007年第3期。

民主开放、高效廉洁、公正平等以及诚信守责等。① 但将对理想政府治理的所有想象都纳入服务型政府的框架之下，反而容易失去方向甚至陷入混乱。因此，有些学者针对现实的问题和需求重点分析了服务型政府的价值取向。为了解决政府存在的合法性危机，张国庆教授等提出将公共精神和公共利益作为服务型政府建设的价值依归。② 为了抓住服务型政府的推进方向，也有不少学者运用新公共服务理论分析了服务型政府的价值取向，并提出了相应的实现路径。③ 当然，中国特色社会主义进入新时代，需要将"以人民为中心"作为建设人民满意的服务型政府的基本准则和价值导向。④

此外，从历史变迁的逻辑出发，刘祖云教授提出服务型政府将"全心全意为人民服务"作为其行政价值观，这对于协调政府和社会的关系从而夯实政府的合法性都具有重要意义。⑤ 申而言之，公共行政的一般原理要求现代以来的政府应当以公共性价值为灵魂，在此前提之下可以科学建构出服务型政府以公民本位、公平正义、公共利益、服务精神和公共责任为轴心的公共行政价值体系。⑥ 当然，对服务型政府价值取向的探讨也离不开现实的逻辑，作为与后工业社会相适应的全新政府模式，受到服务理念支配的服务型政府也包含了民主、正义和效率的价值取向⑦，而相较于西方传统的官僚制政府治理模式和顾客本位的公共治理而言，

---

① 巩建华：《建立服务型政府应树立的基本理念》，《行政论坛》2005年第1期。
② 张国庆、王华：《公共精神与公共利益：新时期中国构建服务型政府的价值依归》，《天津社会科学》2010年第1期。
③ 孙亮：《服务型政府的目标意涵及其实现途径》，《中国行政管理》2007年第8期；张治忠、廖小平：《解读公共服务型政府的价值维度——基于新公共服务理论的视角》，《湖南师范大学社会科学学报》2007年第6期；蒋嵘涛、彭京京：《服务型政府价值取向研究》，《求索》2009年第10期。
④ 申来津、邹译萱：《以人民为中心：构建服务型政府的核心价值取向》，《社会主义研究》2018年第6期。
⑤ 刘祖云：《历史与逻辑视野中的"服务型政府"——基于张康之教授社会治理模式分析框架的思考》，《南京社会科学》2004年第9期。
⑥ 李建刚：《服务型政府公共性价值的实现途径探究》，《云南社会科学》2009年第2期。
⑦ 刘俊生：《论服务型政府的价值基础与理论基础》，《南京社会科学》2004年第5期；聂华林、王桂云：《公民社会视角下的服务型政府构建：功能定位与路径选择》，《社会科学家》2011年第9期。

更好地满足公民的合理需求是服务型政府开展行为的出发点和落脚点①，都是在与其他政府形态进行对比的过程中彰显出了服务型政府的核心价值取向。此外，也有学者从公共行政伦理的角度提出服务型政府的精神内核包括公正、责任、协调、自律和正义等②，与此同时，服务型政府也应具备公仆、正义和廉洁三个维度的道德形象③，最终目的在于确保公共治理过程中的个体和共同体形成良性互动的关系。④ 因此，学者对服务型政府价值取向的深刻挖掘，实际上也表达出对良好公共治理和公共生活的向往，这正是服务型政府具备独特性从而能够成为行政改革目标的深层因素。

（四）服务型政府的构建策略研究

总体而言，自从学界提出服务型政府的概念继而成为政府行政改革的目标以后，大批学者对如何建成服务型政府的问题展开了持续的探讨，并根据时代变迁和政策实践不断调整分析的重心，从而积累了大量的具有深刻时代烙印的研究成果。鉴于现有成果丰富性和多样性的特征，本研究主要从整体推进与重点突破、更新政府理念、优化政府结构与流程、提高政府能力、重塑政府与社会和公民的关系、创新和重塑政府的治理模式与精神、强化网络信息技术的普及与运用等方面进行梳理和概括，尽可能比较完整地勾勒出学者探讨服务型政府建设的策略的理论进展和演变轨迹。

第一，整体推进与重点突破。有鉴于行政体系内部和外部情况的复杂性，有不少学者认为服务型政府建设是一项长期性的系统工程，为了确保服务型政府建设的成效，需要从理念、主体、体制、机制以及技术等角度全方位协同推进。⑤ 高小平研究员就从行政体制改革的角度系统地

---

① 严仍昱：《服务型政府：对公共治理模式的反思与超越》，《理论与改革》2014年第1期。
② 鄢爱红：《服务型政府的伦理精神》，《哲学动态》2005年第2期；杨冬艳：《公共行政正义：服务型政府的核心价值取向》，《河南师范大学学报》（哲学社会科学版）2009年第6期。
③ 孙凤英、刘婵：《服务型政府的三维道德形象》，《求索》2010年第3期。
④ 盛凌振：《服务型政府的公共精神结构分析》，《南京社会科学》2011年第6期。
⑤ 李琪、董幼鸿：《论公共服务型政府的建设与创新》，《中国行政管理》2004年第11期；肖陆军：《论服务型政府建设》，《云南社会科学》2005年第2期；刘勇、徐晓林：《建设服务型政府：构建和谐社会的本质要求》，《云南社会科学》2006年第6期；吴玉宗：《服务型政府建设欲行还难——服务型政府建设阻力分析》，《社会科学研究》2007年第4期。

提出了服务型政府建设的"基本任务、工作重点、物质保障、机制体系、评价制度、基础工程和理论支撑"等。① 然而，作为一种理想蓝图和行进方向，服务型政府建设也需要整体设计和分步实施，因此不仅需要顶层设计和战略规划②，切实制定出近期目标、中期目标和长远目标，并且能够明确不同阶段的战略重点③，同时也需要在此基础上构建支撑服务型政府的相关体制和机制。④ 以整体的架构确保能够集中精力攻克服务型政府建设过程中的重点和难点问题，既是学者对行政体制改革经验的总结，也显示出学者们对服务型政府的理论信心和实践决心。

第二，更新政府理念，优化政府结构和流程，提高政府能力。就政府理念更新而言，姜晓萍教授等认为需要增强行政主体"以民为本、依法行政"的行政理念⑤，也有学者提出从发展观、政绩观、法治观、决策观以及责任观等方面变革施政理念⑥，从而促进规则范式特别是观念范式的变革。⑦ 理念更新离不开对新的公共管理理论的引入。例如，张孝德提出借鉴现代新公共管理理论，以服务市场为导向推进制度创新与流程再造⑧；李和中等认为需要超越新公共管理理论以摒弃经济建设型政府和管制型政府⑨；邢华提出应以新公共服务理论推动服务型政府建设。⑩ 就

---

① 高小平：《创新行政管理体制和机制建设服务型政府》，《中国行政管理》2008 年第 S1 期。

② 薄贵利：《服务型政府建设亟需顶层设计》，《人民论坛》2011 年 11 期；薄贵利：《论研究制定服务型政府建设的战略规划》，《中国行政管理》2011 年第 5 期；扶松茂、竺乾威：《公共服务型政府建设若干问题的思考》，《苏州大学学报》（哲学社会科学版）2011 年第 5 期。

③ 张立荣：《加快服务型政府建设的对策与建议——基于东部、中部、西部和东北地区调研的系统思考》，《人民论坛》2011 年第 20 期；薄贵利：《论服务型政府建设的战略目标与战略重点》，《国家行政学院学报》2012 年第 4 期。

④ 薄贵利：《建设服务型政府的战略与路径》，《国家行政学院学报》2014 年第 5 期。

⑤ 姜晓萍、刘汉固：《建设"服务型政府"的思路与对策》，《四川大学学报》（哲学社会科学版）2003 年第 4 期。

⑥ 彭向刚、王郅强：《服务型政府：当代中国政府改革的目标模式》，《吉林大学社会科学学报》2004 年第 4 期。

⑦ 周庆行、李勇：《建构服务型政府：基于制度框架新视角分析》，《内蒙古社会科学（汉文版）》2006 年第 4 期。

⑧ 张孝德：《建立内生服务型政府的系统工程》，《国家行政学院学报》2004 年第 6 期。

⑨ 李和中、钱道赓：《公共服务供给视角下的服务型政府建设》，《郑州大学学报》（哲学社会科学版）2007 年 4 期。

⑩ 邢华：《论公共利益与服务型政府建设》，《中国行政管理》2009 年第 7 期。

优化权力运行的结构和流程来看，学者沈荣华等提出从责任政府和行政程序化方面寻求重点突破①，构建责任体系和问责制度确保服务型政府建设的持续性②，同时塑造主体、权力运行、政府责任的结构理性以破解全能主义困境③，从而整体性推进政府体制改革。④ 也有不少学者分析了政府上下级和同级各部门之间的关系，进而从调整组织结构的角度提出了建设服务型政府的策略。⑤ 就提升政府的能力而言，刘熙瑞教授提出拓展政府的服务功能、完善服务工作程序以及建立严格的监督检查机制等⑥，谢庆奎教授认为需要从政治改革、行政改革和执政方式转变的角度推动政府创新⑦，吴江着眼于提高政府的行政能力⑧，周红探究了增强政府公信力的途径⑨，易承志分析了如何优化政府的回应力⑩，张创新等研究了提升政府执行力的路径，⑪ 而梁波着眼于完善服务型政府的决

---

① 沈荣华、沈志荣：《服务型政府论要》，《行政法学研究》2008年第4期。
② 沈荣华、钟伟军：《论服务型政府的责任》，《中国行政管理》2005年第5期；张喜红：《构建服务型政府问责体系的几个问题》，《中国行政管理》2011年第12期；文宏：《构建我国服务型政府问责体系的相关前提》，《社会科学家》2011年第9期。
③ 沈荣华：《论服务型政府的结构理性》，《行政论坛》2014年第5期。
④ 沈荣华、鹿斌：《我国地方服务型政府的建构与调整》，《上海行政学院学报》2014年第3期；周定财、沈荣华：《论地方服务型政府的结构》，《江汉论坛》2015年第6期。
⑤ 汪永成：《基于政府竞争视角的服务型政府建设》，《学习与探索》2005年第5期；李金龙、王宝元：《创新政府间关系，构建服务型政府》，《马克思主义与现实》2006年第2期；陈家泽：《从政府治理结构看服务型政府的建设》，《经济学家》2006年第4期；徐继敏：《地方行政体制变革与服务型政府建设》，《中共浙江省委党校学报》2009年第2期；薛立强、杨书文：《服务型政府建设与政府间纵向关系调整》，《北京行政学院学报》2011年第2期；张紧跟：《论府际治理视野下的地方服务型政府建设》，《天津行政学院学报》2014年第3期；马丽：《服务型政府建设的挑战与途径：基于地方治理的视角》，《科学社会主义》2016年第1期。
⑥ 刘熙瑞：《切实加强积极服务型政府的研究和建设》，《新视野》2004年第2期。
⑦ 谢庆奎：《服务型政府建设的基本途径：政府创新》，《北京大学学报》（哲学社会科学版）2005年第1期。
⑧ 吴江：《提高政府行政能力构建服务型政府》，《国家行政学院学报》2005年第1期。
⑨ 周红：《政府公信力：服务型政府的基础》，《西北师大学报》（社会科学版）2007年第6期。
⑩ 易承志：《构建服务型政府对执行机制的要求及其优化路径》，《学术论坛》2009年第4期。
⑪ 张创新、韩艳丽：《服务型政府视阈下政府执行力提升新探》，《中国行政管理》2010年第10期。

策机制。① 当然，政府的能力提升离不开高素质的干部队伍，因而学者们根据服务型政府建设的进程和需求，集中讨论了公务员和领导干部应具备的素质和能力，并从公务员制度改革和教育培训的角度提出了相应的对策。②

第三，重塑政府与社会和公民的关系。增强公共服务能力是服务型政府建设的重点任务，迟福林等认为应当坚持以人为本的观念从而为社会提供最基本的公共产品和公共服务③，推动政府职能和财政功能由经济建设型转变为公共服务型④，而南开大学课题组从社会管理体制和公共服务技术角度探究了具体策略。⑤ 当然，这需要从公共财政体制、公共服务模式和公共服务体系、政府就业公共服务职能、农村公共服务及公共卫生体系等方面着手推进⑥，提高公共管理质量和公共服务水平。⑦ 从改善公共服务供给的视角建设服务型政府，童伟提出了市场化的取向⑧，袁曙

---

① 梁波：《我国服务型政府决策机制存在的问题及对策研究》，《理论探讨》2016 年第 6 期。

② 高学栋、刘士竹：《建设服务型政府与公务员素质的要求》，《中国行政管理》2005 年第 6 期；周庆行、段寒冰：《政府雇员制的运行困境与服务型政府的构建》，《西南大学学报》（人文社会科学版）2006 年第 3 期；孙波：《服务型政府视域中的公务员教育培训》，《中共浙江省委党校学报》2008 年第 3 期；吕建华、魏岗：《服务型政府构建下的公务员角色定位的理性思考》，《湖北社会科学》2009 年第 10 期；陈建斌、谭望：《行政人格与构建服务型政府的关系研究》，《上海交通大学学报》（哲学社会科学版）2009 年第 2 期；刘兰华：《服务型政府视角下公务员激励机制的优化研究》，《学习与实践》2010 年第 6 期；赵泽洪、朱启彬：《服务型政府构建中公共行政道德人格的塑造》，《理论导刊》2011 年第 5 期；刘华涛：《服务型政府建设对党政领导干部的能力需求》，《求实》2012 年第 1 期；谭桔华：《服务型政府背景下的领导干部服务能力建设》，《湖湘论坛》2015 年第 4 期。

③ 迟福林、方栓喜：《加快建设公共服务型政府的若干建议（24 条）》，《经济研究参考》2004 年 13 期。

④ 秦国民：《政府职能转变的动因与服务型政府构建》，《郑州大学学报》（哲学社会科学版）2005 年第 1 期。

⑤ 周恩来政府管理学院课题组：《公共服务型政府建设问题研究分析》，《南开学报》2005 年第 5 期。

⑥ 唐铁汉：《强化政府公共服务职能努力建设公共服务型政府》，《中国行政管理》2004 年第 7 期。

⑦ 罗德刚：《论全面推进地方公共服务型政府建设》，《中国行政管理》2004 年第 7 期。

⑧ 童伟：《以市场检验推动公共服务型政府建设》，《中央财经大学学报》2007 年第 10 期。

宏认为需要变革公法以重塑公共服务程序从而平衡公共服务的供求关系①，不仅要增强服务型政府的公共服务供给能力②，也要构建公共服务供给的运行机制、保障机制、激励机制和创新机制。③ 从公共服务的需求角度，陈水生认为应构建需求管理体系以提供适配性和精准化的公共服务④，而夏志强教授等认为应从被动回应性地"服务顾客"转向主动前瞻性地"创造顾客"，以前瞻性的服务创造和激发新顾客的需求。⑤ 李国友认为建设服务型政府的主要着力点在于提升政府服务品质⑥，也有学者提出以基本公共服务均等化为突破口推动服务型政府建设的方案。⑦ 针对政府职能从经济建设转向公共服务，不少学者以行政改革和职能调整的具体实践为切入点⑧，分析了服务型政府的职能重心和转变方案，这离不开公共财政预算和支出结构的优化。⑨ 此外，紧贴时代需求与中央推进和谐

---

① 袁曙宏：《服务型政府呼唤公法转型——论通过公法变革优化公共服务》，《中国法学》2006年第3期。

② 杜万松：《我国服务型政府是公共品的主要提供者》，《学术界》2009年第6期。

③ 高海虹、邢维恭：《服务型政府建设与公共服务有效供给》，《东岳论丛》2015年第4期。

④ 陈水生：《公共服务需求管理：服务型政府建设的新议程》，《江苏行政学院学报》2017年第1期。

⑤ 夏志强、李静：《公共服务的新理念：从"服务顾客"到"创造顾客"》，《社会科学研究》2013年第6期。

⑥ 李国友：《提升政府服务品质：建设服务型政府的当务之急》，《社会主义研究》2006年第1期。

⑦ 唐铁汉：《建设服务型政府与基本公共服务均等化》，《国家行政学院学报》2008年第2期；张勤：《论推进服务型政府建设与基本公共服务均等化》，《中国行政管理》2009年第4期。

⑧ 朱光磊、于丹：《建设服务型政府是转变政府职能的新阶段——对中国政府转变职能过程的回顾与展望》，《政治学研究》2008年第6期；刘雪华：《论服务型政府建设与政府职能转变》，《政治学研究》2008年第4期；王章维：《建设中国特色的服务型政府》，《新视野》2008年第2期；朱光磊、薛立强：《服务型政府建设的六大关键问题》，《南开学报》（哲学社会科学版）2008年第1期；谢洪波、高宝华：《构建服务型政府——改革开放以来我国政府机构改革的回顾与思考》，《宏观经济管理》2008年第8期；李传军：《服务型政府的职能设计》，《南京农业大学学报》（社会科学版）2009年第1期；张诺夫：《论公共服务型政府构建：职能配置的视角》，《东南学术》2014年第4期；高学栋、袭亮：《深入推进服务型政府建设的思考》，《东岳论丛》2015年12期；孙涛、张怡梦：《从转变政府职能到绩效导向的服务型政府——基于改革开放以来机构改革文本的分析》，《南开学报》（哲学社会科学版）2018年第6期。

⑨ 马国贤：《服务型政府的预算框架研究》，《中央财经大学学报》2008年第11期；马得林：《政府支出结构优化与服务型政府建设》，《统计与决策》2009年第15期。

社会建设的方针,也有不少学者从政治和行政实践的角度探讨了服务型政府建设的问题①,新时代应坚持以人民为中心推进服务型政府的深层次变革。②

服务型政府最终要实现公民本位和社会本位,这意味着政府与社会之间应建立一种新型的关系,大批学者重点分析了社会组织的发育和成长对服务型政府的重要意义以及如何创新社会管理体制更好地推进服务型政府建设。③ 在此过程,学者提出应当注重多元主体间平等协商和互动对话④,在尊重差异的前提下形成政社互信的格局⑤,以此建立政府管理与公民参与之间的良性互动机制。⑥ 当然,这需要培育公民个体的责任意

---

① 孙宏丽:《和谐社会视野中服务型政府的构建》,《南京社会科学》2005 年第 11 期;罗杰群:《服务型政府的构建与社会阶层和谐的实现》,《中国行政管理》2007 年第 11 期;吴天凤、蒲实:《对构建"公共服务型"政府的思考》,《软科学》2007 年第 5 期;赵凌云:《服务型政府的构建与社会和谐》,《中南财经政法大学学报》2007 年第 2 期;张劲松、万金玲:《论和谐社会视角下服务型政府的构建》,《新视野》2007 年第 5 期;李华、丁俊萍:《中国共产党在创建服务型政府中的作用》,《湖南师范大学社会科学学报》2007 年第 5 期;王韶兴:《服务型政府视阈中的政党治理》,《理论探讨》2007 年第 2 期;王卓君:《和谐社会与构建服务型政府》,《中国行政管理》2008 年第 1 期;许超:《和谐社会视野下的服务型政府意涵之诠释》,《学海》2012 年第 6 期;张菀洺:《构建和谐社会与服务型政府建设》,《北京行政学院学报》2008 年第 2 期;郭道久:《论服务型政府建设是一个政治过程》,《探索与争鸣》2012 年第 9 期。

② 盛明科:《坚持以人民为中心推进服务型政府建设》,《湖南社会科学》2017 年第 6 期。

③ 燕继荣:《对服务型政府改革的思考》,《国家行政学院学报》2006 年第 2 期;林尚立、王华:《创造治理:民间组织与公共服务型政府》,《学术月刊》2006 年第 5 期;吴玉霞、郁建兴:《服务型政府视野中的公共服务分工》,《浙江社会科学》2011 年第 12 期;刘春湘、姜耀辉:《服务型政府建设中非政府组织参与能力的提升》,《中南大学学报》(社会科学版)2012 年第 2 期;赵敬丹:《服务型政府与第三部门的互动关系分析》,《社会科学辑刊》2011 年第 1 期;方俊:《论服务型政府与第三部门的互动关系》,《中国青年政治学院学报》2012 年第 3 期;高海虹、王彩云:《服务型政府建设中的社会组织发展契机及路径选择》,《湖北社会科学》2013 年第 7 期;刘兆鑫:《协商治理:服务型政府建设的路径依赖》,《行政论坛》2012 年第 1 期;沈亚平、李洪佳:《服务型政府建设中社会管理创新研究》,《兰州大学学报》(社会科学版)2013 年第 5 期;汪海玲:《社会组织如何助力服务型政府构建》,《人民论坛》2017 年第 7 期。

④ 刘晶、陈宝胜:《公共对话式政策执行:建设服务型政府的重要突破口》,《中国行政管理》2013 年第 1 期。

⑤ 张博:《新时代走向服务型政府的政社互信建设研究》,《理论探讨》2018 年第 4 期。

⑥ 孙友祥:《公民治理视角下的公共服务型政府建设》,《国家行政学院学报》2009 年第 4 期;季燕霞:《服务型政府建设:对公民社会的积极回应》,《理论导刊》2010 年第 11 期;户晓坤:《公共领域建构中的公民参与机制研究——基于公共服务型政府职能转变的视角》,《海南大学学报》(人文社会科学版)2013 年第 6 期。

识和公民社会基础①，并构建公民参与的制度体系以提高公民参与的有效性②，推进人民满意的服务型政府建设。③ 此外，服务型政府建设还需要重新定位和正确处理系列的复杂关系④，法制作为现代社会行动主体所应遵守的共同原则和规则，能够比较妥善地厘清这些关系。因此，有些学者从立法、执法和司法等不同角度深入讨论了从行政法制方面加强服务型政府建设。⑤

第四，创新和重塑政府的治理模式与精神。以历史的视野分析和概括了农业社会的统治型政府和工业社会的管理型政府的特质以后，张康之教授认为后工业社会面临着高度复杂性和高度不确定性的环境⑥，呼唤

---

① 刘翔：《论服务型政府有效运转的公民社会基础》，《理论与改革》2010 年第 6 期；王桂云：《服务型政府构建的路径选择——基于公民社会框架下的分析》，《兰州大学学报》（社会科学版）2011 年第 5 期。

② 姜晓萍：《构建服务型政府进程中的公民参与》，《社会科学研究》2007 年第 4 期；王丽、张志泽：《服务型政府建设进程中的公民参与：角色重塑与功能优化》，《理论月刊》2011 年第 10 期；鲁艳平：《构建服务型政府与弱势群体参与的思考》，《江西社会科学》2012 年第 11 期；宋红团：《建设服务型政府的几个着力点》，《人民论坛》2017 年第 31 期。

③ 陈保中：《服务型政府建设中公众参与问题研究》，《理论探讨》2011 年第 6 期；李军鹏：《论全面建成小康社会与服务型政府建设》，《行政论坛》2013 年第 1 期；孙肖远：《"善治"出自于"良政"——公共理性视野中的服务型政府建设》，《江海学刊》2013 年第 3 期；沈亚平、李洪佳：《服务型政府建设中社会管理创新研究》，《兰州大学学报》（社会科学版）2013 年第 5 期；张定安：《实体政务大厅是建设人民满意的服务型政府的有力抓手》，《中国行政管理》2017 年第 12 期。

④ 姜明安：《建设服务型政府应正确处理的若干关系》，《北京大学学报》（哲学社会科学版）2010 年第 6 期。

⑤ 王丛虎：《我国服务型政府的行政法分析》，《中国行政管理》2007 年第 6 期；王会玲：《民主法治视角下服务型政府构建路径选择》，《中州学刊》2008 年第 3 期；杨建顺：《论"服务型政府"在行政法上的定位》，《河南省政法管理干部学院学报》2009 年第 1 期；周佑勇、尹建国：《构建服务型政府的法治理念、原则与机制创新》，《中共浙江省委党校学报》2009 年第 1 期；莫于川：《行政公开法制与服务型政府建设——略论〈政府信息公开条例〉确立的服务宗旨和便民原则》，《法学杂志》2009 年第 4 期；罗文燕：《服务型政府与行政法转型——基于"善治"理念的行政法》，《法商研究》2009 年第 2 期；傅思明《服务型政府理念下的法治政府建设刍议》，《理论视野》2009 年第 1 期；陈晓春、章卓然：《行政程序法的立法实践与地方服务型政府的构建》，《求索》2010 年第 5 期；贺荣：《我国转型社会中服务型政府法治化研究》，《行政法学研究》2010 年第 4 期。

⑥ 张康之：《把握服务型政府研究的理论方向》，《人民论坛》2006 年第 5 期。

新的面向未来的新型政府模式①，寻求替代传统的新政府模式关键在于以新的伦理精神、合作治理体系和组织形式等引领行政改革和调整②，并能够以开放的视野系统谋划服务型政府。因此，服务型政府建设实际上是价值与制度的双向互动过程，应以制度重塑逐渐推动价值重铸③，通过将道德化融入制度安排和行政人员的人格中，贯彻服务型政府的伦理精神和服务理念。④ 针对服务型政府应该具备的行政文化和伦理品格，大批学者展开了持续研讨⑤，并从不同角度提出了相应的建设和重塑方案。服务型政府建设发轫于政治与行政尚未分化之时而关乎政治议题和社会治理模式，因此这既是一种国家理想也是社会理想，不仅需要推进服务价值的社会化、公共权力的社会化、政府职能的社会化以重新调整国家与社会关系的和国家的自我重塑⑥，同时也要处理好政府的规模、结构以及与传统政府模式的关系。⑦ 立足于全球化、后工业化进程建设服务型政府，既要完善面向未来社会治理实践的服务型政府建设理论⑧，也需要把适应于社会治理实践的新要求作为组织结构、政府部门设置的基准。⑨ 为了解

---

① 张康之、张皓：《在后工业化背景下思考服务型政府》，《四川大学学报》（哲学社会科学版）2009年第1期。

② 张康之：《我们为什么要建设服务型政府》，《行政论坛》2012年第1期。

③ 刘祖云：《"服务型政府"价值实现的制度安排》，《江海学刊》2004年第3期。

④ 杨艳：《服务型政府建设的导向：公务员独立人格的追求》，《南京社会科学》200年第9期。

⑤ 江滨：《构建服务型政府行政文化模式探索》，《海南大学学报》（人文社会科学版）2008年第3期；何士青、徐进：《论服务型政府的伦理构建》，《中国行政管理》2008年第5期；沈德理：《服务型政府建设与运作中必须重视的若干问题》，《社会主义研究》2008年第6期；田巍、张波：《服务型行政文化：服务型政府的灵魂》，《东北师大学报》（哲学社会科学版）2009年第6期；彭未名、丁辉霞：《论我国服务型政府的行政伦理构建》，《太平洋学报》2009年第10期；朱静、王宝成：《和谐行政：重塑服务型政府的行政文化》，《学术论坛》2011年第1期；张韬、杨小虎：《行政文化创新对服务型政府建设的影响》，《黑龙江社会科学》2018年第5期。

⑥ 胡重明：《服务型政府：理想抑或现实——以国家与社会的辩证关系为视角》，《华中科技大学学报》（社会科学版）2010年第6期。

⑦ 石国亮：《回声与超越：政治体制改革中推进的服务型政府建设》，《行政论坛》2012年第1期。

⑧ 周军：《面向社会治理实践的服务型政府建设》，《南京工业大学学报》（社会科学版）2013年第2期。

⑨ 郭晓东、黄建军：《当代服务型政府社会治理模式的实践转向》，《湖北社会科学》2013年第2期。

构政府的控制导向从而真正转向服务，学者张乾友认为需要重构组织形式以确立具有高度灵活性的任务型组织①，相应地，在组织建构方式上应从制度主义转向行动主义，通过将政府自身变为一个行动体系从而在行动者之间建立快速信任机制以适应高速变动的社会的治理需求。② 从公共行政的范式演进、理论建构和治理实践而言，理性始终都是公共行政和社会治理所追求和遵循的基本精神。因此，面对纷繁复杂的情势，亟须以理性思维和理性方式理解和推进服务型政府建设。③

第五，强化网络信息技术的普及与运用。随着网络信息技术的发展和普及，信息时代渐趋到来，大批学者敏锐地认识到网络信息技术对服务型政府建设的重要作用，从而开启了通过电子政务完善服务型政府的研究④，既有利于提高服务型政府的质量⑤，也有利于化解服务型政府建设过程中的数字鸿沟或信息孤岛的问题⑥，加强组织间协调从而增强服务型政府的整体性治理能力。⑦ 与此同时，网络信息技术也能够进行实质性的政府流程再造⑧，构建出新型公共服务流程⑨，更为重要的是，网络信息技术的发展既提出了政务公开的要求，也为政务公开提供了平台⑩，提

---

① 张乾友：《变革社会中的服务型政府建设——任务型组织的途径》，《北京行政学院学报》2014 年第 1 期。
② 张乾友：《临时社会中的政府信任——兼论服务型政府中的信任建构》，《南京农业大学学报》（社会科学版）2015 年第 2 期。
③ 王锋：《服务型政府建设中公共行政的科学精神》，《江苏社会科学》2014 年第 1 期；苟欢：《社会治理理性的历史演进与现实批判——兼论服务型政府建构中的理性认知》，《中共天津市委党校学报》2018 年第 3 期。
④ 钟明：《电子政府：现代公共服务型政府的实现途径》，《中国软科学》2003 年第 9 期；董靖、杨瑾、刘武：《推进电子政务建设构建创新服务型政府》，《江淮论坛》2005 年第 4 期。
⑤ 温新民：《社区移动互联提升服务型政府建设质量研究》，《电子政务》2016 年第 4 期。
⑥ 侯玉兰：《建设高效电子政务创建新型服务型政府》，《管理世界》2003 年第 9 期；陈果：《服务型政府构建中的电子政务》，《国家行政学院学报》2008 年第 1 期；刘邦凡、王栋、侯秀芳：《我国服务型政府建设中的数字鸿沟问题及其对策》，《科技管理研究》200 年第 3 期。
⑦ 曾凡军、韦彬：《整体性治理：服务型政府的治理逻辑》，《广东行政学院学报》2010 年第 1 期。
⑧ 钟响、许晓东：《政务流程再造与服务型政府建设》，《中州学刊》2010 年第 6 期。
⑨ 胡宁生：《服务型政府建构中政府流程再造的维度、阶段和类型》，《南京社会科学》2011 年第 2 期。
⑩ 庞小宁、李建欣：《服务型政府视域下政府信息公开的损益分析》，《社会主义研究》2009 年第 1 期。

升了公民参与的积极性和行政问责的便利性①,确保服务型政府真正以公民为中心并且以服务为导向。② 因此,信息时代的服务型政府建设需要立足于公民需求,积极构建政务公开法律法规保障机制、政务信息优先公开机制、行政权力阳光运行机制、政府决策参与回应机制以及政务公开工作推进机制等。③ 在分析和借鉴开放式政府的国际经验基础上,朱春奎教授等提出从重塑政府行政文化、公共部门数据开放、社会化媒体实现政民互动以及推进整体性治理等方面助力服务型政府建设④,而大数据时代则应从制度主义转向行动主义并在合作体系中完善和建构服务型政府。⑤

(五)服务型政府的评估体系研究

绩效评估是优化政府管理,促进服务型政府建设的重要工具。一方面服务型政府建设需要建立相应的评估体系以检测其成效;另一方面政府绩效评估体系的转型也构成了服务型政府建设的重要方面。⑥ 具体而言,政府绩效评估对服务型政府建设的施政理念、行为方式、行政效果都有重要影响⑦,以服务为导向的绩效评估是推动服务型政府建设的重要杠杆和动力机制⑧。因此,应根据服务型政府建设的要求调整政府绩效评估的价值取向、目标定位、评估内容以及评估方式⑨,从而确保政府绩效

---

① 曾润喜、陈强、赵峰:《网络舆情在服务型政府建设中的影响与作用》,《图书情报工作》2010 年第 13 期。

② 佟德志:《基于电子政务的服务型政府建设:模式与整合》,《中国行政管理》2008 年第 9 期。

③ 郭俊华:《电子政务环境下的服务型政府建设》,《毛泽东邓小平理论研究》2010 年第 12 期;孙肖远:《服务型政府政务公开机制的建构》,《理论刊》2011 年第 1 期;张少彤、董政刚、张连夺:《基于用户需求的服务型政府网站建设思路》,《电子政务》2013 年第 3 期。

④ 朱春奎、李燕:《政府 2.0、开放式政府与服务政府建设》,《上海行政学院学报》2014 年第 3 期。

⑤ 耿亚东:《基于大数据的服务型政府建设研究》,《治理现代化研究》2018 年第 4 期。

⑥ 彭向刚、李永胜:《服务型政府绩效评估:价值取向及其要求》,《行政论坛》2013 年第 5 期。

⑦ 彭向刚、赵娜:《论服务型政府绩效评估实施中的问题与对策》,《同济大学学报》(社会科学版)2010 年第 6 期。

⑧ 彭向刚、程波辉:《服务型政府绩效评估问题研究述论》,《行政论坛》2012 年第 1 期。

⑨ 彭向刚:《论我国服务型政府绩效评估的发展趋势》,《吉林大学社会科学学报》2008 年第 2 期。

评估与服务型政府建设的良性互动。① 基于新公共管理理论，学者致力于构建服务型政府的绩效评价体系②，而罗晓光等运用 SERVQUAL 模型提出了有形性、可靠性、反应型、保证性及关怀性等维度③，卢海燕认为包括服务结果、服务能力、服务过程三个维度④，学者张立荣等借助系统权变模型构建了服务型政府标准体系的三级指标体系。⑤

同时，为了破除唯 GDP 发展论以确保服务型政府建设的持续性，从而更好地贯彻服务、责任、法治、廉洁的原则和目标⑥，有学者认为服务型政府绩效评估应采取主观评议和多指标量化综合评价的方法。⑦ 因此，公民才是政府行为和绩效的主要评判者⑧，公民满意和民意调查应成为服务型政府绩效评价的重要面向和方法⑨，由此建立的连氏中国城市服务型政府指数包括公众视角、企业视角和基本公共服务等方面。⑩ 当然，也有学者提出应加强服务型政府绩效评估结果的运用。⑪ 学者孙涛等认为地方政府强化公共服务职能的当务之急在于将经济增长与民众满意、社会和

---

① 徐兴林：《完善服务型政府绩效评估机制的几点思考》，《中国行政管理》2009 年第 8 期。

② 盛明科、彭国甫：《公共服务型政府绩效评估体系构建研究论纲》，《东南学术》2008 年第 3 期。

③ 罗晓光、申靖：《SERVQUAL 模型在服务型政府绩效评价中的应用研究》，《经济纵横》2006 年第 11 期。

④ 卢海燕：《论服务型政府绩效评估指标体系的逻辑与框架》，《新视野》2011 年第 5 期。

⑤ 张立荣、冷向明：《当代中国服务型政府建设的标准体系——基于系统权变模型的理论与实证研究》，《政治学研究》2009 年第 5 期。

⑥ 高小平、孙彦军：《服务、责任、法治、廉洁：服务型政府建设的目标、规律、机制和评价标准》，《新视野》2009 年第 4 期。

⑦ 盛明科：《服务型政府绩效评估体系的基本框架与构建方法》，《中国行政管理》2009 年第 4 期。

⑧ 江依妮：《民意调查在服务型政府评价中的理论与应用》，《广东行政学院学报》2011 年第 4 期。

⑨ 文宏：《服务型政府创建过程中的对象满意度实证调查——以兰州市 A 部门为例》，《中国行政管理》2013 年第 6 期；胡伟、柳美玲：《服务型政府、公众满意度与民意调查——基于中国 32 个城市公共服务民调的研究》，《江苏行政学院学报》2014 年第 1 期。

⑩ 于文轩、林挺进、吴伟：《提升政府治理水平、打造服务型政府——2011 连氏中国服务型政府指数及中国城市服务型政府调查报告》，《华东经济管理》2012 年第 7 期。

⑪ 薛刚、薄贵利、刘小康、尹艳红：《服务型政府绩效评估结果运用研究：现状、问题与对策》，《国家行政学院学报》2013 年第 2 期。

谐有机结合①，杨慧兰等根据经济性支出、社会性支出和维持性支出的比重变化考察了地方公共服务型政府建设的进展②，学者于文轩依据大型城市公共服务质量调查的数据用多元线性回归模型检验了政府透明度和公众政治信任之间的关系③，吴伟等则运用历时性的比较方法分析了城市服务型建设的变化情况以及各城市在不同公共服务领域的改进状况。④

通过分析，学者认为高度响应服务型政府思想的绩效评估体系创新当前尚处于"蛰伏"状态。⑤针对当前服务型政府绩效评估体系存在的问题，薄贵利教授提出从绩效管理领导体制、绩效指标体系和评估体制、绩效结果运用机制以及绩效管理法制等方面，构建以公共服务为主要内容、以提高公共服务效能为主要目的的服务型政府绩效管理体制⑥，而卢海燕从定期评估、公众参与评估、评估结果公示、评估结果运用等相关制度和组织机构的角度提出了相应的完善对策⑦。与此同时，学者认为还需要从价值选择、评估方式、指标设计以及评估方法等方面进行调整。⑧除此之外，还应及时制定相应的法律法规⑨，并充分运用现代信息技术手段⑩，确保服务型政府绩效评估过程的制度化和规范化。当然，除了系统推进制度完善，也需要把握重点并寻求改善途径，吴建南教授等提出从

---

① 孙涛、蒋丹荣：《居民视野中的服务型政府建设》，《财经问题研究》2010年第12期。
② 杨慧兰、曾明：《公共服务型政府建设效果分析——以地方政府财政支出结构为视角》，《内蒙古社会科学（汉文版）》2011年第2期。
③ 于文轩：《政府透明度与政治信任：基于2011中国城市服务型政府调查的分析》，《中国行政管理》2013年第2期。
④ 吴伟、于文轩、马亮：《服务型政府建设取得进展了吗——中国城市的纵贯比较（2010—2014年）》，《甘肃行政学院学报》2015年第6期。
⑤ 杨宇谦、吴建南、马亮：《服务型政府与政府绩效评估体系创新——基于德尔菲调查法的发现》，《经济社会体制比较》2011年第5期。
⑥ 薄贵利：《构建服务型政府绩效管理体制》，《中国行政管理》2012年第10期。
⑦ 卢海燕：《我国服务型政府绩效评估的探索——基于F市服务型政府绩效评估的实践》，《行政论坛》2013年第5期。
⑧ 任金秋、曹淑芹：《以服务型政府为导向的政府绩效评估体系的完善》，《内蒙古大学学报》（哲学社会科学版）2010年第6期。
⑨ 余剑平：《完善地方服务型政府绩效评估体系的几点思考》，《求实》2010年第S2期。
⑩ 郑晓燕、刘俊哲：《服务型政府绩效评估制度的构建——基于浦东新区行政改革情况分析》，《行政论坛》2012年第1期。

权力制约、能力建设和激励问责角度推进效能建设从而形成持续改进政府绩效的综合系统①，而基于模糊 DEA 建构的服务型政府模糊综合绩效评价方法和流程②，有利于开展按职能部门分类进行综合评价以突破局限于政府单一职能部门的绩效评价体系。③

二 服务型政府理论的总体反思

本书以公开刊发于 CSSCI 期刊且标题中含有"服务型政府"的学术论文为基础资料，对服务型政府理论进行梳理和概括，大体上勾勒出服务型政府理论演进的历史脉络和主要线索，基本呈现出服务型政府理论研究的突出特征和走向，有助于对服务型政府理论的全貌和构成形成初步认识，为进一步对服务型政府理论进行检视和反思奠定了基础。当然，囿于精力和篇幅，苛求对每个时期的每个研究或者每个研究的每个论点网罗殆尽，既不可能亦不可欲，但这并不会对总体反思服务型政府理论造成根本性障碍。通览这段学术史可以发现，伴随着改革开放的伟大征程和政治行政改革的不断展开，服务型政府理论不仅得以应运而生并蔚为大观，同时也在中国公共行政学的成长史上留下了重要印记。立足于中国特色社会主义进入新时代这一重大实际，特别是面临国家治理现代化转型的关键期和国际局势的大调整，从国家治理现代化的角度如何认识和回应这些变化及其内在逻辑，亟待公共行政学用理论更新，这就需要敢于对既有的服务型政府理论成果进行深刻省察。

具而言之，学界有关服务型政府理论的研究颇有遍地开花之势，这对于理论生长、思路拓展以及框架搭建都具有重要作用。目前为止，作为一个比较清晰的学说和理论样态的服务型政府业已初具雏形，而服务型政府建设也在全国范围内稳步推进。与此同时，仍然不容忽视的是，在理论界与实务界的互动过程中尤其是服务型政府被纳入行政体制改革

---

① 吴建南、马亮、杨宇谦：《比较视角下的效能建设：绩效改进、创新与服务型政府》，《中国行政管理》2011 年第 3 期。

② 高树彬、刘子先：《基于模糊 DEA 的服务型政府绩效评价方法研究》，《科学学与科学技术管理》2011 年第 12 期。

③ 刘子先、高树彬：《服务型政府绩效评价研究》，《天津师范大学学报》（社会科学版）2013 年第 2 期。

的目标以后，大多学者将关注和讨论的重心转移到为服务型政府建设出谋划策，用对策性研究取代了理论建构。服务型政府理论的探索构建和推陈出新略显后劲不足。热衷追赶实践而忽略理论生产及其与实践的互动使得服务型政府理论与服务型政府建设实践无法相辅相成、共同推进，这不仅对还处于成长初期的服务型政府理论发展极为不利，也使得正在前进的服务型政府建设实践无法达致理想效果。归根结底，学界对服务型政府的基本层面包括立论基础和逻辑进路，仍然缺乏基本的共识，因此需要从理论源流的基本方面进行清理和追究，在此基础上比较系统地建构理论框架进而推进理论更新，从而真正发挥理论的向导作用以明晰服务型政府建设的战略要点和关键环节。

（一）服务型政府理论的提出背景

理论源于学者对现实问题的诊断和诠释。总体来看，党的十一届三中全会开启了改革开放的伟大征程以后，党和国家的工作重心随之转移到经济建设上来。与之相应，国家也启动了政治和行政改革以调整计划经济时期形成的中央高度集权的一元化管理体制。针对政府的机构臃肿、职责不清以及效率低下等阻碍经济体制改革的突出问题，1982年中央首次推行以"精兵简政"为目标的机构改革，大量裁减机构和人员。为了进一步顺应经济体制改革的需要，在总结和分析前一阶段改革经验的基础上，1988年中央明确提出以"转变政府职能"为重点的新一轮机构改革，旨在强调政府对经济的宏观管理职能。党的十四大明确将建立社会主义市场经济体制确定为经济体制改革的目标，为了解决传统的行政模式与市场经济之间的适应性问题，"逐步建立适应社会主义市场经济体制的有中国特色的政府行政管理体制"就成为政治和行政改革的行进方向。一些学者认识到政府治理在经济和社会发展过程中的重要作用，立足于现实的迫切需要开始讨论"服务行政"的问题。由于这些研究主要采取行政法学的视角，因此着眼点主要集中于行政方式的调整和改变。

新的时代呼唤新的理论，经过社会主义市场经济体制改革以来的高速发展，我国的经济总量得以大幅增加，国际地位和国际影响也得到显著提升。与此同时，片面追求经济发展的速度，长期忽视了增长质量和社会建设，环境污染、食品安全、贫富分化以及社会公平等问题也随之显露出来。针对这些突出的问题，有行政学者敏锐地意识到仅仅通过改进行政方式已然无法满足时代的需求。因此，开始从政府模式变革的角度深入探究"服务行政"的问题，联系到党"全心全意为人民服务"的宗旨同时总结历次机构改革的经验和教训，进而开创性地提出了"服务型政府"的构想，这一概念甫一提出就吸引了不少学者的关注、认同和学术创作。从作为一种行政方式转变的"服务行政"提升到作为政府治理模式变革的"服务型政府"，是学界对政府治理转型的认识不断深化和勇于开拓的结果。21世纪之初，中国成功加入WTO从而有机会参与到世界现代化的进程之中，而面对经济发展指标考核的巨大竞争压力，不少地方政府主动采纳学界观点以探索服务型政府建设，从而打造良好的营商环境以便利大力开展招商引资活动。此后，服务型政府建设得到中央的确认并被确立为行政体制改革的目标，极大地促进和丰富了服务型政府的理论成长和学术活动。

　　学者们不同的问题意识决定了各自具有不同的理论偏好和切入视角。从"服务型政府"的概念产生到理论生长的演变历程来看，学者们对时代问题的不同诊断和对时代需求的不同感知，因而对服务型政府的内涵外延和行进策略的认识也有较大差异。针对计划经济时代的"全能型政府"而言，服务型政府是一种权力有边界的政府模式。因此，服务型政府建设的重点在于规范政府权力运行同时向社会放权。针对改革开放初期的"经济建设型政府"而言，服务型政府是以公共服务为主要职能的政府模式，服务型政府建设重点在于加强政府的公共服务供给能力同时转变政府职能。针对正在来临的后工业社会的挑战，既不能采取农业社会的"统治型政府"，更需要突破工业社会的"管理型政府"，应该建设全新模式的"服务型政府"从而引领未来社会治理的变革。这三种观念和取向造就了服务型政府理论研究的三种不同的路径，也直接导致学界对服务型政府理论的基础性问题无法形成共识。综观数十年的演变历程，甚至可以说，服务型政府的理论研究仍然止步于比较空洞的"概念"阶段，尚未形成系统的理论体系和成熟的学术流派，更无法开展有效的国际学术对话和交流。

　　（二）服务型政府理论的立论基础

　　前述学者们由于具有不同的时代认识和问题感知，对于服务型政府的界定也各不相同，因此根据各自的研究需要挖掘和吸收了不同的理论资源，最终导致出现了各不相同的立论基础。综合来看，学者们大致从政治学、法学和公共行政学的视角寻求服务型政府的理论资源，不同的理论路径之间缺乏有效的对话。首先，从政治学的角度而言，有论者以开放的视角积极吸收人类文明发展的成果，进而发现以卢梭为代表的启蒙思想家提出的人民主权和社会契约思想可以为服务型政府提供理论给养，卢梭的代表作即为《社会契约论》。学者分析认为，不同于传统的政府治理，现代政府是基于公意形成的社会契约而产生的，因而能够代表人民行使主权者权力，并以人民牢牢掌握主权的方式确保政府行为真正能够代表公意，基于此而建立的政府必然以服务人民为其根本宗旨。其次，以法学的视角观之，论者从政府职能切入并追溯了"公共服务"的公法学渊源。学者分析后指出，正如公法学家狄骥在其专著《公法的变迁》中系统论证的那样，工业社会的形成和市场经济的高速发展，也大幅度拓宽了现代国家的职能，不同于传统时期国家权力以主权概念为核心的系统安排和运作，现代国家权力应当围绕公共需求展开，因此公共服务的概念应当成为现代国家的基础。①

当然，服务型政府的概念主要由中国公共行政学方面的学者创制而成。因此，在理论化论证和探究的过程中，从公共行政学的视角出发，学者们积极援引西方公共行政的理论成果作为服务型政府的理论源泉，主要包括新公共管理理论、新公共服务理论以及治理理论等。公共服务是服务型政府的核心职能和重要标志，而公共行政实践中的公共需求的多样化发展对政府公共服务的供给提出了更多的要求，因此，学者们认为建设服务型政府的关键在于提高公共服务供给的效率。新公共管理理论为提高政府运行效率而提供的解决途径就是以企业家政府的理念推行市场化改革，具体操作上如将公民作为顾客对待以及将公共服务外包给企业等。针对新公共管理运动的缺陷，罗伯特·登哈特提出了新公共服务的理论，呼吁政府提供公共服务的对象是公民而不是顾客，因此需要同时注重工具理性和价值理性的作用而平衡效率和公平的冲突，我国学者及时将此引入服务型政府建设的过程中以修正片面追求公共服务效率

---

① 李德国、陈振明：《公共服务的法治建构：渊源、框架与路径》，《厦门大学学报》（哲学社会科学版）2015年第4期。

的偏颇之处。此外，也有学者借鉴治理理论的核心观念，用以破除和摈弃传统的政府本位和官本位的权力运作方式和思维认识定式，进而对官僚制的缺陷进行整体反思和深刻批判，力图以公共行政理念的深刻转变推进形成新的治理格局，从而建构出全新形式的服务型政府。特别是在党的十八届三中全会将"国家治理体系和治理能力现代化"作为全面深化改革的目标以后，越来越多的学者致力于治理理论的本土化改造从而将其运用到服务型政府建设的过程之中。

除此之外，还有学者从现实的政治生活出发，深入马克思主义经典作家的理论中寻求理论支撑，进而提出马克思和列宁的著作以及马克思主义中国化的理论成果都为服务型政府的存在和建设提供了正当性论证。由此观之，政治学和法学视角的学术努力倾向于论证服务型政府存在的合法性和必然性，而从域外公共行政学理论汲取养料则主要是为服务型政府建设提供合理策略，同时也是寻求对理想社会治理模式的恰当的现代表达。学者们多视角探究了服务型政府的立论基础，用论证"为什么需要服务型政府"的问题取代回答"要不要服务型政府"的问题，使学界对服务型政府的必要性和重要性达成了高度共识。一个有意思的现象是，尽管只有极少的学者对服务型政府的存在提出质疑，但对其存在的正当性论证几乎伴随服务型政府理论成长的整个过程，这从侧面反映了我们对于服务型政府的理论认知存在信心不足的状况。更为重要的是，学者们在援引外来的理论和观点的时候，即便仅仅是策略性的借用，也始终未能正视所用理论和观点的适用性问题，存在"食洋不化"的问题，最终导致服务型政府只剩下干瘪的外壳，不断生搬硬套其他不同的甚至相互矛盾的理论资源来附会服务型政府的理论建构，这导致我们难以提出原创性观点来建构体系化的理论。

（三）服务型政府理论的逻辑进路

从既有的学术成果总体考察服务型政府的研究历程和研究进路，大致可以归结为"两大阶段，三种类型"。尽管服务型政府的理论研究已持续了数十年，根据既有文献的突出特征主要可以分为概念提出和策略探讨两大阶段。有赖于学者较长时间的学术沉淀以及敏锐的学术眼光，从而创造了"服务型政府"的概念，迅速激发了大批学者的学术热情和想象空间。学者们对服务型政府的概念内涵、基本特征以及价值取向等基本问题进行了研讨。尽管学者们各抒己见，但正是在不同观点的争鸣过程中服务型政府的内在规定性方才有可能逐渐显现出来。在这种解构式探讨的起步阶段，未及理论界的充分对话和积累沉淀，便有不少地方政府积极采纳学者观点并根据当地情况提出不同的服务型政府建设方案，从此无论是否能够直接参与公共行政实践，大多数学者迅速将关注的重心转移到建设服务型政府的对策上来，而后服务型政府概念为中央确认且服务型政府建设被纳入为行政改革的目标也反过来助推服务型政府成为学术研究的重点和热点。冠以"服务型政府"之名争相解读最新的政策文本便成了新的学术增长点。以此为标志，服务型政府的学术研究便分为前后两大阶段，前一阶段主要探究"什么是服务型政府"，而后一阶段重点分析"怎么建设服务型政府"。而且很明显的是，相比"怎么建设服务型政府"，有关"什么是服务型政府"的学术研究远未完成。因此尽管有大量的学术文献但原创性的理论洞见仍然十分贫乏，甚至可以说"服务型政府"正面临退化为"服务政府"的紧迫危险。当然，公共行政学者秉持强烈的现实情怀积极分析和解释紧迫的现实问题本是职责所在，但同时为理论的独立性和理论的建构性创制和预留必要的空间不能不说是学者的独特价值之所在。

通过对服务型政府的学术文献进行系统爬梳和综合分析，本书认为其理论进路大致可以分为三种类型：第一，服务型政府是走向工业社会的必然要求。这种类型的逻辑进路认为服务型政府建设的关键在于将传统的政府的统治职能转变为服务职能，从而重塑政府与公民之间的关系，确立公民本位的原则。第二，服务型政府是应对工业社会的新需求的历史选择。这种类型的逻辑进路认为服务型政府建设重点在于将政府的职能由经济建设转向以公共服务为主，从而改善政府与社会之间的关系，推进社会福利制度的建设。第三，服务型政府是为了迎接后工业社会而采取的积极构想。这种类型的逻辑进路认为服务型政府建设的核心在于将政府的管理职能全面转变为服务，从而协调政府与各主体之间的关系，从根本上解构权力中心主义确立的政府的他在性意识以实现共生共在的社会治理格局。综合对比而言，这三种理论进路几乎不存在交集，除了共用"服务型政府"这一名称之外，都只是在各自的视角下自说自话并且渐行渐远。学术视野中的"服务型政府"似乎成了什么都可以往里面装的大箩筐，学术研究虚假繁荣的景象之下服务型政府的理论更新未见明显进展，反而加剧了学术探讨和理论研究的"庸俗化"趋势。

(四) 服务型政府理论的争论焦点

学者们集中于探讨"如何建设服务型政府"的问题，从前文梳理的情况来看，这一类文献甚至占到服务型政府研究总数的一半以上。学者们围绕政府职能转变、结构调整、关系重塑以及技术优化等提出了建设服务型政府的对策。不可否认，学者们围绕相关的中央重要文件尤其是着重对历次行政改革的顶层设计展开细致解读从而提出具体的行进策略，对于服务型政府建设的实践具有重要意义，而理论界与实务界的频繁互动不仅有利于学术和实践的共同推进，同时也正是服务型政府的重要体现，学者积极参与行政改革的实践可谓成效显著。值得深思的问题是，学者们热衷于为服务型政府建设寻路径和提对策，不同的时期不同的学者从不同的角度提出了大量不同的对策，甚至对如何建设服务型政府的讨论都颇具学术争鸣之势。一方面是因为处于剧烈转型期的中国的情况具有复杂性，客观情况决定了需要政府面对和解决的问题也就十分繁杂，这为公共行政的学术研究提供了丰富的情境。另一方面，在学界对于服务型政府的基础性问题仍未形成共识的情况下，避开争议较大的"是什么"而着重于"怎么做"的问题虽是被逼无奈但也算得明智之举。但从逻辑上讲，在作出回答时，"是什么"的问题应置于"怎么做"的问题之前。因此，尽管学者发表了数量颇丰的学术文献，也提出了数量庞大的推进策略，但表面的繁荣景观却几乎没有生发出对公共行政实践具有显著影响的原创性观点。

根据分析的结果来看，对于"如何建设服务型政府"的问题并不是学者们争议的关键所在，反而是现存文献数量相对较少的领域即"什么是服务型政府"的问题才是争议的焦点，实际上也就是需要回答"服务型政府向何处去"的问题。换句话说，到底什么是服务型政府以及服务型政府的理想状态是什么样的，这也构成了服务型政府的内在规定性同时也是外在延展性的根本依据，否则无论提出多少推进对策都只能是

"屠龙之术"。回到问题的原点，往日论者所言"一个概念，各自表述"①的状况仍未有所好转，同样还是所有问题的核心。严重说来这是理论建构的最大失败。据此，本课题组深切认识到，无论是服务型政府理论的体系建构还是推陈出新都必须以直面和解决这个关键的症结为基本前提。因此，在明确前述状况的前提下，为了突破学界对"服务型政府"的最大共识仍然只停留在名称上这一瓶颈，为了推进服务型政府理论的体系化以更好地指导公共行政实践，本书尝试从服务型政府的根本性问题着手，在深刻省察已有成果的基础上尽量寻求各方的共识，不揣谫陋提出一个推进问题化解的参考方案，从而真正明确当前服务型政府建设的战略要点和关键环节。

三 服务型政府理论的体系建构

总体而言，已有对服务型政府的理论探究，既体现了学者们不满于政府治理现状的学术关怀，也寄托了学者们对未来理想治理模式的孜孜求索，无论是权宜之术还是理想设计无不体现学者们的学术情怀。通过对既有服务型政府理论研究成果的梳理和分析，基本厘清和回答了"服务型政府从何处来"的系列问题，在此基础上需要进一步探求和回答"服务型政府向何处去"的问题。这不仅需要兼顾历史逻辑和理论逻辑的基本要求，同时也需要以实践逻辑为根基，高度关注服务型政府的内在特性和外在行动。公共行政学的发展源流和演变历程昭示出，公共行政的理论建构根植于公共行政的实践，因此不可否认，公共行政学以现实的公共情怀为其鲜明特征。任何理论都具有特定的问题意识和现实情境。正如公共行政学最初建立在西方政治与行政"二分法"的基础上一样，国内学者充分体认到"中国共产党的领导是中国特色社会主义的最本质特征"，基于中国共产党始终秉持"全心全意为人民服务"的根本宗旨和历史使命这一政治情景，而提出"服务型政府"。这深切展现了学者们的中国本体意识和学术自觉，这也构成了服务型政府的内在特性。

---

① 程倩：《行进中的服务行政理论——从2001年到2004年我国"服务行政"研究综述》，《中国行政管理》2005年第4期。

党的十八大以来，党中央高度重视服务型政府建设，明确提出"建设人民满意的服务型政府"，并将此确立为国家治理体系和治理能力现代化的重要内容，继而以此为指导在全国范围内推行新一轮的机构改革。服务型政府建设被确立为行政改革的目标，更是推进国家治理体系和治理能力现代化的重要突破口，而"人民满意"则成为理论重塑的着力点和实践推进的方向。因此，本书坚持寻求学术共识与立足治理现实相结合的原则，以"服务型政府"为纲同时关注建构理论体系和建设现代政府，实际上就是聚焦于服务型政府的外在行动。本质而言，服务型政府的外在行动就是公权力的运作过程。根据公权力运作的基础、框架、方式以及监督等，本书试图对服务型政府理论进行体系建构，从而提出以公共性为逻辑基点、以公民本位和社会本位为核心要义、以有限且有效政府为理想蓝图和以人民满意为评判标准等搭建起服务型政府的理论框架，进一步明确国家治理现代化背景下服务型政府建设的战略要点与关键环节。基于此，本书提出，服务型政府是权力运作以公共性为基础，在公民本位和社会本位的框架内，以有限且有效的最佳方式获取人民满意评价的现代政府。

（一）以公共性为逻辑基点

自启蒙运动以后，人类社会开启了现代公共生活，而政府作为人们开展公共生活的重要载体被赋予了不同于传统政府的新内涵，这要求公共性必须成为政府权力运作的基础。公共行政学基于政治与行政分离而产生旨在提高行政效率，并将科学管理和官僚制作为其重要支柱，但对权力运行效率的过度重视和依赖也就忽视了权力运作应具备的民主和公平导向，甚至出现了以建立"企业家政府"为目标的理论假说和行政实践，大大偏离了现代政府所应具备的核心价值。也正是由于公共性的缺失引起了关于公共官僚制的合法性危机。中国传统时期的思想家早就提出了"天下为公"的观念，并将此贯穿于政治思想体系之中以作为政治生活的理想状态，但始终无法突破时代的局限性因而也未能达致目标。马克思提出了科学社会主义的伟大构想，明确阐明政府权力运作的出发点和落脚点都在于服务广大人民群众，这就为社会主义国家的政府权力运作提供了合法性论证，即政府权力运作只能出于公共利益的目的。中国共产党在马克思主义思想的指导下领导全国人民进行艰苦革命建立中华人民共和国之后,继续领导全国人民不断推进社会主义建设,以极大的政治勇气持续开展政治和行政改革以更好地适应经济和社会发展的新需求,基于此,也必然要求作为行政改革目标的服务型政府始终"坚持公共性的价值引领"①。

从现存的有关服务型政府的学术文献来看,无论学者们如何界定服务型政府的内涵和外延以及主张应当采取何种逻辑进路和行进策略,服务型政府应具备公共性特质始终是潜藏于争论和分歧背后的基本学术共识,而根植于中国政治实践提出"服务型政府"的概念本就是对公共性的深刻认知。因此,本书主张以公共性为逻辑基点推进服务型政府理论的体系建构。首先,政府的权力运作在于解决公共问题。与一般的问题不同,公共问题必须具备一定的广泛性和代表性,是关涉广大人民群众切身利益的亟待解决的问题,比如资源浪费、贫富差距、环境污染以及生态破坏等都是服务型政府的应当及时解决的公共问题。其次,政府权力运作必须体现公共意志。这意味着,作为国家权力机关的执行机关,政府开展公共治理的权限和程度都源于法律的明确授权,或者说是忠实地执行权力机关的决定,否则就要承担法律对其否定性评价的责任和后果。再次,政府权力运作应当符合法定程序。政府在运用公权力解决公共问题的时候,尤其是遇到会造成少部分公民权益的不利影响或者付出必要成本的时候,都需要严格遵循法律规定的程序从而以最小的损害获得最好的效果。从以上几个方面对"公共性"展开论述,大致将服务型政府的公共性勾画出来,旨在为理论探讨和行政实践筑牢地基。

(二) 以公民本位和社会本位为核心要义

随着现代社会的到来,思想家们发掘和论证了人本身内含的理性能力,并进而确立了作为个体的人所应有的主体性价值。人只能是目的而不是手段的观念获得了广泛传播和普遍认同。因此,现代的社会秩序、行动规则和生活方式得以逐步建立起来,这意味着除了人本身以外的其他被构筑出来的"社会景观"都是为了人的需要而存在的。

---

① 夏志强、谭毅:《公共性:中国公共行政学的建构基础》,《中国社会科学》2018年第8期。

当然，这也包括政府本身以及政府的权力运作。这一套观念体系和制度安排实际上也就解构了传统的"政府本位"和"官本位"思维定式，从而逐渐将"以人为本"的理念确立起来。受到客观条件和认知水平的束缚，传统的政府是少数人汲取民间资源从而享受特权的有效工具。因此总是以权力运作的有效性为根本追求，这需要出让部分利益以换取各级官僚的忠诚，既维护社会的稳定同时又可以最大限度地攫取资源。所以政府的权力本身也成了一种可以交易的资源。尽管有"以民为本"的呼吁，仍然只是作为"臣民"而存在，其本质上是要求统治者留有余地而不能以杀鸡取卵的方式占据所有的资源，归根结底仍然没有超越政府本位和官本位的观念。马克思主义试图消除奴役人的所有因素从而实现人的个性解放，并将每个人的自由全面发展设定为人类理想社会所应达致的目标，也就是说，公民本位和社会本位是以马克思主义为指导的社会主义国家的政府权力运作的框架。

作为社会主义中国的执政党，中国共产党以马克思主义为指导思想，全心全意为人民服务的宗旨是以宪法形式确立的庄严政治承诺，中国共产党领导下的人民政府必然也必须以公民为本位和以社会为本位。因此，"服务型政府应当以'他在性'为导向，应当确立起'他在性'的原则"[①]。公民本位就是以公民的全面发展和权利实现为根本依归，这是以尊重和保障人的尊严和权利为基本前提的，相对于传统的"官本位"而言，"公民"是实际控制政府权力的独立的人而不再是依附于政府权力的"臣民"。相较于传统的将所有的主体都整合进政府权力系统中的"政府本位"，社会本位即确保社会各主体相对独立的自由活动空间，政府权力运作既是为了维持社会的运转，也在于依法规制那些试图打破社会规则或侵害其他主体的行动，从而保障公共行动和公共生活的持续性。从实践来看，中国共产党始终尊重人民的主体地位和首创精神，坚持贯彻群众路线，在其领导下制定的宪法中既专章列举了公民的基本权利和义务，也明确有"国家尊重和保障人权"的条款。2015年党的十八届五中全会提出"以人民为中心"的发展思想，党的十九大报告明确将以"人民为中心"确立为习近平新时代

---

① 张康之：《论主体多元化条件下的社会治理》，《中国人民大学学报》2014年第2期。

中国特色社会主义思想的重要内容，党的十九届四中全会则将"坚持以人民为中心的发展思想"作为我国国家制度和国家治理体系的一大显著优势，这为服务型政府以公民本位和社会本位为核心要义提供了根本政治依据。

(三) 以有限且有效政府为理想蓝图

为了彻底改变传统时期的政府要么不作为、要么乱作为的状况，在向现代社会转型的过程中，人们总在不断寻求政府权力运作的最佳方式，既要确保政府充分履行职责，同时又要防止公民权利受到政府权力的侵害。在长期的观察和分析过程中，思想家们深刻地认识到，人在本质上是社会性的动物，因此人们总是通过不同的方式聚合起来从而开展多彩的公共生活，社会、市场和政府是现代社会最基本的行动体。从理性经济人的角度来看，为了避免理性人的不当自利行为可能引发的公共危机，就需要对这些包括政府在内的不同的行动体进行必要的规制和约束，从而确保公共生活具有可持续性。显然，现代社会已然不能再按照传统的思路以强大的行政力量来管控社会和市场，而是要在社会本位的前提下促使社会、市场和政府三者形成良性互动的关系，公共行政学者的使命就在于建构出符合这一基本要求的政府形式。改革开放以后，立足于中国特色社会主义制度，国内学者根植于中国情境孜孜求索理想的政府治理模式。为了改变计划经济体制下形成的全能型政府模式，有学者根据各自规模的大小提出了包括"小政府、大社会"在内的诸模式，也有学者根据力量的强弱提出了包括"强政府、强社会"在内的诸模式，不少学者在分析和研讨的过程中也逐渐认识到这两种视角和方案由于未触及根本问题都未能真正成为全能型政府改革转型的方向。

自从服务型政府的概念被提出以后，学者们也逐渐搁置了不同主体规模大小和力量强弱如何形成最佳组合的争论，开怀畅想和积极勾勒服务型政府的理想状况。尽管分析的视角和思考的进路或许各不相同，但"有限"和"有效"是包括政治学、公共行政学、法学以及经济学等不同研究领域的学者们对服务型政府的共同预设和期待。① 而正在全国范围内推行的以"行政审批制度改革""权力清单制度"等为主要内容的"放管服"改革都以规范政府权力运作边界和权力运作效能为基本目标。因此,"有限且有效"既是学者立足中国公共行政的实践而提出的政府理想状态的设想,也是行政体制改革正在追寻的目标。基于此,本书亦将"有限且有效"确定为服务型政府权力运作的最佳方式。首先,政府的权力运作应以明确的法律授权为边界,除此之外的空间,社会和市场均可自由行动。其次,政府的权力运作应以最大限度满足公共需求为限度,既不能随意扩张,更不能自行收缩。最后,政府的权力运作应充分尊重市场和社会各自运行的逻辑,尤其不能以权力的逻辑改变市场和社会的内在逻辑,除了法律明确禁止的行为之外,市场主体和社会主体都能够自由选择和自主安排。概言之,有限且有效是对服务型政府权力运作的限度和效度的高度概括,同时也是贯彻权力运作的公共性以及公民本位和社会本位的必然要求,确保"权为民所用",因此构成了服务型政府的理想图景。

(四) 以人民满意为评判标准

在长期的政治实践过程中,人们对政府权力的运作逐渐达成共识:权力导致腐败,绝对的权力导致绝对腐败。因此,如何实现对权力的监督和制约亦成为人们关注的重点问题。启蒙思想家们创造出了三权分立的横向权力制衡制度和地方自治的纵向权力监督制度,并在许多国家以宪法的形式确定下来。由此,现代社会不仅确立了权力归属于人民的观

---

① 吴敬琏:《建设一个公开、透明和可问责的服务型政府》,《领导决策信息》2003 年第 25 期;郁建兴、徐越倩:《政府招商引资活动的有限性与有效性》,《东南学术》2003 年第 2 期;俞可平:《善政:走向善治的关键》,《当代中国政治研究报告(Ⅲ)》,社会科学文献出版社 2004 年版;周鲁霞:《有限政府和有效政府:中国政府治理模式变革取向》,《中国行政管理》2005 年第 11 期;莫于川:《有限政府·有效政府·亲民政府·透明政府——从行政法治视角看我国行政管理体制改革的基本目标》,《政治与法律》2006 年第 3 期;燕继荣:《打造"有效"且"有限"的政府》,《社会科学报》2014 年 3 月 20 日第 3 版;张恒龙、康艺凡、高洪军:《有限政府与有效政府:中国政府改革的目标与路径》,《上海大学学报》(社会科学版)2009 年第 4 期;杨光斌:《一份建设"有能力的有限政府"的政治改革清单——如何理解"国家治理体系和治理能力现代化"》,《行政科学论坛》2014 年第 1 期;张东峰、肖滨:《简政放权的实质是构建有效且有限政府》,《同舟共进》2015 年第 11 期。

念，同时也要对权力运作的全过程进行监督，并最终要接受人民的评判和检验。中国共产党领导人民取得革命胜利以后制定了宪法，现行宪法明确规定，中华人民共和国的国家性质是"人民民主专政的社会主义国家"，国家的一切权力属于人民，各级人民代表大会代表人民行使权力，由人民代表大会产生人民政府作为其执行机关，人民政府须对人民代表大会负责并接受人民代表大会的监督。当前，中央和地方构筑起了比较完备的行政法律体系，公民能够通过行政诉讼的途径维护合法权益从而监督政府权力的运作。党的十九届四中全会再次强调，"创新行政方式，提高行政效能，建设人民满意的服务型政府"。因此，结合理论上的逻辑推演和当前的政治体制和法律体系，本书将人民满意确定为服务型政府权力运作的监督机制和评判标准。

"人民满意"既在于监督服务型政府的权力运作，同时也为服务型政府建设提出了更高的要求。党的十九大报告明确指出，"中国特色社会主义进入新时代，我国社会主要矛盾已经转化为人民日益增长的美好生活需要和不平衡不充分的发展之间的矛盾"，这一重要论断为人民满意的服务型政府理论探索和实践建设都提供了支点并指明了方向。首先，多元主体共存是现代社会的基本特征，而不同的群体有不同的诉求亦在情理之中，多样化的公共需求更是必然趋势，协调各方的利益冲突成为政府权力运作的重要任务。因此，公共治理需要寻求多元合作从而形成共建共治共享的治理格局，充分了解和回应多元的和个性的需求。其次，以开放的视野更新公共行政的理念，从而将市场和社会设定为积极的行动者而不仅仅是制度作用的对象，鼓励公民在不违反法律法规的前提下踊跃地追求幸福生活所需的物质财富和精神境界，政府的权力运作在于提供平台同时维持平台持续运转。再次，人民满意意味着更加注重个体体验和主观感受，因此需要根据人民对美好生活的向往重构政府绩效考核指标体系，探索将公民满意度纳入政府绩效考核的指标体系，将主观标准和客观标准、数量控制和质量评估结合起来。最后，重视以技术为公民赋权，充分利用信息技术搭建政府权力公开运作的平台，将公共行政的全过程置于网络监督之下，从而增强政府权力运作的规范化和公信力。从前述各方面进行考量和推进，最终将人民满意融通于服务型政府的理论和实践的各个环节。

第二节　加强服务型政府建设的整体性规划与设计

一　加强服务型政府建设整体性规划与设计的必要性

（一）"服务社会"的来临要求对服务型政府进行规划设计

从产业发展的角度看，人类社会大致经历了农业社会、工业社会和后工业社会三种形态。后工业社会也被称为"消费社会"①，其中占最大比重的产业是服务业，消费者最大的消费需求是服务需求，因此，消费社会从供给的角度来说就是"服务社会"。2017年，美国服务业占GDP的比重已经超过八成，英国、法国、荷兰服务业占GDP的比重已经过七成，日本等国的这一比重接近七成，而以制造业著称的德国的这一比例也超过六成。②"服务社会"的服务既包含商业服务，也包含公共服务。与服务社会相应的政府模式应该是服务型政府。也就是说，随着"服务社会"的来临，服务型政府必须进行整体规划与设计，以因应社会需要。

就中国而言，近年来，服务业占GDP的比重逐步超过50%，并继续呈逐年上升趋势（见图1-1），教育、医疗、社会保障三项基本公共服务支出占财政总支出的比重达到34%，也呈继续上升趋势（见图1-2）。

虽然不同国家的经济结构、经济导向和经济发展阶段不尽相同，服务业占国内生产总值的比例有高有低，甚至可以说一些制造业出口导向的国家其服务业占比不可能太高，但服务业在国民经济中的相对主导地位在发达国家是一种事实，这在发展中国家则更是一种长期的趋势。"服务社会"中服务产业逐渐占据主导地位也就意味着整个社会的运转模式的根本改变，尤其是日益增长的多样化公共需求对政府的公共服务能力提出了新的要求。显然，传统以控制和管理为主要导向的政府治理模式已经无法适应"服务社会"的需要，政府治理变革势在必行，而这实际上是重塑政府与市场间关系、政府与社会间关系以及政府与公民间关系的过程，这就要求对政府职能进行整体性再设计从而整体推进政府模式

---

① ［法］让·鲍德里亚：《消费社会》，刘成富等译，南京大学出版社2014年版。
② 《世界各国服务业增加值占GDP比重》，快易理财网，https://www.kuaiyilicai.com/stats/global/yearly_overview/g_service_value_added_in_gdp.html，最后浏览日期：2019年9月1日。

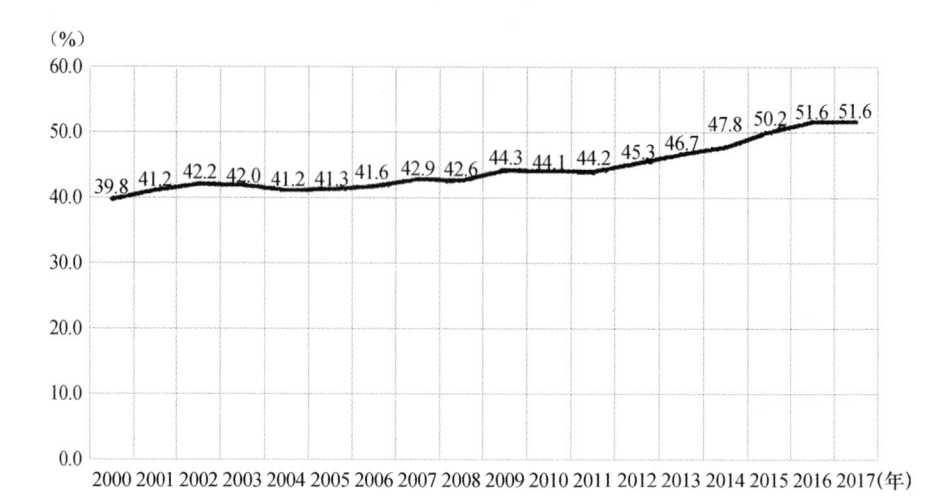

图 1-1 中国服务业占 GDP 的比重（2000—2017 年）

资料来源：《中国统计年鉴（2018）》，中国统计出版社 2018 年版。

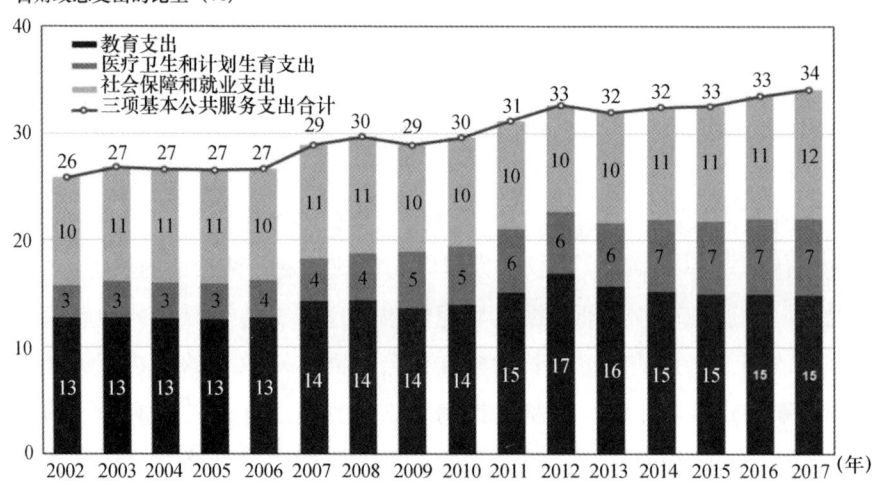

图 1-2 中国政府用于三项基本公共服务的支出占财政总支出的比重（2002—2017 年）

资料来源：《中国财政统计年鉴（2008）》（2002—2007 年数据）；《中国统计年鉴》（2009—2018）（2008—2017 年数据）；图表转引自联合国儿童基金会网站，https://www.unicef.cn/figure-217-government-expenditure-basic-public-services-general-govt-exp-20022017，最后访问日期：2019 年 9 月 16 日。

的转型。当然,这一过程不可能一蹴而就,正如服务业占比不可能短时间得到巨大提升一样,但我们对将要面临的大势不能不未雨绸缪。因此,本研究认为,服务型政府建设就是我国为应对"服务社会"的来临而进行的一项战略性、前瞻性政府治理的谋划。

(二) 建设实践的碎片化要求在整体上对服务型政府进行规划设计

服务型政府建设在各地的实践总体上呈现出较为明显的碎片化特征,主要表现在指导思想、领导机构、建设方案、服务供给等方面。

第一,服务型政府建设的指导思想主要源于党的执政理念和重要领导的思想结晶,并跟随党的指导思想的发展而不断深化和发展。但不少学者把马克思的代表制、马克思的人本理论、社会契约论、政府公共性理念、民主理论、法治理论、新公共行政、治理、新公共服务、后现代公共行政理论、委托代理理论、公共物品理论等纷纷纳入服务型政府建设的指导思想之中①,多种不同的理论杂糅但又似是而非,这助长了服务型政府建设指导思想的混乱性和碎片化,这种混乱和碎片化的理论是无法为实践提供指导的。

第二,各地服务型政府建设的领导机构的设置方式多样且职权不一。专门成立服务型政府建设领导机构的并不多见,有些地方成立了服务型政府建设领导小组之类的机构,但各地的服务型政府建设领导小组的组成却千差万别。有的是借助现有的"行政服务中心",在其内部成立了服务型政府建设领导机构;有的是以地方政府主要领导为核心成立了服务型政府建设领导小组;有的是借助其他改革小组推进服务型政府建设,诸如转变职能领导小组、机关效能领导小组以及"放管服"改革协调小组等。由于每个地方的领导机构权限完全不同,服务型政府建设的力度和效果差异很大,机构设置显得随意化,建设效果缺乏整体保障。

第三,服务型政府建设方案碎片化特征明显。国家层面依然缺乏统一规划的行动方案,省级层面的统筹也不多。从各地出台的服务型政府建设方案看,地方政府的服务型政府建设方案差异较大,侧重点和方案

---

① 刘熙瑞、段龙飞:《服务型政府:本质及其理论基础》,《国家行政学院学报》2004 年第 5 期;井敏:《试析服务型政府的理论基础》,《学习论坛》2006 年第 10 期;褚添有:《构建服务型政府:多维理论之考察》,《南京社会科学》2007 年第 9 期。

的规范程度也不相同。一些地方制定的服务型政府建设意见较为抽象，操作性欠佳，最终依赖各个部门制定实施细则。各地普遍缺乏一个作为参考性标准的建设方案和实施意见，往往通过分项改革推进服务型政府建设，建设方案呈现出"碎片化"特征，导致各地建设水平参差不齐，致使服务型政府建设始终无法达到比较理想的效果。

第四，在实践中服务供给碎片化主要表现在同一类公共服务或者关联性公共服务的部门分割问题。例如，对能否享受国家的福利政策就可能涉及民政局、人力资源与社会保障局、房管局、教育局、老年办、残联等部门。一个服务对象可能涉及多个福利资格的享有，但由于各地、各部门是分割的信息系统，导致重复性的信息采集，服务对象往往需要奔波于不同部门、科室提供本质相似的信息，导致服务信息和服务方式都呈现为"碎片化"格局。虽然一些地方政府通过成立"行政服务中心"、行政审批局等平台型机构对公共服务职能进行了一定的整合，但整合力度和服务能力还有提升空间，不少需要整合的权力依然分散在部门手中。服务功能的碎片化直接影响了公民接受公共服务的便利性和高效性，增加了政府部门的机会主义冲动和空间，导致部门间的协作变得困难重重，也为部门揽权和推责留下了操作空间。服务型政府建设实践中的"碎片化"，其实质是政府本位定位与部门本位主义，是从政府自身权力运作的需要出发，而非公民和社会的实际需求出发。

根据前述的各地服务型政府领导机构、指导思想、建设方案以及服务供给的"碎片化"格局，最终导致缺乏一个服务型政府的样本和标准，对于服务型政府的整体性治理极为不利。这严重削弱了政府治理的能力，阻碍了现代政府治理体系的形成，明显有悖于中央提出的国家治理体系和治理能力现代化的战略目标。然而，值得注意的是，单个"碎片化"的主体并不能有效地改善这种"碎片化"的景观，甚至严重缺乏改善的动力。党的十八大以来，中央高度重视改革的整体性和系统性，并多次强调顶层设计对全面深化改革的重要意义。因此，立足新时代，实现政府转型的当务之急应是在国家治理体系和治理能力现代化的框架之下，针对政府治理"碎片化"的状况重新进行整体性规划和设计，最大限度地整合各方力量从而系统推进人民满意的服务型政府建设。

二 用行政工程学规划与设计服务型政府

任何政府治理模式都是实际情形和人为设计相结合的产物，行政工程学则是实现这种结合的学问。截至目前，中文文献中还没有单独关于行政工程学的研究，公共行政学中曾经存在并发挥积极影响的"社会设计"理论①为我们提供了一定思路上的启发。但社会设计论所针对的问题及其时空与服务型政府建设的行政工程学有较大的差别，其旨在实现对传统的危机设计、渐进设计、理性社会的超越，而服务型政府则需要综合社会设计、理性设计、渐进设计和危机设计，把应激反应性和前瞻规划性结合起来，把政府主导和公民参与结合起来，进行系统设计。基于上述分析，反倒是社会工程学和宪法工程学的相关观点更适合为服务型政府的行政工程学提供借鉴。社会工程学将人类的实践活动视为"工程"，"设计"是其突出特征，其任务是在把握社会结构特点和发展规律的前提下"通过构建新的结构模式（包括体制、政策、法律等）去解决社会问题、促进社会发展"②。宪法工程学则旨在"对一个国家的宪法和政治制度进行有目的的设计，以达成某些预期的政治目标"③，其与政治工程学近义（我国使用较多的"顶层设计"可近似看成一种政治工程学方法）。以上述观点为参照，行政工程学是广义上社会工程学的一部分，且与政治工程学有着密切关系但侧重不同领域，可以将行政工程学定义为这样一门学问：通过对一个国家的行政制度和政府治理模式进行有目的的规划和设计，以解决社会问题，实现行政发展。服务型政府的行政工程学就是通过行政改革对政府治理模式进行有目的的规划和设计，以实现政府与市场和社会关系的现代化，实现公民和社会本位，提供人民满意的公共服务等目标。

---

① 全钟燮：《公共行政：设计与问题解决》，台北：五南图书出版公司1994年版；全钟燮：《公共行政的社会建构：解释和批判》，孙柏瑛等译，北京大学出版社2008年版。
② 李黎明：《社会工程学：一种新的知识探险》，《西安交通大学学报》（社会科学版）2006年第1期。
③ 包刚升：《民主转型中的宪法工程学：一个理论框架》，《开放时代》2014年第5期。

行政工程可以看成规律、价值、情景三要素的集合①，其中价值是可以选择的导向，规律和情景是对价值的约束，在社会设计模式中，这三者是融为一体的。需秉持民主治理的价值追求、顺应经济社会发展的客观规律和我国当前和未来的政府治理情境的约束，对服务型政府这一"行政工程"进行整体性前瞻设计。从行政工程学的角度规划与设计服务型政府需要树立战略设计思维，以政治工程学推动政治改革与行政改革协同发展，以此作为服务型政府建设的战略前提，以革新治理理念、转变政府职能、提高服务能力为战略要点，最终实现管制型政府治理向服务型政府的战略转型。

追求"善治"已经成为当今世界各国的普遍目标，其实现有赖于政府的"善政"。因此，"何为良好的政府治理模式"成了很多人在提出和求解的问题。从其暗含的时间意蕴分析，这一问题同时存在对政府治理的当前判断和未来期许。这意味着在现在的政府治理和未来的政府治理之间必然存在差异，这种差异意味着"转型"，这种"转型"对服务型政府行政工程学提出了"为未来而规划与设计"的战略前瞻性要求，强调设计的主动性，实现从各自为战到整体设计、从应激反应到前瞻设计、从他者区隔到协商设计、从个别设计到集成设计等战略思维，强调设计的整体性、时效性和包容性。

（一）强调顶层设计：从各自为战到整体设计

各自为战、缺乏整体设计是当前服务型政府建设"碎片化"的重要表征，可以说局部盲动而非全局联动是服务型政府建设实践面临的最突出的问题。各"块"自我探索的"特色"过多，整体的规范性指导设计缺位，导致相关实践弥散而疏离，无法形成关于服务型政府的"样板"。"不谋全局者不足以谋一域"，政府治理的全面转型需要借助于行政工程学的战略观念和全局思维对服务型政府进行重新规划和设计。首先，中央层面主要在于出台具有普遍意义和权威性的服务型政府建设的宏观规划，尤其要重点确定服务型政府的核心价值取向以及理想目标，明确划定机构设置和主要职能，从而确保服务型政府能够沿着正确的轨道向特

---

① 王宏波：《论社会工程学的意义、内容与学科特征》，《西安交通大学学报》（社会科学版）2011 年第 1 期。

定的目标行进。在此基础上各地方根据本地实际情况探索"试点"的方案,进而按照"服务型"的型构要求去设计政府机构、职能、人员、责任和绩效等问题。其次,顶层设计需要以"意见"的形式发布,地方探索以"实施方案"的形式进行,在总结地方探索的基础上形成服务型政府建设的"经验",进行标准化"推广"。最后根据推广情况出台进一步的"意见",如此循环往复,最终达成一个"普适性+差异化"的服务型政府建设"指导方案"。在这一过程中,必须首先将对服务型政府的顶层整体设计作为一项改革任务提出来并纳入改革议程。其次通过在中央指导和地方试验来回往复的过程中找到服务型政府建设的模式与路径,通过典型引路和以点带面,逐步扩大各级各地的服务型政府建设样板,在条件成熟时全面铺开建设。以行政工程学为指导进行整体设计,在此基础上有步骤地系统推进。

(二)强调系统集成:从个别设计到集成设计

如果说顶层设计主要是从"块"的角度要求中央层面出台关于服务型政府建设的基本指导标准,集成设计主要是强调对分"条"设计的整合。不同于单一领域或者单个部门的个别设计,集成设计是将不同的领域和部门纳入全局情境中进行系统性考量,从总体上展开谋划和匹配,其重点在于建构出联动机制从而使"部分"成为整体的有机组成部分,最终使得各领域和各部门之间形成合力,相互配合相互协调高效运转。一方面,单独某个方面的设计无法适应政府治理现代化的整体转型需要,无论是行政审批制度改革还是公共服务体制改革等设计都只是行政工程学之一隅,政府作为行政系统应该进行集成设计。另一方面,政府作为整个国家机器的一部分,个别设计会孤立无援,在事实上也是不可能的,因此要按照政府治理现代化的要求设计服务型政府,就需要按照国家治理现代化的要求进行体制的集成设计。只有把行政系统的集成设计与政治系统的集成设计结合起来,服务型政府的行政工程学才是完善的,才能解决政府设计"脖子以上"(政府设计本身力所不及)的问题。新时代全面深化改革的一个重要特点就是强调改革设计的系统性、集成性,这种强调"集成"的方法论的特点也使得改革本身越来越具有"工程"特性。在运用行政工程学的理念对服务型政府进行集成设计的时候,首先需要系统清理各个部门的职责和权限,其次对其进行归类整合后进行重新分配，并建立起不同职责之间的协调联系机制，在此过程中无论职责如何划分和职能如何调整均应以能满足公共需求为标准，最后充分发挥各部门的协同作用以提高整体治理水平。

（三）强调长远规划：从应激反应到前瞻设计

长期以来，我们的行政改革具有显著的应激性质。就连"服务型政府"这个概念的提出也是在面对"入世"、发展方式转变等压力的情况下做出的历史选择。① 虽然我们强调服务型政府建设的战略性，但不能否认其诞生之时具有策略性，可以说是"刺激—反应"的结果。服务型政府这个整全的理念实质展开也只能从能"解燃眉之急"的行政审批制度改革等次级层次问题入手，具有鲜明的权宜性，也肯定不是长远之计。按照全钟燮的分类，公共行政的应激反应属于"危机设计"（Criss Design）。② 危机设计依靠正式权威进行旨在缓解眼前、短期、表面问题的设计，缺乏长远规划，而且是一种"头痛医头脚痛医脚"策略，还可能因为延误潜在问题的解决而导致整个政府肌体的功能失调和长远失能。按照设计的本质来理解，危机设计其"设计感"是比较差的，也是不够理性和科学的，因为它没有考虑到未来可能出现的问题，也缺乏对其他声音的倾听、理解和容纳。"不谋万世者不足以谋一时。"服务型政府建设经过十多年的积累，"摸着石头过河"，通过次级领域突破所能带来的建设效果改进已经远不如当初那么明显，配合党的十八届三中全会部署的"全面深化改革"和党的十九大对未来三十年中国发展的擘画，服务型政府的前瞻性整体设计显然刻不容缓。党的十九届四中全会明确提出了将制度优势转化为国家治理效能的总体要求，既要在整体上推进国家治理体系和制度更加成熟稳定和定型从而迈向现代化，又要"抓紧制定国家治理体系和治理能力现代化急需的制度、满足人民对美好生活新期待必备的制度"，其中的前瞻性考虑不言而喻。因此，根据行政工程学的基本精神，从应激反应到主动进行前瞻设计的转变强调前瞻规划在服务型政

---

① 朱光磊等：《服务型政府建设规律研究》，经济科学出版社2013年版，第4—9页。

② Jun, J. S., *Social Construction of Public Administration: Interpretive and Critical Perspectives*, SUNY Press, 2006, pp. 85–88.

府建设中的作用，要求把短期的战术应对和长期的战略规划结合起来，实现治标和治本的结合。

（四）强调社会设计：从区隔他者到协商设计

现代性的一个重要特征是自我解放，但也在很大程度上陷入了"自我中心"，而忽略了"他者"。政府以自我为中心，将他者区隔到政府治理之外也是整个现代性的一大特征。在行政工程的设计中，包括政府在内的少数行动者是当之无愧的主角，绝大多数人成为行政工程设计的"他者"，缺席了其本应出席的设计。即便是号召"包容他者"的哈贝马斯①，其本位依然是自我，其前提也脱不了自我与他者的区隔。即便引入一定的公民参与，部分设计的被迫接收者和消费者转变为设计的主体，也只是设计扩容、有限包容他者的体现。要真正实现"公民本位"，就必须把服务型政府行政工程设计的主客体区隔之墙尽可能铲平，实现他者与自我的常态化互动与交融，进行社会设计。社会设计是一种类似于政策社区意义上对各种意见、各方利益的包容，"它涉及多个行动者，比其他设计活动更具开放性和包容性"②。社会设计采用批判理论和公共协商作为其概念基础，以发展一个利于互动和参与的过程为本质，特别强调分权基础上公民广泛和深入的参与、目标的社会建构和责任的共同分担。③

三 服务型政府行政工程学的战略前提

服务型政府行政工程学不同于一般的工程学问题，不仅仅关涉工程设计和规划，甚至可以说规划和设计本身都有很强的政治性。本书采用服务型政府行政工程学这一提法旨在将政治、行政和设计思维结合起来推动中国的政治发展和行政发展，绝非认为仅仅靠"政治中立"的技术修补和迭代就能胜任政府治理现代化的重任。

政治与行政不是截然分开的，而是密切联系的。在理论上，特德

---

① ［德］哈贝马斯：《包容他者》，曹卫东译，上海人民出版社2002年版。
② Jun, J. S., *Social Construction of Public Administration: Interpretive and Critical Perspectives*, SUNY Press, 2006, p. 84.
③ Jun, J. S., *Social Construction of Public Administration: Interpretive and Critical Perspectives*, SUNY Press, 2006, p. 96.

怀·沃尔多曾言,"我们时代的行政理论也是政治理论"①。在实践上,诚如斯言,"当前中国政府体制改革都确确实实地是一个政治问题"②。"塑造行政国家,首先是政治体制的改革,其次是行政管理体制的变化,最后才是政府职能的调整。"③ 服务型政府行政工程学是我国政治工程学的一部分,是政治、政策、行政等整个上层建筑"顶层设计"的"四梁八柱"的一部分,也可以说是政府治理的"顶层设计"。服务型政府行政工程学不仅仅是行政的,更应是政治的。服务型政府建设本身就是政治体制改革和完善的一部分,其建设进程必然需要有政治体制其他部分改革的配套和适应,也即其展开必然有政治方面的改革作为战略前提。因此,必须推动政治领域的改革与行政改革协同发展。

（一）单纯的行政改革的边际效应及其限度

改革开放以来,我国进行了八次大的国务院机构改革（1982年、1988年、1993年、1998年、2003年、2008年、2013年、2018年）,这是我国行政体制改革的重头戏和标志性事件,也是整个行政体制改革的先导性改革。总的来说,我国的行政体制改革大致可以分为破除、建立、现代化三个阶段,分别对应的时间段为1978—1992年、1993—2012年、2013年至今三个时段。其分段标志分别是党的十四大确立社会主义市场经济体制目标、十八大之后确立的政府治理现代化目标。三个阶段的主要任务分别是破除与高度集中的计划经济体制相适应的行政体制,探索建立与社会主义市场经济相适应的行政体制,全面系统的设计与建设与社会主义现代化相适应的行政体制。

中国改革模式的基本特征是"完全不触及国家权力宏观治理体系问题,而在中观治理体系与机制上着手布局改革,重点落在微观治理体系的激活上面"④。不可否认,在保持宏观的根本政治制度和基本政治制度

---

① Waldo, D., "A theory of public administration means in our time a theory of politics also", *Public Administration: The State of the Discipline*, N. J.: Chatham House Publishers, 1990, pp. 73 – 83.
② 任剑涛:《中国政府体制改革的政治空间》,《江苏行政学院学报》2009年第2期。
③ 任剑涛:《宏观避险、中观着力与微观搞活:中国治理体系现代化的转变》,《政治学研究》2019年第1期。
④ 任剑涛:《宏观避险、中观着力与微观搞活:中国治理体系现代化的转变》,《政治学研究》2019年第1期。

不变的情况下，通过改革体制机制和对微观问题的及时有效应对，中国共产党领导中国取得了举世瞩目的经济社会发展成就，迎来了"实现中华民族伟大复兴的光明前景"，其中起到至关重要作用的就是行政体制改革。通过调整计划经济时代的党政混同关系，形成了相对规范化的党政分工关系，为行政体制改革腾出了政治空间，也为政治体制的稳定设定了行政保护层，以在无法自绝于外界环境变化的情况下形成一个与环境之间的缓冲带，起到感受环境变化和抵御环境负面影响的双重作用。应该说，这样的政治与行政改革相对分离的方法论设计是非常成功的。行政体制改革在政府职能转变、行政区划调整、政府机构改革、政府管理方式创新、法治政府建设和公务员队伍建设等方面做了大量卓有成效的工作，取了重大成就，"从根本上摒弃了高度集中的计划经济体制和行政管理模式，基本上建立了与社会主义市场经济相适应的行政体制"[1]。政府和公权力的错位、越位、缺位状况总体上得到纠正，政府与市场、社会的关系得以规范并逐步走上法治轨道，为实现政府治理现代化提供了不错的行政体制基础。

在行政体制改革的正面效用不断彰显的同时，改革已经成为一种不可否认的意识形态和政治正确，但却面临悖论。一方面，整个社会就对更大规模、更深层次的改革的需求更加强烈，否则就会在社会中形成一种相对剥夺感。另一方面，改革过程中形成的既得利益集团则会阻挠那些损害其利益的进一步改革。因此，对改革领域和方法论的调整在所难免。"稳中求进"的总基调使得行政改革的应激性特征较为明显，迫于时势开展的被动型改革远多于着眼未来的长远谋划，由此形成了一种追赶快变环境的适应型改革模式。这一模式当然与"协调改革力度、发展速度和社会承受度"[2] 的改革方法论有关，企图针对环境的变化不断地进行改革以适应环境，并在一次次"通过改革以适应环境"的过程中步步为营，积累国家治理现代化的增量。但是，这一模式在演进过程中凸显其路径依赖的时候，其边际效应也就逐步降低了，其局部改革所面临的限制和权力主宰而社会参与不足等问题也随之暴露出来。也就是说，持续

---

[1] 魏礼群：《中国行政体制改革的历程和经验》，《全球化》2017 年第 5 期。
[2] 魏礼群：《中国行政体制改革的历程和经验》，《全球化》2017 年第 5 期。

亦步亦趋地进行改革不但无法适应现代化目标的要求，而且会让为改革成就所遮蔽的潜在问题浮出水面。因此，我们既需要在中观层面加强长效制度的建设，处理好政府与市场的关系、国富与民富的关系、效率与公平的关系、中央与地方的关系、内需与外需的关系、城镇与农村的关系、沿海与内陆的关系、发展与稳定的关系、科教与人才的关系、发展与生态的关系，也需要在宏观上开展政治体制改革、法治建设与法治改革。① 针对这一问题，党的十八届三中全会提出"全面深化改革"可谓一针见血，把改革从局部推向全局，从浅层推向深层，从治标（问题导向）推向治本（制度导向）。此后，党的十九大通过的党章修正案又强调要增强改革的系统性、整体性、协同性。显然，中国最高决策层已经认识到单纯行政体制改革功用有限，改革必须"全面"而"深化"，行政体制改革进行到深水区，继续改革所需要的政治空间需要稳步扩大，以实现政治领域的改革与行政改革的协调发展，进而保证改革获得感的可持续性。

（二）破解行政改革边际效应递减的方法

按照历史制度主义的观点，制度变迁面临"路径依赖"的阻碍，可能会形成路径锁定从而导致制度僵化进而产生剧变性制度断裂。理论上，破除路径依赖可以从开放制度体系主动进行"自我革命"和与制度内外的攻击者进行不断"攻防演练"两大途径入手，最终促使制度变迁的势能大于阻碍制度变迁的势能。中国的行政改革则是在与制度内外的攻击者的"攻防演练"过程中适时进行"自我革命"，以破解改革边际效用递减的难题。

1988年国务院机构改革首次提出转变政府职能，这表明当时中央已经看到单纯的机构改革边际效应难以为继，难以走出"膨胀"与"精简"之间的循环怪圈，难以调整计划经济时代遗留下来的政府与社会、政府与市场的关系。行政官僚机构自我膨胀已经成为阻碍制度变迁的历史否决点。为了打破"帕金森定律"，中央主动进行自我革命，推动行政改革从单纯的机构改革走向职能转变，这是改革开放以来我国破解行政改革

---

① 田国强等：《中国改革：历史、逻辑与未来——振兴中华变革论》，中信出版社2014年版，第219—227、231—255页。

边际效应递减的第一次重大转向，为后来建立与社会主义市场经济相适应的行政体制打下了重要基础。

21世纪以来，中国共产党面对"四大考验"和"四大危险"，面对重大自然灾害和日益增多的社会风险，既沿着先前改革道路和领域继续前进，及时处理执政面临的问题，又深刻把握经济社会发展大势，主动担当起协调市场与社会关系的治理责任，领导中国政府开展大部门体制改革，填补应急行政管理体制、市场监管体制、公共服务体制等行政体制方面的空白，行政体制改革依然有不错的边际效应，为经济发展、社会稳定提供了重要支撑。但政府对市场干预过多，行政行为中的公民权利保障不足、公民参与政府公共事务的渠道不畅通等问题也迫切需要解决，继续沿着原有改革路径走下去面临边际效用递减的风险。

党的十八大以来，我国改革目标逐步被确立为实现治理体系和治理能力现代化，这意味着全方位的制度变迁，行政改革的边际效应递减问题通过更大程度的政治体制改革、制度体系开放、激发社会活力等手段得到破解。十九届四中全会系统总结了我国国家制度和国家治理体系多方面的显著优势，将"推进国家治理体系和治理能力现代化"作为"全党的一项重大战略任务"，通过全面深化改革实现制度不断自我完善。中国共产党正领导中国进行"自我革命"式改革，推动改革的顶层设计，这意味着我们要自己主动寻找制度中的"关键节点"，打破这些节点及相应的体制机制的束缚，主动实现制度变迁。在全面深化改革和实现整体性制度变迁的过程中重新定位行政改革，把作为一隅的行政改革放在整个全面深化改革的大棋局中重新审视，既使得行政改革本身是政治改革的定位更加清晰，又使得行政改革继续推进的宏观限制放宽。深化与行政改革相关的其他领域特别是政治领域的改革，推动行政改革从政府职能转变这一过程走向政府治理现代化这一清晰目标，这是改革开放以来我国破解行政改革边际效应递减的第二次重大转向，为建成与国家治理现代化相匹配的服务型政府开启了宏观政治空间。

新时代行政体制改革不再是单纯的政府机构改革，而是统筹推进党政军群机构改革，以便将"党的领导"全面贯彻落实到组织机构建设中去，同时也为行政体制改革创造了一个贯通性的新空间。针对行政改革吸纳社会利益诉求的能力和容量有限的问题，从政治体制、公共服务、社会治理等一系列领域多方发力,推动国家与社会、政府与公民关系的历史转型。

首先,为政治体制改革"脱敏",规范党政关系,实现政治改革与行政改革协同发展。明确政治体制改革不是改不改的问题,而是什么不能改什么能改以及怎么改的问题。在坚持人民代表大会根本政治制度及一系列基本制度的前提下,当代中国的政治体制改革的重要方面就是调整和处理好党政关系,这恰恰是进一步推进行政体制改革的政治前提,是处理好政府与社会、政府与市场关系的先导。理顺党政关系,一方面,加强党的领导、决策和监督能力,充分发挥执政党"领导全局、协调各方"的作用,设立多个领域的领导小组或委员会,大刀阔斧地推进国家监察体制改革,实现监察全覆盖,既让行政改革与其他改革取得了协调并且赢得了新的改革空间,又使得行政改革的正外部效应不因监察鞭长莫及而消减。另一方面,在执行环节实施分类改革,支持政府提高执行力和在行政意味更浓、有较为明显的绩效评价体系和绩效改革空间的经济社会领域放手开展"放管服"改革和政府职能转变,而在意识形态、民族宗教等一些政治性较强、需要党政合力的领域加强党的直接领导和直接执行力,这为新时代行政改革划定了范围。2018年党政机构一体化改革通过整体性、系统性和协同性改革方法论实现了政治改革与行政改革的协同发展,在宏观上为破解行政改革边际效应递减问题开辟了新的空间。

其次,通过强化行政性的公共服务开辟中国民生政治的新境界,实现通过行政改革增强政治合法性的目的。中国有着悠久的民生政治传统,"养民"、"不与民争利"、民本等政治理念深入人心。民生政治本质上是生活政治和民心政治,民生攸关人心向背。中国共产党一直注重通过不断满足民生需求厚植中国渐进政治发展道路的民意基础,甚至在重大判断上把社会的主要矛盾界定为人民需要与满足这种需要的能力之间的矛盾。中国共产党将新时代社会主要矛盾界定为"人民群众日益增长的美好生活需要与不平衡不充分的发展之间的矛盾",强调"以人民为中心"的发展理念,不断增强人民群众获得感、幸福感和安全感,在共享发展理念下大力强化政府的公共服务职能,不断推进公共服务体制改革,在教育、医疗等公共服务领域陆续出台关于中央与地方财政事权和支出责任划分改革方案,"全面建立质量标准、稳步提高均等可及、巩固健全体制机制、丰富完善制度规范……更加突出了法治化、标准化、协同化、智慧化、标准化的工具理性"①,开辟了民生政治的新境界。行政改革通过贯彻执政党"执政为民"的执政思想,大力改善民生,强化政府公共服务职能,增强了执政合法性,实现了行政改革提升政治合法性的目的,是行政改革与政治改革协同发展的又一路径。

再次,通过主动开放基层治理体系,构建共建共治共享的社会治理格局,弥补行政中的公民参与不足。从统治到治理的转型被认为是当代世界政治的一大趋势。② 政治参与在大型社会必然被限制在一定范围内是无可争辩的事实,西方的代议民主制甚至需要一定的政治冷漠为其制度配套。然而人们的参与需求并未因此自然消失。西方国家为了缓解代议制民主的危机,逐步倡导正式公权力之外的其他多主体参与的"治理",而淡化其少数精英实施统治的政体实质。但"治理"的实践都处在正式统治的"剩余领域",无损于政权的安全,其本质上是以"治理参与"代替"政治参与",从而实现政治体系的边界拓展。由于公民能够参与到许多与自己直接或切身相关的治理活动中,其对政治体系的负面评价可能会降低,政治体系通过局部开放而增强了自身的合法性。又由于这些"治理参与"往往是在基层,即便有过激之处,矛盾也会在基层被消弭,因而不会产生大的、高层的负面影响,其对政权稳定的危害完全可控。新时代的中国共产党在推进国家治理体系和治理能力现代化的过程中,在坚持自身在治国理政中的领导地位和政府的主导地位时,也部分吸收了西方的治理理念,开放一些基层领域供公民参与,以弥补政治参与渠道不足和行政改革吸纳公民诉求容量不足的问题。通过构建共建共治共享的社会治理格局,在基层治理中发挥党建引领的作用,发扬光大"矛盾不上交"的"枫桥经验",实现基层治理体系的可控性开放,增强了执政合法性,是从大处着眼、小处着手的破解行政改革边际效应递减的有效方法。

---

① 姜晓萍、陈朝兵:《中国基本公共服务改革40年》,《中国社会科学报》2018年4月17日第6版。

② 俞可平主编:《治理与善治》,社会科学文献出版社2000年版。

通过上述方法，中国共产党为新时代行政体制改革持续推进并产生正向绩效指明了方向。面向治理现代化的行政改革的边际效应仍面临天花板，这首先需要我们从理论上深化对政治改革和行政改革协同性的认识，其次找到实现政治改革和行政改革协同发展的切入点。

（三）深化对政治改革与行政改革协同的认识

1. 必要性认识：政治改革与行政改革需要协同

政治改革与行政改革需要协同，二者的不协调将降低整个改革的效率。中国共产党及其领袖对此有深刻认识。三十多年前，邓小平一语中的地指出："现在经济体制改革每前进一步，都深深感到政治体制改革的必要性。不改革政治体制，就不能保障经济体制改革的成果，不能使经济体制改革继续前进，就会阻碍生产力的发展，阻碍四个现代化的实现。"① 结合我们将经济体制改革视为调整政府与市场的关系这一看法，邓小平的智慧可以进一步理解为政府与市场关系的调整（服务型政府建设就是其中的当然内容）呼唤政治体制改革。

在新时代的中国，全面深化改革在一定程度上改变了关于单纯通过改革行政体制以适应市场需要的改革取向，为服务型政府建设提供了必要且全面的改革配套。习近平总书记在庆祝改革开放 40 周年大会上的讲话中说："从以经济体制改革为主到全面深化经济、政治、文化、社会、生态文明体制和党的建设制度改革，党和国家机构改革、行政管理体制改革、依法治国体制改革、司法体制改革、外事体制改革、社会治理体制改革、生态环境督察体制改革、国家安全体制改革、国防和军队改革、党的领导和党的建设制度改革、纪检监察制度改革等一系列重大改革扎实推进。"②在全面深化改革中，政治体制改革的迫切性得到中央领导人的确认，为推动行政改革与政治改革协同发展奠定了战略基调。习近平总书记指出："民主法治建设同扩大人民民主和经济社会发展的要求还不完全适应，社会主义民主政治的体制、机制、程序、规范以及具体运行上还存在不完善的地方，在保障人民民主权力、发挥人民创造精神方面也还存在一些不足，必须继续加以完善。""在全面深化改革

---

① 《邓小平文选》第三卷，人民出版社 1993 年版，第 176 页。
② 习近平：《在庆祝改革开放 40 周年大会上的讲话》，人民出版社 2018 年版，第 10 页。

进程中，我们要积极稳妥推进政治体制改革，以保证人民当家作主为根本，以增强党和国家活力、调动人民积极性为目标，不断建设社会主义政治文明。"①

由上可见，在行政体制改革不断推进的过程中，政治体制改革的必要性已经得到党的领导人的充分体认，政治改革与行政改革需要协同。这是因为行政与政治本应是协调配合的，共同处在一个治理体系中，行政改革到一定程度之后，必然引起其与政治关系的调整，从而对政治改革提出相应要求。此时，如果政治不能改革以协调行政改革，就会导致治理体系的内部关系和功能失调，从而影响治理能力和治理绩效。毋庸讳言，行政改革边际效应天花板的解困从根本上要靠政治改革。

2. 方法论认识：在治理现代化中实现政治改革与行政改革的协同

政治改革与行政改革协同的方法主要从政治的角度去考虑，因为政治处于对行政的统御地位，具有改革的主动权和领导权。从执政党关于中国政治发展的基本方略看，中国基本政治框架已定，政治改革必须坚持以党的领导、人民当家作主、依法治国三者有机统一为前提，在此前提下不断完善社会主义民主政治。与此同时，政治改革的方法论基调是不能"走封闭僵化的老路"，也不能"走改旗易帜的邪路"，而是要"坚定不移走中国特色社会主义政治发展道路"②。不走老路意味着要进行政治体制改革，不走邪路意味着要拒绝政治体制改革的错误方向，走中国特色社会主义道路则是政治体制改革的正确方向。党领导下的政治体制改革方向的实质是"社会主义制度自我完善和发展"，其目标在于实现"国家治理体系和治理能力现代化"。

政治是"政"和"治"的合体，简化理解就是政体与治理的结合，是政权形式与政权运行的有机统一。在政体基本框架确立了的情况下，治理就成了政治的日常内容，既包括对政体的完善，也包括使政体运行以发挥其治理作用。治理是世界政治史中最为悠久的概念之一，在古代中国和古代希腊都有关于治理的讨论，其含义虽经数千年演化，但"治

---

① 中共中央文献研究室编：《习近平关于社会主义政治建设论述摘编》，中央文献出版社2017年版，第16页。

② 同上书，第3页。

国理政"的基本意涵延续至今。中国"治理现代化"的提法作为一种目标实际上融合了政治发展和行政发展，作为一种方法论实际上融合了政治改革与行政改革，是一种从政治和行政制度完善到运用政治和行政制度管理国家的双重变奏。正如习近平总书记所指出的那样："推进国家治理体系和治理能力现代化，就是要适应时代变化，既改革不适应实践发展要求的体制机制、法律法规，又不断构建新的体制机制、法律法规，使各方面制度更加科学、更加完善，实现党、国家、社会各项事务治理制度化、规范化、程序化。要更加注重治理能力建设，增强按制度办事、依法办事意识，善于运用制度和法律治理国家，把各方面制度优势转化为管理国家的效能，提高党科学执政、民主执政、依法执政水平。"[①]

从国家治理体系与治理能力的关系而言，政治改革主要侧重国家治理体系的完善，行政改革则更侧重国家治理能力和治理效能的提升，但二者是一个有机整体。"国家治理体系和治理能力是一个国家制度和制度执行能力的集中体现……国家治理体系和治理能力是一个有机整体，相辅相成，有了好的国家治理体系才能提高治理能力，提高国家治理能力才能充分发挥国家治理体系的效能。"[②] 在国家治理体系和治理能力现代化共同推进过程中，政治改革与行政改革实现了协同，制度优势与治理绩效实现正向循环，制度优势转换为治理绩效优势，治理绩效优势反过来促进制度优势发挥，突破了单纯行政改革的限度。

在深化对政治改革与行政改革协同的必要性和方法论认识的基础上，寻找政治改革与行政改革协同发展的切入点就成为必须面对的议题。

（四）政治改革与行政改革协同发展的切入点

1. 加强法治的改革预期管理作用

法治是现代国家治理的基本方式，更是现代社会普遍追求的核心价值。在中国，中国共产党集领导、执政和治理三种角色于一身，厉行法治，将法治视为"党领导人民治理国家的基本方略"和"国家治理体系和治理能力的重要依托"，将全面依法治国视为"国家治理领域一场广泛

---

① 中共中央文献研究室编：《习近平总书记重要讲话文章选编》，中央文献出版社、党建读物出版社2016年版，第92页。

② 同上书，第91页。

而深刻的革命"①，将司法公正视为维护整个社会公平正义的重要防线。法治价值之所以能被世界各国普遍秉持，一个重要原因在于其能"定纷止争"，能维护政权稳定（国家的角度），能帮助建立相对理性的预期（社会和公民的角度），从而能同时塑造国家和公民的行为。人们对未来有基本的预期，内心才会安稳，国家政权和社会稳定才有心理基础。一旦法治引导预期的机制遭到权力的破坏，法治所保护的权利必然受到侵害，公民对改革的未来预期必然偏向消极，进而影响改革的社会支持。

法治在促进政治改革与行政改革协同中的核心作用是监督权力、保障权利和巩固改革成果。切实解决"权大还是法大"的问题，支持保障司法机关依法独立公正行使职权，不能让不可预期的任性权力干预破坏本可通过"科学立法、严格执法、公正司法、全民守法"得到合理管理的预期。在政治领域切实制定严厉举措，对干预司法的领导干部严加处理，在行政领域严格控制行政执法的自由裁量权。要巩固依法治国与依法行政相关改革成果，确保不仅行政需要在法治的范围内运行，政治同样也需要在法治的范围内运行并以此作为依法行政的政治前提，确保党依法治国，依法执政，政府依法行政，公民依法办事。

2. 从行政体制"放活"到治理体系"扩容"

"简政放权"是改革开放以来行政体制改革的一条鲜明线索，其本质上是一种体制"放活"策略，为经济社会的发展起到了巨大促进作用，使得经济社会的活力相比计划经济时代有了质的飞跃。计划经济本质上是一种行政命令经济，与其相关的社会控制机制也主要依靠行政命令实现，这导致"全能型政府"，政府管了很多不该管也管不好的事务。改革开放以来的行政体制改革及经济体制改革的主要着眼点就在于放松计划经济时代的行政管制，把不该管的也管不好的剥离出去，通过行政审批制度改革、户籍制度改革、政企分开改革等举措进行"放活"。过去十多年，"放活"式改革持续推进，也逐步开始重视监管和服务的质量，特别是近年来行政改革推行"放管服"改革，在单纯"放活"的基础上，强调"放活""监管""服务"的有机统一，做到该放手的放手、该抓好的

---

① 《全力推进法治中国建设——关于全面依法治国》，2016年4月27日，人民网，http://jhsjk.people.cn/article/28307076，最后浏览日期：2019年10月1日。

抓好，但总体的基调、重点和前提依然是"放活"，虽然越来越强调管理和服务作为配套。"放活"改革激发了社会活力，但目前政府依然管了很多不该管也管不好的事务，今后的行政改革需要继续"放活"。与此同时，单靠行政体制上的主动"放活"激发活力必然有其限度，且其主要是经济方面的，并不能完全解决社会公正等问题。因此，体制对社会意见的容纳程度应该扩大，使得各种利益诉求有渠道进入决策议程，即对治理体系进行"扩容"。

治理体系"扩容"意味着行政和政治体制要通过改革扩大公民的参与，增强治理体系的民意基础，逐步实现民意在高层治理中得到有序表达、公民直接参与基层治理的格局。要充分发挥协商民主的制度优势，进一步明确协商民主广泛多层制度化发展的导向，促进政治协商、政府协商、基层协商等协商领域和形式共同发力，加强服务型政府构建中的公民参与机制探索。在治理实践、干部人事制度中，注重吸收不同身份的人员，增强治理体系的代表性，实现党代表、人大代表、公务员和日常治理中的代表等公权力代表形式的结构科学化和民主化，通过上述中国特色的多样化代表机制实现治理体系的"扩容"，从而实现政治改革与行政改革在利益代表上的协同。

3. 政治问责与行政问责的协同

中国特殊的党政关系决定了大多数情况下损害政府公信力的行政行为同时也会损害党的威信。也正是因为这种政府行为与党的行为的联动性和党的全面领导这一政治前提，我国的官员问责一直由党领导纪委统一进行。在国家监察委员会成立之后，纪检监察实现了全覆盖，原则上一切行使公权力的人，不管是不是党员，不论是在政府岗位还是在其他岗位，均得到有效监督，也即是说政治问责和行政问责在问责机构上实现了协同。在党规与国法实现有效衔接的情况下，党内问责与行政问责在问责依据上也实现了有效协同。不过，一些潜在的问题依然需要解决。如，部分党政机构合署办公之后，其领导和决策体制混合了党的委员会制和行政首长负责制[①]，如何区分这种混同负责制的相关责任，在问责时

---

① 桑玉成：《着力推进党领导一切原则下的党政领导制度化规范化建设》，《探索与争鸣》2019年第2期。

对主要领导人要同时进行政治问责和行政问责，实现二者的协同成为一个重大课题。又如，人民代表大会制度是我国的根本政治制度，政府向人大负责，人大有监督和问责政府的政治权利，但从政治制度的运行看，人大对政府的问责仍然是形式大于内容，尚需要加强。

为了实现政治问责与行政问责的协同，必须在坚持党的领导的大前提下，寻求或优化在公正前提下的政治责任和行政责任联动机制，党直接问责和通过人大进行问责的联动机制，党内问责与行政问责的联动机制，内部行政问责和外部行政问责的联动机制，以及社会和公民对政治问责与行政问题的无差别触发机制等。

4. 协调技术赋权和技术赋能以增强政治和行政的回应性

在移动互联网时代，信息技术和数据技术为政府和公民都赋予了新的力量。政府借助相关技术改革组织结构、内部流程、行政方式等，可以有效提升自己的治理能力。公民则借助这些便利化的技术表达自身诉求、监督公权力的使用，可以有效提升自己的维权能力。但这些技术对使用者及使用者针对的对象而言都是一柄双刃剑。政府使用信息技术可以便民利民，也可能损害公民权益、降低自身公信力；公民使用信息技术可以便利民情传递，也可能暴露隐私、损害他人权益和政治稳定。因此，需要采取措施确保新技术对公权力和公民关系的重构具有正面性，确保公权力能将新技术所赋之"能"用在维护公民权益而非损害公民权益和危害社会稳定上，确保公民能将新技术新赋之"权"用在理性维护自身权益而非损害他人权益和危害社会稳定上。

互联网及相关技术的作用力原则上不辨识政治改革还是行政改革，移动互联网时代的政治改革和行政改革可以通过公民、技术与体制的互动实现有效协同。公民通过互联网表达自己的诉求，诉求进入体制后按类别进行"分拣"，根据诉求的政治性和行政性制定不同的回应举措，然后经由各种回应渠道发送给公民的反馈，这些反馈可能是文字回复、可能是政策举措、可能是重大改革，整个回应的过程处在法治确定的范围之内。在回应增量的快速积累中，政治改革和行政改革得以同时实现，治理体系的调整、透明政府、智慧政府和公民的获得感等目标均得以实现。

四 服务型政府行政工程学的战略要点

（一）彻底革新治理理念

服务型政府行政工程学为国家治理体系和治理能力现代化提供了重要向导，其本质上是一种围绕"服务"进行的中国式现代治理模式构建。治理模式转变的底层前提是治理理念的转变。治理理念从传统到现代的转变，其主要趋势是"多一点治理，少一点统治"。从狭义上讲，就统治是阶级话语和对抗话语，是"独治"；治理是平等话语和合作话语，是"共治"。

在传统社会，中国帝制王朝强调其皇权私有属性，其权力来源于天，且垄断了关于权力来源和运行的解释权，在理论上奠定了实行专制统治的逻辑基础，因而其主要采用"乾纲独断＋臣工辅助"的统治形式。虽然在辅助过程中相权对君权形成了事实上的制约，纵向上又有"中央治官、地方治民"的分治模式①，但传统王朝依然没有改变其"万世一系""一家一姓"的"独治"特点，其本质是官本思维下的"官治"和"权治"，立法权、司法权和行政权混而为一，且都为皇权之佐治工具。随着孙中山等人领导的辛亥革命用共和取代帝制，"由谁来治理"的选择权不再掌握在"天"以及奉天承运的皇帝手中，理论上是掌握在具有天赋权利的国民手中。在辛亥革命之后，帝制虽几次复辟，但都以失败告终，这显示出传统的独治模式已失去民意基础，政治共同体不是一家一姓的私产，而是属于所有成员的共同体，五百年前先哲关于"天下之治乱，不在一姓之兴亡，而在万民之忧乐"（《明夷待访录·原臣》）的断言已然深入民心。在现代共和与民主的政治理论中，"一切权力属于人民"，统治的概念得以相对淡化，"共治"的理念逐步形成，其本质是民本思维下的"民治"和"法治"，在以立法权为基本政治权力授权设计的基础上，立法权、司法权和行政权合理分工，保障人权，视法治为根本性价值而非工具。

"独治"意味着一个人或少数人要对整个社会进行治理至少要知道整个社会的事无巨细的治理状况，这即便是在整个社会的治理总量不高的

---

① 曹正汉：《中国上下分治的治理体制及其稳定机制》，《社会学研究》2011年第1期。

情况下也是非常困难的，其对官僚层级体系的依赖又加重了信息失灵的风险。明朝万历皇帝与文管系统的冷战、清朝朱批中的"朕知道了"和地方官自辟编制外僚属和吏等做法鲜明地显示出"独治"的无能为力和"官治"的力所不及，所以真正的一人治理是不存在的。针对上述情况，皇帝一方面通过分封、"皇权不下县"等措施减少自己的治理总量；另一方面以其任意处置的权力对官吏的不忠加以威慑、以随时使用暴力的权力对民众的反抗加以弹压这两种借"欺君罔上""犯上作乱"之名而行使的独占性专断权力作为"独治"保障。"独治"面临"君臣上下一日而百战"（《韩非子·扬权》）等风险，且由于没有将政权和政府相分离，任何治理上的危机都可能导致政权颠覆，皇帝随时需要紧绷"江山易主"的危弦。"共治"的前提是"共和"，也就是说：共同体是大家的，所以大家来共同治理。共治的理念不但大大降低了治理总量这一因素对治理绩效的影响，而且赋予了普通共同体成员主人翁的身份，实现了权力的分享，体现了民主和民治的要求。与此同时，在"共治"模式下，政府与政权相对分离，政府可以因绩效不佳而被撤换但并不影响政权的稳定性，政权从内部被颠覆的风险降低了，因而"共治"模式同时具有工具性价值和本体性价值。

正如从传统到现代并非一蹴而就，从"独治"到"共治"也非一朝一夕之功，而要经历一个长期演变的过程。理论上，结合治理权力来源和治理权的使用者两个角度，可以按照人民在治理中权力的大小将治理模式依次分为天授独治、民授官治、民授共治、民授民治等几种。在大规模人口政治体内，其中可以实践的治理模式只有前三种。也就是说，在独治和共治之间，还有一个民授官治的阶段。在实践上，辛亥革命冲决了传统专制的罗网，确立了民主共和在中国的地位，但因多种因素的影响，真正的"共治"理念并未随之确立。中华人民共和国成立后，特别是经过改革开放40多年的探索，计划经济时代的政治体制发生历史性变革，中国共产党寻找到了一条在坚持自身坚强领导下的民授共治之路。它认识到，在中国共产党对中国实行全面领导的这一事实前提下，做好中国的事情关键在党，但党不应也不可能包办一切。现在，我们在社会治理领域坚持"打造共建共治共享的社会治理格局"，在公共服务领域推行PPP、公民参与等"合作生产"的模式，为服务型政府建设作为一种

"共治"的政府治理模式开辟了广阔前景。

就政府类型而言,从"独治"经由"民授官治"再到"共治"的发展过程与学者们关于政府类型从"统治型政府"经由"管理型政府"再到"服务型政府"的过程是相对应的。[①] 服务型政府应该是一种公民本位下的官民共治的政府,与统治型政府中只有"臣民"和被统治者的服从是完全不同的。在服务型政府中,公民不但是政府权力的来源,而且直接参与公共事务的治理,在政治运行中分享治理权。为了彻底革新治理理念,让公务员树立"共治"的观念,应该在服务型政府建设过程中大力弘扬社会主义核心价值观,将执政党的执政理念通过党员干部走群众路线的形式嵌入政府治理过程,以党风转变带动政风转变,改变权力私有和官有观念,以"民本观"取代"官本位",改变权力用途观念,用"治事"观取代"治人"观,改变权力目的观念,用"共享"观取代"维稳"观,真正摒弃官本位、为民做主等旧理念,真正树立以人为本、公民本位、社会本位等新理念。

(二)深刻转变政府职能

在实现政治改革与行政改革协同发展的战略前提下,持续深入地推动行政体制改革是推动政治体制改革的必然要求,是建设服务型政府的当然战略要点。"行政体制改革是经济体制改革和政治体制改革的重要内容……转变政府职能是深化行政体制改革的核心"[②]。目前我国政府职能转变还不到位,其表现是"对微观经济运行干预过多过细,宏观经济调节还不完善,市场监管问题较多,社会管理亟待加强,公共服务比较薄弱"[③]。转变政府职能,增加公共服务职能的比重,转变其他职能的行使方式,是服务型政府构建的必然选择。当前党中央关于政府职能转变的指导思想主要体现在以下几个方面。

一是转变政府职能要掌握转变的目标和方向。这个目标就是健全和完善中国特色社会主义行政体制,而具体的方向就是发展环境营造、公

---

① 张康之、张皓:《在后工业化背景下思考服务型政府》,《四川大学学报》(哲学社会科学版)2009年第1期。

② 中共中央文献研究室编:《习近平关于社会主义政治建设论述摘编》,中央文献出版社2017年版,第109页。

③ 同上。

共服务供给、公平正义维护。为实现这一目标需要"深入推进政企分开、政资分开、政事分开、政社分开,持续推进简政放权、放管结合、优化服务,建立权责统一、权威高效的依法行政体制,建设职能科学、结构优化、廉洁高效、人民满意的服务型政府"。政府职能转变的关键是要搞清楚往何处转、如何转两大问题。党的十八大明确提出,"创造良好发展环境、提供优质公共服务、维护社会公平正义"是目前政府职能转变的总方向。我们要沿着这个总方向,从科学界定政府职能、优化政府组织架构、合理配置政府部门权责关系等方面入手向前推进政府职能转变。政府在履行经济调节、市场监管、社会管理、公共服务和生态环境保护等主要职能时,要做到全面而正确,拿捏好管和放、为和不为的分寸,做到"该管的事一定要管好、管到位,该放的权一定要放足、放到位,努力做到不越位、不错位、不缺位"①。如此,市场对资源配置的决定性作用才能充分发挥,社会力量在社会治理中的功能才能充分彰显,市场和社会才会充满活力。

二是转变政府职能要坚持"稳中求进"的改革认识论和方法论。稳中求进意味着渐进积累增量,积极稳妥而非一蹴而就,循序渐进而非急躁冒进,适时解决主要矛盾和关键问题。对于行政体制改革而言,稳中求进首先意味着认识到关键问题就是政府职能转变,应该更加突出这一点,在此基础上步步为营,"既巩固以往的改革成果,又着力破解重大难题"②。稳中求进其次意味着根据顺势而为和水到渠成的标准确定改革议程,对已经有成熟条件和高度共识的改革要优先推进,对条件尚不成熟、共识尚待形成但又十分重要的改革保持耐心和敏锐度,防止一劳永逸的改革思想,充分认识改革任务的长期性和艰巨性,筑牢改革只有进行时没有完成时的思想根基。稳中求进认识论和方法论的根本依据在于经济基础在不断变化,上层建筑必须随着这种变化不断调整,经济基础变化不停顿,改革上层建筑的任务也就不可能停止,经济基础的变化有一个过程,上层建筑的改革也就必然需要保持相对稳定性,这种适应性改革

---

① 中共中央文献研究室编:《习近平关于社会主义政治建设论述摘编》,中央文献出版社2017年版,第110页。

② 同上书,第110—111页。

的节奏也就必然是"稳中有进"。

三是转变政府职能要坚持具体问题具体分析的方法论。"推进机构改革和职能转变，要处理好大和小、收和放、政府和社会、管理和服务的关系。"从大和小的关系看，要稳定推动大部门体制改革，进行职能合理归并，但不能强求所有部门都是大部门，应该根据相关治理事务的综合性与专门性来进行区分，防止"一刀切"。要按照实际情况，遵循科学和高效的原则，确定综合性的部门是否需要搞大部制，防止为了从形式上减少部门数量而强行归并政府职能。从收和放的关系看，我国历来重视调动中央和地方两个积极性，这对当下的政府职能转变而言意味着向下放权，以提高地方政府的主动性和积极性，但这并不意味着"一股脑"向地方放权，中央该强化的权力要强化，在条件还不成熟、地方没有承接能力和下放后对权力的监督没法及时跟上等情况下，放权须十分谨慎，以避免走向权力"诸侯主义"。从政府与社会的关系看，政府既要放权，退出那些管不了和管不好的事务的治理，赋予社会组织治理空间，保障群众自治权力，又要转变角色，加强对社会力量的规范、引导和监管，防止社会组织等社会力量的行为失范带来消极影响。从管理与服务的关系看，服务型政府履行好公共服务职能是毫无疑问的，但不能放弃管理职能，服务和管理职能的关系是迭代关系而非取代关系，"只讲服务不讲管理也不行，寓管理于服务之中是讲管理的，管理和服务不能偏废，政府该管的不仅要管，而且要切实管好"[①]。

四是政府职能转变但为人民服务的根本宗旨不能变。中国共产党的根本宗旨是全心全意为人民服务，其领导下的各级"人民政府"从其名称来看也意味着是为人民服务的政府。因此，我们在思考如何推动政府职能"转"和"变"的时候，其存在的价值和为人民服务的宗旨是无论如何都不能改变或转到其他宗旨上面去的。反而是应该通过工作作风、工作方式的转变，降低官僚主义的危害度，软化管理思维的生硬性，提高为人民服务的效率和水平，以职能转变为契机和手段实现为人民服务宗旨意识水平的强化、实现路径的优化。如果政府职能转变扭曲了为人

---

① 中共中央文献研究室编：《习近平关于社会主义政治建设论述摘编》，中央文献出版社2017年版，第111—112页。

民服务的宗旨，那么这种转变是彻头彻尾的失败。只有通过政府职能转变不断增强人民群众的获得感和满意度，这种转变才是必要的和人民群众想要的。

　　五是加强法治在巩固政府职能转变成果中的重要作用。无论是历史还是现实都警示我们，只有让权力公开运行、依法运行、在人民的监督下运行，政府职能才可能得到根本的转变。因此，必须发挥法治在政府职能转变中的作用，在法治的引导下使转变过程规范有序，在法治的助力下使得转变成果及时巩固，并通过法的"废"和"改"来清除政府职能转变的障碍，坚持"凡属重大改革必须于法有据"的原则，做到"政府职能转变到哪一步，法治建设就要跟进到哪一步"。有权必有责，用权受监督。因此，"要推进法治政府建设，坚持用制度管权管事管人，完善政务公开制度，做到有权必有责、用权受监督、违法要追究"①。

　　根据上述指导思想，可以认为，政府职能转变是在实现党政关系规范化的前提下，以建设人民满意的服务型政府为目标，以"创造良好发展环境、提供优质公共服务、维护社会公平正义"为总方向，坚持稳中求进和具体问题具体分析的方法论，持续不断深入调整政府与市场和社会的关系，调整不同层级政府之间的关系，并尽量将在上述关系及其中的政府行为法定化的改革过程。随着经济社会的发展，政府职能的绝对量在增加是一个不能回避的事实，虽然关于政府与市场和社会之间不可能有绝对清晰明了的边界。但政府仍需要时刻不忘关于职能边界"自我检讨"。政府职能转变意味着政府职能在一定程度上存在错配的事实，也就是政府的越位、缺位和错位问题。市场失灵呼唤政府作为，政府失灵同样需要纠正。要强化职能法定、权力清单、动态调整等关于政府职能调整的体制机制，在一个普遍性的行政国家时代构建有限政府和有为政府，科学协调公民对政府的职能有限性期待与责任无限性期待之间的张力，在此基础上构建服务型政府。

（三）全面提高服务能力

　　服务型政府的核心能力就是公共服务能力。服务型政府建设的战略

―――――――――
① 中共中央文献研究室编：《习近平关于社会主义政治建设论述摘编》，中央文献出版社2017年版，第113页。

要点必然包括全面提高公共服务能力。虽然具备强大公共服务能力的政府不一定是真正意义上的服务型政府，但不具备强大公共服务能力的政府肯定不是服务型政府。政府公共服务能力来自整个治理体系，但政府服务能力主要体现在基层，政府服务能力也主要在基层被公民感受到。因此，提高基层政府的服务能力是服务型政府建设的重要战略。公共服务意识是公共服务能力的前置要件，二者都是建设人民满意的服务型政府的必要条件，是政府治理体系和治理能力现代化的重要内容。基层政府与上级政府派驻基层的机关或机构的公共服务意识的强化可以增强其服务人民的主动性、能动性，公共服务能力的提高可以提升基层政府治理的创造性和有效性。因此，建设服务型政府必须强化政府在基层的公共服务意识和能力。

经过多年的发展，政府在基层的服务能力和服务意识都有了比较明显的提升，但与人民满意的标准还存在较大差距。在广泛调研的过程中发现，这种差距表现在一是在服务意识方面的差距：管理意识强，服务意识弱；官本意识强，民本意识弱；权力意识强，权利意识弱；回应意识强，前瞻意识弱。二是在服务能力方面的差距：服务供给能力不足，服务政策能力不强。这些差距得以存在的原因是多方面的，传统的官本文化、计划经济体制的负面遗产、从上往下的压力型体制、人财权等服务资源不足、基层政府机关职能不全等都是影响因素。

为提升政府在基层的公共服务能力，可以从以下几个方面入手。一是强化公共服务意识，树立公共服务的理念。要坚持全心全意为人民服务的宗旨，以为公众提供优质、高效的公共服务作为一切工作的出发点和落脚点。要树立起服务的责任意识，推进基层政府服务态度和服务质量的改善。要树立起前瞻性公共服务意识，对公共服务需求提前预测，对公共服务供给有前瞻性规划。可以通过培训教育、榜样示范、组织管理制度创新强化政府的上述公共服务意识。

二是合理界定基层政府职能范围，优化基层公共服务机构设置。要理顺政府与市场、社会的关系，明确政府、市场、社会各自的"作用域"，防止基层政府"越位""缺位""错位"，为市场、社会参与公共服务搭建有利的平台，为基层政府公共服务能力提升创造支撑。要理顺基层政府与上级政府的关系，确保基层政府或上级政府派驻基层的机关将有限的能力和资源集中在公共服务和社会治理方面，实现职能由管制到服务和治理转变。要建设与公共服务供给相适应的内部机构设置，整合编制内公共服务机构协同履行公共服务职能，建成基层区域内的公共服务中心。①

三是增强基层财力，确保公共服务财权和事权相统一。在合理界定基层政府职能范围基础上，进一步推进事权和财权相统一的财政体制改革。要贯彻新发展理念，彻底改变过去的经济发展型财政，建设公共服务型财政。要完善向基层倾斜的财政体制，多把财力留给基层，适当降低中央、省、市对共享税种的分享比例，或者采取对县乡实行共享税种增量全部返还的政策，以帮助县乡走出困难。② 要调整事权分配关系，适当提高中央、省和市在基本公共服务领域与事关经济发展和社会稳定全局方面的分担比例。要建立财权随事权转移的制度，保证基层政府"有钱做事"。要完善省以下转移支付制度，明确转移支付的主体和对象，减少中间环节，建立一般性转移支付为主、专项转移支付为辅的规范化转移支付体系。

四是要加强基层政府服务队伍建设，优化人力资源配置。要合理配置基层政府公务人员数量，因地制宜、因时制宜，与当地人口基数、自然地理、幅员面积、政府职能和工作任务等相适应，不能一刀切。要通过培训、轮岗等措施提升基层公务人员的服务能力和素质，提高其公共服务意识，改善服务态度。要完善薪酬和晋升制度，激发基层公务员的服务动力，通过设置合理的薪酬结构、规范津、补贴制度等提高基层公务员工资福利水平，增加职级空间、健全竞争上岗与公开选拔机制等完善晋升制度，使能力突出、政绩优异、群众认可度高的公务员通过公平竞争的渠道获得晋升。

五是优化政府绩效考核制度，引导公共服务能力提升。在绩效考核导向上，要实现由经济发展导向向公共服务能力导向的绩效评估转变，

---

① 夏志强、谭毅：《"治理下乡"：关于我国乡镇治理现代化的思考》，《上海行政学院学报》2018 年第 3 期。

② 王玉华、李森：《基层政府公共服务能力研究——基于完善省以下财政体制的视角》，中国财政经济出版社 2010 年版，第 185—186 页。

突出公共服务的重要性。在绩效考核标准上，要于"德、能、勤、绩、廉"的考核标准外增加服务满意度指标，以引导政府公务人员建立"公民本位"行为模式；在绩效考核方法上，要采用自上而下和自下而上相结合的考核方式，实现考核主体的多元化，且特别重视服务对象的考核评价，尽可能地确保考核的客观性；在绩效考核结果运用上，要将公共服务能力考评结果作为公务员职务晋升、工资调整以及奖励、培训、辞退的重要依据，强化考核结果的指导力；在绩效考核过程上，要公开绩效考核的标准、主体、结果、结果运用等，确保绩效考核工作在公开透明的环境进行，接受民主监督。

六是推动公共服务管理创新，提升公共服务效果。要建立健全基本公共服务标准化体系，实现基本公共服务标准化。上一级政府应该主导实现区域内基本公共服务规划一体化，指导基层建立公共服务基础设施和平台。基层政府要在上级政府的统筹领导和指导下，出台本区域公共服务清单，实施公共服务全流程标准化管理。要创新公共服务运营机制，探索设置"社区服务经理"专职运营辖区公共服务，以专业化提高公共服务的质量，这也要求基层政府工作人员实现角色转型，让更多的人从机关的行政事务中解脱出来，从官僚机构的官僚转变为面向公民的公共服务提供者，从公务员变为公共服务经理人。不仅要注重乡镇居民和社会组织对基层公共服务过程的参与，将发展基层民主和公共服务结合起来。要打破政府垄断，综合采用政府供给、政府购买公共服务、市场化等多元化方式进行，还要鼓励乡镇居民的自我服务、互助服务和社会公益服务。要充分利用互联网、移动通信等现代信息技术，实现信息服务、沟通服务、交易服务等公共服务的电子化供给，简化公民办事流程，降低公共服务成本，提高公共服务效率。要优化公共服务基层代办等便民、高效、低成本的公共服务供给方式。[①] 此外，嵌入式服务、精细化服务等公共服务管理创新也正在一些地区进行探索和实验，有条件的地区也可以学习借鉴。

[①] 种航飞：《论公共服务基层代办机制的优化与完善》，《中共福建省委党校学报》2017年第8期。

（四）大力强化公民参与

公民是服务型政府的服务对象，是服务型政府得以建立的重要因素和目的指向。只靠党领导政府开展自身建设不足以建成"人民满意"的服务型政府，服务型政府的民意基础也无法单方面获取。公民参与是实现国家与社会相衔接的重要路径，是巩固国家基础性权力的重要方式。为了在手段层面增强服务型政府建设的科学性与在目的层面增强服务型政府的合法性，必须大力拓宽公民参与渠道。作为监督政府手段，公民参与有助于提高服务型政府的公信力，减少行政权力的滥用。作为需求表达手段，公民参与有助于增强服务型政府决策的科学性和执行的便利性，有助于提升公共服务质量。作为服务供给手段，公民参与有助于把服务型政府建设成为共治共享的政府，降低公共服务的供给成本，提高公共服务的供给效率和质量。公民参与作为本体性价值，有助于增强服务型政府的民主性与合法性，增强治理的社会资本，助推治理体系的民主化。

目前，公民参与服务型政府建设还面临一些观念和现实上的障碍，严重影响服务型政府建设向前推进。在观念上，一些政府及其官员依然有很浓厚的"官民有别"观念，坚持政府和公民之间的主客体区隔和政府的主体地位，认为政府会从"为公民好"的角度出发开展工作，公民参与没有必要，或者认为公民参与反而会因为公民素质低、不讲道理甚至"刁蛮"而增加行政成本、降低行政效率，进而认为公民参与有害。这样的观念忽视了服务型政府是政府和公民之间相互联合进行建构的，并非政府单方面的事务，也忽视了公民本位所要求的公民权利，本质上还是一种政府本位和政府"父爱主义"。从现实看，一方面，虽然我们设立了政府信息公开、听证会、重大决策社会稳定风险评估、公民评议、服务质量承诺等公民参与制度机制，但部分制度机制设置是选择性而非强制性的，其运行也呈现出形式化特征（一个典型例子就是价格听证的普遍结果就是涨价目的得以实现），参与的公民变成了政府论证自身行为的工具，而真正的民意就被政府确定的代表的意见所替代。另一方面，公民参与的制度化渠道总体上还显得不够多，通过公民参与渠道实现政府政策纠错的机制还不够顺畅，政府对公民的回应还主要存在于信息披露和建议回复，真正通过公民参与实现体制更新、矛盾解决和开启政策议程的情况还为数甚少。公民参与现实障碍的原因表面上是公民参与能力不足和参与意识欠缺等，但公民方面的原因背后是政府对自身治理地位的持续强化和对公民参与的持续不信任和排斥导致公民缺乏开展参与锻炼的机会。

在政府依然处于绝对强势地位且法治建设仍然需要完善的情况下，要破除服务型政府建设中公民参与的障碍可以通过中国共产党领导下的主题教育、制度完善、群众路线和信息技术的运用等手段来实现。通过在政府系统定期开展党统一领导的主题教育，在坚持"人民为中心"的党群关系前提下，不断强化公务员思想中的公民主体地位，强化"权为民所用、利为民所谋"的思想自觉，强化具有党员身份的公务员的初心、使命和责任担当，筑牢服务型政府是人民政府、公民有权参与服务型政府建设的思想根基，在政府内部为公民参与营造良好的舆论氛围。通过拓宽公民参与的制度化渠道和完善参与运行机制，定期检查评估各类公民参与机制运作的有效性，稳步提升公民参与服务型政府建设的便利性、频度、参与面并将之制度化，杜绝少部分"参与代表"长期垄断参与权的形式主义运作，推进公民参与向实质化、规范化发展。注重将群众路线的思维观念和工作方法运用到政府治理的过程中，促使公民参与触发政府回应的被动回应模式转化为政府主动回应模式，主动走访公民开展调查，主动发现公民的需求，主动创造条件设置回应公民的渠道和方式，及时合理回应公民需求，定期回访评估"参与—回应"质量，达到一种"创造顾客"①的效果。通过互联网信息技术可以有效便利公民参与服务型政府建设和政府回应公民参与，提高服务型政府决策的可接受性，实现公民参与的技术渠道扩容。

在小康社会全面建成的新时代中国，公民参与有着更为特殊的意义，它意味着服务型政府和公共服务的质量跃升。人民对美好生活需要的一个重要表现就是对优质基本公共服务的需求，而衡量公共服务是否优质不仅仅是一个技术标准，更是一个情感体验标准。无论是商业服务还是公共服务，只要是服务，就不仅存在相对客观的技术标准，更存在相对

---

① 夏志强、李静：《公共服务的新理念：从"服务顾客"到"创造顾客"》，《社会科学研究》2013年第6期。

主观的体验标准。技术标准是对一项服务的下限性要求,体验标准则是一项服务迈向高质量的无形但必须有的标准。技术标准强调明确性,强调有形资源投入和环境设置等方面技术参数达标,体验标准则相对模糊,强调公务人员的情感投入和情绪劳动。① 因此,优质公共服务是服务型政府建设成效的基本显示器,优质公共服务供给的达成除了供给方的高标准要求外,还有赖于消费方的高度评价;除了达到较高的技术标准外,还必须具有较好的情感体验。要提供优质公共服务,公共服务要有优质的公民体验,除了公务员主动积极的情绪劳动外,更为关键的就是公民的参与,公民切身的体验构成公共服务供给的内在要素。

五 服务型政府规划与设计的主要内容

服务型政府行政工程学的主要方法就是规划与设计,具体内容包括基本原则、目标导向、步骤规划和举措设计。

(一)服务型政府规划与设计的基本原则

1. 坚持党的领导

就政治领导的要求而言,"中国共产党的领导是中国特色社会主义的最本质特征"已被载入《中华人民共和国宪法》,成为其中的正式条文,基于"党领导一切"的要求和中国特色的党政关系模式,政府治理体系从属于党的领导体系,因此服务型政府的规划与设计是在党的领导下进行。这既是延续70多年来党和政府关系的历史,也是服务型政府建设这一与中国共产党秉持的"全心全意为人民服务"根本宗旨存在密切关系的政府实践必要的政治保障。无论是从历史的经验还是实践的效果来看,只有坚持党的领导,一切工作才有主心骨,也才能整合和统筹充足的组织、人力、物力以及财力等资源进而切实推进服务型政府建设的进程。

就与国家治理体系中的其他治理主体的关系协调而言,坚持党的领导可以充分发挥党"总揽全局、协调各方"的优势,把服务型政府建设中的法治保障、行政机构与立法机构的关系、社会参与等要件落实好。一方面,就党政关系而言,目前中国实行的是党的领导、人民当家作主

---

① [美]玛丽·E.盖伊、梅雷迪恩·A.纽曼、莎伦·H.马斯特雷希:《公共服务中的情绪劳动》,周文霞、孙霄雪、陈文静译,中国人民大学出版社2014年版。

和依法治国有机结合的政治发展道路，党通过自身的一些机制和在关键岗位任职的共产党员行使领导者与执政者的职权，对人大进行领导。政府、司法机关、监察机关等在法理上由人大这一民意机构产生、对人大负责、受人大监督，在事实上要受中国共产党的集中统一领导。基于上述国家机构上的民主集中制设计，党全面领导国家机关，中国共产党可以有力有效地协调好行政机构与立法机构之间的关系，为服务型政府的建设提供法治保障。

另一方面，就政社关系而言，坚持中国共产党的领导可以充分运用其在党群关系中所积累起来的丰富组织动员技术，特别是发挥政府中中共党员的作用，通过走群众路线，将行政工作与群众工作有机结合，实现对单向行政模式弊端的纠正，构建双向互动的"参与—回应"行政模式。既调动社会参与服务型政府建设的积极性、增强社会对这项工程的认同感，又改善政府工作人员的工作作风。后者对于一个强调"服务"这一极其关注公民个体体验感的政府而言的重要性不言而喻。

2. 整体性原则

在中国的政治制度环境中，坚持党的集中统一领导在基本前提上保障了服务型政府建设的整体性。但这只是服务型政府建设在整个国家治理体系中的定位基准，并不意味着在实践中的服务型政府建设不需要更加注重整体性原则。

服务型政府建设的整体性原则要求发挥系统思维和整体治理在规划和设计中的重要作用。首先，作为一个整体的政府涉及政治、经济、文化、社会等多方面，服务型政府的整体性设计包括但不限于：有限的法治政府建设、行政审批制度改革（政府与市场的关系）、公共服务意识（通过政府文化再造实现从官本位到民本位的转变）、整合社会治理与公共服务职能以淡化统治色彩（培育社会组织，放松社会管制，实行政事分开，强化公共服务的协同供给）。其次，整体性原则还特别强调服务型政府建设不仅仅是公共服务供给的改进、扩容、提质和增效，还是一场深刻全面的政府治理"革命"。用服务思维改善政府治理，实现政府职能职责配置的优化、政府组织结构的调整和政府运行体制机制的改革创新。再次，整体性原则的设计观点就是要避免西方所面临的"公共服务碎片化"困境及其导致的所谓国家与政府"空心化"困境。实际上，我国也部分面临这一困境,甚至被认为较西方严重。① 虽然课题组只是部分赞同这一判断,但必须承认,条块分割导致的公共服务供给方面的碎片化问题是客观存在的。无论各部门的分工如何,必须用服务型政府的内部职能整合和服务集成来减少公共服务获取的难度,塑造服务型政府的整体性,提升公民公共服务体验。

3. 自主性原则

自主性原则是指服务型政府建设应该坚持政府主导,既要鼓励社会参与,也要保证这种参与的有序性,把最终的决策权留在政府手里。换句话说,建成的服务型政府是公民本位和社会本位的政府,而建设中的服务型政府则需要保持政府的主导性,政府要鼓励社会参与,也要在规划和设计过程中保持自身的自主性。这种自主性并不意味着"政府本位",而是意味着通过政府主导告别"政府本位",走向"社会本位"。"政府主导、公民参与"只是当前推进服务型政府建设的一种有效手段,最终的目标在于实现公民本位和社会本位。

自主性意味着政府在与社会意愿发生分歧的时候,政府可以依靠自身的行政手段、资源和策略把自己的意愿转化为权威行动,并以相应的公共政策实施权威性分配。这在号称社会本位的西方自由民主国家尚且是一种事实上的存在②,在公权力主导发展的中国这种自主性更是不言而喻。尤其是在提供公共服务和满足公共需求方面,政府不能被社会舆论"牵着鼻子走",更要警惕被民粹裹挟,这亦是"政府理性"的题中应有之义。但需要注意的是,这种自主性不是随意性,不能退回到法治政府建设前的"乱作为"状态,而应该保持在法律规定的范围内,在法律规定之外的政府行为应以公共利益和人民满意为标尺。这种自主性主要表现在公共服务供给覆盖面和方式上。

在公共服务供给覆盖面上,政府既要尽力而为,又要量力而行。尽力而为是履行政府责任,量力而行是为了可持续提供公共服务。服务型

---

① 何艳玲、钱蕾:《"部门代表性竞争":对公共服务供给碎片化的一种解释》,《中国行政管理》2018 年第 10 期。
② [美]诺德林格:《民主国家的自主性》,孙荣飞等译,江苏人民出版社 2010 年版,第 6 页。

政府应该做到基本公共服务全覆盖，非基本公共服务差异化、选择性覆盖，同时创新区域间公共服务盈余与不足的调剂、互补和共享机制。总之，服务型政府既要保障民生，又要避免被民生所裹挟而掉入西方式的福利主义陷阱。

在公共服务供给方式上，要加强公共服务需求调查和管理。有学者甚至将公共服务需求管理视为服务型政府建设的新议程。① 公共服务要"适销对路"，必须有赖于对公民公共服务需求的精准调查、有效整合、政策吸纳等过程。在这一过程中，整合分散的公共服务需求，发展普遍性公共服务需求，去除不合理的公共服务需求，结合政府的公共服务供给能力，实现公共服务的精准供给，降低公共服务供给的浪费，提高公共服务供给的效率和质量。

4. 量质结合原则

量质结合原则是指服务型政府建设应该把公共服务供给的量的增长和质的提高结合起来，大力推行公共服务的供给侧改革，逐步满足人民群众对核心公共服务的基本需要、对基本公共服务的普惠性需求和对全面优质公共服务的美好需要。

按照朱光磊等学者的观点，按面由窄到宽可以将公共服务分为核心公共服务、基本公共服务和全面公共服务。② 据此，从量的角度看，公共服务的供给演变应该是从"基本供给＋政府主责"逐步发展到"全面供给＋主体多元"，公共服务的享受者也应该从"基本不付费"或少付费到支付合理的费用。从质的角度看，公共服务的功用应该逐步从"满足基本生存需要"发展到"满足美好生活需要"，逐步实现从服务于生存到服务于发展的跨越。

需要注意的是，不同区域的公共服务供给水平的差异使得相应区域的政府在服务型政府建设上处在不同的阶段上，有的地区已经在追求美好公共服务，有的地区则仍然在努力满足人民对基本公共服务的需求。但在整体上，我国面临基本公共服务不尽如人意和美好公共服务需求已

---

① 陈水生：《公共服务需求管理：服务型政府建设的新议程》，《江苏行政学院学报》2017年第1期。

② 朱光磊等：《服务型政府建设规律研究》，经济科学出版社2013年版，第109—111页。

经产生的双重供给压力。一方面，基本公共服务离"人民满意"的要求还有不小距离。有专业机构从公共交通、公共安全、公共住房、基础教育、社保就业、医疗卫生、城市环境、文化体育以及公职服务等方面对全国38个主要城市的基本公共服务进行调查和分析。结果显示，2011年以来，38个主要城市基本公共服务满意度总体呈上升趋势，满意度得分从2011年的54.03分逐步增长到2017年的63.37分。[①] 而相关网络调查显示，2018年中国38个城市的基本公共服务力评价平均得分又降至为58.05分。[②] 大城市的情况尚且如此，相较而言更为薄弱的农村基本公共服务供给水平和满意度可能更不乐观。另一方面，对美好公共服务的需求呼之欲出。人民对高质量民办基础教育的付费购买，高端医疗、高端养老服务的兴起等现象就是明显的例证。中央层面显然已经意识到这一点。党的十九大报告指出，中国社会的主要矛盾已经转化为"人民日益增长的美好生活需要和不平衡不充分的发展之间的矛盾"。美好公共服务需要是美好生活需要的重要内容，因此，对美好公共服务的需要显然应该进入我国经济社会发展的长远战略规划中。以上两点结合起来就意味着人民对整个公共服务的需求的质量要求在提高，因此全面推动公共服务高质量发展势在必行。[③]

5."标准+权变"原则

服务型政府建设应当坚持"标准+权变"的整体设计思路，从而依次确定服务型政府建设的目标导向、总体框架、行动路径。"标准"是确立服务型政府建设的总体方向，即与国家治理现代化相匹配的政府治理模式，是限定性的。"权变"则考虑到未来不可预计的因素引起的变动和各地面临的不同情况，以避免"一刀切"导致建设过程中削足适履的情况，是选择性的。因此，"标准+权变"的思路就是"标准动作"与

---

① 《报告精读 | 公共服务蓝皮书：中国城市基本公共服务力评价（2017）》，2018年1月10日，搜狐网，https：//www.sohu.com/a/215815358_472878，最后浏览日期：2019年8月15日。

② 《报告精读 | 公共服务蓝皮书：中国城市基本公共服务力评价（2018）》，2019年1月23日，搜狐网，http：//www.sohu.com/a/291004479_186085，最后浏览日期：2019年8月15日。

③ 顾严：《推进公共服务高质量发展的建议》，《中国发展观察》2018年第24期。

"自选动作"的结合,是普惠性一致和区域性差异的结合。

在前述服务型政府规划与设计的基本原则的指引之下,还需要对服务型政府建设的目标导向、步骤规划和举措设计进行详细阐述,从而明确服务型政府建设的战略要点和关键环节。首先,目标导向是服务型政府建设的重要牵引。目标导向实际上描绘出了服务型政府建设所应遵循的原则以及将要达致的境界,结合前述分析本书从"公民本位""政府导向"以及"法治保障"进行阐释。其次,步骤规划是服务型政府建设的行动路线。归结改革开放以来政治和行政改革所取得的重要成就和成功经验,关键在于,坚持改革举措的整体规划同时提出合理可行的前进步骤。作为推进国家治理体系和治理能力现代化的重要环节的服务型政府建设,关乎治理理念和政府模式的全方位变革,因此本书提出了推进服务型政府建设的行动路线。最后,举措设计是服务型政府建设的有效方式。在明确的目标导向之下,从不同的领域和不同的方面各个击破并形成合力,沿着服务型政府建设的步骤和路线不断前行并寻求新的突破,最终实现服务型政府建设的目标。这不仅是服务型政府行政工程学的核心意蕴,也是新时代服务型政府建设取得新进展的关键所在。

(二)服务型政府建设的目标导向

坚持中国共产党"以人民为中心"的发展思想和全心全意为人民服务的根本宗旨,最终形成"公民本位+政府导向+法治保障"的服务型政府。

1. 公民本位

"公民本位"是服务型政府建设的最终目标和成熟的服务型政府的首要特征。公民本位意味着权力本位、政府本位和官本位的逐步淡出,真正使权力的运行服务于权力的让渡者,而非让权力的持有者用以自肥甚至不惜以牺牲让渡者的利益为代价。也只有真正实现公民本位,才能说服务型政府是为了公共利益而存在。公民本位还意味着公民对服务型政府的建设和运行过程由参与到深度参与的治理对象发展到成为真正的治理主体,成为政府的主人。但在中国而言,要将"公民本位"确立为服务型政府的建设目标,就要在"人民满意"和"公民本位"之间建立起话语联系。人民是政府的主人,因此我国的政府是"人民政府","全心全意为人民服务"是中国共产党的根本宗旨,这是党政合一情形下统一使用人民一词的情况，此时不存在话语上需要澄清的地方。但在党政处在规范化分工关系和主张"依法治国"的时候，虽然人民政府的名称得到延续，但需要对"人民"与"公民"之间做出适当区分并建立话语联系。大致来说，"人民满意"更多是从执政党的角度和领导与群众之间的党群关系提出来的政党和政治话语，"公民本位"则更多是从政府这个法定意义上的公权力持有者角度和政府与民众之间的法律关系提出来的法律和行政话语。前者更多是一种执政和领导的理念和承诺，后者则意味着有法律层面制度和举措。

在中国式的党政关系中，"人民满意"和"公民本位"应该是协调在一起的。在政治话语体系中，阶级斗争已经不是社会的主要矛盾，人民内部矛盾才是，而人民的"敌人"的最小化乃至完全退隐已经使得中国社会是一个主要由人民组成的社会，严酷斗争年代的"专政"已经成为保留手段，和平时期的依法治理已经成为常态。在这种情况下，人民的具体所指在大多数情况下与公民的具体所指以及二者的并用并不存在矛盾，只是适用场合不同而已。中国共产党既通过人大及法定程序把自己的主张上升为国家意志由政府去执行，还通过党政联合发文直接推动政府去执行党的决策部署。通过这两点，党的"人民满意论"可以在实际操作中转换成政府治理中的"公民本位论"，实现了政党话语与行政话语的统一。建立"人民满意"和"公民本位"之间的话语联系和转换机制还有一个理论上的意义，就是便于与其他国家的研究者进行理论交流，同时显示我国传统治理史中"民本"思想的创造性转化及其现代衍生。

2. 政府导向

"政府导向"意味着坚持政府在服务型政府建设中的自主性地位。这一目标看似多余，试问若政府建设不由政府来导向难道还由其他什么来导向？实际上，这一目标强调的是在面临西方一些淡化政府作用的治理理念强势输入和影响的情况下，要在中国的治理情境中发挥政府的作用。我们不能忘了在西方倡导"多中心治理""没有政府的治理"等理念的时候，西方的民族国家政府依然是主权的持有者和治理的最大主体，那些号称"国家空心化"的治理理念和例证只是在很低的治理层次甚至是国家和政府治理的剩余领域存在，而政府治理事务的总量甚至不降反升。我国正处在政府治理现代化的路途中，不能拿西方后现代状态下那些碎片化的、似是而非的理念来误导服务型政府的建设。服务型政府建设是政府治理现代化的内容，而不是后现代的内容。虽然我国部分学者将服务型政府视为后工业社会的政府治理模式有其合理性①，但我国后发现代化的地位和压缩现代化的进程使得政府治理面临前现代、现代和后现代的多维时空，其鲜明特征就是要尽可能合理地发挥政府的作用以实现现代化。因此，就我国所处的发展阶段而言，"政府导向"是服务型政府建设的必然要求。结合中国特色的党政关系来看，政府导向必然是在党的领导下进行的，服务型政府的未来建设必须处于党的领导之下。历史地看，服务型政府建设的提出恰恰是在时任国务院总理温家宝在省部级主要领导干部"树立和落实科学发展观"专题研究班结业式上的讲话中，这绝非偶然。执政党认识到，社会主义市场经济体制确立的过程中，必须协调好市场的扩张运动和社会的自我保护运动（即卡尔·波兰尼所谓的"双向运动"）之间的关系，处理好效率与公平的关系，也就是说必须对之前的发展思想进行更新，代之以一种更科学的发展观。作为执政党指导思想的科学发展观在指导政府职能转变时，实际上是要求在市场与社会的平衡中重新定位政府职能。此后的政府改革也是党领导整个改革大棋局的落实。因此，建设服务型政府的"政府导向"其前提是"党的领导"。

3. 法治保障

"法治保障"是服务型政府建设的制度需求，也是真正能实现"公民本位"而又由"政府导向"的必然要求。公民本位要求政府做到"权为民所用"和公民部分直接成为治理的主体，但可以想见的是，在相当长时期内，一个国家和社会不可能没有政府存在，也缺少不了政府导向。如何既保证服务型政府建设的成果有利于民和公民对政府权力运作的参与，又能使整个建设不致陷入无序或混乱之中？用法治这一现代社会普遍实行的治理价值和手段来界定政府和公民行为的界限，既保障政府的必要权威，又保障公民的合法权利，实现服务型政府建设过程中

---

① 张康之、张皓：《在后工业化背景下思考服务型政府》，《四川大学学报》（哲学社会科学版）2009年第1期。

二者行为的程序化，稳步推动服务型政府建设，稳步扩大公民参与渠道和范围，尽快划定政府权力的法定范围，最终使得政府行为有法定限制、民众参与权有保障、政府治理秩序有保障。

法治保障这一目标的实现与依法治国这一基本方略的进程相适应，体现为法治政府建设的稳步推进。法治政府的建设已经成为党和政府的一项十分重要的工作，《法治政府建设实施纲要（2015—2020 年）》和《法治政府建设与责任落实督察工作规定》等文件的出台就是近年推动法治政府建设的重要举措。只是这里面同样要注重一个悖论式的问题：法治政府建设旨在限定政府的权力和活动范围并使之规范化，但推动这一建设的就是政府本身。对于这个悖论的求解，既要依靠党的领导来推动法治政府建设，也要政府勇于自我革命，还要开放社会和舆论监督渠道，发挥公民本位的作用。

基于上述分析，服务型政府建设的三大目标即公民本位、政府导向、法治保障是紧密联系在一起的。公民本位是最终的追求，但需要政府导向，也需要法治的保障。政府导向是我国服务型政府建设所处历史阶段和现实情境的需要，其需要法治进行规范，以确保政府发挥的作用符合公民本位的要求。法治是服务型政府建设的重要制度保障，政府参与法治政府的建设，法治政府的建设旨在限制政府的权力和保障公民本位的实现。最终，这三大目标融合在一起，形成公民本位的服务型政府。

（三）服务型政府建设的步骤规划

服务型政府建设处在"五位一体"总体布局和全面深化改革的总目标即国家治理体系和治理能力现代化之中，其建设步骤须与党领导的国家现代化进程相一致，以取得与建设相关因素的协调。在总体步骤上，要与党的十九大报告中关于未来三十年中国发展的规划相一致，要符合党的十九届四中全会提出的推进国家治理体系和治理能力现代化的总体目标描述及其分步骤实施的时间安排。立足于"构建职责明确、依法行政的政府治理体系"，本书认为，服务型政府建设可以分为以下两个阶段：第一阶段，2020—2035 年，以基本实现政府治理体系和治理能力现代化为目标，基本建成法治政府，基本实现基本公共服务均等化，基本形成现代社会治理格局，基本形成现代化、多层次、多种类的公共服务体系，人民的主要公共服务需求得到满足，公民参与服务型政府建设的权利、渠道和内容等制度框架基本确立，服务型政府基本建成。第二阶段，2035年到21世纪中叶，以实现政府治理体系和治理能力现代化为目标，全面建成法治政府，全面实现基本公共服务均等化，形成供给主体多元、结构合理、质量优良、动态调整的现代公共服务体系，人民对全面美好公共服务的需求得到满足，公民成为政府治理主体之一广泛参与服务型政府建设，服务型政府全面建成。

在具体步骤上，服务型政府建设可以将任务分解成法治政府建设、公共服务体系建设、公民参与制度建设等要素，按照现有的规划分领域有序推进，最终通过分项建设的集成建成整体性的服务型政府。需要注意的是，整体性的时间节点和建成标准具有刚性约束力，过程的权变性不可以牺牲最终目标的达成为代价。

（四）服务型政府建设的举措设计

1. 体制机制标准化

服务型政府建设离不开合理的组织领导和参与保障，要通过顶层设计加快形成党委领导、政府主导、社会参与、法治保障、技术支撑的服务型政府建设体制机制，在各级党委下普遍设立服务型政府建设领导小组或委员会作为服务型政府建设的领导机构，统筹推进服务型政府建设，这是举措设计的"标准"面之一，全国各层级政府都应确立这一体制机制。

2. 国家基本公共服务清单化和服务内容标准化

"基本公共服务是指能够解决目前我国公民所面临的最迫切的问题的公共服务，或能够满足我国公民最基本水平需求的公共服务。"[①] 也就是说，基本公共服务是吃饭、穿衣之外的最基本的民生。基本公共服务供给是国家和政府的基本职能，也是服务型政府的"服务"性的最为直接的体现。《基本公共服务均等化规划》的制定与实施为基本公共服务供给积累了较为成熟的经验，包含8个领域列出81个基本公共服务项目的国家基本公共服务清单也已出台。今后，服务型政府建设的基本公共服务供给，要在前期成果的基础上，根据社会经济发展的实际情况，对基本

---

① 娄兆锋、曹冬英：《公共服务导向中基本公共服务与非基本公共服务之研究》，《中国行政管理》2015年第3期。

公共服务清单进行动态调整，逐步扩大基本公共服务的供给范围，逐步提高均等化的程度，保证其与我国经济社会的"五年规划"相同步。

3. 非基本公共服务差异化供给

非基本公共服务是公民非迫切、非全面的公共服务需求内容，其供给主要通过市场机制实现，其目的是满足部分人对于超越平均水平的公共服务需求，应该实行差异化供给。就非基本公共服务而言，政府基本不履行供给职能，因为其公共性相比于基本公共服务较低，其对于服务型政府建设的影响相对较小。但非基本公共服务也不是完全与政府无关。一方面，非基本公共服务与基本公共服务的界限只是相对的，会动态调整，在经济社会发展水平提高之后，原先的非基本公共服务可能被纳入基本公共服务范畴由政府提供，而政府对这个界限标准的划定和基本公共服务目录调整时机具有无可争议的主导权。另一方面，服务型政府要履行对非基本公共服务的"元治理"，对其质量进行监管，可以说对市场供给者的监管就是对非基本公共服务消费者的服务。因此，非基本公共服务差异化供给也是服务型政府建设的重要内容之一。

4. 区域间公共服务标准和权变的调剂机制

在一定时期内，服务型政府建设不平衡的状况下，经济社会发展水平不同区域之间的公共服务供给水平差异较大，这一状况与"流动中国"背景下的公民服务需求的频繁溢出和流入相结合，形成了需要应对的公共服务供给分区域实现与公共服务需求跨区域流动之间供需矛盾。为应对这一矛盾，一方面需要进行标准治理，由中央层面出台基本的服务型政府建设标准和区域间公共服务盈余调剂的原则性指导意见，建立起公共服务跨域流动的基本机制；另一方面，需要通过地方政府横向合作，相互签订公共服务协议进行协同治理。

5. 分阶段确定服务型政府建设的改革举措

根据整体性设计原则，服务型政府建设不只是公共服务的质和量，还是一场关于政府自身的深刻而全面的转型，即政府公共服务职能之外的其他职能如何体现"服务"这一民本价值。其内容除了提高公共服务供给的质量和效率，扩展公共服务供给的覆盖面，更要求按照"服务"理念进行系统改革，以自我革命实现公民本位。按照党代会五年一次换届的频率，将服务型政府建设的改革宏观意见写入党代会报告，确定未来五年服务型政府建设的主题和目标要求。党代会后新一届政府的工作报告中对党代会的部署进行细化和任务分解，确定未来五年服务型政府建设的年度主题、时间表、路线图，并从第二年的"两会"开始在每年的政府工作报告中汇报服务型政府建设的相关进展，或出版单行的政府公报以专报的形式公开详细的服务型政府建设情况。如这几年进行的政府机构改革，"放管服"改革和"优化营商环境"改革就是当前阶段的服务型政府建设的改革举措。

6. 稳步加大社会对服务型政府建设的有序参与

服务型政府是人民政府，"人民性"既是其本质归属的体现，也对其治理模式提出了要求，扩大人民对服务型政府建设的参与实现"民治"成为题中之义。服务型政府与人民政府的结合巧妙地把"人民政治"的逻辑[1]与公民参与的实践要求结合起来，用"人民政治"中"人民"范围划分的弹性和主动权将"公民"对服务型政府参与范围的弹性和主动权掌握在党和政府手中，政府的自主性得以确立，确保公民参与的"稳步"和"有序"。但公民参与的需求是一直存在的，而且在很多传统集权制国家的现代化进程中，"参与爆炸"都会随着经济社会的发展而出现，在政治方面吸纳民意能力不足的情况下，从行政角度吸纳民意也是一个选择。因此，服务型政府建设应该成为从行政和服务角度吸纳民意的最重要通道，"扩大"社会参与面显然是一个明智的选择，公民广泛参与应该成为服务型政府建设的常态而非例外。正如有学者所说的那样，"公民参与契合服务型政府的治理模式"[2]。要破除认识误区，通过扩大政府信息公开领域、拓展参与渠道、创新参与方式等全面推动公民参与走向深入，为最终实现"公民本位"积累参与增量。

7. 技术支撑逐步标准化

"智慧政府""大数据+政务服务"等互联网时代和信息时代的政府治理理念在社会中广泛传播，为服务型政府的技术跃升提供了支撑。

---

[1] 冯仕政：《人民政治逻辑与社会冲突治理：两类矛盾学说的历史实践》，《学海》2014年第3期。

[2] 姜晓萍：《构建服务型政府进程中的公民参与》，《社会科学研究》2007年第4期。

2018年，国务院办公厅发布了《关于印发进一步深化"互联网+政务服务"推进政务服务"一网、一门、一次"改革实施方案的通知》（国办发〔2018〕45号），加快推进政务服务"一网通办"，让企业、社会组织和公民办事"只进一扇门""最多跑一次"。该通知明确要求"建立健全'一网通办'的标准规范"，"制定人口、法人、电子证照等基础数据共享的国家标准。加快完成电子证照库、人口综合库、法人综合库、公共信用库等规范编制工作，加快电子证照应用推广和跨部门、跨区域互认共享。建立健全政务信息资源数据采集、数据质量、目录分类管理、共享交换接口、共享交换服务、平台运行管理等方面的标准。"[1]这实际将服务型政府建设中公共服务网上办理的标准化提上日程，有利于整合各地碎片化的网上政务服务平台、五花八门的界面设计和参差不齐的用户体验；有利于形成全国一体化网上政务服务平台，为实现基本公共服务均等化提供网络技术支撑。需要注意的是，因为这些网络技术只是实现服务型政府的条件，这些技术支持须有其法律和政策方面的依据、信息保护机制、服务反馈机制等，旨在便利公民获取公共服务，而不能舍本逐末。网上办理只是智慧公共服务的一方面，物联网技术和云计算等其他技术结合产生对线下公共服务的变革即将在"5G时代"有鲜明的体现，彼时网络和信息技术对服务型政府建设的支撑将更加全面和智能。此外，要注意那些不能、不便、不愿上网办事群众的公共服务权益，为其提供线下办事服务。

---

[1] 中华人民共和国中央人民政府：《国务院办公厅关于印发进一步深化"互联网+政务服务"推进政务服务"一网、一门、一次"改革实施方案的通知》，2018年6月22日，http://www.gov.cn/zhengce/content/2018-06/22/content_5300516.htm，最后浏览日期：2019年9月1日。

第二章

科学配置政府职能

第一节 政府职能定位与公共服务职责变迁

一 政府的职能定位与职能转变

改革开放以来，学术界对我国政府职能定位及转变情况进行了较多分析。朱光磊等认为，我国政府职能转变分为"初步认识与改革启动（1984—1998）、调整认识与改革探索（1998—2003）、深化认识与改革深入（2003年至今）三个阶段"①。刘熙瑞等认为，政府职能转变大致可分为"提出问题并开始思考（1980—1987）、政府职能实际缩小（1987—1992）、按市场经济要求调整政府职能（1992—2004）、进行性质思考和调整（2004年至十八大）四个阶段"②。魏礼群认为，我国政府职能转变的基本历程是：1978—1992年，改变计划经济体制下政府大包大揽；1992—2012年，围绕适应社会主义市场经济要求转变职能；党的十八大以来，着眼于推进政府治理现代化，构建科学的政府职能体系。③马英娟等认为，改革开放以来我国政府职能转变大致经历了"重心和定位逐渐明确（1978—1997）、结构与转变突破口基本确定（1998—2012）和导向日益清晰（2013—2018）三个阶段"④。

---

① 朱光磊等：《服务型政府建设规律研究》，经济科学出版社2013年版，第23—27页。
② 刘熙瑞、马德普：《中国政府职能论》，学习出版社2017年版，第292—296页。
③ 魏礼群：《建设服务型政府：中国行政体制改革40年》，广东经济出版社2017年版，第30—36页。
④ 马英娟、李德旺：《我国政府职能转变的实践历程与未来方向》，《浙江学刊》2019年第3期。

除了对政府职能转变历程进行阶段划分外，还有学者从职能转变关注的重点角度讨论职能转变情况。周志忍等基于变革管理视角，认为职能转变呈现出比较明显的两个阶段：第一阶段关注政府经济管理职能的转变；第二阶段加强改善宏观调控，更加注重社会管理和公共服务职能。① 邓雪琳通过考察1978年以来的政府工作报告，发现政府工作职能的具体转变体现为：从单一地以经济建设为中心到全面推进社会主义经济建设、政治建设、文化建设、社会建设和生态文明建设。② 竺乾威认为，自第二次机构改革首次提出转变政府职能以来，我国政府职能共发生三次转变，经历了从以政府权力为中心到以政府运作流程方式为中心，再到以权利为中心的改革历程。③ 还有学者研究了关键事件对政府职能转变的影响。郭菊娥等以事件系统理论为指导，选取并分析了改革开放以来推动政府职能转变的"关键事件集"，如计划经济向市场经济过渡阶段小岗村"包产到户"，市场经济体制确立阶段中央出现财政危机，市场经济体制完善阶段中国加入WTO和SARS事件，以及全面深化改革阶段的"双创"事业和霾污染治理，揭示了政府在不同时期进行职能转变的动力来源。④

上述研究基本理清了我国政府职能的定位，揭示了职能转变的阶段、重点和关键事件，为我们认识政府职能提供了启发。根据这些研究，结合政府职能转变本身，本书认为了解政府职能的定位和转变情况，需着重搞清楚以下内容：

一是政府职能转变的起点。早在十一届三中全会召开前夕，邓小平同志就指出："现在我国的经济管理体制权力过于集中，应该有计划地大胆下放……让地方和企业、生产队有更多的经营管理的自主权。"⑤ 这是

---

① 周志忍、徐艳晴：《基于变革管理视角对三十年来机构改革的审视》，《中国社会科学》2014年第7期。

② 邓雪琳：《改革开放以来中国政府职能转变的测量——基于国务院政府工作报告（1978—2015）的文本分析》，《中国行政管理》2015年第8期。

③ 竺乾威：《政府职能的三次转变：以权力为中心的改革回归》，《江苏行政学院学报》2017年第6期。

④ 郭菊娥、袁忆、张旭：《改革开放40年政府职能转变的演进过程》，《西安交通大学学报》（社会科学版）2018年第6期。

⑤ 《邓小平文选》第二卷，人民出版社1994年版，第145—146页。

党和国家领导人首次提出政府职能议题，指明了政府职能转变的方向。党的十一届三中全会做出"把工作着重点转移到社会主义现代化建设上来和实行改革开放"的重大战略决策，指出我国经济管理体制中存在权力过于集中问题，倡导大胆下放经营管理自主权。① 这一次会议虽未直接提出"政府职能转变"的具体要求，但明确了"解决政企不分""加强管理机构及其人员的权限和责任"等基本思路，为真正进行职能转变打好了基础。两年后在《党和国家领导制度的改革》一文中，邓小平将我国的官僚主义归因为高度集权的管理体制，认为"这些事……放在下面，放在企业、社会、事业单位……本来可以很好办，但是统统拿到党政领导机关、拿到中央部门来，就很难办"②。1984 年，党的十二届三中全会通过的《关于经济体制改革的决定》提出，"实行政企职责分开，正确发挥政府机构管理经济的职能"③，对政府的主要经济职能进行了探索。可以看出，改革开放早期，政府职能定位和转变就已经成为党中央关注的重点之一，提出了政企分开、下放管理权的思路。

除了探索政府与市场之间的关系，这一时期开始的政府机构改革也为后来的政府职能转变做了铺垫。1982 年进行的改革开放以来的首次政府机构改革中，为解决"机构臃肿、人浮于事、办事拖拉、不讲效率"等官僚主义积弊，中央对机构数量和人员编制进行了大规模裁撤缩减，这为之后明确政府职能转变的具体内涵积累了有益经验。④ 总之，党中央在改革开放初期就开始关注政府职能问题，思考如何加以调整。

二是明确提出政府职能转变的时间。改革开放早期虽然关注政府职能，但并未明确提出政府职能转变术语，一直到 1986 年中央《关于第七个五年计划的报告》才出现"政府机构管理经济的职能转变"一词，这标志着"职能转变"开始成为核心词汇。1987 年召开的党的十三大明确

---

① 江泽民：《在纪念党的十一届三中全会召开二十周年大会上的讲话》，1998 年 12 月 19 日，http://www.people.com.cn/item/ldhd/Jiangzm/1998/jianghua/jh0035.html，最后浏览日期：2019 年 12 月 1 日。
② 《邓小平文选》第二卷，人民出版社 1994 年版，第 328 页。
③ 新华社：《中共中央关于经济体制改革的决定》，2008 年 6 月 26 日，http://www.gov.cn/test/2008-06/26/content_1028140_2.htm，最后浏览日期：2019 年 12 月 1 日。
④ 马英娟、李德旺：《我国政府职能转变的实践历程与未来方向》，《浙江学刊》2019 年第 3 期。

提出了"转变政府职能",这在前一年经济职能调整的基础上前进了一步。随后,1988年进行的政府机构改革进一步确立了政府职能转变的关键地位。从此,政府职能转变成为描述我国政府改革的主流话语。因此从时间看,"职能转变"源于1986年,成于1987年,获得关键地位是于1988年。这一时期政府职能转变主要从微观管理转向宏观管理,从直接管理转向间接管理,从部门管理转向全行业管理,从"管"字当头转向服务监督,从机关办社会转向机关后勤服务社会化①,为政府职能转变指明了基本思路,也让职能转变成为延续至今的热点话题。

三是政府职能转变的关键转折点,即决定职能转变走向的关键事件。本文认为,这样的关键转折背景是建设社会主义市场经济、科学发展观、国家治理体系和治理能力现代化。建设社会主义市场经济是1992年党的十四大明确提出的,在此之前我国经济建设逐渐摆脱计划经济与市场经济的对立,但并未完全走向市场经济,政府职能定位也受此影响。例如党的十三大设计的机构改革内容是:合并裁减专业管理部门,加强决策咨询、调节监督、审计信息工作,提高宏观经济调控能力,清理整顿行政公司,裁撤冗员。② 由于没有提出市场经济的目标,因此这一时期政府职能转变总体上仍然限定在计划经济的框框内,力度不大。真正发生改变是在党的十四大,这次大会提出了建设市场经济的目标,认为政府职能转变的根本途径是政企分开——属于企业的职能各级政府不要干预,下放给企业的权力中央和地方政府不得截留;政府的主要职能是统筹规划,掌握政策,引导信息,组织协调,提供服务,检查监督。③ 根据这一部署,1993年召开的八届全国人大一次会议明确提出,转变政府职能的重点任务是按照建立社会主义市场经济体制的要求加强宏观调控、部门

---

① 蒋硕亮、徐龙顺:《中国行政体制改革的逻辑、样态与趋向——基于新中国成立70年来的经验分析》,《江汉论坛》2019年第10期。

② 中共中央文献研究室编:《十三大以来重要文献选编(上册)》,人民出版社1993年版,第40页。其他可参见:杨甲镛:《中国政府体制改革研究:以国务院机构改革为中心》,博士学位论文,复旦大学,2007年,第58页;王澜明:《改革开放以来我国六次集中的行政管理体制改革的回顾与思考》,《中国行政管理》2009年第10期;侯静:《改革开放以来中国行政体制改革目标研究》,博士学位论文,东北师范大学,2014年,第45页;许友伦:《全面理解政府职能》,《管理学刊》2014年第4期。

③ 《中国共产党第十四次全国代表大会文件汇编》,人民出版社1992年版,第26页。

监督、社会管理，减少具体审批事务和对企业的直接管理，做到宏观管好、微观放开。① 大会还提出向企业放权的三项具体措施：一是把属于企业自主经营职权范围的事还给企业；二是把资源配置这一基础职能转给市场；三是把经济活动中的社会服务和部分监督职能转给市场中介组织。② 这是我国首次针对市场经济体制提出政府职能转变的具体策略。此后十四届三中全会通过的《关于建立社会主义市场经济体制若干问题的决定》也提出了政府经济职能的具体内容——制定、执行宏观调控政策，培育、监督、维护市场秩序，调节社会分配，控制人口增长，保护自然资源、生态环境，管理、监督国有资产。③ 1997年党的十五大坚持了这一思想，1998年《第九届全国人民代表大会第一次会议关于国务院机构改革方案的决定》提出，"要把政府职能切实转变到宏观调控、社会管理和公共服务上来，把生产经营的权力真正交给企业"④，这是我国首次把政府职能提炼为"宏观调控、社会管理、公共服务"，奠定了我国政府职能内涵的基础，是政府职能转变的第一次转折。可以看出，正是市场经济目标的确立奠定了我国政府职能转变的基础，确立了政府职能的核心内容。

虽然20世纪90年代政府职能就包含了社会管理、公共服务，但当时职能重心聚焦经济建设，社会管理和公共服务还没有得到足够的重视。2002年党的十六大报告将政府职能进一步凝练为"经济调节、市场监管、社会管理、公共服务"也体现了这种倾向。2003年"非典"疫情暴发，全国上下在应对疫情时发现，过去政府职能过于重视经济发展，忽略了经济建设与人、社会、资源的关系，相关的公共服务也十分短缺，由此造成干群紧张、官民矛盾，社会不和谐、不稳定。为此，时任中共中央

---

① 全国人民代表大会常务委员会：《中华人民共和国第八届全国人民代表大会第一次会议文件汇编（一）》，人民出版社1993年版，第96页。

② 张志坚、刘俊林：《中华人民共和国政府机构五十年》，党建读物出版社、国家行政学院出版社2000年版，第494页。

③ 《关于建立社会主义市场经济体制若干问题的决定》，中共中央文献研究室编，《十四大以来重要文献选编（上）》，中央文献出版社2011年版。

④ 法律图书馆：《第九届全国人民代表大会第一次会议关于国务院机构改革方案的决定》，1998年3月10日，http://www.law-lib.com/law/law_view.asp?id=96550，最后浏览日期：2019年8月11日。

总书记胡锦涛在 2003 年 7 月 28 日全国防治非典工作会议上提出"坚持以人为本，树立全面、协调、可持续的发展观，促进经济社会全面发展，统筹城乡发展"①，后来这些思想被概括提炼为科学发展观。2004 年 2 月温家宝在中央党校的讲话中也明确提出"建立服务型政府"，认为党的十六大报告提出的四项政府职能中，社会管理与公共服务是极为重要但也是最为薄弱的两项政府职能。② 十七大坚持了十六大对政府职能的界定，同时明确提出建设服务型政府，实行大部门体制，合并职能相近、业务相同的部门，十八大报告延续了相同的表述。可以看出，科学发展观的提出促使政府职能真正开始关注社会管理、公共服务，这构成了政府职能转变的第二个转折。

2013 年十八届三中全会通过了《中共中央关于全面深化改革若干重大问题的决定》，将政府职能定位调整为"宏观调控、市场监管、公共服务、社会管理、保护环境"，自此政府职能日臻完善，具有了崭新的内涵。第一，全会围绕"使市场在资源配置中起决定性作用和更好发挥政府作用"界定政府职能，在正确处理政府与市场关系中思考政府的经济管理职能，将"经济调节"变更为"宏观调控"，即总量平衡、结构优化、防范风险、稳定预期。第二，政府职能转变使得政府对社会的控制范围变小，经济组织和社会组织日渐活跃，因此更加注重引导社会组织参与到社会管理过程中来，发挥其积极作用。③ 也就是说，社会管理这一职能开始具有社会治理的内涵。俞可平认为，将"社会管理"变为"社会治理"不是简单的文字游戏，而是一种重大的理念转变，这表明社会管理或社会治理的主体从单一转向多元，涵盖政府公共权力机构、社会组织、社区组织、企事业单位，甚至是公民自己。④ 第三，此次职能调整增加了环境保护，这与全面推进经济建设、政治建设、文化建设、社会建设、生态文明建设的"五位一体"总体建设布局相一致，是党和政府面对复杂严峻的生态环境危机做出的明智决策，体现了政府职能转变的

---

① 《胡锦涛文选》第二卷，人民出版社 2016 年版，第 67—69 页。
② 竺乾威：《服务型政府：从职能回归本质》，《行政论坛》2019 年第 5 期。
③ 岳嵩：《新时代政府职能转变的四个向度》，《人民论坛》2019 年第 11 期。
④ 俞可平：《中国的治理改革（1978—2018）》，《武汉大学学报》（哲学社会科学版）2018 年第 3 期。

与时俱进。① 之所以这次全会是政府职能转变的转折点,是因为全会提出了全面深化改革的总目标,即完善和发展中国特色社会主义制度,推进国家治理体系和治理能力现代化,政府职能转变要在这个目标下重新思考、设计。

四是政府职能转变的走向。中华人民共和国成立以来,出于巩固新生政权、维护国家安全的需要,政府职能主要体现为政治职能,经济、文化、社会等职能长期被忽略。② 随着十一届三中全会确立社会主义现代化建设和改革开放的总目标,经济、社会、文化等职能开始受到重视,政府职能也服务于这个总目标,认识更加清晰明确,界定更加简洁精练。总体看,20世纪80年代主要是提出政府职能转变这一命题,进行初步设想;20世纪90年代围绕市场经济体制设计具体内容,从最开始的一般性描述到1998年凝练为"宏观调控、社会管理、公共服务";进入21世纪头十年,政府职能变更为"经济调节、市场监管、社会管理、公共服务","宏观调控"改为"经济调节、市场监管","社会管理"和"公共服务"职能得以保留;2013年起将"经济调节"职能变更为"宏观调控","市场监管、公共服务、社会管理"不变,新增了"保护环境"。因此,从范围上看,改革开放以来我国政府职能覆盖的领域越来越广,越来越全面;从内容上看,这些职能主要涉及"调整政府市场关系、推进简政放权、改进宏观调控、创新市场监督和社会管理、优化公共服务"③。正如有研究指出的,政府职能转变是一个历史的、动态的过程,自中央首次提出转变政府职能的要求起,政府职能沿着市场化方向前进,并随着机构改革的深入,完成了从以着眼于机构改革的政治职能为重心向以经济职能为重心的转变。④

那么在这样的职能体系中公共服务职能是怎样的呢?目前的状况如何?

---

① 顾杰、张述怡:《我国地方政府的第五大职能——生态职能》,《中国行政管理》2015年第10期。

② 李丹:《改革开放以来我国政府职能转变的发展历程与趋势》,《山东行政学院学报》2019年第3期。

③ 魏礼群:《建设服务型政府:中国行政体制改革40年》,广东经济出版社2017年版,第37—46页。

④ 何颖:《我国政府职能转变问题的反思》,《行政论坛》2010年第4期。

二 政府公共服务职能概况

公共服务是政府为满足经济与社会及广大人民群众的公共需求所提供的公众性、公益性公共产品或服务行为的总和。① 公共服务职能在政府职能体系中有重要地位，直接关系着民众需求能否满足，为人民服务理念是否落实等重大问题。如前所述，1998年国务院机构改革时就提出了政府的公共服务职能，不过这一轮机构改革重点是精简裁撤专业管理部门，解决机构庞大、人浮于事、政企不分等问题，公共服务不是主要目标。一直到2004年2月21日，温家宝在中央党校省部级领导干部"树立和落实科学发展观"结业式讲话中第一次要求"建设服务型政府"，公共服务职能才开始进入落实阶段。次年，建设服务型写入政府政府工作报告，这标志着公共服务职能开始得到空前重视，自此落实公共服务职能成了服务型政府建设的重要内容。具体表现有二：一是党中央的决议、文件、全会报告和领导人讲话；二是政府工作报告和专项规划。

党对服务型政府建设，尤其是发展公共服务的总体部署分为两个阶段。一是党的十八大前着重解决"有没有"的问题，强调通过服务型政府建设解决公共服务短缺状况。例如2006年十六届六中全会通过的《中共中央关于构建和谐社会若干重大问题的决定》提出，"建设服务型政府，强化社会管理和公共服务职能"；2007年党的十七大报告要求"加快行政管理体制改革，建设服务型政府"，这也是建设服务型政府第一次出现在党的全会报告中。这次报告还提出，必须在经济发展的基础上更加注重社会建设，着力保障和改善民生，努力使全体人民学有所教、劳有所得、病有所医、老有所养、住有所居，推动建设和谐社会，② 这是执政党首次提出公共服务的具体目标，标志着政府开始强调自己在基本公共服务供给中的责任。也正是这个报告将社会建设单列出来，强调"加快推进以改善民生为重点的社会建设"，对教育、就业、收入、社保、医疗

---

① 曾旭：《中国政府公共服务职能定位演变的历史逻辑——基于历史制度主义的分析视角》，《大连干部学刊》2016年第9期。
② 《胡锦涛在中国共产党第十七次全国代表大会上的报告》，2007年10月15日，中国共产党历次全国代表大会数据库、人民网，http：//cpc.people.com.cn/GB/64162/64168/106155/106156/6430009.html，最后浏览日期：2020年3月11日。

卫生等基本公共服务进行了全面部署。2008年，党的十七届二中全会通过《关于深化行政管理体制改革的意见》和《国务院机构改革方案》，要求贯彻落实十七大的要求。同年2月23日，时任中共中央总书记胡锦涛在主持中央政治局第四次集体学习时强调："建设服务型政府，是坚持党的全心全意为人民服务宗旨的根本要求，是深入贯彻落实科学发展观、构建社会主义和谐社会的必然要求，也是加快行政管理体制改革、加强政府自身建设的重要任务。"[1]

二是从党的十八大起，开始解决"为了谁"的问题，并提出了"人民满意"的目标，"建设服务型政府"被更新为"建设人民满意的服务型政府。"例如2012年党的十八大报告提出，要"建设职能科学、结构优化、廉洁高效、人民满意的服务型政府。"[2] 2017年党的十九大报告提出，要"转变政府职能，深化简政放权，创新监管方式，增强政府公信力和执行力，建设人民满意的服务型政府"[3]，这是对人民满意的服务型政府的再次强调。据统计，在十九大报告中，"公共服务"出现4次，提出过去五年"基本公共服务均等化基本实现"，新时代要"完善公共服务体系""加快推进基本公共服务均等化""建立全国统一的社会保险公共服务平台"；"民生"出现18次，重点强调关注民生、改善民生；"教育"出现43次，其中多次提到农村教育及教育事业发展；"医疗"出现7次，重在强调医疗卫生和医疗保险；"社会保障"出现3次，主要集中在社会保障体系建设上；"住房"出现2次；"就业"出现14次，主要关注点是就业质量、农民就业、收入等。由此可以看出，新时代政府公共服务职能不仅没有削弱，还得到了强化，内涵与目标更加明确具体。

党非常重视公共服务职能的总体部署，政府则将重心放在落实这些部署上。自2005年政府工作报告首次写入服务型政府建设以来，以服务

---

[1]《中共中央政治局进行第四次集体学习 胡锦涛主持》，2008年2月23日，中华人民共和国中央人民政府网，http://www.gov.cn/ldhd/2008-02/23/content_898794.htm，最后浏览日期：2020年3月11日。

[2] 胡锦涛：《坚定不移沿着中国特色社会主义道路前进 为全面建成小康社会而奋斗——在中国共产党第十八次全国代表大会上的报告》，人民出版社2012年版，第28页。

[3] 习近平：《决胜全面建成小康社会 夺取新时代中国特色社会主义伟大胜利——在中国共产党第十九次全国代表大会上的报告》，人民出版社2017年版，第39页。

型政府建设为载体的公共服务职能就成为每年政府工作报告不可或缺的一部分,也是观察政府公共服务职能履行情况的重要依据。政府工作报告对服务型政府建设的部署分为两个方面:一是总体表述;二是制定具体任务清单。总体表述高度概括公共服务职能的目标、重点,是任务清单的指导纲领,规定着任务清单的方向。任务清单是当年各级政府公共服务职能履行情况的依据,服务型政府建设得怎么样,主要看清单上的任务有没有完成,完成得怎么样。概括地讲,总体表述的内容是:创新管理方式,强化服务职能,健全责任体系;实现政府勤政高效、清正廉洁、公正透明;将人民满意作为主要判断标准[①](见表2-1)。

表2-1 2005年以来政府工作报告中"服务型政府建设"的总体表述

年份	总体表述
2005	在和谐社会和科学发展观指引下发展社会事业。努力建设服务型政府,创新政府管理方式,寓管理于服务之中,更好地为基层、企业和社会公众服务
2006	切实转变政府管理经济方式,加强社会管理和公共服务职能。高度重视解决涉及群众切身利益的问题
2007	推进社会主义和谐社会建设。建设一个行为规范、公正透明、勤政高效、清正廉洁的政府,建设人民群众满意的政府
2008	健全政府职责体系,全面正确履行政府职能,努力建设服务型政府
2009	建设为民、务实、廉洁、高效的政府,让人民放心,让人民满意
2010	努力建设人民满意的服务型政府。要全面正确履行政府职能,更加重视公共服务和社会管理。加快健全覆盖全民的公共服务体系,全面增强基本公共服务能力
2011	各级政府都要努力为人民办事;每一个公务员都要真正成为人民的公仆。各级政府一定要把社会管理和公共服务摆到更加重要的位置,切实解决人民群众最关心最直接最现实的利益问题
2012	推进依法行政和社会管理创新,理顺政府与公民和社会组织的关系,建设服务、责任、法治、廉洁政府

---

① 谢新水:《从服务型政府到人民满意的服务型政府——一个话语路径的分析》,《探索》2018年第2期。

续表

年份	总体表述
2013	建设职能科学、结构优化、廉洁高效、人民满意的服务型政府
2014	加强教育、卫生、文化等社会建设。统筹做好保障和改善民生工作。按照推进国家治理体系和治理能力现代化的要求,加快建设法治政府、创新政府、廉洁政府,增强执行力和公信力,努力为人民提供优质高效服务
2015	立国之道,惟在富民。要以增进民生福祉为目的,加快发展社会事业,改革完善收入分配制度,千方百计增加居民收入,促进社会公平正义与和谐进步。全面推进依法治国,加快建设法治政府、创新政府、廉洁政府和服务型政府,增强政府执行力和公信力,促进国家治理体系和治理能力现代化
2016	切实保障改善民生,加强社会建设。为政之道,民生为本。我们要念之再三、铭之肺腑,多谋民生之利,多解民生之忧。财政收入增长虽放缓,但该给群众办的实事一件也不能少。各级政府要深入贯彻落实新发展理念,把全面建成小康社会使命扛在肩上,把万家忧乐放在心头,建设人民满意的法治政府、创新政府、廉洁政府和服务型政府
2017	加快转变政府职能,提高行政效能,更好为人民服务;作为人民政府,所有工作都要体现人民意愿、维护人民利益、接受人民监督
2018	完善区域发展政策,推进基本公共服务均等化,逐步缩小城乡区域发展差距,把各地比较优势和潜力充分发挥出来。提高保障和改善民生水平。要在发展基础上多办利民实事、多解民生难事,兜牢民生底线,不断提升人民群众的获得感、幸福感、安全感
2019	加快发展社会事业,更好保障和改善民生。今年财政收支平衡压力加大,但基本民生投入确保只增不减。支持社会力量增加非基本公共服务供给,满足群众多层次、多样化需求

资料来源:谢新水:《从服务型政府到人民满意的服务型政府——一个话语路径的分析》,《探索》2018年第2期。本文进行了补充整理。

任务清单主要列举了教育、医疗卫生、社保、就业、收入分配、人口、住房、文化体育等公共服务领域的具体建设任务,党的十八大后又增加了文化、安全生产、社会治理等领域(见表2-2)。

表 2-2　2005 年以来政府工作报告中"服务型政府建设"的具体任务

年份	具体任务
2005	切实把教育放在优先发展的战略地位。加快卫生事业改革和发展。继续做好人口发展战略研究工作。大力发展社会主义先进文化。加强各类型、多层次人才队伍建设。继续实行积极的就业政策。加快社会保障体系建设。继续增加城乡居民收入，特别是中低收入者收入。推进收入分配制度改革。高度重视解决城乡困难群众基本生活问题
2006	继续实施积极的就业政策，千方百计扩大就业。加快推进社会保障体系建设。突出抓好医疗卫生工作。稳定现行生育政策和低生育水平，提高出生人口质量，有效治理出生人口性别比偏高的问题。切实加强安全生产工作
2007	坚持把教育放在优先发展的战略地位，加快各级各类教育发展，促进教育公平。继续实施人才强国战略。加快卫生事业改革发展。统筹解决人口问题，继续落实现行生育政策。发展老龄事业，积极应对人口老龄化。在全社会树立中国特色社会主义的共同理想，广泛开展社会主义荣辱观教育，培育文明道德风尚，尤其要加强青少年思想道德建设。坚持把扩大就业放在经济社会发展的突出位置。加强社会保障体系建设。完善城乡社会救助体系
2008	坚持优先发展教育。推进卫生事业改革和发展。加强人口和计划生育工作。重视发展老龄事业，切实保障妇女和未成年人权益，关心和支持残疾人事业。努力扩大就业，增加城乡居民收入，完善社会保障体系，抓紧建立住房保障体系
2009	千方百计促进就业。加快完善社会保障体系。坚持优先发展教育事业。推进医药卫生事业改革发展。做好人口和计划生育工作，稳定低生育水平。大力发展文化体育事业
2010	千方百计扩大就业。加快完善覆盖城乡居民的社会保障体系。改革收入分配制度。促进房地产市场平稳健康发展。加快推进医药卫生事业改革发展。做好人口和计划生育工作
2011	坚持优先发展教育。全面加强人才工作。大力推进科技创新。千方百计扩大就业。合理调整收入分配关系。加快健全覆盖城乡居民的社会保障体系。坚定不移地搞好房地产市场调控。推进医药卫生事业改革发展。全面做好人口和计划生育工作。加强和创新社会管理
2012	千方百计扩大就业。加快完善社会保障体系。大力推进医药卫生事业改革发展。全面做好人口和计划生育工作。继续搞好房地产市场调控和保障性安居工程建设。加强和创新社会管理

续表

年份	具体任务
2013	千方百计扩大就业。完善社会保障制度。深化医药卫生事业改革发展。逐步完善人口政策。加强和创新社会管理。加强房地产市场调控和保障性安居工程建设。继续推进教育优先发展。深化科技体制改革。扎实推进文化建设。大力加强社会公德、职业道德、家庭美德、个人品德教育
2014	促进教育事业优先发展、公平发展。推动医改向纵深发展。文化是民族的血脉。推进社会治理创新。就业是民生之本。收入是民生之源。社保是民生之基。完善住房保障机制。人命关天,安全生产这根弦任何时候都要绷紧,切实保障"舌尖上的安全"
2015	着力促进创业就业。加强社会保障和增加居民收入。促进教育公平发展和质量提升。加快健全基本医疗卫生制度。让人民群众享有更多更好文化发展成果。加强和创新社会治理。打好节能减排和环境治理攻坚战。能源生产和消费革命,关乎发展与民生
2016	着力扩大就业创业。发展更高质量更加公平的教育。协调推进医疗、医保、医药联动改革。织密织牢社会保障安全网。推进文化改革发展。加强和创新社会治理。坚持不懈抓好安全生产和公共安全
2017	大力促进就业创业。办好公平优质教育。推进健康中国建设。织密扎牢民生保障网。发展文化事业和文化产业。推动社会治理创新。持之以恒抓好安全生产
2018	塑造区域发展新格局。提高新型城镇化质量。着力促进就业创业。稳步提高居民收入水平。发展公平而有质量的教育。实施健康中国战略。更好解决群众住房问题。强化民生兜底保障。打造共建共治共享社会治理格局。为人民过上美好生活提供丰富精神食粮
2019	发展更加公平更有质量的教育。保障基本医疗卫生服务。完善社会保障制度和政策。丰富人民群众精神文化生活。加强和创新社会治理

资料来源:历年国务院政府工作报告,中华人民共和国中央人民政府网站,http://www.gov.cn/guowuyuan/baogao.htm,最后浏览日期:2019年8月13日。

除了每年一度的政府工作报告,2012年和2017年国务院还分别通过了《国家基本公共服务体系"十二五"规划》(以下简称"十二五"规划)和《"十三五"推进基本公共服务均等化规划》(以下简称"十三五"规划)。"十二五"规划明确了政府公共服务的职责是提供基本公共服务,认为"基本公共服务是建立在一定社会共识基础上,由政府主导提供的,与经济社会发展水平和阶段相适应,旨在保障全体公民生存和发展基本需求的公共服务"①,涵盖教育、就业、社保、医疗卫生、计划生育、住房保障、文化体育等多个领域。基本公共服务的总体目标是供给有效扩大,发展较为均衡,服务方便可及,群众比较满意,覆盖城乡居民的基本公共服务体系逐步完善,推进基本公共服务均等化取得明显进展。为了实现这个目标,各个领域都明确了重点任务、基本标准、保障工程,为地方各级政府指明了行动方向和具体任务。在规划指引下,经过五年时间,我国初步构建了覆盖全民的国家基本公共服务制度体系,相关设施不断改善,保障能力和群众满意度持续提升。正如《"十三五"推进基本公共服务均等化规划》所总结的,截至2015年,义务教育均衡发展深入推进;全国就业人员77451万,劳动者参加就业技能培训后平均就业率达70%以上;覆盖城乡的社会保障体系进一步健全,保障水平稳步提高;基本公共卫生服务项目增加到12类,人民健康水平总体上达到中高收入国家平均水平;城镇保障性安居工程和农村危房改造力度加大;现代公共文化服务体系建设积极推进,农村公共文化服务能力增强,全民健身蓬勃开展。②

不过,由于"十二五"规划致力于构建基本公共服务体系,解决的是基础缺失问题,因而虽然相对于规划发布前政府公共服务职能显著改善,但仍存在规模不足、质量不高、发展不平衡等问题,突出表现在:城乡区域间资源配置不均衡,硬件软件不协调,服务水平差异较大;基层设施不足和利用不够并存,人才短缺严重;一些服务项目存在覆盖盲区,尚未有效惠及全部流动人口和困难群体;体制机制创新滞后,社会力量参与不足;等等。③ 为了改善这个状况,2017年1月23日国务院又

---

① 《国务院关于印发国家基本公共服务体系"十二五"规划的通知》,2012年7月11日,中华人民共和国中央人民政府网,http://www.gov.cn/zwgk/2012-07/20/content_2187242.htm,最后浏览日期:2020年3月11日。

② 《国务院关于印发"十三五"推进基本公共服务均等化规划的通知》,2017年1月23日,中华人民共和国中央人民政府网,http://www.gov.cn/zhengce/content/2017-03/01/content_5172013.htm,最后浏览日期:2020年3月11日。

③ 《国务院关于印发"十三五"推进基本公共服务均等化规划的通知》,2017年1月23日,中华人民共和国中央人民政府网,http://www.gov.cn/zhengce/content/2017-03/01/content_5172013.htm,最后浏览日期:2020年3月11日。

发布了《"十三五"推进基本公共服务均等化规划》（国发〔2017〕9号），设定了2020年之前我国基本公共服务的主要目标、制度框架、服务清单、实施机制，提出了公共教育、劳动就业创业、社会保险、医疗卫生、社会服务、住房保障、文化体育、残疾人服务的服务项目、重点任务、保障措施，明确了均等共享、服务供给、资源保障、规划监督措施。①

这样，以政府工作报告和两个专项规划为载体，各级政府形成了履行公共服务职能的主要政策体系，明确了公共服务职能的领域以及每个领域的目标体系和保障措施。接下来本文将以此为基础详细梳理每个领域的情况，以总体描述我国政府公共服务职能的履行情况。

（一）教育领域

2005—2011年每年政府工作报告都对教育领域的政府服务职能进行了明确，强调教育是国家发展的基石，教育公平是重要的社会公平，要把教育放在优先发展地位，加快发展各级教育。这一时期政府关注的重点是农村义务教育，2005年政府工作报告明确要求，"重点加强农村义务教育，完善以政府投入为主的经费保障机制。继续实施西部地区'两基'攻坚计划。从今年起，免除国家扶贫开发工作重点县农村义务教育阶段贫困家庭学生的书本费、杂费，并补助寄宿学生生活费；到2007年在全国农村普遍实行这一政策，使贫困家庭的孩子都能上学读书，完成义务教育"②。2007年报告又指出，继续落实农村教育的各项措施，当年全国投入2235亿元，"十一五"时期中央投入100亿元对农村初中学校进行改造。③ 与此同时，2005年和2007年政府工作报告都提及解决好城市困难家庭和农民工子女接受义务教育问题。这一时期教育政策还加大了国家奖助学金、教师工资津贴的投入力度，夯实教育根基。

《国家基本公共服务体系"十二五"规划》发布后，教育领域基本公

---

① 《国务院关于印发"十三五"推进基本公共服务均等化规划的通知》，2017年1月23日，中华人民共和国中央人民政府网，http://www.gov.cn/zhengce/content/2017-03/01/content_5172013.htm，最后浏览日期：2020年3月11日。

② 《2005年国务院政府工作报告》，2006年2月16日，中华人民共和国中央人民政府网，http://www.gov.cn/test/2006-02/16/content_201218.htm，最后浏览日期：2020年3月11日。

③ 《2007年国务院政府工作报告》，2009年3月16日，中华人民共和国中央人民政府网，http://www.gov.cn/test/2009-03/16/content_1260188.htm，最后浏览日期：2020年3月11日。

共服务进一步发展。规划提出政府"十二五"时期基本公共教育服务的建设重点：巩固提高九年义务教育，基本普及高中阶段教育和学前一年教育，完善以政府为主导、多种方式并举的家庭经济困难学生资助政策，建立健全基本公共教育服务体系。规划还提出了实现上述重点的保障工程：义务教育学校标准化建设工程、义务教育教师队伍建设工程、中等职业教育基础能力建设工程、民族教育发展工程、农村学前教育推进工程。梳理这一时期的政府工作报告发现，农村及边远贫困地区的义务教育发展仍是政府关注的重点，2014年、2015年、2016年报告都提出加大教育资源向中西部和边远贫困地区的倾斜力度，继续增加财政性教育经费支出，深化教育综合改革，稳妥改革考试招生制度，鼓励发展民办教育，全面推进现代职业教育体系建设，注重培养各类高素质创新人才。

2017年1月《"十三五"推进基本公共服务均等化规划》发布后，教育公共服务的目标增加了"教育质量"的内容，教育不仅要优先发展、实现公平，更要有质量保障。这一时期教育领域关注的重点任务是义务教育、高中阶段教育、普惠性学前教育和继续教育，相应的保障措施是：义务教育学校标准化建设、高中阶段教育设施建设、学前教育行动计划、教师队伍建设、教育信息化建设。政府工作报告除了强调缩小城乡、区域、校际差距外，更关注质量，要求在全国范围内推动一流大学和一流学科建设，支持中西部建设有特色、高水平的大学，加强师资队伍和师德师风建设，办好人民满意的教育。

（二）医疗卫生领域

2005—2016年医疗卫生领域的主要职能是建立健全基层医疗卫生服务体系，推进医药卫生制度改革。建立健全基层医疗卫生服务体系在乡镇农村和县城社区两个场域同时展开，乡镇农村地区的重点任务是加强医疗卫生设施设备建设和队伍建设，建立完善新型农村合作医疗制度和医疗救助制度。例如2006年政府工作报告提出，"五年内国家财政将投入200多亿元对乡镇卫生院和部分县医院房屋和设备进行改造。加快推进新型农村合作医疗制度建设，把试点范围扩大到全国40%的县，中央和地方财政对参加合作医疗农民的补助标准由20元提高到40元。到2008年，要在全国农村基本建立新型合作医疗制度和医疗救助制度。

实行城市医疗卫生人员定期到农村服务的制度。"① 2007 年要求把新型农村合作医疗制度试点范围扩大到全国80%以上的县（市、区），每个乡镇由政府办好一所卫生院，支持每个行政村设立一个卫生室。城市社区的重点是建立疾病预防控制中心、社区卫生服务中心，对县级公立医院进行综合改造。梳理这一时期的政府工作报告，可以发现2005—2009 年的工作重心都是围绕这三个方面进行设计。《"十二五"规划》发布后，建设重点转向公共卫生服务、医疗服务，保障工程是公共卫生服务体系、医疗服务体系、全科医生培养。2017 年"十三五"规划发布后，公共卫生、医疗卫生服务、药品安全成为改革的主要内容，保障措施延续了"十二五"的做法。这一时期工作的重点还从体系完善转向能力提升，重点是提升基层医疗卫生服务能力和基本公共卫生服务能力。

从 2009 年起，推进医药卫生制度改革成为医疗卫生领域的改革举措之一，主要措施是建立基本医疗保障和基本药物制度，实现医保城乡统筹，促进均等化，进行公立医院改革，发展民办医疗、中医药和民族药，推行大病医保、分级诊疗，改善医患关系。当年的政府工作报告提出"统一制定和发布国家基本药物目录，出台基本药物生产、流通、定价、使用、医保报销政策，减轻群众费用负担"②。2010 年和 2011 年继续强调在基层医疗卫生机构实施基本药物制度，建立完善基本药物集中采购、统一配送供应体系。"十二五"规划发布后，建设重点是药品供应和安全保障，主要的工程是"药品安全保障基础设施建设工程"，政府工作报告提出的重点是"完善大病保险制度、提高补助标准、推进公立医院改革"。关于完善大病保险制度，2012 年报告首次提出"全面推开尿毒症等8 类大病保障，将肺癌等 12 类大病纳入保障和救助试点范围"③，2013 年

---

① 《2006 年国务院政府工作报告》，2009 年 3 月 16 日，中华人民共和国中央人民政府网，http://www.gov.cn/test/2009-03/16/content_1260216.htm，最后浏览日期：2020 年 3 月 11 日。

② 《2007 年国务院政府工作报告》，2009 年 3 月 16 日，中华人民共和国中央人民政府网，http://www.gov.cn/test/2009-03/16/content_1260221.htm，最后浏览日期：2020 年 3 月 11 日。

③ 《2012 年国务院政府工作报告》，2012 年 3 月 15 日，中华人民共和国中央人民政府网，http://www.gov.cn/test/2012-03/15/content_2067314.htm，最后浏览日期：2020 年 3 月 11 日。

提出建立重特大疾病保障和救助机制，全面开展儿童白血病等20种重大疾病保障试点工作，2015年提出全面实施城乡居民大病保险制度，2016年明确规定：当年实现大病保险全覆盖，让更多大病患者减轻负担。关于提高补助标准，2012年规定城镇居民医保和新农合补助标准提高到每人每年240元，2013年提高到每人每年280元，2014—2016年分别提高到每人每年320元、380元、420元。另外从2013年起人均基本公共卫生服务经费标准由25元提高到30元，2015年和2016年分别提高到40元、45元，2015年起基本实现居民医疗费用省内直接结算，2016年中央财政安排城乡医疗救助补助资金160亿元，增长9.6%。关于推进公立医院改革，2009—2011年都有提及，2012年要求"实行医药分开、管办分开，破除以药补医；鼓励引导社会资本办医，加快形成对外开放的多元办医格局；充分调动医务工作者积极性，建立和谐医患关系"①。2013年继续推进相关改革，鼓励社会办医。2014年要求扩大县级公立医院和城市公立医院综合改革试点；理顺医药价格，创新社会资本办医机制；巩固完善基本药物制度和基层医疗卫生机构运行新机制；健全分级诊疗体系，加强全科医生培养，推进医师多点执业，让群众就近享受优质医疗服务；构建和谐医患关系。②2015年要求加强全科医生制度建设，完善分级诊疗体系；在100个地级以上城市进行县级公立医院改革试点，降低虚高药价，合理调整医疗服务价格，通过医保支付等方式平衡费用，减轻群众负担；鼓励医生到基层多点执业，发展社会办医；开展省级医改试点；加快建立医疗纠纷预防调解机制。③"十三五"规划发布后，重大疾病防治、妇幼健康和计划生育服务管理、食品安全、中医药传承创新、医疗卫生人才培养、食品药品安全治理体系建设和人口健康信息化成为新的工作重点，其中值得关注的变化是"健康中国"概念的提出，这表明医疗卫生服务已从单纯的医药问题转为更高层级的健康问题，相关的措施

---

① 《2012年国务院政府工作报告》，2012年3月15日，中华人民共和国中央人民政府网，http://www.gov.cn/test/2012-03/15/content_2067314.htm，最后浏览日期：2020年3月11日。
② 《2014年国务院政府工作报告》，2014年3月5日，中华人民共和国中央人民政府网，http://www.gov.cn/guowuyuan/2014zfgzbg.htm，最后浏览日期：2020年3月11日。
③ 《2015年国务院政府工作报告》，2015年3月5日，中华人民共和国中央人民政府网，http://www.gov.cn/guowuyuan/2015zfgzbg.htm，最后浏览日期：2020年3月11日。

有提高医疗补助标准、报销比例，推进异地就医直接结算，实施家庭门诊服务。

（三）就业领域

2005—2011年政府一直实行积极的就业政策，不断增加中央财政投入，提高就业覆盖面，做好高校毕业生、农民工等重点群体就业。相关措施包括：一、增加就业投入，2005年中央财政投入109亿元支持再就业，比2004年增加26亿元；2006年中央财政安排251亿元用于再就业，2009年投入420亿元支持就业，2010年和2011年分别投入433亿元、423亿元。二、加强就业指导、培训、服务工作，2005—2011年政府工作报告都进行了详细安排。三、重点关注困难群体就业。这些群体包括新增劳动力、高校毕业生、复员退伍军人、农村富余劳动力、各类下岗失业人员、企业破产职工、进城农民工、零就业家庭、残疾人、灾区劳动力。四、构建和谐劳动关系，全面推广劳动合同制，保护劳动者合法权益。该制度从2007年开始实行，2008年要求"督促各类企业和劳动者依法签订并履行劳动合同，加强劳动争议处理和劳动保障监察，严厉打击各种非法用工行为"①。2011年指出，加强劳动保障监察执法，完善劳动争议处理机制，依法维护劳动者权益，构建和谐劳动关系。②

2012年《国家基本公共服务体系"十二五"规划》进一步提出政府在劳动就业领域的建设重点：就业服务管理、职业技能培训、劳动关系协调、劳动权益保护。相应的保障工程有：基层劳动就业和社会保障综合服务平台建设工程，省、市（地）级人力资源市场建设工程，就业失业动态监测和预警工程。这一时期政府工作报告主要围绕"鼓励创业、加强劳动者技能培训、构建和谐的劳动关系"履行就业服务职能（见表2-3）。

---

① 《2008年国务院政府工作报告》，2009年3月16日，中华人民共和国中央人民政府网，http://www.gov.cn/test/2009-03/16/content_1260198.htm，最后浏览日期：2020年3月11日。

② 《2011年政府工作报告（全文）》，2011年3月16日，中国网，http://www.china.com.cn/policy/txt/2011-03/16/content_22150608.htm，最后浏览日期：2020年3月11日。

表 2-3 2012—2016 年政府工作报告中关于就业服务的安排

年份	具体任务
2012	就业是关系国家发展和人民福祉的大事。各级政府务必坚持就业优先战略。重点扶持就业容量大的服务业、创新型科技企业和小型微型企业。鼓励以创业带动就业。鼓励高校毕业生投身农村、基层、中西部地区建设。加强职业培训和公共就业服务工作。加快建立健全统一规范灵活的人力资源市场。开展劳动关系争议排查,加强劳动监察和调解仲裁
2013	坚持实施就业优先战略和更加积极的就业政策,通过稳定经济增长和调整经济结构增加就业岗位,加强职业技能培训,提高劳动者就业创业能力,加大投入和政策支持,完善就业服务体系,鼓励创业带动就业,做好重点人群就业工作,促进城乡居民收入持续稳定增长
2014 年	就业是民生之本。坚持实施就业优先战略和更加积极的就业政策,以创业带动就业。今年高校毕业生 727 万人,要开发更多就业岗位,提高大学生就业创业比例。加大对城镇就业困难人员帮扶力度,确保"零就业"家庭至少有一人就业,做好淘汰落后产能职工安置和再就业工作。统筹农村转移劳动力、退役军人等就业工作
2015	坚持就业优先,以创业带动就业。今年高校毕业生 749 万人……要加强就业指导和创业教育。做好结构调整、过剩产能化解中失业人员的再就业工作。落实和完善失业保险支持企业稳定就业岗位政策。全面治理拖欠农民工工资问题,健全劳动监察和争议处理机制
2016	实施更加积极的就业政策,鼓励以创业带动就业。今年高校毕业生 765 万人,要落实好就业促进计划和创业引领计划。用好失业保险基金结余,增加稳就业资金规模。完成 2100 万人次以上农民工职业技能提升培训任务。加强对灵活就业、新就业形态的扶持。切实做好退役军人安置和就业创业服务工作

资料来源:历年国务院政府工作报告。

《"十三五"推进基本公共服务均等化规划》继续强调政府公共就业服务、职业培训、劳动关系协调和劳动权益保护,并通过基层劳动就业和社会保障服务平台建设、职业技能公共实训基地建设、信息服务平台建设加以保障。这一时期政府工作报告不仅强调千方百计促进就业,更是加大了就业培训力度和援助力度,例如 2017 年政府工作报告提出高校毕业生创历史新高,要实施好就业促进、创业引领、基层成长等计划,促进多渠道就业创业,2018 年要求大规模开展职业技能培训,运用"互联网+"发展就业新形态。

总之2005年至今就业领域的中心工作是保障重点人群就业和新兴业态就业，推行劳动合同、劳动争议监察仲裁协商制度。重点人群包括新增劳动力、高校毕业生、退伍复员军人、农村富余劳动力、下岗失业破产人员、残疾人等，新业态是指"互联网+"和创业，为此政府建立完善了人力资源市场，健全了信息收集、补贴、指导、培训、服务体系，高度重视自主创业。

（四）住房领域

历年政府工作报告都将促进房地产市场平稳健康发展，保障人民群众基本住房需求作为工作目标，具体举措是实施保障性安居工程，做好房地产市场监管。在实施保障性安居工程方面，2008年要求健全廉租住房制度，增加房源供给，加强经济适用房建设，解决城市低收入群众住房困难问题。为此中央投入68亿元，比2007年增加17亿元。2010年提出继续大规模实施保障性安居工程，中央财政安排632亿元，比上年增加81亿元；建设保障性住房300万套，各类棚户区改造住房280万套；扩大农村危房改造试点范围。① 2011年为重点解决城镇中低收入家庭住房困难问题，中央投入1030亿元开工建设保障性住房、棚户区改造住房共1000万套、农村危房150万户，重点发展公共租赁住房，建立保障性住房使用、运营、退出等管理制度。在房地产市场监管方面，2008年提出综合运用税收、信贷、土地等手段完善住房公积金制度，抑制不合理需求，防止房价过快上涨，严格房地产企业市场准入和退出条件，依法查处闲置囤积土地、房源和炒地炒房行为。② 2010年提出抑制投机购房，完善商品房预售制度，整顿规范房地产秩序，抑制土地价格过快上涨，加大对圈地不建、捂盘惜售、哄抬房价等行为的查处力度。③ 2011年要求遏

---

① 《2010年政府工作报告（全文）》，2010年3月15日，中国网，http://www.china.com.cn/policy/txt/2010-03/15/content_19612372.htm，最后浏览日期：2020年3月11日。

② 《2008年国务院政府工作报告》，2009年3月16日，中华人民共和国中央人民政府网，http://www.gov.cn/test/2009-03/16/content_1260198.htm，最后浏览日期：2020年3月11日。

③ 《2010年政府工作报告（全文）》，2010年3月15日，中国网，http://www.china.com.cn/policy/txt/2010-03/15/content_19612372.htm，最后浏览日期：2020年3月11日。

制部分城市房价过快上涨的势头，通过信贷、税收遏制投机投资购房，严查各类违法违规行为，完善巡查、考评、约谈和问责制度。

《国家基本公共服务体系"十二五"规划》发布后基本住房领域的建设重点是廉租住房、公共租赁住房建设和棚户区改造，农村危房改造及保障性住房管理，相应的保障政策包括土地政策、财税政策、金融政策、价格政策。政府工作报告也围绕这些要求安排具体工作。例如2012年报告要求建成500万套保障房，新开工700万套以上，完善建设、分配、管理、退出等制度。2013年要求建成470万套、新开工630万套，继续推进农村危房改造。2014年要求以全体人民住有所居为目标，坚持分类指导、分步实施、分级负责，加大保障性安居工程建设力度，当年新开工700万套以上，其中各类棚户区470万套以上，加强配套设施建设；推进公租房和廉租房并轨运行；用市场化方式为保障房建设提供长期稳定、成本适当的资金支持；提高建设质量，保证公平分配，完善准入退出机制。

《"十三五"推进基本公共服务均等化规划》发布后，公共租赁住房、城镇棚户区改造、农村危房改造继续成为基本住房领域的重点任务，相应的保障措施仍然围绕土地、财税、金融、价格进行设计。具体要求是：保障必要用地需求、实施财税优惠政策、加大融资支持力度、合理确定住房价格。政府工作报告也着重落实这些要求，如2018年提出，开工580万套棚户区改造工程；将低收入住房困难家庭、符合条件的新就业无房职工和外来务工人员纳入公租房保障范围；继续通过差别化调控实现房住不炒；培育租赁市场，发展共有产权住房；加快建立多主体供给、多渠道保障、租购并举的住房制度。①

（五）社会保障领域

2005—2011年间社会保障工作主要从两方面展开：一是不断健全和完善养老保险、失业保险、医疗保险、工伤保险等各类社会保险制度（详见表2-4）；二是健全下岗职工、农村居民、低保、残疾人、流浪乞讨人员等的社会救助体系，提升保障水平（见表2-5）。

---

① 《2018年政府工作报告》，2018年3月5日，中华人民共和国中央人民政府网，http://www.gov.cn/guowuyuan/2018zfgzbg.htm，最后浏览日期：2020年3月12日。

表 2-4 2005—2011 年政府工作报告中完善各类保险制度的任务安排

年份	具体任务
2005	完善企业职工基本养老保险制度,坚持社会统筹与个人账户相结合,扩大做实个人账户试点。依法扩大养老、失业、医疗、工伤等社会保险覆盖面,提高个体、私营和外资企业参保率,完善灵活就业人员参保办法。加大社会保险费征缴力度,逐步提高统筹层次。研究制定机关事业单位养老保障制度改革方案
2006	完善城镇职工基本养老保险制度,搞好做实个人账户试点工作,扩大试点范围;改革养老金计发办法,建立参保缴费的激励约束机制。提高各类所有制企业的参保率,统一城镇个体工商户和灵活就业人员的参保办法,扩大社会保险覆盖范围。加大社会保险费征缴和基金监管力度,多渠道筹集社会保障基金。同时,加强城镇职工基本医疗保险和失业、工伤、生育保险制度建设
2007	继续完善企业职工基本养老保险制度,推进做实个人账户扩大试点工作。健全城镇职工基本医疗保险和失业、工伤、生育保险制度。加快建立适合农民工特点的社会保障制度,重点推进农民工工伤保险和大病医疗保障工作。进一步扩大社会保险覆盖面,特别要做好外资、私营等非公有制企业和城镇灵活就业人员的参保工作。多渠道筹集和积累社会保障基金。完善社会保险费征管方式,提高基金征缴率
2008	一要做好社会保险扩面和基金征缴工作。重点扩大农民工、非公有制经济组织就业人员、城镇灵活就业人员参加社会保险。努力解决关闭破产企业退休人员和困难企业职工参加基本医疗保险问题。二要推进社会保险制度改革。完善社会统筹与个人账户相结合的企业职工基本养老保险制度,扩大做实养老保险个人账户试点,加快省级统筹步伐,制定全国统一的社会保险关系转续办法。探索事业单位基本养老保险制度改革。抓紧制定适合农民工特点的养老保险办法。鼓励各地开展农村养老保险试点。加快完善失业、工伤、生育保险制度。三要采取多种方式充实社会保障基金,强化基金监管,确保基金安全,实现保值增值
2009	完善基本养老保险制度,继续开展做实个人账户试点,全面推进省级统筹。制定实施农民工养老保险办法。新型农村社会养老保险试点要覆盖全国10%左右的县(市)。出台养老保险关系转移接续办法;完善失业、工伤、生育保险制度
2010	扎实推进新型农村社会养老保险试点,试点范围扩大到23%的县。加快解决未参保集体企业退休人员基本养老保障等遗留问题。将全国130万"老工伤"人员全部纳入工伤保险范围。积极推进农民工参加社会保险

续表

年份	具体任务
2011	将新型农村社会养老保险试点范围扩大到全国 40% 的县。推进城镇居民养老保险试点，解决集体企业退休人员养老保障的历史遗留问题，建立企业退休人员基本养老金正常调整机制。积极推进机关和事业单位养老保险制度改革。将国有企业、集体企业"老工伤"人员纳入工伤保险制度

资料来源：历年国务院政府工作报告；岳经纶、温卓毅：《中国社会政策的走向：2004—2007》，《中国公共政策评论》（第 2 卷），上海人民出版社 2008 年版。

表 2 - 5　2005—2011 年政府工作报告中健全社会救助体系的任务安排

年份	具体任务
2005	推进国有企业下岗职工基本生活保障向失业保险并轨，今年在全国多数地区基本解决历史遗留的国有企业下岗职工问题，今后企业裁员将逐步依法直接纳入失业保险或城市"低保"。进一步完善城市"低保"制度，有条件的地方可探索建立农村居民最低生活保障制度。做好优待抚恤工作
2006	继续完善城市低保制度。研究制定机关事业单位养老保险制度改革方案。完善农村"五保户"供养、特困户救助、灾民救济等制度，增加资金支持并适当提高救助标准。有条件的地方要探索建立农村居民最低生活保障制度。各地都要加快城乡特殊困难群众社会救助体系建设
2007	完善城乡社会救助体系。健全城市居民最低生活保障制度、城乡医疗救助制度、城市生活无着的流浪乞讨人员救助制度。今年要在全国范围建立农村最低生活保障制度，各地要根据实际，合理确定低保对象范围和标准，中央财政对困难地区给予适当补助
2008	重点完善城乡居民最低生活保障制度，建立与经济增长和物价水平相适应的救助标准调整机制
2009	农村低保要做到应保尽保。进一步提高城乡低保、农村五保等保障水平，提高优抚对象抚恤和生活补助标准
2010	加强城乡低保工作，逐步提高保障水平，切实做到动态管理、应保尽保。加强残疾人社会保障和服务体系建设，进一步落实好扶残助残的各项政策，为他们平等参与社会生活创造更好的环境

续表

年份	具体任务
2011	完善城乡低保制度。继续多渠道增加社会保障基金。将孤儿养育、教育和残疾孤儿康复等纳入财政保障范围。继续完善企业职工基本养老保险制度,推进做实个人账户扩大试点工作。健全城镇职工基本医疗保险和失业、工伤、生育保险制度。加快建立适合农民工特点的社会保障制度,重点推进农民工工伤保险和大病医疗保障工作。进一步扩大社会保险覆盖面,特别要做好外资、私营等非公有制企业和城镇灵活就业人员的参保工作。多渠道筹集和积累社会保障基金。完善社会保险费征管方式,提高基金征缴率

资料来源:历年国务院政府工作报告;岳经纶、温卓毅:《中国社会政策的走向:2004—2007》,《中国公共政策评论》(第2卷),上海人民出版社2008年版。

《国家基本公共服务体系"十二五"规划》更加明确了社会保障领域的建设重点——健全社会保险体系,包括基本养老保险、基本医疗保险、工伤、失业和生育保险,以及社会救助、社会福利、基本养老服务和优抚安置的基本社会服务。保障工程分别是省、市(地)级社会保障服务中心建设工程和社会保障卡建设工程;低收入家庭认定体系建设工程、综合防灾减灾工程、孤残儿童保障服务工程和养老服务体系建设工程。梳理2012—2016年政府工作报告可知,报告所列的工作任务主要围绕规划确立的建设重点进行安排,例如2012年和2013年报告都强调扩大各项社会保险覆盖面,提高统筹层次和保障水平,加强制度完善与衔接,增强公平性,适应流动性,保证可持续性。另外,基本养老金标准和补助标准也呈逐步提高趋势。2013年、2015年企业退休人员基本养老金分别提高10%,2015年城乡居民基础养老金标准统一由55元提高到70元,2016年进一步提高。2015年城镇职工基础养老金全国统筹,2016年要求按时足额发放。在提高养老金标准的同时,失业保险、工伤保险等保险的缴费率不断下降,临时救助、特困人员救助供养制度不断完善,标准不断提高,如2016年城乡低保人均补助标准分别提高5%、8%。

在"十二五"规划实施的基础之上,《"十三五"推进基本公共服务均等化规划》将社会保障服务重点调整为社会保险政策制度和社会保险关系转续以及社会救助、社会福利、社会事务、优抚安置的基本社会服务体系建设，相应保障措施分为两个部分：社会保障卡工程，省、市（地）级社会保障服务设施建设，全民社会保障信息化；社会救助经办服务体系建设，公共法律服务体系建设，养老服务体系建设，社会福利服务设施建设，殡葬服务设施建设，自然灾害救助物资储备体系建设和社会工作者队伍建设。总结这一时期的政府工作报告可以发现，从2017年开始，关注重点稍稍倾斜于社会救助、社会福利、社会事务、优抚安置的基本社会服务体系，当年报告明确要求提高退休人员基本养老金，确保按时足额发放；稳步提高优抚、社会救助标准，实施好临时救助；调整完善自然灾害生活补助机制；加强农村留守儿童关爱保护和城乡困境儿童保障；关心帮助军烈属和孤寡老人；全面落实残疾人"两项补贴"制度。① 2018年继续提高城乡低保、社会救助、抚恤优待等标准；关心帮助农村留守儿童；加强城乡困境儿童保障、残疾人康复服务；做好伤残军人和军烈属优抚工作；健全社会救助体系，支持公益慈善事业发展。② 2019年要求适当提高城乡低保、专项救助等标准，加强困境儿童、城镇困难职工保障力度；兜牢基本民生底线；提高退休人员基本养老金，完善养老保障体系。③

（六）文化领域

在文化领域，2005年中央就开始提出加快农村基层文化建设，提高广播电视"村村通"水平，深入开展群众性精神文明创建活动。2009年提出发展公益文化事业，加快完善公共文化服务体系，加强重点文化设施、城乡基层文化设施特别是广播电视"村村通"和乡镇综合文化站、农家书屋建设、加强网络文化建设管理④，相对这一时期而言文化公共服务不是基本公共服务的重点。《国家基本公共服务体系"十二五"规划》发布后，文化公共服务才成为政府持续履行的职能之一，规划提出新阶

---

① 《2017年政府工作报告》，2017年3月5日，中华人民共和国中央人民政府网，http://www.gov.cn/guowuyuan/2017zfgzbg.htm，最后浏览日期：2020年3月12日。
② 《2018年政府工作报告》，2018年3月5日，中华人民共和国中央人民政府网，http://www.gov.cn/guowuyuan/2018zfgzbg.htm，最后浏览日期：2020年3月12日。
③ 《2019年政府工作报告》，2019年3月5日，中华人民共和国中央人民政府网，http://www.gov.cn/guowuyuan/2019zfgzbg.htm，最后浏览日期：2020年3月12日。
④ 《2009年政府工作报告》，2009年3月16日，中华人民共和国中央人民政府网，http://www.gov.cn/test/2009-03/16/content_1260221.htm，最后浏览日期：2020年3月12日。

段的重点任务是公益性文化、广播影视、新闻出版，保障工程有公共文化服务体系建设工程、传播体系建设工程、文化和自然遗产保护工程。这一时期政府工作报告中文化建设的重要性逐年递增，2013年首次提出把文化改革发展纳入经济社会发展总体规划，列入各级政府效能和领导干部政绩考核体系，推动文化事业全面繁荣、文化产业快速发展，要求政府履行好发展公益性文化事业的责任，加快推进重点文化惠民工程，完善公共文化服务体系。2014年要求促进基本公共文化服务标准化、均等化，努力提升文化产业发展水平，培育和规范文化市场，开始重视传承和弘扬优秀传统文化，重视保护文物，加强我国文化国际传播能力建设，强调提升国家文化软实力，建设现代文化强国。2015年继续加强文化国际传播能力建设。2016年在用中国梦和中国特色社会主义意识形态凝聚力量、汇聚共识的指引下，文化事业呈现两个走向：一是走出去，即加强文物和非物质文化遗产保护利用，促进传统媒体与新兴媒体融合发展，深化中外人文交流，加强国际传播能力建设；二是沉下去，即深化文化体制改革，引导公共文化资源向城乡基层倾斜，推动文化产业创新发展，繁荣文化市场，加强文化市场管理，推进数字广播电视户户通。

2017年《"十三五"推进基本公共服务均等化规划》发布后，文化领域公共服务的重点仍然是公共文化、广播影视、新闻出版，保障措施调整为公共文化服务体系建设、广播影视服务体系建设、新闻出版服务体系建设、数字文化服务平台建设，传播体系建设拆分为广播影视、新闻出版服务体系建设，遗产保护工程取消，新增数字文化服务平台建设。这一时期文化公共服务还有两个倾向：一是重视产业化；二是用社会主义核心价值观统领。关于产业化，2017年要求"加快培育文化产业，加强文化市场监管，净化网络环境"[1]，2018年改为"深入实施文化惠民工程，培育新型文化业态，加快文化产业发展"[2]，2019年调整为"推动文

---

[1] 《2017年政府工作报告》，2017年3月5日，中华人民共和国中央人民政府网，http://www.gov.cn/guowuyuan/2017zfgzbg.htm，最后浏览日期：2020年3月12日。

[2] 《2018年政府工作报告》，2018年3月5日，中华人民共和国中央人民政府网，http://www.gov.cn/guowuyuan/2018zfgzbg.htm，最后浏览日期：2020年3月12日。

化事业和文化产业改革发展,提升基层公共文化服务能力"①。关于社会主义核心价值观,2017 年强调"加强社会主义精神文明建设,用中国梦和社会主义核心价值观凝聚共识、汇聚力量,坚定文化自信"②,2018 年指出"弘扬中华优秀传统文化,继承革命文化,发展社会主义先进文化,培育践行社会主义核心价值观,加强思想道德建设和群众性精神文明创建"③,2019 改为"培育和践行社会主义核心价值观,广泛开展群众性精神文明创建活动,大力弘扬奋斗精神、科学精神、劳模精神、工匠精神,汇聚起向上向善的强大力量"④。

可以看出,上述教育、医疗卫生、就业、住房、社保、文化等领域公共服务的重点、服务清单、保障措施、实施机制非常明晰,为相关任务落实提供了较好保障。此外,国家还建立了均等共享、服务供给、资源保障、规划监督机制,以提升这些服务的供给水平。均等共享以贫困地区和贫困人口为重点,着力扩大覆盖范围、补齐短板、缩小差距。主要任务有两方面:一是推动基本公共服务全覆盖,将上述基本公共服务项目延展至贫困地区、特殊困难人群、城镇常住人口,确保在脱贫基础上和其他地区、其他人群共同享有教育、医疗卫生、文化体育、住房、救助等服务;二是促进城乡区域均等化,让上述基本服务在城乡、区域、中心城市和基层间差距缩小,确保获得的服务基本一致、水平相当。服务供给机制主要是吸引社会力量参与,弥补政府供给的不足,提高服务质量和水平这方面的改革也围绕两方面展开:一是通过事业单位分类改革、引导社会力量参与、发展社会组织,形成公共服务供给的多元主体格局;二是通过政府购买公共服务、政府和社会资本合作、发展志愿和慈善服务、运用"互联网+"益民服务、扩大开放交流合作,提升公共服务的多样化供给水平。资源保障机制主要为基本公共服务均

---

① 《2019 年政府工作报告》,2019 年 3 月 5 日,中华人民共和国中央人民政府网,http://www.gov.cn/guowuyuan/2019zfgzbg.htm,最后浏览日期:2020 年 3 月 12 日。
② 《2017 年政府工作报告》,2017 年 3 月 5 日,中华人民共和国中央人民政府网,http://www.gov.cn/guowuyuan/2017zfgzbg.htm,最后浏览日期:2020 年 3 月 12 日。
③ 《2018 年政府工作报告》,2018 年 3 月 5 日,中华人民共和国中央人民政府网,http://www.gov.cn/guowuyuan/2018zfgzbg.htm,最后浏览日期:2020 年 3 月 12 日。
④ 《2019 年政府工作报告》,2019 年 3 月 5 日,中华人民共和国中央人民政府网,http://www.gov.cn/guowuyuan/2019zfgzbg.htm,最后浏览日期:2020 年 3 月 12 日。

等化提供资源支撑，主要包括财政保障、人才队伍、配套政策，财政保障规定了各级政府的财政支出责任、转移支付结构、资金使用效率要求，人才队伍建设明确了人才培养流动、能力提升的要求，配套政策有三项：一是规划布局和用地保障；二是服务标准体系建设；三是社会信用体系建设。规划实施和监督评估机制主要是基本公共服务的质量保障机制，一方面明确了责任分工，国务院有关部门的职责是规划、督促落实、统筹协调，省级人民政府负主体责任，市、县级人民政府具体落实。另一方面，国家发展改革委、国家统计局等建立综合评估指标体系，建设基础信息库，开展年度统计监测，国务院各有关部门、地方各级人民政府通过政务公开、日常监管、人大政协监督确保相关责任落实。

  通过上述机制，在财力较为紧张的情况下，我国仍然持续加大民生投入，着力保障和改善民生。2013—2017年重点群体就业得到较好保障；教育经费投入占比持续超过GDP的4%，农村义务教育及学生营养改善、乡村教师待遇、双一流建设等持续推进；居民基本医保补助标准提高，大病保险制度基本建立，异地结算、分级诊疗、医联体建设加快推进；退休人员基本养老金、低保、优抚等标准继续提高，近6000万名低保人员和特困群众基本生活得到保障，2100多万人享受困难和重度残疾人补贴，全面实施两孩政策；基层公共文化服务、文化产业、全民健身等快速发展。[①] 2018年，民生工作成绩仍然可圈可点，就业持续稳健，义务教育继续推进，养老、优抚、低保、疾病补助报销标准继续提高，分级诊疗稳步推进，17种抗癌药大幅降价、纳入医保，文化惠民持续推进。[②]

---

① 新华社：《政府工作报告——2018年3月5日在第十三届全国人民代表大会第一次会议上》，2018年3月22日，http://www.gov.cn/premier/2018-03/22/content_5276608.htm，最后浏览日期：2020年3月12日。

② 新华社：《政府工作报告——2019年3月5日在第十三届全国人民代表大会第二次会议上》，2019年3月16日，http://www.gov.cn/premier/2019-03/16/content_5374314.htm，最后浏览日期：2020年3月12日。

第二节 新时代政府公共服务职能之调整

一 如何认识新时代

党的十九大报告指出,经过长期努力,中国特色社会主义进入了新时代。关于新时代,一些学者从理论和现实角度进行了解读,认为在我国社会主义发展的不同阶段以及初级阶段的不同历史时期,人民内部矛盾的外化形式即社会主要矛盾将随着生产力发展而转化,在社会生产力比较落后的情况下,社会主要矛盾是人民日益增长的物质文化需要同落后的社会生产之间的矛盾;在全面建成小康社会的情况下,社会主要矛盾发生了历史性转化。其实践依据是:生产力发展水平显著提高,真正化解了早期社会主要矛盾,促进了人民需求结构和需求层次变化,目前存在的不平衡不充分发展现状难以满足新的社会需求。[①] 这个论点较好地总结了新时代、新时代主要矛盾的特征。

党的十九大报告同时指出,中国特色社会主义进入新时代后我国社会主要矛盾已经转化为人民日益增长的美好生活需要和不平衡不充分的发展之间的矛盾,这是继1956年党的八大和1981年党的十一届六中全会对我国社会主要矛盾做出规范表述以来,党对社会主要矛盾表述的再次改变。如何理解社会主要矛盾的变化,关键是要正确理解和认识"美好生活需要"和"不平衡不充分的发展"。

美好生活需要是源于主观性而又要客观表达的难以把握的理论命题,因为美好是一个价值判断,需要是一种心理现象,因人而异。[②] 这种需要不仅仅是量的内容,更多的是质的要求,具有高层次性、全面性、差异性、个体性、动态性特征。[③] 正如沈湘平等所指出的,美好生活需要具有现实复杂性,因为这种需要下,一些以往没有突出的软需要成为刚需,

---

[①] 吕普生:《论新时代中国社会主要矛盾历史性转化的理论与实践依据》,《新疆师范大学学报》(哲学社会科学版)2018年第4期。

[②] 李建华:《如何理解美好生活需要》,《中国地质大学学报》(社会科学版)2017年第6期。

[③] 陈国平、韩振峰:《把握新时代人民群众美好生活需要的三个维度——基于新时代社会主要矛盾的分析》,《人民论坛·学术前沿》2018年第9期。

一些未被广泛认知的重要因素需要重新认识,不仅不同人的需要可以相互比较,可能相互冲突,而且这种需要是无止境的。① 十九大报告指出,我国稳定解决了十几亿人的温饱问题,不久将全面建成小康社会,人民美好生活需要日益迫切也日益广泛,不仅对物质文化生活提出了更高要求,在民主、法治、公平、正义、安全、环境等方面的要求也日益增长。同时,我国社会生产力水平总体上显著提高,社会生产能力在很多方面进入世界前列,更加突出的问题是发展不平衡不充分,这已经成为满足人民日益增长的美好生活需要的主要制约因素。② 这实际上指出了美好生活需要的现状,分析了发展不平衡不充分的概况。研究发现,目前我国经济社会发展不平衡主要表现为城乡之间、区域之间、收入、经济领域及其与社会生态之间的不平衡;不充分表现为微观经济主体受到较多约束,实体经济活力有待进一步释放,经济社会发展方式相对滞后,社会创新能力不足,市场壁垒依然存在,竞争不充分,公共物品种类质量难以满足民众需要。③

　　新时代及社会主要矛盾变化的现实,决定了我国发展公共服务尤其是基本公共服务必须直面新时代的新问题,必须有新的思路和方向。正如十九大报告所指出的,必须认识到,我国社会主要矛盾的变化是关系全局的历史性变化,对党和国家工作提出了许多新要求。我们要在继续推动发展的基础上,着力解决好发展不平衡不充分问题,大力提升发展的质量和效益,更好满足人民在经济、政治、文化、社会、生态等方面日益增长的需要,更好推动人的全面发展、社会全面进步。④ 对公共服务而言,就是要以人民美好生活需要满足为导向,实现对基本公共服务的超越和提升,着力解决服务供给中的不均衡不充分问题。

---

① 沈湘平、刘志洪:《正确理解和引导人民的美好生活需要》,《马克思主义研究》2018年第8期。
② 习近平:《决胜全面建成小康社会 夺取新时代中国特色社会主义伟大胜利——在中国共产党第十九次全国代表大会上的报告》,人民出版社2017年版。
③ 吕普生:《论新时代中国社会主要矛盾历史性转化的理论与实践依据》,《新疆师范大学学报》(哲学社会科学版)2018年第4期。
④ 习近平:《决胜全面建成小康社会 夺取新时代中国特色社会主义伟大胜利——在中国共产党第十九次全国代表大会上的报告》,人民出版社2017年版。

二 政府公共服务职能调整的方向

根据新时代社会主要矛盾变化的要求,"十二五"和"十三五"基本公共服务规划存在两个方面的问题:一是更多地聚焦如何满足基本生活需要,对人民群众美好生活需要的关注不足;二是较多地关注服务内容,对人民群众主观感受的关注不足。概括起来,两个规划主要解决基本公共服务有没有重视弥补之前长期存在的缺陷,但还没有系统思考是否符合新时代人民群众美好生活需要,是否符合人民群众的价值判断和主观预期,因此新时代服务型政府的职能重心应进行调整。

(一)满足人民群众美好生活需要

这是对新时代公共服务职能提出的第一项要求。因为新时代社会主要矛盾转化为人民日益增长的美好生活需要和不平衡不充分的发展之间的矛盾,不再是人民日益增长的物质文化需要和落后的社会生产力之间的矛盾,从"物质文化需要"到"美好生活需要",从"落后的社会生产力"到"不平衡不充分的发展",反映的是民众需求的不断升级,反映的是社会生产力发展带来的新问题,因而需要系统反思目前提供的公共教育、劳动就业、社会保障、卫生健康、社会服务、住房、文化体育、残疾人服务等基本公共服务种类是否契合美好生活需要,有没有要增加的新领域。还要认识到,仅仅实现"幼有所育、学有所教、劳有所得、病有所医、老有所养、住有所居、弱有所扶"是不够的,因为这只是基本层面的需要,体现了公共服务的最低要求,还没有上升到更高质量的层次,还没有做到与美好生活相称。正如聂卫国所说的,"以前我们要解决的是有没有的问题,现在则是要解决好不好的问题"[①]。从这个角度看,新时代公共服务要围绕"好不好"进行政策制度设计,不仅关注覆盖广度,更关注服务质量和服务的多样化、个性化;不仅坚持"普惠性、保基本、均等化、可持续"方向,更要为民众提供不同的选择,设计不同层次的服务产品,赋予他们选择权;不仅要强化政府的基本职责,更

---

① 新华社:《十九大报告解读:我国社会主要矛盾转化的背后》,2017 年 10 月 21 日,http://news.cctv.com/2017/10/21/ARTIVQOnfPkCLDJekgNLBnXr171021.shtml,最后浏览日期:2019 年 8 月 13 日。

激发企业、社会组织参与公共服务的积极性；不仅要利用传统的方式增强服务的可及性、便利性，更要充分吸纳新兴技术，拓展服务的边界、深度，强化民众的体验；不仅要让民众享受到公共服务，更要关注享受服务过程中人民群众的意见是不是得到了尊重、诉求是不是得到了满足、体验是不是美好。

（二）更加突出以人民为中心

新时代政府公共服务的第二个重点是更加突出以人民为中心，把人民对美好生活的向往作为奋斗目标，坚持在发展中保障和改善民生。如果说第一个重点主要是对公共服务质量提出要求的话，以人民为中心则主要是坚持人民本位，解决公共服务的目的和路径问题，即增进民生福祉、提升公共服务质量的目的是什么，通过什么路径实现这个目的。本文认为，新时代公共服务职能的最终目的是人民满意，最终依托是人民参与，二者综合起来就是以人民为中心。

人民是历史的主体和创造者，是决定党和国家前途命运的根本力量。① 因此以人民为中心是中国共产党成立以来一直践行的理念，尊重人民群众的主体地位；从群众中来，到群众中去；施政时看人民满意不满意、高兴不高兴、答应不答应等都是这些理念的具体体现。新时代，我们特别强调人民的主体地位，施政以人民为目的，评价工作以人民为尺度。② 对于这个目的和路径，习近平有多次论述。2012 年 11 月 15 日十八届中共中央政治局常委首次同中外记者见面时，习近平总书记代表新一届中共中央政治局发表讲话："人民对美好生活的向往，就是我们的奋斗目标……我们一定要始终与人民心心相印、与人民同甘共苦、与人民团结奋斗，夙夜在公，勤勉工作，努力向历史、向人民交出一份合格的答卷。"③ 2013 年 3 月 17 日习近平总书记在第十二届全国人民代表大会第一次会议上指出："我们要坚持人民主体地位……建设服务政府、责任政

---

① 习近平：《决胜全面建成小康社会 夺取新时代中国特色社会主义伟大胜利——在中国共产党第十九次全国代表大会上的报告》，人民出版社 2017 年版。
② 马中全：《习近平新时代政法思想研究》，《云南警官学院学报》2018 年第 4 期。
③ 《习近平等十八届中共中央政治局常委同中外记者见面》，2012 年 11 月 15 日，人民网，http://cpc.people.com.cn/18/n/2012/1115/c350821-19591246.html，最后浏览日期：2020 年 3 月 12 日。

府、法治政府、廉洁政府，充分调动人民积极性……随时随刻倾听人民呼声、回应人民期待，保证人民平等参与、平等发展权利，维护社会公平正义。"① 2014 年，在国庆 65 周年招待会上，习近平总书记再次强调："我们要坚持'以百姓心为心'，倾听人民心声，汲取人民智慧，始终把实现好、维护好、发展好最广大人民根本利益作为一切工作的出发点和落脚点，让发展成果惠及全体人民。"② 2016 年 1 月 18 日在省部级主要领导干部学习贯彻十八届五中全会精神专题研讨班上的讲话中习近平总书记再次强调："以人民为中心的发展思想不是一个抽象的、玄奥的概念，不能只停留在口头上、止步于思想环节，而要体现在经济社会发展各个环节。"③ 2017 年十九大报告中习近平总书记继续强调，全党必须牢记，为什么人的问题，是检验一个政党、一个政权性质的试金石。中国共产党的初心和使命就是为中国人民谋幸福，为中华民族谋复兴，全党要始终做到"把人民对美好生活的向往作为奋斗目标。……让人民群众获得感、幸福感、安全感更加充实、更有保障、更可持续"④。

可见，始终把人民放在最高位置，将人民利益放在首位，是新时代执政党着重思考的重要问题，这回答了"公共服务应该怎样提高质量，提高质量是为了什么"这个根本问题。因此新时代政府不仅要提供公共服务，还要基于人民的意志，确保提供的公共服务是民众需要的，是能够增强他们的获得感、幸福感、满意度的，否则可能吃力不讨好，引起民众的反感、质疑、不满。

这样，与新时代美好生活需要相适应，更加突出以人民为中心的公共服务不应再局限于基本公共服务，而应代之以美好生活导向的公共服务（以下简称"美好公共服务"）。只有这样，才能为民众提供与新时代相适应的公共服务。那么美好公共服务的内涵是什么，应包括哪些领域，

---

① 习近平：《在第十二届全国人民代表大会第一次会议上的讲话》，人民出版社 2013 年版，第 5—6 页。
② 《十八大以来重要文献选编》（中），中央文献出版社 2016 年版，第 81 页。
③ 习近平：《在省部级主要领导干部学习贯彻党的十八届五中全会精神专题研讨班上的讲话》，人民出版社 2016 年版，第 24 页。
④ 习近平：《决胜全面建成小康社会 夺取新时代中国特色社会主义伟大胜利——在中国共产党第十九次全国代表大会上的报告》，人民出版社 2017 年版，第 45 页。

评判标准是什么，如何配置这些公共服务，需要哪些新的配套政策和制度？下文力图加以回答。

第三节 政府的"美好公共服务"职能

一 什么是"美好公共服务"

与基本公共服务一样，美好公共服务也由政府主导、全体公民共同享有，也要考虑经济社会发展水平，但是这种公共服务首先要契合人民群众美好生活要求，更加关注质量效益和民众主观感受。相对于基本公共服务，美好公共服务有以下特点。

第一，美好公共服务满足的是民众的更高层次的需求，即美好生活需要。根据马斯洛需求层次理论，基本生存发展需要是衣食住行用等维持生活必须的需要，更高级的需要是安全、社交、尊重、自我实现的需要。据此，政府的公共服务职能不仅要为生存发展需要提供保障，更要重视安全、社会交往、相互尊重、自我实现等诉求的满足。这意味着，政府提供的公共服务要求品质更优，效益更好，层次更高。

第二，美好公共服务是具有个性化特征的服务。虽然美好公共服务是覆盖全民的，但是应根据不同民众的需要因地制宜，差异设置，充分考虑不同群体、不同区域的特性。换言之，美好公共服务并不是千篇一律的，是在保证机会均等的前提下，根据不同个体的认知、诉求，设置不同的内容标准，并满足这种标准。因此不同区域、不同群体，甚至城乡之间对美好公共服务的内容要求可以不一样，有差别，这与基本公共服务的属性有所不同。因为基本公共服务体系和内容的设计，主要考量的是人民群众能不能机会均等地获得大致均等的公共服务，区域、城乡、群体间的差异不是施政重点，民众个性诉求、主观期望难以得到体现，更没有太多质量上的要求，主要以覆不覆盖、均不均等为标准。而在美好公共服务需要下，只要达到了美好的标准，不同区域、不同群体享受的公共服务可以不一样，允许有差异，可以个性化。

第三，美好公共服务是动态调整的。也就是说，美好公共服务的内容和标准并非一成不变，而应该根据地区、城乡、群体的发展状况和诉求变化进行调整，以不断满足人民群众的需要。这是因为，"美好"本就是心理现象和价值判断，相对而言，这种判断具有较大的主观性，容易因外部环境的变化而发生变化，因此相关的公共服务应及时调整。当然，内容和标准需要进行调整并不意味着相关内容和标准可以随意改变，事实上一定时期内，美好公共服务的内容和标准应该相对固定，以增强服务预期。也就是说，美好公共服务应有相对固定不变的底线标准，在此基础上根据个性化需要及时调整。

总之，美好公共服务是在保障基本公共服务基础上，对公共服务质量和效益提出的更高要求，其本质是提升民众的获得感、幸福感、满意度，从而让他们的生活更美好。这种服务并不追求千篇一律，而是考虑经济社会发展水平和多数民众的总体生活诉求，承认差别，只要这种差别获得多数民众认可。那么这样的服务应该包括哪些领域？现有的基本公共服务项目合适吗？需要进行哪些调整呢？

二 "美好公共服务"的领域

结合《"十三五"推进基本公共服务均等化规划》和国务院近年的政府工作部署，目前我国基本公共服务主要覆盖公共教育、劳动就业创业、社会保险、医疗卫生、住房、文化体育、残疾人等十几个领域，这些领域与民众的日常生活密切相关，是美好生活需要不可或缺的一部分，因此应该继续列为美好公共服务的领域。同时，时代在进步，人民的需要在变化，标准在提高，还应增加一些新的领域。

（一）既有基本公共服务的优化升级

主要是根据高品质标准和民众要求，调整或增加新的服务项目。

1. 教育服务。教育领域的基本公共服务目前主要解决了经费不足、基础设施短缺问题，质量提升并未取得明显进展。新时代教育服务不仅应保障既有的投入水平，提升设施设备的智慧化普及程度，更应该关注素质教育、创新型人才的培养。一方面，应及时对既有教育教学设施设备进行升级改造，提升硬件的智慧化水平，为高素质创新型人才培养提供基础。另一方面，要下大力气培养创新型高素质人才，优化课程体系，着重培养学生的动手能力、思考能力、演说能力、创新能力，减少按部就班、重复交叉内容的比例，增加创新教育内容，特别是针对大数据、人工智能、区块链等前沿科技设置相关模块。要面向未来，优化教育管理，为人的全面发展服务。

2. 劳动就业创业服务。新时代的劳动就业创业服务，要加大对前沿科技、新型技术、应用技能培养的投入保障力度，培养适应新时代的卓越人才。增加培训内容、培训形式的可选择范围，为人民群众提供个性化特色型技能培训。大力运用互联网拓展就业创业培训的运用范围。鼓励围绕人民群众多样化美好生活需要提高创业质量，做好资金、技能、税收、证照、政策等关键领域的保障，为就业创业者解除后顾之忧。

3. 社会保险。要统筹考虑代际公平，实现缴费水平与领养水平的均衡。重点提高退役军人、困难儿童、残疾人、困难职工的保障水平。强化服务的智慧化能力，解决跨地区、跨部门、跨层级支付结算难题，促进不同标准间融合衔接。

4. 医疗卫生。要实施鼓励生育政策，缓解人口出生趋势减缓、老龄化程度不断提升的结构性矛盾，对积极生育者进行补贴。大力兴建托幼保育设施，制定服务标准，完善服务体系，为积极生育者提供放心优质的保障。完善医疗卫生从业人员管理制度，增强职业积极性和荣誉感。大力提倡社会办医，完善准入门槛、服务提供、管理保障标准，强化监管。扩大医保支付范围。充分利用现代信息技术，扩大健康意识和健康知识传播覆盖面，提升民众保健能力。

5. 住房保障。要重点在解决有没有住房的基础上，提升居住质量和安全感。一方面，改善居住环境，提高设施设备、小区环境、道路绿化、水电管气、内部及周边配套设施的质量标准，大力采用新型建筑技术和建筑材料，强化质量监管与维修，提高住房及设施的韧性水平，提升防灾化险能力。另一方面，提升物业管理、业主自治水平，完善从业人员准入、资金使用、议事协商、服务管理等制度。

6. 文化体育。要孵化高品质文化体育产品，强化文化体育服务供应监管。增加文化公共产品供给，满足不同群体需要。利用森林公园、湿地公园、沙漠公园、自然保护区等设施发展休闲、文化、旅游、养生等生态文化产业，建设生态文化。实现体育生活化，提高体育设施覆盖率，提高城乡居民体质达标率。健全机制，引导社会力量参与全民健康建设。

7. 残疾人服务。要推进残疾人日常生活设施在公共场所全覆盖，提升残疾人的辅助器具补贴、医疗、康复水平和技能培训水平。实施好

"残疾人体育健身计划""自强健身工程""康复体育关爱工程"等,发展残疾人运动项目,提升通用手语、通用盲文的推广运用水平。提升残疾人教育、就医、托养、养老服务质量。优化残疾人信息管理系统,提高残疾人服务智能化水平。

上述新增的服务内容都应注意与既有公共服务衔接配合,根据需要删减不符合美好标准或重复的项目。

(二)拓展的公共服务新领域

根据美好公共服务的需求和标准,美好公共服务还应增加一些类别。在当前来看,一些新的服务领域与人民群众美好生活息息相关,需求旺盛。

1. 健康旅游养老服务

即打造健康养生、旅游休闲、养老服务为一体的康养公共服务体系,让人民群众通过养颜健体、营养膳食、休闲旅游等方式实现身体、心智和精神上的健康,提高生活质量。重点突出全生命周期健康管理;倡导健康文化,普及健康生活方式;积极促进健康与养老、旅游、健身休闲、食品等体系融合;催生新产业、新业态、新模式;等等。

2. 交通服务

即保障民众工作、生活的公共交通服务,涉及公交、出租、地铁、火车、飞机、轮船等类别,以及不同类别交通方式之间的衔接。交通服务的目标是便捷高效,主要服务项目包括:提高公共交通的便利度和舒适度;提升非公共交通的体验水平;增强交通服务的数字化和智能化水平;等等。

3. 家政服务

在新的时期,家政服务与人民群众美好生活息息相关。家政服务指以家庭为服务对象,由专业人员进入家庭住所提供或在固定场所集中提供对孕产妇、婴幼儿、老人、病人、残疾人等的照护以及保洁、烹饪等有偿服务,满足家庭生活照料需求的服务行业。[①] 涵盖职业保姆、涉外保姆、管家、育婴早教、钟点服务、幼教保育、家教外教、亲子服务、水

---

① 《国务院办公厅关于促进家政服务业提质扩容的意见》,2019年6月26日,中华人民共和国中央人民政府网,http://www.gov.cn/zhengce/content/2019-06/26/content_5403340.htm,最后浏览日期:2020年3月12日。

电气维修、管道疏通、清洁清洗、搬家服务、智能服务等领域，最终目标是放心优质。发展优质的家政服务，关键是推进服务标准化，提高规范化水平，加快社会化步伐等。

4. 公共生活服务

为民众家庭和私人生活之外的公共生活提供必需的场所和服务，主要满足人们社会交往、精神生活需要。相关服务主要依托居住小区、公共文化体育教育等设施，为相关民众提供社会交往的空间，缓解日常工作生活压力，提升精神寄托水平。重点是建设相关设施设备和提升其水平，形成舒适安全的体验，提高民众民主参与品质等，让群众自主参与、自我管理、自我服务、自我监督等。

5. 公共安全服务

公共安全是美好生活的基本要素。为民众公共生活、社会交往等提供安全保障的服务，不局限于公共场合，也应涵盖民众的日常生活和工作，为从事这些活动提供保障。公共安全服务的主要目标是安全放心，服务项目包括食品卫生安全、社区安全、建筑安全、交通安全、信息安全、智慧警务等。

三 "美好公共服务"的标准

与基本公共服务普惠、保基本、均等化、可持续、兜底等标准不同，美好公共服务的标准是优质高效、民众满意。与之相应的，现有基本公共服务设定的服务标准也应提高，以符合美好生活的要求。相关标准包括两个方面：一是既有公共服务领域，主要是提高质量标准；二是新增的公共服务类别，主要是根据民众需求，设定符合他们需要的标准。（如表2-6所示）

表2-6　　　　　　　　"美好公共服务"的标准

服务领域	服务标准
教育	培养人格健全、素质能力强的学生，提供终生教育机会
就业创业	提高创业和就业人员的生存、适应、再生能力
社会保险	提高缴费和享受水平，将差别缩小到可接受的范围

续表

服务领域	服务标准
人口健康	提升健康意识，普及健康知识，提供个性化服务
住房	居住环境优美，服务优质高效，形成社区共同体
文化体育	覆盖面广，服务质量高，群众喜闻乐见
残疾人	生活品质提升，高质量就业社保和其他服务，融入社会
旅游	特色优质，舒心自在
交通	安全便捷、服务水平高
托幼托老	放心贴心，符合幼儿老人特质
家政	用心周到，互动融洽
公共生活	空间充裕，知情、在场、表达、决定

资料来源：笔者自制。

四 "美好公共服务"的配置

（一）主要目标

总体来看，到"十四五"末期，美好公共服务体系基本健全，体制机制逐步完善，教育、就业创业、社会保障、医疗康养、社会服务、住房、文化体育、残疾人、旅游、交通、家政、公共生活、公共安全等公共服务质量提升较大，人民获得感、满意度、幸福感显著增强，美好生活需要进一步满足，不平衡不充分的发展状况得到改善。具体包括：

——美好公共服务体系基本建立。国家美好公共服务领域基本确立，服务清单基本建立，主要指标和相关标准符合当时人们的需要，并适时调整。

——制度规范基本成型。相关服务的制度框架基本建立，实施机制、保障机制巩固健全，市场、社会、个人参与的机制运行顺畅，可持续发展的长效机制基本形成，依法供给水平明显提升。

——质量水平稳步提高。教育、医疗、住房、健康等美好公共服务的质量水准较大提高，满足相应人群的需要，主要群体的获得感、满意度、幸福感大幅提升，对美好公共服务的认同度进一步提升。

——智慧服务上升到新台阶。互联网、人工智能、云计算等高新技术嵌入公共服务的比例稳步提升，服务的广度和宽度进一步增强，人民群众充分享受到智慧服务的便捷高效。

（二）事权和财权划分

1. 明确美好公共服务的国家和地方质量标准

国家质量标准由中央制定、调整，涵盖前述教育、健康等所有美好公共服务领域，主要体现国家水准的美好公共服务供给，制定时兼顾财力，考虑国家总体经济社会发展状况。地方在确保国家质量标准得到落实的前提下，因地制宜制定高于国家标准的地区标准，高出部分所需资金由地方自行负担。地方质量标准应包括省、市、县、乡四级，每一级的具体标准不能低于上一级的标准。①

2. 根据国家和地方质量标准确定中央与地方、地方与地方的财政事权范围

根据各项服务的质量标准，核算具体成本。将多数群众要求、需要优先和重点保障、现有管理体制和政策比较清晰、基本公共服务中运行较为顺畅、经验较为成熟的美好公共服务事项，纳入中央与地方共同财政事权范围，以落实国家质量标准。鉴于每项服务的类别较多，可先选择若干项群众急需的服务项目进行试点，待财力允许、经验成熟后再扩大事权范围。区分的结果，是制定中央财政事权清单、地方财政事权清单、中央与地方共同财政事权清单、地方与地方共同财政事权清单。财政事权清单随经济社会发展、群众需要变化和相关领域管理体制改革适时调整。

3. 明确支出责任分担方式

第一，确定中央事权范围的转移支付方式。目前基本公共服务的做法是分类分档转移支付，美好公共服务完全可以借鉴。第二，根据地区经济社会发展总体状况、各项美好公共服务的不同属性及实际财力，确定中央与地方共同财政事权支出责任、中央和地方的分担比例，并保持基本稳定。中央与地方分担比例的确定可借鉴现有基本公共服务分区分

---

① 《国务院办公厅关于印发基本公共服务领域中央与地方共同财政事权和支出责任划分改革方案的通知》，2018 年 2 月 8 日，中华人民共和国中央人民政府网，http://www.gov.cn/zhengce/content/2018-02/08/content_5264904.htm，最后浏览日期：2020 年 3 月 12 日。这里参考了相关的做法。

类分档的做法,超出部分由地方自行解决。第三,确定地方不同层级之间的支出方式。省级政府对地方承担的美好公共服务领域共同财政事权的支出责任负总责,一方面根据财力状况和各项公共服务的重要性、受益范围、质量标准,合理划分各级政府的具体责任,确保直面群众的县级政府将自有财力和上级转移支付优先用于美好公共服务,另一方面加强省级统筹,适当增加和上移省级支出责任。

五 "美好公共服务"的运行保障机制

(一) 需求表达及加总机制

由于"美好生活"的个体主观感知色彩特别强烈,民众对美好公共服务的质量标准随时间变化而变化,因而特别需要建立民意表达及加总机制,通过这种机制收集民意、汇总民意,不断调适,以保障美好公共服务符合民众需要。这里的关键是,怎样及时精准且科学地表达民众需求、汇总民众需求,这就需要相应的制度设计和程序设计。

从制度层面看,这样的机制要吸纳所有利益相关者参与,覆盖公共服务的整个供给周期。因而应该包括利益相关者甄别参与、协商论证、共识达成、监督考核问责等制度,以寻求可接受的公共服务供给共识为目标。制度运行时既要营造平等、有效的言谈情境,践行包容、协作的理念,创造专业、理性的文化氛围,又要兼顾不同利益相关者的实际特点,考虑公共服务种类和阶段的工作重点,有效衔接现有制度。

从程序层面看,主要是"确定主题、告知具体议题、表达汇总、具体实施",以充分展现民意,反映美好需求。确定主题是指根据公共服务类型,将直接相关的民众,都纳入参与范围,征求民众意见。如果民众较多,还需要根据目的抽样,确保代表性。告知具体议题是指通过报纸、电视、政务App、互联网等方式向参与的民众推送相关信息,告知每项公共服务的种类、时限、形式、获取方式、预期结果、投诉建议渠道,让民众心中有数,同时为参与决策做好议事技巧准备。表达汇总是指通过发言提问、动议、辩论,充分表达个人意见,以此达成共识。具体实施是指严格按照参与表达汇总的结果决定公共服务供给的种类、方式、效果、时限,保证表达和汇总出来的民意得到遵守,体现多数人的意志。同时,对那些意见没有得到表达的人进行说服引导和情绪管理。

（二）生产供给机制

即在夯实政府主体责任的基础上，积极吸纳社会力量弥补政府供给不足，促进多元供给，保障美好公共服务生产供给质量。

1. 夯实政府的主体责任

根据既有的公共服务种类和拓展的公共服务种类，确定每种服务种类的主要目标、服务清单、重点任务、保障措施，明确具体服务项目，明晰每种项目的对象、标准、支出责任、牵头单位，完善目标任务、保障措施、实施机制，思考如何将美好公共服务的各项任务落实下去。

2. 提升多元供给品质

在确保政府兜底的基础上，继续吸引社会力量参与，扩大美好公共服务供给，提高服务质量、水平。一是优化多元供给格局。借助事业单位分类改革契机，引导社会力量参与，壮大社会组织，形成公共服务供给的多元主体格局。主要是：深化事业单位的人事薪酬、事业运行机制，挖掘事业单位的制度潜力，增强事业单位公共服务供给能力；进一步规范公共服务机构设立的基本标准、审批程序，严控审批时限，通过公开招标确定举办或运营主体，对民营机构、公办机构一视同仁；通过登记改革、税收、孵化培育、人才扶持、项目指导、公益创投等方式提升社会组织承接能力，大力培育社区社会组织。二是提升多元供给品质。优先选择政府购买，动态调整机构、服务项目目录，明确项目的性质、遴选、信息发布、购买、绩效监管等要求，提升购买质量。优先吸引、支持社会资本参与，完善招投标、磋商、谈判等机制，保证政社合作品质。完善志愿服务项目岗位、记录、激励保障机制，激发慈善潜能。推动"互联网＋"与政府公共服务体系深度融合，实现数据、平台、资源、信息共享和全程网上办理，利用大数据做好需求汇总、问题预警工作。放宽外资准入，借鉴国际经验，提升美好公共服务国际化供给水平。

（三）民众满意导向的绩效评价机制

即在表达汇总民意的基础上，建立持续性保障公共服务符合民意的绩效评估机制，帮助政府部门了解公共服务提供得怎么样，取得了哪些成绩，存在哪些问题。其中，评估主体、评估指标、评估方式、评估结果及其应用是核心议题。

1. 让利益相关者真正参与评估

也就是说,在既有公共服务满意度测评、群众测评等评估的基础上,构建利益相关者参与评估的主体机制。目前的群众测评、满意度评估等已经具备一定基础,但是存在群众参与比例过低、结构不合理等问题。因此,要让利益相关者参与测评,首要的是提高群众的代表性,优化群众结构,避免测评失真,科学性不高。另外,政府部门、社会组织、企业等也是满意导向的测评机制的重要主体,因为随着生产供给的多元化,这些组织本身就是美好公共服务供给的主体之一,测评主体离不开他们。与群众一样,这些主体的代表性也要达到科学的要求,结构也应合理,避免结果失真。

2. 评估指标的信度和效度要达到科学评估的要求

这即是说,评价美好公共服务供给绩效的指标要能够真正符合公共服务供给的规律,保证不同的人测出来的结果基本相同,实现高质量评估。因此要真正根据每种类型公共服务的特性和覆盖人群,设计不同的指标体系。在进行正式调查前,要进行试调查,根据结果及时修订指标体系。要根据公共服务供给状况,调整年度评估指标。

3. 建立多元评估方式

即尽可能根据情况,多渠道收集信息,进行多元评估,避免单一渠道获取信息导致信息来源单一、评估结果不全面不精确的缺陷。一般而言,公共服务有独特的服务对象,因此首要要把正在享受服务的群体和对象区分开来,确定总体,其次根据科学评估的要求确定样本总量,再考虑如何获取每一次评估的具体样本。获取样本时,也可以根据时间、费用等因素确定多元的方式和途径。可以采用入户调查、网络调查、电话调查等形式,也可以采用亲自调查、委托调查的形式,不管采用那种形式,目的是确保调查对象是真正要测评的对象,没有遗漏。一般而言,单一途径进行调查都存在一定程度的缺陷,代表性不强,结果不全面,因此条件允许时最好采用多种形式。

4. 真正根据评估结果改进工作

一方面,评估结果要真实可靠,符合科学规律。根据统计学的正态分布原理,一项评估中非常满意和非常不满意比例较低,多数为中等水平。因此当获得评估结果后,应该考虑评估结果是否符合这一规律,否则要回到评估主体、评估指标、评估方式中看其是否科学,及时修正。另一方面,要真正把评估结果作为改进工作的依据,以此提升美好公共服务供给质量。现实中经常存在评估结果和实际工作两张皮的情形,评估没有发挥改进工作的作用。所以应该根据评估结果,寻找公共服务供给存在的问题,据此修正调适,保证服务供给建立在民意和科学基础上,以评促建,以评促改。

(四)过程监控和质量保障机制

人民满意导向的绩效测评机制主要针对的是公共服务供给结果,那么在公共服务过程中怎么进行监控,以保证质量呢?这就需要完善过程监控和质量保障机制。核心是完善监督体系,提高监督质量。

1. 完善全周期立体化的监督体系

这就是说,监督体系应该覆盖公共服务供给的全周期、全过程;监督体系应该是全方位的,不能留下空白。因此公共服务供给的规划制定、任务分工、具体落实、绩效评估、工作改进等环节都要纳入监督范围,不留死角。并且,监督不能依靠单一的来源,应该涵盖党政军民群,立体化。这样,政党监督、行政监督、司法监督、群众监督、利益相关者监督、社会监督都应是美好公共服务供给的监督形式,上级监督、同级监督、下级监督、外部监督也不可或缺。总之,美好公共服务是直接关系群众切身利益的事项,应该建立严密的监督体系,不留空白。与此同时,多元化监督体系建立后,应该确定不同监督形式的结果运用比例,防止某一监督抵消其他监督形式的效果。因为现实中经常存在这样的情形,例如,上级监督占主要比例,或者完全依靠群众监督结果评判工作好坏,这些激进的监督运用机制都是不可取的。科学的监督体系是,划定不同监督形式的比例,建立相关的权重,以此测算最终结果,相对真实科学客观地反映公共服务供给的原貌,避免主观武断。

2. 运用科学工具提高监督质量

一是明确责任分工。国务院各有关部门的职责是做好规划及其衔接,明确工作责任和进度安排,推动各领域重点任务、保障措施有效落实,进行统筹协调,解决跨部门、跨行业、跨区域及政策创新等重大问题。省级人民政府担负主体责任,制定具体规划、任务清单,落实运行机制。市、县政府主要负责落实国家和省确定的任务清单,细化指南,合理分工，优化流程，提高效率，保证质量，及时向上级和有关部门报告情况。国家发展改革部门建立健全评估指标体系，完善基础信息库，开展年度统计监测。二是以问题、目标为导向提高服务供给质量。确立美好公共服务的质量标准体系，包括基于基本价值的公平正义标准；基于社会发展长期、根本利益和公民普遍共同利益的可持续标准；基于服务可及性和效果的公众满意标准；基于评估结果如何运用的公共责任标准等。根据上述质量标准，做好过程监控和舆情监测，定期开展需求分析和满意度调查，发现主要问题，及时妥善回应社会关切，思考如何从质量体系、内外环境、供给方式等方面持续改进美好公共服务供给质量，确保责任落实到位，及时防范化解风险，有效问责。

(五) 成果共享机制

即让全体民众共同享有美好公共服务的机制，主要是继续提升公共服务均等化水平，提高供给品质，保证公共服务达到美好标准。

1. 提升公共服务均等化质量

公共服务均等化是指全体公民都能公平可及地获得大致均等的公共服务，其核心是机会均等，重点是保障人民群众得到公共服务的机会，而不是简单的平均化。① 应在"十三五"基本公共服务均等化的基础上，解决均等化的死角，提升均等化质量，因此要继续确保投入向贫困地区、薄弱环节、重点人群倾斜，推动城乡、区域、人群均等享有美好公共服务。要统筹运用各领域、各层级公共资源推进科学布局、均衡配置、优化整合，确保均等化质量，而不是简单地实现均等化。

2. 确保民众共享美好标准的公共服务

也就是说，应始终保持公共服务达到美好标准，让这一标准引领公共服务供给。为此需要加强中央和地方、地方和地方的互动，提升政府和企业、社会的合作效能，提升政府购买服务质量，促进资源有效整合。需要强化人才培养，加强激励和约束，提升基层服务能力、服务水平。需要完善民众投诉、监督机制，让民众做主。

---

① 《国务院关于印发"十三五"推进基本公共服务均等化规划的通知》，2017年3月1日，中华人民共和国中央人民政府网，http://www.gov.cn/zhengce/content/2017-03/01/content_5172013.htm，最后浏览日期：2020年3月12日。

第四节 "美好公共服务"导向下的"放管服"改革

党的十八大以来,"放管服"改革成为我国政府改革的主要举措之一。党中央、国务院为此提出了明确的要求和具体举措,全国上下也围绕"简政放权、放管结合、优化服务"展开了卓有成效的改革,赢得了社会的广泛关注。那么,怎样用"放管服"改革促进美好公共服务职能的实现?本部分主要回答这个问题。

一 "放管服"改革的独特价值

本书认为,"放管服"改革有助于实现美好公共服务,其价值导向、改革目标、核心内容与美好公共服务的追求是一致的。

(一)有助于践行以人民为中心的价值理念

美好公共服务职能的重点导向美好生活,而这里的"美好"取决于不同民众的意志,因此美好公共服务职能的主要价值理念,是以人民对美好公共服务的界定和需求为中心的,而不是以政府的考量为转移。从这个意义看,美好公共服务与既有的基本公共服务有较大的区别,因为既有的基本公共服务着力于保障民众的基本生活需要,公共服务的类别、标准、保障主要是政府根据经济社会发展战略确定的。"放管服"改革的首要目标是简政放权,减少审批事项,优化审批流程,缩短审批时间,提高审批效率。针对的是政府部门"重审批轻服务"的管理模式,通过"放管服"改革解除对企业和公民过多的约束,释放他们创业创新的活力,也能够促使政府转变观念,破除阻碍服务的体制机制,能够为美好公共服务提供制度基础。

此外,"放管服"改革的内容之一和落脚点是优化政府服务,让民众享受到更好的服务,其价值理念也是满足民众的便利化、高质量服务需要,践行以人民为中心的理念。因此,从价值理念的角度看,"放管服"是履行美好公共服务职能的重大战略,是导向人民群众美好生活的重要途径,有助于践行以人民为中心的价值理念。

(二)有助于更好满足人民美好生活需要

如前所述,美好公共服务致力于满足民众的美好服务需求,这是它与基本公共服务最根本的区别。对一般民众而言，新时代"放管服"改革的主要举措是促进办事便利化，让民众少跑路，减少办事成本。为此，党中央国务院推行了审批服务"马上办、网上办、就近办、一次办"等方式的标准化集中办理，利用"互联网+政务服务"创新便民利企审批方式，挖掘互联网潜力，深化审批中介服务改革，加强事中事后监管。正如李克强总理在2018年6月28召开的"放管服"改革电视电话会议中强调的，新时代"放管服"改革主要围绕"五个为""六个一"开展工作，"五个为"是指为促进就业创业降门槛、为各类市场主体减负担、为激发有效投资拓空间、为公平营商创条件、为群众办事生活增便利；"六个一"是指企业开办时间再减一半，项目审批时间再砍一半，政务服务一网通办，企业和群众办事力争"只进一扇门""最多跑一次"，凡是没有法律法规依据的证明一律取消。① 这些举措的终极目标是让企业和群众负担更轻，办事成本更低，效率更高。而办事效率的高低和成本负担的轻重直接关系着生活是不是美好。因此，把"放管服"改革工作做好了，企业和群众的生活将更加美好，而企业和群众觉得美好了，也就意味着政府的美好公共服务职能履行状况得到了改善。故而可说，"放管服"改革是实现美好公共服务的方式，有助于更好满足人民美好生活需要。

那么，目前我国的"放管服"改革是怎样的？如何通过"放管服"改革促进美好公共服务职能的实现？

二 "放管服"改革现状

党的十八大以来，政府把加快转变政府职能、简政放权作为头等大事，把深化行政审批制度改革作为政府治理改革的"当头炮"和全面深化改革的"关键一招"，出台了众多举措推进"放管服"改革，成效显著。

（一）党中央的总体部署

党中央十分重视"放管服"改革，两次全国代表大会和历届中央全会都对"放管服"改革提出了明确要求（见表2-7）。

---

① 李克强：《在全国深化"放管服"改革转变政府职能电视电话会议上的讲话》，2018年7月12日，中华人民共和国中央人民政府网，http://www.gov.cn/guowuyuan/2018-07/12/content_5305966.htm，最后浏览日期：2020年3月12日。

表 2-7　十八大以来党中央对"放管服"改革的总体部署

时间	总体部署和要求
十八届二中全会	转变政府职能是深化行政体制改革的核心
2013年9月党中央、国务院	颁发《关于地方政府职能转变和机构改革的意见》,提出:积极推进简政放权,减少行政审批事项;改善政府管理,加强事中事后监管;坚持依法行政,规范行政权力运行
十八届三中全会	全面深化改革的总目标是:完善和发展中国特色社会主义制度,推进国家治理体系和治理能力现代化。经济体制改革核心问题是:使市场在资源配置中起决定性作用和更好发挥政府作用
十八届四中全会	推进执法重心向市县两级政府下移,把机构改革、政府职能转变调整出来的人员编制重点用于充实基层执法力量。大幅减少市县两级政府执法队伍种类,重点在食品药品安全、工商质检、公共卫生、安全生产、文化旅游、资源环境、农林水利、交通运输、城乡建设、海洋渔业、商务等领域内推行综合执法,支持有条件的领域推行跨部门综合执法
十八届五中全会	深化行政管理体制改革,进一步转变政府职能,持续推进简政放权、放管结合、优化服务,提高政府效能,激发市场活力和社会创造力
十九大	转变政府职能,深化简政放权,创新监管方式,增强政府公信力和执行力,建设人民满意的服务型政府
十九届三中全会	…… (二)深入推进简政放权。减少微观管理事务和具体审批事项,最大限度减少政府对市场资源的直接配置,最大限度减少政府对市场活动的直接干预,提高资源配置效率和公平性,激发各类市场主体活力。清理和规范各类行政许可、资质资格、中介服务等管理事项,加快要素价格市场化改革,放宽服务业准入限制,优化政务服务,完善办事流程,规范行政裁量权,大幅降低制度性交易成本,鼓励更多社会主体投身创新创业。全面实施市场准入负面清单制度,保障各类市场主体机会平等、权利平等、规则平等,营造良好营商环境 …… (六)强化事中事后监管。改变重审批轻监管的行政管理方式,把更多行政资源从事前审批转到加强事中事后监管上来。创新监管方式,全面推进"双随机、一公开"和"互联网+监管",加快推进政府监管信息共享,切实提高透明度,加强对涉及人民生命财产安全领域的监管,主动服务新技术新产业新业态新模式发展,提高监管执法效能。加强信用体系建设,健全信用监管,加大信息公开力度,加快市场主体信用信息平台建设,发挥同行业和社会监督作用

续表

时间	总体部署和要求
	（七）提高行政效率。……打破"信息孤岛"，统一明确各部门信息共享的种类、标准、范围、流程，加快推进部门政务信息联通共用。改进工作方式，提高服务水平
十九届四中全会	深化行政执法体制改革，最大限度减少不必要的行政执法事项。进一步整合行政执法队伍，继续探索实行跨领域跨部门综合执法，推动执法重心下移，提高行政执法能力水平。落实行政执法责任制和责任追究制度。创新行政管理和服务方式，加快推进全国一体化政务服务平台建设，健全强有力的行政执行系统，提高政府执行力和公信力。……深入推进简政放权、放管结合、优化服务，深化行政审批制度改革，改善营商环境，激发各类市场主体活力

资料来源：历届中央全会文件，笔者进行了汇总。

如上所述，党中央在"完善中国特色社会主义制度，推进国家治理体系和治理能力现代化"的框架下部署"放管服"改革，对相关工作十分重视，不仅提出了总体目标和实施战略，更针对其中的关键环节进行了顶层设计，为国务院推进"放管服"提供了依据。

（二）国务院的具体举措

在党中央的总体部署下，国务院推出了一系列促进"放管服"的举措。其中十九大之前的五年里，国务院的工作重心是取消下放行政审批事项，探索新的事中事后监管方式，积极推动"互联网+"，提升服务企业和服务民众的水平，十九大至今的工作重心是放管结合、优化服务。

党的十九大之前，国务院"放管服"工作的主要成就是取消下放了大量审批事项，在商事制度、中介服务、事中事后监管、"互联网+"等方面进行了探索。

第一，取消和下放行政审批事项，约束行政审批权力。

据统计，五年里国务院部门累计取消行政审批事项618项，其中取消491项，下放127项（见表2-8），政府审批权力受到了极大限制。正如李克强总理在2018年政府工作报告中所指出的："五年来，国务院部门行政审批事项削减44%，非行政许可审批彻底终结，中央政府层面核准的企业投资项目减少90%,行政审批中介服务事项压减74%,职业资格许可和认定大幅减少。中央政府定价项目缩减80%,地方政府定价项目缩减50%以上。全面改革工商登记、注册资本等商事制度,企业开办时间缩短三分之一以上。"①

表2-8　　　　　　　十九大之前取消下放的行政审批事项

年份	取消下放的事项
2013(共取消和下放211项行政审批事项)	5月13日,共取消下放117项。其中,取消审批事项71项,下放管理层级20项,取消评比达标表彰10项,取消行政事业性收费3项;取消或下放管理层级的机关内部事项和涉密事项13项(按规定另行通知) 7月13日,共取消下放50项。其中,取消和下放29项、部分取消和下放13项、取消和下放评比达标项目3项;取消涉密事项1项(按规定另行通知);有4项需提请全国人大常委会修订相关法律 11月8日,共取消下放82项
2014(取消和下放行政审批项目174项)	1月28日,共取消下放管理层级的审批事项64项(另有18个子项) 7月22日,共取消下放管理层级的审批事项53项,取消职业资格许可认定事项11项,改为后置审批的工商登记前置审批事项31项 10月23日,取消下放管理层级事项58项,取消职业资格许可认定事项67项,取消评比达标表彰项19项,调整或明确为后置审批的工商登记前置审批事项82项
2015	取消下放行政审批事项94项,取消非行政许可审批事项49项,将84项非行政许可审批事项调整为政府内部审批事项
2016	取消152项行政审批事项,清理规范192项中介服务事项。修改66部行政法规,减少23项投资项目报建审批,取消222项职业资格许可认定事项,免征18项行政事业收费
2017	9月22日,共取消40项国务院部门实施的行政许可事项和12项中央指定地方实施的行政许可事项,另有23项需提请全国人大常委会修订相关法律 9月28日,取消遗失声明、作废声明等27项行政审批中介服务和证明材料

资料来源:笔者根据国务院相关决定汇总。

---

① 《2018年政府工作报告》,2018年3月5日,中华人民共和国中央人民政府网,http://www.gov.cn/guowuyuan/2018zfgzbg.htm,最后浏览日期:2020年3月12日。

从部门看，税务、发展改革、林业等部门取消和下放的事项最多，工信、交通运输、新闻广电、证监会、民航局次之，其他部门较少（见表2–9）。

表2–9　　　　　　　　取消和下放事项的部门分布

序号	部门	取消数量	下放数量	序号	部门	取消数量	下放数量
1	发展改革委	22	12	27	体育	2	1
2	教育部	12		28	安监	4	1
3	科技部	3	2	29	食药监	2	6
4	工信部	20	4	30	林业	30	5
5	公安部	4	1	31	旅游	1	2
6	民政部	4		32	地震	1	
7	司法部	1	2	33	气象	4	1
8	财政部	9		34	银监	4	
9	人社部	4		35	证监	25	
10	国土部	29	1	36	保监	9	
11	环保部	2	2	37	粮食	2	
12	住建部	4	2	38	能源	13	2
13	交通运输部	16	11	39	国防科工	2	
14	水利部	20		40	烟草	4	1
15	农业部	6	8	41	外专	3	
16	商务部	9		42	海洋	9	
17	文化部	3	6	43	测绘	1	
18	卫计委	2	4	44	铁路	14	
19	人行	10		45	民航	11	14
20	国资委	1		46	邮政	1	2
21	海关	8	3	47	文物	3	3
22	税务	43	2	48	外汇局	6	
23	工商	4	2	49	密码	2	
24	检验检疫	3	3	50	知识产权		1
25	质检	2	3	51	宗教		1
26	新闻广电	15	5				

资料来源：笔者自制。

在大力精简行政审批事项的同时，国务院还削减了职业资格和认定事项。据统计，2014年以来国务院分七批取消了434项国务院部门设置的职业资格许可和认定事项，削减比例达77%，国家职业资格目录清单制度初步形成，过去各地自行设置的职业资格许可和认定事项全部取消，"三百六十行、行行要考证"的现象一去不返。

此外，国务院还先后以国发〔2015〕57号、国发〔2016〕9号、国发〔2017〕7号等文件的形式，分三批审议通过取消的中央指定地方实施行政审批事项共283项。除需要全国人大常委会批准修改相关法律法规的外，第一批62项，共涉及18个部门，地税、卫计委等部门较多。这些事项与市场、社会和人民群众联系紧密，含金量高，有助于减轻企业负担，激发市场活力。第二批152项，依据法律、法规和国务院决定设定的65项，依据部门规章、规范性文件设定的与投资、生产经营、促进就业等相关的87项，涉及33个部门，有利于提高审批效率，方便群众办事。第三批39项，与21个中央业务指导部门有关，多数涉及企业生产经营、个人就业创业，取消后能为企业和群众减负。

根据国务院的取消和下放要求，各地下大力气削减行政审批事项，多数省份行政审批事项减少50%左右，有的省份达到70%。与此同时，全国减少各类"循环证明""奇葩证明"事项800余项。为了保证取消和下放的事项不再变相复出，在国务院统一要求下，到2017年6月，全国31个省（区、市）的省、市、县三级政府部门权责清单均已公布，各级政府的审批权力被固定下来，企业群众可以公开查询、监督。

第二，探索商事制度改革。

2013年初工商登记前置审批事项共有226项，2014年经过三批集中调整，保留34项。2017年5月11日国务院印发《关于进一步削减工商登记前置审批事项的决定》，再削减5项工商登记前置审批事项。至此，经过四次改革，226项工商登记前置审批事项中的87%改为后置或取消。与此同时，从2015年、2016年到2017年，企业工商营业执照从"三证合一、一照一码"到"五证合一、一照一码"，再到"多证合一"，一些地区营业执照上整合了税务登记证、组织机构代码证、社保登记证、统计证等几十个证，最少的也整合了九个证，企业注册需要的证件从几十个压缩到"一证走天下"。

商事制度改革催生了大量新的市场主体，全国各类市场主体比2012年底增加了60%以上。改革还引起了世界关注，世界银行发布的全球2017年营商环境报告指出，近三年我国营商便利度在全球排名跃升了18位，其中开办企业便利度上升31位，进步明显。

第三,规范中介审批事项及相关服务。

2013年以来,国务院分三批共清理规范行政审批中介服务事项323项,第一批公开发布的共89项,第二批公开发布的共192项,第三批公开发布的共17项。清理规范有三种方式:一是全部取消,不再要求申请人提供相关评估、论证、鉴定、证明等材料;二是由申请人委托中介机构提供材料改为审批部门依据审批需要委托开展技术服务;三是既可由申请人自行编制相关材料,也可由申请人继续委托中介机构编制材料。三种方式中,第一批分别为37项、15项、37项,第二批分别为94项、53项、45项,第三批分别为7项、7项、3项。清理规范主要集中在市场主体投资、建设工程许可、企业和个人资质资格认定等领域,在公开发布的298项事项中,共涉及44个部门,具体数量如下(见表2-10)。

表2-10　　　　公开发布的清理规范的中介事项的部门分布

序号	部门	数量	序号	部门	数量
1	发展改革	2	23	地震	1
2	教育	2	24	气象	12
3	工信	10	25	能源	2
4	公安	1	26	国防科工	8
5	国土	11	27	海洋	11
6	环保	1	28	测绘地信	3
7	住建	6	29	民航	11
8	交通	7	30	邮政	3
9	水利	10	31	人行	15
10	农业	29	32	质检	4
11	商务	17	33	密码	7
12	文化	5	34	保密	10
13	卫计	11	35	林业	3
14	民政	7	36	旅游	1
15	财政	1	37	银监	14
16	人社	2	38	证监	7
17	海关	1	39	保监	15
18	司法	3	40	粮食	2
19	新闻出版广电	6	41	烟草	3
20	煤矿安监	1	42	铁路	7
21	安监	3	43	文物	3
22	国管	6	44	外汇	14

资料来源:笔者自制。

经过三次清理，原来作为审批要件的中介服务事项取消70%，中介服务环节多、耗时长、收费乱、垄断性强、与政府部门利益关联等问题很大程度上得到治理，"红顶"中介生存空间进一步缩小，企业和群众负担大幅减轻，营造公平竞争环境、促使中介更好更快服务取得进展。

第四，创新和加强事中事后监管。

主要举措是在一些领域试行"双随机、一公开"。"双随机、一公开"始于2015年8月5日国务院办公厅发布的《国务院办公厅关于推广随机抽查规范事中事后监管的通知》，该通知要求在政府管理和市场执法中全面推行"双随机、一公开"，即随机抽取检察人员和检查对象，及时公开检查结果。具体部署是，2016年内随机抽查事项要占市场监管执法事项的70%以上、其他行政执法事项的50%以上，2017年年底前全覆盖。[①]为了落实"双随机、一公开"，国家工商总局、财政部进行了有益探索。国家工商总局要求除投诉举报、大数据监测、转办交办事项外，所有监督检查都采用"双随机"，抽查检查结果通过国家企业信用信息公示系统向社会公示，同时建立随机抽查事项清单、检查对象名录库和检查人员名录库，完善相关细则。财政部2016年10月发布《关于政府采购监督检查实施"双随机一公开"工作细则的公告》，要求在政府采购监督检查中采用"双随机一公开"，完善相关制度。[②] 相关工作取得了较好成绩，执法监督部门重复检查、权力寻租腐败等得到遏制，执法透明度明显提升，社会认可度较高。

第五，推行"互联网+政务服务"。

即利用"互联网+政务服务"实施一站式服务，优化审批流程，提升审批效率，便利群众办事，解决群众多跑路、重复提交材料等问题。相关改革主要从两方面展开：一是建立网上办事平台，将线下业务转为线上办理；二是开发电子证照，取代原来的纸质证明。

---

① 《国务院办公厅关于推广随机抽查规范事中事后监管的通知》，2015年8月5日，中华人民共和国中央人民政府网，http://www.gov.cn/zhengce/content/2015-08/05/content_10051.htm，最后浏览日期：2020年3月12日。

② 《财政部关于政府采购监督检查实施"双随机一公开"工作细则的公告》，2016年10月18日，中国政府采购网，http://www.ccgp.gov.cn/zcfg/mof/201610/t20161019_7452233.htm，最后浏览日期：2020年3月12日。

网上办事平台主要在广东、上海、江苏等地率先推出。广东建设了"一门式"网上办事大厅,着力实现只要在一个平台上操作即可办理需在政府办理的所有事项的目标。上海构建了统一开放、便利透明的"网上政务大厅",该大厅涵盖八成以上的行政审批事项,依托互联网技术打通线上线下、市区两级、各个政府机构,实现一口办理、一码查询、一站反馈,避免了重复填报信息和多跑路,大大提高了便利性和透明度。江苏省"线上线下、虚实一体"的省级政务服务平台也于2015年初正式运行,该平台集合了行政审批、便民服务、政务公开、效能监察,基本实现了"三集中三到位"[①]。

电子证照主要在福建、广东、浙江等地试点。福建省2014年8月出台了《关于推广应用电子证照创新政务工作模式实施意见》,指出建成全省电子证照一体化共享应用服务体系,同步生成、发放纸质和电子证照,优先受理验证电子证照,支持公众用电子证照办理审批业务。[②] 广东省出台的《关于推进省网上办事大厅"一门式"政务服务的实施方案》强调"网上办事大厅"建成开通是"制度+技术"的深度变革,要实现"电子证照"全省互通。广东还出台了首部地方性法规《广东省商事登记条例》,对电子证照的应用管理作出规定。在浙江温州泰顺县,从2015年12月18日起,居民可通过泰顺政务服务网在网上办理远程电子版证明,首批开通了贫困证明、无违法犯罪证明、房屋使用证明和房屋权属证明等业务办理,只要在电子政务网上点点鼠标,泰顺籍居民在几分钟时间里就可办好电子版证明。办理完毕后,申请者可以上网打印,也可以由工作人员将证明快递过来。

通过五年努力,"放管服"改革在取消下放审批事项方面进展迅速,赢得了一致赞誉。当然,事中事后监管、优化服务仍有很大的拓展空间,这些改革是十九大以来的重心。这一时期的主要举措是优化营商环境,提高办事便利水平。

---

① 俞军:《江苏简政放权"517"改革的实践与思考》,《行政科学论坛》2015年第5期。
② 《福建省人民政府办公厅转发省发改委关于推广应用电子证照创新政务工作模式实施意见的通知》,2014年8月29日,福建省人民政府网,http://www.fujian.gov.cn/zc/zxwj/szfbgtwj/201409/t20140901_1416360.htm,最后浏览日期:2020年3月12日。

优化营商环境主要从五个方面展开：一是继续实行市场准入的负面清单制，凡是清单上没有的，任何市场主体都可以公平参与，一视同仁。例如2018年7月18日国务院常务会议要求，抓紧出台新版市场准入负面清单，落实各类所有制企业一视同仁的承诺，废止妨碍市场公平竞争的规定，严厉查处侵权假冒、违规收费等行为。

二是继续推行"证照分离"及相关商事制度改革。2018年以来国务院先后三次在常务会议上安排相关工作，扩大证照分离试点范围，解决准入不准营问题。证照分离改革试点先是把上海自贸区实行的116项试点事项推广到全国各个自贸试验区，而后又在浦东新区商事医疗、投资工程、交通运输、商务质监等10个领域47项审批事项中试点，最后推广到市场机制能够有效调节、行业可以自律管理的所有事项。这样对中央层面设定的全部523项涉企经营许可事项全部推行了证照分离改革。在推行这项改革的同时，简化审批也在深入，一方面将全部审批事项纳入清单管理；另一方面根据事项性质分类管理，对外贸易经营者备案登记等13项事项予以取消，报关企业注册登记等8项事项改为备案，人力资源服务许可等60项事项改为告知承诺，其余442项压减材料时限、用网上办理取代现场核验。

三是缩短企业开办、工程项目审批、不动产登记时间。关于企业开办时间，2018年5月2日召开的国务院常务会议要求当年年底前，各直辖市、计划单列市、副省级城市和省会城市要将相关时间由20多个工作日减至8.5个工作日，2019年上半年在全国实现上述目标。5月14日《国务院办公厅关于进一步压缩企业开办时间的意见》重申了这一要求。2019年3月26日国务院常务会议再次要求年底前全国企业开办时间缩短至5个工作日。

关于工程项目审批时间，2018年5月2日的国务院常务会议决定在北京、天津、上海、重庆、沈阳、大连、南京、厦门、武汉、广州、深圳、成都、贵阳、渭南、延安和浙江等16个地区试点精简审批、分类审批、压缩流程，实现审批时间从平均200多个工作日减至120个工作日的目标。12天后发布的《国务院办公厅关于开展工程建设项目审批制度改革试点的通知》重申了相关要求。

关于不动产登记时间，2018年7月18日国务院常务会议要求不动产一般登记、抵押登记业务办理时间年底前分别压缩至15个、7个工作日内。2019年1月30日国务院常务会议再次决定年底前全国所有市县一般登记、抵押登记办理时间分别压缩至10个和5个工作日内，2020年底前全部压缩至5个工作日内。

四是在市场监管领域全面推行"双随机、一公开"。在十九大前试点"双随机、一公开"的基础上，2018年6月6日国务院常务会议要求在市场监管领域全面推行"双随机、一公开"，实现市场监管日常检查"双随机"全覆盖，检查结果全部公开，统一"双随机、一公开"制度和流程，整合各类市场监管平台，推进跨部门综合执法、联合监管，减少多头多层重复执法。2019年1月27日，《国务院关于在市场监管领域全面推行部门联合"双随机、一公开"监管的意见》（国发〔2019〕5号）发布，要求到2019年底市场监管部门实现流程整合、监管全覆盖常态化，到2020年底实现部门全覆盖、地方常态化，三到五年时间市场监管领域新型监管机制更加完善，综合监管、智慧监管成为现实。这样，"双随机、一公开"就在全国市场监管领域铺开，成为事中事后监管的主要抓手。

五是在前期"互联网+政务服务"的基础上推进政务服务"一网、一门、一次"，提高办事效率。党的十九大以来，国务院先后有三次常务会议讨论部署相关工作。第一次是2017年12月6日，主要要求是整合政务信息系统，推进技术创新、法规修订。第二次是2018年5月16日，要求整合国家、省、市三级网上政务服务平台，除法律规定或涉密的都纳入该平台，实现一网通办、最多跑一次。第三次是2018年10月22日，要求依托国家政务服务平台建设"互联网+监管"系统，强化对地方和部门监管工作的监督，实现监管的"监管"。为了落实这些要求，2018年6月10日《国务院办公厅关于印发进一步深化"互联网+政务服务"推进政务服务"一网、一门、一次"改革实施方案的通知》发布，要求构建全国一体的网上政务服务平台，推动更多事项网上办理，实现线上"一网通办"（一网）、线下"只进一扇门"（一门）、现场办理"最多跑一次"（一次）。

上述工作成绩显著。世界银行发布的《营商环境报告2020》把中国列为过去一年世界上营商环境改善幅度最高的10个经济体之一，我国营商环境排名也跃居全球第31位，比2019年提升了15位，首次跻身全球前40。与此同时，我国还开展了办事便利化行动，系统解决困扰群众和企业多年的办事难问题，相关举措是：一是在梳理公布政府权责清单和公共服务事项清单基础上，全面推行审批服务"马上办、网上办、就近办、一次办"。合法合规事项"马上办"，与企业生产经营、群众生活密切相关的"网上办"，面向个人的事项"就近办"，一般事项"不见面"、复杂事项"一次办"。二是聚焦不动产登记、市场准入、企业投资、建设工程、民生事务等重点领域，办理量大、企业和群众关注的重点事项，减环节、减材料、减时限、减费用，编制标准化工作规程和办事指南，实现审批服务标准化。三是全面清理烦扰企业和群众的"奇葩"证明、循环证明、重复证明等无谓证明，减少盖章、审核、备案、确认、告知等环节。"凡没有法律法规依据的一律取消，能通过个人现有证照证明的一律取消，能采取申请人书面承诺方式解决的一律取消，能被其他材料涵盖或替代的一律取消，能通过网络核验的一律取消，开具单位无法调查核实的证明一律取消"①，以此解决信息不共享、法规不配套、效力不通用等问题。四是将政务服务大厅部门分设的办事窗口整合为综合窗口，完善"前台综合受理、后台分类审批、综合窗口出件"模式，实行一窗受理、集成服务，实现"一窗通办"、集中办理。② 五是创新服务方式，挖掘互联网潜能。精简压缩各类评估。实现身份证、驾驶证、出入境证件、医保社保、住房公积金等互联互通、在线可查、异地可办。推广容缺后补、绿色通道、首席服务官、数字化审图、告知承诺、邮政快递送达等便利措施，推行预约办理、同城通办、异地代办、跨层联办、智能导办、一对一专办等多种办理方式，解决排号等号、耗时长、来回跑等问题。③ 完善网上实名身份认证体系，明确电子证照、电子公文、电子印章法律效力。运用大数据精准分析、提前预警。整合非紧急类热线、咨询投诉平台，提升线上线下融合能力。六是深化中介服务改革。进一步减少中介服务事项，仍然保留的明确时限、流程、条件、收费标准，对

---

① 《中共中央办公厅 国务院办公厅印发〈关于深入推进审批服务便民化的指导意见〉》，2018年5月23日，中华人民共和国中央人民政府网，http://www.gov.cn/zhengce/2018-05/23/content_5293101.htm，最后浏览日期：2020年3月12日。

② 同上。

③ 同上。

外公开。继续推进中介机构与主管部门脱钩,放宽市场准入。完善中介服务网上交易平台,实现中介服务"零门槛、零限制"入驻,展示、竞价、中标、评价均在网上进行。健全中介服务信用评价、退出机制。七是切实加强事中事后监管。厘清审批和监管权责边界,健全工作会商、联合核验、业务协同和信息互通等审管衔接机制。落实"双随机、一公开",推进综合执法体制改革,提升基层监管执法能力。

这些措施的主要目的是解决企业和群众办事难、办事慢、多头跑、来回跑等问题,减少办事环节,提高办事效率。事实证明,相关举措收到了积极效果,政府理念发生转变,体制机制更加顺畅,公信力和执行力得到提升。

当然,与群众的美好生活需要相比,这些改革还存在一些问题,主要是:

第一,认识和思想观念转变仍不到位。一是没有将"放、管、服"看作前后连贯的有机整体,认为放了就行了,管和服没有跟上,或者"事中事后监管最重要,服务不重要""只要把服务做好,其他的得过且过就行了"。二是片面理解"放管服"改革的内涵,认为"放管服"改革就是流程优化,只要将审批流程优化好,减少审批时间,实现并联审批,提升审批效率,让公众满意就可以了;或者将"放管服"改革理解为自己部门或系统的内部改革,认为只要做好了这些工作,"放管服"改革就做好了;抑或单纯以"减少了多少事项、缩短了多少办事时间、提高了多少办事速度"判断改革成效。三是没有辩证地看待改革,仍然担心过多的放会弱化政府对经济和社会的控制,仍然将重点放在如何强化审批上;或者从个人得失出发判断改革,没有看到改革有利就有弊,心生怨言抵触,对改革产生了疲惫心理、懈怠心理,继续推进的动机不强。

第二,机构分立、权责分散、部门协同难的痼疾未根本改观,影响了改革效果。一是部门内部机构分立,导致审批权责分散在不同的部门,横向协同难。二是纵向协同体系不健全。

第三,审批事项依然太繁杂。一是政府保留的行政审批权力仍然量大面广,需要政府审批的事项仍然繁多。二是虽然审批大项数量不多,但大项内包含的各类审批子项仍然较多,内容纷繁复杂,令人眼花缭乱。

三是个别行政审批项目的取消或下放仍然不规范。

第四，申请材料和前置要件设置还不够合理。一是部分审批事项前置要件过多，过于烦琐，不仅申请人意见较大，从事审批工作的人员也有同样的体会。二是一些项目的前置要件不够明确，甚至互为前置，令申请人无所适从。三是各部门对企业的审批申请要件缺乏统一协调。四是一些项目的前置要件没有同步下放，导致获得要件的层级与审批层级不同步、不协调，加大了申请者的办事难度。

第五，审批程序与工作流程仍较为复杂，链条较长。一是行政审批的流程不够精简优化，链条过长，审批所花的时间较久，群众意见很大。二是备案管理工作不太规范。

第六，事中事后监管措施不力，效果待提高。一是缺乏对审批结果的监管。二是对中介机构的监管较为薄弱。三是事中事后监管体制机制还不健全。四是政府部门信息公开不够。五是对行政审批主体和审批过程的监督不够。六是改革成效反响官方热闹社会平淡。

第七，信息化基础建设落后，"互联网+政务服务"的潜力未得到充分挖掘。一是一些办公设施与相关硬件老化。二是信息系统和信息化平台部门化、碎片化。三是现有信息平台的利用率不高。四是目前的审批运行机制没有得到彻底改造，只是将部分线下环节转到线上，"换汤没换药"，使得网上审批处于起步阶段。五是审批管理平台落后，难以适应信息共享、信息整合的需要。六是信息公开程度有待提高。

第八，人事制度改革滞后，影响行政审批制度改革的顺利推进。一是少数工作人员的素质和能力不适应新形势下行政审批制度改革的需要。二是一些行政审批环节的工作人员未做到专人专岗专责。三是行政审批管理部门设置不科学，窗口工作人员激励机制不健全。

这些难点都需要通过与服务型政府建设，尤其是美好公共服务职能履行结合起来进行改变。

三 深化"放管服"改革，提升美好公共服务水平

（一）继续转变观念，提高改革效能

党的十八大以来在党中央、国务院强力推动下，"放管服"改革由点

到面、由易到难,逐步深化,取得了令人瞩目的成绩,相关理念逐步深入人心,广大群众和企业对继续改革抱有很大的期待。十九大以来,改革力度也没有降低,并且开始解决触及根本的体制机制问题。正如李克强总理多次强调的,开弓没有回头箭,"放管服"改革只会深化,不会停止。那些幻想改革就此终止,在改革面前犹豫徘徊的做法是不可取的;那些幻想回到过去,留恋权力带来的好处的想法也只是异想天开。因此应继续解放思想、转变观念,深化改革。

当前有哪些需要破除的观念呢?一是将"放、管、服"三者割裂开来,认为"放了就行了,管和服不重要""事中事后监管最重要,服务不重要""只要把服务做好,其他的得过且过就行了",这是不准确的。"放管服"是前后连贯、一脉相承的三个环节,放是前提,只有放了,才有精力做好管和服,管和服是放的最终目的,不是为了放而放。二是将作为整体的"放管服"改革和"放管服"改革的某一项内容混淆,例如认为"放管服"就是流程优化,就是内部改革,就是提高审批效率。这也是不可取的,应认识到,流程优化、部门内部改革、减少审批事项、缩短审批时间、提高审批效率等都是"放管服"改革的一部分,不是全部,完整意义上的"放管服"改革是同时包含这些内容的。三是不能正确看待利益得失,仍未改变重审批轻监管,没有好处就抵触改革。实际上,21世纪初我国就提出了行政审批改革,但成效不大,最主要的原因是观念没有转变过来,想法和认识还停留在管制上,没有认识到要从管制走向服务,从"自我设定的管理"转向"满足群众要求的服务"。在社会主要矛盾已然发生变化的新时代,满足人民群众的美好生活需要更是一切政务活动的首要目标,"放管服"改革必须回应这种需要。因此应正确看待部门和个人利益得失,调整心态,更多考虑民众需要,赢得他们的认可,提高改革效能。

(二)破除体制壁垒,提升协作水平

经过五年改革,"放管服"改革进入"深水区"。当前"放管服"改革的重心是突破行政管理和公共服务的体制壁垒和制度障碍,进一步释放改革活力。对此,十九届三中全会通过的党和国家机构改革方案做出了明确部署,实现了机构设置与编制管理统筹,合并了同类党政机构,赋予地方一定程度的自主探索权。这实际上为深化"放管服"改革解决了一些体制性障碍，部门林立、政出多门、职能分割局面得到部分改善。企业和群众在行政许可过程中重复提交材料，在不同部门间来回奔波情形得到了一些纠正。但是，政府职责分散、部门分割、权责不清、推诿扯皮等现象并未完全杜绝，管理碎片化仍然存在，因此应继续注重改革的系统化集成化设计，着力提高协作水平。

一方面，要在国家治理体系和治理能力现代化的视野下思考改革，用美好生活需要统领"放管服"改革，转变政府职能、机构改革、执法体制改革、公共服务供给、工作作风转变，实现理念、部门、功能、行动的系统集成，避免"我动他不动""上动下不动""左动右不动"，凸显规模效应。

另一方面，注重在微观上提升联动水平。一是加快推进一网一门建设，实现纵向各个层级、横向各个部门的互联互通，减少重复提交、线下跑路。二是重新调整互联互通后相关部门的职能，更好实现无缝衔接。在具体操作上还需要注意"放管服"改革机构和公共服务供给机构的职能整合，既可节省管理协调成本，又能提高治理效能。

（三）持续优化行政审批服务

1. 继续精简下放审批事项，尤其是涉及公共服务的事项

一方面，因地制宜，继续精简下放审批事项。严格按照相关法律法规要求设定行政审批权限，认真落实党中央国务院"放管服"改革精神，不断推动行政审批项目取消、下放和调整，使行政审批更好适应经济社会发展需要，更好为经济社会发展服务。与时俱进，按照《行政许可法》规定和党中央国务院要求，及时清理不合时宜的审批事项，定期组织职能部门和专家对这些事项进行会审，对每一项目的"去留"进行甄别，该取消的坚决取消，该下放的坚决下放，实现少审、精审、优审。进一步梳理规范办证文书、证明材料，消除办事指南中的兜底条款、模糊性表述、隐性审批条件，实现群众企业办事一目了然、一步到位。另一方面，对涉及公共服务供给的审批事项要格外关注，因为它直接关系公共服务供给效率、实现水平。应取消不同部门、同一部门对相同内容的重复审批，重点对投资项目、健康养老、文化体育等民生领域和社会服务中门槛高、互为前置的进行清理，缩短流程、时间。不仅将阻碍市场和社会积极性的相关审批事项取消掉，更将审批权下放至与企业和群众距

离更近的下级政府。也就是说，凡是与美好公共服务供给有关的事项，政府都应在兜底的基础上尽量减少直接干预，将决定权交给市场和社会，因为他们更了解民众的需求，反应更灵敏。如果确实需要政府干预或提供，则应降低供给层级，让地方政府，尤其是市县两级政府拥有更大的自主权。

2. 继续精简审批的材料、要件

对企业自主经营事项、法律法规未明确规定的事项、能通过征求部门意见解决的事项一律不再进行前置审批，其他事项也应积极建议取消。编制确实需保留的前置要件、前置审批及中介服务目录，向社会公布，按照目录规范审批。探索特殊项目审批要件选择性审批，避免"一刀切"。坚决实行并联审批，探索超时默许制度，提高审批效率。对涉及民生领域且证明事项和手续较多的部门列入重点清理范围，对申请材料中涉及的证明事项，特别是群众办件量大、手续烦琐的循环证明、扯皮证明、无谓证明等进行全面清理，做到"减无可减"。

3. 精简审批程序、缩短审批时间，提高美好公共服务供给效率

"放管服"改革的另一个主流趋势是精简审批程序，缩短企业办事、工程项目审批和群众办事的时间，提高管理效率，这也是实现美好公共服务职能的福音，因为新时代群众对美好公共服务的要求更加强烈，对因审批链条过多、结办时间过长而导致服务项目无法及时完工、服务效率低下等现象颇为不满，因此精简审批程序、缩短审批时间有助于提高美好公共服务供给效率，有利于美好公共服务职能的履行。一是进一步简化审批程序。简化行政审批程序关键在于取消不必要的行政审批环节。首先，在科学论证的基础上大力精简不必要的审批环节，特别是要按照审批的价值来对审批环节进行审核，去除一些没有价值意义的审批流程，建立"最简程序"。其次，对各类行政审批必不可少的程序环节合并同类项，建立精简统一的行政审批"基本程序"。最后，由领导小组和专家审定各类具体审批项目的"特殊程序"，不得随意添加和更改。二是进一步优化行政审批流程。按照"一窗受理、牵头协同、信息共享、资料互认、技术并联、行政串联"的原则重构行政审批流程，推行前置要件和项目审批并联办理，积极探索"窗口启动、前后共审、并联审批、一站办理"模式，提高行政审批速度，实现审批流程最优化。

（四）深化事中事后监管改革

强化事中事后监管是"放管服"改革的重心之一。事中事后监管的核心是将监管对象纳入监管平台，监管过程公平公正，监管结果及时公开，监管结果有整改跟进措施。围绕这些要求，"放、管、服"改革中着重强调了社会信用体系建设、"双随机一公开"等内容。社会信用体系建设是指建立全国统一的信用体系，市场主体和社会组织的信用情况都保存在该体系中，不同等级的信用拥有不同的资质条件，可以参与不同的服务项目，享受不同的服务待遇。"双随机、一公开"是指政府部门执法时随机抽取执法人员和执法对象，执法结果及时公开，接受社会监督，它能有效避免多头执法、钓鱼执法、寻租腐败，提升执法公信力和权威性。美好公共服务的监管也可以采用这样的做法，一方面建立服务供给的专项信用体系，记录服务供给主体的服务情况，确定信用等级，根据信用等级决定它们参与服务供给的类型、层次、项目，这样可以督促非政府的服务供给主体改善服务项目、提升服务质量。另一方面，充分利用"双随机、一公开"加强对服务供给主体的监管，目前双随机一公开主要在市场监管领域推广，还较少扩展到其他领域，本书认为，公共服务供给是可以推广的领域，建议将所有参与服务供给的主体汇集起来，建立主体名录和服务项目名录，同时建立执法人员名录库，随机抽取执法人员、供给主体、服务项目，进驻现场进行检查，检查结果及时公布，这样可以督促服务供给主体，让民众放心、满意。

此外，还应完善监督体系、吸纳社会参与、规范中介服务、提升监管效能、强化第三方评估。有效的监督不能仅依靠社会信用体系和双随机一公开，还应该有严密的监督体系。一方面，建立省、市、区县纵向协同的监督体系。按照属地管理原则，充分发挥属地部门在事中事后监管中的地域优势，以网上审批平台和行政审批数据库为基础，建立审批事项的管理档案，按照事项属性开放监督权限，明确事项定期由属地部门登记的监督评估报告制度，实现对审批事项的动态监管。另一方面，建立全程监控的电子监察系统，实现对审批权力运行全过程的监管。依托电子政务服务平台，设置行政审批电子监察岗位和流动监测点，对审批过程进行全过程监察，综合负责审批监察的过程控制和结果处理。同时，进一步强化电子监察系统的预警防控、监察督办、统计分析、投诉处理等功能，实现行政权力运行监察的同步实施和全部覆盖。在实践中将审批过程所存在的各种风险和关键控制性指标内置于电子政务系统中，审批部门在审批过程中将会随时遇到电子信息系统的风险提示，同时扩展电子政务系统，随时针对可能存在的审批失误和审批风险形成报告，主动推送到相关职能部门和领导，以核查改善。

吸引社会力量参与，提升监督效能。扩大行政审批监督的主体范围，将部分相关利益主体纳入监督体系中，提高多元主体的监督积极性和有效性。首先，完善和强化第三方独立监督体系，组织委托第三方组织对社会敏感时点涉及群众切身利益的事项实施专项监督，及时做好信息公开，为潜在的社会矛盾和社会风险应对奠定基础。其次，为广大社会主体开辟监督渠道，可以设置专门的网络和电话投诉平台，接受社会的监督投诉，促进行政审批过程的规范化和行政审批项目的高效化。再次，建立健全行政相对人对行政审批的评价与投诉功能，在网上审批系统中开通行政相对人评价、投诉、建议模块，及时收集相对人审批申请过程中遇到的各种问题和投诉建议。这种投诉建议应该定期向各级部门行政审批人员通报，发布审情通告。最后，构建一般公众参与监督的平台，完善参与机制，保护参与积极性，将"好差评"等监督结果纳入相关绩效考核，提高社会公众参与的效能。

规范中介组织运行，提升中介服务品质。当前，"放管服"改革的一个障碍或"空转手"是与政府部门有千丝万缕联系的各类协会商会、中介组织，因此未来改革的趋势是全面清理整顿这些行业协会商会、中介机构，在公布机构名录的基础上，重点是：（1）完善中介组织的管理办法。明确能够参与审批申请服务的中介组织的标准，推进中介组织规范管理；强化中介组织在项目审批申请服务中的职责权限和责任追究机制，严格实施中介组织进入和退出机制，加大中介组织违法违规成本。（2）完善中介组织准入机制。打破垄断，杜绝"红顶中介"，放宽中介服务机构准入条件，提升市场良性竞争水平，将依附权力部门的区域性、行业性或部门性中介服务机构清除出服务市场，引入名誉好、资质条件好、专业水准高的中介机构。面向全社会公开招纳中介机构，打破行业垄断和区域垄断，建立中介组织动态管理机制。（3）治理收费项目，不合理的坚决取消，保留的降低收费标准，最终形成统一的收费清单和收费网，对外公布,一网运行,杜绝"体外循环"。(4)完善中介组织服务内容、服务质量、行为准则、退出机制等制度体系,规范中介组织行为,健全中介机构诚信档案,对中介机构进行定期考评,考评结果网上公示,实行负面名单制度,确保中介组织高质量履行职责。

更加重视第三方评估。第三方评估具有客观中立,能够真正了解现状、发现问题的优势,因此随着"放管服"改革持续深入推进必将越来越多地被采用。这里的第三方是指与委托方和被评估方无隶属关系、利益关系的专业评估机构,它们因为专业性、权威性和良好声誉受到推崇。第三方评估关键是保持独立性,首先是精神独立、机构和人员独立,独立承担法律责任,其次是评估程序和评估结果独立,避免委托方及利益相关方干扰,引入公开、竞争、监督机制,形成思想市场。

(五)挖掘技术潜力,提高服务水平

当前,"互联网+政务服务"、云计算、物联网、人工智能、计算科学等先进技术正如火如荼,既深刻影响着人们的认知和生活,又对政府管理构成巨大挑战。如何应对这种挑战?本书认为,关键是让这些先进技术为"放管服"改革所用,成为提升改革效能的利器。

1. 加强行政审批信息化基础工程建设。在一网的基础上建立"审批电子智能导航系统"。即在网络系统中嵌入相关项目的要件清单、办理流程、办理时限、审批依据、审批标准、注意事项等信息,实现智能化审批。一方面,申请人可以通过多终端进入该导航系统,只要点击相关按钮,就能够清晰地看到自己所办项目的具体要求、详细指南和动画模拟办事流程,进而一次性获得所办项目的具体信息,减少因不了解具体要求而带来的咨询成本,实现申请人一次查询,政府便一次性告知所有流程和具体要求,为申请人提供便捷、高效的咨询和办事服务。另一方面,申请人递交申请材料后,智能导航系统可根据申请事项自动分类处理,为一定范围符合条件的申请全天候自动发放许可,为不符合条件的申请自动推送信息,发出勘验请求,提醒审批者及时审批,告知申请人审批进程和结果。行政审批电子导航系统要与各部门政务服务平台和网上审批平台统筹开发建设,并作为其中的结构模块,主要为申请人提供咨询、查询和监督,确保申请人随时可以了解审批进程,动态掌握审批情况。

2. 大力推行线上审批和智能办公。将与企业和民众息息相关的事项

部门全部纳入网上审批系统，逐步取消传统的纸质审批和体外循环。通过网上平台进行审批，改变目前网上平台信息传送器的弊端，实现审批无纸化运行。应该特别注意到，网上审批不是现有管理的电脑化，现有工作的电子化，而是审批管理的一次革命，是服务理念和服务方式的革命，目的是便于管理、服务群众。所以应大力发挥网上平台的审批功能，强化无纸办公，实现审批文书或通行证件电子化。

3. 运用"大数据"技术建立审批服务决策支持系统。运用大数据理念和技术，推动建立部门行政审批数据库，实现数据库与其他审批事项和政府部门信息共享，深度挖掘审批事项的动态信息和经济社会发展背景信息，为部门审批决策、管理服务和评估监督奠定基础。推动建立基于审批数据库的决策模拟系统，对申请事项进行模拟审批，计算行政审批可能产生的社会效益、社会成本和潜在社会风险，为审批决策服务。建立基于数据库的行政审批监测体系，构建审批项目关键监测指标，通过动态数据管理，对审批项目事中事后监管进行实时监测。

第三章

优化政府结构研究

有效的组织结构是履行职能和使命的保障，因此科学配置政府职能后，需要对履行相关职能的机构进行优化，让其适应承担新使命的需要。政府结构优化包含两方面的含义：一是政府结构设计，即横向上的部门重组和纵向上的层级调整；二是权责的配置调整，即部门间的权责分配和中央与地方、省和市县之间的关系调整。近年来，我国政府在横向上进行了"大部门体制"改革，纵向上进行了"省管县"改革，为政府结构优化进行了有益探索。但是，当前的大部门制改革亟须解决大部门之间职能边界清晰划分、机构合并后原有部门如何整合、如何建立一体化的部门工作机制及内部协调管理机制等问题；"省管县"改革也面临是权宜之计还是长久之计的定位难题，以及既有体制制约、如何发掘县级政府潜能、县级政府如何与市级政府合作共赢等问题，迫切需要进行新的顶层设计和制度安排。与此同时，是否应该优化现有的行政区划、城市和农村是否应该构建不同的管理模式、乡镇政府如何改革转型等，都困扰着我国的政府结构优化和模式构建。为此，本章从现有的大部门制改革和"省管县"改革入手，探讨如何优化政府的横向结构和纵向层级，分析如何理清各自的权力责任，理顺中央和地方关系，进而强化政府的服务职能，促进服务型政府建设。

第一节 深化大部门制改革研究

在新的时代，我国政府的主要职能不断调整并逐渐聚焦于经济调节、市场监管、社会管理、公共服务和环境保护。当前，公共服务职能配置在政府职能体系中的分量越来越突出。为了更好适应新时代、新承担、新使命,政府还需要对相关结构进行改革优化,即横向的机构改革和纵向的管理层级和管理方式的调整。政府结构优化包含两方面:一是政府组织结构设计,即横向上的部门重组和纵向上的层级调整;二是权责合理配置,即部门权责分配和央地关系调整。近年来,我国政府已进行八次机构改革,总体上呈现了大部门制的趋势,即在维持政府机关正常运行前提下,不断精简政府部门,整合分散的政府职能,减少不必要的人员和编制,逐步提升政府的治理能力。目前在横向上进行的大部门制改革,为政府结构优化做出了有益探索。

一 政府大部门制改革概述

大部门制改革是我国行政管理体制改革重要内容,是推进服务型政府建设的有力抓手,对提升政府公共服务效能、提高人民满意度等意义重大。具体说来,我国政府部门设置较多、职能交叉严重,与成熟的市场经济国家政府机构差距大,既不利于促进经济社会的协调发展,又不利于全面履行政府职能。实行大部门制改革,推动政府部门职能有效协调,不仅能提升统一管理的水平,还能强化政府责任,提升政府建设水平。党的十七大明确提出,要"探索实行职级有机统一的大部门体制"。从此,大部门体制改革实践进入了快速发展阶段。

(一) 大部门制改革的源起与背景

"政府的使命就是向社会提供公共产品和公共服务,以及对社会进行管制,这一使命的履行需要借助一个组织来完成。"[1] 从世界各国的大部门制改革来看,无不是为了提高政府的适应性,确保国家治理目标的实现。政府要有效发挥自身效用,必须通过机构和职能的调适性变革,不断提升政府履职的能力和效率,大部门制改革就是围绕这一目标的政府改革的重要内容。

大部门制是相对于小部门制而言的,大部门制改革的目标是解决小部门制的问题。具体而言,小部门制的政府结构,容易造成政府职能交

---

[1] 竺乾威:《地方政府大部制改革:组织结构角度的分析》,《中国行政管理》2014年第4期。

叉、权责脱节问题，不适应现代社会经济发展的需要，无法对公共问题进行系统回应，政出多门会产生负面治理效应。同时，小部门制的政府结构还造成权力分散，监督乏力，容易出现权力滥用，对社会和市场造成不当干预，降低市场和社会组织的自主权。大部门制改革，就是为了克服小部门制的问题，理顺政府关系和结构，转变和优化政府职能，实现政府治理现代化。

改革开放以来，为了适应市场经济发展需要，我国进行过多次政府机构改革。但是，早期将政府机构改革主要定位为组织改革，没有从更高层面思考政府机构改革的现代意义，没有关注政府机构改革的系统性，机构改革过程又缺乏理论储备和指导，使得历次改革虽然取得一定成效，但始终没有走出"精简—膨胀—再精减—再膨胀"的循环。在建立健全市场经济体制，"让市场在资源配置中起决定性作用"的改革背景下，建设服务型政府的选择无疑包含"有限政府"的选项。大部制改革的主要目标之一，就是要加强政府机构整合，优化政府职能配置，使政府退出不该管和管不好的领域，让政府更好履行宏观调控职能，发挥好社会管理和公共服务职能。

政府要发挥好维护公共利益的职能职责，就要建立适应时代发展需求的政府部门结构。在建立市场经济体制的过程中，随着经济快速发展，社会诉求快速增加，新矛盾新问题迅速增多，需要政府给予回应的事务和诉求不断增加，政府机构因此快速膨胀，职能职责不断扩大。由此带来的问题是：一方面，政府机构数量快速增加，行政成本不断增长，运转效率不断降低；另一方面，政府分工过细，职能交叉突出、权责不清问题越来越严重，政府回应能力下降。机构过多的体制弊端日益突出，迫切要求优化政府职能，消除政出多门的弊端，才能契合现代社会发展需要，提升政府履职能力和水平。

从政府部门和机构设置的视角看，改革开放以来我国的政府机构改革大致可分为三个阶段：第一阶段是2003年及以前的改革，重点在于部门精简和部门增设，目的是完善政府机构职能。第二阶段是从2008年到2013年，共两处次政府机构改革。2003年的机构改革是一个过渡阶段，重点不再是机构和职能的增删，而是向优化政府组织机构，促进政府职能整合的方向转变，已经具有大部门制改革雏形。2007年，中国共产党第十七次全国代表大会提出,"加大机构整合力度,探索实行职能有机一的大部门体制,健全部门间协调配合机制",它是我国官方文件首次提出"大部门制"概念,为探索职能有机统一的政府体制指明了方向。表面看来,大部门制改革是走出"精简—膨胀—再精简—再膨胀"的怪圈,深层目标则是为建立优质高效政府,适应现代社会发展要求构建服务型政府。2008年启动的大部门制改革,在整合政府职能机构,优化政府职能配置,完善政府运行机制等方面,做出了诸多有益的探索。不过,受各种因素限制,政府职能转变存在现实困难,部内、部际协调机制仍然不畅。承接2008年的大部制改革实践探索,2013年,中国共产党十八届三中全会提出"稳步推进大部门制改革",将改革重点定位于转变职能和捋顺关系,坚定有序推进某些重点领域的改革,撤并机构的同时注意优化职能。第三阶段是2018年展开的政府机构改革。2017年,党的十九大提出,要"科学界定政府职能范围,优化各级政府组织结构",更加清晰有力指明了大部门制改革的方向和内容。此次机构改革以国家整体发展战略为导向,系统深入地将"大部门制"改革向前推进。

改革开放以来,我国政府机构改革一直是以行政机构改革为重心,基本逻辑是通过机构改革推动政府职能和行政体制转变。大部门制改革的提出表明我国的政府改革走上体制改革的道路,大部门制改革持续推进必将带来行政体制变化,该种体制改革不能局限于机构改革和职能调整,而是要将我国政府改革的目标导入服务型政府建设主题。从历次政府机构改革提出的"精简机构""理顺关系""转变职能"可以看出,我国政府改革包含两方面内容,分别是推动政府自身变革和政府—社会关系变革,两种变革方向共同指向服务型政府。[①] 随着大部门制改革目标、方向、内容、次序的逐渐清晰,我们会发现其与服务型政府建设的逻辑耦合。

(二)大部门制改革的内容与特点

西方国家的大部门制改革,源自20世纪80年代末期,以"小政府、

---

① 张康之:《走向服务型政府的"大部制"改革》,《中国行政管理》2013年第5期。

大社会"为目标的"少部门、宽职能"的大部门制改革出现①，目标是强调政府公共职能，提升管理水平和服务质量。在实践层面，西方国家的大部门制改革，大多是因应现实需要的应急式调整，没有统一的可直接复制的改革路径。但是，改革目标基本一致，即强化政府的服务职能，提升社会秩序维护能力。

我国的大部门制改革在逻辑上与西方一致，即通过以拆并机构、整合职能、精简人员为切口，对政府治理体制机制进行全面改革，以降低行政成本，提高管理效率，建立服务型政府。在实践层面，我国的大部门制度改革展现出丰富内涵。2008年以来，以大部制改革为目标的政府机构改革，既有转变政府职能理顺部门关系的内容，又有构建决策、执行、监督的权力制衡内容，还有党政机关合并设立或合署办公，推动治理体系和能力现代化的内容。党的十八届三中全会提出治理体系和治理能力现代化的改革目标后，我国的大部制改革突出了建立"职能科学、结构优化、运转高效"的政府体制目标。立足与服务型政府建设目标，我国的大部门制改革主要有三个方面的内容：

第一是科学配置政府职能。大部门制改革的目标是建立服务型政府，它要求政府妥善处理好与社会和市场的关系，既要将该管的必须管的事管好，又要将不该管又管不好的事剥离掉。政府职能配置从三个方面展开：一是从政府职能错位、缺位和越位领域出发，加快提升简政放权的力度，依据市场和社会的变化态势，不断调整和明确政府的职责。二是在明确政府职能职责的基础上，对相关职能进行精准分类，保障各项职能有机统一。核心是对职能交叉、政出多门的机构，按精简、统一、效能的原则，对政府职能进行优化整合。三是在优化政府权力结构的基础上，合理界定中央和地方的权力和责任，促进中央和地方两个积极性发挥，既强化中央的统一决策和宏观调控职能，又优化政府层级，提高地方政府积极性。

第二是优化政府组织结构。政府职能有机统一是大部门制改革的第一步，接下来关键是完善政府组织结构，提升政府治理效能。具体可以

---

① 王岩、王晓庆：《大部制改革的实践诉求与目标指向》，《中国行政管理》2008年第11期。

分为三个层面：一是遵循"精简、统一、效能"的原则，对职能交叉的部门进一步整合，整合的途径是减少政府机构的数量，从实际情况出发整合部门职能，促进部门职能和规模适度平衡。二是优化政府部门治理结构。大部门制改革不是简单的机构撤并，而是要统筹协调促进政府机构良性运行。在实践中，大部制改革后的各部门情况差异较大，难以实行统一的部门治理模式。对部门内部权力如何分离制衡，同时保证权力运行的协调统一，是大部门制改革的重点内容。为避免部门内部的"松散联合体"现象，大部制改革一直在探索决策、执行、监督权力分离协调机制。① 三是发挥党的作用，优化党的组织体系。中国共产党领导是大部门制改革最大的优势，要确保党的领导全覆盖和领导有力，还需要优化党的组织机构。党组织的优化有两个方面的内容：其一是科学设定党和政府职能，在避免工作重叠、促进合理分工的同时，建立健全党的全面领导的体制机制；其二是"统筹设置党政机构"，完善"以党统政"的部门体制和"党政协同"的大部门制，优化党的归口协调功能和职能部门作用。②

第三是理顺部门权责关系。大部门制改革不仅涉及合理配置政府职能，使各个政府部门都能对所负责的事务依法尽责，还涉及理清政府部门权责关系，降低协调难度。具体可以分为两个层面。一是协调纵向部门关系。大部制改革过程中，上下级间容易出现"一对多""多对一"问题，要处理好事务衔接、部门沟通等方面的矛盾。需要基于既有权责关系，依法明确和依法规范改革，要防止滥用上级行政权力，保障下级改革的空间。2008年以来的大部门制改革，中央就要求各地基于实际情况，加强行政组织法制建设，规范改革。二是协调横向部门关系。大部制改革的目标是在划清部门职责范围的基础上，按照"权责一致"原则，推动单一部门负责某项事务和相近事务，防止出现权责不一、相互扯皮、履职不力的问题，在明确部门权责的基础上，针对跨部门的事务建立协调机制。鉴于协调过程容易出现相互推诿问题，大部制改革过程中必须明确事务主次责任，建立协调制度，推动部门合作共治。

---

① 沈荣华：《上一轮大部制改革回顾与启示》，《人民论坛》2019年第9期。
② 赵立波：《统筹型大部制改革：党政协同与优化高效》，《行政论坛》2018年第3期。

我国大部门制改革的多样性和激进性，使其呈现出与西方国家的不同特点，具体表现为三个方面：

一是坚持党的领导。首先，大部门制改革不仅涉及提高服务质量，还涉及落实党全心全意为人民服务的根本宗旨，增强群众获得感、满意度，只有坚持党的领导才能端正大部门制改革方向和宗旨。其次，大部门制改革不是一蹴而就的，尤其当体制机制改革进入深水期，触及各个方面的利益，矛盾突出。党的坚强领导既保证了改革目标、内容的系统筹划，又保证了面对深层次矛盾时，能基于改革大局逐个突破。再次，大部制改革，不仅涉及政府部门的职能配置和机构设置，还涉及党政关系的优化。科学规范党政关系，防止党政职能重复，健全党的机构设置和职能配置，保障党的全面领导，提升党的统筹能力，是大部制改革的内在议题，意义重大。

二是系统改革。我国早期的大部门制改革以行政机构改革为主，改革的内容主要放在政府部门，虽然能实现部门归并的效果，但与提高公共服务水平的要求还存在较大差距。随着大部制改革的深入推进，政府机构改革越来越关注政府与社会的关系，注重改革的系统性。不仅注重机构合并改革和职能转变，而且注意制度建设和机制创新；不仅注意单一改革与系统改革的协同，而且注意系统推动各项改革内容。

三是依法推动改革。大部门制改革的重点是转变政府职能，合并政府机构，要使改革过程中不出现滥用权力，保证组织和人事改革的稳定，部门权责和职能调整有序，保障改革成果的稳定可靠，必须以法律法规为准绳，坚持依法行政依法改革。早期的大部门制改革较为注重"组织形式改革"，相关法律法规没有及时跟上改革的节奏，的确出现了改革后的权力监管和职能冲突。① 随着时间推移，党和政府逐渐发现法律缺失的负面影响，因此越发强调法治政府的重要性，越发重视依法问责和依法监督的现实必要性，处理好改革与法治间的关系，成为大部门制改革重要特征。

---

① 施雪华、赵忠辰：《党的十九大报告后中国新一轮大部制改革的背景和思路》，《理论与改革》2018 年第 4 期。

二 大部门制改革的中央与地方实践

(一) 中央大部门制改革的具体实践

2008年,党的十七大报告首次提出了"探索实行职能有机统一的大部门体制"。但从行政管理体制改革实践来看,1982年,我国已然开始了精兵简政的机构改革探索。改革开放40多年来,中央根据各阶段国情和工作重点的不同,共进行了八轮重要的政府机构改革,可以大致分为三个阶段:第一阶段涵盖前五轮政府机构改革,在此期间,我国的政府机构改革的思路,实现了从精简机构数量向职能转变、理顺关系方向的转化,构造了中央政府职能定位与机构设置基础框架,为后续的政府机构改革打下坚实基础。第二阶段包括2008年、2013年的两轮政府机构改革,期间,我国明确提出"大部门制"作为机构改革的任务和方向,改革内容扩大、持续稳步推进。第三阶段为2018年机构改革,此一阶段,机构改革以国家整体发展战略为导向,系统深入推进"大部门制"改革。

1. 明晰思路,奠定基础阶段 (1982—2003年机构改革)

(1) 1982年第一轮机构改革

1978年,十一届三中全会将党和国家的工作重心转移到经济建设上来。为了保证政府各职能部门的协调运转,中央设立了大量经济管理部门和协调办公机构,造成中央政府机构数量、人员编制、行政成本大幅增加。同时,各部门之间职责不清、运转不灵,中央政府领导干部"四化"程度不高,行政效率低下。为了提高行政效率,为下一步经济体制改革创造有利条件,1982年第一轮政府机构改革拉开序幕。此次改革以适应工作重心转移、提高工作效率为目标,以精兵简政为具体目的,从机构、编制以及干部管理三方面进行改革。首先,精简调整机构,将国务院98个相关机构裁减合并为52个,同时撤销大量的临时性机构①;重组国家经济委员会,成立经济体制改革委员会。其次,精简班子、紧缩编制,减少部分副职,加快干部年轻化的步伐。再次,废除领导干部职务终身制,实行干部离退休制度,加快新老干部更替。精简后,国务院部委、直属机构和办公机构由100个减少为61个,机关人员编制由5万

---

① 沈荣华:《政府大部制改革》,社会科学文献出版社2012年第2版。

多名减为3万多名，精简了25%①。但是，此次改革仅停留在物理层面的机构与人员精简，未触及政府职能转变。

（2）1988年第二轮机构改革

1982年的机构改革，没有触动高度集中的计划经济体制，没有实现政府职能的转变。②为了推动政治体制改革，党的十三大明确提出机构改革任务是转变政府职能，以此为背景展开1988年的政府机构改革。此次机构改革以转变政府职能为关键，以微观经济管理部门为改革重点，旨在通过弱化专业经济部门"分钱分物"、直接干预企业经营活动职能，推动政府从微观控制向宏观引导过渡，以此有效回应建立和培育社会主义市场经济需要。此次改革的主要措施包括：将职能相似的部委进行合并，撤销一批专业经济管理部门；将原先政府机构履行的部分职能转交给各种协会承担；清理整顿行政性公司，裁减人浮于事的部门和人员；提出用法律手段控制机构设置和人员编制。改革后，国务院部委由45个减为41个，直属机构由22个减为19个，人员编制裁减了近8000人。③此轮改革的重大意义在于，第一次明确提出我国政府机构改革关键在于转变政府职能，从此，政府机构改革的基本思路逐渐明朗化、清晰化。

（3）1993年第三次机构改革

1993年的机构改革，是在党的十四大提出建立社会主义市场经济体制改革背景下进行的，此次改革的核心任务是建立起有中国特色的、适应社会主义市场经济体制的行政管理体制④，改革的重点是转变政府职能，中心内容是实施政企分开。1993的改革内容包括三个方面：一是转变职能，坚持政企分开。减少具体审批事务和对企业的直接管理，增强宏观调控部门和监督部门，强化社会管理部门，推进实现政府履职

---

① 陈鹏：《改革开放四十年来我国机构改革道路的探索和完善》，《浙江社会科学》2018年第4期。

② 中华人民共和国中央人民政府：《1988年国务院机构改革》，2009年1月16日，http://www.gov.cn/test/2009-01/16/content_1206984.htm，最后浏览日期：2020年3月15日。

③ 夏海：《政府的自我革命——中国政府机构研究》，中国法制出版社2004年版。

④ 中华人民共和国中央人民政府：《1993年国务院机构改革》，2009年1月16日，http://www.gov.cn/test/2009-01/16/content_1206984.htm，最后浏览日期：2020年3月15日。

宏观管好、微观放开。二是理顺综合及专业经济部门之间的职责关系，划分部门间的管理权限。三是精简机构与编制，部分专业经济部门改为经济实体、行业总会，进一步剥离政府微观经济管理职能。通过改革，国务院组成部门、直属机构、办事机构由 86 个减少为 59 个，人员精简了 20%。[1] 此轮改革的意义是，首次提出改革目的在于适应社会主义市场经济体制，我国机构改革的方向和思路得到进一步明确。但是，此轮改革中工业专业经济部门合并撤销少，改革结果与目标还存在较大的差距。

(4) 1998 年第四轮机构改革

前三轮机构改革虽然取得一定成效，但是，政企不分、机构重叠庞大、人浮于事等问题仍然突出，行政体制与社会主义市场经济矛盾依旧显著。对此，党的十五大再次提出机构改革要求。1998 年的机构改革以建立"运转协调、便民高效、行为规范"的政府管理体系及高素质专业化行政管理队伍为具体目标，以精简统一高效，权责一致，依法治国为基本原则，重点革除专业经济部门对企业的直接管理体制。具体来说：一是进一步转变职能，实现政企分开，明确专业经济部门制定政策、维持行业秩序职能，推动政府职能向宏观调控、社会管理和公共服务切实转变。二是精简机构与划转职能，撤销几乎所有工业专业经济部门，并尝试将部分职能划转整合到一个部门承担。改革后，国务院组成部门由 40 个精简为 29 个，部门内设机构减少 200 多个，精简了约四分之一；国务院行政编制公务员减少了 47.5%，17000 人被分流。[2] 第四轮改革通过大幅裁减专业工业经济部门，消除了政企不分的组织基础，使得政府职能转变进入实质阶段，同时构造了中央政府职能定位与机构设置的基础框架，为后续的政府机构改革打下稳定基础。

(5) 2003 年第五轮机构改革

2003 年的机构改革，在中国加入世贸组织大背景下进行。加入 WTO

---

[1] 中华人民共和国中央人民政府：《1993 年国务院机构改革》，2009 年 1 月 16 日，http://www.gov.cn/test/2009-01/16/content_1206984.htm，最后浏览日期：2020 年 3 月 15 日。

[2] 陈鹏：《改革开放四十年来我国机构改革道路的探索和完善》，《浙江社会科学》2018 年第 4 期。

对政府职能定位、组织结构、运作规则提出新要求。党的十六大提出"完善政府的经济调节、市场监管、社会管理和公共服务的职能"。第五轮改革在第四轮改革大量精简部门和编制的基础上,以构建"行为规范、运转协调、公正透明、廉洁高效"的行政管理体制为目标,突出两大关键改革目标:一是进一步转变政府职能,协调政府和市场的关系。政府不再承担直接管理国有企业的职能,明确审批范围、减少审批事项,推进行政审批制度改革。二是特别提出政府"决策、执行、监督"三权相协调的要求①,进一步理顺部门职责关系。此次改革的重点内容包括:将国家发展计划委员会更名为国家发展和改革委员会,完善宏观调控体系;增设国资委、商务部,成立银监会,推动与深化国有资产管理体制、流通管理体制以及金融监管体制改革。通过改革,中央专业经济部门减少9个,政府组成部门由29个减少到28个。

2. 任务明确,稳步推进阶段(2008年、2013年机构改革)

(1) 2008年第六轮机构改革

党的十七大提出"加快行政管理体制改革,建设服务型政府",要求强化政府的社会管理和公共服务职能,减少微观干预,探索实行职能有机统一的大部门体制。2008年开始第六轮政府机构改革,以"精简统一效能"为改革原则,以决策权、执行权、监督权相互制约协调为要求,把政府管理能力和其应有的责任联系起来,突出三大主要改革任务:一是探索实行职能有机统一的大部门体制,整合职能,综合设置机构,如人力资源和社会保障部、工业和信息产业部等。二是强调合理配置宏观调控部门职能,明确发改委、财政部等宏观调控部门的统筹规划职能,健全协调机制,形成高效的宏观调控体系。三是以改善民生为重点加强与整合社会管理和公共服务部门职能,组建环保部、住建部等部门,提升政府的社会管理与公共服务能力。此次改革明确提出"大部门制"改革任务和改革方向,在推进政府转变职能、理顺关系、明确责任方面迈出重要一步。

---

① 中华人民共和国中央人民政府:《2003年国务院机构改革》,2009年1月16日,http://www.gov.cn/test/2009-01/16/content_1207006.htm,最后浏览日期:2020年3月15日。

（2）2013年第七轮机构改革

前六轮机构改革形成了与社会主义市场经济体制基本适应的中央政府组织架构和职能体系，但仍存在职能边界不清、机构重叠、权力制约监督机制不完善等问题。党的十八大提出深化行政体制改革目标，要求"深入推进政企、政资、政事、政社分开，建设职能科学、结构优化、廉洁高效、人民满意的服务型政府"，2013年新一轮机构改革展开。此轮政府机构改革核心是转变政府职能，稳步推进大部门制改革，发挥市场在资源配置中的基础性作用，为2020年全面建成小康社会提供制度保障。改革的重点内容包括：其一，拆除铁道部，组建国家铁路局承担行政职责、成立中国铁路总公司承担企业职责，实现铁路政企分开。其二，稳步推进大部门制，一是整合职能综合设置部门，包括国家卫生和计划生育委员会、国家食品药品监督管理总局、国家新闻出版广播电视总局；二是重组机构以整合履职责任与资源，提高履职效能，包括重组国家海洋局、国家能源局。此轮改革后，减少4个国务院正部级机构，除国务院办公厅外，国务院组成部门由27个减少至25个。

3. 全面推进，深化改革阶段（2018年第八轮机构改革）

1982—2013年的七轮机构改革，以经济体制改革为先导[①]，以转变经济职能和理顺部门职责为主线，取得了诸多改革成果，局限在于，以亟须解决的现实问题为改革动力，改革的战略性不足；改革限于政府机构，系统性不足。2018年的第八轮机构改革是一次全新改革，是在新时代新背景新任务下，着眼于治理能力与治理体系现代化战略目标，以实现机构职能优化协同高效为着力点，开展具有系统性、全局性、深入性的政府机构改革。

本轮改革的核心内容有三：第一，改革在党政统筹框架下进行，涵盖了各类机构改革。突出强调将职责相近的党政机关合并设立或合署办公，致力于"双大部门制"改革。第二，改革的目标是建立职责明确、依法行政的政府治理体系，着力解决职能交叉重叠、职责分散等问题。第三，转变政府职能有"破"有"立"，"破"的是制约"两个作用"充分发挥的体制机制，"立"的是支撑"五位一体"建设、全面履行五项职

---

① 何颖：《中国政府机构改革30年回顾与反思》，《中国行政管理》2008年第12期。

能的政府治理体系。

根据2018年的《国务院机构改革方案》,可以看出本轮改革的四个变化:一是整合职能相近的部门,组建大部门制;二是整合重要职能,升级部分机构规格变为国务院组成部门;三是重新组建部门并进行职能优化;四是为适应新形势发展的需要组建一批新部门。改革后,国务院正部级机构裁减8个,副部级机构裁减7个,除开国务院办公厅外,国务院组成部门由25个增加到26个。[①] 国务院机构改革是治理体系和治理能力建设关键,无论从机构重组方面还是职能整合方面来看,此次改革的力度都相当大。

表3—1　　2008年、2013年、2018年三次改革比较

年份	2008年	2013年	2018年
改革背景	党的十七大提出"科学发展观、建设服务型政府、减少政府对微观经济运行的干预"	党的十八大提出"建设职能科学、结构优化、廉洁高效、人民满意的服务型政府;推动政府职能向创造良好发展环境、提供优质公共服务、维护社会公平正义转变"	党的十九大指出"为适应新时代中国特色社会主义现代化,要进一步深化机构和行政体制改革",特别是要"统筹考虑各类机构设置,科学配置党政部门及内设机构权力、明确职责"
改革核心	探索实行职能有机统一的大部门体制,加强和改善宏观调控,加强社会管理和公共服务	转变政府职能,稳步推进大部门制改革,发挥市场在资源配置中的决定性作用,为2020年全面建成小康社会提供制度保障	强调党政机构优化协同高效,构建中国特色国家治理体系;建立职责明确、依法行政的政府治理体系;转变政府职能,有"破"有"立"

---

① 《国务院机构改革方案》,2018年3月17日,新华网,http://www.xinhuanet.com/politics/2018lh/2018-03/17/c_1122552185.htm,最后浏览日期:2020年3月15日。

续表

年份	2008 年	2013 年	2018 年
国务院部门组成数量	28 个减少到 27 个	27 个减少到 25 个	25 个增加到 26 个
正部级机构	减少 4 个	减少 4 个	减少 8 个
新增机构	国家能源委员会、国家能源局工业和信息化部、国家国防科技工业局交通运输部、国家民用航空局人力资源和社会保障部、国家公务员局环境保护部、住房和城乡建设部	国家铁路局、国家卫生和计划生育委员会、国家食品药品监督管理总局、国家新闻出版广电总局、国家海洋委员会	自然资源部、生态环境部、农业农村部、文化和旅游部、国家卫生健康委员会、退役军人事务部、应急管理部
撤销机构	国家能源领导小组及其办事机构、国防科学技术工业委员会、信息产业部、国务院信息化工作办公室、交通部、中国民用航空总局、人事部、劳动和社会保障部、国家环境保护总局和建设部	铁道部、卫生部、国家人口和计划生育委员会、国家食品药品监督管理局、单设的国务院食品安全委员会办公室、国家广播电影电视总局、国家新闻出版总署、国家电力监管委员会	国土资源部、国家海洋局、国家测绘地理信息局、环境保护部、农业部、文化部、国家旅游局、国家卫生和计划生育委员会、国家安全生产监督管理总局、监察部、国家预防腐败局

（二）地方大部门制改革实践探索

根据中央的部署，2008 年起地方政府普遍开始探索实行职能有机统一的大部门制。在全国各级地方政府改革实践中，涌现一批创新性典型的改革案例，如浙江省的"最多跑一次"模式、广东省顺德区的"党政联动"模式和武汉市东西湖区的"区区合一"模式。这些探索性改革的初衷，不一定是为实现"大部门制"，但是其实践效果具有大部门制功能和特征，因此本文将其纳入大部门制改革实践范畴。

1. 前端窗口大部门制：浙江"最多跑一次"模式

（1）改革动因：内外部共同作用

浙江省的"最多跑一次"改革，是地方政府全力推动的一场"刀刃向内的政府自我革命"[①]。改革动因来自于内外部两个方面。就内部而言，浙江省前期行政审批制度改革的既有实践，为新一轮改革提供了基础与思路。1999年，浙江省以建立一站式服务大厅为标志，拉开行政审批改革的序幕。1999—2012年，浙江通过实施"两集中、两到位"，推动行政审批由空间集中向职能整合转变，实现"一站式"审批服务。2013年，浙江省将转变政府职能作为重点，通过"四张清单一张网"和"互联网+政府"方式，下放审批事项1300多项。十多年的改革成效卓著，但问题仍然突出：一是具有较强的政府中心主义特征，职能转变始终无法从根本上面向企业和群众，"证明你妈是你妈"之类不必要的审批事项大量存在；二是碎片化的体制特征依旧突出；三是民众对改革的获得感总体不高，改革需进一步向纵深推进。就外部而言，首先，十八大以后中央提出并推进"放管服"改革，给浙江省进一步深化行政审批改革提供了压力。其次，浙江省在经济社会发展和民众生活水平方面不断提升，企业、社会组织和民众对政府提供公共服务和回应诉求的能力提出了更高要求，倒逼政府进行更深层次和系统化的改革。"最多跑一次"是典型的倒逼式改革，不仅面临体制内的高层推动压力，同时也面临体制外的社会发展诉求压力。不过，浙江省具备互联网、大数据等技术优势，有条件为行政审批改革提供强大技术支撑，能借助技术力量直面公众需求，推动实现以人民为中心的系统性改革。

（2）改革主要内容与成效

2016年12月，浙江省首次提出"最多跑一次"概念，要求以此为突破口推动各领域改革。2017年2月，浙江省委召开"最多跑一次"改革专题会议，成立了专门改革小组，出台《加快推进"最多跑一次"改革实施方案》，明确了改革思路，确定了时间表、路线图和任务书，"最多跑一次"改革由此全面拉开。其内容和亮点包括以下三个方面：

第一，"以人民为中心"理念指导政府改革，倒逼职能转变。浙江省

[①] 郁建兴：《"最多跑一次"改革》，中国人民大学出版社2019年版。

的"最多跑一次"改革将"以人民为中心"视为改革最根本的出发点和落脚点[①]，要求政府根据市民、企业、个体工商户的实际审批需求与审批办事体验确定具体改革内容、方向与次序，以此倒逼政府及其职能部门理清政府与市场、政府与社会的边界，深化"放管服"改革。在操作层面，浙江省建立起了一套民众需求识别、回应及满意度评估机制，具体包括：依托统计信息确定各类审批事项需求频次，据此调整改革次序及相应审批资源配置；派驻专人入驻审批一线，开展体验式暗访，从办事者角度发现"不必要的证明材料与审批环节"；建立面向民众的意见收集平台，如开设"12345政务服务热线"，搭建"一次未跑成服务平台"；汇总分析民众意见建议，及时反馈给相关部门，限期整改并向社会公布。

第二，以"一件事"为载体整合审批职能，重构审批流程。"最多跑一次"改革以行政审批"一件事"为载体，重新整合分散在各部门的审批权力与审批环节，做到各相关部门幕后协调、政务中心各窗口"一窗受理，集成服务"，确保民众到一个窗口最多跑一次就能把事办成。具体操作上，浙江省各级政府首先自上而下开展审批事项梳理公布工作[②]，大致划分出便民服务、商事证照、企业投资项目三个领域审批事项，基于此整合设置"不动产登记""商事登记""社会事务"等前端综合窗口。其次在部门协调方面，浙江省在《加快推进"最多跑一次"改革实施方案》明确各部门工作，以省跑改办牵头，加快推进部门就各项审批事项材料、环节、流程开展协商，整合审批职能、实施并联办理，全力破除部门"山头主义"。

第三，以"互联网+政务服务"为支撑整合部门信息，提升服务水平。互联网技术是推进与巩固"最多跑一次"改革的重要工具。在机构上，浙江省政府和绝大部分市级政府均成立数据管理中心，发挥对数据的归并整合、材料传输以及信息共享作用；在法律上，浙江省政府以规章的形式确立电子签名、电子证照的法律效力，实现线上审批材料的于

---

① 车俊：《坚持以人民为中心的思想将"最多跑一次"改革进行到底》，《求是》2017年第20期。

② 59个省级单位梳理958项，设区市本级平均梳理1002项，县（市、区）平均梳理826项。

法有据。① 实践中，浙江省进一步提出"让数据代替老百姓跑"的目标，建立跨部门统一信息平台，以政府部门间的内部信息传递减少民众开具证明的频次，打破部门信息孤岛；同时实现部分审批事项的无纸化办公，民众通过政务服务网、自助终端机、政府服务 APP，就可以全面获取审批信息，享受"集成服务"。

通过改革，政府各部门依托互联网平台，围绕"一件事"初步形成部门之间的协调机制与整合模式，逐步实现以政府跑、部门跑、数据跑代替群众跑，既有效促进了政府职能转变、效率提高，又改善了营商环境，提高了民众的满意度。浙江省统计局和省社科院抽样调查显示，90.6%的受访者认为"到政府办事比以前更方便"满意、比较满意的比例达86.9%。② 除此之外，浙江省"最多跑一次"改革还产生了扩散效应，山东、湖南、山西等不同程度开展类似改革，国内各地掀起一股制度模仿和学习的热潮。

(3) 改革小结与问题反思

浙江省的"最多跑一次"改革以民众需求为导向，以互联网技术为支撑，通过"一窗受理、集成服务、一次办结"的审批服务模式创新，让企业和群众到政府办事实现"一次上门或零上门"，以此撬动各级政府转变职能、打破壁垒、重构流程，通过构造整体性政府，来推进服务型政府建设的一次系统的大部门制改革。此次改革成功经验有四点：一是坚持以人民为中心，有力推进了服务型政府建设；二是坚持政府流程优化再造，打通了"信息孤岛"，实现以小窗口撬动大部门制改革；三是实现互联网与政务融合发展，推动公共数据深度共享；四是监察评估有机结合，强化了结果导向。不过，"最多跑一次"改革在卓有成效之余，仍存在以下有待改进的问题。

第一，评估机制有待科学化。一是评估标准有待科学化，民众满意度和获得感难以量化，作为衡量标准很难落到实处。二是评估标准的可

---

① 陈丽君、童雪明：《整体性治理视阈中的"最多跑一次"改革：成效、挑战及对策》，《治理研究》2018 年第 3 期。

② 浙江在线：《"最多跑一次"改革阶段性成效显著群众满意度达86.9%》，2017 年 8 月 7 日，http：//cs.zjol.com.cn/system/2017/08/07/021571538.shtml，最后浏览日期：2020 年 3 月 18 日。

持续性存疑。群众满意主要依靠统计数据的纵向比较获得，随着改革力度的深入，指标再提升的空间将越来越小；此外，民众获得感的提升仅是改革目标之一，单一的民众满意度难以为进一步改革提供全面问题导向。

第二，部门和地区分治体制尚未完全打破。浙江省"最多跑一次"改革下的政府整合实践，更多集中在政府机构协调层面，尚未达到内生和固化层面[①]，部门之间、层级之间、地区之间仍存在碎片化现象。一是"最多跑一次"部门整合还停留在协调层次，对应的职能整合和机构整合设置尚未真正实现。部分审批事项尽管是通过一个窗口收集资料，但在后台操作中，仍是由职能不同的部门分开处理，再汇总输出，没有实现实质性的"集成办理"。二是省际范围内各层级、各地区政府在审批权限、审批事项梳理、审批材料、审批流程、信息共享内容及方式方面标准化程度不高，阻碍了政务服务省际统筹的实现。

第三，改革缺乏长效机制。"最多跑一次"改革由省级地方政府发起，自上而下强势推动形成。改革采取了"挂图作战"[②]模式，在层层分解目标任务的同时强化纵向问责，确保各级地方政府迅速落实改革工作。以上级问责为动力的改革具有实效性，但是，"运动式"改革逻辑在迅速取得成效的同时，容易陷入改革目标偏离、改革行为短期化的窠臼。"最多跑一次"改革实践中，部分地方政府将"人民中心"的理念异化为上级领导的一时偏好，存在严重的"任务导向"情形，重指标而轻服务、重实体投入而轻制度优化、重领导要求而轻群众诉求等问题突出，出现一味追求政务中心形象建设、指标数据好看等短期行为。

2. 突破党政界限的大部门制：广东顺德"党政联动"模式

（1）改革动因：自上而下主动推进

改革开放以来，顺德区一直是我国县级行政管理体制改革的试验田与先行者。早在1993年，顺德区便开始探索"大部门制"改革，通过转

[①] 陈丽君、童雪明：《整体性治理视阈中的"最多跑一次"改革：成效、挑战及对策》，《治理研究》2018年第3期。

[②] 何增科：《地方政府创新的微观机理分析——浙江省"最多跑一次"改革案例研究》，《理论与改革》2018年第5期。

变职能、精简人员，尝试实施部分党政部门合署办公，有效推动了地区经济发展。但是，随着改革开放的不断深化，一度先进的体制机制难以有效呼应经济社会发展诉求，政府职能转变不到位、部门职责交叉重叠、权责不对等老问题没有彻底解决。同时，党政二元结构下事权冲突、机构膨胀等问题日益突出，行政体制机制不顺成为顺德区进一步发展的关键障碍。2008年我国开始第六轮机构改革，以此为背景，广东省委将顺德区确定为县区行政改革试点单位，省级自上而下赋权，区级大胆探索创新，推动完成以"党政同体，同心共治"为主要特征的大部门制改革。

（2）改革主要内容及其成效

2009年，顺德区以转变政府职能、优化组织结构、理顺职责关系、完善运行机制为指导思想，以新理念引领、创设大部门制、实行党政合一为主要原则开展大部门制改革，主要包括四大举措。

第一，党政职能"同类项合并"，综合设置党政机构。系统梳理相关41个党政单位职能，在此基础上，将职能相似或相近的政府部门合并；党委和相近职能政府机构全面合署办公；工商、药检等垂直部门实行属地化管理，职能并入市场监管局，实现条块合并。通过整合，41个党政机构精简到16个，包括1个纪律检查委员会机关、5个党委工作部门和10个政府工作部门，其中5个党委工作部门列入政府部门序列，加挂政府牌子。通过党政合署，顺德建立起宽职能的党政组织运行架构，形成大规划、大监管、大社会等大部门工作格局，"瘦身"的同时提高了政府工作效能。

第二，领导人党政兼顾，精简管理层级。干部管理上，各党政机构（部局）"一把手"由区委常委、区政府副区长以及政务委员兼任，原部局领导人变为副职，担任"局务委员"，分管二至四个科室。部门协调上，建立"四位一体"的区联席会议制度，实现决策和执行的扁平化。区领导人直接管理大部门，减少了管理的中间层级，有利于政策落实的"一步到位"，提高了工作开展效率。

第三，理顺了决策、执行、监督的关系，形成分工明确又协调统一的运作机制。决策上，党委、人大、政府、政协联合组成联席会议，负责区域内重大决策；执行上，各大部门负责统一执行；监督上，为改变以往的"同体监督"模式，顺德区组建政务监督局，与纪律检查委员会合署办公,向各部门分派不从事行政事务的纪检组长,纪委进行垂直管理,形成大监督格局。

第四,简政强镇。以容桂街道为例,将县级部分经济管理权限下放到街道;以华口社区为例,探索社会管理体制改革,把政府不该管的、管不好的事务,通过委托、授权和购买服务等方式,依法交由法定机构和社会组织承担。微观事项的下放和外移:一是有效地节约了政府直接管理成本;二是大幅提高了行政审批效率,房地产租赁、宅基地申请等审批时长大幅缩短,社会事务办理更加便捷,进一步推动乡镇经济社会发展。

(3)改革小结与问题反思

总体说来,顺德"党政联动"大部门制改革作为"第一个吃螃蟹的人",为全国地方改革甚至中央机构改革提供了有益借鉴,其创新之处在于:一是通过党政合署实现以党领政、党政联动,理顺了党政关系,提高了管理效能。改革将大部门内各项职能的边界划清,明确了部门权力和责任,增强了问责的针对性,区党政副职兼任大部门首长,区委决策能由部门立即执行,提高了管理效率。二是建立起决策权上移、执行权集中、监督权外移的运行机制。区委负责区域内的重大决策;各大部门和镇街负责执行;纪检垂直管理纪检人员,加强对部门运转的监督,实现了权力的相互制约。

顺德大部门制改革在取得喜人成效的同时,存在职能职责没完全理顺,上下部门衔接不畅等新问题,具体包括以下三方面。

第一,"两块牌子,一套人马"难题待破解。顺德改革是区县一级开展的单兵突进式改革,为了有效对应上级部门事务,必然实施"两(多)块牌子,一套班子",出现上下不对口的问题。以2009年改革为例,省、市级政府并未进行改革,顺德一个大部门需要对应多个上级部门,如社会工作部的对口部门达到35个[①],上下对接、衔接事务激增,部门人员疲于奔命。

第二,大部门内部权责关系待理顺。顺德大部门制改革,对于内设

---

① 陈家刚:《党政联动式改革的样本:顺德大部制改革研究》,《广东行政学院学报》2018年第3期。

机构的调整原则是"科室整体平移"①，改革后续运行中，部分部门出现大部门制下"小科室制"的问题，表现为科室设置过细、职责交叉重叠两大问题，不符合大部门制职能有机整合基本要求。例如顺德区市场监管局的锅炉压力容器安全监管科与特种机电设备安全科，大部分职能相同，仅监管对象不同，且监管对象事实上是包含关系。

第三，主要领导陷于日常具体事务。顺德大部门制改革下党政副职都兼任大部领导，减少管理层级的同时带来主要领导人工作量大幅增加。中间层的缺失造成部门具体问题需要副职领导直接着手解决，部门间的协商问题将直接提交到书记、区长处，没有任何的缓冲地带与协调机制，容易造成主要领导陷于具体事务旋涡，较少有精力考虑顺德发展的整体战略。

3. 打破管理体制的大部门制：武汉东西湖区"区区合一"模式

（1）改革动因：破解双重管理困境

东西湖区，位于湖北省武汉市汉口区域。1992年，东西湖区自主创办吴家山台商投资区，依托丰富的土地资源、廉价的劳动力资源和便利的交通条件等，吸引大批国际知名企业入驻，地区经济迅速发展起来，成为武汉市的"果盘子""菜篮子""后花园"②，吴家山台商投资区很快升级成为吴家山经济技术开发区。开发区的成立对区域产业发展拉动作用显著，同时造成了一个区域存在两种管理体制的管理困境：东西湖区是武汉市下辖区县级单位，吴家山经济技术开发区作为派出机构，由武汉市委、市政府直接管理，行政区与开发区分开建设、分头管理，出现"九龙治水"的现象。不仅直接带来机构重复、职能交叉，提高了部门间的协调成本，造成管理体制内耗问题，同时也给前来办事的企业与民众造成困扰，"两头跑"降低了行政效率，阻碍了东西湖区经济社会发展进度。为进一步释放开发区政策优势，增强其区域经济带动作用，武汉市于2012年，决定对东西湖行政区与吴家山经济技术开发区实施大部门制改革，探索实行"一个机构、一套班子、几块牌子"的"区区合一"管

---

① 赖志敏：《顺德区大部制改革追踪研究》，硕士学位论文，华南理工大学，2016年。
② 顾杰：《"区区合一"：具有地方特色的大部制改革——武汉市东西湖区大部制改革及启示》，《中国行政管理》2014年第9期。

理体制，统筹设置行政区和开发区党政机构，创新管理体制和运行机制，以期转变政府职能、优化行政机构，探索机构改革的新路径。

（2）改革主要内容及改革成效

2012年6月，武汉市编委印发《武汉吴家山经济技术开发区与东西湖区实行"区区合一"管理体制机构改革方案》并正式启动东西湖区机构改革。区别于普遍的单一推行职能、机构整合的大部门制改革，东西湖区结合地区发展实际实施一套改革"组合拳"，以"区区合一"为牵引开展涵盖党政部门、上下层级、政企（事）单位在内的系统改革，具体内容包括以下四个方面。

第一，实行"区区合一"管理体制，破解管理困局。机构层面，开发区与行政区合署办公，实行几块牌子、一个机构、一套班子，即将开发区党工委与行政区区委合署、管委会与区政府合署；领导层面，实行交叉任职。具体来说，党委工作机构部分，将区纪律检查委员会机关、开发区纪工委、区监察局与区审计局进行合署办公，形成"大监督"格局；政府工作机构部分，组建开发区管委会经济发展局，与区发展改革委员会、区统计局进行合署办公，统筹区域经济发展；组建开发区管委会产业促进局，与区经济和信息化局、科学技术局合署办公。[1] 通过整合，原吴家山开发区工委和东西湖区委共计12个机构进行合并，减少到11个机构；将吴家山开发区管委会与东西湖区政府机构共计24个机构进行整合，减少到18个。

第二，基于"区区合一"，整合职能配置与机构设置。东西湖区按照"经济管理向开发区委员会集中，社会管理和公共服务向政府集中"的思路，在实行"区区合一"的同时对党政机关、职能部门及区直机关中职能相近的部门进行整合。党委工作机构部分，政法委与司法局合署；组织部与区直机关工作委员会合署等。政府工作机构部分，城市管理局与环境保护局合署，整合城管与环保执法力量整合，实施综合整治；卫生局和计生委合署，计生执法力量得到加强；文体广电局与旅游局合署办公，整合地区文旅宣传发展力量；九大区级经济管理部门合署为一个大

---

[1] 顾杰：《"区区合一"：具有地方特色的大部制改革——武汉市东西湖区大部制改革及启示》，《中国行政管理》2014年第9期。

部,提供整合服务。① 直属事业机构方面,科技产业管理处、食品工业管理处、临空经济管理处合署办公,协同履行招商引资、项目促进等职能,提供整理化服务。

第三,转变街道职能。设立11个街道办事处作为政府派出机构,将原来街道办事处的经济建设职能转变为强化社会管理、做好公共服务、维护社会稳定,减轻街道办事处在招商引资方面的负担,终结街道办事处的"诸侯经济",使其能够全心全意做好公共服务。

第四,理顺政企关系。实行"国有资产集中运营"改革,以政企分开、政资分开为出发点,将国有资产进行统一运营。通过改革,所有国资打包整合到新成立的开发区投资发展集团,国有资产经营方向转向民生项目和开发区大型基础设施建设上来。②

东西湖区"区区合一"改革成效斐然,主要包括三个方面:一是实现资源的有效整合。横向上,"区区合一"有机整合了开发区的经济政策资源与行政区的公共服务资源,为区域经济社会整体发展提供制度保障;纵向上,通过合并两级财政,解决了各街道办事处各自为政、公共服务不均等、基础设施建设标准不统一等问题,使得财政能够集中力量办民众需要的实事。二是实现效能提升。职能与机构整合,打通了部门隔阂,整合了执法力量,提高了办事效率,有效解决双重体制下的"九龙治水"问题;同时实现了全区党政机构数量、行政支出金额及公务员财政供养系数的"三下降"③。三是推动职能整合与归位。区级层面整合形成党政类、经济发展类、社会管理和公共服务类三大职能体系,更好适应区域经济社会发展要求;街道办事处从招商引资、经济建设中抽身,一心一意提供公共服务和社会管理,发展经济的同时实现民生"大服务"。

---

① 《东西湖大部制改革两年三大行政指标下降》,2014年6月16日,人民网,http://finance.people.com.cn/n/2014/0616/c364101-25155406.html,最后浏览日期:2020年3月18日。
② 湖北省人民政府:《东西湖区9个月完成机构改革 成大部制改革武汉样本》,2013年3月25日,http://www.hubei.gov.cn/zwgk/szsmlm/shzqb/201303/t20130325_439680.shtml,最后浏览日期:2020年3月18日。
③ 《东西湖大部制改革两年三大行政指标下降》,2014年6月16日,人民网,http://finance.people.com.cn/n/2014/0616/c364101-25155406.html,最后浏览日期:2020年3月18日。

(3) 改革小结与问题反思

综合看来，东西湖区"区区合一"大部门制改革既从顶层设计视角给出总体规划，又在横向纵向部门间进行创新改革，是一次较为全面的改革。其创新点在于：一是充分利用协同改革势能，四项改革措施环环相扣，实现了改革的全局性与协同性要求。管理层次方面，囊括区、局与街道办两级行政机构；内容方面，在人员编制、机构设置、职能转变等方面均有渗透，克服了地方政府大部门制改革长期存在的"碎片化"与"局部性"问题。二是坚持促进权力再配置，涉足改革深水区。通过精简区直党政机构，实现政府机构的"扁平化"，推进财政体制改革，打破街道办事处"诸侯经济"，是实在的利益再分配、权力再调整过程。三是创新改革办法，将国际级开发区与行政区合并，实行"区区合一"。

不过，大部门制目标实现不是一蹴而就的，东西湖区改革在取得成果的同时，暴露出下述问题。

第一，"上下对口"的组织结构制约改革。与顺德大部门制改革类似，东西湖区"区区合一"大部门制改革，同样面临与上级部门的"上下不对口"难题。东西湖区各大部门采取加挂原单位牌子、保留原单位公章的方式，解决了行政主体合法性问题与上下协调难题，同时造成一套人马对应多个上级部门的问题，增加了大量用于迎接检查、报送材料、参加会议的人、财、物资源投入。

第二，权力运行监督制约不足。武汉东西湖区"区区合一"改革将行政职能整合为经济与社会两大板块，形成小机构、宽职能、大服务格局，职能整合意味着权力与资源的聚集，需辅之以健全完善的大监督体系。对此，东西湖区改革主要是将区纪检委、监察局、审计局与开发区纪工委合署办公，整合与提升党政监督力量，但缺乏像顺德改革中"纪委派驻人员，垂直管理"此类针对各个大部门的具体监管机制与监管手段，造成相对于行政权与执行权的监督权强化不足问题。

三 大部门制改革现存问题及原因分析

(一) 大部门制改革现存问题

1. 职能整合不到位

实现相关部门和机构的有机整合，是大部门制改革最重要的问题。

首先，内部分裂与失衡问题如何化解。在大部门制改革前，各职能部门就有强弱之分，有的部门权力集中，拥有较多的权力资源；有的部门权力小资源少，甚至存在没有可交换的共享资源问题，将相关职能部门合并进大部门，必然会产生地位失衡的问题。在敏感性问题如部门利益分配与人员安排上，稍有不慎就会引起部门的内耗与冲突。在部门和职能整合过程中，如果投入过多精力平衡部门内部关系，势必影响大部门的高效运行；如果实事求是予以差别对待，会带来大部门建立初的分裂问题。① 其次，职能交叠与职责交叉问题。大部门制改革之前，政府部门和机构之间权力缺位、越位及错位现象时有发生。缺位，即某些本应由政府进行管理的社会事务，缺少相应的政府部门进行管理；越位，即某些存在利益空间又权属不清的事务，政府部门和机构会争相插手管理；错位，即多个政府机构和部门对共同负责的事务管理，出现职能交叉和协同不利的情况。大部门制改革过程中，类似现象依然不时存在，部门间相互推诿扯皮，不仅提高行政成本，还降低了行政效率。

2. 机构整合不合理

政府机构和部门的设立，通常以事务管理类别或数目进行划分，并对相应负责领域的社会需求进行回应。大部门制改革采取合并同类项方式，对职能相关的部门和机构进行调整与合并，在政府内部形成一定的规模效应。但是，调整过程存在若干问题。首先，经过整合的大部门集政策制定、执行于一身，导致大部门的规模扩大和权力扩大，大部门的权责体系如何构建，大部门内复杂制规章制度如何梳理，目前没有清晰的方案。② 其次，只重视外在政府机构合并，不重视政府职能的有机整合。在缺乏顶层设计指导下，很多地方盲目缩减部门，或者只进行简单的机构合并。大部门制并不是职能和部门数量越少越好，大部门制改革同样不是简单的职能缩减或合并。没有科学依据的部门和职能合并，非但不能起到提高政府治理效能的作用，反而带来政府治理权威流失，甚至会使整个改革举措付诸东流，将合并后的职能部门再分开。

---

① 朱乾威：《"大部制"刍议》，《中国行政管理》2008 年第 3 期。
② 吕丽娜：《我国大部制改革的困境与整体性治理》，《湖北经济学院学报》2013 年第 6 期。

3. 协调机制不健全

当前的社会诉求越发多元和复杂，政府面临诸多待回应的问题。当相关事务涉及各种历史纠葛和利益交错，事务责任跳出某一部门边界，或者单一政府部门难以进行有效治理，无疑会对科层制组织提出挑战。科层制往往由于专业分工过细滋生部门主义，大部门制虽对此进行批判和调整，但仍强调专业分工和功能差异化的组织结构，大部门制改革后，依然存在科层制伦理、责任与激励障碍，部门间的合作和整体性治理理念待加强。另外，当前的大部门制改革缺乏一个关键步骤，即为整合后的部门机构提供协调方案，实践当中必然出现大部门内部及大部门之间的张力，影响政府效能发挥。由于目前仍缺乏完善的内部协调沟通机制，以往存在于部门之间的协调问题，很快转变成部门内部协调问题，导致部门职责厘定不清晰，职责分工不细密，行政效率难提高。

4. 权力"小三分"不彻底

实现决策权、执行权和监督权的相互制约与协调，是大部制改革的重要内容。在当前的大部制改革实践中，将职能相似或相近的部门整合为一个大部门，虽然有利于规避职能履行的分散化，却可能造成监督不力的问题。决策权、执行权和监督权未明确划分，暴露出三个方面的问题。第一，大部门制改革将职能部门权力集中，使得人财物资源向一个部门聚集，当部门权力扩张且不受约束，必然导致权力滥用与监督不力问题。第二，决策、执行、监督职能未规范分离，政府内部的既有监督机制不够完善，使得监督浮于表面，加大了问责难度。第三，执行权与决策权分离，在操作中易出现三种倾向：一是部门职能划分不科学，导致决策与执行的一体化；二是决策权与执行权过度分离，决策与执行责任分属不同部门，各部门对政策的选择有差异性，加之监督与控制机制的缺乏，使得政策执行效果难保障，决策主体评价缺乏依据；三是追求做决策的部门多，愿意做执行的部门较少，导致公共服务职能被削弱。[①]

5. 条块关系难平衡

大部门制改革后的形成"超级大部"，可能会加剧中央与地方政府的

---

① 马晴：《大部制改革面临的挑战和对策思考》，《中国劳动关系学院学报》2011年第3期。

矛盾，增大中央垂直部门与地方政府的摩擦。改革之前，中央各职能部门之间相互制衡形成均衡局面，改革以后相互制衡的力量消失，"条条"的管理权能大大增加。中央超级大部权能的增强，会影响地方政府的积极性，引发执行过程的权力摩擦。上下级关系方面，为方便政策的高效执行，我国目前多为上下对口的机构设置，要求下级部门设置与上级机构一致。在该种组织结构下，一旦地方政府因地制宜进行改革，就出现无法与上级对应的情况，广东顺德的改革尤为明显，下级机构与上级机构是一对多的关系，顺德每做一件事情要多次汇报，不利于区域社会发展。

（二）大部门制改革问题成因

1. 理念和认知不足

大部门制是将那些职能相近的部门、业务趋同的事项相对集中，改革过程会带来某些部门的扩大或重组，但是，不意味着所有部门要相应变大。毕竟，大部门制改革必须要精简人员和机构、提升服务效能。是否本部门要扩大，取决于管理的事务数量和层次，大部门制改革要从实际出发。但是，有些地方对大部门制改革的理念认知不清，对大部门制改革的作用体会不深，盲目增加机构、扩大人员、扩张编制，带来改革中的"帕金森定律"。

大部门制改革的目标是建设服务型政府，服务型政府要求突出政府服务职能。要履行好政府的服务职能，不仅要在组织架构层面改革，还应对政府治理理念进行革新，领会大部门制改革精神，树立"以人为本"的理念，尤其要摒弃传统的官僚主义作风，实现管理者到服务者转变。但是，有的政府人员理念没有随着现实改变，他们利用执行者身份阻挡大部门制改革，既不接受大部门制改革带来的人员调整和利益变动，又试图将改革过程扳向有利于己的方向。

梳理历次政府改革实践会发现，大部门制改革与机构改革是有差异的，大部门制改革目标是建立责任政府、有效政府。尽管大部门制改革是在政府内部进行，改革的目标却是更好为群众供给服务。群众是政府管理和服务对象，在常态化的与政府打交道的过程中，群众对职能错位问题感受明显，对行政审批程序的盲区有痛感，对大部门制改革有热切期盼。当政府对群众的参与性认知弱，不征求群众的意见，不关注群众的感受，不发挥群众建言献策的积极性，大部门制改革很容易偏离初衷。

2. 改革没有统筹兼顾

大部门制改革的重点是促进政府职能履行，政府机构的数量应保持在合理范围，如果只重视外在的机构合并，不重视政府职能有机整合，没有建立科学的治理结构，没有完善的大部门运行机制，没有优化政府的服务效能，群众就难以产生获得感，改革就难以赢得社会支持。但是，政府长期统揽资源配置权，当全社会的管理权力都向政府集中，企业和社会组织都依附政府，职能转变法定因此成为虚设。[1]

当前的大部门制改革已进入深水期，继续推进需要直面各种困难，要攻坚克难必须勇于担当、敢啃硬骨头。另外，如果改革方向没有把握好，改进过程没有稳健有序，又容易犯颠覆性错误。坚持正确的目标、原则、方法有效改革，对地方政府的党政一把手提出较高要求。如果一把手没有全局观念和宏观视角，或者没有统筹兼顾做实改革的担当，职能整合中易出现部门扯皮问题。

即使充分考虑改革整体性、协同性，如果没有做实做细协调机制，大部门制改革的效果同样会打折扣。一方面，无论实施何种职能整合，大部门内部依然是有分工的，分散化治理结构是前提。如果过于强调权力集中，没有建立有效的协调机制，明确部门职责就会有困难。[2] 另一方面，即使划清了大部门内部的权责关系，在处理跨部门事务时如果没有协调机制，同样会带来大部门运行不畅的问题。协调能力强弱和决策水平高低，对职能结构转变的意义重大。

3. 部门利益触动困难

大部门制改革的对象是政府部门，改革需要重置部门利益。某些部门职能如果被调整，原有的权力就会丧失，部门利益就会受损，他们因此不愿被合并，甚至有意阻碍改革过程。要超越"部门利益化、利益集团化"格局，需要协同改革，打破行政权力垄断局面。比如，从发展型

---

[1] 石亚军：《当前推进政府职能根本转变亟需解决的若干深层问题》，《中国行政管理》2015年第6期。

[2] 王伟：《十八大以来大部制改革深层问题及未来路径探析》，《中国行政管理》2016年第10期。

政府向服务型政府转变，从全能政府向有限政府、责任政府转变。但是，由于没有向市场和社会放权，没有理顺政府内部横向纵向激励体系，改革因此出现巨大的磨合成本。

大部门制改革不仅涉及整合部门机构，还涉及推动部门运行机制转变。有些部门之所以强调部门利益，主要是对未来充满不确定，担心无法适应新的环境，对服务行政不能很快接受，对转变工作方式有些抵触。大部门制改革深化需要磨合，政府职能的转变是个长过程，我们不能期望一次改革就实现目标，而是要注重政府权力运行的外部监督机制，基于政府职能转变实质有序推动改革。但是，当前的改革有决策层面的宏观顶层设计，执行层面却缺乏步骤性和持续性，致使部门拆分合并遭遇复杂利益梗阻。

大部门制改革中要打破小部门的利益，大部门制改革后要防止部门利益集中，二者均需要建立有效的权力监督机制。毕竟，单靠自我监督效果较差且不稳定。部门权力监督大致分为内部监督和外部监督两块。内部监督的问题在于，监督过程往往是单向的，由于信息不对称、常态性监督不够等，造成内部监督盲区。外部监督主体虽然不少，监督方式较为多样，但是监督者的能力有限、依法监督有操作性难题等，造成事后监督者多，事前事中监督少。有效监督的缺失不仅降低了改革效果，还侵犯了公共利益。

四　完善大部门制改革的对策与思路建议

(一) 基本原则

原则是行事所依的准则，大部门制改革同样需要原则引导和规范。总结起来，大部门制改革需要坚持渐进性、统筹性、回应性以及协调性四个原则。

1. 渐进性原则

大部门制改革并非政府机构简单合并拆分，而是在整体性政府视域下重新界定各部门的职能。大部门制改革涉及面广，力度大，改革过程必然触及既得利益的个人和部门，改革步伐既不能操之过急，又不能拖拉延误改革大局，适宜的推进模式是循序渐进，以阶段改革目标稳定推进，最终达成改革目的。此外，大部门制改革以高效供给公共服务为依归，部门职能的调整与整合只是其一，更重要的是大部门职责履行方式的彻底转变，它意味着改革过程不是一蹴而就的，而是需要渐进完善政府公共服务职能，稳步向服务型政府目标迈进。

2. 统筹性原则

统筹性原则是指从整体着眼、统揽全局。大部门制改革是行政体制改革重要部分，改革过程涉及政府运行各个方面内容。党的十七大就指出，大部门制改革要"统筹党委、政府和人大、政协机构设置"。大部门制改革需要基于总体目标，从宏观层面进行统筹谋划，立足整体利益推进改革。具体说来，我国政府运行受党政体制影响，大部门制改革的核心任务之一，是完善党政机构布局，理顺党政部门职责。然后是立足全局统筹调配资源，确保重点改革领域获得突破，各项改革工作有力有序推进。只有坚持党委的全面领导，对机构设置和职能配置利益统筹，对行政权力进行优化配置和有效约束，大部制改革目标才有可能完全实现。

3. 回应性原则

回应性是政府善治的标准之一，体现出对民生和民意的重视。大部门制改革需要坚持问题导向，聚焦发展所需和基层所盼，立足民心所向强化改革提升回应力。首先，要不忘大部门制改革的初衷，即重构职能部门，优化工作流程，改进服务效果，增强改革满意度。其次，上一轮的大部门制改革，在取得一定成效的同时遗留不少问题，需要基于大部制改革的目标，进一步深化改革逐步完善。具体而言，新一轮的大部门制改革，应当回应经济发展需要，优化宏观的决策环境；回应社会发展诉求，建立均等基本公共服务；回应社会多样化诉求，畅通多元诉求的表达渠道。在此基础上，大部门制改革要回应部门协调需要，提升部门协调的水平，助力扁平化组织结构实现。

4. 协调性原则

大部门制改革最大的阻力是部门利益，改革过程需要注意合理协调。机构调整和职能整合后，大部门制变以前的部际协调为部门内协调，原部之间差异化的组织文化、行为方式以及部门内利益博弈等，将带来整合后的大部门内部难以协调问题。如何建立大部门内部的沟通协调机制，在大部门内部构建一致高效的运行机制，是实现政府有效治理的前提。此外，当前的大部门制改革较为重视部门调整，忽视部门间的协同机制建设，然随着公共事务复杂程度加深，单一部门将可能难以凭一己之力回应，故而，需要与社会、市场组织等主体协调，形成多元治理的合力，提升社会治理水平。

（二）对策建议

大部门制改革不是简单的机构撤并，不是简单的人员和权力重组，而是新时代政府体制的脱胎换骨改革。推进大部门制改革，不能停留在表面工作上，需要深入分析新情况新问题，与其他体制改革相互配合，解决职能交叉、监督不力、缺乏协同的问题，进而持续推动改革，有序实现改革目的。

1. 重塑行政价值，强化大部门服务意识的培养

无论是公共管理的范式革命，还是政府的改革实践探索，都将公共性和公共服务职能作为核心理念予以强化。公共性是政府存在和运行的依据，是政府机构改革和职能转变的基本属性。履行公共服务职能，要求在社会本位的理念指导下，通过法定程序依照民意组织起来，为社会供给服务并承担服务责任。上述理念与我国的服务型政府要求有着本质上的一致性，大部门制改革就是为建立服务型政府。深入推进大部门制改革，要塑造以人为本工作理念，摒弃官僚主义工作作风，提升部门公共服务意识。本文认为，具体途径有三种。一是在职能整合完毕的大部门内部，部门领导要以身作则、率先垂范。作为大部门的一把手，部门领导的一言一行对部门成员的影响作用极大。部门领导应梳理"以人为本"的部门文化，通过率先垂范将其贯穿部门运行过程，自上而下强化部门人员的公共服务意识，将以往以政府为中心的管理，转为以公众需要为中心的管理。二是有意识有计划开展公共伦理培训。机构、人员以及要素融合重组有一个过程，大部门内部建立起一致的行为逻辑需要循序渐进，在大部门制的改革过程中，亟待通过系统的公务员职业伦理培训的，提升部门人员公共服务理念。三是建立有针对性的激励机制，在改革过程中适当放宽部门成员的期望阈值，引导其建立现代政府公共服务伦理，真正从社会和公民的实际需要出发，提升公共服务供给的质量和效率。新常态下，我国强调市场在资源配置中的决定性作用，必然要求政府的行为模式发生改变，从权力导向向责任导向转变，从数量发展到质量发展转变，从管理主义向服务为本转变。在公共服务型政府价值

理念引导之下，大部门制改革理应强化改革的宗旨。

2. 优化政府机构设置，构建部门内外协调机制

如前所述，大部门制改革并非简单的机构重组，机构重组仅是其外在表现形式。大部门制改革的深层目标是，建立科学的组织结构、有效的运行机制、有机的职能整合。大部门制改革实践应致力于破解条块分割问题，解决分工过细导致的职能破碎及部门间缺乏协调的难题。首先，优化政府机构设置，机构设置应避免复杂化、从简从优。大部门制改革不是以机构数量减少论英雄，而是在履行职能上有所作为、积极有为，让政府机构数量维持在合理的水平，以行政过程的整体优化为导向，实现更为清晰的职能分工，推动实现大部门内部各司局、机构各种要素充分合理的运用。其次，要优化大部门的内部结构，实现人、财、物等要素资源的合理配置，建立大部门内部横向和纵向分工明确的组织架构，通过决策、执行和监督"三权分工"，构筑大部门内部合理的部门关系。再次，大部门制改革必须解决好大部门内部和部际协调问题。在大部门制改革中，部门内部的磨合，部门之间的磨合，及上下级之间的磨合，都考验大部门制的生存系数。因此，应该构建有效的沟通协调机制：一是通过重塑大部门文化，建立信任机制，发挥组织文化的凝聚作用，提升大部门内部凝聚力。二是提升部门内部及部际间的信息资源共享水平。信息资源是一切行动的基础，要树立大数据思维，推进数据开放与透明，加强资源共享顶层设计，为信息资源共享搭建通道。三是建立高效的协调机制。提升政府整体治理水平，如果改革后民众办事的麻烦没有减少，办事的效率没有提高，就表示没有真正实现有效的部门协调，就不是真正意义上的大部门制改革。

3. 引入现代责任伦理，健全责任担当与问责机制

大部门制改革后，财力和权力的过度集中，可能带来部门利益膨胀，容易出现权力腐败问题。另外，在大部门制工作环境中，相关组织要素迅速增加，要素整合的复杂性程度加深，对大部门运转提出挑战。因此，完善大部门权力责任清单，引入责任伦理和问责机制，显得尤为必要和迫切。首先，应借鉴发达国家的先进经验，如美国的《政府行为道德法》，通过立法形式建设政府行政伦理制度。其次，从责任本身出发，确立责任共担机制，实现责任体系立体化。责任伦理不能将大部门的机构

责任和个人责任混为一谈，而是围绕公共服务职能建立责任理念，包括责任共担、过程共进和结果共享。最后，要健全动态监督机制，在既有的"事件性问责"基础上，对大部门行政进行过程问责。大部门改革触及多方面利益，调整现有利益格局并非易事，需要将问责监督贯穿改革全程，避免因责任不清带来推诿扯皮问题。

4. 建立健全法律体系，保障大部门制改革法治化

公共政策有效执行的前提是依法依规，法制化是大部门制改革的有效保障。纵观我国历次政府机构改革的问题，与法律体系的落后有直接关系。进一步完善政府机构改革的相关立法工作，为大部门制改革保驾护航是当务之急。首先，尽快建立行政组织法体系，从整体出发明确法律规定，包括行政法基本原则、行政组织形态及程序、行政主体以法定责任等。完善《国务院组织法》和《地方人民政府组织法》，对各级政府的机构数量、领导职数、机构权限及经费预算等明确规定，填补部门职责、权限及编制方面的法律空白。其次，制定行政改革法及行政程序法，从议程设置、方案起草、意见征询、改革贯彻及评估等环节对大部门制改革过程进行规范，提升大部门制改革的科学化和民主化水平。再次，强化立法监督。健全权力机关组织建设，拓展司法监督的广度和深度，加强对大部门制改革的监督力度，由检察机关作为公共利益代表，对大部门的"作为"和"不作为"行政违法提起公诉，遏制大部门的部门主义问题。最后，在大部门制改革法治化的基础上，制定与改革相配套的法律制度，诸如央地关系改革法律完善、公务员法的完善及电子政务法律完善等。

第二节 "省管县"改革研究

"省管县"也称"省直管县"，是纵向不同层级政府之间权责关系结构调整的一种行政管理体制改革措施，核心是将"省管市—市管县"模式变为"省管县"模式，将省、市、县行政管理关系由"省—市—县"三级体制转变为"省—县"二级体制。改革包括人事、财政、计划、项目审批等主要行政事项，核心内容是由省直接把转移支付、财政结算、收入报解、资金调度、债务管理等权限下放至县级政府。

20世纪90年代以来，率先探索"省管县"改革的浙江省通过"财政省直管""强县扩权""扩权强县"等一系列措施激发了县域经济发展活力，提升了县域经济水平。2002年起，受浙江省连续十多年改革示范效应的影响，中央决定在全国范围开展省直管县改革试点，湖北、江苏、河南、安徽等省份陆续加入改革行列。据统计，截至2014年底，全国共有21个地区推行省直管县体制试点改革[1]，各地呈现出改革范围持续扩大和改革内容深入推进的趋势。从"市管县"到"省管县"行政体制改革的背后，既是经济社会转型的现实驱动，也是政府职能转变、提高行政效率、加强城乡统筹的内在要求。在推进国家治理体系和治理能力现代化背景下，深入推进省直管县改革，加强不同层级政府之间权责关系的结构调整，增强县级政府的治理能力，是服务型政府建设的重要环节。

就各地"省管县"改革实践来看，由于涉及多方面调整变革，各省份立足自身的特点，进行了不同形式的改革探索，主要集中在以下三类："财政省直管""扩权改革""行政省直管"。"财政省直管"又大致分为两种类型：一类是体制上的省直管，即县级财政的各方面由省直接管理，市与县之间不再发生任何财政关系；另一类是资金上的省直管，在转移支付、资金调度、债务管理等涉及财政资金的主要方面，由省直接管理到县，其他财政关系仍由市管县。"扩权改革"是指将原属于地级市的部分经济社会管理权限下放到县，扩大县级政府在处理县域经济社会事务上的自主权。改革逻辑上又可分为两类，即"强县扩权"和"扩权强县"。"行政省直管"则强调市、县同级，赋予县级和市级同等的行政管理权限，在人事权上由省直接管理县，是完全意义上的"省直管县"。"财政省直管"、"扩权改革"与"行政省直管"之间存在着一定的逻辑演进关系，"财政省直管"和"扩权改革"是在不改变既有行政层级下的权力重新分配，其目标和方向都是要过渡到"行政省直管"。

---

[1] 刘勇政、贾俊雪、丁思莹：《地方财政治理：授人以鱼还是授人以渔——基于省直管县财政体制改革的研究》，《中国社会科学》2019年第7期。

一 "省管县"改革背景与价值

(一)"省管县"改革的背景

"任何制度变迁或体制改革都不可避免嵌入特定的制度环境或时代背景之中。"[①] "省管县"改革的背景由多种因素交织而成,主要是基于城乡发展失衡、市管县体制的弊端逐渐凸显以及政府职能转变与服务型政府建设三个方面的因素构成。

1. 城乡发展失衡

"2018年末,我国常住人口城镇化率达到59.58%,比1949年末提高48.94%,年均提高0.71%。"[②] 通常来讲,城镇化指"第二、三产业在城市集聚,农村人口不断向非农产业和城市转移,使城市数量增加、规模扩大,城市生产方式和生活方式向农村扩散、城市物质文明及精神文明向农村普及的过程"[③],涵盖人口城镇化与地域城镇化。一般而言,城镇化与工业化是相得益彰的。一方面,工业化进程推进城镇化进程;另一方面,城市化发展到一定程度会促进工业化的发展。但是,我国在快速的城镇化过程中面临着不同程度的城乡发展失衡问题。比如,在城乡居民收入差距方面,据统计,1978—2009年,全国城乡居民收入比由1978年的2.57∶1扩大到2009年的3.33∶1,城乡居民收入差距呈现波浪式扩大趋势。[④] 再以2014—2019年我国城乡居民收入比[⑤]变化情况为例,2014—2019年,城乡居民收入比呈现逐年下降的趋势,分别为2.75∶1、2.73∶1、2.72∶1、2.71∶1、2.69∶1、2.64∶1。但是,我国城乡居民收入差距的绝对值逐年扩大,分别为18355元、19773元、21253元、

[①] 吴金群等:《省管县体制改革:现状评估及推进策略》,江苏人民出版社2013年第8版。
[②] 《70年来我国城镇化率大幅提升》,2019年8月15日,新华网,http://www.xinhuanet.com//politics/2019-08/15/c_1124881366.htm,最后浏览日期:2020年3月20日。
[③] 简新华、黄锟:《中国城镇化水平和速度的实证分析与前景预测》,《经济研究》2010年第3期。
[④] 曹光四、张启良:《我国城乡居民收入差距变化的新视点——对我国城乡居民收入比的解读》,《金融与经济》2015年第2期。
[⑤] 从2013年起,国家统计局开展了城乡一体化住户收支与生活状况调查,2013年及以后数据来源于此项调查。与2013年前的分城镇和农村住户调查的调查范围、调查方法、指标口径有所不同。因此,我们这里选取2014—2019年的数据。

22964 元、24634 元、26338 元。① 城乡居民收入差距的日益扩大，将直接导致城乡经济格局失调，进而造成城乡发展失衡。② 此外，随着市场经济体制改革的深化，传统的市管县体制出现县域经济发展缓慢、城乡协调发展愈加不平衡等问题。在这样的背景下，作为完善我国行政体制的省直管县改革应时而生。

2. "市管县"体制弊端日益凸显

（1）压抑县级服务型政府建设

改革开放以来，社会主义市场经济高速发展，人民生活水平持续提高，群众对公共服务的需求日益增长。县级政府作为我国基层政府，在政治结构中起着承上启下、衔接城乡的作用。一直以来县级政府在服务型政府建设上都难以获得较大突破，存在诸多问题。究其原因，一是地方政府结构始终制约着县级政府服务功能发挥和服务能力建设；二是"市管县"的制度框架压抑了县级政府，具体表现在两个方面。

第一，市管县的财政体制削弱了县级政府财政实力，制约了县级政府职能转变步伐。"市管县体制作为计划经济向市场经济转轨时期的特殊产物，其在产生之初就带有强烈的行政管控色彩"③，本身就包含了与市场经济运行不相容的潜在冲突。④ 在市场经济发展初期，这种冲突还处于隐性状态，但随着市场在资源配置中决定性地位的加强，冲突越发明显。计划经济时期，政府通过指令性计划和行政手段进行经济社会管理的职能模式已不适应时代发展。在市场经济条件下，政府的主要职能不再是对经济社会进行管理，而是为市场主体提供服务、为社会提供公共产品。充足的财政资金是政府供给公共产品和服务的基本支撑，但在市管县财政体制下，县级政府财政主动权长期掌握在省级和地级市政府手中。一方面，财政管理层级过多，财政安排效率低下，财政资金到位周期长，影响了公共服务供给；另一方面，县级政府预算自主权缺失，资金来源

---

① 根据国家统计数据库提供的数据计算。

② 杨超、刘彤：《当前中国城乡利益格局失衡困境与调整路径》，《湖北社会科学》2016 年第 1 期。

③ 汪宇明：《中国省直管县市与地方行政区划层级体制的改革研究》，《人文地理》2004 年第 6 期。

④ 王雪丽：《中国"省直管县"体制改革研究》，天津人民出版社 2013 年版。

缺乏固定保障，公共服务供给能力不强，诸多行政和服务工作难以实施。

第二，在中国的层级管理体制下，从中央到地方事权层层下放，责任层层下压，基层政府权力配套不足，却承担着较重的社会管理和民生服务责任。市管县体制下，财权和事权的不对等、权力和责任的不匹配使得县级政府在区域治理中力不从心。县级政府承担着县域经济建设，以及为县域群众提供公共服务的职责，但在人、财、物等关键因素的管理权限上不同程度受制于地级市政府，导致县级政府在县域经济管理、社会治理和公共服务等方面自主性受限，行政权力缺乏可操作可发挥空间。同时，市县两级政府权责分配不合理，层级关系较混乱。尤其是在我国"职责同构"体制下，市、县政府在农村公共事务管理权限上交叉、职责界限模糊，在社会治理过程中，对于部分疑难问题，经常陷入地级市政府"有权不管"、县级政府"无权难管"的境地，直接影响了群众对政府的满意度和认可度。

（2）引发城乡公共服务失衡

市管县体制的制度预期是发挥城市优势带动辖县经济发展，逐步消解城乡二元经济结构，促进城乡经济社会一体化。从实际情况来看，部分省市在实行市管县体制时出现明显的城市偏向，忽略广大农民的利益诉求和农村地区经济发展需求，资源主要向城市地区集中，公共服务首先满足城市居民需要，甚至某些地级市为了城市发展，不惜利用自身的强势地位抽取县级财政、挤占县域发展资源，造成"市吃县""市卡县""市刮县""市挤县""市压县"现象。由于市管县体制下"重城轻乡"的行政偏好，我国地级市下辖的诸多县城和广大乡镇仍然处于社会经济发展的边缘地带，市县差别和县域失衡加剧。农村地区基础设施硬件不齐全、公共服务供给质量低下，城乡公共服务差距明显。

（3）行政层级过多

过多的行政层级会延长行政指挥链，影响信息传递效率和行政组织管理效率，阻碍政府公共事务管理。扁平化管理理论认为行政组织每多出一个层级，上下级政府之间信息传递的真实性和实效性就会受到影响，信息沟通和反馈的效率就会大打折扣。在省—市—县三级体制下，一方面，省级政府的政策指示无法及时贯彻到基层政府；另一方面，基层政府的问题和需求难以迅速上达省级政府。在省管市、市管县体制下，经济社会管理服务项目需要自下而上，经由市审批之后再向省级部门报批，手续繁杂、过程冗长，不仅导致政府工作量增加，也给基层企事业组织带来不小的经济损失。尤其是近年来，市场经济体制渐趋成熟，政府内部僵化的层级体制、迟缓的反应速度难以适应市场经济快节奏，政府不能及时为市场主体提供需要的服务，县域经济活力提升受到极大阻碍。而且，行政层级增加意味着行政机构和行政编制的增设，它在引发行政成本扩张的同时容易使行政组织机构臃肿、人浮于事。

3. 基层政府职能转变与服务型政府建设受阻

一方面，从管理效能上来看，"省管市—市管县"模式增加了行政层级和管理层次，导致行政效率降低，行政成本增加。一般而言，在"市管县"体制下，省级政府下达给县的财力和权力易被地级市截取[1]，部分地级市还利用领导地位汲取下辖县的各种资源，上提财权，下压事权，导致基层政府处于少权或无权的状态，严重制约基层公共服务供给，阻碍基层政府的职能转变。另一方面，从功能视角来看，"市管县"体制并未实现城乡互补、市县协同发展目标，还普遍存在着市"吃"县、"刮"县、"卡"县等现象[2]，严重制约县域发展活力。总结起来，在"市管县"体制下，市级政府职能常常定位不清甚至不当，市县矛盾较为突出，基层政府职能转变受到一定阻碍。在公共服务供给上存在着公共服务碎片化问题突出、服务供给效率低下以及服务与需求错位严重等问题，服务型政府建设任重道远。随着市场经济体制改革的不断深化，社会管理与公共服务供给问题越发凸显，亟须通过降低行政成本，增强基层政府公共性、回应性与服务性，逐步划清政府间财权、事权，保证基层政府在地方公共服务供给中的主体地位，强化地方政府的服务供给能力。由此，以调整政府纵向层级，促进省、市、县权责合理配置为主要内容的"省直管县"改革，在转变政府职能、建设服务型政府背景下应运而生。

---

[1] 周仁标：《"省管县"改革的动因、困境与体制创新研究》，安徽师范大学出版社 2012 年版。

[2] 孙学玉、伍开昌：《构建省直接管理县市的公共行政体制——一项关于市管县体制改革的实证研究》，《政治学研究》2004 年第 1 期。

(二)"省管县"改革的价值

1. 有利于优化政府组织结构,提高政府行政效率

依据扁平化组织结构理论,扁平化结构通过减少组织管理层次,扩大层级管理职能,可以充分调动组织成员的主动性和积极性,提升组织运行的效率和对外界的反应速度,扁平化是未来组织结构发展的趋势。用扁平化组织结构理论审视地方政府管理改革,发现省直管县目标是推动扁平化管理。从 2002 年开始在全国试点的省直管县改革,将市管县体制下的三级地方政府层级缩减为两级,这种减少行政层级的做法有助于降低政府各层级之间的协调成本和难度;有助于缩短省级政府与县级政府之间的信息传递渠道,保证上级政策能够准确、快捷传达和落实,下级诉求能够迅速反映和反馈,促进政府财政管理效益与行政办事效率提升。

2. 有利于平衡市、县公共服务资源,改善县域公共服务供给

我国公共服务职能根据政府层级划分,不同层级的政府公共服务范围、对象不同,提供的公共服务项目随之不同。县级政府是我国公共服务层级体系中重要一级。由于历史和现实原因,农村地区的公共服务一直是公共服务体系短板,尤其是在市管县体制下,部分地区城乡公共服务资源分配不均,县域公共服务资源投入短缺问题较为突出。推动省管县财政体制改革,由省政府分别直管市、县财政,有利于实现市、县财政同级,逐步形成中央、省、市县三级财政体制。省直管县财政体制一方面调整地方政府间财力划分,合理调整市、县之间的收入范围和征管权限,加大财力向基层政府的倾斜力度,增强县域经济发展实力,夯实公共服务的资金供给基础,促进城乡统筹发展。另外,省级财政直接与县级财政对接,财政补贴、资金划拨直接到县,促使行政系统内财政资金运转效率加快,县级财政自主权增强。毋庸置疑,省直管县财政体制改革有利于公共资源配置向县级政府倾斜,强化县级政府的服务能力,改善县域公共服务供给。同时,市级政府可根据自身所辖区域情况,提供更有针对性的公共服务,更好回应城市居民多样化的服务诉求。

3. 有利于促进政府职能转变,优化市、县两级权责配置

省直管县并非简单地减少政府层级,而是地方政府结构优化组合。实行省直管县:一是可以让市与县受省级政府直接领导,推动市县政府

分工明确、职责明晰，各自负责所辖区域的经济社会管理；二是增加县级政府职能和权力，事权下放、还权于县，有利于扩大县级政府自主权，使县级政府更好地重构政府职能，适应区域社会发展和政府转型需要。省直管县改革促使县级政府相对独立于市级政府，市级政府因此能够集中精力发展和治理城区。县级自主发挥空间的扩大，还可以有效缓解市、县利益冲突，推动县级政府能够专心发展和治理乡村，真正根据辖区内的公众诉求，有针对性提供服务和改善民生。同时，还能保障县级政府立足实际制定发展战略，促进地方经济水平提升，进一步保障基层人民福祉。

二 "省管县"改革历程与特点

（一）"省管县"改革历程

2002年试点以来，省直管县改革经历了由点及面、由浅入深的发展过程。"截至目前，全国已有4/5以上的省份进行了不同形式和程度的省管县体制改革。"[①] 国内各地区由于情况不同，改革进度上并非同步，总体来看，省直管县改革大致历经三个阶段。

1. 地区自主探索阶段（2002年之前）

2002年之前，中央尚未出台与省直管县改革相关的政策文件，这一时期的省直管县改革主要是在浙江和海南两省进行。两省通过自主探索，形成了省直管县改革的"浙江经验"和"海南方向"，为之后的全国试点提供了示范。

20世纪80年代，由于城市快速发展，以前处于省与县之间的实际行政层级——地区，纷纷建成地级市（一般是原行政公署所在地），所辖行政区域一般没有改变，"市管县"体制开始在全国推广。但是，地处东南沿海地区的浙江省，考虑到中心城市不够发达，难以产生辐射和带动作用，除了在宁波市实行市管县体制外，其他地区普遍实行"省直管县"体制。1992年，浙江省人民政府出台《关于扩大十三个县（市）部分经济管理权限的通知》（浙政发〔1992〕169号），在财政省直管的基础上，开始第一轮"强县扩权"改革。1997年，浙江省出台浙政发〔1997〕53号文件，将对外经贸审批管理权、金融审批管理权等11项原属于地级市

---

① 曹路宝：《深化省直管县体制改革 推进治理现代化》，《学习时报》2019年1月4日。

的经济社会管理权限与出国（境）审批管理权限下放给萧山、余杭两个县级市，逐渐形成"浙江模式"。相较"浙江模式"，海南省的情况更加特殊。在1988年建省之初，海南省就开始实行"财政省直管县"。省域内的地级市、县、县级市都由省直接管理，地级行政区与县级行政区之间没有行政隶属关系，只有行政级别上的不同。从1993年开始，海南省在不断深化财政体制改革的基础上，加大对县的放权力度，对省级政府与县级政府权责进行明确划分，并积极寻求政府职能的转变。

2. 财政省直管和强县扩权、扩权强县阶段（2002—2008年）

2002年，中央决定在全国范围内开展省直管县改革试点，省直管县改革进入一个新的发展阶段。一方面，中央层面对于改革给予极大的政策支持和鼓励。2005年6月，温家宝总理强调"有条件的地方可以推进省直管县改革试点工作"①。2005年10月，《国民经济和社会发展第十一个五年规划纲要》明确引导有条件的地方探索财政省直管县改革。2006年，中央一号文件指出"具有条件的地方可加快推行财政省直管县改革"②。2007年11月，党的十七大报告指出"减少管理层级，在有条件的地区推进省直管县、乡财县管等管理方式"③。另一方面，地方进行了大范围的改革实践，实践的主题是财政体制改革和扩权改革（"强县扩权"和"扩权强县"）。强县扩权是指扩大经济发达县的经济社会管理权限；扩权强县是指扩大经济社会管理权限促进县域经济发展。截至2008年底，全国已有二十多个省份在试点县实行了"财政省直管"，并完成了部分经济社会管理权限的下放④。但是，由于我国各地区经济社会状况差别大，各省改革的程度与进度也相去甚远。

在这一阶段的实践中，存在着四种不同的改革路径。第一种是在已有财政省直管和（部分）人事省直管的基础上下放事权，扩大试点县

---

① 温家宝：《积极稳妥推进农村综合改革试点》，《人民日报》2005年6月8日。
② 《中共中央国务院关于推进社会主义新农村建设的若干意见》，2006年2月14日，http://www.moa.gov.cn/ztzl/yhwj2018/yhwjhg/201301/t20130129_3209958.htm，最后浏览日期：2020年4月5日。
③ 胡锦涛：《在中国共产党第十七次全国代表大会上的报告》，《人民日报》2017年11月25日。
④ 伍文中：《"省直管县"财政体制中需进一步研究的几个问题》，《新疆社会科学》2010年第4期。

(市）的经济社会管理权限，以浙江省和海南省为代表。如浙江省政府在1992年、1997年经过两轮"扩权改革"后，于2002年、2006年、2008年分别进行三次"扩权改革"，其发展路径是先扩大试点县经济管理权限，再扩大社会管理权限。第二种是先进行财政省直管，再扩大县（市）政府的经济管理权限，以湖南、江苏、陕西等为代表。如陕西省在2006年12月发布《关于实行省直管县财政体制改革试点的通知》（陕政办发〔2006〕65号），决定在蓝田等15个县进行"财政省直管"改革试点。2007年7月，陕西省政府发布《关于扩大部分县（市）经济管理权限的决定》（陕政办发〔2007〕25号），扩大15个县（市）经济管理权限。第三种是"事权先导"，先进行扩权改革，再进行财政体制改革，以黑龙江、湖北等为代表。如2003年4月湖北省出台《关于加快县域经济发展的若干意见》；6月，湖北省人民政府下发《关于扩大部分县（市）经济和社会发展管理权限的通知》（鄂办发〔2003〕35号），决定对天门、大冶等20个县下放239项审批权限。2004年4月，湖北省人民政府发布《关于实行省直管县（市）财政体制改革的通知》（鄂政发〔2004〕20号），在52个县推行财政省直管县体制改革。第四种是同时推进财权、事权，甚至人事权改革，以河南、河北等为代表。如2005年1月，河北省人民政府发布《关于扩大部分县（市）管理权限的意见》（冀政发〔2005〕8号），对平山县等22个县（市）同时进行"扩权改革"和"财政省直管"。

3. 行政省直管县探索阶段（2008年至今）

2002年以来进行的财政体制改革和扩权改革不断深化，相关配套改革取得实质性进展，部分省份开始进行"行政省直管"试点。2008年起，我国省直管县改革进入全面直管探索阶段，改革向纵深处发展。这一时期，省直管县改革呈现由强调"财政省直管"体制向强调"行政省直管"体制过渡的趋势。党的十七届三中全会通过的《中共中央关于推进农村改革发展若干重大问题的决定》[①] 和2009年中央一号文件[②]均鼓励进行

---

① 《中共中央关于推进农村改革发展若干重大问题的决定》，《人民日报》2008年10月20日。

② 中华人民共和国农业农村部：《中共中央国务院关于2009年促进农业稳定发展农民持续增收的若干意见》，2009年2月20日，http：//www.moa.gov.cn/nybgb/2009/derq/201806/t20180606_6151192.htm，最后浏览日期：2020年4月8日。

"行政省直管县"改革。2010年,中编办确定安徽、湖北等8个省区的30个县(市)作为"行政省直管县"改革试点。党的十八大报告与十八届三中全会均明确提出"有条件的地方探索推进省直接管理县(市)体制改革"①。

与此同时,地方在总结前期经验基础上,不断推进省直管县改革进程。如江苏省政府办公厅于2008年出台《关于进一步扩大县(市)经济管理权限的通知》(苏办发〔2008〕17号),开始推进省直接对县的经济管理模式。2011年11月,江苏省政府办公厅下发《关于开展省直管县体制改革试点工作的意见》(苏办发〔2011〕39号),将昆山、泰兴、沭阳3个县(市)定为新一轮改革的试点县,赋予其与设区市相同的行政管理权限。陕西省则于2012年开始"行政省直管县"探索。2012年5月,陕西省政府办公厅出台《关于在韩城市开展省内计划单列市试点的意见》(陕办发〔2012〕8号),确定韩城市为首个省内计划单列市。2014年,陕西省又将神木县、府谷县作为"行政省直管县"体制的试点。

(二)"省管县"改革特点

1. 改革过程呈渐进式推进

省直管县改革从来不是一蹴而就的,而是不断探索的渐进性改革。从各省的改革时间看,中央2002年宣布进行全国范围内的省直管县试点改革后,并不是所有省份都立即展开了改革工作,各地在改革时间上呈现明显差异性。比如,湖北省于2003年开始"扩权强县",广东省于2005年开始扩权改革,四川省则于2007年才进行扩权改革。从改革对象和改革内容上看,在各省推行省直管县改革期间,改革对象和改革内容都在不断更新。从侧面上看,各地政府推行省直管县试点改革不是一哄而上、急于求成,而是基于实际,在综合考虑改革的重要性和可行性后做出选择。以改革趋势变迁为例,之所以不直接进行"行政省直管县"改革,是因为其涉及行政、组织、人事甚至党团体制等变化,改革周期长、阻力大、难度高、可行性低。从改革整体趋势看,财政体制改革或是推进"行政省直管县"改革的第一步。首先进行财政体制改革或扩权

---

① 中央文献研究室:《十八大以来重要文献选编(上)》,中央文献出版社2014年第73版。

改革不仅因其可行性高，更在于大部分省份面临县乡财政困境和县级政府权力不足问题，进而导致县域经济发展动力弱，县级政府公共服务能力低，政府职能转变受限等弊端，在这种背景下，实行"财政省直管"和进行"扩权改革"就显得尤为重要。

2. 改革内容与简政放权相契合

财政体制改革与扩权改革作为省直管县改革重要内容，本质上就是简政放权。目前我国的财政省直管改革大致分为两类：一类是体制上的省直管，即县级财政的各个方面均由省直接管理；一类是资金上的省直管，即在转移支付、资金调度、债务管理等涉及财政资金的主要方面由省直接管理到县。不论是何种类型的改革，本质都是对省、市、县三级政府间财政分配关系的重新划分，是财权与财力向基层政府的下移。扩权改革在增加县级政府经济社会管理权限的同时，必然使市级政府承担的县级经济社会管理事项减少，权力下移。换言之，过去市级政府才能享有的权利，现在可直接由县级政府行使。简政放权就是强调要理顺地方各级政府间的关系，最大限度利用基层政府与人民群众和企事业组织紧密相连的优势，将社会管理和公共服务做得更好。

3. 改革对象具备典型性和多样性

从已有的改革实践来看，中央和地方在进行试点选择时，为尽快探索出可复制、可推广的改革经验，充分发挥改革试点的示范、突破和带动作用，充分考虑了试点的典型性和代表性，改革对象涵盖不同类型经济社会发展地区。2010年中编办确定的八个省直管县体制试点省份①，不仅均具有明显的地域特色，而且对经济社会发展需求迫切，实施省直管县改革既可以为面上改革积累经验，又可以为区域内试点县经济发展探索新方向。中央立足改革全局考虑试点省份，地方更多基于区域实际选择试点县，例如，河北省2005年进行扩权改革时，试点对象既包括迁安、午安等部分经济强县，又包括一些经济欠发达但具有产业特色和资源优势的县，那些已纳入中心城市组团或统筹范围的县不再纳入试点范围。总之，不论从中央层面的决策还是地方层面的实践，都可以发现我国省直管县的改革对象具有典型性和多样性。

---

① 分别为河北、河南、湖北、宁夏、云南、江苏、黑龙江、安徽。

三 "省管县"改革典型案例

各地地理、经济、社会差异及政府对改革的不同认识，决定了不同省份的省直管县改革拥有不同的实施模式。对典型改革案例进行描述，分析改革过程中存在的问题，对持续推进省直管县改革，优化政府纵向层级结构，具有重要的现实意义。有鉴于此，本报告选取不同区域典型试点省份，剖析三个地区省直管县改革的成效和问题，提炼省直管县改革的实践图景，总结省直管县改革的典型经验，以期把握省管县改革未来方向。

(一) 浙江省：深化财政省直管，由"强县扩权"走向"扩权强县"

浙江省自1953年建立县级财政、实行省对县直接财政管理以来，一直坚持省直管县的财政和人事体制。从20世纪90年代起，浙江省政府出台一系列的配套性财政激励政策，不断完善"财政省直管县"体制。省直管县的财政和人事体制既促进了县域经济快速发展，又加深了县级政府权力与县域经济实力不匹配矛盾。为此，浙江省根据自身经验和发展需要，先后于1992年、1997年、2002年、2006年，连续实施四轮"强县扩权"改革，2008年底又启动"扩权强县"改革。经过近三十年的持续改革探索，终于酝酿出省直管县改革的"浙江模式"。浙江省作为我国省直管县改革的先行者，在"财政省直管县"体制改革和"扩权改革"方面，开始时间早、持续时间长、收获成效大，几乎国内所有实施省直管县改革的省份都不同程度以"浙江模式"作为参考。

1. 财政体制上的省直管县

浙江省的省直管县财政改革最突出的特点，是将县级财政与市级财政置于同等地位，两者不具备财政隶属关系。市、县两级财政预算收入相互独立，县级财政结算、专项补助、资金调度、转移支付等都由省直接到县；市与县仅在预算外各种行政规费方面存在结算关系。总体来看，浙江省实施的省直管县财政体制改革包括三个方面。

其一，合理划分财政收支范围，完善收入分成方案。经过财政体制的反复调整，浙江省"在预算收入划分上，省级预算收入只保留电力供销企业增值税、所得税地方部分以及金融业营业税地方部分的60%，其余全部作为市县的预算收入。在增量收入分享上，实行增收'二八'分成的办法，即市县地方财政收入超过收入基数的增收部分，由省分成

20%、市县分成80%"①。在财政支出方面，浙江省严格按照支出责任划分各级政府间的支出范围，明确省、市、县具体支出内容。此外，在税收返还收入方面，"'消费税'在返还基数上实行定额返还；'企业所得税''个人所得税'按照改革时核定的返还基数及收入考核基数确定"。

其二，依托财政省直管优势，不断优化财政激励奖补机制。在财政省直管县体制下，浙江省通过财政奖励和补助政策激励市、县两级政府实现相应的政策目标。浙江省于1994年针对发达县（市）实施"亿元县上台阶"政策；1995年，针对贫困县实行"两保两挂"政策；1997年，实施"两保一挂"政策；2003年，为有效弥补县级政府公共服务资金缺口，浙江省对27个发达县实行"两保一挂"奖励政策，对26个欠发达县实行"两保两挂"补助和奖励政策；2008年，浙江省政府将各项激励政策统一调整为"分类分档激励奖补机制"，对欠发达地区实行三档激励补助政策，对较发达和发达地区实行两档激励奖励政策；2012年，浙江省又出台"浙商回归""腾笼换鸟"等考核奖励政策，引导市县加大对区域经济发展的支持力度；2015年，浙江省财政厅发布《浙江省财政厅关于深化财政体制改革的实施意见》（浙财预〔2015〕50号），再次进行省直管县财政体制调整，确定实施高新技术产业地方税收增量返还奖励政策。

其三，实施专项性一般转移支付，完善转移支付分类分档体系。"财政省直管县"以来，浙江省不断优化完善转移支付地区分类分档体系，2015年，根据各市、县的经济社会发展水平、经济动员能力、财力情况等因素，浙江省将省内的转移支付类别分为二类六档。② 在专项转移支付方面，2012年起，浙江省为解决专项转移支付资金结构不合理、使用不透明等问题，创造性提出将专项转移支付与一般转移支付相结合，实行专项性一般转移支付③。此外，浙江省重视对专项性一般转移支付资金的

---

① 《浙江省人民政府关于完善财政体制的通知（浙政发〔2012〕85号）》，2012年11月2日，http://www.zj.gov.cn/art/2012/11/2/art_12460_54041.html，最后浏览日期：2020年4月5日。

② 淳安、文成等7个县是一类一档，转移支付系数为1；杭州、嘉兴等6个市是二类三档，转移支付系数为0.2。整体来看，经济越是贫困的市县转移支付系数越大，经济越是发达的市县转移支付系数越小。

③ 专项性一般转移支付要求各省级部门将已有的专项转移支付资金整合成一个专项性一般转移支付项目。

使用情况进行监督,对于使用专项性一般转移资金的项目进行项目绩效评价。浙江省实施的一系列专项转移支付资金改革举措,本质是为了向市、县两级政府进一步下放资金统筹、项目管理权限,以确保市、县有效承接下放的权限,更好组织专项项目实施。

2. 扩权改革

浙江省是我国最早实施县级政府扩权改革的省份,无论从扩权对象还是扩权内容上看,浙江省的扩权改革都显示出明显的连续性和渐进性特征,每轮扩权不仅缘于县级政府的实际迫切需要,同时也充分考虑到县级政府承接权力的准备和能力。

1992 年,《关于扩大十三个县市部分经济管理权限的通知》(浙政发〔1992〕169 号)发布,浙江省第一轮扩权改革开启。1997 年,浙江省正式启动第二轮扩权改革,改革对象是萧山和余杭两个县级市。2002 年,在遵循"能放就放"①的原则下,浙江省开始推动涵盖经贸、国土、交通等 12 个大类 313 项权限的第三轮扩权改革。此轮改革涉及绍兴、温岭等 17 个经济强县和杭州市的萧山区、余杭区,宁波市鄞州区等 3 个区,扩权范围基本囊括市级政府经济权限的所有方面。2006 年,浙江省下发《关于开展扩大义乌市经济社会管理权限改革试点工作的若干意见》(浙委办〔2006〕114 号),正式开启第四轮"强县扩权"改革。本轮改革使义乌几乎拥有了地级市所具备的所有权限。2008 年,在经历四轮"强县扩权"改革后,浙江全面启动新一轮的"扩权强县"改革。省委、省政府出台《关于扩大县(市)部分经济社会管理权限的通知》(浙委办〔2008〕116 号),遵循"五个凡是"原则②,在全省推开扩大县级政府经

---

① 除国家法律、法规有明确规定以外,当时须经市审批或由市管理的,由扩权县自行审批、管理,报市备案;须经市审核、报省审批的,由扩权县直接报省审批,报市备案;对国务院有关部(委、办)文件规定的,须经市审核、审批的事项,采取省、市政府委托、授权、机构延伸或争取国家有关部(委、办)支持等办法放权。

② 凡是没有法律依据的行政许可项目,一律取消;凡是国家没有明确规定的非行政许可审批事项,原则上予以取消;凡是法律、法规、规章明确规定以外的省和设区市的其他管理权限,原则上都下放给县级政府管理。凡是国家没有明确规定必须经过市级政府审核、审批的管理事项,实行县直接对省的管理方式,减少管理层级;凡是基层发生频率高、县级政府完全有能力管理好,但法律法规规定以外的省和设区市行使的管理权限,依法通过委托、授权和延伸机构等方式下放,进一步增强县级政府的管理和服务功能。

济社会管理权限工作。2009年4月，浙江省政府出台《浙江省加强县级人民政府行政管理职能若干规定》。根据上述文件，"本轮省、市放权事项共分两个层面：一是下放义乌市经济社会管理权限618项，其中新增事项94项；二是下放其他县（市、区）经济社会管理权限443项"①。

3. 改革成效及问题

（1）改革成效

经历数次适应性调整的浙江省直管县改革，最大程度发挥了省直管县体制的积极作用。首先，财政省管县和扩权改革的推进激发了县域经济发展活力，切实推动县域经济水平的提升和经济实力的增强。在2005年的"全国百强县"评选中，浙江有30个县上榜，占据近三分之一的席位。早在2008年，浙江省58个县创造的生产总值为11325亿元，占浙江省生产总值的52.7%，农民人均纯收入接近1万元，高出全国平均水平1倍多。截至2008年底，浙江省县域平均生产总值已经达到195亿元，位居全国第三。其次，财政体制改革增强了浙江省级财政的调控能力和统筹能力。省级政府通过加大县级财政转移支付力度，补助、激励欠发达县的财政支出，使县级政府得到更多财政支持，增加了县级公共服务供给的积极性。同时，财政省直管促使县级财政与地级市政府"脱钩"，避免市一级的资金截留，县域财政留成的比例增加，能以更大的财力注入农村，财政统筹性因此大大增强，城乡均衡发展得到一定保障。最后，省直管县改革调动了浙江省内县级政府的积极性和主动性。原本民营经济发达的浙江省县域具备极强的发展潜力，经济社会管理权限的下放使得县级政府拥有极大的自主权和决策权，县级政府可以根据客观需要组织经济和社会发展各项事业。

（2）改革中出现的问题

浙江省在几轮扩权改革探索中，社会经济管理权限下放力度虽逐渐增加，但仍然未涉及行政体制变革。省内的所有试点县，均不同程度存在财政、人事和行政体制不匹配的问题。省直管县与地级市在行政层面依旧是上下级关系，试点县在积极把握省直管优势的同时，需要继续维

---

① 《浙江省扩权强县改革的做法与经验》，2009年12月8日，广西县域经济网，http://www.gxcounty.com/news/jjyw/20091208/49195.html，最后浏览日期：2020年4月10日。

护与市级政府的关系，诸多社会经济事务都需要两边汇报、两头周旋。同时，在放权工作中出现了权力下放不到位、下放事项含金量不高等问题，出现把同一事权拆分下放、下放事权权责不匹配、部分事权有附加条件等现象。很多具备地级市经济实力的县级政府由于行政层级的硬性限制，始终难以拥有与其经济实力相匹配的行政权力。

浙江省直管县改革的主要举措是将原属于市级政府的财政管理和经济社会管理权力转移到县级，县级自主权扩大的同时意味着市级对县经济社会管理权的削弱。原本部分县域经济具备与地级市经济抗衡的实力，市县之间就存在一定的竞争关系，省直管县改革的实施，将竞争关系显性化和激烈化，一些地级市政府甚至运用自己的行政管理权对县进行层级压制，双方追求各自利益，引发了重复建设、资源争夺等问题。

省管县体制下，由省级政府负责试点县的财政和部分人事管理，对浙江省政府的财政实力和管理能力提出挑战。尤其是在浙江省不断加大对县级财政转移支付力度的情况下，省级政府承担着巨大的财政压力，如何实现财政收入与支出平衡，避免省级财政赤字是省政府应考虑的问题。同时，各县级政府直接与省级沟通联系，加重了省级政府和省直部门的工作负担。

（二）河南省：同步实施财政直管与县域扩权，适时探索行政省直管

河南省长期面临县域经济发展压力大的问题，为激发县域经济发展活力，促进城乡和区域经济协调发展，2004年河南省开始扩权改革和"财政省直管县"改革，已取得显著改革成效。2010年，凭借前期丰富的"扩权改革"和"财政省直管"改革经验，河南省10个县被中编办选定为"行政省直管县"体制改革试点区域，占试点县总数的1/3。就改革范围而言，与浙江的逐渐全面覆盖不同，河南省的扩权改革、财政省直管改革和行政省直管改革至今仅限于试点县。就改革路径而言，与国内大多数实行省直管县改革的省份相同，河南省首先实施财政直管和县域扩权，在此基础上深化改革，对具备特色且条件成熟的试点县实行行政省直管。就改革内容而言，河南省分阶段、分层次向试点县下放部分经济社会管理权，由省对试点县实施财政直管，对直管县的财政分配、激励和转移支付政策同时进行改革，对于10个行政省直管试点县，相应调整党委、人大、政协、法院检察院和群团体制。

1. 财政直管与扩权改革

2004 年,《关于发展壮大县域经济的若干意见》(豫发〔2004〕7号)与《关于扩大部分县(市)管理权限的意见》(豫政〔2004〕32号)先后发布,标志着河南省第一批财政省直管县和扩权县正式确立。第一批扩权县分为两种类型:一类是巩义市、永城市等5个有望培育成区域性中心城市的县,此类县被确立为财政省直管县;另一类是经济管理权限相对有限的新密市、登封市等30个经济强县(市)。2006 年,河南省政府办公厅发布《关于发展壮大县域经济的补充意见》(豫办〔2006〕19号),进一步扩大巩义等5个县的社会管理权限,除法律、法规、规章明确规定外,其余所有社会管理权限全部下放。2007 年,新增中牟县为财政省直管县和扩权县,与巩义等5个县享受同等经济社会管理权。2009 年,河南省发布《关于完善省与市县财政体制的通知》,增加兰考等15个县为财政省直管县。为推动扩权改革和财政省直管县改革的深化,2011 年,河南省出台《省直管县体制改革试点工作实施意见》(豫发〔2011〕7号),在维持巩义、兰考等10个试点县行政建制、行政区划和干部管理体制等不变的情况下,赋予试点县高达603项的经济社会管理权限。

2. 改革成效及问题

(1) 改革成效

持续开展了10多年的河南省直管县改革,对"行政省直管"做出了有益尝试,为试点县创造了广阔的发展空间,取得了较大成效,主要表现在三个方面:第一,省直管县改革的实质是一场分权改革,这场分权改革放松了县级政府的财政和行政约束,极大地激发了县级政府公共服务积极性,尤其是转移支付扁平化,减少了市级财政截留,增强了县级发展财力,为县级政府构建公共服务体系创造了有利条件。第二,河南省直管县改革解决了市管县体制下县级财政"贫血"的问题。2012 年,10个试点县主要经济指标都好于一般市管县,2013 年前三个季度,试点县生产总值高出全省增速0.7个百分点。[①] 直管县改革释放了试点县的发

[①]《〈河南省深化省直管县体制改革实施意见〉发布》,2013 年 11 月 28 日,河南省人民政府网站,https://www.henan.gov.cn/2013/11-28/334328.html,最后浏览日期:2020 年 4 月 12 日。

展活力,增强了地方政府实现经济社会管理创新的内生动力,县域综合实力获得较大提升。第三,实施省直管后,河南省试点县在相关行政审批事项上可以直接与省级主管部门对接,行政审批事项中间环节的减少和审批程序的简化,显著提高了政府的行政效能,加快了政府职能的转变。

(2)改革出现的问题

第一,权力运行不规范现象突出。一是条块分割的管理体制为省直管县改革工作带来诸多不确定性。对垂直管理部门而言,省直管县后,县级垂直部门依旧需要市级垂直部门对人、财、物进行调拨,难以实现真正意义上的省直管。二是地方政府的财权与事权仍然不匹配,由于1994年的财税体制改革未对地方政府财权与事权的划分做出详细规定,一直以来基层政府都处于权小责大、钱少事多的状态,虽然省直管财政体制建立起县与省之间的直接财政联系,但是对于承担大量经济社会管理职能的县级政府来说,财权事权不对等的局面并未得到根本转变。

第二,权力监督体制亟待完善。在河南省省直管县推进过程中,10个全面省直管县除开人事管理权限外,均享有与地级市完全相同的经济社会管理权限。试点县的权力迅速扩张,迫切需要对权力运行进行有效监督。试点县在省直管后,一方面来自原地级市政府的行政、司法监督减少;另一方面省级政府由于信息不对称和管理幅度增加,无法对全部试点县监督到位,造成对部分试点县的监管真空,增加了县级政府滥用权力的风险。

第三,省、市、县关系不够协调。河南省的省直管县改革着重强调经济社会管理权限下放和试点县政府与省级职能部门之间的业务对接,一定程度上忽视了对试点县与地级市政府之间关系的协调问题。从县级层面看,直管县政府虽然是改革的直接受益方,但面临着地级市支持力度减弱以及需接受省、市两级政府"双重领导"的问题。从市级政府层面看,辖区内的县实行省直管后,地级市政府管理权限有所缩小,缺乏继续支持县域发展的动力,不仅可能取消原有的配套资金和补贴,甚至为了自身利益不惜挤占试点县发展空间。从省级政府层面看,如何在支持县域扩权的同时安抚好地级市,如何统筹、合理分配市、县资源,如何发挥层级优势协调好地级市与直管县的关系等,都将直接影响区域经济一体化进程和省域公共治理绩效。

(三) 四川省: 扩权县动态管理、分类审核

四川省作为国家西部地区具有的代表性省份, 由于其特殊区位和地理地貌、民族人口分布特征, 在政治稳定和经济发展上具有重要战略地位, 其省直管县改革实施情况在一定程度上代表西部地区省直管县的改革样貌。作为我国西部地区的资源、人口和经济大省, 随着国家西部大开发战略的推进和四川省政府 "建设西部经济发展战略高地" 战略目标的实施, 全省整体经济发展较快, 但省内县域经济发展一直处于相对滞后状态, 绝大多数县是 "农业弱县、工业小县、财政穷县"①。"2006 年, 全省 138 个县的经济总量仅占全省的 54.4%"②。为加快县域经济发展进程, 统筹城乡发展, 四川省从体制机制入手, 实施 "扩权强县" 试点改革, 通过扩大试点县的经济管理权限, 激发县域发展经济的活力, 力争实现县域经济快速发展。

1. "扩权强县" 改革

2007 年, 四川省在全国省直管县改革浪潮下, 开始第一轮 "扩权强县" 改革试点工作, 发布了《四川省人民政府关于开展扩权强县试点的实施意见》(川府发〔2007〕58 号)。省委省政府在全省经济强县、人口大县和类区优势县中选择 27 个县 (市) 进行试点, 扩权试点县被赋予与地级市相同的部分经济管理权限, 包括计划直接上报、财政审计直接管理等 8 个领域的 56 项经济管理权。

在总结第一批试点改革经验的基础上, 2009 年四川省政府发布《四川省人民政府关于深化和扩大扩权强县试点工作的通知》(川府发〔2009〕12 号), 开启第二轮 "扩权强县" 改革, "把省内粮油生产和生猪调出大县中发展较快的县、2008 年县域经济激励考核先进县、省辖市代管的县级市及新增百万人口大县共 32 个县纳入改革范围"③。同时, 为

---

① 《县域经济: 农业大县 工业小县 经济弱县》,《中国乡镇企业》2008 年第 6 期。
② 四川政报:《蒋巨峰省长在全省扩权强县试点工作会议上的讲话》, 2007 年 9 月 25 日, http: //www. sc. gov. cn/sczb/lmfl/ldjh/200709/t20070925_205389. shtml, 最后浏览日期: 2020 年 4 月 18 日。
③ 四川省人民政府:《四川省人民政府关于深化和扩大扩权强县试点工作的通知 (川府发〔2009〕12 号)》, 2009 年 5 月 8 日, http: //www. sc. gov. cn/10462/10464/10684/13652/2009/5/8/10369809. shtml, 最后浏览日期: 2020 年 4 月 15 日。

更好发挥"扩权强县"试点政策机制的导向作用,客观反映试点县加快发展的成效,《通知》规定从 2009 年起,对扩权县实行动态管理①、分类考核②办法。

2014 年 7 月,四川省发布《四川省人民政府关于进一步深化和扩大扩权强县试点改革的通知(川府发〔2014〕43 号)》(以下简称《通知》),进一步深化"扩权强县"改革,新增米易县、北川县等 19 个"扩权强县"试点县,"新增试点县比照原试点县改革内容,赋予新增扩权试点县部分市级经济管理权限,承担与管理权限相应的责任"③。此外,《通知》还强调,省发改委牵头的省直有关部门要按照简政放权要求,抓紧编制扩权试点县(市)管理权限清单。扩权县中已经撤县设区的,应该按程序退出试点,恢复市级管理。

2. 改革成效及问题

(1) 改革成效

省直管县体制改革为四川省县域经济发展和政府职能转变做出了积极贡献。其一,试点县主要经济指标明显增高,"2009 年 59 个扩权试点县的地区生产总值达 4753.6 亿元,比上一年增长 14.8%,高于全省平均水平 0.3 个百分点"④。"2016 年全部扩权县实现全年地区生产总值将近12000 亿元,比上一年增长 8.3%,增速高于全省平均水平 0.6 个百分点"⑤。其二,四川省的财政体制改革有效缓解了县乡财政困难,提升了

---

① 动态管理是按照权责统一的原则,引入扩权县竞争机制,建立退出机制,对发展水平低于全省县域经济发展平均水平的试点县,给予告诫;对连续两年达不到全省平均水平的试点县,不再列入扩权强县试点范围。

② 分类考核是指根据县域地理地貌特征,将扩权县分别纳入平原、丘陵和山区等 3 个类区实施考核,建立由规模以上工业增加值、民营经济增加值、地方财政税收收入、增加 GDP、城镇居民人均可支配收入以及农民人均纯收入等 6 项指标构成的考核体系,全面评估扩权县的扩权工作和扩权成效。

③ 《四川省人民政府关于进一步深化和扩大扩权强县试点改革的通知(川府发〔2014〕43 号)》,2014 年 7 月 11 日,http://www.sc.gov.cn/10462/10883/11066/2014/7/15/10307400.shtml,最后浏览日期:2020 年 4 月 15 日。

④ 《四川省人民政府扩权试点县(市):扩权前后经济发展情况比较分析报告(政务参阅〔2010〕5 号)》,2010 年 3 月 16 日,http://www.sc.gov.cn/10462/10464/10684/13656/2010/3/16/10368501.shtml,最后浏览日期:2020 年 4 月 15 日。

⑤ 《四川省人民政府扩权试点县(市)经济》,2017 年 3 月 7 日,http://www.sc.gov.cn/10462/10464/10757/10868/2017/3/7/10416470.shtml,最后浏览日期:2020 年 4 月 15 日。

县级政府配置县域资源的能力,同时较好发挥了省直管县改革中财政转移支付对改善民生的作用。其三,项目直接申报、用地直接报批、资质直接认证等政策优势,减少了试点县各类项目的审批环节,简化了事项审批程序,提高了政府办事效率,为县域创造了更好的营商环境,实现了县域招商引资的突破,为政府职能转变和县域经济发展奠定了基础。

(2)改革中出现的问题

第一,省、市、县在财政支出责任上的相应规定模糊不清。扩权改革后,地级市政府对试点县的财政支出减少,试点县职权范围内的支出责任增加,部分财政弱县在改革中所获得的财力支持与扩大的支出责任出现失衡,形成了新形势下的权责不对等、财权事权不匹配问题。另外,在我国行政官员晋升机制未发生根本性转变的局面下,省直管县改革后县级经济管理权限和支出责任同时扩大,更是强化了县级政府财政支出上的"重发展轻民生"偏好,县域内财政支出明显向可拉动经济增长的基础建设类等倾斜,民生支出受到挤占。

第二,省、市、县三者之间的职、权、责,尤其是市、县之间的关系有待进一步理顺。虽然四川省在实施省直管县改革时规定,地级市对试点县保留的行政管理权限,需要在省的统一领导下行使,但截至2014年,四川的"扩权强县"改革仍然处于部分经济管理权限下放阶段,试点县的财政收入监督、人事管理等事项仍由地级市负责,地级市依旧有权对试点县行使行政事权,不仅导致试点县难以逃避"两个婆婆"的难题,同时还使向试点县下放的经济管理权限难以发挥作用。

(四)浙江、河南、四川省直管县改革的比较

作为民营经济十分发达、经济发展对体制创新有着特殊依赖的浙江省,一直以来都走在中国制度创新的前沿。整体而言,浙江省的改革是典型的"环境倒逼式"改革,在这种倒逼情境下,浙江省各级政府顺势而为,依靠长期养成的对体制创新的敏感性,自发进行权力下沉,扩大县级行政自主权。财政省直管与扩权改革间存在着隐性因果关系,省直管县财政体制有力地促进了县域经济发展,县域经济的快速发展又引发了资源要素迅速流动及县域公共事务急剧增加,使县级政府对于扩大行政自主权产生强烈的渴望,扩大行政自主权又成为进一步推动县域经济发展的内在要求。从这个角度看,浙江省为了持续增强县域经济实力,

从"强县扩权"走向"扩权强县"自然在情理之中。正因为浙江省改革有明显的内生逻辑，对其余实施省直管县改革的省份来说，所谓"浙江经验"更多是借鉴改革内容，而非全盘复制。

与浙江不同，河南改革很大程度上是基于积极响应中央改革号召，缓解县域经济发展压力，是一场指向明朗、目标明确的主动性改革。再者，河南的财政省直管与扩权改革是同步实施、交替进行的，两者之间更像是一种相互配合的关系，一定程度上避免了财政改革与行政改革不匹配的弊端。从改革路径来看，河南省的改革路径与大多数省份相似，首先从经济强县的"财政直管"或"县域扩权"出发，其次逐步扩大改革范围深化改革内容，将不同类型的县纳入改革试点，完善财政直管配套举措，继续增加、调整县域的经济社会管理权限，到达一定阶段后，再对部分县实施"行政省直管"。这种由点及面、由浅入深、稳中求进的改革路径恰恰是试点改革的一般路径，与我国在全面深化改革过程中"摸着石头过河"的改革理念不谋而合。

四川省的省直管县改革兼具浙江省现实驱动与河南省主动求变的双重属性。表面上来看省直管县是由政府主导的强制性变迁，实质却是四川省县域经济水平落后造成的"需求诱致性"的制度变迁。与河南省不同，四川省将省直管县财政体制改革与经济管理权限的下放统称为"扩权改革"。四川在首轮改革时便确立了下放权限的种类和数量，之后深化改革主要集中于试点范围的扩大，在改革内容上未做出较大调整。不难发现，在省直管县改革进程中，由于四川省幅员辽阔、经济社会发展不平衡，四川省不但未进行"行政省直管"探索，下放的市级权限也仅限于经济管理权限，没有涉及试点县社会管理权限的调整。四川省的省直管县改革较为独特之处在于确定了对试点县的动态管理和分类考核制度，一定程度上激发了试点县的发展动力，促使直管县在扩权条件下积极谋求区域经济社会发展和民生改善。

四 "省直管县"改革过程中出现的问题

（一）县级政府面临"双重领导"困境，层级优化难以落到实处

体制转型是一个渐进的过程，体制内的各因素之间存在千丝万缕的联系，新旧体制碰撞过程中极易产生矛盾与冲突。除海南省外，我国其

他地区的省直管县改革大多是寻求从市管县体制向省直管县体制的转型，在转型过程中，行政改革与财政、人事改革的不同步是面临的主要问题。另外，权力下放的不彻底、不到位，加重了县级政府面临的"两个婆婆"困境。"县域扩权"作为省直管县改革的一项重要内容，在实际操作过程中，还有可能存在省级层面对下放的权限考虑不周、市级层面有意把持权限不放、县级层面承载权限能力不足等问题，导致县级政府接收的权限与实际工作不匹配，仍较大程度受市级政府管理的现象。省直管县改革未能彻底打破市管县的樊篱，行政层级实质上并未发生根本性改变。

（二）基层政府公共服务意识缺乏，职能转变不彻底

改革开放以来，特别是党的十六大之后，我国行政体制改革不断深化，为政府自身建设和职能转变提供了条件。但由于中央对省直管县改革的关注点长期停留在财政体制层面，试图实行"财政省直管"以缓解县级政府的财政困难，部分地方政府在此绩效导向下重视经济增长，忽视公共服务职能，造成区域公共服务基础薄弱问题。省直管县体制甚至在一定时期内因县级权力空前扩张强化了县级政府对经济政绩的追求，县级政府未将工作重心放在公共服务供给上，未真正树立为民服务的理念，未能切实转变政府职能，导致优化后的政府结构发挥作用有限。

此外，按照权责相匹配原则，扩权改革实际暗含县级政府在县域公共服务供给上承担更多的责任。省直管县后，部分试点县县级政府在财力和权力扩大的基础上，利用国家加大公共服务投入的契机，不加考虑大批量投入基础设施建设，形象工程和政绩工程现象频出，大大降低了县域公共服务供给水平，也降低了人民对公共服务供给的满意度。

（三）缺乏配套改革实施，行政效率提升受限

省直管县改革是地方治理过程中产生的制度创新，就目前改革情况看，这场以地方政府为主导的改革已缺乏持续创新动力和自主探索空间，具体表现为改革领域局限较大，改革内容千篇一律，改革进程缓慢，以及"权力放了又收、收了又放"乱象。

虽然中央一直以来对省直管县改革持肯定态度，屡次在重大会议和报告中提出相关指示与要求，并且出台一些原则性的政策文件，但是由于相关制度没有形成统一的战略安排和系统设计，使得改革不仅缺乏明确的法律法规支撑，同时也导致某些改革举措与现行制度冲突的问题，

经常让地方政府陷入"敢想不敢改"①的境地。此外,改革作为系统工程,牵一发而动全身,党委、政府、人大、政协、群团体制、干部人事体制、司法体制等配套改革滞后,令省直管县改革的实际效果大打折扣。尤其是在我国条块分割体制下,省级对于"块块"领域权限的调整和下放相对容易,要在"条条"领域进行改革则十分困难。我国的部分省份如江苏、安徽等,工商、税务等垂直管理部门改革远远落后于政府"块块"职能部门改革。当改革持续深入,与县域经济发展和社会管理服务密切相关的垂直部门按照旧模式运行,仍由高层级的政府部门把持着管理权限,优化政府纵向结构的目标就不可能完全实现,政府内部工作效率和对外行政效率因此受到限制。

(四)县级政府权力扩张,约束监督机制待健全

党的十九大报告提出"要健全党和国家的监督体系,加强自上而下和自下而上对权力运行的制约和监督"②。省直管县改革后,面对试点县空前扩大的行政权力,如何完善试点县有效监督是亟须解决的问题。试点县地位的提高与权力的增加为寻租与腐败提供了土壤,再加上试点县省直管后,市级政府对县的监督制约关系削弱,省级政府又由于管理幅度的拓宽和信息不对称等,"多是将权力一放了之,从而使得对试点县权力的监督处于一种真空状态,日久必然造成权力的滥用和腐败的滋生"③。虽然在改革过程中,各地的省级政府都强力号召各试点县政府积极接受体制内外监督,反复强调要建立健全与试点县政府扩权相适应的监督制约机制④,但就实践情况来看,针对试点县政府的监督机制建设缓慢,效果不尽如人意。

---

① 如江苏省在县域扩权时,将招投标的十多项处罚权下放到试点县,但早前江苏出台的招投标条例曾规定,只有县级以上行政监督部门才享有招投标活动查处权,造成下放权限与地方条例相互抵触的情形。

② 习近平:《决胜全面建成小康社会 夺取新时代中国特色社会主义伟大胜利——在中国共产党第十九次全国代表大会上的报告》,人民出版社2017年版。

③ 马霄:《中国"省管县"体制改革研究》,硕士学位论文,中共江苏省委党校,2013年。

④ 如安徽省在《中共安徽省委安徽省人民政府关于推进省直接管理县体制试点工作的意见》(皖发〔2011〕10号)中就提到,要坚持用制度管权、管事、管人,健全对行政权力的监督制度,强化责任追究,切实做到有权必有责、用权受监督、违法要追究。

五 深化"省直管县"改革的路径

2002 年试点以来，我国省直管县改革已历经十多年探索历程，改革在带来一系列成效的同时，面临着如何深化的难题。作为一场涉及面广、影响深远的改革，要想深入推进和顺利实施，需要在明确改革方向的基础上，着重关注两个方面的问题：一是如何有效解决改革中已经出现的问题；二是如何确保改革优化政府结构和强化政府服务功能。

(一) 加强"省直管县"改革的顶层设计

目前，省直管县改革已进行十多年的探索，已经逐步踏上正轨，各省对于改革路径、改革内容及改革方式都有较为明确的认识和安排，省直管县改革对县域经济发展和区域化中心城市培育产生了良好推力。"构建新型市县关系，需要通过制度创新促进市县功能的合理配置，同时发挥市和县二者的积极性，实现'市兴县稳'的协调发展格局"①。当前，亟须从顶层设计入手解决改革中的制度难题，从宏观层面引导、规范和调控，防止改革深化过程中出现方向偏差。具体而言，中央应加强对省直管县改革的组织领导，成立专门的领导机构和工作机构，对接省级的改革工作领导小组，宏观指导试点省份改革工作，同时，制定省直管县改革的制度规范和整体方案，就改革的目标、路线、路径等做出原则性规定。此外，对于需要中央层面配合改革的领域，如中央垂直管理部门权力下放、中央与地方财税体制的适当调整优化、现行制度对省直管县改革的制约等，中央应及时给予回应并采取相应的措施。

(二) 创新市县两级干部管理体制

为契合省直管县改革的发展趋势，给"行政省直管"创造有利条件，一方面，中央确定的省直管县体制改革试点，应积极按照中央指示，在考虑自身实际、立足已有成果的基础上，积极推进调整党委、人大等管理体制，持续深化改革干部管理体制、垂直管理体制、司法管理体制等，为其他省份推进改革积累经验。另一方面，未进行"行政省直管"改革的地方，应该在稳固试点县财政省直管不变、继续加大权力下放力度的

---

① 刘铮：《省直管县改革的新路径：构建新型市县关系》，《行政管理改革》2015 年第 8 期。

同时对配套领域进行改革，比如，创新试点县干部管理体制和方式，采取上收或管理权下放的形式，对省以下垂直部门管理体制做出调整，从上级监督、同级监督、外部监督等方面健全监督机制。

（三）协调地级市与试点县利益关系

我国实施省直管县改革的一个重要原因是市管县体制下市级政府容易挤压县域发展空间，导致县域政府陷入财政困难和经济发展不足困境。省直管县改革进行十多年来，在一定程度上调节了市县冲突，改善了市县之间不平等竞争状态。但是，省直管县改革缩减市级政府权力范畴，扩大县级政府权限的特性，又引起了市县利益博弈加剧，竞争矛盾更加突出的新问题。因此，中央和省级层面应该充分发挥宏观调控职能，建立市、县协调配合机制，促进双方共建共享、互利共赢，对原本实力较弱的地级市政府提供必要的帮扶，指导其主动寻求自我发展。对于县级政府，一方面要尽力避免因改革不彻底，使试点县受市级政府的制约；另一方面要避免试点县倚仗政策优势，以不合理、不恰当的方式抢夺地级市发展资源。

（四）促进地方政府结构的整体优化

在"职责同构"① 政府体制下，地方政府间的职权不匹配、权责不统一，不仅制约了省直管县改革的顺利实施，也不利于省直管县体制良性运行。省直管县改革已初步实现市与县权力的重新配置，深化改革需要进一步理顺地方政府职能，明晰地方各级政府的责任权力边界。首先，要对省、市、县三级政府的权责进行明确，根据各级政府在国家权力结构中的地位和需要承担的职责，按照"财权与事权"相匹配的原则赋予三级政府对应的财权与事权，并承担对应的责任。其次，在当前没有法律法规划分地方政府权责前提下，应尽快制定针对各级地方政府的权力责任清单，作为地方政府履行职能及承担责任的标准。最后，应以各级政府的职能和权力为基础，进行有针对性的机构设置，推行大部门制改革，简化或撤销职能相近的部门，尽量减少政府机构的重叠，对无法避免的职能相近重叠情况，应理顺各部门职责的主次关系，以防出现政出

---

① 朱光磊、张志红：《"职责同构"批判》，《北京大学学报》（哲学社会科学版）2005 年第 1 期。

多门、相互推诿现象。另外，还需要注意协调市县关系。市级政府应从县域脱离出来，把注意力集中在城市发展和向城市居民提供公共服务上。县级政府因改革扩大了经济社会管理权限，在满足县域公共服务需求方面要承担更多的责任。

（五）推动县级政府向服务型政府转型

"省直管县"改革更是一场结构性改革，除了对政府纵向结构进行调整，必须依托县级政府推动职能转变，才能切实取得改革的成效，助力服务型政府建设。如果县级政府不积极转变职能，仍把重心放在经济社会管控上，不积极寻求公共服务供给体制机制调整，服务型政府建设将难以落到实处，"省直管县"改革随之失去现实意义。

"省直管县"改革突出县级政府治理主体地位后，虽试点县的政府经济、社会管理权限将逐渐扩大，但是，治理理念与能力不能自然契合。为了回应制度变迁需求，确保县级政府有效承载改革赋予的权限，提高治理效能、实现公共福祉，县级政府应从三个方面着手：一是将加强县域公共服务和社会管理作为工作重心，提高行政效率、增加工作透明度，力求打造让人民满意的廉洁、阳光、高效、责任型政府。二是借助权限扩大的契机，进一步明确自身职责，厘清各部门间的权责关系，进一步探索县域机构、体制和机制创新。三是县级政府公务人员应加强学习，不断提高发现问题、解决问题的能力，主动接受思想政治教育，保持自身廉洁品质、培养为民服务的责任感。

第三节 市、县分治：服务型政府建设的新思路

在当前工业化、城市化快速发展下，如何处理城乡关系特别是如何对城市和农村实施有效治理，是国家治理体系和治理能力现代化的重大课题。由于城市和农村在社会结构、产业结构、生产方式、生活方式等方面存在重大差别，针对城市和农村的治理体制和机制应该有显著的差别。时至今日，无论是学术界还是政策部门，当讨论市与县的特征及关系处理问题，一定层面是讨论城市与农村的关系。从行政治理实践来看，对于二三产业发达、人口高度集中、城镇化率较高的行政区域（城市），国家一般会建立相应的"市"治理体制，治理的主要内容是

促进城市发展、建立健全城市管理体制；相反，对于第一产业占主导地位，农业人口占比较高的行政区域，国家一般会设立相应的"县"治理体制，治理主要内容是以农业农村为重点的县域发展及针对农民的县域管理和服务。

近四十年来，由于城市化快速发展，许多"县"变成了"市"，还没有变成"市"的县，基本上在"市"管辖下。由此导致的问题是，以城市发展和城市管理为主要内容的城市治理，成为政府管理的主要取向，占据了地方治理主导地位，许多地方甚至实行一刀切的城市管理体制，完全取代和覆盖"县"（农村）域的治理。进入21世纪的前20年，为了消除城乡二元体制，缩小城乡发展差距，国家在发展层面强化城乡统筹、积极推进城乡一体化，但在治理实践中，往往对城市治理和农村治理体制不加区分，对农村治理强制按照城市治理思路推进，强化了"以城代乡""以市治县"的治理实践，导致了"城市不像城市、农村不像农村"的发展结局。换个角度看，由于历史惯性的影响，我国以农业农村为主要治理内容的县域治理历史悠久，加之我们对城市治理的性质和内容认识不够深入和全面，实践中存在用农村治理理念和手段治理城市的问题。带来的影响是，对城市社会的治理不符合城市发展的客观规律，对农业农村的治理不符合农业农村需求，既影响了城市治理，又制约了农村发展。当下，在推进国家治理体系和治理能力现代化的背景下，探讨基于城乡差异的"市"与"县"分治，具有较强的现实和紧迫性。

改革开放以来，以市场经济为基础的城市逐渐取代农村成为国家治理中心，市政很快取代县政成为行政体制的关键节点和改革内容。20世纪80年代，"市管县"体制的兴起是对经济体制改革的必要回应，开创了城市治理带动农村治理的局面，在特定时期推动了城乡一体化，极大促进了城乡经济发展。党十六届三中全会通过的《中共中央关于完善社会主义市场经济体制若干问题的决定》，提出城乡统筹发展的改革理念，进一步促进了城乡一体发展。但是，随着城市化和工业化的深入发展，城乡关系发生了深刻变化，城乡关系变化带来的市县关系变化，要求市县体制必须进行相应改革。党的十八届三中全会提出，改革总目标是"发展和完善中国特色社会主义制度，推进国家治理体系和治理能力现代化",如何突破市管县体制,实现我国地方治理的现代化,是行政体制改革的重大课题。而基于服务型政府理念的"市、县分治"改革,作为新时期市县关系的适应性调整,又是实现国家治理现代化的必然进路,是城乡统筹真正意义上的发展,同时是服务型政府建设的关键一环。

一 市、县关系的历史变迁

中华人民共和国成立以来,我国的市—县关系始终依据国情,在"分治—合治—分治"的动态过程中循环。该种改革循环由特定的社会结构和政策决定,形成的"府际"体制推动着社会结构产生相应的变化与发展。对市—县关系的历史变迁路径审视,探索市、县关系发展的科学规律,有利于把握市—县关系本质,推动市—县关系新一轮的调整。

(一)1949年至20世纪80年代初的市、县分治体制

从中华人民共和国成立到20世纪80年代初,与计划经济体制和城乡二元结构相适应,我国的市与县总体上处于"分治"的格局。除开直辖市以外,都由省级政府分别领导市和县。与此同时,"市领导县"模式在部分大城市进行探索。1959年9月,全国人大常委会颁布《关于直辖市和较大的市可以领导县、自治县的决定》,赋予市领导县以法理基础。当时,"市领导县"体制的实行仅限于全国少量大城市,适用面还不是很广,目的是保障计划经济时期大城市农副产品供给。可以说,市、县分治的行政管理模式符合1949年后计划经济体制下分隔明显的城乡结构及当时地方政府的治理实际。然而,随着改革开放和市场经济的兴起,传统的市、县分治格局很快被社会变迁形势打破。

(二)20世纪80年代以来的"市管县"体制

"市管县"体制是指为满足城乡持续发展带来的统筹管理需求,以工商业聚集的发达城市为一级地方政权中心,管辖周边的农村区域,将统筹城乡发展作为主要目标的行政管理体制。[①] 20世纪80年代以来,随着改革开放和市场经济的发展,我国步入快速城市化阶段,国家治理的重心转移到城市。此时城乡差距的拉大、地区不均衡发展的加剧,"市、县

---

① 唐兵:《我国市管县体制的反思与改革趋向》,《理论与改革》2008年第1期。

分治"的行政管理体制等人为造成城乡分割的困境，成为制约中国社会经济发展的难题。中央政府立足发展大局，于1983年2月提出"积极试行地、市合并"意见，该项规定的出台掀起了各地"撤区并市"（撤销地区，建立地级市）的高潮。这一时期城市的数量急剧增加，促进了市管县体制的快速发展。很快，"市管县"体制在全国范围推广，地方政府四级架构的组织模式形成。1983年6月16日，《中央会议决定事项通知》正式将"地辖市"改称为"地属市"，"市领导县"改称"市管县"，市管县体制在政策上得到确认。地市合并、城市升格、建立市管县体制，成为行政管理体制改革主要方向。所辖县的地级市数量由1981年的54个增加到1987年底的152个；所辖县由1982年底的147个增加到1987年底的687个。1992年社会主义市场经济体制的确立，为市管县体制发展拓展了经济基础。在20世纪末，中央政策出台"撤地并市"政策，于是在2000年前后，再次形成建立城市和市管县体制的高潮。2003年，每个市管辖的县数量平均达到5.79个，"市管县"体制正式成为地方政府管理体制的主导形式。

（三）新时期建设服务型政府的新思路：市、县分治

随着区域经济一体化发展进程加快，市场在资源配置中的作用加强，为了克服市管县体制的弊端，盘活县域经济、统筹城乡发展，地方行政体制改革亟待进一步深入。转变政府职能，建立服务型政府，成为政府体制改革的新方向。切实履行政府的公共服务职能，满足人民日益增长的多元需求，成为现代政府治理改革的目标。市、县分治作为服务型政府建设的基础，被社会热议并逐步提上改革日程。"省管县"改革作为"市、县分治"的先期探索，一定程度上激活了县域发展活力。但是，城乡之间的不同服务诉求始终没有得到差别化对待，传统的市、县关系与行政结构和市管县的治理路径并没有根本改变。

新时期的市、县分治，旨在彻底改革原有的市管县体制，即改变由市领导县、城市领导农村的治理模式，针对城市和农村不同的社会结构、不同的社会需求，建立不同的政府治理体制以更好服务，实现让人民满意的服务型政府。要注意的是，新时期的市、县分治和中华人民共和国成立初期的市、县分治存在本质区别。新时期的市、县分治在建设服务型政府的行政改革背景下提出，其目的在于理顺政府之间的权责关系、

激发市、县政府各自的治理活力，突出城市与农村各自的特色，高质量满足城乡居民差异化需求，提高民众的公共服务满意度。该类以服务型政府建设为导向的行政体制改革不仅涉及公共服务，还涉及社会管理、财政体制、产业发展等内容，属于多方面多维度的系统性综合性改革。

二 市、县合治的"市管县"体制透视

(一)"市管县"体制的积极成效

20世纪80年代实行至今三十多年的"市管县"体制，一定程度地突破了城乡隔离的樊篱，促进了区域市场的发展，完善了地方政府治理体制，推动了改革开放后的城市化进程。

1. 促进了区域市场统一和规模经济形成

传统的"市县分治"行政管理体制带来了市、县分离，城市与周围农村地区完全割裂，城市在孤立境地中发展，农村地区发展较滞缓，形成条块分割、城乡分割的局面，严重阻碍城市与农村发展。在建立市场经济体制过程中，实行"市管县"体制，带来了城市发展空间的快速扩大，城乡关系脱离传统政策樊篱，人员、物资、信息交流密度快速增多，城乡资源优势得以互补共生。具体来说，城市利用行政隶属关系，为商品的市场流通提供条件，中心城区辐射作用扩大，区域经济市场不断统一；在规模经济方面，由于实行"市管县"体制，城乡传统隔阂局面被打破，城乡之间的交流日益密切，城市利用自身的产业、交通等优势，为一些乡镇企业的发展注入活力，通过联合、重组扩大企业规模，城乡市场逐渐统一、经济结构越发紧密。

2. 精简了政府机构，提高了行政效率

在传统的"市县分治"体制下，地区行政公署作为省、自治区政府派出机构，本来只需承担监督和协调县级政府的职责，但在实际运行过程中职责范围不断扩大，实质发挥了领导县级政权的作用。位于省、县间的地区行政公署的机构设置基本逐一对应省级部门（除人大和政协等机构外），必然导致权责不清、人事冗杂、机构重叠、过程混乱等问题。以"地市合并、城市升格"为主要内容"市管县"体制，解决了前述的体制不顺问题，省级政府的负担逐渐减轻，政府机构不断精简，行政效率不断提高，公共服务体系建设逐步具备条件，对政府职能转变、服务理念转变及治理能力提升具有重要意义。另外,"市管县"体制结束了地区行政公署等机构虚实不定及缺乏法律主体地位的尴尬①,市级政府成为省、县间的桥梁。

3. 加快了城市发展,推动了城市公共服务体系建设

"市管县"体制推行后,城乡长期割裂局面得以局部解决,城乡经济社会联系日益紧密,城乡发展统一规划有所加强。在发展要素上,城乡能够实现有效互补,乡村为城市发展提供各类基础资源,城市发展又会带动农村发展。如此,城市经济、县域经济都得到快速发展。在加快城市发展方面,"市管县"成效明显:一方面,促进了城乡交流,城市人口不断增加,城市发展水平不断提升。尤其是中心城区的发展,带动了周围地区发展,进而促进区域市场统一。另一方面,设立地级市的标准明确,使得城市发展活力不断被激发,城市公共服务水平快速提升,从而能更好地推动城市化进程。

(二)"市管县"体制下的公共服务困局

"市管县"体制,虽然在很长一段时间内发挥过积极作用,但是,随着市场经济的进一步发展,具有以行政命令发展经济,以城市管理乡村等特征的"市管县"体制弊端日益凸显。以公共服务为例,"市管县"体制直接造成了公共服务困局,严重影响群众对改革开放成果的获得感。

1. 市、县政府公共服务供给意愿不强

"市管县"体制下,市、县政府将工作重点定位于经济发展,对公共服务尤其是农村公共服务供给重视不够。具体表现有两个层面:一是地方为促进经济发展会加大经济性公共品投入力度,对医疗、教育等不能直接产生经济效益的非经济性公共品,地方政府投入热情不高、投入力度较差,带来城乡居民看病难、上学难等民生问题日益突出。

二是"市管县"体制的实施本意是"以城带乡",实现城乡社会统筹发展,实际运行过程中,出现农村公共服务供给不足,城乡差距进一步拉大的困局。例如在基础设施投入上,根据国家统计年鉴,1999—2003年,农村基础设施建设支出从未超过全国基础设施支出的20%;在义务

---

① 孙学玉、伍开昌:《当代中国行政结构扁平化的战略构想——以市管县体制为例》,《中国行政管理》2004 年第 3 期。

教育投入上，根据2001年的统计，城市小学生人均教育经费达到农村小学生人均教育经费的四倍以上。

2. 市、县政府公共服务供给效率低下

在"市管县"体制下，市、县政府供给公共服务的效率普遍较低，首先表现在纵向的政府运作过程中：一方面，经济社会管理服务项目需要自下而上进行申报，行政链条被增加的市级政府拉长，导致了项目运作手续繁杂、过程冗长，不仅带来政府工作量的增加，同样也给企业带来不小损失。另一方面，财政体制是自上而下运作的，省级政府拨付给县级的转移支付，需要经由市级政府下达到县，县级财政结算、专项补助、资金调度等，要由市级政府作为省与县的衔接者，过长的财政层级，一是容易造成市对县的资金截留，导致县级财政留存比例降低，二是财政资金要经过层层审核，资金流动的链条被延长，带来县级政府难以保证按时提供公共服务问题，以及公共服务资金到账的比例和流动速度低的局面。

其次表现在横向政府运作过程中，"市管县"体制不仅带来政府机构的增加，为了适应"上下对口"的行政运作机制，政府职能部门与办事人员同样也要增加，带来了市、县政府运转失调的病症，降低政府的公共服务供给效率。

3. 市、县政府公共服务供给错位

"市管县"体制下，会出现公共服务供给错位问题。一是纵向的市、县之间，对城乡接合部、农村公共事务管理等职责重合地带，面对部分疑难问题，经常陷入地级市政府"有权不管"、县级政府"无权难管"的境地。二是在横向地方政府之间，对于跨区域的环境问题、社会治理问题，相关的地方政府常以属地管理为借口相互推诿，从而造成交叉地带的公共服务空白。三是公共服务供给与农村公共需求错位，主要是市级政府不能准确把握农村诉求，导致其往往站在城市的立场，采用"一刀切"方式供给农村公共服务。例如，对需要达标的农村工程项目，如校舍、农村广播电视、农田水利、乡村公路等，上级政府会要求倾力投入，甚至用摊派方法搞建设，但是，有些建设并非农户所急需，供给过程的层层加码，易带来过度供给、劳民伤财问题。农户急需的基础公共服务，如农村基础教育、卫生医疗服务，地方政府的投资积极性不高，造成宝贵公共资源的浪费。

4. 居民的公共服务满意度低

"市管县"体制下,直接为基层统筹供给公共服务的市、县政府未能实现公共服务的良好供给,直接带来城乡居民的公共服务满意度较低局面。根据半月谈杂志社与新华社新闻研究所 2010 年 12 月的大型问卷调查,66% 的受访者表示城镇化进程中的公共服务供给无法满足民众需求,其中,有 25% 的受访者表示公共服务"与需求差距很大",41% 的受访者表示"与需求相比有差距"①。

(三)"市管县"体制下公共服务困局的原因分析

"市管县"体制下出现的公共服务困局,是"市管县"体制的固有特征带来的。

1. 低效率的层级行政机制

"市管县"体制带来政府低效率的运行机制,导致县级政府公共服务供给效率的降低:一是"市管县"体制,事实上造成四级地方政府,即省—市—县—乡,但是,"市管县"一直未有明确法律依据,并且,我国一直缺乏各级地方政府职责的明确规定,一直缺乏"府际"关系的法律规范,导致纵向上省—市—县级政府的职责不清,横向上同级政府责任不明,带来交叉领域的治理空白。

二是"市管县"体制,带来了行政层级的增加,连带增加信息层级,降低信息传递的速度,加剧信息失真风险,上下级不能及时沟通,即中央政策不能及时贯彻到基层政府,基层政府诉求无法高效上传。省级和县级政府间权力被层层剥离,信息沟通机制受到阻碍,形成"效率"漏斗。

三是"市管县"体制增加政府内部的协调难度,"职责同构"下的县级政府必须与市级政府对应设置部门,同时,市级政府为加强对地方事务的控制,通过"项目制"的运作模式强化纵向监管,加剧了县级政府的"条块"分割局势,内部难以协调整合。

2. 被削弱的县级政府

"市管县"体制最为突出的问题是,城市剥夺农村的"市刮县""市

---

① 调研组:《公共服务缺失:城镇化短板》,《新华日报》2010 年 12 月 24 日。

卡县"现象突出。管辖农村地区的县级政府权力被削弱，直接导致县级政府的农村公共服务供给能力不足，城乡公共服务差距的不断拉大。主要表现在财权与事权两方面。

一是"市管县"财政体制下，县级政府财政主动权长期掌握在地级市政府手中，一方面，上级划拨的资金必须经市级政府才能达到县级政府，市级政府为了促进所辖城区的发展有截留县级资金的动力。另一方面，市级政府作为县级政府的直接上级政府可以"上提财权"充实市级财源。比如，作为广西防城港市下属县级市的东兴市，仅在2003年就被市级政府截留国家民委划拨项目资金30万元、省级政府划拨专项资金900万元，另外，防城港市强行上收东兴市作为对外经贸口岸可对越南游客收取145元旅游服务费的权力以扩充市级财源。[1]"市刮县"导致县级财政实力的迅速衰弱，有关专家通过对《中国乡镇企业年鉴》和《中国统计年鉴》相关数据统计发现，"实行'市管县'体制后，'国家向县乡财政转移的数据'与'县乡上交国家财政的数据'间的差值从1980年的'正160亿元'已经变为1999年的'负1600亿元'"[2]。

二是通过层级管理体制，市级政府向县级政府下压事权。一方面，县级政府面因"财权上提，事权下压"的层级关系，带来财权与事权不匹配、责任与权力不匹配，很难应对复杂的基层公共服务需求；另一方面，市级政府在下压事权的同时，不断通过考核督查等方式施加压力，导致县级政府自主空间不断缩小，自主性不断下降。县级政府为完成上级任务，保证本级政府的良性运转，会将经济发展视为第一要务，忽视承担的公共服务职能，即使提供了部分公共服务，或者是为发展经济搞服务，或者是为保持社会稳定，而不是真正的公共服务导向。

3. 天然的"城市偏向"

"市管县"体制使得管辖城市区域的市政府直接管理管辖农村区域的县政府，事实造成"以城市领导农村"的"市、县合治"体制不可避免带有天然"城市倾向"。一是基于自身的发展利益，市级政府有为城市发

---

[1] 王克群：《市管县体制存在的问题及其矫治》，《南方论刊》2005年第10期。
[2] 王雪珍：《从财政省管县到行政省管县体制改革的思考——以浙江省为例》，《经济体制改革》2011年第2期。

展汲取农村资源的冲动，会在"市管县"庇护下"合理合法"剥夺农村发展机会，加大城乡之间本就存在的社会经济发展差距。市与资源匮乏的县争夺土地、项目等资源，带来土地流失、失地农民等"三农"问题。另外，城市从农村汲取到大量发展资源，中心城区集聚的资源可能会消化不足，在规划不合理不科学的现实条件下，城市扩张呈现出"摊大饼"式的无序状态。

二是市级政府试图用"城市"体制和方式来管理城乡村两个不同社会系统，该种管理体制不符合城市和乡村的社会特征和运行机制，忽略了城乡居民差异化的公共服务需求，造成农村服务供需错位问题。我国长期存在城乡二元结构，导致城市和农村的发展基础与发展需求有显著区别，相较于城市居民，农民对改善农村基本公共服务现状有更强烈的需求。根据最新调查显示，农民最关切的公共服务需求，按照重要性排序依次为社会保障、公共教育、医疗卫生、劳动就业、便民服务、文化体育。农民最需要的是社会保障服务，相对不那么要紧的是文化体育服务。但在城市地区，社会保障、教育、医疗、就业等基本公共服务，均有相对完善制度和较高水平的保障，在基本需求满足后，居民更多需要的是文化体育、精神文明等高层次需求。① 在"市管县"体制下，一套行政体制管理两个不同性质的社会系统，会造成公共资源浪费与群众满意度不高的双重损失。

4. 自上而下的供给方式

居民对公共服务不满意，既源于政府提供的公共服务不足，又源于政府采取的是自上而下的供给方式，一方面，导致政府难以了解居民切身需求，难以实现精准供给；另一方面，导致城乡居民未能有社会参与机会，难以发挥主体作用。

自上而下供给方式的背后，是"市管县"体制下的"项目制"治理模式，国家通过建立目标责任制来对基层输入资源，县级政府在上级强大的行政压力下要按照精细化的考核指标进行运作，本应起到沟通民意、传达民情的县级政府，在面对烦琐的事务及居民需求方面放不开手脚，

---

① 国务院发展研究中心课题组：《中国民生调查 2016》，中国发展出版社 2016 年版，第 7—11 页。

居民缺乏对公共物品的有效需求表达及结果反馈机制。

三 "省直管县"与"撤县（市）设区"：市县关系的改革尝试

近年来，针对"市管县"体制暴露的弊端，在中央政府支持下，许多地方政府不断尝试优化市县关系，对市县关系进行调整。目前来看，调整市县关系主要有两种做法：一种是"省直管县"，脱钩地级市和县的上下级关系，由省直接领导县，一定程度上推进了市、县分治；另一种是撤县设区（市），即顺应城市化发展进程，将相对独立的县（或县级市）转变为地级市直接下辖的区。

（一）"省直管县"改革

为应对经济社会转型，提升政府运行效率，统筹城乡社会发展，作为调整市、县关系制度化尝试的"省直管县"改革应运而生。受浙江省连续十多年改革示范效应的影响，中央于2002年决定在全国开展"省直管县"改革试点。截至2014年，全国已有21个省市实施过"省直管县"改革。十八大以来中央层面依然重视"省直管县"改革的作用，十八届三中全会明确提出要深化"省管县"改革。

"省直管县"改革试图打破固有的市县行政隶属关系，由"省—市—县"三级管理转为"省—市、省—县"二级管理。现行的"省直管县"改革主要有三个模式：一是"财政省直管"，即县级全部财政或者大部分财政资金直接归省直管，增强县的财政自主权；二是"扩权改革"，即扩大县的经济社会管理权限，增强县的行政自主权；三是"行政省直管"，即赋予县级和市级同等的行政管理权限，在人事权和财政权上由省直接管理县，彻底实现"省—市、省—县"的二级管理。

1. "省直管县"改革的进路

截至目前，各地区根据实际情况不同，实施不同路径的"省直管县"改革，改革的内涵和外延因此大相径庭，大致呈现出以下三类典型改革进路。

第一类是以浙江省为代表的渐进推动模式。该模式的显著特点是在全省范围内分阶段推动与深化"省直管县"改革，如浙江省根据经济社会发展需求，于20世纪90年代推动"财政省直管县"，又于1992年、1997年、2002年、2006年，连续实施四轮"强县扩权"改革，于2008

年底再次启动"扩权强县"改革,坚持重点突破与渐次推动有效衔接,深化关键环节和重点领域改革。经过近 30 年的深化改革,浙江省的县域经济得到蓬勃发展,截至 2008 年底,浙江县域的平均生产总值已经达到 195 亿元,位居全国第三。

第二类是以海南省为代表的全面直管模式。该模式较彻底地实施"省直管县"改革,形成"省—市(县)—乡"三级行政管理模式。由于地域面积较小、人口基数较少、建省时间较晚,海南省从一开始就按照市、县分治的思路建立行政层面的"省直管县"。行政层级减少的效果是明显的,地方行政效率快速提升,行政运行成本因此大大降低,根据海南省编制办统计,海南省每年因行政层级减少而节约的财政资金约为 14 亿元。①

第三类是以河南省为代表的试点推动模式。该模式的显著特点为选取省内改革条件较为成熟的县进行试点,再依据试点县的情况推进"省管县"改革。如河南省积极响应中央改革号召,为缓解县域经济发展压力,于 2004 年选取 35 个县(市)分别进行"财政直管县"与"扩权强县"改革试点,后逐渐扩大试点范围,于 2010 年 10 个县被中编办选定为"行政省直管县"体制改革试点区域,继续深化"省直管县"改革。"省直管县"改革释放了试点县的发展活力,2012 年,10 个试点县的主要经济指标均好于一般市管县,2013 年前三个季度,试点县的生产总值高出全省增速 0.7 个百分点。②

2. "省直管县"的积极成效

(1) 减少了行政层级,提升了行政效率

通过"省直管县"改革,尤其是"行政直管县"改革,实现了地方政府层级由"省—市—县—乡"四级减少为"省—市(县)—乡"三级,行政层级的减少直接带来行政效率的提升:一是行政流程得以优化,县级项目可以直接向省级政府申报,减少了审批环节,提升了办事效率;

---

① 调研组:《基于海南实践的省直管县(市)体制改革探索》,《中国党政干部论坛》2010 年第 2 期。

② 河南省人民政府:《〈河南省深化省直管县体制改革实施意见〉发布》,2013 年 11 月 28 日,https://www.henan.gov.cn/2013/11-28/334328.html,最后浏览日期:2020 年 4 月 22 日。

二是信息传送链条得以缩短，省级政府与县级政府可以直接沟通，减少了信息传输的阻滞，提升了信息沟通效率；三是市级政府机构与人员得以精简，降低了行政成本与协调难度。

（2）扩大了县域自主权，增强了县域实力

通过"省直管县"改革，尤其是"扩权改革"与"财政直管县"，扩大了县域行政自主权，激活了县域发展活力，增强了县域经济实力：一是县政府归省政府直管，县的政治地位得到相对提高；二是"财政直管县"的实施使得省的一般性转移支付与专项转移支付均可直接到县，有效解决"市卡县""市吃县"等突出问题，增强了县域的财政实力；三是扩大了县域的经济社会管理权限，从而大大提升县级政府自主发展的能力。

（3）优化了地方政府结构，促进了政府职能转变

"省直管县"改革作为政府行政改革的一个突破点，推动了地方政府的结构优化：一是优化了地方政府间的关系，市、县分别直接归省级领导，促进了地方政府组织结构的扁平化，加强了政府机构之间的互动和联系，解决了"市管县"体制因行政层级过多导致的工资和人事关系难以统一协调、利益分配不均衡等问题；二是促进市、县之间形成职责明晰的分工体系，各自履行所辖区域的经济社会管理职责，市级政府能够集中精力发展和治理城区，自主发挥空间扩大的县级政府能够专心发展和治理乡村，不同的地方政府因此能根据辖区公众诉求，有针对性地提供公共服务和保障改善民生，服务型政府建设的制度空间得到保障。

3."省直管县"改革的局限性

（1）未能根本理顺地方政府间关系

目前的"省直管县"改革，未根本理顺省、市、县关系，一是除海南省外的改革地区，没有实现彻底的"行政直管"，地级市政府仍有对县级政府一定的管辖权，造成了"省直管县"后的省、市多头领导困境。二是缺乏配套改革措施，现有的"省直管县"改革围绕"块块"权力下放展开，但对垂直管理部门的权力下放和改革却难以实施，垂直管理部门仍然维持着高层级部门控制权，导致赋权于县的改革目标难以得到根本实现，地方政府的"条块"冲突难题难以解决。

(2) 未能根本转变治理模式

现行的"省直管县"改革未能从根本上改变以往的治理模式，仍然以促进经济发展和维护社会稳定为轴心，市、县政府的工作重心仍旧紧紧围绕城市，对地方政府的考核仍然主要以 GDP 为衡量标准，行政锦标赛仍然是地方政府的主要晋升模式。受旧有政府治理模式的影响，改革后的"省直管县"依旧追求经济发展，县级政府自主权的增加带来发展的加速，公共服务供给水平的提高却相对缓慢。更大的问题是，一方面，部分县级政府所在辖区禀赋较好，其发展速度和水平超过了所在区域的地级市，在地级市范围可能出现多个城市的重复建设与恶性竞争；另一方面，获得一定经济管理自主权的县级政府，在现行激励模式下会加大经济发展竞争的力度，从而导致县域之间的行政壁垒再次浮现。

(3) 未能实现公共服务有效供给

"省直管县"改革的主线，始终是围绕县域经济发展，未能推动转变地方政府职能，建立健全公共服务供给体制，造成的结果是"省直管县"改革后的市、县公共服务，无论是供给数量还是质量均出现问题：一是市、县政府仍未能将公共服务纳入工作中心，未能有效提升公共服务供给能力；二是城乡公共服务水平由于历史原因一直存在较大的差距，注重城市建设促进经济增长的思路，使"省直管县"改革后市对县帮扶力度明显减弱，农村公共服务的短板没有因此被补齐；三是"省直管县"改革仍然为城市中心导向，"省直管县"改革后的县级政府仍旧以城市发展作为工作重点，未能针对农村区域提供均等公共服务，遑论针对所辖农村区域的特点针对有效公共服务。

(二) 撤县 (市) 设区

"撤县 (市) 设区"是改革开放以来，在区域经济一体化和城市化进程加快背景下，为更好发挥城市作为经济中心的辐射作用，提升城镇化发展质量，对行政区划进行调整的一种实践。"撤县 (市) 设区"是近年来中国市县关系调整的另一个新变化，与"省直管县"改革同属调整纵向"府际"关系的行政体制改革实践。与变革行政层级与隶属关系的"省直管县"改革不同，"撤县 (市) 设区"更多涉及行政区划变更，即通过将原来相对独立的县变更为市属区，从而将更大的行政区域纳入城市发展规划之中，以达到促进城市扩张和区域一体化发展目的。

1. 撤县（市）设区的改革模式

近年来，国务院批准的撤县（市）设区行政区划调整，体现出灵活性强和适用性广的特点，根据撤并前后行政建制的变化，大致可以将撤县（市）设区分为以下三类。

一是整建制撤并型，即将原有的县或县级市的完整建制直接变更为市辖区的完整建制，主要是在大城市周边推行以推动大都市区发展。如北京、上海与天津，作为直辖市长期保持高质量经济发展能力，为推动城市发展进程进一步提升区域实力，它们直接将周边县级建制转变为市辖区建制。

二是部分建制撤并型，即将原有的县或县级市的部分建制变更为市辖区建制，主要是为解决城区规模偏小和市辖区规模结构不合理问题。如揭阳、三门峡、梅州等市通过撤县设区以扩大城区规模，从而解决市区过窄发展空间较小的问题。再如绍兴、赣州、安顺等19个"一市一区"的地级市，均开展了撤县（市）设区的行政区划调整以优化市辖区结构。

三是多建制撤并型，即市辖区由多个县或县级市的建制变更而成，如石家庄、保定、南京等城市在撤并规模较小市辖区的同时，通过撤县（市）设区的方式，调整市辖区规划，以优化市辖区的结构。[①]

2. 撤县设区的积极影响

（1）打破了行政壁垒，促进了城市化进程

鉴于县（市）相对于市辖区拥有相对独立性，城市周边的县（市）与市区之间存在明显的行政壁垒，实施撤县（市）设区改革，一方面可以有效打破行政壁垒提升经济发展水平，推动大城市与近郊地带的融合发展；另一方面可以重新布局城市空间，交通、通信、能源等基础设施，以及文教、卫生等服务设施等，在市的统一规划下得到整合加强，将减少公共资源的浪费，促进城市硬环境的改善和优化，助力实现区域整体性治理[②]，如成都市改郫县为郫都区，改双流县为双流区，以适应成都市

[①] 张艺烁：《中国市县关系规范化问题研究》，硕士学位论文，南开大学，2017年。

[②] 邵岩：《运用整体性治理理念推进服务型政府建设》，《中国党政干部论坛》2019年第9期。

的发展进程。另外，可以加快划转为市辖区的区域城市化进程，撤县（市）设区后的区域被纳入城市统一发展规划，工作重点主要为城市建设和城市治理，本区域的城市化进度将会提速，如2001年，温江县城建成面积13.5平方公里，非农业人口比重仅为27.92%；2003年改区后，城区面积增加到了23.5平方公里，非农业人口比重达42.91%，城市化率由34.42%提高到50.3%。①

（2）优化了城市政府运行过程，促进了职能整合

撤县（市）设区后将市、县政府间关系变为市、区政府间关系，有利于整合市辖区间各种要素资源，完善市辖区间的行政协调机制，优化行政单元和行政层级间的运行过程。并且，通过理顺纵向财政、行政、人事等关系，可以推动政府组织结构和部门关系的调整优化，市级政府能更好履行社会管理职能，履行公共服务职责供给高质量的公共服务，从而建设让人民满意的服务型政府。②

3. 撤县设区的消极影响

（1）造成假性城市化，忽视了"三农问题"

利用行政力量调整市县关系的"撤县设区"，在一定程度上造成"假性城市化"③。将发展程度还不足的县变更为市辖区的同时，大量尚未城市化的广大农村一并被纳入市辖区的范围。虽然从数量和规模上看城市化率会大大提高，但原本不发达区域中的农业人口、农业产业依然存在，城乡社会差距并未因行政建制的变更而发生大的改变。更重要的是，单纯的行政区划调整不仅不符合农业农村农民发展的实际需要，"三农"问题还会因该区域政府的工作重心转向更加突出。

（2）设区标准偏于主观，滋生了社会问题

撤县（市）设区一定程度上适应了城市化进程，促进了城市和区域

---

① 李莎莎：《成都郫县撤县设区获批 改名叫郫都区》，2016年12月8日，四川省人民政府网站，http://www.sc.gov.cn/10462/10464/13298/13299/2016/12/8/10406848.shtml，最后浏览日期：2020年4月23日。

② 竺乾威：《服务型政府：从职能回归本质》，《行政论坛》2019年第5期。

③ 假性城市化是指从统计上计入城市人口的许多人并没有融入城市，没有享受城市生活基础设施和公共管理等要素。它主要表现在以下两方面：一是在城市区域存在大量的农业人口及城中村；二是促使城市外延式而非内涵式扩张，形成"摊大饼"的城市扩张模式，不利于周边卫星城市的发展。

经济的一体化发展，尤其是在经济较发达的东部地区，撤县（市）设区的社会效果极其明显。但是，目前我国对撤县（市）设区等行政区划调整并未出台明确的政策标准，很大一部分的撤县（市）设区是中心城市政府满足经济发展和政绩需要的产物，忽视了提高区域基本公共服务供给水平和统筹城乡经济社会发展的初心。当撤县（市）设区在城市化不足的地区实施，会导致文化认同弱化、公共服务水平降低、利害关系人经济利益受损、群众矛盾加深等诸多社会问题。[①]

（3）引发体制摩擦，影响公共服务质量

撤县（市）设区并未变革市管县体制，市辖区的功能主要是对城市社会进行管理、为城市居民提供公共服务，撤县（市）设区后的区域中尚有广阔的未实现城市化的农村地区，若采取原有的管理模式维持农村服务供给，易造成市辖区与市之间实质上维持原有市、县博弈的局面，若完全采取新的城区管理模式，又易造成农村公共服务短缺增大，或者供给机制不对接问题。当撤县（市）设区后的区域出现"市—区—街道—社区"与"市—区—乡—村"并行局面，就会引发市、区之间，城辖市区内部街道管理与农村管理间的持续体制摩擦，地方政府将既无法专注城区治理，又无力有效满足农村公共服务需求。

四 推进市、县分治

新时期的市、县分治，是实行以城乡分治为核心的市、县分治，旨在改革原有"市管县"体制，调整原有市、县行政建制和管理权限，改变既有的"市领导县、城市领导农村"的模式，实现市县行政隶属关系的"脱钩"，从而能够根据城市、农村的辖区差异，进行精准服务、推进分类治理，真正实现城乡良性发展。

推进城乡分治为核心的市、县分治，是服务型政府建设的制度前提，推进的重点在于，重新确立市、县发展和治理目标，重新定位市、县政府的功能，重新构建市、县分治的政策与法律体系，以及分类建立市、县政府考核体系，从而激发各自区域的政府活力，建立健全服务政府职

[①] 高祥荣：《"撤县（市）设区"与政府职能关系的协调》，《甘肃行政学院学报》2015年第3期。

能，提高公共服务的供给水平。

（一）重新确立市、县不同的治理目标

世界银行1997年的发展报告指出："最明白无误和最重要的原则是，公共物品和服务应当由能够完成支付成本和应得收益的最低级政府提供。"① 县级政府作为我国最低一级拥有完整决策权与执行权的政府，是最合适的公共服务提供者。以建设服务型政府为目标，市、县级地方政府要从以政治统治为中心，向以社会管理和公共服务为中心的方向转变，从"越位"处"退位"，从"缺位"处"补位"，并改正"错位"。

以往的"市管县"体制片面强调以经济为中心，政策和资金等资源主要集中在城市，直接造成农村公共服务供给不足以及"大城市病"等难题。因此，实行市、县分治，市、县两级政府首先要确定地方政府执行地方公共意志、行使地方公共权力、制定地方公共政策、管理地方公共事务、提供公共产品和公共服务，满足辖区居民公共需求的使命，不再"唯GDP论""唯政绩论"。其次，市、县必须针对城市、农村不同社会经济发展状况，提供差异化契合性的公共服务，市级政府应该确立合理推进城市化发展，满足市民多样化需求的服务目标，主要致力于城市建设、市政服务和社会管理；县级政府应该尽快补足农村服务短板，解决"三农"问题，满足村民公共服务需求，致力于提供农村服务与发展县域经济，推进基本公共服务供给的城乡一体化。

（二）重新定位市、县功能

当前具有城乡合治属性的市管县体制，不适应于市、县所在区域的城乡属性，会导致城乡公共服务的错位以及缺位。因市、县社会属性和发展目标不同，新时期的市、县分治要立足城乡差异，重新定位市、县级政府的服务功能，既要从总体上强化地方政府的公共服务职能，又要面向城乡社会差异明确市、县级政府各自的公共服务重点内容。

1. 凸显地方政府的公共服务职能

服务型政府建设要求政府从政府本位到公民本位，从行政管制到公共服务转变。目前还存在群众对政府治理转型不适应，服务红利实际获

---

① 世界银行：《1997年世界发展报告：变革世界中的政府》，中国财政经济出版社1997年，第121页。

得感不强的问题,侧面说明服务型政府建设还未能"沉到底,落到实处"。究其根源,主要是作为最低层级具有完整回应能力的县级政府,未能清晰了解群众需求,发挥好基层公共服务应有职能。县级政府供给公共服务不力,一方面源于"职责同构"结构下,县级政府以完成上级指令为首要任务;另一方面源于"晋升竞标赛"体制下,县级政府仍将经济发展作为主要行政目标。在服务型政府建设中,县级政府需要直接提供公共服务,"市、县的职能重心应从直接参与经济管理为主转为以提供公共产品和公共服务为主"①。因此,一方面,必须科学划分"省—市、县"各自职责,厘清各自纵向职能及府际关系,突出市、县政府公共服务职能;另一方面,市、县政府应该积极转变自身职能,做到尊重市场规律、专注公共服务供给。

2. 合理定位市、县服务功能

为回应城乡居民诉求,促进城乡社会发展,市、县政府应基于各自辖区的经济社会特点,在公共服务供给类型和内容上有针对性,尤其注意因地制宜协调经济性公共服务与社会性公共服务。

一方面,市级政府的职能要有增有减。市政府基于市政提供服务,要剥离市政府的"三农"服务职能,将市政府从长期力不从心的农村治理领域摆脱出来,将其主要精力放在城市发展、城市管理、城市公共服务供给上。市政府的经济性公共服务应该把重点放在改善营商环境上,通过市场服务手段而不是行政管控手段,调整城市产业结构服务城市产业升级,发挥好城市化工业化发展集聚作用,提升城市发展水平。城市基本社会性公共服务具有"受益空间的有限性、空间上的高度密集性、使用上的高效性以及受益上的空间溢流性"② 特点,市政府要有效供给覆盖全民而又层次多样的医疗服务、持续增长的终身教育服务、全面健全的社会保障服务。除了保障城市基本公共服务供给以外,市政府还要满足多样化的服务需求,既要建设便民信息网络,及时收集服务需求,又要建立多样化的居民服务渠道,尤其是加强居民自我服务,鼓励第三部

---

① 吴金群:《省管县体制改革——现状评估及推进策略》,江苏人民出版 2013 年版,第147 页。

② 金南顺:《城市公共服务理论与实践》,中国社会科学出版社 2009 年版,第 30—34 页。

门介入服务,建立良好的公私合作伙伴关系。

另一方面,县级政府的职能应该适当增加,尤其是要做好"三农"公共服务,弥补发展过程中的历史欠账。县级政府为解决农村公共品长期"供给总量不足、供给结构失衡、涉及农村可持续发展的公共产品供给严重短缺"① 问题,必须"把职能重心转到管理县域公共事务、服务县域发展上,将工作重点放到发展县域经济、统筹城乡发展、建设新农村上"②。在经济性服务上,一方面围绕农业生产本身,做好"农业基础设施、农业科技成果推广、农田防护林、病虫害防治、小流域防洪防涝设施建设、技术培训、农业信息服务、农村中小水利设施等"③ 生产性服务;另一方面该积极推动农业经营体制转型升级,做好土地流转,适当提高农业机械化、集中化与科技含量,大力培养依靠农业致富的"中坚农民"。同时加大农村基本公共服务供给力度,推动基本公共服务的城乡均衡,尤其是在"基本公共教育、基本劳动就业创业、基本社会保险、基本医疗卫生、基本社会服务、基本住房保障、基本公共文化体育"方面,要保障城乡"基本公共服务均等化总体实现"④。对农村地域广、居住散、设施差、公共产品供应低效等问题,县级政府应承担主要责任、创新公共服务机制。相较城市而言,县级政府能够依靠的第三部门数量少,第三部门介入公共服务难度大,必须加强农村自治组织建设,完善农村"共同体"建构,开发乡村内生的治理资源。

当然,在市、县政府区分各自功能定位和服务分工基础上,在面对如社会保障等交叉领域与如河流水污染等跨界问题时,市、县之间同样需要统筹合作,建立起"横向互助、上下联动、职能有机衔接的工作运行机制"⑤。涉及该方面的内容,可以借鉴美国的多中心治理经验,推动

---

① 冯华艳:《农村公共服务供给研究》,中国政法大学出版社 2015 年版,第 69—75 页。
② 吴金群:《省管县体制改革——现状评估及推进策略》,江苏人民出版社 2013 年版,第 149 页。
③ 靳江好:《服务型政府建设》,社会科学文献出版社 2012 年版,第 275 页。
④ 《国务院关于印发"十三五"推进基本公共服务均等化规划的通知》,2017 年 1 月 23 日,http://www.gov.cn/zhengce/content/2017-03/01/content_5172013.htm,最后浏览日期:2020 年 4 月 15 日。
⑤ 陈芳:《省直管县体制改革视角下省市县政府间关系研究》,硕士学位论文,湖南大学,2018 年。

"府际"合作与部门关系协调,如建立健全政府间的非正式合作机制,签订具有法律效力的政府间服务合同,制定为小规模社区提供一揽子服务协定,构建管理某一公共事务的共同权力,适当推动及政府之间的职能职责转移。

(三) 构建市、县分治的法律体系

构建市、县分治的法律体系,就是将合理化的责权配置、协调机制、相互关系等进行制度化,为市、县分治提供一个规范化治理体系。就"硬法"而言,一是要明确"省—市—县"地方政府管理体制,将市、县分治作为地方行政区划在宪法上予以确认。二是要推动市、县获得一定的立法自主权,以贯彻十九届三中全会明确强调的"赋予地方更多自主权,支持地方创造性开展工作",而赋予市、县立法权,需要贯彻三大原则:首先不能违背宪法要求,其次要有利于城乡社会经济高质量发展,再次要有利于资源有效配置,防止重复建设、恶性竞争。三是要制定一部《政府间关系法》,首先要明确规定省、市、县政府的财权、事权和职责,避免因职责不清造成政府间冲突与公共管理的空白地带,其次需要制定协调政府间的合作规范,以满足市、县分治后进行的大量市、县合作需要。就"软法"而言,主要是通过"府际契约"填充区域治理中的法律空白,与"硬法"形成功能互补。"应制定法律赋予其明确的合法性,规范'府际契约'的标题名称,细化'府际契约'的具体内容,强化'府际契约'的执行能力,完善监督和纠纷解决机制。"[①]

(四) 构建市、县分治的财权配置体系

以市、县级政府为主体建设服务型政府,必须完善与政府职责相适应的权力配置,尤其是财政权配置。基于市、县一级的政府服务职能,要着重提升二级政府的权力配置水平,以发挥市、县级政府发展自主性,提升政府的公共服务供给能力。首先,要建立健全政府间公共服务财权配置机制,公共服务供给以市、县一级为主,要求必须赋予市、县政府一定比例的财权,通过分税建立稳固坚实的市、县税制,使市、县政府成为有职、有责、有权的政府,最终实现财权与事权相匹配的配置体制。

[①] 吴金群:《市县协调发展何以可能——省管县改革后的区域治理体系研究》,浙江大学出版社 2017 年版,第 193 页。

其次，在建立健全公共服务财政配置体系过程中，要着重加大对县级政府财力配置的支持力度。继续坚持"多予、少取、放活"的农村工作方针，在财政支出结构上做出适应性调整。对于农村公共财政投入安排，不仅要考虑相对于城市的增速和增量问题，而且要充分考虑到农村公共服务成本，解决公共服务历史欠账中的公平效率问题，让地方公共财政更多投入"三农"领域。总之，只有帮助县级政府弥补公共财政缺口，优化基本公共服务实施空间布局，才能切实提升农村基本公共服务水平。

（五）分类建立市、县考核体系

考核体系作为一种监督激励机制，是地方政府行动的"指挥棒"。现有的考核体系给服务型政府建设带来困境。一方面，现有的自上而下的激励传导机制诱发了地方政府单纯"唯上"的行为，由于缺乏足够的自下而上的激励机制和监督机制，政府因此缺乏真正的为社会服务的动力。[①] 另一方面，市和县作为两种不同的社会经济体系，各自发展原则和内容不同，目前城乡"一刀切"的考核体系是用工业理念抓农业生产，用行政手段将农民变为市民，与城乡实际发展状况不符，易产生反向社会效果。实行市、县分治，必须整体变革现行考核方式，建立健全自下而上的考核激励体系，基于市县不同性质实施分类考核。

1. 以服务为核心重建考核激励体系

重建考核激励体系，首先，要建立新的考核评价标准。对于市县一级的政府，应该以服务作为评价依据，从质量评估、社会效果评估与公民满意度评估三方面，健全考核标准体系。其次，要建立健全对政府服务监督机制，鼓励中介组织参与政府部门的绩效评估，评估活动应当交由具有独立身份和专业经验的组织进行。最后，公民是公共服务的"顾客"，在绩效考核中必须强调公民参与，改变长期以来考核主体为少数领导人或上级组织部门的局面。要本着以公民本位的精神，为公民参与创造条件与机会，如主动进行信息公开，开展民主评议政府，设立地方领导接待日，等等。

2. 对市、县进行分类考核

因城乡社会经济属性有较大差异，应对分别负责城乡的市、县政府，

---

① 张孝德：《建立内生服务型政府的系统工程》，《国家行政学院学报》2004 年第 6 期。

进行有重点、有层次的分类考核。对市政府的考核应该从工商业发展和市民需求出发，工商业发展主要考察市级政府的企业服务能力，可以按照企业准入—企业运营和发展—企业退出市场服务流程对其进行考核，建立合理的营商环境考核体系对其进行评判；市民需求则主要考核政府对市民多样化需求的满足水平，在考核过程中应有畅通的市民参与渠道，创新方式提升市民参与水平，把考核重点放在城市居民获得感、幸福感、安全感的提升上。

对县级政府的考核应该主要从"三农"问题出发，重点关注农村基本公共服务、农业生产公共设施以及制度资源提供状况，既要关注农村政策资源的投入，即是否投入了足够的公共资源，弥补农村公共服务的"历史欠账"，又要关注农村公共服务的制度构建，即是否构建起适应于农村发展现状，有利于农村社会经济健康发展的公共服务体系，以及考核指标和考核过程的科学有效，即是否建立起政府、社会与村民共同监督的多层次评价体系。

第四节　乡镇政府转型研究

一　服务型乡镇政府的改革缘起与基本理念

（一）乡镇政府转型改革的缘起

农业是国民经济的基础产业，农村是国家发展的重要基石，农民是国家创新的重要力量。"三农"问题是大国之基，既是国家生存的民生问题，又是国家发展的战略问题。改革开放后，市场经济兴起和活跃，传统农村结构逐渐瓦解。尤其是2000年以后，广大农民以务工人员的身份进城，参与市场经济发展，农民的"农村性"不断丧失，农村社会结构快速重组。

乡镇政府作为嵌入农村社会的政权机构，承担社会治理和公共服务供给职能，在运转过程中既面临着内部组织变革，又遭遇外部环境变迁带来的挑战。国家治理现代化要求基层治理现代化，基层治理现代化一方面对基层政府理性提出高要求，另一方面要求基层政府治理过程的现代化，以更好实现为农民提供公共产品与公共服务的目标。近年来的服务型政府建设、"放管服"改革等为基层治理体制改革指明了方向，乡镇向服务型政府转型成为实现基层善治的关键环节。

"认清中国社会的性质,就是说,认清中国的国情,乃是认清一切革命问题的基本的根据。"① 建设服务型乡镇政府,实现广大农村尤其是中西部农村的治理现代化,首先需要扎根中国大地,沿着其独特的发展轨迹,了解政府治理的历史沿革,从田野和经验中审视当前乡镇问题,寻找乡镇治理问题的历史因素,挖掘服务型乡镇政府建设问题的根源,其次才能实事求是的探讨解决路径。我国两千多年的君主专制统治中,"皇权不下县""县政乡治",乡村治理主要依靠乡绅代理。直到清末民初,乡镇才在国家建设中逐步成为基层政权单位,中华人民共和国成立后承袭了乡镇的政权机构属性。当前的乡镇政权源于20世纪70年代末,随着家庭联产承包责任制的推行,广大农村地区释放出巨大的发展活力,人民公社体制作为控制农村资源为主的治理工具和治理模式,难以承担发展和振兴乡村经济的重担。1982年11月26日,《关于中华人民共和国宪法修改草案的报告》中提出的"改社为乡"的提案得到全国人大的通过,在原有公社管辖范围的基础之上,乡镇党委、乡镇人民政府及乡镇人大建立。

1994年分税制改革以后,基层政府财力弱化,带来了县级政府对乡级政府财政支出的绝对支配权,乡镇政权的治理结构体现为"权小责大能弱"的格局。② 导致的结果是,乡镇政府对乡村地区的控制力降低,只有通过扩大乡镇行政机构来提高影响力。然而,乡镇行政机构越大,行政成本就会越高,向农民征收的税费就越多,农民的负担就越重,政社矛盾快速扩大,进一步削弱乡镇政府对农村的控制,由此形成特定时期乡镇行政恶循环。乡镇政府通过设立各种行政规费向农民汲取资源,加重了需要承担繁重农业税的农民的负担,使基层政府和民众之间的隔阂加剧,矛盾激化,严重威胁基层政权合法性,损害党在农村的执政根基。基于此,21世纪初,中央推动影响深远的农村税费改革。以"三取消、两调整、一改革"为核心进行的农村税费改革大大减轻了农民的负担,同时也弱化了乡镇政府与农村建立在资源汲取关系上的制度性

---

① 《毛泽东选集》第三卷,人民出版社1991年版,第633页。
② 徐勇:《乡村治理与中国政治》,中国社会科学出版社2003年版,第140页。

关联。

农村税费改革后，乡镇政权的变革过程趋于稳定，乡镇政府与农民的矛盾趋于缓和。在后税费时代，乡镇政府必须转变政府职能，更好为农村提供公共产品，才能建构新的政权合法性。21世纪初，服务型政府成为我国各级政府主流改革理念。2001年初，南京市、北京市和重庆市政府先后提出服务型政府建设目标，全国各地的政府纷纷按照服务型政府理念推动改革，乡镇政府因此逐渐向"服务"和"发展"混合的角色转变。党的十六届三中全会明确指出，要增强政府公共服务职能，向"服务型政府"全面转型。十八届三中全会明确指出，要切实转变政府职能，建设法治政府和服务型政府。2009年，中共中央办公厅印发《中央机构编制委员会办公室关于深化乡镇机构改革的指导意见》，开启了乡镇综合改革的浪潮。延续至今的广大中西部乡镇改革，核心特征之一是转变政府职能，强化公共服务供给，努力改善民生；之二是转变乡镇治理模式，理顺权责关系，创新体制机制，变"管理者角色"为"服务者角色"。

(二) 服务型乡镇政府的理念与目标

服务型政府的概念发源于我国，是我国在建设中国特色社会主义实践中汲取西方行政理论，推进马克思主义中国化过程中提出的改革范式。其一是受西方公共行政学界新公共管理、新公共服务等理论的影响，一方面通过推动民营化市场化改革提高政府行政和服务效率；另一方面以"顾客"为导向提供让公民满意的公共产品。其二是吸收了党在发展和建设过程中形成的思想精华，如毛泽东同志号召全体党员要"全心全意为人民服务"，邓小平同志提倡"我们的政府是人民的政府"，江泽民同志指出"我们党要始终代表中国最广大人民的根本利益"，胡锦涛同志强调要"坚持以人为本的发展"，习近平总书记提出"人民对美好生活的向往"是我党新时期的奋斗目标。

服务型政府理念一经提出，学术界即对其进行热烈探讨：（1）从价值理念上，将公民本位和公共服务视为服务型政府核心理念。[①]（2）从政

---

① 刘熙瑞：《服务型政府：经济全球化背景下中国政府改革的目标选择》，《中国行政管理》2002年第7期；张康之：《限制政府规模的理念》，《人文杂志》2001年第3期。

府模式上,将服务型政府视为一种全新的政府模式,在治理理念、发展目标、行为准则、服务模式、责任途径、政府职能、公共理性等方面,均区别于传统政府模式[①]。(3)从政府管理操作等路径进行分析,关注服务型政府的主体分工、管理体制、权责划分、绩效评估等[②]。总体来看,服务型政府内涵包括如下维度:第一,在价值层面,服务型政府意味着从政府本位向社会本位和公民本位转变;第二,在体制层面,服务型政府要求合理划分政府权责,实现政府体制的理性化;第三,在操作层面,创新公共服务供给方式,实现政府职能和社会合理分工;第四,在评估层面,建立科学合理的绩效评估体系,提高人民群众的满意度。

服务型政府建设是我国政府改革的必然选择,是社会转型大背景下政府自我革新的关键进程,是实现国家治理现代化的重要保障。十八届三中全会提出了国家治理体系和治理能力现代化的目标,2017年出台的《关于加强乡镇政府服务能力建设的意见》,要求提高乡镇公共服务能力的建设,习近平总书记在党的十九大报告中提出,要建设"三治"相结合的乡村治理体系。健全完善的乡村治理体系离不开乡镇政府的理性化,建设服务型乡镇政府是治理现代化关键步骤。

(三)乡镇政府转型的特征与内容

乡镇政府转型,一方面是行政体制改革的自我驱动,通过建设服务型乡镇政府,践行依法治国理念,建设人民满意的政府。另一方面源于农村社会结构变迁的外在要求,人口流动加快导致的社会结构重组,要求政府进行有力的回应,乡镇政府转型成为时代必然。建设服务型乡镇政府,是服务型政府建设的重要环节。服务型政府建设的实质是转变政府职能,以提供公共服务为内容核心,回应广大人民群众的现代需求,使群众相对均衡享受到社会发展福利,保障群众基本的政治社会权利。

---

① 姜晓萍:《论"服务型政府"的基本内涵》,《四川行政学院学报》2004年第2期;刘树信:《服务型政府:我国政府管理的新范式》,《国家行政学院学报》2005年第1期;陈红太:《中国服务型政府的四种模式》,《中国行政管理》2007年第7期。

② 朱光磊、薛立强:《服务型政府建设的六大关键问题》,《南开大学学报》2008年第1期;薄贵利:《建设服务型政府的战略与路径》,《国家行政学院学报》2014年第5期;郁建兴、高翔:《中国服务型政府建设的基本经验与未来》,《中国行政管理》2012年第8期;中国行政管理学会课题组:《服务型政府是我国行政改革的目标选择》,《中国行政管理》2005年第4期。

推动服务型乡镇政府建设，需要考虑其组织的特殊性，具体表现为：其一，乡镇政府处于政权组织的末梢，直接面对乡村群众公共服务诉求。其二，乡镇政府服务的对象是农民而非市民。其三，相较东部发达和城郊地区，中西部服务型乡镇政府建设基础落后。立足服务型政府理念，兼顾乡镇政府特殊性，本书认为，服务型乡镇政府是以农村居民需求为导向，以服务型政府理念为建设方向，旨在为农村提供公共服务，推动农村经济和社会发展，扩大农民政治参与的现代化政府。

大力发展公共服务是构建服务型乡镇政府的核心内容。在乡村发展公共服务，需要明确几个关键问题：第一，需要明确公共服务供给主体。乡镇政府以及村组织是农村地区的服务主体，具体包含乡镇党委政府以及村党委和村委会。党组织通过政治、思想和组织领导实现政策方针的方向引领和全面统筹，乡村政权和自治组织成为提供农村居民公共服务的供给主体。第二，需要界定公共供给的服务对象。农民、农业和农村是乡镇公共服务的对象和受益人。其中，农业问题主要涉及经济产业，包括改革农村土地制度、农业基础设施建设等问题。农村和农民主要涉及社会、政治、文化等综合性建设，包括提高农村教育水平、完善农村社会保障体系、调动农民政治参与等。第三，需要明晰乡镇公共服务的内容。一方面是服务农业生产，为农民提供必要的信息、技术和资源的支持，引导发展现代农业和实现农业现代化；另一方面服务农民生活，满足农民基本公共诉求，引导社会组织、自治组织发展，激发基层自治活力。第四，需要创新公共服务供给方式。改革传统公共服务供给体制，推动公共服务供给的自主化、市场化和社会化，以供给手段创新推动公共服务供给有效。

二 乡镇政府转型中的问题——基于四川省射洪县的调查

服务型乡镇政府建设已有十多年的探索实践。乡镇政府深化改革的根本目标，在于转变乡镇政府的角色定位和职能，使行政体制适应社会经济体制，实现基层治理体系和治理能力的现代化，建构公共服务导向的政府权威。然而，由于发展中诸多不确定因素的影响，乡镇政府改革面临许多问题，甚至存在方向性偏离。本书选择了西部地区一个典型区域的乡镇——四川省射洪县进行案例分析①，梳理出当前乡镇政府转型和改革过程中面临的主要问题。

遂宁市射洪县，2020 年经四川省政府同意，撤县设市改为射洪市，由遂宁市代管。截至 2019 年，射洪市辖 30 个乡镇、2 个街道。共有 446 个行政村（587 个自然村），69 个社区。② 地处四川盆地东部，位于成渝经济区北弧。2017 年全年实现地区生产总值 360.47 亿元，产业结构为 12.4∶52.6∶35.0。③ 射洪县具有中西部农村地区的典型特征，农村人口多，城市化率不高，农业占比大，农业在经济结构中占据重要地位。全县总人口 95.81 万，农业人口 66.67 万，非农业人口 29.14 万。2017 年射洪县全年农林牧副渔总产值 73.97 亿元。农作物耕种面积 10.76 万公顷，全年粮食产量 44.36 万吨。射洪县乡镇数量多，乡镇经济不发达，基于射洪县乡镇的调查，从服务型乡镇政府框架审视当前的乡镇组织，发现当前中西部乡镇政府建设主要面临三大问题：其一是乡镇科层组织建设问题，职能不清、机构设置错位、服务主体缺位、运行过程失范等。其二是县乡关系问题，权责不匹配成为制约乡镇政府转型的关键点。其三是乡村关系问题，乡镇治理权威流失，人民群众对公共服务不满意，成为服务型乡镇政府建设阻碍。

（一）乡镇组织的问题

乡镇政府作为一级相对独立的基层政权组织，科学化、规范化、法制化是服务型乡镇政府建构的"理想类型"。当前服务型乡镇政府建设过程中，乡镇政府组织结构自身存在着诸多限制。

1. 职能界定不清

2017 年国务院办公厅印发《关于加强乡镇政府服务能力建设的意见》，对乡镇政府主要提供的基本公共服务做出明确规定，公共教育、劳

---

① 课题组于 2019 年 4 月中旬于四川省遂宁市射洪县进行了座谈会和实地调研，访谈了各乡镇党委书记及主要干部，调研资料均来源于实地获得，后文同。
② 《射洪县情概况》，2019 年 7 月 10 日，中国射洪政府网站，http：//www.shehong.gov.cn/mlsh_570/shgk/201907/t20190701_167132.html，最后浏览日期：2020 年 4 月 18 日。
③ 《2017 年射洪县国民经济和社会发展统计公报》，2018 年 5 月 9 日，中国射洪政府网站，http：//www.shehong.gov.cn/xxgk/tjxx/ndsj/201805/t20180509_151413.html，最后浏览日期：2020 年 4 月 18 日。

动就业、社会保险、社会服务、医疗卫生、文化体育等六项内容成为乡镇政府法定职能。但正如课题组访谈的某乡镇党委书记所说:"2017 年中央出了关于加强乡镇政府服务能力的建设意见,对乡镇政府承担的基本公共职能有了明确要求,实际上这些要求过于原则性和宽泛,在政府运行中依然保持着全能主义的治理职责。这些年强化以人民为中心,以人民的需求为导向,这些治理理念强化过后,基层政府、党委政府的职责从服务型异化为了'保姆型'。"从中央、省、市再到县,职能和机构基本上是对口设置的,也称"职责同构"。乡镇政府作为基层政权,其职责首先是落实上级政府的方针政策和工作部署,其次是维持辖区范围内的社会稳定,再次是发展经济和社会事业,提供公共服务等,但在"属地管理"考核原则下,乡镇几乎无所不包、无所不管,形成"该管的不该管的都要管"局面。职能边界不清晰成为乡镇科层机构理性化的重要阻碍。

2. 机构设置错位

乡镇政府机构、编制设置存在不合理问题。当前射洪县乡镇政府机构设置主要包括六个内设机构:党政办、财政所、社会事务办、社会治理办、社会发展办、扶贫办等,以及农业服务中心、宣传文化中心、种植中心等三个中心。与机构设置相匹配的是人员编制问题,课题组调研发现,射洪县的小乡镇行政编制是 16 个左右,中等乡镇行政编制为 20—30 个,大乡镇则有 40 个以上。然而,相较于压在乡镇政府身上的大量事务而言,能做实事的乡镇干部数量捉襟见肘。以射洪县瞿河乡为例,行政编制有 25 个,但退居二线的占据 5 个,长期生病的 1 个,能日常工作的有 17 人,再除去其中乡镇领导 9 人,能工作的普通乡镇干部,其实只有 8 人。还有,县级政府机构改革之后,射洪县有 37 个工作部门,乡镇几个机构要去对应 37 个县级部门工作,带来乡镇部门职责的复杂多样,及乡镇干部的多头对接特征。

3. 干部与人才缺乏

乡镇政府作为一级科层组织,职能发挥要通过乡镇工作人员尤其是乡镇干部实现。乡镇干部作为乡村治理的重要主体,在基层治理中扮演着关键角色。乡镇干部积极有为,具有主动性和主体性,积极发挥创造才能,深入群众了解民情,是实现基层善治的基础。然而,由于城市化发展进程加快，城乡差距在各方面拉大，乡镇又面临众多行政事务，使得乡镇政府的吸引力普遍降低，出现人才流失、干部积极性缺乏等窘况。主要表现在两个方面：一是乡、村两级组织留不住人。留不住人的很大原因在于乡村干部工作和工资不匹配，"现在的乡镇干部待遇太低，做的事情太多，凡是有能力的人都不愿意留在乡镇。"十八大之前，乡镇政府可以通过奖金、津贴等物质激励调动乡镇干部积极性，十八大以后尤其是"八项规定"实施以来，乡镇干部的"隐形福利链"被斩断，村干部的待遇相对更为低廉。以射洪县村干部为例，村支书1580元/月，村主任工资1420元/月，文书1250元/月，村委委员530元/月。工资太低难以承担家庭基本开支，难以找到年轻有能力者担任村干部，不少村庄大多是老年人长年担任，甚至有部分村庄找不到人愿意当村干部。二是干部积极性不高。由于工资待遇低，以及乡镇激励机制的不健全，"干多干少一个样"，乡镇干部积极性快速丧失。同时，近年来督查考核频繁，追责比例有所抬升，行政压力和风险增加，乡镇干部本着"多一事不如少一事，少一事不如不干事"原则，有意不作为的懒政和浮在表面的形式主义问题突出。

4. 制度运行失范

受到传统的政府运行惯性及职能边界不清问题影响，乡镇治理乱象时有发生。其一是乡镇政府行政理念滞后，导致严重官僚主义作风问题，乡镇政府自身不守法律、不守诚信的现象仍然存在，比如不与企业签订合同，无故拖欠项目工程款，"仍然认为自己是政府老大，别人没办法"。其二是行政任务以及督查考核加重，导致乡镇治理制度运行越轨。有的乡镇面对属地管理下的政治责任压力，被迫采取蛮干甚至违法手段完成任务考核。其三是属地管理与执法权缺乏的矛盾，引起乡村事务治理过程和结果的失范。面对日趋复杂的基层矛盾，乡镇政府缺乏合法的执法权，如果为了维持基本秩序，而采取制度外手段解决，就可能引发社会冲突，如果不及时化解矛盾，又会损害广大群众的利益，制约公共服务职能履行。

（二）县乡关系的问题

乡镇政府作为行政层级末梢，要接受县级政府及其各部门领导。权责利分配合理、考核体系科学的县乡关系结构，是建设服务型乡镇政府的重要保障。然而调查发现，当前县乡关系的不合理，引发乡镇的形式主义应对，成为服务型乡镇政府发展的阻碍。

1. 财税体制不健全

"财为庶政之母"，乡镇作为一级政权，理应拥有一级财政。"乡财县管"改革后乡镇常规运转主要依靠上级转移支付，乡镇政府失去作为一级政权的财政基础。当前乡镇财政基本只够维持机关运行，据调查，射洪县下辖各乡镇除开工资预算，每个乡镇有人均9000元办公经费，政府正常运转基本能够保证。但是，地方发展资金和乡镇自有资金缺乏，乡镇自主发展能力动力较弱，遑论为居民提供个性化高质量的公共服务。乡镇没有公共服务资金，无法补贴村级服务，射洪县90%的村都是空壳村，村级组织同样没有公共资金，许多基本服务由于经费匮乏，只能以"拖、磨、耗"的方式来处理。尤其是偏远山村，干部只能当"维和部队"，保证社会的基本稳定，公共服务成为"水中月"。县乡之间财权、事权的不匹配，严重制约服务型乡镇政府建设，县级政府对财权的强力控制，一定程度上保证了县级资源统筹和分配，却带来乡镇基本职能履行缺位。

2. 执法体制成效差

社会治理是乡镇治理的重要内容。有效的社会治理仰赖行政执法能力。当前的乡镇政府，随着条条部门垂直化程度加强，大量执法权被上收到县级部门，但是，乡镇又要承担属地管理责任，形成"有责无权"的尴尬局面。广播、税务、食药、国土、规划、司法、公安、供电、畜牧等实权被上解到县级部门，意味着乡镇遇到社会矛盾时更多担任"报备员""报告员"角色，乡镇政府将问题上报到县级部门请求处理，程序的复杂及县级部门不作为，造成部分基层矛盾积累变异，加大了后续治理复杂性和困难度。如射洪县金华镇在发现违法建设后，请示上级国土部门下发整改通知书，然而从居民修建宅基地开始，直到建筑物建到四楼仍然没执法。执法权的缺乏使乡镇政府难以依法处理，不少问题因此一再耽搁形成历史遗留问题。

3. 权责结构不对等

权责结构不对等即权力小、责任大，结构失衡成为乡镇政府常态。权责结构不对等带来的结果是乡镇形式主义治理。乡镇处于行政组织最低层，行政任务本来就十分复杂和繁重，尤其是历次乡镇体制改革，基层政府裁量权逐渐缩小，但是，乡镇政府属地治理责任并没有变化，导致的后果是基层干部面对繁重事务，因能力不足不得不"虚假应对""拼凑应对"，以文牍主义应对上级督查考核。射洪县某乡镇书记抱怨，"每一次活动来了必须要做横幅标语，村上、乡上的办公室根本都挂不了了"。权责结构的不对等及行政事务的加重和严格考核，使得以避责为核心的形式主义应对成为乡镇策略选择。该种行政策略阻碍了乡镇公共服务供给能力，加深了乡镇与上级政府部门的离心趋势。

4. 考核体制片面化

公共服务供给是服务型乡镇政府的核心职能，确保公共服务的高质量和高效率是制度设计的关键。满足群众的公共诉求，提高群众的满意度，是公共服务供给的目标。课题组调查发现，在当前制度环境下，由于考核的对上体制及考核内容的增多，致使县级政府对乡镇考核越发片面化。其一是指标体系不合理，体制和社会对接不畅。课题组调查发现，乡镇考核围绕上级目标运转，耗费了大量的时间和精力，无暇顾及群众的公共诉求，公共服务供给水平较差，降低了群众的公共服务获得感。其二是上级部门督察考核频繁，过分注重过程而忽视结果。乡镇政府为应付频繁的督察考核花费巨大，难有足够的人员和财力提供公共服务。同时，文牍主义、痕迹主义等问题，大量消耗乡镇的行政资源。其三是结果考核的形式化。当前对乡镇政府实行的是综合性考核，涉及经济、环保、民生、党建等内容，乡镇全部要保质保量按时完成，由于公共服务内容不好测量，只能实施数量测量而非质量测量，带来的后果是考核流于形式，忽视了公共服务供给质量。

（三）乡村关系的问题

乡镇政府作为国家嵌入农村的政权机构，要直接应对各项社会公共事务。建立和谐的政社关系、干群关系，是实现基层治理现代化的基础。建设服务型乡镇政府，重在以农民的诉求为重要导向，以农民的服务需求为目标，供给公共服务让人民满意。然而，在当前的农村社会发展中，乡村关系面临信任隔离，干群离心等诸多现实挑战。

1. 治理权威易流失

建设服务型乡镇政府既是治理资源重构的过程，又是基层治理权威重塑的过程，建设服务型政府乡镇，需要将基层政府合法性来源由国家授权，转为向群众提供高质量的公共服务上面来。当前的乡镇政府出现治理权威削弱现象，主要表现在基层政府公信力低、群众不信任。公信力是服务型乡镇政府建设的核心，丧失公信力将会面临治理合法化危机。公信力弱的原因是多方面的，首先，乡镇治理手段匮乏，对民生型事务无能力供给，对社会矛盾无能力处理，无力应对突发事务和遗留矛盾，乡镇政府的不作为、慢作为，弱化了民众对乡镇政府的认同。其次，信息不对称加剧乡镇权威流失。在信息惠民时代，群众基于各种渠道了解利民政策，乡镇政府由于信息发布的边缘，政策执行过程需要因地制宜，造成部分政策实践与群众预期的出入，群众会加深对基层政府的质疑。其三，乡镇干部"污名化"损害治理权威。尤其是党的十八大以来，反腐倡廉工作力度加大，各种腐败案例通过多重渠道曝光，乡镇干部正面信息较少报道，相反，少数乡镇干部的腐败被无限放大，形成乡镇干部被"污名化"的效果。纪检力量的加强，督察考核的频繁，属地责任的加重，进一步印证"中央政府都是好的，都是被下面的干部带坏了"的认知。

2. 乡村公共服务效果不满意

服务型乡镇政府的目标是以农民需求为导向，建设人民满意的适应社会结构变迁的现代政府。根据调查，当前建设服务型乡镇政府过程中，群众对乡镇政府公共服务供给不满意成为常态。首先，公共产品质量不高，没有呼应农民的诉求，农民对公共服务效果不满意。当前农民的公共服务诉求，主要分为农业生产服务和社会生活服务，公共服务形式化供给脱离了该目标。其次，乡镇政府服务意识不到位，提升群众的不满意程度。受制于管制型政府的惯性，部分乡镇干部回应诉求中仍然存在"官老爷"作风，与群众的权利意识觉醒产生矛盾，带来群众对乡村公共服务过程的不满意。最后，服务机制不健全成为引发不满的关键。乡镇公共服务供给方式仍然秉持传统的供给理念，公共服务单向度供给切割了政府和社会的纽带，阻碍了村民的社会参与热情，成为引发村民不满的重要因素。

3. 乡镇政府行政绩效评估不合理

乡镇政府行政绩效评估的不合理，具体表现为片面追求群众满意。

一方面，上级政府实施硬性指标考核，规定公共服务供给机制；另一方面，引入各类组织进行社会测评，注重群众满意度调查。但是，单一引入满意度测评可能失去民主测评的初衷，群众对公共服务供给机制缺乏了解，甚至有可能将该种"测评权力"转化为谋利的手段，因此损害干部供给公共服务的积极性。追求群众满意片面化是把群众满意作为第一标准，异化为把每一个群众满意作为第一标准，带来基层公共服务供给工作的价值和实践偏离。基层治理应该抓根本打基础，为促进民生发展进行长远计划。政府服务最广大人民的根本利益，做不到服务于每一个群众的利益。倘若不能厘清群众利益与个别利益的关系，乡镇政府公共服务供给就容易陷入事务主义泥潭中。正如射洪县某党委书记所说，"群众利益无小事，我们就不敢怠慢任何事，不管是群众的家长里短还是鸡毛蒜皮，结果导致我们基层的多数工作都在给每一个来找我们的群众给交代，给说法，这就导致了我们甚至有些时候为了追求百分之一的满意率而不惜用上百分之九十九的时间和精力。"群众满意的片面化的结果是，群众对公共服务供给不满意，政府对群众的评估不服气，干群隔阂和离心趋势快速蔓延。

三　乡镇政府转型改革试点经验

"政治统治到处都是以执行某种社会职能为基础，而且政治统治只有在它执行了这种社会职能时才能长久下去。"① 国家政权统治以政府职能的实现为基础，统治合法性的维持要靠履行社会职能实现。乡镇政府作为基层政府，要承担社会治理和公共服务两大最主要、最基本的职能。税费改革以前，乡镇政府以经济发展和社会控制为主，供给公共服务的总量不足，供给结构严重失衡，难以满足农民基本需求。建设服务型乡镇政府，就是要改变乡镇治理模式，强化乡镇政府公共服务职能。

随着社会经济发展，公共服务供给质量越来越重要，甚至成为衡量政府现代化的重要标尺。建设服务型乡镇政府，既是理念导向问题，又是政府实践问题。自从服务型政府理念提出以来，不少地方政府努力创新公共服务供给，在构建服务型乡镇政府方面进行了大胆尝试，取得了

---

① 《马克思恩格斯选集》第三卷，人民出版社1995年版，第523页。

不少经验。

(一) 绍兴市:"强镇扩权",增强乡镇公共服务职能

公共服务职能的实现需要权力和资源保障。以浙江省绍兴市为代表的"强镇扩权"改革在增强乡镇公共服务职能,建设服务型乡镇政府方面进行了尝试和探索。

1. 从放权试点走向综合改革

所谓"强镇扩权",主要是针对"小城镇综合改革试点镇"制定和出台以扩大乡镇自主权为核心的政策,包括扩大镇级政府的权限,实行发展资源和财政政策性倾斜等,从而为乡镇政府履行社会管理职能,特别是公共服务职能奠定基础。

东部发达地区的服务型乡镇政府建设,以"强镇扩权"改革为主要实践路径。浙江省作为典型的东部省份,"强镇扩权"改革影响全国。2005年9月浙江省在绍兴率先开展"中心镇"改革试点,将以环保、安全生产为代表的四项县级职能下沉到杨汛桥镇等五个中心镇,2006年将改革拓展到嘉兴。2007年4月,浙江省政府发布《关于加快推进中心镇培育工程的若干意见》,依照"依法下放、能放就放"原则,赋予中心镇更多的社会管理权限,加强其在义务教育、公共卫生、社会保障等方面的服务职能,完善乡镇财政体制,实现真正意义上的"一级政权"属性,绍兴市是其中的主要代表,主要改革内容有三大要点:一是下放权力,授予中心镇和中心街道部分县级部门的管理职权;二是完善机构,根据社会发展增加内设机构,将原来的"四办两中心"调整为"五办一局两中心";三是增强乡镇财力,合理提高中心乡镇的财政分成比例。

2. "强镇扩权"改革评价

通过"强镇扩权"改革,发达地区乡镇政府财力明显提高,进一步提高了乡镇政府的公共服务供给能力。县级政府部门通过委托授权,提升乡镇政府社会治理能力。然而,立足建设服务型乡镇政府,"强镇扩权"改革还存在若干问题。服务型乡镇政府以居民需求为导向,要实现公民本位下的居民参与,乡镇政府须按照辖区内的大多数居民意愿,提供契合性的公共产品和服务。"强镇扩权"改革的实质则是实现县乡、乡镇之间权责、财政的重新配置,以增强乡镇政府尤其是中心镇社会治理和公共服务能力。一系列改革重视的仍然是乡镇政府的"管控力",在理

念和操作层面忽视了如何实现真正的"服务"。

(二) 宣城市：改革乡镇机构，提高行政效率

21世纪以来，随着改革力度的增强、社会结构快速变迁，政府必须更多回应居民诉求。服务型政府理念兴起后，以推动政府理性化、科层化、法制化为目标的乡镇机构改革应运而生，其中，安徽省宣城市的乡镇机构改革比较典型。

1. 乡镇改革的"宣城特色"

乡镇机构改革主要涉及乡镇科层组织的自我理性化，是面临社会发展新形势、新问题不断自我调适的过程。在新形势下，推动乡镇政府职能转变，优化乡镇政府组织结构，完善乡镇治理体制机制，提高乡镇社会治理和公共服务能力，仍然是乡镇机构改革的重中之重。20世纪以来形成的"三农问题"继续成为社会矛盾的关键点，农村税费改革试点对乡镇机构改革提出新要求。宣城市根据中央和省级统一部署和规划，积极谋划和实施乡镇机构改革，逐渐形成乡镇政府改革的"宣城特色"。

宣城市乡镇机构改革主要历经了四个阶段：第一个阶段以精兵简政为核心。2000年，安徽省委省政府决定把精简机构和冗员作为重点推进全省范围内的乡镇机构改革。宣城市明确以"减人减事减支"为主线进行改革。主要内容包括：科学设置机构，中心建制镇设置党政、经济发展和社会事务三个综合性办公室，其他乡镇设置了党政、经济发展两个综合性办公室。精简人员编制，因事设岗，以岗定编，严格控制使用人员编制。通过竞争择优上岗，按照"公开、平等、竞争、择优"原则组织实施。第二阶段重点关注领导体制改革。为巩固乡镇机构改革的积极成果，宣城市通过调整乡镇区划，有效整合行政资源。经过两轮调整，宣城市的乡镇数量由176个撤并为98个。在此过程中，宣城市积极探索以"主官合一、减少副职"为核心的乡镇领导体制改革。2004年5月，宣城市出台《进一步加强乡镇党委建设的意见》，在7个乡镇实行党政正职"一肩挑"，班子成员交叉任职、分工不重。第三阶段以转变乡镇职能为主要内容。宣城市围绕"创造发展机会，加强社会管理，搞好公共服务，促进稳定和谐"的目标，明确提出实现转变乡镇政府职能，将原先由事业单位承担的如村镇建设规划职能收归乡镇政府。第四个阶段是以

发放权和差别化管理为核心的综合改革阶段。在部分行政许可、行政监管等方面进行简化和放权。同时，为刺激各乡镇自主发展，推动地方发展因地制宜，宣城市于2011年探索出差别化管理模式。如广德县根据乡镇区位、资源等不同特点，将全县9个乡镇分为新型工业发展重点乡镇、生态休闲旅游发展乡镇、特色发展乡镇三类，分类进行考核。

2. 宣城市乡镇改革评价

宣城市作为我国乡镇机构改革先行地区，通过多轮改革巩固和深化了机构改革成果，取得了积极的成效。从早期的精兵简政到后期的综合体制改革，宣城市乡镇机构改革以实现政府理性化为重要导向。首先，转变了乡镇政府职能。通过不断推动改革，乡镇政府的职能定位逐渐清晰化，从21世纪初期的以经济发展为导向的发展型政府，转变为以服务提供为核心的服务型政府。其次，规范了乡镇行政，提高了乡镇政府效能。综合设置乡镇机构，改革乡镇领导体制，明确乡镇领导班子的职责分工，规范了编制和人员管理，精简高效的组织框架基本建立。最后，建立和完善了公共服务体系。建立了县乡村三级便民服务网络，深化乡镇事业单位改革，适当引导民间资本进入农村，满足农民对公共服务的需求。

尽管宣城市多次推动乡镇机构改革，但其与建设服务型乡镇政府仍有距离。其一，乡镇机构改革中出现诸多问题。例如，乡镇机构和编制未能配套改革，乡镇干部队伍结构仍然不合理，机构整合存在一定程度的形式主义问题。其二，宣城市的乡镇机构改革始终是自上而下的行政驱动，乡镇机构改革的根本目标是减轻政府负担，忽略了农民的公共服务和社会参与诉求。其三，公共服务供给未切实满足农民诉求。建设服务型乡镇政府，实现政府理性化是关键，乡镇政府应改对上负责为对下负责，着力提升乡镇政府服务理念，提高乡镇政府服务效率，但是，宣城市的改革路径并不清晰。

（三）咸宁市：改革乡镇公共服务供给机制，优化公共服务效益

公共服务供给质量问题是基层治理的关键，尤其是乡镇政府的公共服务供给，对于促进乡村经济和社会发展，有效解决"三农"问题至关重要。如何高效提供让人民满意的乡镇公共服务，是建设服务型乡镇政府重要内容，湖北省咸宁市咸安区围绕"政改"推动的"以钱养事"改

革，为乡镇公共服务供给提供了新型经验。

1. 从"以钱养人"走向"以钱养事"

咸安是湖北省咸宁市下辖的一个县级区，虽然是一个县级区，但实际仍然是落后的农村地区。2000年以前，咸安是湖北全省38个贫困县市之一，区级财政赤字一度达到3000多万元，"普九"负债9600万元，粮食挂账1.5亿元，党政机关办经济实体亏欠2.6亿元。[①] 窘迫的财政使得党政机关难以正常运行，同时，乱收费、乱摊派、乱集资等现象广泛存在，严重恶化了当地的投资环境，政权合法性和治理权威快速流失，基层治理出现严重的失序状态。时任咸安区委书记的宋亚平为了应对该问题，发动以体制改革为核心的乡镇改革，试图明确政府、市场、社会各主体间的关系，坚决转变政府部门职能，贯彻"政企分开""政事分开"原则，对乡镇事业单位进行转换和重新定位。乡镇下设的"七站八所"除财政所之外，很快全部进行较彻底的市场化改革，按照"花钱养事而非花钱养人"目标，对公共服务运行机制进行社会化改革，推动事业单位及公共服务多元化，咸安改革后来被概括为"以钱养事"改革。

"以钱养事"作为公共服务供给的创新，以提升农村公共服务供给质量为目的，本质特征在于服务供给机制的市场化。通过对乡镇"七站八所"进行性质转变，将工作人员由"干部身份"转为"社会人"，并通过政府采购的形式，花钱购买农村公共服务。政府将所需要的公共服务项目和内容，以及公共服务的时间要求、质量要求、价格要求、评估方式等，明确向全社会公布推动公开招标。通过该种机制改革，成功实现了从"以钱养人"到"以钱养事"转变，该种被称为"咸安模式"的公共服务新机制，后来逐渐推广到湖北全省实施。

2. 咸安模式改革评价

湖北省咸安区的"以钱养事"改革，体现了当公共服务供给市场化的趋势。20世纪70年代以来，西方新公共管理运动逐渐兴起，市场化作为公共服务供给的新型机制被广泛倡导和运用，主要为解决公共服务垄断性生产的问题。"以钱养事"机制改革，试图通过推动充分的市场竞

[①] 宋亚平：《咸安政改——那场轰动全国备受争议的改革自述》，湖北人民出版社2009年版，第2页。

争，解决"政府失灵"的阶段性问题。咸安区"以钱养事"机制的推行，极大地降低了行政成本，优化了公共资金使用效率，提高了公共服务供给质量。同时，通过将"七站八所"推向市场，解决了事业单位与政府职能混淆、边界不清问题，政府与各类新型公共服务中心的关系因此越发简单和顺畅。

然而，"以钱养事"机制在推广中同样出现诸多问题，其中最核心的问题是，"以钱养事"机制忽视了广大农村社会现状。在以农业经济为主、工业欠发达的农村，农民缺乏剩余购买力，缺乏现代市场经济条件，市场机制有待进一步完善。因此，"七站八所"改制之后，在多元市场主体严重缺乏的情况下，改制单位仍然垄断着政府公共服务招标资格。随着时间的推移，公共服务人员相对固定，"养事"到"养人"的"回潮"现象易出现。① 虽然签订了委托服务和聘用合同，真正意义的市场机制没有形成，毕竟缺乏一定的竞争主体，各类"服务中心"因此依然会"忽视服务效果"。综合而言，该项改革既没有获得坚实的理论支撑，政策扩散过程中又发现农民认可度不高。农民作为受益主体，其地位远远没有得到应有的重视，农民在政策制定过程中的缺位，导致其真正的需求难以体现，公共服务一定程度上呈现"形式化"特征。

（四）成都市：以村级公共服务资金为抓手，优化基层治理效能

科层化是当前公共服务主要供给方式，该种机制会带来行政资源浪费问题。如何突破传统科层体系创新公共服务供给机制，实现乡村社会公共服务的高效率和高满意度供给，成为建设服务型乡镇政府的重大课题。成都市村级公共服务资金体制改革，是突破传统组织关系的改革尝试。

1. 从科层供给走向项目供给

成都市是国家中心城市，一直处于中西部发展前列，承载着带动西南地区发展的重大责任。2007年成都市经国务院批准进行城乡统筹改革试点，并于2008年提出城乡基本公共服务均等化改革。2009年开始，成都市提出村级公共服务和社会管理五大机制创新，其中既包括：建立分类供给机制，将村级公共服务和社会管理划分为7个大类59个具体项目；

---

① 贺雪峰、刘勤：《为什么"以钱养事"的改革不可行》，《视点》2008年第3期。

建立经费保障机制，每年每个村（包括涉农社区）根据实际情况投入20万—30万元用以推进村级公共服务项目；建立设施统筹机制，整合村级公共服务资源，实现其有效合理的配置；建立民主管理体制，规范管理村级专项资金使用程序；建立人才队伍建设机制，增加大学生志愿者以及社会招聘等人才引进；等等。成都市通过机制性改革，为村级组织提供了充足的财政保障。以成都市大邑县为例，2013年起大邑县接近200个村（包括涉农社区）每年获得村级公共服务资金高达9000多万元，通过设立村级公共服务专项资金，打破公共资源的县—乡—村三级供给链，通过优化项目供给方式，推动县级政府及以上国家资源直接输入进村，同时辅之以公共资源使用规则激活村民自治，有效提高了乡村公共服务供给的质量和水平。

2. 成都村公资金体制改革评价

成都市创建的村级公共服务制度，是对我国基层政府资源配置模式的突破。在成都市村级公共服务资金创新供给中，县级政府、乡镇政府和村委的传统关系得以改变。在传统的公共服务供给模式下，县级政府不直接参与资金管理和统筹，而是下拨乡镇政府，使其根据区域情况进行自主配置。在这种资源配置和公共服务供给模式下，乡镇政府拥有较大的资源配置权力，各个村庄为促进发展而不得不依附于乡镇政府，对乡镇政府的指令"言听计从"。在压力型体制下，乡镇政府通过对配置资源的垄断供给，来实现对村级组织的有力控制，使得村级组织成为"半行政组织"。成都市通过村级公共服务资金的供给模式改革，县级部门以项目化方式直接向村级组织注入资金，乡镇政府的传统权威受到削弱，逐渐从配置资源的提供者角色，转变成辅助村级组织进行项目申报、监督村级公共服务资金使用的辅助性角色。该种新型的资源配置模式，带来乡镇政府权威来源的改变，促进乡镇职能向公共服务方向转型。

然而，村级公共服务资金使用过程中依然存在不少问题。由于农民的民主参与意识不强，往往对无直接利益关系的村务参与动力不足，从而导致村级公共服务资金的使用和决策权力主要集中于村组织。由于村干部尤其是村支书的任免权很大程度上受制于乡镇党委，因此，村级公共服务资金使用的"实权"又重新转移回乡镇政府。乡镇政府在管理过程中极易"越位"，从而带来公共资源配给的诸多问题。同时，公共服务资金的下放必然伴随相关责任的下移，村级组织由于权力、责任等缺乏明晰界定，加之上级政府为避免资金贪占，出台严厉的监督与惩罚措施，导致公共服务资金使用存在阻碍，难以为农民提供需求的公共服务。

（五）乡镇政府转型改革的反思

建设服务型乡镇政府，意味着地方政府应该提供人民满意的公共产品，意味着地方政府职能重心应该向公共服务方向转移。纵观当前已有的乡镇政府改革经验会发现，推动乡镇政府公共服务职能转变沿着四条脉络演进：其一是以浙江绍兴为代表的"权力下沉"，扩大乡镇政府自主权，完善乡镇政府职能，提高公共服务供给能力；其二是以安徽宣城为代表的"机构改革"，明确乡镇政府职能，精简政府组织机构，通过政府理性化提高公共服务供给效率；其三是以湖北咸宁为代表的"服务优化"，创新改革公共服务体制，推动公共服务市场化，优化公共服务效益；其四是以四川成都为代表的"县乡创新"，以项目供给取代科层制供给，激发基层自治活力提高基层自治能力，提高乡村公共服务供给质量。毫无疑问，四种改革路径都是地方政府推动乡镇职能转变的探索，系列公共服务供给体制机制创新促进了乡镇政府职能完善，提高了公共资源使用效率。

但是，四种改革路径均有明显的"政府本位"色彩。这一系列公共服务供给改革仅体现为手段改革，与服务型乡镇政府建设目标还有相当大的差距。无论是咸宁市"以钱养事"机制的实施，还是成都市公共服务资金的发放，均秉持的是传统单向度供给特征，且大都是基于社会压力的"回应性"改革。无论是制度设计、运行还是监督，都缺乏广大民众参与。在公共服务供给关系中，政府依然占据主导地位，民众依然缺乏参与表达机制。同时，在制度运行过程中，由于改革不彻底及改革不接地气，导致有些地方的改革呈现"形式化"特征明显，难以发挥改革效应。

建设服务型乡镇政府是个系统工程，改革成果获得需要长期努力，需要理念、制度和操作三个层面协同进行。公民本位的理念、规范化的制度设计，以及以民众需求为导向的运行机制，是服务型乡镇政府建设的必要措施。一方面，要加强对农民主体性的培育，引导农民参与改革，构建多元共建模式；另一方面，要加强乡镇政府的制度规范建设，协调县乡之间的合作机制，明确乡村两级组织的性质，厘清乡村组织的职责职能。同时，加强乡镇公共服务供给机制创新，构建以人民满意为目标的乡镇治理考核体系。

四 建设服务型乡镇政府的对策建议

党的十九大报告明确提出，"转变政府职能，深化简政放权，创新监管方式，增强政府公信力和执行力，建设人民满意的服务型政府"。服务型乡镇政府改革是服务型政府理念的基层实践，建设服务型乡镇政府需系统推动。建设服务型乡镇政府，需要树立服务人民的新时代行政观，筑牢中国共产党为人民服务的宗旨，重塑和密切基层干部和群众的"鱼水关系"，立足服务型政府建设的目标转变干部工作作风，践行"为民、务实、清廉"的群众路线要求，建设一支热爱基层治理工作、适应现代行政要求的干部队伍，全面推进乡镇政府向"服务型、法治型、效能型"方向转变。具体而言，服务型乡镇政府建设要立足三个维度，即乡镇科层组织的理性化构造，县乡行政体制的配套改革及乡村组织关系的重塑。

（一）乡镇科层组织理性化再造

乡镇政权处于国家治理和基层自治的衔接点，建设服务型乡镇政府是基层治理现代化的关键，要建立健全乡镇公共服务职能，需要以政府的理性化为前提。改革开放以来，我国政府经历八次行政体制和机构改革，每次政府机构改革尤其是中央政府机构改革都能取得既定目标，但地方改革尤其是乡镇政府改革进展较慢。乡镇政府职能不清、体制不顺、关系不明，行政不规范、干部流失严重、工作效率低下等，严重影响乡镇公共服务体系构建和能力提升。要建立职责清晰、高效精简的服务型乡镇政府，需要立足乡镇政府特性，完善乡镇政府的职能，创新机制提升乡镇服务能力。

1. 以强化服务为目标的职能调整

推动以强化服务职能为目标的乡镇政府职能调整，是建设服务型乡镇政府及实现基层治理现代化的关键一步。首先，需要明确乡镇政府职责。坚持权责统一的行政原则，准确定位乡镇政府职能权责。正确划分县级政府和乡镇政府的权责范围，防止乡镇政府在具体工作中出现越位情况。其次，需要重塑乡镇政府服务理念，以满足人民群众的公共诉求为导向，为区域居民提供优质的公共服务。最后，要逐渐淡化乡镇政府的经济发展职能，经济发展职能交由县级部门实施，将乡镇重构为区域性公共服务中心，保障农民生产和生活公共产品，如水、电、路、文化事业建设及科学技术推广。

2. 以提高效率为方向的机构改革

建设服务型乡镇政府，机构改革是重要突破口。其一，优化乡镇政府内设机构，突显乡镇政府公共服务职能。整合乡镇政府内设机构、事业单位和直属部门职能，理顺对上行使行政职能的"办公室"和对下行使服务职能的"服务中心"的关系。其二，优化乡镇政府组织架构，促进组织结构高效运转。推进乡镇党委班子成员和各个部门负责人交叉任职，落实分管领导和部门负责人责任，创新监管机制杜绝效率低下、行政不作为现象。其三，合理配置乡镇人员编制，调动乡镇干部的工作积极性。在不影响效率的前提下，优化乡镇政府职能，精简机构和工作人员，节省乡镇行政费用，缓解乡镇财政压力。

3. 以激发活力为导向的队伍建设

推进服务型乡镇政府建设，要保证乡村服务主体的"在场"，创新机制解决乡村干部流失严重问题。一方面，建立乡镇干部差异化考核办法，打破乡镇内部考核激励的"大锅饭"体制。规范乡镇干部调动、借用程序，严格落实乡镇干部调动、借用最低服务年限，保证乡镇干部队伍的相对稳定。坚持重视基层的鲜明用人导向，加大乡镇干部选拔使用力度，提高乡镇干部政治晋升预期。另一方面，改善乡镇政府的队伍结构，重视发挥各年龄段干部作用。加大从优秀村（社区）干部、大学生村干部、事业单位工作人员选拔为乡镇领导干部的机制建设，加强乡镇干部的教育培训工作、开展专题培训、创新培训方式、增强培训实效，积极推动乡镇之间、乡镇和县直部门、国有企事业单位之间的干部交流，同时要建立健全乡镇容错纠错机制，通过乡镇容错纠错机制建设，为乡镇干部干事创业提供弹性的制度空间，激励乡镇干部积极有为、敢于创新，继续推动创新提升乡镇干部的工作活力和能力。

4. 以规范服务为核心的行政优化

建设服务型乡镇政府的过程，是法治型乡镇建设的过程。一方面，要规范乡镇政府服务流程，不断完善乡镇服务体系。细化相应的规章制度，完善规范办事程序。加强公共服务重大项目的依法操作，提高政府决策的科学性可行性。提高信息公示的力度和水平，促进公共服务阳光透明，保证民众充分知情权。另一方面，完善乡镇政府行政过程的监督机制。其一要加强内部监督，发挥纪委和监察委等主要纪律机关的作用，创新方式促进乡镇干部依法治理，加强制度建设保证乡镇权力运行被关进"制度的笼子"。其二要加强外部监督，主要包括人大、群众和社会舆论的监督约束，如利用农村社会的"面子"观念，适当引导和提升社会舆论的监督效用。重塑乡镇人大的权威，加强党委政府和人大的互动，广集民意广纳善言提升人大回应能力，促进乡镇行政和服务的规范化程度。

（二）县乡关系合理化配置

服务型乡镇政府建设是一项系统工程，各个层级政府有各自不同的作用，既相互联系又各自有建设侧重点。乡镇政府作为最基层政权，与人民群众的联系密切，承担着农村绝大多数行政任务和公共服务，在维护农村社会稳定、推动农村发展等方面发挥着重要作用。县级政府是乡镇的直接上级，同属于基层政府的范畴，推动服务型乡镇政府建设，需要对县乡关系进行优化，改革传统县乡权责结构，建立新型的资源分配结构，重构和完善县乡考核体系。

1. 以权责匹配为导向的县乡关系改革

在压力型体制下，政府关系呈现权力向上集中，责任向下集中基本态势。乡镇政府面临"权小责大能弱"的结构性困境，严重阻碍了基层治理现代化建设步伐。要建设服务型乡镇政府，需要调整县乡权责体系。其一，明晰县级政府和乡镇政府的权力和责任归属。通过明确县乡两级主体责任，真正做到"有法可依，有责可究"。其二，适当下放部分权力，提高乡镇社会治理能力，完善乡镇公共服务职能。中西部乡镇和东部乡镇社会结构有差异，社会管理权限的下放应当因地制宜，尤其注意契合地方社会经济基础。县乡分权需要秉持"两个积极性"，既要充分发挥乡镇政府履职积极性，包括社会治理和公共服务积极性，又要保持县级政府对乡镇的科学有效控制。其三，优化县级政府对乡镇的督查机制。切实减少不必要的检查评比以避免乡镇"应付式迎检"，增加和保障乡镇政府履行社会管理和公共服务职能的各类资源，完善督查考评机制提升乡镇公共服务供给水平。

2. 以现代财政体制建设为目标的县乡改革

推进服务型乡镇政府建设，解决财权事权不匹配是关键。建立事权与财权相对应的县乡财政体制，关系到乡镇政府职能履行能力，以及党和国家政策在基层的落实水平。十八届三中全会提出，要"深化财税体制改革，完善立法、明确事项，建立现代财政制度，充分发挥中央和地方的积极性"。改革县乡财政体制，一方面要从根本上解决乡镇财政短缺和遗留债务问题，完善乡镇财政体制。县级政府应综合考虑乡镇职能，适当改革经费拨付方式，增强乡镇财政的返还比例，提高乡镇公共服务供给财力。建立并完善一般转移支付制度，加大对农村地区基础设施的投入力度。另一方面要创新县乡村资源供给模式。创新公共资源分配模式，突破科层制下的层级供给，直接由县向农村分配资源，乡镇政府可以充当辅助者的角色。改革创新资源供给模式，有效减少科层制内耗，提高公共资源的使用效率。提升乡村公共基础设施建设投资水平，为经济发展提供良好的外部环境。缩小县域乡镇之间差距，推进公共服务均等化。

3. 以科学考核为标准的县乡考核体制改革

上级政府的评估考核的目标、内容和机制，影响着乡镇政府工作重心和运转模式。建设服务型乡镇政府，需要县级政府完善考核机制，为乡镇政府树立合理政绩导向。要综合考量党的建设、经济发展、社会发展、环境保护及公共服务，科学合理设置指标体系并加强公共服务的考核权重。推动考核内容的"去短期化"，考核内容应当立足地方发展大局，包括近期指标和远期指标，助力乡镇政府有序推动社会发展。此外，还需要推动乡镇考核主体改革。让考核主体从传统对上级政府负责的一元化考核，转向社会组织、民众等主体参与考核，注重引入第三方社会专业评估组织进行考核，加强社会群众的满意度调查，提高考核结果的真实性，防止考核内容的片面化，促进乡镇更好供给公共产品，推动服务型乡镇政府的有效转型。

（三）乡村关系协调性重构

乡镇政府最大的特殊性在于，服务对象是广大农村的农民。服务型乡镇政府建设，旨在建立规范化运作的现代政府体制，提供农民需求导向的公共服务。重点是增强乡镇政府的回应能力，以有效治理重塑乡镇治理权威，以公共服务创新供给满足广大居民诉求，以党建引领提升村民自治水平，实现国家与乡村的协调性重构。

1. 以有效治理带动权威重塑

服务型乡镇政府建设从来不是单一改革，加强乡镇治理职能、重塑乡镇治理权威，是服务型乡镇政府建设核心内容。公共服务供给的高效率是治理有效重要支撑。服务型乡镇政府理念应当是，寓治理于服务，在服务中嵌入治理、相互促进、相得益彰。要以良好服务引导社会治理，实现"管理就是服务"，需要以公共服务的高水平供给，提升群众的满意度和参与水平，以增强乡镇政府绩效合法性，重建乡镇政府的治理权威，密切政府和群众的"鱼水"关系。要重塑政府治理权威，需要加强乡村干部的群众路线教育，减轻乡村两级组织的行政包袱，使乡村干部有足够的时间和精力深入基层，了解群众生活、倾听群众心声、呼应群众诉求。只有乡村干部作风切实转换，形式主义治理窠臼彻底摆脱，治理有效才会成为现实，服务水平才会因此提高。

2. 以创新供给满足群众诉求

服务型乡镇政府建设的关键环节在于，如何更好为农民提供公共服务，满足他们日益增长的多元化需求。一方面，服务型乡镇政府建设，需要以现代农业为引领，为农业现代化提供良好的环境。重点是优化农业公共服务供给机制，积极引导小农农业向现代化农业发展。另一方面，建设服务型乡镇政府，需要创新公共服务供给体制，推动乡镇公共服务社会化改革，适时引入市场机制参与供给。积极培育和引导民间社会组织参与农村事务，将部分乡镇公共服务职能转移给"第三部门"供给。创新公共服务运营机制，提高公共服务供给专业化水平，探索设置"社区服务经理"等专职岗位，对辖区公共服务进行专门化运营。

3. 以党建引领激活村民自治

服务型乡镇政府建设的重要任务之一，是引导农民参与提供服务供给。在公民参与方面，鉴于不少地区农民参与不足，大力提高农民的参政议政意识，培育提升农民的参与能力动力，是优化公共服务供给的方向。正如徐勇指出，民主化所需要的内在条件，民主规则、民主程序和大众的民主素质只有经过长期的民主运作实践才能获得。① 村民自治需要政府介入和引导，要充分发挥党建引领的核心作用，增强村社组织的治理能力，调动积极分子的参与热情，带动农村社区共同体自我教育、自我管理和自我服务，对服务型乡镇政府建设具有基石意义。只有以村民需求为服务导向，以村民自治为主要手段，基层治理才会有善治格局，公共服务供给才会获得满意。

结　语

服务型乡镇政府建设历经十多年实践，在为农村和农民提供良好公共服务，实现基层治理现代化方面取得重要成效。然而，当前的服务型政府建设仍有不足，服务理念偏移、政府职能模糊，服务体制不健全、服务评估错位等，严重影响乡镇政府公共服务能力提升，制约乡镇政府职能转型进程。

习近平总书记指出，人民对美好生活的向往是党的奋斗目标。完善服务型乡镇政府建设满足最广大人民根本利益诉求，对促进社会发展、提高人民生活水平意义重大。建设服务型乡镇政府，加快乡镇政府组织的理性化进程，将乡镇政府职能重心调整到公共服务领域，规范公共服务供给体制，优化公共服务供给机制，是服务型政府建设内在要求。重构县乡关系，合理划分县乡权责，改革县乡人事、财政和考核体制，是激活乡镇服务动力的制度保障，同时也是提升乡镇公共服务能力的制度前提。要建设服务型乡镇政府，还要优化乡镇政府的回应机制，夯实村民自治基础，保障村民参与。更重要的是以党建激活社会治理，树立村民的主人翁意识，提高村民的参与水平，提升村民的满意感、获得感、幸福感。

只有当目标清晰了、体制理顺了，机制优化了、社会参与了，乡镇公共服务的供给质量才会切实提高，乡镇公共服务职能才臻于完善，基层治理现代化才有了稳健实施载体。进一步完善服务型乡镇政府建设，以此为抓手提升服务型政府建设水平，是未来政府改革的方向和路径。

---

① 徐勇：《乡村治理与中国政治》，中国社会科学出版社2003年版，第55页。

第四章

提高政府运行绩效研究

第一节 服务型政府的治理绩效改革

一 服务型政府治理绩效提升的主要内容

所谓政府治理绩效，简单来讲就是指政府治理的成绩与效果。政府治理的范畴包括了政府的内部治理、外部治理以及治理的外部效用，故而治理绩效是一个涵盖多方面的复杂问题。

绩效概念源于企业管理。所谓企业绩效管理，是企业为了达到组织目标，通过管理者和员工共同参与，制定绩效目标，执行绩效计划，进行绩效考核，应用绩效结果，进而持续提升组织绩效目标的管理过程。绩效管理的理念最早被引入公共部门发生在20世纪初的美国，当时的纽约市政府提倡在政府职能转变的框架下进行公共部门效率考评。对于公共部门的绩效考评的内容，最早主要是衡量政府的财务指标和成本缩减的情况，即要求作为由纳税人供养的政府必须履行节俭不能浪费、防止权力寻租的责任。到20世纪70年代以后，随着新公共管理运动的兴起，政府绩效管理和评价的内涵除了传统上的财务指标和成本缩减目标之外，增加了效益、投资、产出、结果以及信息应用情况等政府治理绩效内容。新公共服务理论又将伦理价值、公平正义、公民权等作为政府治理绩效的新内容。治理理论将多元参与、社会培育、合作协同等元素也纳入政府治理绩效之中。至此，政府治理绩效的内涵更加丰富，外延也进一步扩大。

服务型政府的治理绩效是在坚持政府服务本位的基础上，不断提升治理效率、治理效益和治理效能的过程，以及由此产生的政府治理水平和治理质量提升状态。服务型政府的治理绩效建设在不同阶段有不同重点，在不同时期有不同的诉求。当前，我国服务型政府治理绩效建设集中体现为提升政府的治理效能，建设适应国家治理体系与治理能力现代化政府的过程，具体表现为高效政府建设、节约型政府建设、法治政府建设和智慧政府建设等，目的就是突破制约政府治理绩效的瓶颈和障碍。

（一）以管理方式创新为核心的高效政府建设

高效政府建设主要是以提升政府效率为目标的政府管理改革。效率政府的提出与政府的回应性要求密切相关，也是政府巩固自身合法性的客观需要。高效政府建设，主要是通过政府的管理方式改革达到提高政府效率、满足社会发展需要、回应公众基本需求以及改善政府自身形象的目标。高效政府建设主要强调通过改革政府治理体系、治理能力和治理方式来提高政府效率。具体而言，就是要推动政府管理的市场化和社会化进程，搭建多元协同的治理体系；要优化政府的管理流程，强化公务人员的动机，提升管理服务水平，提高适应现代政府治理需要的能力；要推进政府管理工具的改革创新，探索市场化、社会化管理工具在政府治理中的应用，丰富政府的治理手段，最终达到提高政府治理效率和效能的目的。

（二）以行政成本控制为核心的节约型政府建设

节约型政府建设是历来我国政府建设的重要内容，是提高政府治理绩效的重要途径。所谓节约型政府，就是"更加注重以效益/成本的方法，政府通过一系列行政行为，使自身所消耗的行政成本最低，进而获得最大收益"[①]。节约型政府是相对于以往政府资源浪费而言，强调了政府在治理投入上面的低成本，即政府治理过程中要通过减少机构投入、人力投入、资金投入和能源投入等，实现政府治理的经济性目标。节约型政府建设的举措也就包括精简机构、减少工作人员、严控运行成本以及实行标准化的效能管理等。

（三）以制度化和规范化为内涵的法治政府建设

法治化是现代政府的重要特征，其核心是通过法治的手段规范政府

---

① 李洪川：《节约型政府：界定、策略与路径》，《学理论》2019年第3期。

流程和政府行为，确保政府沿着法治轨道运行、按照法治要求执政、依据法治精神治理；确保政府绩效是法治基础上的绩效输出。法治政府建设需要推进政府立法工作制度化，让政府有法可依；需要建立政府行政工作制度化，实行政府依法行政；需要建立政府责任管理机制，让政府违法必究。

（四）以管理技术创新为内涵的智慧政府建设

在信息时代，智慧政府建设是提升政府治理绩效不可或缺的组成部分。智慧政府是电子政府、信息政府和数字政府进一步发展和追求的目标，是以人文关怀为追求，以公众需求为导向，以信息技术为支撑，在使政府具备高度智能的同时，也具有更多"智慧"，以显著提升政府治理能力，使政府成为超越公众期望的更好的政府。智慧政府建设的核心在于将现代化的先进信息技术、大数据技术、人工智能技术等引入政府治理之中，并促进技术与政府管理的融合，进而提升政府的治理能力和治理绩效。智慧政府建设是当前政府管理创新的重要内容，在实践中就包括了互联网＋政府管理、大数据＋政府管理及人工智能＋政府管理等。

二 服务型政府的治理绩效转型：从经济先行到全面发展

相对于西方国家政府回应性压力下的治理绩效改革，我国的政府治理绩效改革是随着国家发展战略调整和政府职能转变而进行的，期间既有缘于回应社会需求产生的压力，也有经济社会发展的动力。在服务型政府建设中，我国政府推动了从经济发展到和谐社会建设再到全面发展的政府治理绩效改革。

（一）经济发展导向的政府绩效管理（1992—2004年）

这一阶段从时间上体现为改革开放以来，特别是党的十四大开始，经济发展是政府治理绩效的主要内容。这一阶段的特征表现为：经济发展成为领衔整体发展的动力引擎，也成为决定发展的最核心要素，更是解决当时社会主要矛盾的关键抓手。从中央到地方各级政府都将经济发展作为政府的优先目标，也将经济考核作为政府绩效考核的核心内容，经济发展评价成为政府治理绩效的核心。对此，1993年中央在确立社会主义市场经济体制的文件中提出"效率优先，兼顾公平"的发展思路，鼓励各个地方进行经济领域的先行改革探索。经济领域发展的优先性也在政府的治理绩效管理中得到了集中体现，GDP 导向成为政府职能转变、政府体制改革和政府人事管理制度的风向标。我国行政体制的"压力导向"特征将上一级政府的治理思路进一步下压，特别是区域"竞争性"的地方政府关系将压力层层传递，基层政府面临着包括招商引资、经济增长的巨大责任。这种"以责任制为基础的绩效管理使地方政府官员被动地参与到目标制定与实施过程中，而以晋升为导向的绩效管理则使地方政府官员主动采取迎合那些与地区实际不相符的绩效目标的利己行为"①。地方政府的经济发展导向决定了地方政府治理的偏向性。在这个时期，政府治理的有效性一定程度上等于经济发展的高效性，地方政府的官员也更加热衷在经济建设上投入和管理，并将经济建设作为评价政府治理绩效的最核心指标。

（二）社会发展导向的政府绩效管理（2004—2012 年）

进入 21 世纪以后，我国的经济发展得到了长足的进步，经济体量逐步超越欧盟、日本成为世界第二大经济体，经济活跃程度成为全球经济的聚焦点。而长期经济优先战略也带来了社会发展严重不足的问题，贫富差距扩大、社会矛盾激化，公众在享受改革开放成果上存在着严重的不足和不公，社会冲突凸显。于是，2006 年开始，党中央提出了和谐社会建设的目标，将"民主法治、公平正义、诚信友爱、充满活力、安定有序、人与自然和谐相处"的社会建设作为与经济发展同等重要的政府治理目标。政府的治理绩效评价中也将社会发展纳入其中，分配的公平性、社会矛盾的化解、社会组织的建设成为地方政府的重要考核指标。地方政府不得不在发展经济的同时关注社会的发展，很多经济欠发达地区都将社会管理创新作为地方政府显性指标的突破点。一时间，地方社会管理创新百花齐放，动力十足。这一阶段的特征主要表现为：一是政府开始加大社会建设力度，基本公共服务得到高度重视，基本公共服务均等化战略开始布局，国家也专门出台了基本公共服务的十二五规划，各项社会事业快速推进。二是政府大力推进城乡统筹和区域均衡发展，尤其是城乡之间的均衡发展成为重点。成都市和重庆市成为国家"统筹

---

① 范永茂：《重塑公众主体地位：地方政府绩效评估之主体构建问题》，《中国行政管理》2012 年第7 期。

城乡综合配套改革试验区",统筹城乡发展成为和谐社会建设的重要抓手。三是政府大力推进社会稳定与公共安全建设,推进了社会矛盾化解,公共安全和社会危机管理的制度措施不断完善。四是社会力量得到长足发展,党委领导、政府负责、社会协同、公众参与的社会治理格局不断完善,社会力量被逐步纳入政府治理体系之中。

(三) 全面发展导向的政府治理绩效管理(2012年至今)

十八大以来,我国的经济和社会得到了全面发展,但是生态环境、文化建设和政治建设亦须全面推进。对此,党的十八大报告提出了"五位一体"的发展战略,要实现经济、政治、文化、社会、生态全面发展;十八届三中全会作出了全面深化改革的部署;十八届五中全会又提出了"创新、协调、绿色、开放、共享"五大发展理念,在此基础上,党的十九大报告又提出了高质量发展的要求。因此,当前的政府治理绩效管理也发生了变化,政治发展开始强化全面从严治党和坚持四个意识的政治站位,经济发展从数量发展转型为基于结构转型的高质量发展,社会发展注重社会活力、社会诚信和共建共治共享的社会治理格局,文化发展强调基本公共文化服务的普及和文化产业的繁荣,生态环境则是要在坚持"绿水青山也是金山银山"理念下的生态环境不断优化。政府治理绩效开始体现为全面发展的绩效,这对政府职能转变、机构改革和人事管理等也提出了新的挑战。

三 服务型政府建设中治理绩效的改革实践

我国的政府治理绩效改革是伴随着党和国家对政府职能转变、行政体制改革和行政效率提高的要求不断推进和完善的。各个地方政府从人事制度、管理机制、监督机制、运行流程等方面出发,不断优化创新和推进改革,重点强化了政府与公众的互动,优化了营商环境,推进了地方经济社会的全面发展,形成提升治理绩效卓有成效的可推广经验。具体的典型实践如下。

(一) 以人事制度改革提升政府绩效的实践探索

政府治理绩效的关键就在于人的治理动力和治理能力。历来国家也将公务人员的治理能力和治理动力作为政府提升治理绩效改革的重点,比如海南省就做了这方面的探索。海南省从1999年开始率先探索在干部人事制度管理中推行绩效管理，建立起能上能下、能进能出、充满活力的用人机制，通过动态绩效考核方式对干部及公务人员进行系统考核，并以此来提升行政效率。具体而言：一是推进竞争上岗。在推进改革的机关，中层以上领导干部都通过公开职位、公开标准、公开报名、公开竞争选拔任用，干部可以在本部门、本单位，也可以跨部门、跨岗位竞争上岗。二是双向选择。通过自荐、群众推荐、组织推荐等方式产生的竞岗人员，在通过公开演讲、面试答辩、民意测验、组织考察等系列程序之后，才能任命上岗。三是绩效考核。竞争上岗的官员每半年要经历全面的德、能、勤、绩、廉绩效评估，直接面对民意测验和领导审核。[①]此次改革，海南省在全省实施分批推进，各机关部门和部分事业单位和省属高校都推进了相应改革，取得了一定的成效。

（二）以行政审批制度改革提升政府绩效的实践探索

典型代表如成都市。成都市早在2003年的规范化服务型政府建设中，就将行政审批制度改革作为提升政府绩效的牛鼻子，通过深化行政审批制度改革，简政放权，流程再造，建设政务服务中心，实现集中审批办公等方式大大减少了行政审批的事项、优化了审批流程、集中了办事的地点，政府行政审批绩效显著提升。十八大以来，国家层面上也大力推动行政审批制度改革，并提出了"简政放权、放管结合、优化服务"（简称"放管服"）整体改革的思路，在全国层面上广泛推行。成都实践中的具体措施有：一是推动集中审批。成都市的行政审批制度改革除了率先实现行政审批职能的物理集中——建立政务服务中心，还在此基础上进一步推动了政务服务的职能集中，建立行政审批局，集中行使审批权力，大大削减了政府各部门的审批权力，促进各部门将职能转移到事中事后监管，把工作的着力点放到公共服务上来。二是推动政务服务规范化标准化。通过流程优化、服务清单等管理制度实现对行政审批服务流程、服务内容、服务质量进行标准化改造，实现了政务服务规范化，确保公众获得政务服务的完整性和统一性。三是以行政审批制度改革推动政府职能整合和政府机构调整，率先在国内试点基于政务服务整合的大部制改革，探索了政府体制改革的新方向，成效显著。

[①]《海南推广实施干部"竞争上岗"制度》，《领导决策信息》1999年第32期。

(三) 以目标责任制度改革提升政府绩效的实践探索

典型代表为青岛市。青岛市 2002 年制定并实施了《青岛市目标责任制管理实施细则》，政府机构目标责任的内容涉及两大类：一是市委市政府部署的重点工作任务，具体包括经济社会事业发展、党风廉政建设、精神文明建设、维护社会稳定等方面；另一类是有关职能部门的目标和责任，具体包括年度重点工作目标、经济责任、重点建设项目、公务员管理与队伍建设等，还包括部门在履行职能过程中的依法行政、政务公开、工作效率、服务态度和服务质量等方面的要求。①青岛市的目标责任制考核在具体举措上主要体现在以下方面：一是以科学发展观为主线，构建推进落实目标责任体系。责任目标的关键在于落实，因此在考核分值赋权方面，平时考核占 25%，年终考核占 60%，评议监督占 15%，内容上面涉及部门的职能履行以及政务公开等各个方面；对不同部门和地区实施分类考核，并设置标志性的加分绩效项目。二是实施过程管理，突出激励效应。在考核中强调了过程中的工作完成度和政风行风，强调了正向与负向激励相结合的手段。三是实施全方位评估，推行 360 度监督评议，突出民意调查、社会评议、领导评议和述职述廉评议，进一步通常监督渠道，完善评估方法，提高监督实效。

(四) 以效能监察制度改革提升政府绩效的实践探索

所谓效能监察主要是监督检查监察对象是否认真贯彻执行国家法律法规、方针政策以及国民经济和社会发展规划，是否认真并正确地履行了自己的职责，努力为人民服务。效能监察制度始于 1989 年，并在全国应用，但各地又有自身的特征，如深圳市强调效能监察服务于经济建设的方针；黑龙江省则主要通过效能监察来寻找管理问题和违纪违法问题；北京市以效能监察来督促管理；成都市以效能监察来作为组织绩效评估的方式。因为效能监察主要由纪检系统来开展和推动，其中不仅对政府绩效提升有效用，也是监督监察违纪违规现象的重要手段。

(五) 以绩效评估来推动政府绩效管理改革的实践探索

绩效评估就是将政府治理的绩效让服务对象或者第三方组织等多元

---

① 中国行政管理学会联合课题组：《关于政府机关工作效率标准的研究报告》，《中国行政管理》2003 年第 3 期。

主体进行公开评价，并以此作为政府绩效改革的基础和动力。政府绩效评估各地多有实践，如杭州市开展的"满意不满意"部门评选活动。杭州市从 2000 年就开始将 54 个市级部门纳入市民评选的范围，通过发放选票，让市民从全局观念、服务宗旨、服务质量、办事效率、勤政廉洁和工作业绩等几个方面来评价政府。甘肃省则是通过第三方评估方式来对政府的工作绩效进行评价。2004 年甘肃省政府将 14 个市州政府和 39 个职能部门的绩效评估委托给兰州大学中国地方政府绩效评价中心，由第三方做出客观评价，产生了重大影响。

近年来，地方政府按照中央的要求都在积极探索提升治理绩效的方式和方法，特别是随着大数据、人工智能等技术的应用，地方政府提升绩效拥有了新的空间和突破方向。

四 服务型政府治理绩效改革存在的问题

当前我国的地方服务型政府绩效治理改革取得了巨大的成就，但同时也遇到了不少问题，主要如下。

（一）政府治理绩效管理手段单一

提升政府治理绩效是一个全面推进政府治理体系和治理能力改革的系统工程，绩效评估是重要抓手，也是政府评价治理绩效改革的主要手段。在实践中，部分地方往往将绩效评估作为提升治理绩效的主要途径，甚至作为了提升治理绩效的唯一手段，并以此来实现对政府绩效的压力管理，而忽视了提升治理绩效所需的系统性改革。这些办法在一定时间内起到了提升政府效率与效能的作用，但是因为缺乏基础性、根本性和系统性的支撑而持续性不够。因此提升政府治理绩效，需要对政府从治理主体到治理过程再到治理监督和责任追究的全过程进行改革创新，而不能舍本逐末仅仅关注到基于压力的绩效考核与评估。

（二）政府治理绩效评估的指标体系仍不健全

政府治理绩效是政府职能有效履行的结果反映，治理绩效的评价也应按照职能的履行情况得到客观反映。而现实实践中，由于公共管理的特殊性，政府治理绩效评估的指标体系设计存在以下问题：其一，指标设计与组织宗旨不符，和组织部门匹配性不够。评估指标设计因为考虑普遍性问题和政治性追求较多，而与组织本身履行的职能无法匹配，导致部分政府部门职能履行与评价指标相脱节,无法达到激励与约束的效果。其二,评估指标设计过于关注眼前事实的测量性,而对公共管理的溢出效益和长远效益考虑不足,这导致部分政府部门出现了围绕考核指标的唯政绩化现象,短缺效应明显。其三,评估指标设计仍然过于强调治理的投入而不是产出和结果,治理绩效难以反映社会的认同度和公众的满意度。

(三)政府治理绩效管理的制度体系仍不完善

绩效管理是一个涵盖了绩效计划制定、计划执行、绩效评估和绩效应用全过程的系统工程,因此绩效管理的开展应该具有系统的顶层设计和制度建设。当前我国的政府绩效管理工作仍然是基于地方政府的管理需要,处于自发和半自发的组织状态。政府上下级之间和部门之间缺乏统一的标准和规范,绩效管理过程不严谨。主要是绩效计划制定和绩效计划执行与沟通不规范,绩效评估不科学不合理,不同主体评估得出的绩效结果不同,甚至有重大差异和冲突。另外,绩效评估结果的使用仍然有限,部分地方的绩效管理过程特别是绩效考核的结果没有得到正确对待,并未成为实质上的奖惩依据,有时甚至作为管理参考的作用都不能发挥出来,这使得绩效管理的功效大打折扣。

(四)政府治理绩效管理的系统设计缺乏与公众的沟通

当前的绩效管理虽然增加了公众参与的元素,但是总体上仍然是政府的内部管理与考核过程,公众缺乏实质性的参与。特别是政府部门和公务人员之间的双向沟通也常常被忽视,这就使得绩效期望与计划目标或太高无法实现或缺乏一定的挑战性,起不到激励作用。[①] 另外,政府治理绩效管理仍然是以政府为本位的,治理绩效服务于政府管理而非政府治理,即治理绩效并未将政府社会治理和公共服务的对象纳入绩效治理管理全过程之中。此外,政府治理绩效的公众参与过于单一,公众参与政府绩效管理的形式性大于实质性,公众参与对政府治理绩效影响有限。

---

① 陈慧、祁凡骅、高璐:《地方政府绩效管理创新研究》,《行政管理改革》2013 年第 7 期。

五 服务型政府治理绩效的提升策略

提升政府治理绩效正是当前服务型政府建设和政府创新的重要目标。提升治理绩效从根本上来说就是要从建立一个好的政府出发,让政府确认和履行好自身的职能,并确保职能履行能够满足人民群众的需求。目标就是要建立一个让人民满意的服务型政府,让人民群众的获得感、满足感、幸福感得到持续保障。从内容上来看,就是要推动从治理主体、治理过程和治理方式的全面改革。从过程上就是要实现从管理到治理的转型,要形成具有合法性、法治、透明性、责任性、回应性、有效性、参与、稳定、廉洁、公正等①特征的善治过程。具体而言有以下五个方面。

(一)提升治理主体的动力与能力,强化政府治理绩效的责任管理

公务人员是政府治理体系的核心力量,也是政府治理职能有效履行的关键要素。对于公务人员的有效激励和管理是提升政府治理绩效的重要内容,重点在于:一是要不断提升公务人员的公共服务动机。要按照决定行政行为的公共服务动机进行政策和管理制度设计,不断强化公务人员的公共服务动机,包括要建立公共服务动机水平测度的招录机制,形成公务员公共服务动机测试工具和公共服务动机审查清单以及健全体现公共服务动机的考核与激励机制。二是强化公务人员的公共服务责任,将地方政府公共服务清单事项纳入人大专题询问、专项报告范围,督促公务员公共服务责任落实;建立公共服务履责情况的报告和监督制度,定期向人大机关及其常委会定期报告公共服务及其中的履责情况,以及向社会公众定期报告履责情况。三是加强公务员队伍建设,不断优化公务员队伍结构,按照国家治理体系与治理能力现代化的要求,打造一支在专业结构、年龄结构、能力结构上优势互补以及可持续发展的公务员队伍。四是不断优化公务员管理机制,深化职位分类机制改革,完善激励机制,创新退出机制,扩大多层次和多主体的交流学习机制,构建系统性和针对性的权益保障机制等。

---

① 俞可平:《治理和善治分析的比较优势》,《中国行政管理》2001年第9期。

（二）强化治理的资源保障，推动公共财政体制改革

公共财政制度是政府治理绩效提升的基础，也是提高政府治理绩效的基本保障。在当前的政府治理绩效改革中，就是要建立起一个与现代治理相适应的现代公共财政体制，推进我国走向"预算国家"。主要内容包括：一是要进一步转化财政管理模式，实现财政制度与政府治理相适应，从税制改革、预算管理制度改革、不同层级政府财权与支出责任相匹配上来推动建立健全公共财政制度。二是推动地方形成具有可持续性的财政收入机制，探索通过个税改革和房地产税改革为核心的直接税改革，推进现代的财税体制的建立，并调整社会收入分配，激励经济发展，为地方政府提供稳定的财政收入。三是推进地方财权制度改革，实现财权与事权的匹配，明确各级政府职能边界，形成"一级政权、一级事权，一级财政、一级税基"的制度体系。

（三）推动治理过程规范化，促进政府治理法治化改革

治理法治化是现代政府治理的重要特征，也是实现政府治理过程有标准、有控制和有预期的重要保障。推动政府治理过程规范化：一是推进政府治理体系规范化建设，继续整合政府职能，进一步推进基于行政审批制度改革的政府职能整合，实现审批职能在行政审批局的全集中和真集中，逐步探索集中行政审批＋多元主体监管＋综合执法的链式职能设计，重塑政府的管理模式，转变传统职能分散的部门管理为集中职能整合联动管理。二是要推进政府治理过程标准化，推进基于政府治理权责明晰的标准化清单管理制度建设，实现治理全过程的标准体系建设和政务服务标准化建设。三是健全政府治理的问责制度体系。明确政府的政治责任的首位性，转变过于依靠消极性、防御性的惩戒性责任观，将作为美德的责任观带回到监督问责制度建设中，具体而言就是从惩戒性责任走向解（释）辩性责任。

（四）推动治理智慧化，不断优化治理方式方法

"互联网＋政府治理"是新时代提升政府治理绩效的重要支点。互联网的开放性、全域性、全时性扩展了政府治理的时空边界，提升了政府治理效率。政府治理绩效提升也需要基于互联网更加开放、更加便捷和更加有效的政务公开和政务服务体系。重点内容和方向：一是创新政务服务方式，建立政府治理智慧管理系统，打破信息孤岛，推进信息资源

共享，实现政府治理的协同决策。二是推进智慧治理，优化现代化的政务服务治理方式。加快数据共享，建立大数据中心，探索整合电子政务职能，设立数据统筹机构，形成基于大数据和人工智能的模拟决策辅助体系。三是人机互动，探索政府与社会互动的新模式，充分利用人工智能与信息平台推动建设政府与社会、政府与公众互动的新模式，扩大公众参与。

（五）全面推动治理绩效评估，建立现代化的政府治理绩效评估体系

一是建立基于政府职能的绩效评估体系。要按照政府职能转变的要求，以职责结构合理、职责运行合法和职责体系优化为目标，确定绩效评估的指标、主体、方法和结果，建立全面、科学、合理与可行的绩效评估体系。二是重点建立健全基于预算绩效的绩效评估体系，建立全方位绩效预算管理格局，将各级政府收支预算全面纳入绩效管理；建立全过程预算绩效管理链条；围绕预算管理的主要内容和环节，完善涵盖绩效目标管理、绩效运行监控、绩效评价管理、评价结果应用等各环节的管理流程，制定预算绩效管理制度和实施细则。[①] 三是建立政府与社会互动的绩效评估体系。要将公众参与绩效评估纳入绩效评估的整体规划之中，将公众参与评估的对象、评估的内容、参与的方式以及参与结果的保障纳入绩效评估的规划之中，保障公众参与的有效性和持续性。要不断推进信息公开，扩大公众参与的基础。四是建立公开和多元参与的责任监督体系，推动政务公开，主动接受公民、社会等问责主体的监督，不断改进政府绩效管理质量。

第二节　公共财政体制改革

建立一个现代的公共财政体制是国家治理体系与治理能力现代化建设的重要环节，亦是服务型政府建设的重要基础。中国财政体制变迁的过程也是一个建立公共财政体制的过程，是实现向"税收国家""预算国

[①] 中华人民共和国中央人民政府：《中共中央 国务院关于全面实施预算绩效管理的意见》，2018 年 9 月 1 日，http：//www.gov.cn/zhengce/2018－09/25/content_5325315.htm，最后浏览日期：2020 年 4 月 18 日。

家"转型的过程。在21世纪初,建立公共财政体制正式被提上我国政府的工作议程①,公共财政由一个学术概念正式成为政府的文件用语,意味着公共财政体制建设从一个学术讨论、舆论准备进入实质性的推动和建设过程中。服务型政府的建设需要现代的公共财政体制予以支撑,建立公共财政体制也是服务型政府建设的重要内容。建设一个现代的公共财政体制,不仅能够强化服务型政府的汲取财政收入的能力,规范政府财政收入与支出行为,调整各层级政府间关系,而且能够改进政府理财水平,引导政府施政方向,落实以人民为中心的工作路线,更好地保障民生,推动经济发展,促进社会公平。

2014年中共中央政治局审议通过的《深化财税体制改革总体方案》便明确了现代财政制度建设应当推进的三个重点方向:"(1)改进预算管理制度;(2)深化税收制度改革;(3)调整中央和地方政府间财政关系。"② 由此,我国现代公共财政体制建设和改革推进实践就包括三个重要的内容:预算管理、税收制度、纵向府际财政关系。1994年开启的分税制改革是我国建立社会主义市场经济体制改革的重要一环,通过分税制改革和之后的包括金融系统改革、政府行政机构改革,基本实现了建立符合市场经济体制的现代政府制度框架的目标。分税制改革不单单重塑了央地关系和地方纵向府际关系,也为塑造现代的政府——市场关系、国家—社会关系奠定了基本框架。自从公共财政体制建设进入政府工作议程后,我国也开启了预算管理改革。分税制改革和中国特色社会主义市场经济体制的建设、完善使得我国逐步转型为一个"税收国家"③,而预算管理改革则意味着我国开始建设一个"预算国家"。"税收国家"为服务型政府建设奠定了经济与社会基础,意味着我国政府施政应当以"人民为中心",应当不断解决民生问题、推动经济发展、回应社会和人民关心的问题;"预算国家"的建设则有效地规制了我国政府财政收入与

---

① 《李岚清要求逐步建立公共财政框架》,2000年12月14日,中国新闻网,http://www.chinanews.com/2000-12-14/26/61282.html,最后浏览日期:2020年4月18日。
② 《中共中央政治局召开会议审议〈深化财税体制改革总体方案〉等》,2014年6月30日,中国政府网,http://www.gov.cn/xinwen/2014-06/30/content_2710105.htm,最后浏览日期:2020年4月18日。
③ 马骏:《中国公共预算改革:理性化与民主化》,中国编译出版社2005年版,第32页。

支出，引导我国政府施政方向，推动服务型政府建设落到实处。

我国服务型政府建设虽然取得了重要的成就，但是仍然面临诸多问题的挑战，而这些问题很大程度上是由于我国现代公共财政体制建设尚未完成而导致的。预算管理改革虽然在近年来取得了许多成就，比如取消政府预算外资金、政府全部收入和支出被纳入预算管理等①，但是针对各部门预算集中统一改革仍然未实现对拥有资金分配权部门的改革，同时也存在政府性基金、国有资本经营预算、社会保险基金预算没有和一般公共预算相衔接的问题。② 在税制改革方面，我国存在着间接税占比偏高、直接税占比不足的问题，税制结构失衡，同时税制结构存在着整体累退性特点，对社会收入分配产生了逆调节的问题。③ 在财政府际关系，也就是不同层级政府财权、支出责任关系上，虽然我国2016年颁布的《关于推进中央与地方财政事权和支出责任划分改革的指导意见》提出了中央与地方事权划分及支出责任的原则性意见，即以基本公共服务的受益范围来划分支出责任，明确中央地方事权边界，限制上级政府随意将本级支出责任转嫁给下级政府等规定，但是，我国不同层级政府财权与支出责任仍然呈现出倒挂的不匹配的特点。并且，我国地方政府仍然未从发展型政府向服务型政府转型④，地方经济性公共产品供给增长率远远高于非经济性公共物品供给增长率。有论者认为，党的十八届三中全会提出的财政体制改革三大任务——预算改革、税收改革、财政体制改革中，预算改革落实和推进好于税收改革，而财政体制改革推进较为滞后，这也说明虽然我国政府提出了原则性、宏观性的央地支出责任划分原则，并清晰了支出责任边界，是财政体制和治理理念的重大变革，但是距离建设一个财政集中统一、预算透明的预算管理制度、税制结构均衡、央地财权支柱责任匹配的现代公共财政体制还有相当大的距离。

---

① 周黎安：《转型中的地方政府：官员激励与治理（第二版）》，格致出版社2017年版，第138页。

② 张平、侯一麟：《解读中国现代财政体制改革研究中的三个重要问题》，《公共管理与政策评论》2019年第2期。

③ 张平、侯一麟：《解读中国现代财政体制改革研究中的三个重要问题》，《公共管理与政策评论》2019年第2期。

④ 郁建兴、高翔：《地方发展型政府的行为逻辑及制度基础》，《中国社会科学》2012年第5期。

一 我国财政体制改革与公共财政体制建设历程回顾

现代公共财政体制的建设从实质上来看，便是"预算国家"规制下的"税收国家"建设。财政社会学认为，所谓的"税收国家"，即国家收入依托于市场经济，呈现出国家财政收入的多元化的格局，而这就成为了塑造良性的国家—社会关系的经济基础；而"预算国家"则是税收国家的进一步的发展，"预算国家"以财政集中统一、预算透明、预算监督为主要内容，通过预算国家的建设，能够强化预算透明、预算监督，提升政府回应能力，强化政府财政责任。"预算国家"的建设能够夯实政府的治理基础，提升公民的纳税人权利意识与义务，规范政府运行，有效回应"税收国家"所产生的治理需求和治理压力。从改革开放以来，我国逐步从一个"自产国家"走向了"税收国家"和"预算国家"，现代公共财政体制的建设与改革便是一个从"自产国家"走向"税收国家"和"预算国家"的过程。

（一）改革开放前我国财政体制的特点

改革开放前，我国财政体制的"公共性"明显不足。从财政运行格局来看，我国财政收入主要来自国营企业等国有部门，而财政支出也主要面向国有部门，财政政策在国有和非国有之间存在着"歧视"。在这一时期，我国的财政体制特点，有论者总结三点："一是国有制财政；二是城市财政；三是生产建设财政。"[①] 因此，在这一时期，我国财政体制匹配于我国背景性的二元的经济社会体制，呈现出财政社会学意义上的"自产国家"的特点。在中华人民共和国成立初期，面临冷战的国际压力和国内百废待兴的经济社会局面，我国通过高度集中的计划管理体制，来迅速地实现国家组织建设和基本的国家工业化体系建设。但是，高度集中的计划管理体制也使得我国逐步成为一个"自产国家"，国家财政收入来自国有企业的利润，同时财政也在弱化税收的影响[②]，整个社会被吸

---

① 高培勇：《公共财政：概念界说与演变脉络——兼论中国财政改革 30 年的基本轨迹》，《经济研究》2008 年第 12 期。

② 马骏：《中国财政国家转型：走向税收国家？》，《吉林大学社会科学学报》2011 年第 1 期。

纳到国家中，社会自主性被严重削弱，国家自主性大大提高并达到顶峰。"自产国家"是一种工具意义上极佳的财政资源汲取模式，从短期上，能够迅速实现我国国家建设的基本目标，但是从长期来看，则存在着一系列的政治经济问题。"自产国家"使得一系列的资源集中于国家，社会也极度依赖于国家，而高度集中计划管理体制的固有问题则使得国家的财政支出和预算总体上呈现出刚性的特点，国家治理的韧性程度不足，难以培育公民的政治义务与政治责任意识，也难以给公民提供有序的政治参与渠道，政府则由于大包大揽和财政支出的无限责任形成了"全能政府"的治理惯性，也使得政府难以形成对财政的责任意识。事实上来看，"自产国家"运行成本较高，很难建立有效的激励机制和成本监督控制机制。"自产国家"的发展是一个正反馈的过程，在缺乏有效的激励机制和成本监督控制机制的情况下，社会经济总产出呈现出不断下降的趋势，最终影响到整个国家的维系。可以说，"自产国家"在经济上是低效率的、在政治上是难以问责的。因此，我国在"文化大革命"后，大力推动改革开放，改变"自产国家"的政治经济格局和国家吸纳社会的畸形国家—社会关系。

从预算管理制度来看，改革开放前乃至预算改革前，我国财政体制的预算管理制度总体上呈现出缺乏"集中、统一"的问题，具体表现在三个方面：缺乏部门预算，预算资金分配权分散；财政管理体制分散，预算执行中缺乏控制；预算收支管理不集中，预算编制粗放等。[①] 预算管理缺乏集中统一与两个方面有关，第一个方面是改革开放前我国频繁的央地财政集权和分权。在我国探索社会主义经济制度和实践的历史进程中，由于缺乏经验等问题，我国央地财政集权与分权呈现出反复"收—放"的特点。有论者总结出中国央地财政集权与分权是"一收就死、一放就乱"。通过反复的财政集权与分权收放，整个财政体制的预算管理制度便呈现出高度分散的格局，各个部门都在自行管理预算内外收支。第二个方面是改革开放后，在相当一段时间，我国财政体制改革集中在收入的调整和分配上，而没有将重心放在"花钱"上。在预算改革前，我

---

① 王绍光：《走向"预算国家"：财政转型与国家建设》，中山大学行政管理研究中心、中山大学政治与公共事务管理学院、湖南大学政治与公共管理学院、北京大学政治发展与政府管理研究所：《第二届中国公共预算研究全国学术研讨会论文集》，2008年版，第36页。

国政府各个预算管理高度分散格局并没有改变，反而随着改革开放持续进行和双轨制格局而呈现出财政预算混乱和难以监控的问题，例如"各个部门在商业银行有着自己的账户，而不是集中的单独账户，各个部门自行采购商品或服务，直接从商业账户上向供给者支付资金"。①

从税收制度来看，改革开放前，我国财政收入主要来自国营企业利润的上缴，并且在不断弱化税收的影响。在改革开放初期，1978年全国财政收入来源自国有经济单位上缴利润的便有51%，而税收是35.8%。我国财政收入的非税化体现在以下几方面：一是通过工农业剪刀差为代表的价格上限和国家统购统销来汲取农业部门的剩余；二是通过低工资、低利率来将家庭剩余转化为工业利润，进而转化为国家财政收入；三是依靠国有企业和政府的行政隶属关系来要求国有企业直接上缴利润。可以说，在改革开放前，我国虽然存在税收制度，但是财政收入却主要来自国有经济单位的利润上缴而非税收收入。

从纵向财政府际关系角度来看，改革开放前，我国纵向财政府际关系总体上仍然呈现出高度集中统一的特点，但是与其他实行计划经济体制的苏东国家不同，我国经济体制呈现出"M型格局"②，即我国地方政府拥有比其他计划经济体制国家更多的经济管理权，并且各个地方基本上形成了大致相似的经济和产业部门。我国经济体制"M型格局"的形成与我国纵向财政府际关系变迁有着密切的关系，在我国社会主义经济建设探索时期，我国纵向府际财政关系历经了几次大规模的放权和收权运动，但是整体上呈现出不断放权、地方经济管理权限不断扩大的趋势。诚然，我国纵向府际财政关系的变迁一定程度上强化了地方政府经济管理权限，是改革开放能够顺利进行的结构性基础，但是这并不能改变我国财政体制高度集中统一的现实，大量的经济管理权限仍然集中在中央上。同时，改革开放前混乱的纵向财政府际关系也使得我国财政体制呈现出高度分散的特点、财政资金使用效率较低。

---

① 王绍光：《走向"预算国家"：财政转型与国家建设》，中山大学行政管理研究中心、中山大学政治与公共事务管理学院、湖南大学政治与公共管理学院、北京大学政治发展与政府管理研究所：《第二届中国公共预算研究全国学术研讨会论文集》，2008年版，第36页。

② Qian, Y. and Xu, C, *Why China's economic reforms differ*: *The M - form hierarchy and entry/expansion of the non - state sector*, Economics of Transition, 1993, p.135 – 170.

（二）改革开放以来我国财政体制改革历程、成就与问题

改革开放以来我国财政体制改革总体呈现出从"自产国家"向"税收国家"和"预算国家"变迁的过程，是一个公共财政体制逐步建立但仍需完善的过程。现代的公共财政体制改革包括：预算管理改革、税收制度改革、不同层级政府财权事权匹配改革。虽然，公共财政体制是在20世纪90年代末才提上政府工作议程的，与预算管理改革同期开始。但是，财政体制改革和公共财政体制的建设实践早在改革开放初期便进入实践过程中。在预算管理改革前，我国财政体制改革和公共财政体制的建设以推动建设"税收国家"为主，关注持续性、稳定的财政收入来源，关注财政收入在不同层级政府间的分配，也就是说在预算管理改革前，相较于预算管理改革，我国的财政收入的税收制度改革和纵向政府财政关系改革已经开启了，而这两者是高度相关的，共同服务于社会主义市场经济体制的建设和"自产国家"向"税收国家"转型。

在社会主义市场经济体制建立和符合市场经济体制需要的现代政府制度框架基本建立后，我国又开启了预算管理改革，将公共财政体制建设提上政府工作议程，并且将其放在服务型政府建设框架下推动实施。在21世纪，随着社会主义市场经济体制的不断完善，我国从"自产国家"转型为"税收国家"，预算收入绝大部分来源于税收，并且其中的私人部门税收收入也逐步呈现出上升趋势。[①] 但是，与之相对的是，我国社会贫富分化差距不断扩大，中央政府财政收入扩大的同时，是地方政府事权和财权的倒挂。这便预示着，我国财政体制的改革和公共财政体制的建设将重点关注以预算管理为主要内容的关于政府支出规范化，关注政府收入分配的规范化、法治化和合理化，关注于政府财政收支对社会经济发展和社会收入分配调节的正向作用。也就是说，预算管理以及服务型政府建设开启后，中国财政体制改革和公共财政体制建设将从原来的关注财政收入和汲取向关注政府支出和财政收入分配方向调整。

从税收制度来看，我国改革开放是从一个依赖国有企业利润上缴和其他非税手段获得财政收入的"自产国家"转型为一个依赖税收和多元

---

① 马骏：《中国财政国家转型：走向税收国家?》，《吉林大学社会科学学报》2011年第1期。

化财政收入来源的"税收国家",因此,在改革开放初期,我国税收制度的改革是包括在财政收入制度改革之内进行的。20世纪80年代,为了激发各个地方政府发展经济的积极性,我国进行了一系列的行政性分权为主、经济性分权为辅的财政体制改革。1982年,国务院颁布了《关于实行"划分收支"、"分级包干"的财政管理体制的暂行规定》,这一规定实行了"分灶吃饭"的财政体制。这次分权改革相较于改革开放之前的具有"分灶吃饭"色彩的财政分权而言,是更为彻底的财政包干制度。这一制度规定,以各地方现有企业和事业单位的行政隶属关系来划分中央、地方和不同层级政府间的收入、支出范围。财政包干制度大体上分为四种模式:第一种模式以广东和福建为主,这一模式是相对彻底的财政包干制度,除了中央直属企事业单位收入、关税收入和相应支出外,其他的收支都属于两省地方政府所控制;第二种模式为"固定比例包干制度",以江苏为主;第三种模式则适用于全国大部分地方政府,即"划分收支、分级包干"制度,这种模式以企事业单位行政隶属关系来划分不同层级政府收支范围;第四种模式则针对以少数民族为主的民族自治区和少数民族占比较高的省份,这种模式是彻底的财政包干制度,地方政府拥有全部的财政收入增长部分。

  财政包干制度很大程度上激励了地方政府发展经济的积极性,形成了激烈的地方竞争。但是,财政包干制度也存在着一系列的问题,这些问题使得财政包干制度并没有严格的执行,而是处于动态变化的过程中。财政包干制度的目标是通过财政放权为主的行政性分权和部分经济性分权弱化中央政府的预算硬约束。从长期来看,则是通过分权让利来形成一个支持改革开放的强大的政治基础。而财政包干制度显然没有实现其短期的工具性目标,在财政包干制度实践中,一方面是中央政府财政收入急剧下降,但中央政府支出却持续扩大;另一方面是部分地方政府依然存在着预算软约束问题,向中央政府要钱。因此,中央政府除了向地方政府借钱外,也通过调整地方财政支出包干基数和财政收入分成比例与补助数额[1]等方式来减轻中央政府财政压力。在这一过程中,出现了

---

[1] 周黎安:《转型中的地方政府:官员激励与治理(第二版)》,格致出版社2017年版,第131页。

"鞭打快牛"的现象,即经济绩效和财政收入表现良好的地方政府容易被中央政府调整财政分成比例,调整财政收入。财政包干制度在实践中,囿于中央政府的财政压力和中央政府拥有的经济管理中的分配权,财政包干制度并没有发挥出应用的强化地方政府责任和积极性作用,反而是出现"诸侯经济"和中央财政收入汲取能力下降的重要的制度性原因。

随着南方谈话和党的十四大正式将建立社会主义市场经济制度作为重要的改革目标,作为导致"诸侯经济"和中央财政收入汲取能力下降的重要性制度原因——财政包干制度亟须改变。1993年末,我国正式提出了分税制改革,而在1994年,分税制改革得到推进和落实。分税制改革是我国财政体制改革和现代公共财政体制建设的浓墨重彩的一笔,也是关键性的一步。分税制改革首先重新划定了中央和地方事权、支出,但是这一划定基本上没有改变不同层级政府间的收入、支出责任划分格局。① 相较于之前的财政体制改革,分税制最为鲜明的特点是在划分央地税收收入和税收分级征管上。分税制改变了按照行政隶属关系来划分中央地方收入的传统制度和习惯,转而按照税种来进行划分,这就使得地方政府丧失了对行政隶属企业过度干预和关心的兴趣,削弱了地方政府和行政隶属企业的利益关联,为进一步剥离地方政府和部门与企业的行政隶属关系奠定了物质基础和经济基础。这一改革规定,税收收入被划分为中央税、地方税和共享税,其中共享税包括增值税、资源税和证券交易税,而"增值税分配是中央75%、地方25%,证券交易印花税是中央94%,剩余6%和其他印花税由地方政府拥有"②。税收分级征管制度规定中央税和共享税由国税局征管,地方税由地税局征管,同时三大税立法权集中于中央。分税制的意义在于,通过税种划分来破除计划经济体制的经济基础和物质基础,同时调整中央与地方收入,强化中央政府的宏观调控能力,为建立一个同社会主义市场经济体制相匹配的现代政府制度奠定了基础。

分税制基本上奠定了中国财税制度框架,但是分税制在运行的过程

---

① 周飞舟:《分税制十年:制度及其影响》,《中国社会科学》2006年第6期。
② 周黎安:《转型中的地方政府:官员激励与治理(第二版)》,格致出版社2017年版,第133页。

中也存在一系列的问题。除了强化了不同层级政府财权与事权、支出责任不匹配等问题外，还存在着税制结构失衡的问题。分税制对不同层级政府财权与事权、支出责任不匹配的问题以及分税制时代以来产生的一系列经济社会后果，本文将放在财政纵向府际关系上阐述。

良好、均衡的税制结构是现代的公共财政体制的支撑，同样也关系到良好的中央——地方关系的建构和不同层级政府间财权、事权和支出责任的匹配。税制结构也对经济运行和社会分配起到重要的影响。一般来讲，从税负是否能够被转嫁划分，良好的税制结构应当是直接税与间接税相结合的；而从税种看，流转税、所得税、财产税三大税种应当相辅相成。① 但是，从我国税制结构上来看，以商品税为主的间接税占比偏高，而以所得税为主的直接税占比偏低。间接税占比偏高对我国经济效率和社会收入分配有着不良的影响。例如，属于生产税的商品税，包括在价格中，与价格水平变动呈正相关，容易引发通货膨胀，造成经济效率损失。② 在税制结构中，占比偏高的流转税也使得税制结构整体呈现出累退性的特点。在直接税中，个人所得税对工资收入的过多关注同样强化了税收分配的逆向调节功能。③ 从而能够发挥调节收入分配的财产税则长期处于缺位的状态。税制结构的失衡使得我国目前现行的税收体系呈现出对经济效率和社会收入分配的逆向调节功能。

从财政的纵向府际关系角度来看，改革开放之后，中国的纵向财政府际关系在相当长一段时间，主要关注财政收入，对不同层级政府的事权和支出责任关注不够。20世纪80年代到分税制实施以及之后的一段时间，在财政关系上，中央财政收入、地方财政收入由之前的"倒四六"变为"正四六"④。但是在事权和支出责任上，却呈现出和之前的事权、支出责任划分相同的格局。分税制改革深远地重塑了中央与地方财政关系，也推进了社会主义市场经济体制的形成，同样产生了一系列深远的经济社会后果。

---

① 张平、侯一麟：《解读中国现代财政体制改革研究中的三个重要问题》，《公共管理与政策评论》2019年第2期。
② 同上。
③ 同上。
④ 周飞舟：《分税制十年：制度及其影响》，《中国社会科学》2006年第6期。

由于各层级政府财权和事权、支出责任的不匹配，以及上级政府对下级政府财权上收、事权与支出责任下移，使得各级政府财政收入和支出上都出现了不同程度的缺口。由此引发的讨论是，如何让各层级政府财权与事权、支出责任相匹配。关于这个问题的讨论，一般是从公共物品受益范围来界定各层级政府事权和支出责任。但是，直到2016年8月颁布的《国务院关于推进中央与地方财权事权和支出责任划分改革的指导意见》以及2018年2月国务院办公厅印发的《基本公共服务领域中央与地方共同财政事权和支出责任划分改革方案》，才根据公共物品受益范围对不同层级政府支出责任与事权范围进行划分，确定边界，但是这两份文件仍然是原则性的，而非具体性的、操作性的。与之相对的是，地方政府仍然需要承担经济发展的重要任务，经济性公共产品的支出远远高于社会性、公益性公共产品的支出，这就表明了制约不同层级政府事权和支出责任合理划分以及地方政府迟迟未转向为服务型政府，仍然维持建设型财政的正反馈链条的复杂性原因。有论者认为，要实现良好的中央—地方关系构建，运作顺畅的纵向府际关系，需要做到"一级政权，一级事权；一级财税，一级税基"①。由此可以看到，虽然我国公共财政体制在推动不同层级政府财政关系改革上逐步向关注政府支出方向前进，但要构建适当的财权与事权和支出责任匹配的关系，寻找稳定的不同层级的政府财政收入来源是至关重要的。

分税制的社会经济后果复杂多样，它不单改变了纵向财政府际关系，也改变了中央—地方关系，对全局性的经济发展和社会结构的变化也有着深刻的影响。分税制最为深远的影响便在于促进了项目制治理的形成，以及以土地财政为核心的经营城市发展模式的形成。分税制后，地方政府的支出缺口通常要通过财政再分配的转移支付来弥补，一般来言，转移支付包括三大类："一类是税收返还，包括两税税收返还和所得税基数返还；二类是专项转移支付；三是财力性转移支付，包括一般性转移支付、民族地区转移支付、农村税费改革转移支付、调整工资转移支付、

---

① 王曙光、王丹莉：《财政体制变迁40年与现代化国家治理模式构建——从正确处理中央与地方关系的角度》，《长白学刊》2018年第5期。

县乡奖补类转移支付、其他转移支付等。"① 其中，在相当一段时间，专项转移支付是中央向地方进行转移支付的主要部分。随着专项转移支付的实践和发展，这些专项转移支付通常以项目为名，来体现上级政府和中央政府的部门意志。而地方政府面临财力不足和职能"全能"，则需要通过申请项目、整合项目来使用，这就出现了不同层级地方政府行为的所谓"抓包、打包、发包"的"项目制治理模式"，以项目为中心和抓手，实现对地方经济社会资源的整合使用，以谋求经济发展和财政收入的增长。"项目制治理模式"是分税制后，中央为了弥补地方政府支出缺口、动员地方政府经济社会资源发展经济社会并同地方政府长期互动中，所形成的一种治理模式。在我国分税制改革后，我国进入了选择性中央集权的过程，但是在这一时期，我国经济发展仍然呈现出高增长的情况，而这一情况显然是与"项目制治理"相关的。② "项目制治理"模式一方面动员了地方经济资源，进行经济发展；另外一方面又通过项目来促进地方政府间竞争，甚至是跨越科层制而直接实现中央和基层政府的互动，在一定程度上缓和了科层梗阻而带来的治理低效问题。但是，"项目制治理"的负面功能也非常显著：一是强化了部门权力，出现了部门利益捆绑国家利益，部门意志扭曲国家意志的问题；二是"项目制治理"同锦标赛体制和压力型体制的相互嵌套，使得项目的分配呈现出强者愈强的马太效应，部分需要项目但是缺乏资源（尤其是配套资金和相应的政治资源）的地方则被排除在外，无法实现"项目制治理"的初衷。

"项目制治理"是弥补地方政府支出缺口、动员地方政府经济社会资源的一种治理模式，而另外一个弥补地方政府支出缺口的便是所谓的"土地财政"。以土地财政为内核的经营城市发展模式是分税制后逐步形成的，这一模式取代了分税制之前地方政府通过投资企业的经济发展模式。分税制的变革让地方政府和企业发生根本性变化，行政隶属关系无法让地方政府获利，反而让地方政府可能背上企业亏损或破产的沉重负担。同时，"老的《预算法》和《担保法》又在形式上割断了地方政府

---

① 周飞舟：《财政资金的专项化及其问题——兼论"项目治国"》，《社会》2012年第1期。
② 郑世林、应珊珊：《项目制治理模式与中国地区经济发展》，《中国工业经济》2017年第2期。

和市场之间的关系"①,而企业税则又被分税制所规制分配,因此,地方政府不可能再依靠企业税来获得稳定财政收入。然而,1994年开启的城镇住房改革和1998年出台的《土地管理法》则为地方政府开拓了另外一个获得财政收入来源,并且是不被中央政府规制和分配的渠道。从20世纪90年代开始,我国城市化开始提速,居民和企业的用地需求迅速上扬,而土地征用与出让则属于地方政府预算和预算外收入,同时地方政府的营业税则又可针对第三产业和建筑业征税,土地用地需求迅速上扬使得建筑业税成为地方政府税收的重要来源。由于土地征收、出让以及与土地相关的营业税(建筑税)是地方政府固有收入,因此地方政府可以通过土地出让而迅速获益。

土地财政和"项目制治理"的相互嵌套,使得地方政府逐步摸索出了以土地价值资本化为核心的经营城市的发展模式。地方政府为了规避老《预算法》而成立的各类型的投融资平台公司为地方政府抵押土地获得银行贷款和土地出让的收入是经营城市的主要资金来源,而项目的打包和整合则有利于地方政府进一步融资。有论者认为,"发达地区地方政府财政的基本格局是:预算内靠城市扩张带来的产业税收效应,预算外靠土地出让收入,城市扩张主要依托于土地密切相关的建筑业和房地产业的发展,所以发达地区的政府财政本质上是土地财政。"② 土地财政为核心的经营城市发展模式已经构成分税制实施之后中国地方政府发展经济的核心模式。据统计,"在2003—2011年,中国城市土地出让收入占预算内收入的比例平均维持在50%—60%"③。中国经营城市的发展模式建基在土地财政和"项目制治理"模式之上,这一发展模式为地方政府提供了相当充足的资金来源,但是也造成了地方政府庞大的债务问题。同时,土地财政也是地方政府迟迟难以从发展型政府转向为服务型政府重要原因,土地财政促进了经济性公共物品的供给,而对社会性、公益性公共物品供给则没有明显的作用。更为深远的影响是,经营城市和土

---

① 付敏杰:《分税制二十年:演进脉络与改革方向》,《社会学研究》2016年第5期。
② 刘守英、蒋省三:《土地融资与财政和金融风险——来自东部一个发达地区的个案》,《中国土地科学》2005年第5期。
③ Fang, H., Gu, Q., Xiong, W., and Zhou, L, "Demystifying the Chinese Housing Boom", *NBER Macroeconomics Annual*, 2016, p. 105 – 166.

地财政使得我国的经济发展受到房地产过多的捆绑,对经济结构而言并不是一个好事,土地资源的有限性也使得依靠土地财政来提供地方政府收入来源也不可持续,并且土地财政也制约了我国向成熟的"税收国家"的转型,使得国家还具有部分"租金国家"的特征,过多强化了国家自主性。① 正是考虑到土地财政为核心的经营城市的经济发展模式的不可持续性及其不良的经济社会后果,新时代开启的一系列改革,尤其是增值税扩围改革,也旨在限制地方政府土地财政和房地产经济的冲动,同时试图通过未来的税制改革、分级举债权、分级产权②等为地方政府寻找一个稳定的、可持续性的财政收入来源,进而为法治化、规范化不同层级政府事权支出范围提供经济基础,促进央地关系的制度化、法治化进程。

从预算管理制度角度来看,我国预算管理制度的改革对应着公共财政体制的建设进程。从理论上来看,从"自产国家"到"税收国家"的转型并不见得开启了公共财政体制的建设。公共财政体制建设的标志是实现了预算管理制度的建设,也就是财政的集中统一、预算透明和监督,能够规制政府收支和政府施政方向,规范政府行为。而预算管理制度建设是公共财政体制开启建设的重要标志,也是税收国家向更高层次的"预算国家"转型的标志。分税制改革的顺利进行和一系列的政府机构、金融系统、国有企业改革,给预算管理改革提供了经济基础与制度基础,也为我国从建设型财政向公共财政转变提供了基础。1999 年,我国各地区、各部门不断推进"收支两条线"改革,即"收缴分离"和"收支脱钩",目标是将全部财政性收入纳入政府预算管理,杜绝法外资金的存在,也为杜绝预算外收支做准备。2014 年,随着新预算法的出台,我国全面取消预算外资金收入,按照全口径统计政府收入,将所有预算外资金收入纳入政府预算管理中,标志着我国预算管理制度在实现财政的集中统一上取得了长足的进步。而在 2018 年,《中共中央国务院关于全面实施预算绩效管理的意见》(以下简称《意见》)发布,该《意见》力图

---

① 马骏:《中国财政国家转型:走向税收国家?》,《吉林大学社会科学学报》2011 年第 1 期。

② 王曙光、王丹莉:《财政体制变迁 40 年与现代化国家治理模式构建——从正确处理中央与地方关系的角度》,《长白学刊》2018 年第 5 期。

在五个方面重点推进预算绩效管理："一是预算编制环节突出绩效导向；二是预算执行环节加强绩效监控；三是决算环节全面开展绩效评价；四是强化绩效评价结果刚性约束；五是推动预算绩效管理扩围升级。"① 但是，在预算管理的集中统一上，我国仍然面临着一系列问题，比较突出的问题是部门预算管理体制改革并未触及拥有资金分配权部门的预算权力，针对的主要是部门的预算外收支，这就存在预算管理碎片化的问题。另外，新《预算法》规定政府全部收支应当纳入预算中，但是现有预算仍然分为四本账：一般公共预算、政府性基金预算、国有资本经营预算、社会保险基金预算，而政府性基金预算、国有资本预算、社会保险基金预算应当如何与一般公共预算衔接也是一个推进预算管理的财政集中统一的重要方面。预算管理改革虽然在财政集中统一上取得进展，但是在预算透明和监督上仍然着力不足。

（三）党的十八大以来的财政体制改革和公共财政体制建设

党的十八届三中全会通过的《中共中央关于全面深化改革若干重大问题的决定》提出了全面深化改革的总目标："全面深化改革的总目标是完善和发展中国特色社会主义制度，推进国家治理体系和治理能力现代化"②，而这一目标则需要一个良好的现代公共财政体制予以支撑。在《决定》中也指出了要"建立事权和支出责任相适应的制度"③ 以及"适度加强中央事权和支出责任"④ 等改革原则，并提出了预算改革、税收改革、财政体制改革三大任务。党的十九大报告则指明了财政制度改革的目标是"加快建立现代财政制度，建立权责清晰、财力协调、区域均衡的中央和地方政策关系。建立全面规范透明、标准科学、约束有力的预算制度，全面实施绩效管理。深化税收制度改革，健全地方税体系"⑤。在这些重大财政改革目标的指引下，我国财政体制改革和公共财政体制

---

① 《关于贯彻落实〈中共中央 国务院关于全面实施预算绩效管理的意见〉的通知》，2018年11月17日，中国政府网，http://www.gov.cn/xinwen/2018-11/17/content_5341300.htm，最后浏览日期：2020年4月22日。

② 《中共中央关于全面深化改革若干重大问题的决定》，《人民日报》2013年11月16日。

③ 同上。

④ 同上。

⑤ 习近平：《决胜全面建成小康社会 夺取新时代中国特色社会主义伟大胜利——在中国共产党第十九次全国代表大会上的报告》，人民出版社2017年版，第34页。

建设取得了突出的成就。

在财政立法方面，2014年和2015年修订通过的新《预算法》和《立法法》将"收入分权、支出分权予以制度化"①，新《预算法》采用全口径预算管理，包括转移支付和预算外资金都被纳入政府预算管理中，明确了一般性转移支付和专项转移支付的法律地位和法定划分方式，进一步规范转移支付资金的使用，同时禁止上级政府在转移支付时向下级政府要求配套资金的做法。《立法法》则进一步明确了税收法定原则，推动税收的制度化进程。在财权与事权关系调整方面，2016年国务院印发的《关于推进中央和地方财政事权和支出责任划分改革的指导意见》推动了不同层级政府，尤其是中央和地方总体意义上的事权支出责任改革，这是改革开放以来，我国首次针对事权支出责任划定的改革。《指导意见》明确了以基本公共服务受益范围来划定中央与地方的事权和支出责任边界，并且明确了"谁的财政事权谁的支出责任"的原则，规定属于中央和上级地方政府的财政事权，不得要求地方和下级政府安排配套资金，在原则上防止"事权下压、财权上移"的问题发生。在税制改革方面，则以"营改增"为主要内容的增值税扩围为代表，增值税扩围一方面优化了税制结构，使得税制能够更好地推动供给侧改革，对企业降低成本、增加利润有着正向的作用；另一方面，"营改增"为内核的增值税扩围也有利于中央政府控制地方政府的土地财政和房地产经济的积极性。为了适应税制改革，2018年十三届人大一次会议通过的《国务院机构改革方案》，则提出了国税地税合并的目标，强化征管、提高征收效率。

总体上来看，我国财政体制改革和公共财政体制的建设是从"自产国家"走向"税收国家"和"预算国家"的历史性的进程。走向"税收国家"和"预算国家"是服务型政府建设的社会经济基础，也是促进经济良性发展和社会公平的重要制度保障，从规范政府收支，建构良好的纵向府际关系和良性的、制度化的央地关系上规制政府行为，促进政府由"发展型"向"服务型"的转型。这一历史进程对应于我国经济社会转型的过程，实现了社会主义市场经济制度建设的壮举，并向"国家治

---

① 吴园林：《财政改革的双向运动：中国财政分权二十年》，《文化纵横》2018年第5期。

理体系与治理能力现代化"的全面深化改革总目标迈进。这一历史进程是从激发地方政府竞争和发展经济的财政包干制度入手,在社会主义市场经济体制纳入最高政策议程并被宪法确认后,财政包干制度基础的央地关系、国家—社会关系借由分税制改革及之后的一系列的政府机构、金融系统、国有企业改革向市场化改革方向迈进,并建成了社会主义市场经济体制以及相适应的现代政府制度基本框架。财政体制改革和现代公共财政体制的建设在第一阶段围绕着财政收入的来源与分配进行探索,虽然取得了分税制改革和社会主义市场经济体制确立的成就,但是却带来了地方及其不同层级政府的财权事权倒挂等问题。为了弥补这一缺口,通过专项转移支付和对地方政府在土地使用方面的分权,使得地方政府迅速从依靠企业税收向依靠土地和"经营城市"的发展模式演进,并嵌套在专项转移支付的"项目制治理"模式中,带来了一系列的社会经济问题。

党的十八大以来,我国财政体制改革和公共财政体制建设取得了突破性的进展,财政改革三大方面:预算管理改革、税收改革、财政体制改革分别取得了重要的成就,并且以财政立法、支出责任明确划分和法治化为特征,使得我国财政体制改革和公共财政体制建设从关注收入向关注支出方向演进。从目前来看,财政体制改革和公共财政体制建设的主要目标有两个:一方面是财政体制能够对经济发展和社会公平起到正向作用;另一方面是促进地方政府向服务型政府转型。前者需要对以税制为主要内容的财政收入继续进行改革;后者则需要构建细则性的不同层级政府支出责任范围、边界,而支出责任划定的基础在于不同层级政府应当有法治化的稳定收入来源,包括债务收入、税收收入、转移支付收入等。因此,接下来的改革应当围绕着财政收入改革,包括税制改革、转移支付规范化、地方政府举债权等开展探索,其目的是使得财政收入和税制能够对经济发展起到正向的功能,为地方政府提供稳定的财政收入来源,为进一步促进地方政府向服务型政府转型,塑造良好的政府—市场、国家—社会关系、中央—地方关系奠定基础。另外,改革应围绕着继续推进预算管理集中统一,包括政府四本账如何统筹协调,相互衔接,也包括针对拥有资金分配权部门权力的改革,推进预算监督和预算透明改革,继续推进不同层级政府事权和支出范围改革,等等。

二 深入推进我国公共财政体制建设的路径与策略

自从改革开放以来，我国便进入财政体制改革和公共财政体制建设的实践中，而在20世纪90年代末，随着社会主义市场经济体制的逐步确立，围绕如何规范政府收支以预算改革为核心的公共财政体制建设从实践上升到国家治理理念层面。一个良好的现代公共财政体制是服务型政府建设的重要内容，它能够釜底抽薪的规范政府施政方向和行政行为，提高政府回应性，强化政府责任。

现代公共财政体制建设仍然需要在继续推动预算管理制度改革、税收制度改革、不同层级政府财权与事权支出责任匹配上推进。税收制度是整个现代公共财政体制的基础，税收制度改革的重点在于优化税制结构，发挥税收制度在调节社会收入分配、促进经济发展方面的正向作用；为地方政府提供稳定和可持续性的财政收入，为不同层级政府事权和支出责任划分制度化、法治化奠定经济基础；不同层级政府的财权、支出责任匹配是现代公共财政体制的重要方面，虽然我国政府支出责任边界划分和财权匹配在理念和原则上已经获得重大进步，但是仍然缺少具体的操作规则，同时中央政府和上级政府如何向地方政府和下级政府进行转移支付，转移支付的制度化推进仍然需要考虑和研究；预算管理制度是公共财政体制与社会、公民接触最为紧密的层面，也是服务型政府的价值理念在公共财政体制上的直接体现。预算管理制度应当以推进预算绩效管理为主要目标，同时继续推进财政的集中统一和预算透明、监督。可以说，一个现代的公共财政体制，良好的税收制度，合理的财政纵向府际关系，集中统一、科学透明的预算管理制度，缺一不可，任何一个方面对公共财政体制的建立和运转都不可或缺，都关系到服务型政府的建设和推进。

（一）预算管理制度改革路径与策略

在党的十八届三中全会提出的财政改革三大任务中，预算管理制度的改革属于推进最好的改革，但是预算管理制度仍然存在一些问题需要改进。预算管理制度改革是从"一个部门一本账"的部门预算改革开始的，部门预算改革、国库集中收付制度改革、"收支两条线"改革、政府采购改革等一系列的预算管理制度改革，初步实现了财政的集中统一，即各部门资金分配权、分散的账户和资金都集中于财政部门,因而财政部门成了预算管理的核心部门。而在新预算法出台后,采用全口径预算,所有政府收支纳入政府预算管理中,所谓的预算外资金便不再存在。可以说,在既有的预算管理制度的改革上,财政集中统一、预算透明与预算监督方面,财政集中统一取得了突破性的进展。而《中共中央国务院关于全面实施预算绩效管理的意见》则指明了预算管理制度改革将从预算绩效管理方面入手,也就是如何让政府花钱花得更有效益、更能够得到监督与控制方面着手。

但是,预算管理制度仍然存在以下两个问题:首先是在财政集中统一上,现有政府预算四本账,即一般公共预算、政府性基金预算、国有资本经营预算、社会保险基金预算,这四本账如何进行有效衔接;其次是在预算监督与预算透明上,预算透明是预算监督的前提和基础,新《预算法》和《关于进一步推进预算公开工作的意见》对预算公开范围、细化公开内容都作出了一系列的规定。相较于之前,预算透明有了显著的进步,可获得性大大提高。但是,预算透明仍然与民众和社会期望有所差距,这些差距主要体现在预算透明的民众体验感上,也就是说预算透明不仅仅是要进一步公开范围、细化公开内容,也要让民众和社会能够看得明白。预算监督方面,除了体制的监督外,还可在基层财政推进参与式预算,"参与式预算让公民可以有机会直接或者间接参与到公共资源分配决策上"[①],相较于预算监督而言,参与式预算显然更加能够让公民进入预算管理中。因此,如何更好的让预算透明更加具有可及性、方便性,如何让预算监督更加有力,推动公民积极参与是预算管理制度改革的重要方面。

在预算管理集中统一改革方面,需要继续研究并考虑政府性基金预算、国有资本经营预算、社会保险基金预算如何与一般公共预算相衔接。同时,应当考虑引入中长期预算,将中长期预算与地方经济社会发展长期规划纲要结合在一起,例如以五年规划纲要来衔接,并以此来建立中长期财政预算。在预算透明与监督方面,应当不断深化预算公开。有研

---

① 马蔡琛、苗珊:《中国政府预算改革四十年回顾与前瞻——从"国家预算"到"预算国家"的探索》,《经济纵横》2018年第6期。

究者测算到:"我国预算报表公布率仅为24%,20%的部门未向社会公布经济分类信息,30%部门未对收入类和支出类专业术语进行解释,而在公开程度、公开形式、信息检索渠道方面仍然显得比较滞后。"① 因此,预算透明还有进一步改革的空间。预算透明下一步的推进方向应当是朝向更为细致、全面、简单易懂,并且具有动态性。所谓的细致,指的是预算公开应当包括四个层级,即"类、款、项、目";所谓的全面,指的是预算透明应当包括全部政府收支计划;所谓的动态性,指的是预算执行情况、决算情况等都应当纳入公开范畴;所谓的简单易懂,指的是政府预算应当在信息发布上构建集中统一的平台,并且提供详细的说明,同时可以考虑可视化的辅助手段,提高预算获得可及性,也让公民和社会更为方便和清晰地了解预算,为预算监督打下基础。预算监督方面,除了继续推动国家机构尤其是人大对预算监督和控制之外,参与式预算的实践模式也值得推广。从本质上来看,参与式预算的实践模式与社会和公民本位的服务型政府建设有着契合性,而参与式预算在我国不少地区都进行了实践,最为典型的是浙江温岭的民主恳谈治理模式所演化的参与式预算,这些地方实践不同程度上给我国参与式预算提供了经验。参与式预算是群众路线的重要体现②,通过参与式预算,能够更好地贯彻人民民主;在基层预算上,通过参与式预算,实现党的领导、人民当家作主和依法治国三者有效统一。

全面绩效预算管理是今后预算管理制度改革的主要推进方面。绩效预算管理应当主要通过不断强化预算立法、完善预算制度,以中长期预算为主要着力点,解决预算短视问题,同时出台新《预算法》的实施条例,通过实施条例来规范预算绩效管理。绩效预算管理的重点是为激励和问责提供依据,并且引导政府施政。那么,便需要构建有效的预算绩效评价体系,建立支出责任与支出绩效之间的联系,促使政府开支更为谨慎、政府行为更为负责。全面绩效预算管理改革涉及纷繁复杂的政府预算和决算监控,并且其评价体系应当契合政府施政的实践,契合预算

---

① 郭俊华、朱符洁:《我国公共部门预算透明度研究——以中央部门预算公开数据为例》,《财政研究》2016年第1期。

② 王银梅、张雅琪:《新时代预算监督应坚持走群众路线》,《财政监督》2018年第5期。

管理的实践，那么便需要强化预算管理的信息系统，为绩效预算管理提供更为强大的技术支撑，提高绩效预算管理的效能。

（二）税收制度改革路径与策略

税收制度同样是财政体制改革的重要方面。税收制度改革是公共财政体制和服务型政府能够有效运作、经济社会能够良性发展的重要基础。我国税制经过了分税制和近年来的增值税扩围，也就是"营改增"的两次重要的改革，而税收机构也经过了国税地税分立到国税地税合并的历程。我国税制调整并不仅仅是单纯的某项具体制度的改革，而是涉及经济增长、社会收入分配、财政收入在中央地方上分配等整体性的改革。在分税制改革之后，我国才能够顺利的进行金融系统的再集权改革、进行国有企业改革、政府机构改革等，建立与社会主义市场经济体制相匹配的政府制度、现代企业制度等，而这些都有赖于分税制改革强化了中央的资源汲取能力和调控能力，削弱了地方政府对行政隶属关系的企业干预的动机，进而为相对彻底的改变计划体制奠定经济基础。在十八大后，"营改增"为代表的税制调整则开启了国家新一轮的对经济发展激励要素与机制的调整、社会收入分配调整和央地关系的调整，同时从纳税人权利与义务角度出发而形塑一个良好、互动的国家—社会关系。可以说，税制改革是具有重要性、基础性的意义，它构成了服务型政府建设的基础。

虽然税制改革取得诸多成就，但仍然存在一系列问题，这些问题归结起来便是税制结构失衡的问题，而这个问题带来了三大消极影响：税制结构的失衡，使得税制给经济发展和创新带来了消极影响，整体呈现出了累退性；税制结构失衡，使得税制对社会贫富差距也呈现出逆向调节功能；税制结构失衡，地方政府缺乏可持续的稳定性的财政收入来源。税制结构失衡主要表现在间接税占比偏高，而直接税占比相对较低；同时财政收入对流转税依赖度较高，企业税负负担较重；个体税收占比较低的同时又呈现出个人所得税的累退效应。税制结构失衡对于国家治理体系与治理能力现代化和服务型政府建设而言，最大的消极影响：一是对社会公平的影响；二是对地方政府构筑稳定的财政收入来源，进而对构建不同层级政府财权与支出责任匹配关系，搭建良好的纵向府际关系有着影响。因此，个人所得税的改革和房地产税的铺开便可能成为破解税制改革的核心,也就是直接税改革是税制改革的题眼所在。可以说,党的十九大后的税制改革,尤其是直接税改革对接的便是"健全地方税体系"①,改革目标便是"权责清晰、财力协调、区域均衡",解决的便是地方政府如何拥有稳定的、可持续的财政收入问题,进而更好地促进地方政府转型。

房地产税是直接税种,房地产税在世界范围内都是地方政府的主要税种,也就是地方财政的主要来源,地方政府以此为基础来组织收入,履行法律所规定的支出责任,提供公共服务。通过开征房地产税,能够给地方政府提供可预期的、持续性的财政收入。由于房地产税是直接税,因此也能够强化纳税人的纳税意识,并强化其权利与义务。房地产税能够给地方政府提供稳定财政收入,并以此为基础,通过预算透明与预算监督和预算绩效管理,规制地方政府收支,引导地方政府施政方向和政府行为,强化政府的负责意识。但是,开征房地产税是一个复杂性的博弈过程,还面临着缺乏法理上的依据等问题。

具体而言,除了需要对各种房地产税收和收费项目进行清理、调整以及对房地产现值进行评估等技术性工作之外②,开征房地产税面临着两个问题:第一个问题是现有总税负比较重,开征房地产税会削弱其合法性依据;第二个问题是更为根本的法理性依据问题,我国土地制度中,国有土地是政府在管理,实际上国有土地拥有者是各级政府,在长期土地财政为核心的经营城市发展模式中,开发商取得土地开发资格而缴纳的土地使用权出让金,事实上已经被转嫁给购房者,也就是说购房者已经直接交纳过具有直接税性质的土地租金。那么,在这种情况进行房地产税的征收,显然其法理依据是有瑕疵的。那么,在接下来的研究和立法中,如何纾解这种法理上的矛盾,则是开征房地产税之前必须要完成的功课。开征房地产税的目的是为地方政府提供稳定收入来源,为地方政府法定的支出责任提供经济基础,但是正如"税收国家"仅仅指的是

---

① 高培勇:《中国财税改革40年:基本轨迹、基本经验和基本规律》,《经济研究》2018年第3期。

② 李梅、李炜光、姚玲珍、张曙光、周天勇、施正文、张长东:《房地产税:中国税收改革再出发——税收国家转型与地方治理革新》,《探索与争鸣》2018年第3期。

国家财政收入很大程度上依靠市场和私人部门，国家权力中的专断性权力能够受到潜在的制约。但是，只有转型为"预算国家"之后，通过有效的预算管理才能够真正的约束政府收支和政府行为，反映纳税人的意志，进而将政府在经济社会上更加嵌入社会中，使得政府的基础性权力更具有广泛性和牢固性，国家具有韧性。房地产税改革有两个目标：一是为地方政府提供稳定收入来源；二是与支出责任改革、基本公共服务支出责任改革产生协同效应，从根本上强化政府的服务性和回应性。鉴于我国自上而下的压力型体制的特点和路径依赖特征，预算监督与预算透明的预算改革并不一定会对地方政府行为产生更有效的压力，而要改变地方政府行为，需要中央政府平衡地方政府的发展型职能和服务型职能之间的张力。但是，从我国经济社会发展实践来看，特别是受在近年来中美贸易战压力影响的形势下，地方政府仍然需要履行发展型职能。但是，平衡地方政府发展型职能和服务型职能、房地产税改革、不同层级政府支出责任的合理划分，三个方面的改革都应当渐进性的、协调性的、整体性的推进。

另外，直接税中的另一个重要部分，即个人所得税的改革。针对个人所得税的改革，近来的实践和讨论主要围绕着起征点进行，而最新的政府工作报告明确的提出要增加子女教育、大病医疗等专项费用的扣除。[①] 但是，我国税改的原则是"简税制、宽税基、低税率、严征管"[②]，因此，相较于在起征点上争论不休，更应当关注的是个人所得税的实质性改革，即发挥其激励功能和调节收入分配的功能。更为重要的是，税收制度不仅仅是经济资源分配，也具有明显的政治意义。在英国内战时期，曾提出"无代表、不纳税"的口号，这就表明，税收制度的改革和调整不仅仅要考虑经济资源的分配，也要考虑对于纳税人的权利与义务的保障和强调。因此，个人所得税改革的方向应当是：一方面确保其是一种大众税；另一方面则需要简化税制、大幅度降低税率，给强化公民的义务意识，保障公民的权利奠定基础。

[①] 《2019 政府工作报告》，2019 年 3 月 5 日，中国政府网，http://www.gov.cn/zhuanti/2019qglh/2019lhzfgzbg/index.htm，最后浏览日期：2020 年 4 月 22 日。

[②] 唐婧妮：《兼顾公平与效率目标，改革个人所得税制度》，《税务研究》2018 年第 1 期。

税制改革的核心是税种改革，而税种改革的近期目标是给央地分权提供稳定的财政收入来源的经济基础。但是其长期的目标则是通过税种改革促进经济社会良性发展，强化公民与政府间的权责关系。税种改革的突破口便在于直接税改革中的个人所得税和房地产税，两者的改革应当与地方政府行为转变，逐步推动预算透明和预算监督的公民参与，进而实现地方政府对下负责和对上负责的平衡，由此进入正反馈状态，并形成治理惯性，进而为这种央地关系和国家—社会关系制度优化奠定基础。

（三）我国不同层级政府财权与支出责任相匹配改革的路径与策略

对于我国财政的纵向府际关系改革，也就是央地财权和支出责任匹配以及不同层级政府支出责任的边界划分方面的改革上，有两份关键性的文件，即《关于推进中央与地方财政事权和支出责任划分改革的指导意见》和《基本公共服务领域中央与地方共同财政事权和支出责任划分改革方案》，对不同层级政府支出责任进行了划分，并且规定上级政府不得转嫁支出责任。这两份文件关于政府支出责任改革与税制改革一起，必将对我国地方政府改革和转型产生积极的、深远的影响。但是，两份文件所提出的改革仍然是原则性和方向性的，与我国实际运作中的政府实践和不同层级政府关系实际并不匹配。

从目前来看，我国地方政府积累了一系列的矛盾和问题，主要是以土地财政为核心的经营城市的治理模式难以持续但又形成强大的路径依赖，转型困难，还有规模庞大的地方政府债务问题。这些问题不是单靠两份原则性文件就能够转变的，地方政府要真正建成服务型政府，需要是地方政府适度脱离组织经济发展的角色，适度脱离对区域经济发展和财政收入提高负有直接责任的窠臼，这样才有可能让地方政府具有相对于经济发展所形成的分利集团的自主性，才更有可能更好地回应社会、回应民众需求，解决一系列影响地方政府自主性的问题。那么，地方政府行为和政府转型长期改革的核心便是根据不同区域经济社会发展情况而解放大部分地方政府的组织经济发展的责任，以压力型体制迫使地方政府转型服务型政府，并在税制改革、预算改革、不同层级政府财权与支出责任匹配改革下，强化地方政府对社会和民众的责任性和回应性。这同样需要中央政府在扩展地方政府收入来源，尤其是在转移支付上，要逐步缩减以项目为载体开展的专项转移支付，并扩展一般性转移支付的力度，减少项目制治理所带来的负面影响。

我国政府支出责任不仅仅是一个与财权匹配的问题，也是一个规范政府职能的问题。从目前来看，我国政府仍然面临着政府职能边界，也就是与社会和市场边界不够清晰的问题。从市场经济来看，我国政府仍然存在着直接用行政命令和行政手段介入市场经济或者说通过一系列的以行政权力和行政地位为依托的经济手段，例如土地财政、债务融资等介入经济。这就使得我国政府一方面丧失了相对市场经济的自主性，另一方面则损耗了经济效率。这可以称为政府职能越位。而政府职能的缺位则表现在对非经济性的社会公共服务和公益性公共产品供给的严重不足，越往下级政府，这方面的政府行为越为明显，而这就使得地方政府转型为服务型政府愈加困难。而带来政府职能越位和缺位的主要原因应当在与政府直接组织经济和对经济发展负责的发展模式。

在纵向政府支出责任边界划定和财权与支出责任匹配上，我国政府目前仍然存在着不匹配的问题。这些问题第一种类型表现为中央政府对地方政府负责的地方性事务的过多干预，例如一系列的城乡社区建设和农村厕所改造等具体事务，中央都依赖中央政府的决策和资金安排。中央政府行为从实践和工具理性上可以理解，但在规范上确实是有违中央政府的职能。第二种类型表现为一些跨流域性的公共支出，地方政府则承担了相当一部分支出责任，中央政府支出力度不足。随着两份规范性文件的出台，分离央地支出责任已经有一定基础，接下来讨论的应当是不同层级地方政府支出责任边界与财权匹配的问题。而这一点便与传统治理行为，即上级政府动员下级政府提供配套资金，来转移自己的支出责任的问题相关。在这点上，与之相似的，便是机构改革之后，一些有执法权的中央或者省级直管部门将自己执法责任下移到了无执法权力的地方政府之上，并且借用压力型体制，来规避自己的责任。第三种类型，则是中央与地方政府共同参与的支出，这方面的支出则容易出现权责不清的问题。

政府支出责任以及支出责任与财权的匹配是一个长期改革的过程，需要逐步为地方政府经济发展的责任松绑，为地方政府转型社会性公共服务提供支撑。同时，需要细化两份纲领性文件的关于央地和不同层级政府支出责任边界与财权匹配的实施性细则，并从预算管理上刚性的约束地方政府施政方向和政府行为。

不同层级政府财权与支出责任相匹配改革的重点是支出责任，也就是事权划分。我国不同层级政府事权划分改革在思路上需要从两个方面入手：第一个方面是通过细化两份纲领性文件，通过列举的方式，将已经比较固定的、有着广泛共识的不同层级政府事权认识正式化、制度化、法理化。但是，仅仅希冀通过清单式的方案来实现一劳永逸的解决是不现实的。① 中国处于转型时期，治理事务的不确定性、政府职能的不断调整，都使清单式的规范难以在治理实践中起到预期的效果。因此，就需要从第二个方面来考虑问题，即从权力运行或者政策过程中各级政府的分工协作，也就是各级政府围绕同一政策目标应当发挥怎样的功能才能够实现政策目标的角度入手，建立一种动态的调整不同层级政府事权的机制。

动态调整不同层级政府事权的机制，需要明确的是事权类型，从我国政府治理实践、相应法律法规和根据公共产品受益范围来配置不同层级政府事权的一般原则来看，首先要将事权划分为中央单独行使的事权，这一事权又分为三个类型：关涉国家主权的事权、单一制国家中央政府的独有事权、涉及普遍的公共利益的事权。其次是地方政府的事权，这一事权分为两类：一类是得到立法授权的事权；另一类是区域性公共服务的事权。② 最后则是中央政府和地方政府共同行使的事权，前两类事权基本上可以通过清单式的思路来解决，但第三类事权则需要建立动态的调整不同层级政府事权的机制来规范。

中央政府和地方政府共同行使的事权可以分为分级管理式和中央政府领导、地方政府参与式事权。后一类事权则又可以分为刚性约束和弹性约束两种，前者中央政府会更为直接地对地方政府进行监督、向地方政府提出明确的要求；而后者则可能采用资金奖励和示范等方式来引导地方政府。③ 对分级管理的事权而言，划分事权可以参照《关于推进中央

---

① 韩旭：《调整事权划分：央地关系思辨及其改善路径》，《探索》2016年第6期。
② 同上。
③ 同上。

与地方财政事权和支出责任划分改革的指导意见》和《基本公共服务领域中央与地方共同财政事权和支出责任划分改革方案》两份文件进行,以公共产品和公共服务受益范围为原则对分级管理事权进行重新调整,使得不同层级政府能够更好地发挥公共服务的功能,避免下级地方政府履行上级政府应当履行的公共服务职责的情况出现。

对于中央政府领导、地方政府参与的事权而言,首先是通过权力清单和责任清单将地方政府在政策过程中的现有事权、中央各部门现有事权进行整理,使地方政府现有事权和中央各部门现有事权与现行法律规定不相冲突。清单式的事权界定虽然难以在实际治理过程中规制各级政府事权配置,但是却是建立动态调整各级政府事权机制的前提。只有明晰并整合现有事权,才能清晰地对现有事权再进行分类,中央与地方、上下级政府关于事权的动态调整才能够达成共识。这一共识涉及在中央与地方共同协作、上下级政府共同协作的治理和政策过程中,哪些事权是清晰的,可以归属到不同层级政府的;哪些事权是模糊性的,这些模糊性的事权应当如何划分。对于模糊性事权的划分,应当建立民主协商机制来动态调整模糊性事权的配置,同时考虑在民主协商不成功的情况下,通过司法裁决解决争端、达成共识的可能性。[①]

公共财政体制改革是预算管理制度改革、税制改革、不同层级政府财权与支出责任相匹配改革三大改革协同推进的过程。不同层级政府财权与支出责任相匹配改革将在制度上形成"一级政权、一级事权;一级财政,一级税基"的改革目标,引导地方政府更加关注公共服务。而税制改革一方面会为地方政府提供稳定、持续的财政收入;另一方面则会激励经济发展、促进社会公平、强化公民的纳税人权利意识和义务意识。预算管理制度改革在制度上、过程上规范政府行为之外,也为社会监督政府提供民主参与的平台。公共财政体制改革是我国建设服务型政府的基础性工程,也是一个长期的改革过程,只有通过公共财政体制改革,我国才能够转型成为一个基础性权力得到巩固、政府专断性权力得到控制的现代的"预算国家"。

[①] 夏冬泓:《政府间事权划分模糊性解决的民主协商路径》,《北京理工大学学报》(社会科学版) 2020 年第 1 期。

第三节　公务员队伍建设改革

在革命战争年代，尤其是陕甘宁边区政府建设时期，中国共产党逐渐摸索建立了一套苏维埃政权的干部人事管理制度。中华人民共和国成立后，在全面建设社会主义的历程中，党和政府借鉴苏联的干部人事制度经验，结合革命时期的干部管理实践，继续坚持和完善了干部人事制度，虽这样的干部管理制度曾经发挥了重大作用，但也在后期暴露出了制度僵化、激励不足、官僚作风和职务终身制等弊病。

改革开放之后，党和国家主要领导人着力破除干部职务终身制，提出干部队伍革命化、年轻化、知识化、专业化的要求，干部人事制度改革进入新阶段。1987 年，党的十三大正式提出探索建立国家公务员制度。1988 年，七届全国人大一次会议上的政府工作报告也提出，抓紧建立和逐步实施国家公务员制度，传统干部人事管理开始向现代公务员制度转轨。

20 世纪 90 年代以来，公务员制度建设迈出实质性步伐。经过局部试点，1993 年，《国家公务员暂行条例》正式施行。按照制度确立、分步完善的思路，1997 年底，公务员制度基本建立。公务员制度在经过一段时间运行后，2005 年，全国人大常委会通过了《公务员法》，标志着公务员制度进入调整完善的新阶段，公务员制度的法治化建设得以深入推进。2005 年以后，公务员管理各环节的相应配套制度陆续完善。以《公务员法》为指导，公务员管理的"进口出口"、职位分类、个体能力、组织文化等各个方面均初步建立了相应制度。公务员制度的调整完善极大地推动了公务员队伍的现代化建设。但是，公务员制度在实践中仍然存在诸如分类制度不健全、激励和竞争机制效果欠佳、退出机制尚未真正建立、责任和惩戒制度运转不良等问题，需要在完善公务员制度的过程中着力解决。

党的十八大以来，国家治理体系和治理能力现代化成为治国理政的新坐标。加快转变政府职能，提高政府治理能力，建设人民满意的服务型政府成为重要的行政体制改革目标。在此背景下，对标治理现代化的改革目标，针对《公务员法》施行以来出现的系列问题，公务员制度亟须不断深化完善。2013年以来，公务员制度改革完善成为全面深化改革总体设计中的重要内容。经过几年的改革试点实践，2018年底，《公务员法（修订案）》获得全国人大常委会通过，新修订的《公务员法》吸收了近几年公务员制度改革实践的宝贵经验，进一步完善了公务员制度，在解决公务员制度当下存在的诸如分类制度、激励和竞争机制、退出机制等问题方面迈出重要步伐。

回溯我国公务员制度产生的背景和历史沿革可以发现，当下我国公务员制度已经进入深化完善的新阶段，需要认真总结公务员制度施行以来公务员队伍建设的现状与问题，尤其是公务员队伍的结构安排、管理机制和能力素质等方面存在的问题，结合新时代的要求，深入研究公务员队伍建设的未来进路，促进新时代公务员队伍的高质量建设。

一 公务员队伍结构优化

（一）公务员队伍结构的概念和分析维度

1. 公务员队伍结构的概念分析

公务员队伍的结构问题在理论和实务界均有较多涉及。当下研究成果对公务员队伍结构着墨较多，主要聚焦于队伍结构的现状、问题和对策分析，这固然有利于针对性地开展决策咨询和问题解决，但是也导致了对公务员队伍结构研究缺乏系统思考和理论建构。本文力图借鉴有限的理论研究成果，率先分析归纳公务员队伍结构的建构理念和基本概念，为后文分析队伍结构构成、现状和问题对策提供稳定的概念框架。

我国的公务员队伍不仅包括行政机关工作人员，而且包括财政负担待遇、纳入行政编制的其他国家机关、政党机关、政协机关、群团机关等公权力机关的工作人员。公务员群体既承担政治性职责，也承担事务性职能；既注重于政治使命的达成，也着力于组织管理的完备。因此，公务员队伍结构安排问题既需要体现政治价值的要求，也需要兼顾组织可持续发展的需要。质言之，公务员队伍结构问题背后需要统筹考虑政治价值、组织管理和效率效益对队伍结构的要求。

基于以上分析，公务员队伍结构分析应该秉持以下四大理念：一是党的领导贯穿始终。公务员队伍结构应该在党的领导下以有利于加强和改善党的领导为重要目标进行调整完善。二是立足民主价值，体现社会主义民主的要求。由于我国的公务员队伍的外延较为广泛，公务员队伍结构建构要重点关注性别结构、民族结构、党派结构等体现男女平等、民族平等、多党合作和依法治国等社会主义民主制度价值的结构维度。三是立足组织管理优化，激励组织和成员的工作动机。公务员队伍结构设计也要关注个体职业生涯、组织良性运转和组织可持续发展的需要，学历结构、专业结构、职位结构和年龄结构等结构维度也应成为公务员队伍结构建构的重点考虑对象。四是兼顾节约成本、提升效益。无论是完成政治性使命，还是促进组织健康持续发展，公务员队伍都需要考虑队伍结构的经济性层面，即公务员队伍的供养结构及其密切相关的层级结构、城乡结构等。

在上述理念指导下，公务员队伍结构的搭建和完善就不再是单一维度的结构指向，而是一个复合维度的结构组合。因此，明确公务员队伍结构的概念内涵就变得十分必要。结合前述理念，本文对公务员队伍结构的概念作出如下界定：公务员队伍结构是指为了保证在党的领导下公务员队伍有效履行政治使命、实现组织健康可持续发展和组织成员个人职业发展，公务员群体按政治标准、职业标准、经济标准进行多维度的比例划分并形成恰当比例结构，以便公共组织及其成员更好履行使命、实现组织和个人良性发展。

2. 公务员队伍结构的构成维度

公务员队伍结构搭建和完善是一项理论紧密联系实际的公共行政实务工作。在明确队伍结构的建构理念和概念内涵后，队伍结构的构成维度成为下一个亟须明确的理论问题。只有公务员队伍结构的构成维度得以科学确定，才能完整准确归纳公务员队伍的结构状况，为后文结构问题分析和对策打下基础。

前述的理念为队伍结构的构成维度分析提供了顶层设计和宏观指导，因此，队伍结构的构成维度要在该理念的指导下加以细化。此外，公务员队伍结构不仅是静态的遵循顶层设计理念的体系结构，而且是贯穿于公务员管理过程中不断调整和优化的动态结构。故而，公务员管理过程中的公务员队伍结构设计也就成为不可或缺的结构维度。

基于以上分析，公务员队伍的结构分析可以从静态和动态层面加以展开。在静态层面，本文从系统视角分析公务员队伍结构，将其拆分为政治价值取向、组织管理优化和成本效益考量三个层面上的公务员队伍子结构，分别对应公务员队伍的性别结构、民族结构、党派结构，学历结构、专业结构、职位结构、年龄结构、供养结构、层级结构、城乡结构等。在动态层面，公务员队伍管理是一个动态过程，队伍结构需要根据队伍管理过程的实际需要做到动态调整和优化。因此，本文也在这一层面考量了公务员队伍在招录、使用、培养、流动、退出等管理过程中体现出的结构特点及其所需要的结构设计安排。

（二）系统视角下公务员队伍结构分析

从系统科学的角度来看，公务员队伍结构的系统设计先需要合理的理念设计。根据队伍结构的建构理念，对政治价值的引入、组织管理的关注和成本效益的考量都潜在地体现着公共行政的多学科视角。也就是说，公务员队伍结构问题作为公共行政的一个子系统，体现出了多学科分析方法交汇的特点。本文以政治学、管理学和经济学三个学科知识为基础，从政治性、组织性和经济性这三个面向切入，分析公务员队伍结构。

1. 公务员队伍结构的政治性面向

公务员队伍是政治和行政活动的主体，在既有的政治体制和行政管理体制之中从事着广泛的政务性活动。既有的政治体制不仅是公务员队伍构型的关键性背景，而且是向公务员队伍建构和管理输出政治价值的重要渊源。故而，既有的政治制度所体现的党的领导、团结、民主、平等、法治等政治传统和政治价值是考察公务员队伍结构维度时必须关注的面向。

正是由于上述政治传统和政治价值的要求和约束，公务员队伍结构的构成维度需要作出回应，以使公务员队伍构成及其运行符合政治体制及其价值的基本要求。基于此，公务员队伍结构的政治性面向需要统筹考虑党的领导、民主、平等、团结和法治价值对队伍结构的要求，具体表现为公务员队伍的性别结构、民族结构、党派结构等。

性别结构关注的是公共组织整体的性别比例以及针对不同性质岗位的性别比例设计等。民族结构强调的是公务员队伍中少数民族人员比例，包括公务员队伍中的少数民族人员总体比例和民族区域自治地方的少数民族公务员比例。党派结构注重的是公务员队伍中民主党派、无党派人员的比例问题。

2. 公务员队伍结构的组织性面向

公务员队伍完成工作任务，履行公共职能，体现政治性要求是在一定的组织环境中才能实现的。因此，公务员队伍的结构问题不仅要考量政治体制和政治价值的要求，也要从管理学的视角，从组织管理和发展的角度出发考察公共组织有效管理和可持续发展对队伍结构的要求。

也就是说，公务员队伍结构还要考量组织性方面的要求，即公共组织及其成员的有效管理和可持续发展问题。组织性面向的队伍结构维度主要包括公务员队伍的学历结构、专业结构、职位结构、年龄结构等。学历结构是指公务员队伍的学历层次比例，特别是本科及以上的高学历层次所占比例；专业结构指的是公务员的所学专业分布；职位结构强调的是不同部门、层级的职务和职位的比例结构；年龄结构意指不同年龄段人群，尤其是老中青公务员，在整体上和不同部门、层级间的比例结构。

需要说明的是，公务员队伍的学历结构、专业结构、职位结构、年龄结构是通过相互组合的形式回应公共组织及其成员的要求。学历结构、专业结构和职位结构相互组合比较，可以体现组织及其成员的日常管理中岗位供给结构和岗位需求特性间的结构匹配情况，进而体现日常管理成效。学历结构、专业结构和年龄结构相互组合，可以反映组织成员长期、稳定地展现专业素养能力的可能性，最终便于判断组织及其成员的可持续发展情况。

3. 公务员队伍结构的经济性面向

公共组织的存在及发挥作用，无论是回应政治体制及其价值的要求，还是满足公共组织自身的有效管理和持续发展的需要，都离不开一定的物质资金投入作为保障。也就是说，无论是完成政治性使命，还是实现组织健康持续发展，公务员队伍的结构维度都需要考虑经济性层面的要求和制约。

公务员队伍结构的经济性层面是指组织管理、运行和发展所具备的物质与资金状况对公务员队伍结构提出的刚性要求和约束，具体包括公务员队伍的供养结构及其密切相关的层级结构、城乡结构等。

供养结构强调的是公共财政不能蜕变为"吃饭财政"，财政对公务的供养要保持合适的规模和结构，具体包括：一是公务员队伍总量与政府财力水平相适应；二是公共服务部门和内部管理部门间的合适结构。①城乡结构主要是审视基层和非基层公务员队伍的结构比例，具体包括：一是公务员队伍在县城和乡镇间的结构比例；二是公务员队伍在城区和街道间的结构比例。层级结构指的是从中央到地方建立的职务和级别阶梯结构，"以权力和资历作为层级建构的基本要素，以'金字塔'型为层级建构的基本框架，以层级的高低作为政府内部的权力、利益、荣誉、机会等政治资源分配的依据，以委任制作为任用的基本形式，以'命令—服从'作为层级关系的基本原则"②。

（三）过程视角下公务员队伍结构分析

公务员队伍本身就是一个动态管理过程。因此，随着时间的推移，队伍结构需要根据队伍管理流程环节的要求做出适应性调整，同时，也需要根据外部环境变化而做出及时的修正。

公务员队伍管理过程大体可以分为招录、使用、培养、交流、退出等环节。队伍结构在不同的管理节点均会体现出有差别性的结构特点，故而，需要进一步明确管理过程中公务员队伍应具备的不同结构要求。

第一，在招录环节，公务员队伍的来源结构十分重要。在公务员的招录环节中，队伍的来源结构是一个必须提早谋划和精心设计的关键问题，因为招录公务员是适应公共部门履行政治使命和推动组织发展的要求，而公共部门完成这些使命和目标需要合理的队伍结构相配套。因此，招录工作必须考虑待招录的公务员群体对既存公务员队伍结构的补益和完善。队伍来源结构的谋划和设计也就成为公务员招录环节的一项关键工作。

来源结构主要有三个层面的内容：一是与坚持党的领导等底线要求相适应的拥护党的领导和社会主义制度、基本法治素养、基本道德规范的要求；二是与不同职位特点和部门层级情况相匹配的人员学历、专业

---

① 高亚洲：《公务员多不多要看供养结构》，2016 年 6 月 23 日，http://kns.cnki.net/kns/detail/detail.aspx?FileName=ZGQN201606230023&DbName=CCND2016，最后浏览日期：2020 年 4 月 23 日。

② 段余应：《现代国家公务员层级结构及其变迁》，《中国政治学年鉴（2006—2008）》，中国文联出版社 2009 年版，第 145—146 页。

要求和笔试面试设计；三是与公务员招录机制科学合理相适应的考任制、聘任制、选任制、委任制之间在不同层级、部门的比例结构问题。

第二，在使用环节，公务员队伍的考核结构十分重要。公务员队伍在日常运行中，主要履行岗位职责，不管是政治使命性职责，还是组织管理和发展职责，公务员队伍的使用必然涉及人员考核问题，这不仅关系公务员履职效果，也关涉人员薪酬福利和升降奖惩。因此，绩效考核是公务员使用环节的核心，起着承前启后的桥梁作用。

考核结构强调的是公务员队伍的工作考核按照"通用＋专项"的形式展开，全面考核与不同职位、不同层级机关的分类考核相结合，形成面上考核和专项考核配套的考核结构。考核结构具体包括：一是通用结构，即"德、能、勤、绩、廉"的全面考核；二是专项结构，即针对不同职位、不同层级机关设计符合岗位和层级要求的考核指标体系。

第三，在培养环节，公务员队伍的培养结构意义重大。公务员队伍在使用的过程中，为了适应不断发展的外部环境和组织情势，培养结构是队伍管理过程的重要一环。培养结构合理有利于公务员队伍能力素质提升，保障组织和个人更好完成使命职责，实现良性持续发展。

培养结构主要指公务员在能力素质培养工作中，组织应该提供的能力素质提升渠道的合理比例安排，具体包括：能力素质培训结构和实践锻炼结构，以及培训和实践锻炼的合理结构。能力素质培训结构指的是分类分级培训内容、通用能力培训和适应形势的前瞻性能力培训之间的结构安排，实践锻炼结构强调的是既存的公开遴选、选派锻炼、挂职锻炼等能力提升渠道之间的合理安排。

第四，在交流环节，公务员队伍的流动结构十分关键。由于公共组织存在的长期性和公务员履职活动的持久性，公务员很容易在长期工作的专门领域形成可观的人脉资源和社会资本，这固然便于公务活动开展和职责履行，但也容易出现裙带关系、职业倦怠等严重问题。因此，保持公务员队伍的合理流动结构是不可或缺的管理工作。

流动结构主要包括公共部门内部流动结构和外部流动结构。其中，公共部门的内部流动结构主要指横向和纵向流动比例设计，即以挂职锻炼为代表的横向流动和以公开遴选、选派锻炼为代表的纵向流动的分配结构；公共部门的外部流动结构指的是以公开遴选和社会选调为代表的高校、国企、智库、事业单位、群众团体等单位与政府部门间的优秀人员交流的比例设计。

第五，在退出环节，公务员队伍的"出口"结构不可或缺。人员新陈代谢是组织管理中的常规话题，组织运行和发展需要保持一定的与履职尽责相适应的队伍规模，因此，公务员的"出口"结构是否合理就显得十分重要。

公务员队伍的"出口"结构强调的是在既有退出制度下，可预期的退出公务员的职位结构和人口统计学结构，主要包括考核淘汰结构、强制性退休结构和弹性退休结构。考核淘汰结构强调的是依据公务员能力实绩考核结果，完善针对不同职位、部门和层级机关的队伍淘汰结构。强制性退休结构主要指在法定退休年龄红线的基础上，设计针对不同职位及其职务职级的强制退职年龄结构。弹性退休结构是指在法定退职年限下，设计多层次的退职年龄条件，保持退出人员结构和招录人员基本一致。

（四）公务员队伍结构的问题分析

当下学界对公务员队伍结构问题的研究，虽然数量不算多，但研究面较广，已经涉及某些重要方面的结构问题。贾海薇对比了修订前后的《公务员法》，讨论了公务员制度在招录结构和交流结构上的新问题。[①] 袁兴金则关注公务员队伍的专业结构问题，尤其是专业结构的专业化、精英化取向及其制约因素。[②] 闫耀军等以吉林省为单位，分析了公务员队伍结构存在的问题，主要包括"年龄结构分布不平衡，学历结构不合理，专业结构明显不足"[③]。王波则以四川省为单位，聚焦于公务员队伍存在的专业结构、培训结构、流动结构、年龄结构问题。[④] 贾海涛和王勇以基层公务员队伍为单位，通过案例分析，研究了该县公务员队伍在年龄结

---

① 贾海薇：《新时代公务员队伍的建设路径：科学化+法治化——以〈公务员法（修订草案）〉为视角》行政管理改革2018年第12期。
② 袁兴金：《专业精英化：我国公务员队伍建设的方向选择》，《学海》2011年第4期。
③ 吉林省委党校课题组、闫耀军：《加强吉林省公务员队伍建设的调研报告》；吉林省人民政府办公厅：《吉林政报/2010年专刊》；《吉林政报》编辑部2011年版，第186—188页。
④ 王波：《"十三五"期间公务员队伍的结构优化研究——以四川省为例》，《人民论坛·学术前沿》2017年第14期。

构、职务结构、城乡结构方面存在的"倒金字塔"式结构异常问题。① 由此可见一斑。

结合既有研究来看，公务员队伍的结构问题，主要包括两个层面：一是队伍结构内部，具体子系统的构成不合理；二是在不同层级机关，队伍结构均存在一些共性问题。

第一，公务员队伍的专业结构是一个普遍性结构问题。由于建设服务型政府、法治政府、治理能力现代化以及人工智能、数据革命理念的兴起，公务员队伍的外部环境正发生急剧变化，公务员队伍的专业结构就显得十分重要。然而，当下的队伍专业结构还不能与不断更新的外部环境要求相适应，主要是通用专业技能（外语、计算机等）不强，紧跟时代的高端复合型人才不足，以及专业性部门的专业化人才比例不够。

第二，公务员队伍的年龄结构不合理。队伍年龄结构主要存在老中青比例不协调、结构老化乃至断层的问题。由于我国的公务员制度是从传统的干部人事制度逐步转轨而建立，一些历史较长的部门惯性依赖较强；专业性部门招录门槛较高，职位人员可替代性不强，基层机关条件较为艰苦、工作压力较大，使得这些单位的人员招录和流动出现问题，队伍年龄结构容易老化乃至断层。

第三，公务员队伍的流动结构是许多学者关注的结构问题。流动结构存在流动不畅、高层管理者占比过大的问题。这里包括"大流动"和"小流动"层面，"大流动"结构问题主要指囿于缺乏法律细则支持和现实经验借鉴，政府机关与高校、智库、国企、群团以及其他非政府组织缺乏规范的、制度化的人员交流结构安排，只是在高级政府管理人员层面存在传统干部人事制度意义上的干部交流，在专业性、前沿性的职位和部门缺少体制内外间的优秀人才体系化流动。"小流动"结构问题着眼于公共机关内部部门间、层级间的流动结构，主要指单向流动突出、能力和任务导向的流动不足、人员流动的职务和资历导向过重，队伍流动不仅以向上级、向重要部门等待遇较好的地方流动，而且流动以职务高低和论资排辈为考量，鲜有依据任务需要和能力匹配进行。

---

① 贾海涛、王勇:《加强县乡公务员队伍建设必须从优化人员结构入手》,《中国人才》2007 年第 19 期。

第四，公务员队伍的学历、职务、城乡结构在一些实证研究中也常引起关注。职务结构和城乡结构衡量的是公务员队伍在部门内部和不同层级之间的结构分布，用之以分析队伍结构的稳定性和可持续性。学历结构主要存在高中低学历比例不合理，高学历普遍偏少，且在乡镇基层尤为严重。职务结构问题是职务化趋向严重，"兵将"比例与事务性工作负担背反，乡镇基层公务员队伍大量涌向职务序列，一般干部比例减少。城乡结构的问题是公务员规模与职责任务倒挂，乡镇基层事务繁重，人员流失严重，个人通过借调等形式不断流向上级机关，造成人员数与事务量严重倒挂。

第五，公务员队伍的招录、培训结构也是既有研究常涉及的结构问题。招录结构主要存在聘任制、考录制等招录方式之间的比例不尽合理，聘任制比例较小、机制尚不健全、作用发挥不够，招录方式在不同部门和层级机关间大体一致，缺乏针对部门和不同层级机关特色而设计的有侧重的招录方式。培训结构存在培训内容结构和培训过程与效果脱节等两方面的问题：一是培训内容结构不合理，内容缺乏针对性和前瞻性，对外部环境的变化回应不足；二是培训过程和效果常错位、脱节，培训过程缺乏互动、体验、实践等环节设计，使得公务员听得懂却用不通，不能很好达到预期效果。

（五）优化公务员队伍结构的政策建议

基于以上对公务员队伍的结构问题分析，结合既有研究中关于公务员队伍结构优化的相关内容，本文从当下公务员队伍的专业结构、年龄结构、流动结构、学历结构、职务结构、城乡结构，以及招录、培训结构方面存在的问题出发，提出针对性的解决对策。

1. 优化公务员队伍的专业结构

首先，在人员招录方面，要尽快完善分类分层考试制度，根据环境要求和职位需要，合理布局通用技能和专业能力的考试结构。同时，根据职位专业性和挑战性的情况不同，适度突破凡进必考的思维定式，针对专业性强的和前瞻性突出的职位，扩大招录范围降低招录门槛，适度扩大聘任制实施规模。

其次，调整培养工作思路，完善MPA教育、常规培训和实践锻炼三位一体的培养结构，坚持优化高层次公务员培养结构，提升其复合型能力的同时，高度关注中下级别公务员群体的专业能力培训和适度规模的交流或轮岗锻炼。

最后，在管理使用方面，通过绩效考核制度的优化，倒逼公务员队伍专业结构的优化，即完善多层次、多元化的分类考核体系，明确不同职位、不同层级机关公务员的专业能力考核结构，将不同职位、不同层级需要的专业能力结构与绩效考核工作挂钩，进而与升降奖惩、薪酬福利等切身利益相关联，推动公务员队伍专业结构的持续优化。

2. 优化公务员队伍的年龄结构

首先，针对专业性门槛较高的部门和职位，试点进行优秀人才特岗选拔招录制度。将专业性强的部门及其职位作为特岗职位加以试点设计，适当放宽年龄限制，建立与能力实绩挂钩的激励机制，通过试点、扩围，逐步增加中年乃至青年人才的比重，逐渐改善年龄结构。

其次，针对工作负担重、待遇条件较艰苦的职位和基层机关，强化流动制度的刚性，建立完善轮岗制度。对于这类职位和机关，通过减轻负担、增加待遇来改善公务员年龄结构是不现实的，因为这类情况数量众多、政府财政受预算和财力限制且政府工作计划性、刚性较强。可行的解决办法是通过流动制度的落实尤其是轮岗制度的建立，降低工作负担和待遇条件在群体间的相对差异水平。通过建立轮岗制度和强化流动制度，工作性质相似的部门内，不同工作负担和待遇条件的职位和层级机关定期轮岗流动，乡镇基层机关和区县机关乃至更上级的机关间人员轮岗交流，可以使工作负担的相对水平和感知得以改善，同时，也可以交流锻炼、能力提升为条件逐步改善待遇较差人员的待遇水平。

3. 完善公务员队伍的流动结构

流动结构的完善要统筹考虑体制内外的"大流动"结构优化和体制内横纵向"小流动"结构完善。"大流动"结构优化和"小流动"结构完善要注重流动结构的有序和经济高效，不能出现为流动而流动的弊病和超过财政承受能力的情形。

首先，加快建立职位需要、任务需求导向的优秀人才政社流动制度。在借鉴高级公务员按干部人事制度规定政社流动的经验的基础上，针对专业性、前沿性强的职位和部门，按照岗位需要和任务需求实际，出台

《公务员法》确定的社会遴选和公开选调实施细则，畅通高效、优秀企业、智库、事业单位、群团组织等非政府组织与政府机关间优秀人才的流动管道。

其次，着力破除职务和资历导向的体制内单向上升流动传统，加快建立任务需求和能力匹配导向的横向流动完善、上下流动兼备的公务员流动机制。修订后的《公务员法》，完善了以挂职锻炼为代表的横向流动和以公开遴选、选派锻炼为代表的纵向流动顶层设计，应加快完善挂职锻炼、公开遴选、选派锻炼的实施细则，并与任务需求导向和职位能力匹配相关联，让队伍流动更加有序高效。

4. 改进公务员队伍的学历、职务、城乡结构

学历结构对公共组织的重要意义要与专业结构相结合才能更好显现，单纯重视学历结构，容易走入唯学历、唯高学历的误区。因此，改进队伍学历结构：一是要正确认识公务员学历问题，不搞第一学历出身论、非全日制学历歧视论、高学历高职称优待论；二是要按学历要求与专业能力、职位需求相匹配的大方向优化不同职位、部门、层级机关的学历—专业—职位联动结构。

公务员队伍职务结构问题，主要是由于《公务员法》修订前，职务与级别和各项激励措施高度关联，导致"千军万马挤上职务序列独木桥"，乡科级职务与其之下职务的公务员队伍比例失调，职务化趋向过重。《公务员法》修订后，县级及以下实行职务职级并行制度，改进队伍职务结构的关键在于职级制度的实施细则设计，优先保证乡科级职务以下的公务员队伍分流职级晋升的前景，稳定一般公务员群体预期和工作动机。

改善队伍城乡结构，需要规范公务员流动制度，逐步改善乡镇工作条件，明确乡镇职责清单。公务员队伍城乡结构问题的出现，与乡镇基层机关的职责边界不清、保障条件有限、人员管理不规范密切相关。改善队伍的城乡结构：一是要强化流动制度刚性，着力纠正县乡之间的单向借调行为，建立双向定期的选派和遴选制度；二是加快建立县乡两级政府及其部门的职责清单，尤其是明确县直部门和乡镇政府间的职责范围和边界，坚决防止职责无序下放，加重乡镇工作负担；三是建立能力实绩导向的乡镇公务员待遇和工作条件保障制度，结合公开遴选和挂职

锻炼的制度设计，正向激励乡镇公务员提升技能、强化实践，以此为导向，设计多层次的待遇和保障阶梯，让乡镇公务员队伍安下心、稳得住、进得来。

5. 改善公务员队伍的来源结构、培训结构

公务员队伍的来源结构是招录工作对分类分级人才需求的有效回应。来源结构出现问题也反映了当下选任、委任、聘任、考任等招录方式的结构不良，没有有效回应分类分级人才的需求。

因此，改善来源结构的措施有二：一是加快建立针对不同部门、层级机关职位需求特点的有侧重的招录结构，特别是要纠正凡进必考的思维定式，优化考任和聘任的相互组合关系；二是加紧完善《公务员法》中关于聘任制的实施办法，对专业性强、前瞻性突出的部门和职位，适当扩大聘任制比例，探索完善聘任制的选拔条件、考核方式、管理制度和退出安排等制度体系。

公务员队伍的培训结构不存在根本性、结构性问题，而主要是机制性问题，要针对培训结构中存在的内容结构、过程效果错位等问题，针对性加以解决。

首先，对于培训内容结构不良问题，建立分级分类岗位匹配培训、通用技能培训、前瞻性能力培训"三位一体"内容结构，着力提升公务员岗位专业能力、通用能力以及适应外部环境变化的前瞻性能力。其次，革新培训形式、强化培训考核，合理加入互动、体验、参观、实践等多种培训形式，增强公务员培训参与度、操作度和掌握度，做实培训考核工作，强化过程性考核、开放式评价、非标准化测试，切实增强公务员培训实际效果。

二 公务员管理机制改进研究

（一）公务员管理机制的内涵

我国的公务员管理源起于革命战争年代的干部人事管理制度，干部身份具有浓厚的政治意味。当代意义上的公务员管理，初步具有了法治化色彩，管理机制也逐步绵密细化，相继形成了招录、使用、培养、考核、激励、流动、退出等全流程的管理机制。

我国公务员管理机制不仅受传统的干部人事管理制度的影响，也深

受西方发达国家文官管理机制的影响。20世纪90年代新公共管理运动以来，在改革政府思潮的影响下，西方发达国家文官管理开始从官僚制管理向现代人力资源管理转变，这一转变也对我国公务员管理制度建立完善产生了深远影响。

从概念上分析，我国公务员管理机制的内涵界定需要基于从干部到公务员的法治化身份转变以及现代人力资源管理的国际背景来考虑。对于这一问题的研究，学界倾向于回归"机制"概念的自然科学起源并确立起系统科学视角，通过词源分析和学科起源追溯，将通用的"机制"概念加以明确，再结合公务员管理实践，将"公务员管理机制"概念具体化。其中，施康详细追溯了"机制"一词的中英文词源，将"机制"定义为"由两个或两个以上的要素按照一定的原理、原则和规则进行相互作用而构成的整体系统"，进而，他提出公务员管理机制是"构成公务员管理体系的若干子系统或不同要素之间，遵循一定的原理和规则而相互联系、相互影响、相互作用、相互协同并形成系统整体功能的过程"[①]。邹伟基于系统观点也对公务员管理机制作出界定，即"国家公务员制度中的若干环节或子系统，相互结合、协调运作并能产生某种内在动力、功能或作用的方式和过程"[②]。张郧也持类似观点，他认为"公务员管理机制，是指公务员管理体系的运行功能和各方面的相互运行关系。它包括公务员体系支配、推动、维系公务员管理过程的内在功能，以及使公务员管理机构、制度、方式、方法相互衔接的管理机能"[③]。

综上所述，本文将公务员管理机制界定为：为了实现公务员管理的系统高效，按照一定的人力资源管理理念和方法，将公务员管理涉及的招录、使用、考核、培养、激励、退出等全环节进行有序地相互作用、相互协调，以此产生持久的协同动力，最终形成的整体性动态系统。

（二）公务员管理机制的构成要素

关于管理机制的构成研究涉及不同分析视角下构成机制的不同分类。

[①] 施康：《我国公务员录用、管理与退出机制的关系及整合研究》，博士学位论文，南京农业大学，2006年。

[②] 邹伟：《关于建立和完善公务员管理机制的思考》，《新视野》2001年第2期。

[③] 张郧：《简论公务员管理机制的构成》，《中国党政干部论坛》1999年第8期。

既有研究中，有的从理论分析出发，以宏观或微观视角分析管理机制构成；有的从实践经验的反思出发，以系统科学视角分析管理机制的构成；也有的从既有法规制度的规定出发，以客观实用的取向分析管理机制的构成。比如，邹伟从公务员管理机制的内涵和特点分析出发，提出了宏观微观层层嵌套的管理机制构成。① 宋世明从修订后的《公务员法》的规定出发，分析了法律法规对公务员管理机制构成的框定，提出了"分类机制、更新机制、激励保障机制、监督机制"② 四位一体的公务员管理机制构成。

以上既有研究忽视了一个很重要的分析视角，即时空分析视角。固然，系统科学视角在一定程度上包括了时间演进维度。但是，时间演进维度多融入系统视角，自身体现的不够分明。因此，本文认为应该将时间维度单列，采取过程视角和系统视角并重的思路，较为完整呈现公务员管理机制的构成要素。

1. 公务员管理机制的过程构成

公务员管理机制本身就存在一个时序维度管理过程。管理机制的过程构成是指从时序推移的角度分析公务员管理的关联环节，进一步明确各个管理环节间的相互作用关系。具体而言，从过程视角，公务员管理包括进入、使用、评价、薪酬、保障、激励、培训、交流、退出九大环节，管理机制即是这九大管理环节的具体内容及其相互作用。

首先，从公务员管理各环节的基本内容看，公务员管理机制的一个关键点是完善管理环节的基本内容。进入机制，也就是招录机制，重点关注公务员分类分层招录方式的结构和优化。使用机制需要根据职位分类要求，分类分层做好岗位设计和管理。评价机制强调分门别类建立职责履行评价标准体系，进行定期的绩效考核。薪酬机制的重点是根据岗位职责及其完成情况的绩效评价结果，给予相匹配的薪酬回报。保障机制强调的是为公务员职业发展、履职尽责提供相称的、人道的权益保障，包括社会保障、健康支持、文化建设等。激励机制的重点是正向激励和负向激励

---

① 邹伟：《关于建立和完善公务员管理机制的思考》，《新视野》2001年第2期。
② 宋世明：《中国公务员管理的四大机制演进——以〈公务员法（修订草案）〉为分析蓝本》，《行政管理改革》2018年第12期。

的制度结构安排,具体包括奖惩机制和职务职级升降机制。培训机制强调更好一实现公务员个人发展和履职尽责,针对通用能力和专业能力进行提升。交流机制强调的是横向流动(轮岗、平调等)和纵向流动(遴选、锻炼等)之间的合理安排。退出机制主要是退休机制和辞职机制的设计及其关系,包括法定退休、弹性退休和年阶退休的制度安排及其关系,以及"权利型辞职、因公辞职和问责型辞职"① 的制度安排及其关系。

其次,从公务员管理各个环节间的相互作用关系看,公务员管理机制的另一个关键点就是管理环节间的相互关系分析。公务员管理机制是典型的"总—分—总"式循环改进机制。一是公务员管理机制是循环往复的可持续结构。进入机制和退出机制依托于社会环境为媒介的劳动力循环,公务员辞职后进入社会并在其他方面继续发挥作用,进入机制也是通过对接社会环境方才可以吸引、识别、筛选、录用人才。二是公务员管理各环节是"总—分—总"式的相互依托关系。进入机制和退出机制分别负责管理机制的"进口"和"出口",它们与其余管理环节属于"串联"关系。使用、评价、薪酬、保障、激励、培训、交流机制属于"并联"依托关系,也就是说,只有这些机制配套到位,公务员才能有效履行职位职责。只要公务员已经有效履行职责,这些机制就已并行开始发挥作用。

2. 公务员管理机制的系统构成

公务员管理机制的系统构成主要是从系统观的视角,对管理机制构成部分进行结构化整理。按照系统观点,系统由主体、客体、内环境、外环境以及它们之间的相互关系构成。除过程构成外,公务员管理机制还可以按照系统观点进行分类。从主体角度看,公务员管理机制涉及不同层次公务员队伍管理,尤其是高级公务员管理;从客体角度看,公务员管理机制需要关注职位分类机制;从组织内部环境看,监督机制、组织文化管理也构成公务员管理机制的重要方面;从组织外环境看,公务员管理机制特别需要关注监督机制和形象管理。

从系统观点看,公务员管理机制的系统构成主要包括:高级公务员管理,职位分类管理,组织文化管理,监督机制,形象管理,等等。高

---

① 李永康、潘娜:《完善中国公务员辞职管理的三大机制研究》,*Social Sciences Research*, Singapore: Singapore Management and Sports Science Institute, 2013,第239—244页。

级公务员管理强调针对公务员群体中的关键少数,进行有区别的过程性管理机制设计。职位分类管理主要是对公共职位进行科学分类,进而推行人岗匹配设计并配套相应的管理制度。组织文化管理强调,在具体管理工作中,构建无形但有效的文化软环境,培育组织及其成员的公共美德。监督机制主要是针对管理机制中的风险点位和重要部分进行监督制度构建。形象管理强调的是组织及成员主动培育良好形象,进而提升自身道德素质和能力素质,再运用适度的形象设计和传媒技术形成组织形象的正向效应。

(三) 公务员管理机制的模式选择

随着20世纪90年代以来国家公务员制度的建立和完善,具体的公务员管理机制也随之日臻成熟。在管理实务和管理问题的带动下,学术界也出现了大量的公务员管理机制研究。迄今为止,管理机制的研究从对策性研究逐步深化到理论分析,也开始出现多学科理论视角下的模式研究。为了更深入地呈现管理机制研究状况,更系统性地进行实践指导,结合既有研究所依托的理论基础和学科背景,本文发现公务员管理机制大体有以下四个方面的理论基础及其衍生的模式分析。

1. 管理主义至上的公务员管理模式

自20世纪八九十年代以来,西方发达国家兴起的新公共管理运动和改革政府浪潮对公务员管理机制产生了整体性的影响,其管理主义至上的公共管理哲学,导致了大量市场和企业管理理念与工具嫁接到公共部门,直接催生了一种新的公务员管理的理论基础和模式,即新公共管理理论及其人力资源管理模式、战略性人力资源管理模式、职业生涯管理模式和能级管理模式。

人力资源管理是私人部门发展起来的人员管理模式,其将组织成员视为重要的、可塑的生产要素加以培育型管理,它强调"从注重过程、程序到注重结果的转变;从管理的集中化到管理的授权化转变;从刚性管理到弹性管理的转变;从服从性管理到激励性管理的转变"①。战略性人力资源管理模式是人力资源管理的2.0版本,强调"组织的使命、核

---

① 尹姝:《美国"重塑人力资源管理"对我国公务员制度改革的启示》,《东南大学学报》(哲学社会科学版) 2013年第S1期。

心价值观、愿景等"战略设计在人力资源管理中的主导作用。① 职业生涯管理是兼顾组织目标和成员需求，针对组织成员的职业发展进行的当下职业基准和长远职业发展设计，进而对"公务员'招录'、'工作'和'正常退出'等职业生涯阶段实施的动态管理过程"②。能级管理是一种以能力实绩为本位对各级各类职位进行能力级别匹配设计，并将能力实绩本位拓展到考核、待遇、保障、激励、交流和退出机制的设计与运行中的管理模式。

2. 治理理论主导的公务员管理模式

治理理论是新公共管理运动后期公共行政领域的重点范式。公务员管理作为公共行政研究的子领域，也受到了治理理论的影响，对长期占主导地位的人力资源管理模式进行了批判发展。治理理论强调多中心、网络化、协作式的公共行政智慧，加之，当下强化政府治理能力的外部环境，以治理视角审视并改革公务员管理机制显得十分必须和适时。

治理理论主导下的公务员管理改革，重点是多样性管理模式的引入。多样性管理强调的是不要过分依靠与职位分类的管理思路，将目光适度转移到公务员主体上来，注重主体的多样性，"促进不同种族、性别、年龄人群的平等就业，推进平权，促进员工多样性"③，并将此作为公务员管理的一项指导原则，以此改善公务员工作动机，提升任务绩效和周边绩效。

3. 政治伦理导向的公务员管理模式

虽然，自我国公务员制度建立以来，新公共管理运动引发的人力资源管理模式一直居于公务员管理机制的关键位置，但是，作为一项行政领域的人员管理制度安排，公务员管理机制并没有抛弃政治价值的影响，尤其是政治伦理和文化中体现的道德规训对组织人格和成员德行养成的关键影响，以及对管理机制塑造的价值指导。

---

① 徐东华：《战略性人力资源管理视阈中的公务员管理改革研究》，《国家行政学院学报》2013年第3期。

② 韩叶盛、陈文龙：《基于职业锚理论的我国公务员职业生涯管理研究》，《北方民族大学学报》（哲学社会科学版）2009年第6期。

③ 侯志阳、丁元：《多样性管理、心理福利与公务员的周边绩效——基于美国联邦政府的调查》，《公共行政评论》2017年第6期。

政治伦理导向的公务员管理模式，具体表现为德治与法治结合的二元管理模式、管理目标道德化的使命管理模式以及组织文化视角的关系管理模式。德法结合的二元管理模式注重职业道德和管理法制对于公务员管理的同等重要性，主张在推进法治化的同时，加强公务员职业道德于管理全过程，并致力于职业道德法治化以保证实施。[①] 使命管理模式主要是将目标管理作道德化抽象，将组织目标上升为具有伦理高度的组织使命，并贯彻到公务员管理的全环节，"通过思想制度化、实践化来保障公务员使命管理的实现"[②]。关系管理模式是以组织文化价值为视角，"从组织自身特征以及组织发展所处的具体环境出发，在兼顾组织与个人发展对关系诉求的基础上，选择相应的管理理念、原则等管理要素"[③]，将公务员管理塑造为人人关系和人事关系网络化的管理形态。

4. 行为主义取向的公务员管理模式

公务员管理从微观处着眼，本质上是属于对人的管理。因此，有的研究从社会心理学的学科视角出发，运用行为主义的理论观点，对公务员管理机制做行为主义基础的创新构建，发展出了心理契约管理模式。

心理契约是社会心理学的建构概念，指的是人们相互之间隐含的心理预期集合。公务员管理中的心理契约管理模式强调的是，"公务员的身份一旦确立，即与政府行政组织形成了一定的权利和义务关系"，这种关系不是依法而行的合同的权利义务关系，"政府行政组织与公务员之间应是一种互惠互利的关系，双方均需要有一定的付出，也需要得到一定的收益""公务员会基于这一理解表现出相应的思维路径和行为方式，直接决定着公务员的工作绩效，影响着政府行政组织的管理效能"[④]。因此，心理契约管理模式主张用现实存在的心理契约作为公务员管理机制的指导和中介，实现组织目标和个人期望的结合，提升管理效能。

（四）当前公务员管理机制的问题分析

关于公务员管理机制的问题，既有研究着重从公务员管理的实践中

---

① 郑桐：《"引德入法"：国外加强公务员管理的重要举措》，《红旗文稿》2008年第4期。
② 陈辉：《论公务员使命管理》，《理论探讨》2007年第3期。
③ 陈辉：《关系管理：公务员管理的基本内容》，《新视野》2008年第4期。
④ 靳宏：《心理契约建构与我国公务员管理的新型策略》，《中共天津市委党校学报》2013年第4期。

发现和回应问题，形成了丰富的研究成果。比如，学者翟校义调研发现，公务员群众普遍认为，"管理缺陷集中在激励机制、退出机制、责任机制和惩戒机制四个方面；地方政府领导的观点基本与公务员一致，但他们认为考核机制缺陷更大，将考核失灵放在关键位置"[1]。党的十八大以来，公务员管理机制又有了诸多改革，本文梳理近年来学界关于公务员管理机制问题的研究成果，大体总结如下几个方面。

1. 职位分类机制不完善，"分道"管理制度不畅

职位分类管理是现代公务员管理制度的基本内容。在公务员制度建立之初，我国就确定了综合管理类、专业技术类、行政执法类公务员分类管理框架。但是，自1993年公务员制度开始实施以来，综合管理类公务员管理机制建立较为完善，其他类别公务员管理机制一直处于探索中，各地进度不一，没有专项的管理制度体系。直到2016年，我国才开始从顶层设计上探索专业技术类、行政执法类公务员管理机制体系化设计。具体而言，职位分类机制的问题主要有三个方面：一是分类标准和细则不够细化，尤其是专业技术类和行政执法类。不同层级、不同部门的职位设计不够细致，以至于不同类别间的管理特色不突出；二是类别间的管理机制发展不平衡[2]，综合管理类公务员管理机制较完善，职位设计、职务职级划分较完整，各项管理制度初步健全，但其他两类公务员的管理机制建设就十分不足，多是借鉴乃至套用综合管理类公务员的管理制度；三是类别划分行政化，局限于行政机关的三类公务员划分，没有充分重视到纳入公务员范围的非行政机关公务员（党务类、人大类、统战类、政法类、群团类等）分类管理机制建设。最近几年，国家开始重视法官、检察官、警察等政法类公务员分类管理机制建设，这种趋势应该逐步扩大到《公务员法》管理的其他非行政机关公务员管理。

2. 激励机制发展不平衡，实效性较差

激励机制存在的问题是公务员管理实践中被普遍反映的热点难点问题，主要聚焦于晋升机制不健全和奖惩机制不到位两个方面：其一，晋

---

[1] 翟校义：《我国公务员管理缺陷的实证分析》，《政法论坛》2010年第4期。
[2] 梁玉萍：《构建体现不同类别特点的公务员管理制度》，《中国党政干部论坛》2016年第9期。

升机制门槛设定分类针对性不足，晋升程序重视度不够，论资排辈色彩偏重，公开公示程序形式化①；晋升职距过长（5年），级数多，导致能力沉淀与职业升迁张力突出，非正常越级提拔、快速提拔现象增多。② 其二，奖励制度结构不合理，物质奖励手段单一，精神奖励形式色彩重，缺乏与信用挂钩等新的奖励形式，竞争性奖励虚化，"因人设奖"的情况一定程度存在。其三，惩戒机制不完善、缺乏刚性，"好人"心态、"稳定"思维影响较大，根据对象、影响等的不同而选择性惩戒、轻量化惩戒的情况依然存在。

3. 考核机制科学性不足、针对性不强，权威性不彰

考核机制问题是公务员群体特别是领导干部关注的管理机制热点难点问题，由于既涉及其科学测量、客观反映的内在使命，又涉及其服务组织、激励成员、推动发展的外在价值，考核机制是一项科学与艺术相结合的热点议题。当前，公务员考核机制主要存在考核体系自身的客观性问题和考核体系运用的合理性问题：其一，考核指标体系设计科学性、客观性不够，缺乏针对性的绩效导向。指标内容较模糊，指标指向重点、权重设计与不同层级、部门的不同特点结合不够，导致考核结果区别度不大。其二，绩效考核的程序价值和结果运用未受足够重视，定期考核偏多、平时考核设计和实施不足，导致公务员对考核的常态参与不足，考核的民主性和公开度不够、缺少监督和复核机制，考核结果运用刚性不足，考核结果与后续的薪酬、激励、流动等机制的联动性尚未完全落实。

4. 退出机制落地难，实施阻力大

退出机制是管理机制运行中公务员群体反映较集中的热点问题，由于涉及公务员的切身利益的重大调整乃至褫夺，机制真正运行的阻力很大。主要难点问题有退休机制过于笼统，辞职机制建设不平衡。具体而言：一是退休机制只是针对所有人员做了法定退休年限和自愿退休的统一门槛设计，针对不同层级机关、部门职位的弹性退休和年阶退休制度尚处于探讨或试点阶段；二是问责型辞职制度发展较为完善，但自愿性

---

① 王明杰、尹玖：《公务员管理体制及未来改革方向思考》，《人民论坛》2015年第32期。
② 蓝志勇、胡威：《从莫石理论看中国公务员队伍的专业化发展与管理的趋势》，《第一资源》2012年第4期。

辞职的具体管理办法尚不明确，尤其是主动辞职的激励保障措施，导致基于职业发展和自主意愿的公务员自愿辞职顾虑重重，影响工作动机和人力资源优化配置。

5. 交流机制的职务和待遇导向突出，但交流机制的职业发展和履职需要本位尚未落地

既有的交流机制多依据职务论资排辈或依据部门或层级机关待遇情况进行安排，以履职需要或职业能力提升为本位的交流机制理念没有真正确立。具体来看，交流机制有以下几个问题：一是轮岗尚未真正制度化，只是在领导职务中零散开展，尤其是非领导职务和一般公务员基于能力锻炼和履职需要的轮岗制度尚未真正运行。二是流动结构不合理，向上级流动和向重要部门流动的情况更多，流动需要更多考虑人员的资历、职务而不是组织运行需要和个人能力素质锻炼。三是具体流动机制的专项管理规定不完善，《公务员法》规定了以公开遴选、选派锻炼、挂职锻炼为主的交流机制，但缺乏对具体交流机制的权威细化规定，导致法律规定的交流机制执行不力，容易造成流动环节中的腐败行为。[①]

6. 权益保障机制系统性不强，回应性不足，难以及时回应公务员队伍的实际需要

公务员队伍的权益保障机制，尤其是最近几年越发突出的身心健康、压力管理、住房、婚恋等新兴的权益保障成为公务员队伍特别是新进和年轻公务员群体的迫切需要。权益保障机制面临的主要问题：一是一直以来的权益保障机制都是问题凸显后回应建立，缺乏系统设计和针对新出现的权益问题苗头进行前瞻性建构。二是工作压力管理和身心健康维护成为权益保障机制的短板。不断变化的上级要求和外部环境与对公务员的工作能力提出了很高的要求，而日益严格的编制管理使得公务员的工作量有增无减，导致公务员的工作压力和职业倦怠情况日益严重，最终出现身心健康问题。三是公务员的住房问题和婚恋问题较为突出。公务员群体的薪酬机制现状以及激励机制存在的问题，导致公务员的待遇水平及其上升预期十分有限，住房问题和婚恋问题日益成为公务员群体

---

① 梁丽芝、罗小玲：《西方公务员流动管理实践对中国公务员流动管理的启示》，《湖南科技大学学报》（社会科学版）2008 年第 1 期。

的重要切身权益。

7. 公务员管理机制法治化体系不完善

虽然，公务员法及其配套法规制度在不断完善，但法律法规的体系性不强，配套法规制度的制定进展不一。法治化层次较低，制度文件偏多，法律法规偏少；法律法规的常态化执法检查和法律监督机制还未建立，主要依靠政府机关内部推动公务员管理法律法规落地。

(五) 完善公务员管理机制的对策

1. 继续深化职位分类机制改革

党的十八大以来，职位分类机制改革取得了长足进展，专业技术类、行政执法类公务员管理办法相继出台，职位分类管理机制进入了普遍建立、均衡发展的新阶段。公务员职位分类机制改革应该以党和国家发布的管理办法为蓝本，在实践中继续深入制定专业技术类、行政执法类公务员职位分类实施细则，重点完善体现不同层级需要、部门特色、职位特点的分类标准和职位设计"工具箱"。

此外，职位分类机制改革还应该统筹考虑非行政机关类公务员职位分类机制设计，适时推广当下的行政机关职位分类改革经验，针对政党机关、人大机关、政协机关、政法单位、群团机关等的公务员队伍，设计符合机关特点的分类标准及其岗位设计细则。

2. 重点推动激励机制均衡有效发挥作用

激励机制主要包括公务员晋升、奖励和惩戒制度，要围绕当前激励机制存在的不均衡和落实不到位的问题，下大力气推动激励机制各项内容取得实效性突破。

首先，对于晋升机制，要高度重视程序价值，做实晋升程序。要结合职位分类改革进程，设计分类晋升条件门槛，强化以能力素质和岗位需要为本位的条件考察，克服论资排辈的传统路径，落实公示程序等公务员参与制度。其次，科学设计晋升职距和级别台阶。将职级台阶和职务台阶嵌套，在保持职务的职距和晋升台阶稳定的基础上，强化职级晋升的能力实绩导向考核，适度缩小职级的职距时长，允许跨职级台阶晋升。再次，优化奖励制度结构。物质奖励克服唯金钱导向，配套关于身心保健、住房保障等权益保障方面的奖励手段，提高激励针对性；精神激励要提高公务员的获得感，建议等级评定、荣誉称号等奖励措施要与信用体系建设挂钩，提高公务员精神荣誉的社会优待水平。最后，惩戒机制要细化规定，实质推进。根据绩效考核结果，惩戒机制作为负向激励的重要方式要实现实质化推进，通过建立细化执行规定，缩小惩戒自由裁量权，明确分类分级的惩戒措施，建立执纪问责惩戒责任制，克服选择性惩戒、轻量化惩戒的问题。

3. 细化完善并深入激活绩效考核机制

公务员绩效考核机制是公务员管理的基本制度，它作为"分流闸口"关系到公务员职责履行后的待遇、保障、激励和交流等机制的如何配套问题。由于我国公务员制度的干部人事制度历史背景，加之职务本位、官僚主义思想在不同程度上仍然存在，公务员管理的绩效考核机制仍处在完善阶段且实际落实效果有待提高。

鉴于此，公务员管理考核机制亟待将绩效考核制度真正激活并细化完善。首先，绩效考核机制本身要增强科学性和体系性，做到客观真实。要着力分类分级设计绩效考核指标体系，强化指标体系的科学设计确保信度效度，提高考核区别度。其次，完善绩效考核程序规定和结果运用责任制，激活绩效考核实际运用。着力将平时考核上升到重要位置，增强考核民主参与和信息公开程度，建立考核的复审复核与监督举报制度。试点绩效考核推进与运用责任制，切实推动考核与后续管理机制环节联动。

4. 坚定果断又审慎稳妥落实完善退出机制

退出机制事关公务员群体的切身利益保障，也事关公共组织新陈代谢、作风建设和组织活力，全面推进退出机制势必会触动一部分人的切身利益，处理不好会影响队伍工作动机和组织稳定发展。但是，退出机制能够切实建立运行，对组织新陈代谢、成员活力激发、组织作风培育等具有极大裨益。因此，公务员退出机制要坚定果断同时要审慎稳妥加以完善。

自公务员制度建立以来，退出机制已经在退休制度搭建、问责辞职制度完善上取得明显成效，退出机制的深化完善还需要在分类退休制度和自愿辞职制度上取得实质进展。一是要结合职位分类管理改革，完善分类分级的公务员弹性退休制度，设计不同性质岗位和部门在法定框架内的多层次退休机制，建立针对各类职位的年阶退休制度，明确法定退休年限内不同职位、职务、职级的工作年限、退休红线和调岗制度。二是着力完善自愿辞职制度体系，出台配套管理办法，要未雨绸缪，在日常培养和权益保障机制上，完善关乎自愿辞职制度顺利运行的能力培训、能力认证和社保转接、失业保障等具体配套规定。

5. 着力完善多层次和多主体的交流机制

首先，加强对非领导职务和一般公务员流动机制建设的认识，建立普遍的轮岗制度。针对后备干部和一般公务员分别设计跨部门和部门内常态化轮岗制度，完善轮岗门槛、工作要求、管理权限、待遇保障管理、考核激励管理等细化制度，顺畅制度运转。

其次，调整流动结构，促进纵向上下级间、横向部门间均衡流动。着力克服传统的论资排辈和职务本位的交流惯性，强化交流机制的能力素质导向和组织需要本位，根据组织履职需要和公务员个体能力素质现状，匹配合适人员进行职位交流，实现职责履行和能力提升的双赢局面。

最后，细化完善法定交流制度，着力全面推开实行。《公务员法》规定了以公开遴选、选派锻炼、挂职锻炼为主的交流制度，下一步要出台配套法律法规，细化完善遴选和锻炼的门槛条件、管理权限、任务设计、考核激励等方面的配套制度。

6. 及时构建系统性和针对性的权益保障机制

针对当下公务员存在的身心健康、工作压力、住房婚恋等迫切的权益问题，要切实建立系统、针对性的权益保障机制，以及时回应公务员诉求。

首先，要建立系统思维，统筹设计权益保障机制。由于权益保障有明显的时效性和迫切性，往往会随外部环境变化而出现变化或更新，因此，要将权益保障制度作为公务员管理机制的重要组成部分，而不是根据公务员即时需要碎片化建立。这就要求公共部门加强调研，加强与人大、政协、群团组织等外部机构的协同合作，及时发现公务员诉求。

其次，切实解决当下公务员面临的身心健康、住房婚恋等权益问题。针对身心健康问题，着力整治形式主义、官僚主义，减轻无谓的工作负担，完善弹性休假制度，加强机关健身和心理咨询设施建设，及时指导公务员改善情绪管理和职业倦怠。针对住房婚恋问题，要在公积金制度的基础上，以共有住房为手段，适当开展能力实绩导向的住房积分激励制度设计，此外，加强组织文化建设的针对性，开展跨机关、跨部门的团建、素拓、交友等文化活动，为未婚公务员提供必要的平台。

7. 配套推进管理机制法治化均衡有序全面发展

自1993年出台公务员管理行政法规以来，公务员管理的法治建设一直在稳步推进，但也存在一些问题。当前公务员管理机制法治化的关键是推进法治化均衡、有序、全面发展。

首先，公务员管理机制要均衡法治化。要加强公务员管理法治建设规划，根据管理机制存在的重点、焦点问题，设计管理机制法治化的试点、总结、立法等法治规划，使得《公务员法》配套法规制度建设可以均衡推进，避免配套法规制定进展不一，导致管理机制无法发挥协同效应。

其次，公务员管理机制要有序立法。立法要立良法，立法的准备工作十分重要，制度设计、试点、制度完善、法规化、法律化是必要的良法订立环节，公务员管理机制在试点的基础上，要及时将制度文件规定的、运行良好的管理机制上升为行政法规，并及时制定法律，防止立法层次长期低位徘徊，制度文件长期不上升为法律法规。

最后，公务员管理机制要全面法治化。管理机制法治化不能只关注于订立法律这一狭隘的立法范围，要同步加强审查、修订、解释、废止法律以及检查监督法律执行工作。一是要高度重视公务员管理现行法律法规的审查、修订和解释工作，尤其是对行政法规及其以下的法规规章，要推进纳入统一备案审查平台、完善修订和解释的启动和工作程序。二是强化对公务员管理现行法律法规落实的执法检查和监督机制建设，将公务员管理法律法规执行情况纳入人大执法检查计划，完善人大、监察监督以及公务员申诉制度建设。

三 公务员能力素质提升

进入21世纪以来，随着改革开放的深入和我国加入世贸组织这一事件，国家发展和政府治理对公务员能力素质提出了更高的要求，党和国家也高度重视公务员能力素质建设。2000年，全国人事厅（局）长会议提出公务员管理必须提出能力建设的目标，研究制定各级各类公务员能力素质标准。2003年，中共中央、国务院出台了《关于进一步加强人才工作的决定》，提出把能力建设作为加强人才工作的主题。同年，原人事部制定了《国家公务员通用能力标准（试行）》，第一次较系统全面地提出了公务员能力素质的具体构成，各地开始探索完善公务员能力素质建设措施。此后，历次党的全国代表大会和中央全会都对公务员队伍能力建设做出与时俱进的、各有侧重的要求。

2013 年，党的十八届三中全会提出国家治理体系和治理能力现代化。作为政府职责的主要履行者，实现国家的有效治理离不开高素质、强能力的公务员队伍。因此，公务员的能力素质成为国家治理目标实现的重要微观基础。鉴于此，公务员能力建设越发受到重视，成为公务员队伍建设管理的重点内容。

（一）公务员能力素质的内涵和要素

1. 公务员能力的内涵

对于何谓能力以及公务员能力，学界从能力素质建设实践研究出发，结合语义解释和多学科视角提出了诸多概念界定。总体而言，学界对公务员能力的界定逐渐体现出了"职业能力"和"行政能力"这两种建构观的分野。

"职业能力"视角深受新公共管理运动影响下的人力资源管理理念及其职业生涯管理理论的影响，强调公务员能力的绩效和自我成就层面，即聚焦影响工作效率效益和个人职业生涯的一系列个体品质。彭向刚和刘振军认为公务员职业能力是"公务员在现代行政环境中依法运用公共权力和公共资源进行职业活动，有效履行行政职责所体现的所能影响其工作效率和效果的相对稳定的个体特征和品质，包括公务员所需具备的素质、价值观和心理特征等"[①]。扈岩认为，公务员能力是先天为基、后天习得的，"影响其工作行为有效性的、相对稳定的内在心理特质，具有综合性、可塑性、稳定性、差异性的特点"[②]。刘振军认为，公务员职业能力"是指在特定行政生态环境中，公务员在特定岗位上依法进行职业

---

① 彭向刚、刘振军：《我国公务员队伍职业能力的问题成因及对策探讨——基于制度分析的视角》，《行政论坛》2015 年第 3 期。

② 扈岩：《当今公务员能力的调查与分析研究》，硕士学位论文，河南大学，2005 年，第 5 页。

活动所需要的专业和非专业的本领和在此过程中实现自我价值的行为方式"①。

"行政能力"视角突出的则是公务员能力的政治属性，强调的是公务员在执行政治决策、履行公共职能、实现公共价值的过程中所展现的和所需要的个体品质和行为特征。闫绍文和谢忠宝认为，"公务员能力是在现代行政环境中依法运用公共权力和其他公共资源以科学有效地履行行政职能、治理国家、服务群众、实现公平与效率的专门才干"②。邱需恩把公务员能力定位于行政能力的范围，提出"公务员能力包含基础性和运行性的行政能力两个层面"③。耿相魁提出，公务员能力在行政能力的视角下兼顾职业胜任力，即"公务人员依法并创造性地管理公共事务、履行行政职能的行政能力和职业胜任特征"④。

由于公务员能力建设的研究议题涉及"能力"这一概念的心理学研究背景，迄今为止，学界对公务员能力的内涵阐释多是结合前述"职业能力"和"行政能力"的视角，并尊重了心理学意义上的能力概念的个体特质和行为特征两个层面。因此，本文认为公务员能力是指为了更好激励公务员履职尽责，拓宽职业发展前景，进而提升公共部门履职效能，最终更好地维护公共利益、实现公共价值，在践行岗位职责、行使公共权力的过程中，公务员需要具备并持续提升的个体职业品质和公共行为特征。

2. 公务员能力的构成要素

2003年，原人事部制定了《国家公务员通用能力标准（试行）》以来，公务员能力素质构成就在实践中不断丰富完善。迄今为止，公务员能力素质具体构成大体从两个方面进行完善：一是根据政府管理的外部环境变化，从公务员管理的实践中，不断总结公务员能力素质构成要素；二是借鉴一定的学科背景或理论工具，论证公务员能力的应然构成或对公务员能力素质要素进行整合呈现。

---

① 刘振军：《电子政务环境下公务员职业能力模型的构建》，《电子政务》2015年第4期。
② 闫绍文、谢忠宝：《关于公务员行政能力建设的几点理性思考——以吉林市为例》，《吉林政报》2005年专刊二，第109—111页。
③ 邱需恩：《试论公务员的能力构成与建设》，《新视野》2004年第3期。
④ 耿相魁：《公务员的能力维度及其提升策略》，《中国人才》2009年第17期。

在国家颁布的通用能力标准的启发下，许多研究者或实务人员基于形势和任务变化不断提出新的能力构成要素，但这些研究缺乏理论指导、系统性不强，能力素质构成尚未形成体系。比如，有研究者提出，根据法治政府、责任政府、服务政府的建设要求，公务员能力构成包括"敏锐的政治鉴别能力、较强的公共服务能力、依法行政的能力、知识更新的能力、改革创新的能力、善于沟通协调、沉着应变的能力、拒腐防变的能力"①。还有学者基于服务型政府建设的形势要求，提出了公务员需要具备的九大能力——"判断能力、决策能力、执行能力、创新能力、策划能力、信息能力、公关能力、群工能力、自控能力"②。有学者基于《公务员法》颁行和公务员能力建设的既有实践，提出了公务员需要加强的六大能力，即"政治鉴别能力、依法行政能力、公共服务能力、业务才干能力、沟通协调能力、拒腐防变能力"③。

也有学者通过借鉴某一学科的思维方式或者理论工具，提出了公务员能力的应然构成，对既有的公务员能力建设呈现的能力构成要素进行系统整合。比如，郝雅立和王亚楠借鉴奥格本的"文化堕距"理论，将公务员能力划分为"物质文化的创造和维持能力、非物质文化的发明和更新能力。前者主要是指公务员的某些通用技能，如依法行政能力、公共服务能力、调查研究能力、学习能力、沟通协调能力、心理调适能力等。后者主要指拥有一定决策权的公务员的政治决策能力、规则设计能力、法律制定能力、政治仲裁能力等"④。张子良借鉴多中心治理理论，认为公务员适应多元性治理的社会环境需要具备两大能力——"职位胜任能力和依法行政能力""职位胜任能力包括职业能力、专业水平和职业

---

① 吴文昌：《建设一支高素质的公务员队伍 促进服务型、责任型、法治型政府建设》，《服务型、责任型、法治型政府建设文集》，吉林政报专刊，2006年，第15—23页。
② 张世伟：《当前我国公务员行政能力建设的主要内容》，《湖北省行政管理学会——2004年年会论文集》，第386—390页。
③ 吴爱军：《论公务员队伍能力建设》，《山东社会科学》2006年第9期。
④ 郝雅立、王亚楠：《能力堕距：治理现代化背景下公务员队伍建设与发展问题研究》，《中国人力资源开发》2017年第4期。

行为规范"①。邱霈恩基于公共行政学科的思维方式,提出了公务员能力构成要放在公共行政的视域中考虑,并关注行政职能的牵引作用,据此提出公务员能力应该包括两大方面——"基础性行政能力、运行性行政能力"②。

基于以上分析可以发现,既有研究对公务员能力构成的分析逐渐开始结合相关学科的理论工具进行系统建构。不过,公务员能力提升研究是一项源于实践和指导实践的研究议题,理论工具运用应该基于对既有能力素质表现的合理整合和对后续公务员能力建设实践的有效指导。因此,借用相关理论工具应具有通俗性和系统性,即能力构成分析要尽量系统全面,切忌过于晦涩,理论工具借用要通俗易懂。

综上所述,本书认为应该基于系统分析视角,对公务员能力构成进行全面的、可操作性强的建构。公务员的能力构成应该考虑两个维度:一是公务员,二是能力。二者都有明显的层次性——公务员有层级之分、能力有通专之别。基于此,公务员能力构成可以进行二维组合,形成核心通用能力、一般通用能力、层级专业能力、岗位专业能力四大类。核心通用能力针对全体公务员且与外部环境要求相关,包括政治素质、服务能力、法治能力、创新能力、数据能力等;一般通用能力是全体公务员开展工作必须的基础能力,包括公文写作、沟通协调、终身学习、调查研究、心理调适、拒腐防变等能力;层级专业能力强调的是不同层级(高级、中层、基层)公务员所需具备的专门性能力,高级公务员(副地厅级以上)专业能力包括战略决策、规则制定、宏观形势研判等能力,中层(县处级)公务员专业能力包括政策细化、有效领导、危机公关、资源整合等能力,基层(乡科级及以下)公务员专业能力包括政策执行、团队合作、矛盾化解等能力;岗位专业能力主要指专业性、技术性强的部门职位所需要列明的特定能力要求,例如,规划岗位要求的地理信息能力、读图制图能力等。

---

① 张子良:《上海公共行政与人力资源研究所公共行政研究室主任、副研究员:着眼"大管理"提升公务员能力》,2011 年 6 月 3 日,http://kns.cnki.net/kns/detail/detail.aspx?FileName=CRSB201106030064&DbName=CCND2011,最后浏览日期:2020 年 4 月 23 日。
② 邱霈恩:《试论公务员的能力构成与建设》,《新视野》2004 年第 3 期。

(二) 公务员能力提升的理论基础和模式选择

1. 文化堕距理论及能力提升的能力堕距模式

文化堕距（Culture Lag）是美国社会学家奥格本提出的文化变迁概念，它将文化区分为物质文化和"非物质的适应性文化"，强调非物质适应性文化与物质文化相比存在的文化变迁时滞。进而，奥格本提到"文化培育能力，能力塑造文化"，能力堕距的概念随之提出，即"'能力集丛'中各个部分发展不齐步，出现一部分特质落后于其他能力板块，或与社会现实相悖错位等问题"[①]。

借鉴文化堕距理论，郝雅立和王亚楠将公务员能力做了二元划分——"物质文化的创造和维持能力、非物质文化的发明和更新能力"，将现有的公务员能力具体表现整合其中，并明确当前公务员能力建设问题是"公务员物质文化创造和维持能力不断提升，而非物质文化发明和更新能力未显进步，两者之间出现能力的迟滞和不适"。基于此，公务员能力提升的重点路径就已明确，即努力提高公务员非物质文化发明和更新能力，使得能力结构相互匹配。

2. 胜任力理论及能力提升的胜任力模型

胜任力理论及其模型是人力资源管理中的热门工具，广泛运用于教育学、管理学等社会科学领域。胜任力最初是心理学的研究概念，最早由 Robert White 于 1959 年提出，后来胜任力研究扩展到了应用心理学的许多领域，概念内涵和理论内容也不断扩展。胜任力是一系列体现工作绩效区分度的能力，包括"特质（traits）、动机（motives）、自我概念（self-image）、社会角色（social role）、态度（attitude）、价值观（value）、知识（knowledge）、技能（skill）等"，而胜任力模型就是上述能力按照一定理论观点进行的有机组合。胜任力模型的构成是具有弹性的，针对不同的研究视角和应用情景各有不同，比较有代表性的是 Boyatszi 提出的良好绩效的胜任力模型，即"管理人员需要具备 6 个方面的胜任力：目标和行动管理、领导、人力资源管理、指导下级技能、特殊知识、自我控制"，Spencer 提出的管理者通用胜任力模型——"影响力、成就欲、

[①] 郝雅立、王亚楠：《能力堕距：治理现代化背景下公务员队伍建设与发展问题研究》，《中国人力资源开发》2017 年第 4 期。

团队协作、分析性思维、主动性、发展他人、自信、指挥、信息寻求、团队领导、概念性思维、权限意识、公关、技术专长"①。

胜任力理论和模型在商业领域十分流行,随着新公共管理运动的开展,胜任力模型也开始在公共行政领域流行开来。公务员队伍能力建设领域也是如此,许多国家政府在公务员能力建设中引入胜任力模型。公务员能力提升的胜任力模型主要是借鉴私人部门的胜任力模型维度,结合公共部门组织使命和公共价值的特殊性,改造胜任力维度,制定针对不同层级、不同岗位的胜任力模型,以突出能力本位、绩效导向,引导公务员能力提升的重点领域和发展方向。比如,英国公务员能力建设的胜任力模型,就将公务员能力按层级和职位类别划分为"领导力、核心技能、专业技能、广泛的经验"②,其中领导力按公务员高中低级的层级进行嵌套设计,专业技能按职位类别进行分类设计,核心技能和广泛经验则属于全员适用。

3. 社会角色理论及能力提升的角色期望模式

社会角色理论是社会学的基本理论之一,它指的是社会赋予人们一定的地位、身份并设定了对应的权利和义务约定及行为预期,以使社会成员可以合理预期个人的行为期望,保持基本的社会秩序。社会角色理论运用于公务员能力提升,主要是借鉴角色期望的理念,明确社会环境对公务员的角色期望及其能力素质的合理预期,以此明确公务员能力提升的有效和重点路径。

显然,公务员能力提升就形成了角色期望模式,即通过分析当下社会环境对公务员及其能力的预期和要求,结合公务员能力建设的不足,明确能力提升的重点和热点,提升公务员能力建设的有效性和满意度。傅璟认为,服务型政府是当下社会对政府改革的行为期望,在此背景下,社会公众对公务员能力的期望是"须具备较强的'公共精神'""具备较高的业务素质和较强的工作能力,能不断地更新知识结构,提高分析问

---

① 李思诺、司徒英杰:《浅谈将胜任力作为公务员人力资源管理体系的核心》,《区域人才开发的理论与实践大会论文集》,中国劳动社会保障出版社2008年版,第596—603页。

② 唐亚林、鲁迎春:《基于PSG胜任力框架的英国公务员能力建设推进战略及其启示》,《中国行政管理》2011年第11期。

题、解决问题的能力"①，公务员能力提升应该对标公众期望重点推进。

4. 职业生涯管理理论及能力提升的职业生涯模式

职业生涯管理是组织人力资源管理的重要和热点内容，它最早起源于美国，用于就业和再就业指导，经过20世纪后半叶的发展，职业生涯管理理论取得长足进步且在商业部门获得了成功的运用。20世纪90年代以来，职业生涯管理理论和工具随着改革政府的新公共管理经验传入我国。职业生涯管理理论强调以人为本、尊重人的主观能动性，将人作为真正的人而非生产要素进行管理，关注"组合式人生，避免工作、家庭和社会三者之间的隔离，在三者中找到最合适的交叉点"②，实现个人终生事业发展与组织目标实现的统一。

公务员能力提升的职业生涯模式，强调对公务员进行长期发展设计，重视公务员岗位工作作为一种职业实现途径，以公务员的职业发展为本，通过职业发展与组织目标相结合的方式，确立不同特质的公务员和不同性质的职位所需要的能力清单，通过将能力清单与职业发展结合，激发公务员能力提升的内在动力。

5. 能级管理理论及能力提升的能级管理模式

能级管理是以能力为本位，对不同层级和类别的公务员分层设计能力评价标准和指标体系，通过设定能力层级和层级体系配套相应管理制度，形成能力导向的管理过程。

公务员能力提升的能级管理模式，强调的是以能力本位为核心，"通过运用科学合理的能力标准——能级体系，紧紧围绕公务员能力和公务员职位能级要求而展开制度创新，建立和完善与公务员的能力及业绩相匹配的激励机制"③，以制度化地增强公务员能力提升的内在动力和组织约束。这一模式主要包括建构能力指标体系，划定不同层级、职位的能力等级及其配套管理措施，能级核定结果运用，能级设计的动态化调整。

---

① 傅璟：《社会角色期望中的公务员队伍建设》，《人民论坛》2012年第23期。
② 刘振军：《我国公务员队伍职业能力建设研究》，博士学位论文，吉林大学，2015年。
③ 李和中、裘铮：《公务员能力素质建设的制度选择——以武汉市公务员能力素质建设为例》，《武汉大学学报》（哲学社会科学版）2007年版第2期。

6. 培训链理论及能力提升的培训链模式

培训链理论是人力资源管理领域的重要理论，它主要是将人力资源培训整合成为相互贯通、条理清晰的知识传递体系。公务员培训链意指"树立人本化、绩效化、市场化理念，通过对知识流、资金流、信息流的控制，达到这三者在政府、政府人力资源、培训机构三者之间的有效流动，以实现知识传递的运输线"①，这其中包括了理念、中介物、参与方三方面的构成要素。

公务员能力提升就是在培训链的良性运转中实现。通过对培训链各构成要素的组配，实现公务员能力切实提升。能力提升的培训链模式具体包括：一是培训参与主体之间发生联系"都是以提高公务员能力和素质为目的"，坚持以人为本；二是参与主体间的联系形成三种交流通道——"信息流形成的信息通道，资金流通过融资通道，知识流通过教育和管理通道流动"②；三是政府通过资金通道将资金流向培训机构，培训机构通过教育、管理通道将知识流流向公务员，公务员通过信息通道将培训反馈信息流向政府，进而开始下一轮培训互动，这样就实现了培训过程的回环式改进和公务员能力的持续提升。

（三）当前公务员能力建设的现状和问题

1. 公务员能力建设现状

进入 21 世纪后，我国公务员队伍的能力建设被提到了重要的议事日程，这与公务员制度整体建立和推进对公务员整体素质的要求有关，也与中国加入世贸组织、改革开放的进程深化有密切关系。经过十多年的建设，公务员整体能力素质有了很大提升，初步形成了较为系统的能力建设体系。

第一，公务员能力建设形成了较为规范的顶层设计和定期规划。从 2000 年以后，国家公务员事务主管部门都会定期发布五年一度的《国家机关公务员培训纲要》，就未来五年的公务员能力提升作出系统部署和顶层设计，有效指导了全国公务员培训工作开展。各地方也有序开始制定本地的公务员培训工作规划，为公务员能力持续提升提供制度保障。

---

① 宋斌、郝翔：《公务员培训链模型与能力建设初探》，《中国行政管理》2008 年第 11 期。
② 同上。

第二,公务员能力建设的配套制度和资源保障机制不断完善。十多年来,随着《公务员法》的出台和修订以及配套法规制度的完善,与公务员能力培养密切相关的公务员培训机制和交流机制不断完善,公开遴选、选派锻炼、挂职锻炼等交流制度被列入法定内容。此外,能力建设的资源保障机制日益完善,党校(行政学院)进一步改革,院校实力得以加强,浦东、延安、井冈山三大干部学院的培训工作取得长足进步,各高校形成了一批干部培训基地,充实了培训资源。政法机关、民主党派机关也形成了专门的培训院校资源。总体上,我国初步建成了党校(行政学院)、干部学院、高校培训基地三位一体的多层次、全方位的公务员培训体系。

第三,公务员能力建设的标准化工作也取得了显著进展。2003年,原人事部制定了《国家公务员通用能力标准(试行)》,系统明确了公务员需要具备的通用能力要求。此后,北京市、上海市、广东省、重庆市、甘肃省、江苏省等地方政府陆续开始探索本省市的公务员能力标准体系①,推进了能力建设标准化工作。

2. 公务员能力建设的问题

如前所述,公务员能力建设经过多年推进,已经形成一定程度的能力建设推进体系。能力建设不再是应对外部环境变化的临时性举措,也不是能力缺陷突出后的"头痛医头、脚痛医脚"式的碎片化补救。当前,党和国家对公务员能力建设已经在指导理念、规划布局、政策制度、能力落实上取得长足进展。与此同时,公务员能力建设在上述方面还存在一些突出问题,能力建设任重道远。

首先,在思想认识层面,公务员群体和公共组织都在公务员能力建设的思想认识上存在一些问题,一些公务员对能力建设的认识不够、动机不足,一些公共部门对能力建设重视不到位、态度不积极。主要表现在两个方面:其一,由于传统行政文化和传统干部人事制度的影响,一些公务员仍然存在"学历本位""权力本位"的固有认识,"官本位"思想一定程度持续存在,导致公务员对能力建设的重要性认识不够。囿于

---

① 梁丽芝、李磊:《公务员能力建设研究图景及其演进历程》,《中国人力资源开发》2016年第16期。

工作负担较重、心理调节失衡、工作倦怠感突出,一些公务员对待自己的能力提升问题态度较为消极,重视程度较差,出现明显的能力建设个体动力不足问题。其二,由于工作的专门性和当前政风、学风、文风的影响,一些公共部门过于看重公务员的专业能力、文字能力并致力于在招录环节录取到高学历人才,造成公务员间的能力发展不均衡,公务员培训问题受重视程度不够,常出现"重业务轻学习""重使用轻培训"[①]的不良现象。

其次,在制度政策层面,与能力建设密切相关的基础制度内容还不够完善,制度协同不足。与公务员能力建设密切相关的职位分类、考核、激励、培训制度不甚完善,与公务员能力建设进展不均衡,存在互相掣肘的问题,制度间的协同性不足。

虽然,职位分类制度的改革迈出了实质性步伐,基层公务员职务职级并行开始全面实行,专业技术类、行政执法类公务员管理逐渐完善,政法类等非行政机关的公务员分类管理逐步确立,但是,一直存在的职务与待遇挂接过甚,非领导职务一定程度上成为领导职务的安置渠道、论资排辈的安抚手段,单位级别与公务员待遇关联权重大等问题[②]并未得到有效解决。加之,职务职级并行存在数额管控的问题。这些问题都在很大程度上影响了公务员对能力建设的认知、态度和动机。

此外,绩效考核制度中存在的考核指标体系不完善、针对性不强,绩效导向没有牢固确立等问题。激励机制——尤其是晋升和奖励制度——存在的程序不完善、公开透明不足、论资排辈和学历关系的影响较重等问题。培训制度存在的分类培训推进不够、培训内容更新较慢、培训形式缺少互动与参与、培训考核实效性较差、培训时间较短、定期集中培训居多、常态化培训不足等问题,这些都是与公务员能力建设密切相关的管理制度,它们存在的以上问题会导致能力建设的制度安排和推进措施与整个公务员管理制度的契合与协同明显不足,进而掣肘能力

---

① 黎金球:《克服"四重四轻"现象:加强公务员队伍建设的具体要求》,2011年8月9日,http://kns.cnki.net/kns/detail/detail.aspx?FileName=GXRB201108090103&DbName=CC-ND2011,最后浏览日期:2020年4月22日。

② 李和中、裘铮:《公务员能力素质建设的制度选择——以武汉市公务员能力素质建设为例》,《武汉大学学报》(哲学社会科学版)2007年第2期。

建设的推进。

最后，在能力落实层面，一些要求落实效果欠佳，公务员能力水平参差不齐，区域、城乡和群体间的公务员能力差距较大。

当下的公务员能力建设，在一些能力内容上，真正落实的效果欠佳，也就使得整体四大类能力间的实际水平参差不齐。彭向刚和刘振军详细分析了当前公务员具体能力存在的落地效果问题，包括"公共管理能力弱化""中层公务员和基层公务员的科学领导能力、主动作为能力、依法行政能力、调查研究能力不足""自我调适能力较差、技术应用能力严重不足、公文写作能力有待加强"等①。

此外，公务员能力状况在区域、城乡和群体间存在较大差距，能力建设的不均等化问题突出。由于区域经济发展水平不同和深化改革进展不一，东部地区经济发展快、对外开放度高倒逼公务员能力提升进展较快，东、中、西部地区的公务员能力状况与其差距明显。由于城乡二元结构的影响，高素质公务员多流向待遇和保障条件更好的城市（区）公共部门，城乡公务员能力建设与其差距也十分明显。最后，由于受地方发展水平、财力条件和保障条件约束，县级及以下基层机关高素质人才招录难、流动较快，公务员能力建设的持续性受影响，与县级以上机关公务员能力水平差距拉大，不同层级间的公务员队伍能力建设差距也较为突出。

（四）持续提升公务员能力的对策

1. 更新观念，高度重视公务员能力提升

持续提升公务员能力水平，首先，要在思想认识问题上破题。尤其是针对当下存在的关系本位、权力本位的固有认识和工作负担、心理失调带来的职业倦怠等现实问题，要加强思想教育，着力突破固有观念，克服关系本位、权利本位的窠臼，更新观念认识。其次，要加快推进工作标准化建设，建立结构化工作及环节的"要件云"平台，实质性减少结构化工作或环节的工作量，进而减轻工作负担。积极开展心理咨询和辅导，着力破解职业倦怠问题，提升公务员工作动机，提高公务员对自

---

① 彭向刚、刘振军：《我国公务员队伍职业能力的问题成因及对策探讨——基于制度分析的视角》，《行政论坛》2015年第3期。

身能力提升的重视程度。

此外，公共部门要改进作风建设，尤其是政风、文风建设，克服对公务员文字能力、专业能力的过分偏爱，纠正"重业务轻学习"的路径依赖。同时，重视公务员培训工作，建立公务员能力培训工作责任制，切实压实部门领导责任，有效克服"重招录轻培训""重使用轻培训"的问题。

2. 完善能力导向的公务员管理制度，加强制度协同

公务员能力提升离不开配套制度的跟进，尤其是与能力提升密切有关的公务员管理制度，毕竟公务员能力是在日常管理活动中逐步培养起来的。因此，公务员能力持续提升需要针对与公务员能力密切相关的职位分类、考核、激励、培训、交流等制度进行能力导向的修正完善，主要为了避免这些基础制度与公务员能力提升间出现互相掣肘的问题，实现制度完善与能力提升的协同效应。

第一，职位分类制度改革要突出专业技术类、行政执法类公务员管理机制的专业性、能力性导向，继续完善法官、检察官、人民警察单独序列管理制度，突出专业和能力导向。逐步打破非领导职务作为领导干部的安置渠道和资历干部的安抚手段的现实定位，将非领导职务的晋升更多倾向于能力强、专业素质高的公务员，树立明显的能力导向。职务职级并行改革也应该突出能力考核和专业导向，将职级晋升的资格条件更多倾斜于能力本位。

第二，公务员绩效考核的能力导向是关键问题。公务员考核机制要进一步按绩效考核的要求实现科学客观、体系合理、能力导向，着力完善分级分类的绩效指标体系，强化绩效考核责任制，落实绩效考核结果的刚性运用。

第三，加快完善绩效考核基础上的激励和培训制度，将激励与培训聚焦于能力标准和能力提升。按照绩效考核结果，完善能力实绩导向的晋升和奖励制度，优化晋升、奖励的程序设计，实现信息公开和有效参与，以制度和程序价值克服"论资排辈"和学历、关系本位带来的不良影响。

第四，建立基于绩效考核的培训和交流制度，加强培训、交流制度的针对性和实效性，使其聚焦于公务员能力的持续提升。培训制度要细

化公务员分类培训，基于公务员能力的分类构成分类设计培训内容，按绩效考核结果明确各类公务员培训内容的重点和培训考核的权重。在培训中引入情景教学、团队合作等新方式，提高培训的实效性；着力推动常态化培训，尤其是在部门工作情景中建立 AB 角、老带新、强带弱等常态培训制度。交流制度要在完善公开遴选、选派锻炼、挂职锻炼等基本制度的过程中，着力强化能力本位、实绩导向，在交流的门槛、条件、考察等机制设计中突出能力实绩导向，引导公务员注重自身能力素质提升，使得公务员在实际的工作历练中不断提升自身能力优势。

3. 建立监测评估机制，针对性补强能力短板

建立健全公务员能力建设的监测评估体系，要将各地方、各部门公务员能力建设实践纳入统一的监测平台，定期进行能力建设综合研判和评价，及时指导各地方各部门公务员能力建设的重点、难点和问题，推动各地区各部门及时发现公务员能力短板并针对性规划补强。同时，监测评估体系平台还有一个重大功能是监测、评价并反馈各层级、各地方公务员能力建设间的均衡状况，及时发现并介入纠正已经出现或正在出现的能力建设区域、城乡和群体差距拉大问题，通过评价反馈、督查督促、适时介入等手段，及早就公务员能力建设的区域差距、城乡差距和基层公务员群体能力建设孱弱等问题进行干预，保障全体公务员能力得到普遍均衡提升。

四　基层公务员队伍建设

（一）基层公务员队伍建设的重要性

1. 基层公务员服务一线，加强基层公务员队伍建设关乎服务型政府建设及其绩效

基层公务员的职责多集中于社会管理和公共服务，他们直接在一线服务人民群众，公共服务的终端供给也需要基层公务员完成最后的服务传递。因此，基层公务员的服务能力和服务实绩直接关系到人民群众的服务获得感，关系到公共服务的公民满意度。鉴于此，加强基层公务员队伍建设，才能切实增强他们的公共服务能力，提升人民群众的服务获得感和满意度，关系到服务型政府建设的最终落地，关乎政府形象和行政绩效。

2. 基层公务员数量庞大，加强基层公务员队伍建设关系队伍稳定和管理绩效

基层公务员处于公务员序列的"基底"位置，体量大、占比高，且与中层及以上的公务员队伍在工作对接、选拔晋升、培训流动等方面关系密切。基层公务员队伍的思想认识、工作动机、精神状态不仅会影响基层政府工作绩效和人民群众切身利益，而且会影响到整个公务员队伍的思想状态、精神面貌和队伍稳定。因此，加强基层公务员队伍建设也对整个公务员队伍的稳定和发展意义重大，有利于公务员队伍基础稳固、凝聚团结，也有利于提升整个公务员队伍的精神状态和工作动机，进而提高公务员队伍管理绩效。

3. 基层公务员扎根基层，加强基层公务员队伍建设关系人民群众福祉和国家长治久安

从行政层级上讲，基层主要是指乡镇、街道，是我国最基本的治理单元，直接面向人民群众，直接面对多元的治理情景，情况多元、关系复杂、矛盾交织，加之基层政府管理服务能力、资源支撑、保障条件都十分有限，因而基层公务员进行社会管理和公共服务面临着高要求和严约束的矛盾。所以，加强基层公务员队伍建设，是强化基层治理、稳定基层社会、增加百姓福祉的客观要求，有利于改善基层治理的资源和保障条件，推动基层治理创新和国家长治久安。

4. 面向老少边穷等地区加强基层公务员队伍建设关系社会稳定、共同富裕，意义根据重大

基层的情况多样且复杂，其中老少边穷等基层地区，关涉民族团结、脱贫攻坚、社会稳定、边疆安全，在我国基层治理中具有重要的战略地位。这些地区经济社会发展基础更为薄弱，受传统文化和习俗的影响更为明显，基层政权的财力保障和工作条件更为严峻，公务员队伍建设面临更多困难。因此，这些基层地区的公务员队伍建设对国家治理和社会稳定具有特殊重要的意义，公务员队伍建设好有利于巩固民族团结、减贫脱贫和国家安全，有利于实现社会稳定和共同富裕。

(二) 基层公务员队伍建设的问题

近年来，国家对基层公务员队伍建设问题十分重视，将其纳入了干部教育培训规划的重要方面。在实践中，基层公务员的教育培训机会不

断增多，投入保障不断加强，取得了显著成绩。从总体上看，基层公务员队伍在性别结构、民族结构、学历结构、职位结构等方面得到了一定程度的优化。通过建立挂职锻炼、选派锻炼和借调制度，以及委派工作队、干部驻点、第一书记等结对帮扶支持，基层公务员能力素质总体明显提高。基层公务员管理机制也逐步完善，全面建立和健全了招录、使用、考核、薪酬、保障、激励、培训、交流、退出以及职位分类、监督救济等配套制度，公务员管理法治化不断提高。但是，从基层治理需要和发展的角度看，基层公务员队伍建设还存在不少问题。

1. 年龄结构老化，专业结构不合理

由于公务员队伍的工作环境、待遇条件和保障条件均受到不同程度的限制，加之，基层直面一线、矛盾交织、工作强度大，公务员队伍"招不到、留不住"的问题突出，招录阶段补充新鲜血液较为困难，新进人员和年轻人员想方设法通过公开遴选、借调等渠道流动到上级机关，基层公务员年龄老化问题突出，乃至出现了年龄断层。此外，基层公务员的专业结构也不够合理。由于招录环节"招不到"的问题，基层公务员招录不得不降低准入门槛，导致一些专业性较强的职位不得不适度牺牲专业性要求，因此，公务员及其与职位相匹配的专业结构始终无法得到改善。

2. 能力建设薄弱点较多，核心能力有缺陷、一般能力不强、专业能力不足

基层公务员能力建设虽然取得了长足进步，但是仍然存在诸多薄弱环节且许多还是影响基层工作开展的关键薄弱点。在核心通用能力方面，基层公务员的法治能力和信息化能力还比较薄弱。知法懂法、依法行政的意识和能力不足，乃至存在以权压法、以情代法的不良现象。熟练使用信息平台、电子数据等电子政务资源的意识和能力不足，工作效率不高。在一般通用能力方面，基层公务员的公文写作能力有待加强，调查研究能力不足，针对工作压力缺乏有效的心理调适手段。在专业能力方面，面对基层多元情景、多样问题及其产生的情况复杂、矛盾交织现象，基层公务员的团队协作能力较差，缺乏矛盾化解的有效方法，对紧急情况缺乏危机公关能力。

3. 管理机制不完备、作用发挥有限

基层公务员管理机制在涉及职业发展和待遇保障等事关切身利益的

方面存在显著的机制不完备、落实不到位问题,管理机制发挥实效有限。在考核机制方面,绩效考核未全面落实,一些地方考核流于形式,常以论资排辈和职务关系为本位,能力实绩导向的绩效考核未实际落地。激励机制方面,奖励方式较为单一,奖惩制度运用较少,晋升机制由于考核机制未落实而多与资历和职务挂钩,整个激励机制的发挥作用有限。交流机制方面,与上级机关间的双向流动尚未有效建立,向上流动多通过职务晋升或关系疏通借调,向下流动多是领导职务层面的挂职、选派锻炼,一般公务员的轮岗制度尚未建立,整个流动机制尚未真正有效运行,基层公务员工作动机明显不足。

4. 组织文化建设薄弱,工作作风亟待转变,自身形象亟须重塑。

基层机关对公务员队伍的组织普遍文化建设重视程度不够,完成任务占据了公务员的大部分精力,公务员的团队建设、素质拓展等文化建设活动基本未纳入组织建设视野,这就导致基层公务员整体道德作风、服务意识、工作作风亟待转变。总体上看,基层公务员的自身形象管理不到位,公务员的社会形象不佳,基层群众对公务员管理和服务工作满意度不高,乃至出现基层公务员被污名化的问题。

(四)加强基层公务员队伍建设的对策

1. 高度重视基层公务员队伍建设,出台专项顶层设计

一直以来,党和国家对基层公务员队伍建设十分重视。2014年,中共中央办公厅印发《关于加强乡镇干部队伍建设的若干意见》,对乡镇一级的基层公务员队伍建设做出了顶层设计,完善了战略规划。同年,人力资源和社会保障部也对基层公务员队伍建设问题开展了重大专项调研。不过,当下的基层公务员队伍建设的具体规划设计和制度安排都是在既有人才发展、干部人事制度和公务员建设规划当中统筹考虑,既有的相关规划和政策体系对基层公务员队伍建设的针对性不强。

因此,要高度重视基层公务员队伍建设,将其作为一个单独且重要的公务员管理议题,出台专项的规划政策和制度安排。具体而言,我国现行的《国家中长期人才发展规划纲要》和《深化干部人事制度改革规划纲要》均在2020年期满,建议在2020年后的十年规划中拨出专门篇幅就基层机关的人才建设和人事制度改革做出制度设计。此外,我国的《行政机关公务员培训纲要》随着国家五年规划的周期固定出台,建议

2020年后的培训纲要提出基层公务员队伍培训建设的专章设计。

2. 完善招录和交流制度，着力优化基层队伍年龄和专业结构

首先，针对基层公务员队伍年龄结构老化乃至年龄断层的问题，要着力完善多渠道、多元化的招录结构，适当降低招录门槛。具体而言，一是完善定向招录制度，优化从大学生村官、"三支一扶"、西部志愿者、农村特岗教师等服务基层项目人员中招录基层公务员的条件、管理和待遇等制度。二是创新交流制度，积极争取试点资格，完善公开选调制度，从事业单位、村两委、退役军人中选调优秀人员。

其次，创新交流制度，优化基层公务员专业结构。《公务员法》对交流制度的设计较为简略，所规定的调任、转任、挂职等形式大都与一定的职务、职级、工作层次挂钩，缺乏针对基层队伍建设的制度安排。对此，针对基层公共服务部门的专业性要求，要试点创新基层公务员交流制度。一是设计轮岗制度，定期从上级机关中交流专业对口公务员进行交流锻炼，兼顾基层行政能力强化和公务员能力提升。二是建立专业性导向的选调制度，试点从地方企业、事业单位、职业院校等单位中选拔优秀人员。

3. 加强基层公务员能力培训和交流锻炼，提升队伍整体能力

首先，针对技能型能力的短板，通过完善培训制度，针对性加以定期反复强化。基层公务员的能力缺陷中，信息化能力、公文写作能力、心理调适能力等属于技能型能力，可以通过集中、定期培训达到明显提高。对此，要加大培训力度，建立培训常态化制度，针对能力短板，进行多样化形式的培训教学和过程性和实践性考核，循序渐进提升基层队伍技能。

其次，针对实践型能力，通过集中培训和交流锻炼相结合的制度安排，在实际工作中不断提升。基层公务员的法治能力、调研能力、团队协作能力、矛盾化解能力、危机公关能力属于实践型能力，它们不能够单纯依靠集中培训和情景模拟加以灵活掌握，需要依靠理论学习加上岗位实践才能娴熟运用。因此，要将培训与交流相结合，在定期培训的基础上，建立前述交流制度，将公务员交流到直面矛盾乃至危机，需要团队合作、调研实情并结合法律政策开展工作的岗位上，锻炼公务员的实际能力。

4. 针对性补强基层公务员管理机制，发挥制度的最大效能

针对基层公务员管理存在的在考核机制、激励机制、交流机制等方面的问题上，需要针对性地补齐机制建设短板，形成符合基层队伍实际和需要的管用的管理机制。

针对考核机制，要建立绩效考核工作责任制。可以从便民服务中心等公共服务部门开始，分阶段落实绩效导向的考核机制，完善考核程序，强化公开透明参与，健全公示、申诉、控告制度。针对激励机制，切实建立起激励和考核结果挂钩的意识，强化绩效考核结果运用。从公共服务部门开始，将职务职级晋升、公开遴选、奖励考核、惩戒制度等激励机制的实质性环节与公务员能力实绩考核切实挂钩，加大激励的区分度，以保障激励机制良性运转。针对交流制度，在争取上级支持和试点资格的基础上，开展基层交流制度试点，突破调任转任的职务、职级和工作级别限制，严格交流考核办法，拓宽从当地优秀企业、事业单位、退役军人群体、服务基层项目中公开选调优秀人员。严格完善借调制度，同步试点轮岗制度，实现基层公务员纵向流动的大体均衡。

5. 高度重视组织文化建设，常抓不懈作风建设，重塑队伍形象

组织文化建设事关组织软环境、工作氛围和价值观养成，对公务员思想道德素养、工作作风培育和基层机关形象塑造具有重要意义。基层机关要高度重视组织文化建设，适当开展团队建设、素质拓展、心理支持等人文关怀，培育以人为本的组织氛围，改善公务员工作动机和精神面貌。

与此同时，基层机关要同步加强对公务员的思想道德建设，持续纠正工作作风，并在组织文化建设中率先垂范，将优良作风融入组织文化，以通过机关表率、领导带头根本带动工作作风转变。

在此基础上，有意识进行基层机关及其公务员的形象建设，"酒香也怕巷子深"，基层组织文化建设和公务员作风改进要切实传导到基层群众中去，体现在为群众办事的态度、效率和群众满意度中。因此，要适时开展公务员形象建设，主动对接传媒，开展服务窗口建设和群众评比等多种形式的活动。

第四节 强化公务员服务动机与服务责任

公务员是政府运行的微观主体，也是服务型政府建设的主要依靠力量。提升服务型政府的运行绩效，必然涉及实际执行行政事务、履行公共职责的公务员的工作绩效问题。前一部分，本书从整体角度，讨论了加强公务员队伍建设的问题，在本部分，主要从个体角度，聚焦公务员个体绩效的有关问题，进而推动政府运行绩效的改善。

公务员个体工作绩效，既受公务员自身因素影响，也有外部环境要素制约。在公务员自身因素方面，公务员个体对工作的情感、态度、价值观会明显影响工作绩效；从外部环境因素方面看，公共部门的廉政环境和工作作风也会影响公务员的工作积极性。因此，本文在此着力从个体心理、行政伦理、组织环境的角度分别聚焦公务员的服务动机、服务责任、廉政与作风建设，以利于全面改善公务员工作绩效，助力提升服务型政府运行绩效。

一 公务员公共服务动机

公共服务动机的研究是当前公共管理学界的一项热点研究议题，兴起于20世纪八九十年代，是西方公共管理学界在反思新公共管理运动对公务人员"经济人"人性假定的过程中形成的，致力于探求公务人员行为的非自利性动机和非外源性激励。

公共服务动机研究是在传统官僚制行政的伦理危机加深的背景下萌发的，也是在新公共管理运动弊端凸显的情况下逐渐进入研究者视野的。传统公共行政的官僚制设计要求公务员价值中立，但在现实运作中，公务人员贪污腐化、失职渎职等败德行为层出不穷，政府的公信力和合法性大为折损，行政伦理的问题变得日益重要。到了20世纪80年代，新公共管理运动将私人部门的"经济人"假定引入公共部门，公职人员被界定为追求政治市场利益的"经济人"，市场机制和外源性激励被广泛使用。随着这一运动的深入，学界对公务人员"经济人"假设及外源性激励的有效性不断提出质疑，开始研究除自利性动机外，公务人员公共服务动机的有效构成。

至此，公共服务动机研究迅速展开概念、分类、理论基础等质性研究和相关因素、测量模型、具体运用等实证研究都取得显著成果。近年来，公共服务动机研究在我国也开始兴起，并成为研究热点。国内学者在反思新公共管理运动的人性假设和物质激励的基础上，开始借鉴国外公共服务动机研究成果，开展公共服务动机的相关运用和创新研究。

本书着眼于对公共服务动机的原理和方法论的系统总结，并据此开展实证研究，测量当下公务员公共服务动机的实际情况和问题所在，并提出针对性解决办法。

（一）公共服务动机的概念与理论

1. 公共服务动机的基本概念

何谓公共服务动机？在既有研究中，公共服务动机的概念阐述众说纷纭，尚未形成共识意见，适用性和区分度均较差，缺乏权威、通用的表述。综合既有研究，公共服务动机的概念阐释可大致从以下几条线索展开。

一是全球化、跨文化视角，关注概念内涵的共同性和差异性。李明逐层分析了公共服务动机在水平、结构和内涵上的跨文化差异可能，提出概念结构一致前提下，着重解决概念及其操作化的跨文化阐释。基于此，他认为公共服务动机的概念结构是普遍的，都包括"认知、情感、意志和行为"，中华文化中的"仁、义、和、中"[①] 与之相对应，构成公共服务动机内涵的本土文化阐释。

二是心理科学的视角，强调动机是内在心理过程和外在环境影响相结合的"心理—行为"结合体。曾军荣认为，"公共服务动机是一个内在心理过程，因外部环境的变化而会有不同的表现"[②]。Perry 和 Wise 认为，公共服务动机是"人们渴望消除或满足的一种'心理匮乏或需求'"，即"个人对公共机构特有的目标作出敏感反应的心理倾向"[③]，是一种内在动

[①] 李明：《公共服务动机的跨文化研究及其中国文化本位内涵》，《心理研究》2014 年第 3 期。

[②] 曾军荣：《公共服务动机：概念、特征与测量》，《中国行政管理》2008 年第 2 期。

[③] 刘选会、董礼胜：《公共服务动机研究评述》，《广东行政学院学报》2016 年第 2 期。

机并"受外部文化和体制的影响很大"①。张书维和李纾从动机的心理学原初概念出发,认为动机是"发动、指引和维持生理和心理活动的内部过程,是行为背后的驱力,一般会指向明确的行为"②。彭凯平将这种动机分为内部动机和外部动机,即"人满足其内在需求,从事自身具有奖赏的行为的动机"和"外部环境对人行为的影响,从事能够导致奖赏的行为的动机"③。Bozeman 和 Su 则在批判内外部动机视角的基础上,提出公共服务动机内涵应该由"个体固有因素(Dispositional Context)和环境固有因素(Environmental Context)"④ 构成。

三是行政伦理的视角,重视公共性、责任感和同理心等价值的展现。Brewer 和 Selden 认为公共服务动机的内涵与是否是公共部门无关,而是指凡能引导个人开展有价值的公共服务的驱动要素。⑤ Rainey 和 Steinbauer 继承了上述观点,并进行了扩大化解释,他们认为公共服务动机是普遍的,不论区域或部门,致力于人类社会普遍利益的利他主义。⑥ Vandenabeele 对上述观点进行了更为一般化的阐述,他将公共服务动机扩大化地解释为一种激励个人关注更广泛的公共利益并以之采取实际行动的"态度、信仰、价值"⑦。

---

① 吴旭红:《公共部门职员行为动机研究的理论进展与分析框架》,《广东行政学院学报》2013 年第 1 期。
② 张书维、李纾:《行为公共管理学探新:内容、方法与趋势》,《公共行政评论》2018 年第 1 期。
③ 彭凯平:《经济人的心理博弈:社会心理学对经济学的贡献与挑战》,《中国人民大学学报》2009 年第 3 期。
④ Bozeman, B. and Su, X., "Public Service Motivation Concepts and Theory: A Critique", *Public Administration Review*, No. 5, 2015, pp. 700 – 710.
⑤ Brewer, G. A., Selden, S. C., "Whistle Blowers in the Federal Civil Service: New Evidence of the Public Service Ethic", *Journal of Public Administration Research and Theory: J – PART*, No. 3, 1998, pp. 413 – 439.
⑥ Rainey, H. G., Steinbauer, P., "Galloping Elephants: Developing Elements of a Theory of Effective Government Organizations", *Journal of Public Administration Research & Theory*, No. 1, 1999, pp. 1 – 32.
⑦ Wouter Vandenabeele, Sarah Scheepers and Annie Hondeghem, "Public Service Motivation in anInternational Comparative Perspective: The UK and Germany", *Public Policy and Administration*, No. 1, 2006, pp. 13 – 31.

2. 公共服务动机的相关理论

在公共服务动机的研究演进中，Perry 是奠基性人物，他正式提出了公共服务动机这一概念，并系统阐发了概念内涵、构成和测量维度并初步建立起公共服务动机理论。后续学者，包括 Perry 本人，在这一基础上进行深化和反思研究，包括借鉴跨学科分析框架，进而提出了其他公共服务动机理论。

第一，公共服务动机的分类理论——"三维度、四成分"，是最早的关于公共服务动机的系统理论。Perry 借鉴了 Knoke 和 Wright–Isak 的理性、规范、情感动机分类框架，将之进行了公共服务适应性改造，提出了每类动机对应的具体成分，即"政策制定的吸引、公共利益的承诺、社会公正、公民责任、同情心、自我牺牲"①。经过实证检验后，Perry 将内涵相似、检验结果区分不大的规范性动机的三大成分合并为公共利益承诺。至此，正式形成公共服务动机的成分结构——政策制定的吸引、公共利益的承诺、同情心、自我牺牲。

第二，公共服务动机的过程理论。这是动机分类理论的升级版，探索了动机分类后的运行问题。在 Perry 提出公共服务动机分类理论后，许多学者将其运用于动机测量和相关性等具体研究中，发现了诸多理论不足，并提出了许多质疑，Perry 本人对此也有所察觉。鉴于此，他在批判动机分类理论的基础上，提出了公共服务动机的过程理论。他认为，公共服务动机是社会历史环境、组织环境对个人价值观或偏好的影响，进而影响人类行为动机的动态过程。其中，人类行为动机是理性的、情感的和规范的过程整合而来。人类行为动机受到两种逻辑概念所驱动，即"不仅受到后果逻辑所驱动（如理性选择和利益最大化），还受到合宜性逻辑所驱动（如利他性、奉献精神等）"②。这些逻辑概念是内在的，深受组织环境（制度体系、组织激励、工作环境、工作特性）的影响，并需要与其保持一致；这些逻辑概念是在个体社会化之中习得的，深受社

---

① 李小华：《公共服务动机的结构及测量》，《武汉大学学报》（哲学社会科学版）2008 年第 6 期。

② 吴旭红：《公共部门职员行为动机研究的理论进展与分析框架》，《广东行政学院学报》2013 年第 1 期。

会历史环境（教育、社会化、生活事件）的影响。

第三，公共服务动机的行为动力理论。这是动机过程理论的升级版，探究了动机得以有效持续运行的动力问题。借鉴社会学的"体制"概念，Perry 和 Vandenabeele 研究了动机的产生、调节、外化等如何实现的动力机制问题。他们提出，"体制"是价值观和文化规则方面的社会结构①，它定义了社会价值观，影响人的行为偏好，进而影响人的动机。具体来说，体制为个体行为制定规则，规则内容透过社会机制传递给个人，因此，不同社会中体制内容的表现不同，不同社会中体制内容对个体行为动机的影响表现不同，体制内容和社会机制均会影响个体行为动机的产生、调节和发挥作用。

第四，自我决定理论。这是借助心理学的思维框架进行的反思性研究，它对既有研究形成的内外部动机分野的分析框架进行了有效重构。Ryan 和 Deci 借鉴自我决定理论中的"自主性"和"控制性"概念，提出自主动机和控制动机的新概念，并用之重构外部动机的维度，重新精细划分公共服务动机。他们根据自主性和控制性的程度，"将外在动机细分为外在调节（External Regulation）、内摄调节（Introjected Regulation）、认同调节（Identified Regulation）与整合调节（Integrated Regulation）"②，继而将外在调节、内摄调节归入控制动机，认同调节、整合调节和内部动机归入自主动机。在此基础上，他们认为，自主动机、控制动机分别对应公共服务动机的个体因素、环境因素，"公共服务行为的产生可能更多依赖于不包含内在动机的自主动机与控制动机，二者一旦同时存在，还可能产生'动机排挤现象'，控制动机经由内化过程亦可逐渐转化成为自主动机"。

第五，个人与组织匹配理论。这是公共服务动机的理论起源，正是组织行为学中个人与组织匹配问题催生了对个体工作动机的研究。公共服务动机研究是从私人部门与公共部门间工作动机的对比实证研究中萌发的，公共服务动机本来就是致力于解决公共组织成员的工作原动力问

---

① 吴旭红：《公共部门职员行为动机研究的理论进展与分析框架》，《广东行政学院学报》2013 年第 1 期。

② 张书维、李纾：《行为公共管理学探新：内容、方法与趋势》，《公共行政评论》2018 年第 1 期。

题,进而提升公务人员服务绩效,达到组织绩效改善的目的。可见,从其诞生之日起,公共服务动机的研究就天然致力于实现个人绩效改进及其与组织绩效匹配。故而,个人与组织匹配理论是公共服务动机研究必备的基础理论。该理论认为,个人与组织匹配主要通过"吸引力—选择—消耗"(attraction—selection—attrition)的方式实现,即当自身特质与组织特性相匹配时,个人会被这样的组织所吸引,进而选择入职并为组织发挥才能。该理论强调,"组织内部成员之间偏好、倾向、性格等方面的相似性和成员与组织之间在价值观方面的一致性",这也就决定了"在公共服务动机的研究中,个人与组织匹配指的是一致性匹配,而非互补性匹配"[1]。

(二)公共服务动机的构成维度和"前因后果"

1. 公共服务动机的构成维度

由于在公共服务动机研究中的奠基性作用,Perry 所提出的服务动机概念、结构、测量以及动机过程理论都对后续研究者产生深远影响。在 Perry 首次提出系统的公共服务动机结构理论后,学者们基于此进行了深化和批判研究,并出现基于跨文化背景和借鉴心理学分析框架的服务动机结构维度反思,形成以下几种公共服务动机构成维度理论观点。

第一种,Perry 提出的公共服务动机"三维度、四成分"结构。在借鉴 Knoke 和 Wright – Isak 提出的理性、规范、情感动机三分的观点上,Perry 在 20 世纪 90 年代提出了公共服务动机的构成维度和具体成分。他认为公共服务动机包括三个维度,即理性、规范和情感动机,"理性(rational)动机包括基于个体效用最大化的行为动力,规范(norm—based)动机指努力符合规范而产生的行为动力,情感(affective)动机指对各种各样社会情境作出情绪反应的行为动力"[2]。基于前人研究,Perry 对三个维度的公共服务动机进行了细化阐释,提出了公共服务动机的"六成分"结构——政策制定的吸引、公共利益的承诺、社会公正、公民责任、同情心、自我牺牲,又通过实证研究的检验,将其中的相似成分进行合并,

---

[1] 谢秋山、陈世香:《国外公共服务动机研究:起源、发现与局限性》,《上海行政学院学报》2015 年第 1 期。

[2] 李小华:《西方公共服务动机研究》,《理论探讨》2007 年第 3 期。

最终形成公共服务动机的"四成分"结构——公共政策的吸引、公共利益的承诺、同情心、自我牺牲。

第二种,跨文化视角下的"三成分""四成分""五成分"动机结构。受到 Perry 创设的公共服务动机结构的启发,学者们开始关注动机结构的跨文化差异,对 Perry 创设的动机结构进行不断的调整完善。

Perry 提出公共服务动机"三维度、四成分"结构产生了广泛的跨国别的影响,许多学者表达了支持的态度并开始运用到各自的研究中。在此过程中,也有些学者提出了质疑,认为在跨文化的情况下,Perry 结构的适用性并不确定,需要对这一结构作出相应调整。基于此,Wright 和 Pandey 等学者提出 Perry 结构中公共利益的承诺和自我牺牲之间的相关性很高,应该选择 Perry 结构中的三个成分使用。Coursey 等人也提出应该将自我牺牲归并到对公共利益的承诺之中。① 这样一来,就形成了排除"自我牺牲"成分的三成分动机结构——"公共政策的吸引、公共利益的承诺、同情心"。此外,Vandenabeele 也对 Perry 的动机结构进行了改造,通过实证研究,提出公共服务动机"除 Perry 的四个维度划分外,还包括民主治理(democratic governance)这一维度",形成了公共服务动机"五成分"结构维度。

第三种,基于主体整合的公共服务动机结构。在 Perry 的动机结构提出后,学者们有关服务动机构成的后续研究并不局限在从客体角度进行动机维度分解,也有学者从主体角度出发,将公共服务提供者进行类别划分,进而匹配相应的服务动机,形成基于主体整合的公共服务动机结构。Rainey 认为公共服务动机在不同的个体间有不同的表现,之后的研究证实了这一观点。Gene 和 Brewer 的研究证实公共服务动机存在四类主体导向,即"乐善好施者(samaritans)、共产主义者(communitarians)、爱国者(patriots)和人道主义者(humanitarians)",不同类别的服务主体所具有动机均有不同,"乐善好施者持有一种互惠的助人观,他们的动机并不是完全利他,在关心他人的同时,他们会权衡自己的需要和利益。共产主义者相信公民应该更多地回报社会而不是向社会索取,他们的动

---

① 方振邦、唐健:《公共服务动机理论及其应用研究述评》,《公共管理与政策评论》2014 年第 3 期。

机是服务社会、回报社会、从事有意义的公共服务。爱国者维护公共利益、提倡公共利益、并为公共利益而工作,爱国者行事是出于仁爱心和对公众的关心而不是出于自我利益。人道主义者受强烈的社会公正和公共服务感所激励,受影响社会的愿望驱动,人道主义者行事更多出自公民感、爱国主义和责任"①。

第四种,心理学分析框架下的公共服务动机结构重构。伴随着动机结构的跨文化研究深化,有学者开始探索 Perry 公共服务动机结构的跨文化一致性②,也就是说,这一公共服务动机是否存在超越文化差异的一致性结构维度。基于这一考虑,有学者开始考察"动机"概念的心理学"母体",冀图借鉴心理学的分析框架,对公共服务动机结构进行跨文化普适性重构。

李明借鉴心理学中的动机成分框架,提出了公共服务动机的心理成分理论。具体来说,他总结了心理学中的动机三成分论——"生物、习得(即行为学习)和认知"与四成分论——"生物、环境、认知和情感",认为"意志可视为广义动机的调节和控制成分",提出了公共服务动机"认知、情感、意志和行为"四成分构成,并认为成分维度具有跨文化普适性而成分内涵具有文化差异。③ Ryan 和 Deci 借鉴心理学中的自我决定理论,对公共服务动机的传统结构划分进行了批判重构,提出了公共服务动机的"自主——控制"动机结构。④ 具体而言,他们借鉴自我决定理论,创设了自主动机和控制动机概念,并根据自主性和控制性的强弱,将外部动机重构为外在调节、内摄调节、认同调节与整合调节,将既有的内部动机和认同调节、整合调节归入自主动机范畴,将外在调节、内摄调节归入控制动机范畴。最后,他们运用这一结构考察公共服务动机的个人因素和环境因素,并运用于研究跨文化背景下的公共服

---

① 李小华:《西方公共服务动机研究》,《理论探讨》2007 年第 3 期。

② Liu, B. C., Tang, N. Y. and Zhu, X. M, "Public Service Motivation and Job Satisfaction in China: An Investigation of Generalisability and Instrumentality", *International Journal of Manpower*, No. 8, 2008, pp. 684–699.

③ 李明:《公共服务动机的跨文化研究及其中国文化本位内涵》,《心理研究》2014 年第 3 期。

④ 张书维、李纾:《行为公共管理学探新:内容、方法与趋势》,《公共行政评论》2018 年第 1 期。

行为的动机表现与关系，取得良好的一致性效果。

2. 公共服务动机的"前因后果"

公共服务动机的概念内涵和结构维度提出后，该项研究还处于理论探索阶段，在走向实际运用的过程中，研究者需要将公共服务动机概念化、操作化，设计具体的测量模型。在测量模型的设计过程中，确保模型的信度和效度是测量模型走向实证应用的关键。而在公共服务动机的深化研究中，公共服务动机受谁影响、会影响谁、如何影响直接关涉动机模型的信度和效度水平。因此，公共服务动机的前因变量、结果变量和中介变量研究将是不可避免的研究议题。

前因变量是公共服务动机生成、持续的影响因素。通过理论假设、假设检验等科学的实证研究过程，既有研究发现的前因变量主要有人口统计学变量（性别、年龄、受教育水平、性格特点、宗教信仰、意识形态）[1]，工作变量（收入水平、工作年限、职位、职业认同），家庭变量（父母影响、家庭社会化程度）[2]，组织变量（组织使命、目标特性、部门架构、管理制度、组织环境）[3]和社会变量（社会资本、社会网络[4]、社会志愿活动[5]）。后果变量指公共服务动机对个人、组织带来的影响。通过基于调查数据的实证量化研究，学界对公共服务动机所造成影响的范围和程度进行了深入研究。目前，公共服务动机的后果变量主要有工作变量（职业认同、职业选择、部门偏好、专业主义、组织承诺、组织公民行为、工作满意度、工作绩效），组织变量（激励管理、领导方式、组织绩效）[6]和社会变量（公共精神、公益行为、政府信任、政治

---

[1] 吴旭红：《公共服务动机及其前因变量研究》，《人民论坛》2012年第23期。

[2] Perry, J. L., "Antecedents of Public Service Motivation", *Journal of Public Administration Research and Theory*, No. 2, 1997, pp. 181-197.

[3] 吴旭红：《公共服务动机及其前因变量研究》，《人民论坛》2012年第23期。

[4] 张正军、张丽君、马红鸽：《公共服务动机研究的兴起和发展》，《西安财经学院学报》2018年第1期。

[5] Perry, J. L., "Antecedents of Public Service Motivation", *Journal of Public Administration Research and Theory*, No. 2, 1997, pp. 181-197.

[6] 张正军、张丽君、马红鸽：《公共服务动机研究的兴起和发展》，《西安财经学院学报》2018年第1期。

参与)。①

中介变量是指一类调节或介质因素,公共服务动机需要透过它们影响组织或个人绩效。中介变量是在研究公共服务动机影响个人或组织绩效的具体机制中出现的,由于研究发现公共服务动机影响个人或组织绩效具有间接性,只有明确具体的中介变量及其传导关系,才能准确刻画公共服务动机与个人或组织绩效的关系。目前,公共服务动机的中介变量包括个人变量(个体特征、工作态度、组织公民行为、组织承诺、工作满意度),组织变量(工作性质、工作过程、组织环境)及个人—工作—组织的匹配关系。②

(三) 公共服务动机的测量模型

测量模型与方法的建立是公共服务动机概念化、操作化的关键,在公共服务动机研究兴起之时,关于服务动机的测量问题就受到了高度重视。迄今为止,建立公共服务动机的测量模型大体形成三种思路:一是从公共服务动机的概念内涵和维度构成出发,通过概念操作化直接测量动机水平的直接测量法;二是选取与公共服务动机相关性高的报酬偏好比较、亲社会行为等变量,通过对相关变量的测量而间接测量动机水平的间接测量法;三是从公共服务动机测量的跨文化适用性出发,通过开发通用模型测量不同文化背景下动机水平的跨文化量表法。

1. 基于 Perry 测量问卷及其改进的直接测量法

Perry 基于其提出的公共服务动机概念和"四成分"构成维度,将公共服务动机分解为"公共政策制定的吸引力、对公共利益的承诺、同情心和自我奉献",在此之下进一步设计出了 24 项具体指标③构成的测量问卷,以直接测量动机水平。

后续学者在 Perry 测量问卷的基础上,根据实际需要和问卷不足作了适当取舍和改造,形成了改进测量问卷。美国功绩制保护委员会所作的

---

① 李明:《公共服务动机的跨文化研究及其中国文化本位内涵》,《心理研究》2014 年第 3 期。

② 方振邦、唐健:《公共服务动机理论及其应用研究述评》,《公共管理与政策评论》2014 年第 3 期。

③ Perry, J. L., "Measuring Public Service Motivation: An Assessment of Construct Reliability and Validity", *Journal of Public Administration Research and Theory*, No. 1, 1996, pp. 5 – 22.

功绩制调查采用了 Perry 问卷中的六个具体指标；Perry 自己后来也反思了原有问卷的不足，提出了公共服务动机过程理论，增加了对"动机过程中不同机构的亲社会行为及其变化"①的关注。威尔逊（Wilson）在 Perry 测量问卷的基础上进行了大幅度的改造，提出了"价值观、政治观、承诺"三维度并立的测量问卷，理性动机不体现在公共政策制定的吸引力而是公务人员政治中立价值取向以便于自身利益最大化，规范动机体现为对公共利益的追求，情感动机不再体现为同情、奉献而是对公共服务的喜爱、承诺、忠诚等积极情感。②

2. 基于报酬偏好比较、亲社会行为的间接测量法

由于动机属于人的心理活动范畴，具有极强的内隐性，很多体现动机活动的心理指标难以察觉，使得直接测量问卷的信度和效度受到很大影响。故而一些学者开始从动机萌发产生、发挥作用所需要的条件或所体现的行为出发，通过测量与动机高度关联的条件偏好或行为表现，间接测度公共服务动机。既有研究主要形成报酬偏好比较和亲社会行为测量两种间接测量法。

报酬偏好比较是指将对报酬的反应作为服务动机的高关联性变量，通过调查公共部门和私人部门对期望报酬形式的不同偏好并加以对比，测量公共部门人员公共服务动机水平的方法。1982 年，Rainey 正是使用这一方法比较公共和私人部门的公共服务行为偏好时，发现了公共服务动机这一议题。克鲁逊和休斯顿对报酬偏好比较的方法进行了完善，他们将外在的经济激励和内在的服务驱动分别定义为"外在报酬"和"内在报酬"，并通过实证研究，得出明确结论——"公共服务动机具有双重性质，公共服务动机与内在报酬正相关，公共服务动机与外在报酬负相关"③。

亲社会行为测量也是这种间接测量的思路，它将公共服务动机与公

---

① 李小华：《公共服务动机的结构及测量》，《武汉大学学报》（哲学社会科学版）2008 年第 6 期。

② Wilson, P. A., "Politics, Values, and Commitment: An Innovative Research Design to Operationalize and Measure Public Service Motives", *International Journal of Public Administration*, No. 2, 2003, pp. 157-172.

③ 曾军荣：《公共服务动机：概念、特征与测量》，《中国行政管理》2008 年第 2 期。

务人员的特定的行为表现作高相关性联系假定，通过测量特定的行为表现间接衡量公共服务动机水平。这里的特定行为表现被命名为亲社会行为，亲社会行为特指可以预见的对他人或组织产生积极或良好影响的行为。Brewer 和 Selden 是这方面研究的奠基者，他们通过测量与公共服务动机属高相关性的行为变量——亲社会行为（具体为检举揭发行为），通过对检举者和沉默者设计行为测量指标问卷，间接测量公共服务动机水平。[1] Houston 也是亲社会行为间接测量法的拥护者，他认为问卷直接测量容易受被调查者的迎合心态或应付心态影响，应该把研究精力集中到高代表性的具体亲社会行为的选取上，"可以通过研究人们的志愿服务、献血和捐款等行为来间接测量公共服务动机"[2]。

3. 基于跨文化动机测量的跨文化通用量表法

公共服务动机逐渐成为一个研究热点后，动机测量的跨文化适用性也日益成为重要课题。虽然当下学界尚未研制出通用有效的公共服务动机跨文化量表，但许多学者正在致力于这一进程并取得可观进展。

刘邦成等人承认动机测量的跨文化适用性进展有限，不过，公共服务动机测量的"渴望参与公共政策制定、公共利益的承诺和自我牺牲等三个维度得到了跨文化普适性的验证"[3]。Kim 等人也认为公共服务动机问卷的跨文化适用性问题是当前研究的热点和难点，应该致力于开发符合公共服务动机核心意涵的跨文化通用动机量表，他们提出 Perry 问卷的四个维度是公共服务动机的核心意涵，跨文化通用量表应予保持，在此基础上对 Perry 问卷的具体指标进行改造，形成了 16 个具体题目构成的

---

[1] Brewer, G. A., Selden, S. C., "Whistle Blowers in the Federal Civil Service: New Evidence of the Public Service Ethic", *Journal of Public Administration Research and Theory: J-PART*, No. 3, 1998, pp. 413-439.

[2] Houston, D. J., "'Walking the Walk' of Public Service Motivation: Public Employees and Charitable Gifts of Time, Blood, and Money", *Journal of Public Administration Research and Theory: J-PART*, No. 1, 2006, pp. 67-86.

[3] Liu, B. C., Tang, N. Y. and Zhu, X. M, "Public Service Motivation and Job Satisfaction in China: An Investigation of Generalisability and Instrumentality", *International Journal of Manpower*, No. 8, 2008, pp. 684-699.

跨文化通用量表。① 包元杰在借鉴 Kim 跨文化通用量表的基础上，参考 Perry 的 24 题目问卷，研制了新的短版量表②，经过系统的信度、效度检验说明了量表的科学性和可行性，以便于便捷、有效进行实证研究。

（四）公务员公共服务动机的现状和问题分析

1. 公务员公共服务动机的现状

在公共服务动机的测量模型方法中，Perry 开启的问卷直接测量法是运用较为广泛和经过多次修正完善的测量工具。正如前文所述，在 Perry 之后，先后有 Wilson、Vandenabeele、Kim 等人对 Perry 的 24 题目量表进行了修正完善。特别是 Kim 基于跨文化适用性的考虑，在 Perry 量表的基础上进行了跨文化视角修订，形成 16 个题目的跨文化通用量表。包元杰也在 Perry 问卷和 Kim 通用量表的基础上，开发了适合我国国情的本土化简短量表，并通过了信度效度检验。

因此，立足于提升服务动机、改善工作绩效进而助力政府运行绩效的研究目的，本书主要是借鉴包元杰简短量表，并结合 Perry 问卷以及后续改进问卷的合适指标，进行了公务员公共服务动机实证研究。本研究的动机量表包括三部分：第一部分是人口统计学变量，包括性别、年龄、受教育水平、婚姻状况、性格特点、收入水平、工作年限、岗位、所在部门；第二部分是公共服务动机量表，共 8 道题目，使用 5 分李克特量表，最高分值 40 分；第三部分是工作满意度、组织公民行为和个人—组织价值观匹配量表，分别有 6 道、4 道、3 道题目，使用 5 分和 7 分李克特量表，最高分值分别是 30 分、20 分、21 分。需要说明的是，第三部分量表设计是为了检验和确保公共服务动机改善最终有利于提高公务员工作绩效，故而本研究将公务员工作绩效从心理态度和行为表现上刻画为工作满意度和组织公民行为，并明确其中的中介变量即个人—组织价值观匹配，通过实证测量和统计分析，检验和确证公共服务动机与工作绩

---

① Kim, S., Vandenabeele, W., Wright, B. E., Andersen, L. B., Cerase, F. P., Christensen, R. K., et al., "Investigating the structure and meaning of public service motivation across populations: Developing an international instrument and addressing issues of measurement invariance", *Journal of Public Administration Research and Theory*, No. 1, 2013, pp. 79 – 102.

② 包元杰、李超平：《公共服务动机的测量：理论结构与量表修订》，《中国人力资源开发》2016 年第 7 期。

效间的关系。

经过调查设计、问卷发放、问卷回收、清洗录入、统计分析等具体实证研究环节，公务员公共服务动机的整体状况有了清晰呈现，具体从以下几个方面加以介绍。

首先，公务员公共服务动机整体水平较高，具体动机维度分布不均衡。

被调查者的公共服务动机平均水平为 27.31 分，公共服务动机的具体维度中，"公共政策制定的吸引力"维度的平均得分是 3.15 分，"对公共利益的承诺"维度的平均得分是 6.09 分，"同情心"维度的平均得分是 9.28 分，"自我奉献"维度的平均得分是 8.79 分。由此可见，"同情心"和"自我奉献"维度是最显著的公务员公共服务动机，"公共政策制定的吸引力"维度对公共服务动机的贡献有限，这与我国权力集中的压力型行政体制有关，除了居于领导职位的"关键少数"公务员，大部分公务员处于事务性岗位，受决策、制度和法律的限制，很少能实质性参与到公共政策制定。"同情心"和"自我奉献"是情感动机范畴，更能体现出公务员对公民发自内心的利他主义和情感关怀。因此，我们可以看出，公务员的公共服务动机更容易被内在情感动机激发，主要依靠内在激励而不是外在激励。

其次，多数人口统计学变量与公共服务动机存在显著相关性，受教育水平、收入水平、所在部门三个变量与动机水平相关性不显著。

在性别方面，公共服务动机在性别的差异上是显著的，男性的公共服务动机要高于女性，这也可以从性别的生理差异和社会歧视造成的女性在工作选择和职业生涯上的现实限制上得到印证。在岗位方面，不同岗位与公共服务动机之间具有显著相关性；处级公务员的公共服务动机水平高于乡科级公务员，乡科级公务员高于一般公务员，即公共服务动机随岗位层级的递减而递减。这与高层级公务员决策参与乃至实质性主导的色彩渐浓有关，处级公务员多是一级或一部门的主官或非正式领导，对层级政府或这一部门的决策事项具有参与乃至拍板的职权或影响力，因此，公共服务动机的"参与政策制定的吸引力"维度分数较高。与此类似，乡科级公务员也是低一层次政府或部门的负责人或非正式领导，也具有行政事项再决策的实质参与或拍板职权，"参与政策制定的吸引力"维度分数高于只有执行职责的一般公务员。

再次，人口统计学变量中，"年龄、婚姻状况、性格特点、工作年限"变量也与公共服务动机水平有较为显著的相关性，但不如"性别、岗位"变量的显著性程度。

最后，公共服务动机与其结果变量"工作满意度、组织公民行为"之间具有显著的正相关关系，中介变量"个人—组织价值观匹配"在相关关系中具有显著的中介作用。

通过相关分析，公共服务动机水平与工作满意度和组织公民行为、个人—组织价值观匹配都是显著正相关，同时，再经过拟合回归曲线分析，公共服务动机水平与上述三者之间也具有显著正相关。这一实证结论也与此前学者们的理论研究和理论推理相符合，即公共服务动机水平高的公务员，其内在激励水平也高，会使得其对工作充满荣誉感和责任感，继而工作内在满意感知较好，公共服务的行为表现多体现利他主义和公共精神，组织公民行为程度也就提高。此外，通过回归分析，我们也验证了"个人—组织价值观匹配"变量是否充当公共服务动机与工作满意度、组织公民行为变量间相关性的中介变量，结果显示，"个人—组织价值观匹配"变量在公共服务动机与工作满意度变量的相关关系中起高显著性中介作用，在公共服务动机与组织公民行为变量的相关关系中起部分（一般显著性）中介作用。

2. 公务员公共服务动机存在的问题

根据实证调查和既有研究，我国公务员公共服务动机状况主要存在两方面问题。

一是公务员公共服务动机存在薄弱点，部分公务员公共服务动机不强，尤其是女性公务员和基层公务员的公共服务动机建设亟待加强。

公共服务动机这一议题是典型的舶来品，也就是说，这一议题是西方公共管理学界研究的译介，国内学者引入后对其进行了系统阐释并且其对公务员队伍的一些问题有很好的解释力。故而，公共服务动机并非典型意义上的实践导向研究议题，它更多的是理论指导下的实务运用，公共服务动机问题本来就不在实务者的概念体系中，也就不会纳入议事日程，进行系统解决，而是通过学界启发才在公共管理实务界引起重视。

因此，一旦以公共服务动机的视角审视既有的公务员队伍服务动机状况，公务员队伍就会暴露出许多服务动机薄弱点，譬如，张素红和孔繁斌所指出的"部分公务员'公仆意识'淡化，公共服务精神缺失，将手中的'公共权力'市场化；责任意识淡化，强调行政责任，淡化法律责任和道德责任；缺乏公平公正的服务精神"①。

此外，需要特别引起重视的是，女性公务员和基层公务员的公共服务动机需要强化。本次实证研究发现女性公务员和基层公务员的公共服务动机水平要显著低于一般公务员和基层以上公务员的动机水平，这固然与性别生理差异和社会差异以及不同层级公务员职权不同有关，但这样的动机水平毕竟会给女性和基层公务员的工作绩效造成不良影响。因此，本研究认为公共部门需要高度重视这两类公务员的服务动机状况，结合公务员队伍建设强化和能力提升建设，着力在招录机制、管理机制和能力培养等方面识别、激励和提升这两类公务员的公共服务动机。

二是公共服务动机受重视程度不够，未在公共部门人力资源管理中得到系统贯彻，存在不同程度的减退。

由于公共服务动机议题此前并未进入我国公务员队伍管理的实务视野，因此既有的公共部门人力资源管理的理念和方法论均未突出人员的动机管理问题。近年来，西方学界的公共服务动机理论和实践成果不断引入，我国政府公务员的工作压力不断加大、住房和婚恋等现实问题较为突出，其职业倦怠、心理健康等内在激励问题不断凸显，严峻的现实情况需要将公共服务动机议题引入公务员队伍管理之中并着力解决。

然而，当前的公务员人力资源管理机制是能力实绩导向的管理体制，强调的是公务员的最终工作绩效，即"3E"——经济、效率、效益标准，关注的是为公众服务，公务员在公共服务过程中的工作情况、心理历程并不在考虑之列，因此，公务员的服务动机长期以外部经济激励为主，内在激励长期不受重视，也就导致了不同程度的公共服务动机减退。

（五）提升公务员公共服务动机的对策建议

面对我国公务员公共服务动机存在的客观问题，结合实证调查展现的整体状况，本书从制度和机制层面提出相应的对策建议，以更为可靠

---

① 张素红、孔繁斌：《公共服务动机视角下的公共服务精神塑造》，《南京社会科学》2016年第11期。

和可持续地推动公务员公共服务动机的不断改善。从制度机制的视角来看，公务员公共服务动机主要涉及公务员管理机制的招录机制，考核、激励机制和培养机制，这些机制与个体公共服务动机的识别、管理、提升密切相关，女性和基层公务员队伍的服务动机强化也可以从以上方面得以系统推进。

1. 在公务员招录中重视公共服务动机水平测度

当前的公务员招录机制主要是从"个人—岗位—组织匹配"的思路展开，目的是确保个人能力素质结构与岗位需要和组织发展相一致，最终是为了组织发展服务。显然，这一招录机制，特别是门槛条件、测试工具、招录标准等方面，没有考察被试者的公共服务动机水平的意识，常会导致一些觊觎公共权力、公共资源和公共利益的投机者进入公务员队伍，乃至导致出现"有能力的恶棍"败坏公务员队伍的公共精神和伦理价值。

因此，本书建议要改革公务员招录机制，建立重视公共服务动机的招录机制。在门槛条件上，突出设置体现被试者公共精神、服务精神、奉献精神等公共服务动机的门槛条件，并适当设置一项否决事项。比如，有无党务部门的奖励记功、党纪处分记录，有无政法部门的公德表彰、刑事处罚、治安处罚记录，有无行政部门的诚信优待、失信惩戒、行政处罚记录，有无监察部门的奖励表彰、政务处分记录等。在测试工具上，将公共服务动机量表的相关指标加入招录试题中，在笔试和面试等环节精心设计，着力测试被试者的服务动机水平。在招录标准方面，做实做强政审环节，突出审查候选者的公共服务动机水平，形成公共服务动机审查清单，从工作单位、协会商会、行政机关、政法机关、监察机关等多渠道采集被试者的工作表现、奖励记功、行业评价、诚信情况、公德表彰以及违法犯罪处罚情况等多方面信息，全方位考察被试者的公共服务动机真实情况。

2. 在考核与激励机制中体现公共服务动机水平

当前的公务员考核机制以绩效考核为主，强调公务员的能力实绩表现，也即结果导向。当然，在执行中也存在论资排辈和权利关系导向的不合理考核现象。不过，不管哪种情形，公务员的公共服务动机并不在考核机制设计的指导思想之列。因此，我们需要健全考核机制，将公共服务动机的理论和测量方法纳入考核机制的设计思想和操作规范中。在日常和定期的考核中，注重考察公务员的公共服务动机现状水平，并与后续激励、保障、培养和退出等机制衔接，正向强化公务员提升公共服务动机。

公务员的激励机制受考核机制问题的影响，也呈现出外部经济激励为主和论资排辈、关系权力的影响，尚未重视到公共服务动机关注的个体内在激励。为此，要想在日常管理中管理、维系好公务员的公共服务动机水平，就需要在激励机制设计上重视激发个体服务动机，要提供多种选择性奖励制度供给，将健康保健、住房优待、入幼入学、诚信激励、荣誉法制等实物和精神激励关联化、内在化，增强公共服务动机的社会回报水平。

3. 完善服务动机与工作能力并重的培养机制

当前的公务员培养机制亦是以提升个体能力实绩为导向，通过培训和交流机制提升公务员的工作技能和岗位能力，最终为的是个体工作绩效和组织整体绩效提升。因此，当前培养机制的设计定位于结果导向，并不关注公务员公共服务动机提升这一过程要素，造成了公务员对服务动机不足出现的工作倦怠、心理调适等问题缺乏应对，进而影响工作能力和实绩。

为此，我们要将公共服务动机理念和方法论引入公务员培养机制中，建立能力实绩与服务动机并重的培养机制。在培训机制方面，培训规划要在顶层设计上布局公共服务动机提升的培训资源、组织机构和保障措施。培训内容要重视服务动机的认识、测量和养成教育。培训方式要发挥公务员的主体作用，通过情景、探究、小组学习等方式，让公务员活学活用所学动机理论和技巧。培训考核要增强实践性和科学性，结合公共服务动机量表设计考核内容。在交流机制方面，干部交流的选拔条件要将动机水平考量与能力实绩同等重视，交流考核的设计上也要同等关注公务员在不同岗位上的服务动机的提升情况，将"德"与"才"均衡考虑，以便于通过岗位交流淬炼出一批能力业绩突出、政治素质过硬、为民服务动机强烈的公务员队伍。

二 公务员公共服务责任

提升公务员个体绩效不仅需要在个体心理角度,提升公务员的公共服务动机,也需要在行政伦理视角下增强公务员的公共服务责任感。本部分从行政伦理的角度,重点讨论公务员的公共服务责任问题,以期从行政伦理的角度助力提升公务员个体绩效。

本部分的研究采"总—分"架构,先总述在建设服务型政府的背景下,责任政府和政府责任的内涵,政府责任的构成及其转变,以及此背景下责任政府的建构问题,再论述服务型政府背景下的责任政府建设所要求的公务员公共服务责任的理论和建设问题。

(一)服务型政府视域中的责任政府和政府责任

公共行政领域的"责任"议题是行政伦理范畴话题,是随着行政伦理研究的兴起而逐渐走进研究视野的。传统公共行政以官僚制组织为基础,价值中立为理念,行政领域的"责任"主要是层级间的岗位责任。自公共行政领域著名的"弗里德里克和芬纳之争"以来,行政领域之"责任"被赋予了伦理色彩,开始关注责任的道德自觉和外部控制问题。库珀更是将行政责任的核心问题确定为行政伦理。之后,新公共管理运动和后续的新公共服务理论、治理理论等将行政责任的研究引向深入,行政责任已经作为政府建构的指导理念而非只是政府管理的具体手段,尔后,责任政府的概念和研究开始成为热点。

20世纪90年代以来,尤其是中国加入世贸组织以来,党和国家致力于建设服务型政府,在这一理念和目标的指导下,我国行政管理体制改革不断推进,取得了系列成果。政府责任问题也在服务型政府建设中得到高度重视,行政问责制实践取得很大进展,责任政府建设从中脱颖而出,成为与服务型政府一样重要的政府建设价值目标。在理论界,由于受西方行政伦理和政府改革思潮的影响,加之建设服务型政府的实践需要,学术共同体就责任政府以及政府责任的概念、构成和变迁等理论问题和模式、实践等现实问题进行了深入研究,取得了丰硕成果。

1. 责任政府和政府责任的概念内涵

学界对于责任政府的概念界定多是从民主政治的角度而来,主要是受启蒙运动以来的人民主权、社会契约思想以及委托代理理论的影响,主要的思路是公民是主权者，公民通过契约将公权力委托给政府为代表的公共机关，公民只有认为政府可以通过用权实现公共服务和公民利益的情况下才会有委托权力的意愿，此时，政府只有承诺承担对公民提供公共服务和保障公共利益的完全责任时，社会契约才会顺利达成，因此，"责任是政府拥有并行使公权力的对价"[①]。

基于以上背景，学界对责任政府的概念界定多认可《莱克维尔政治学百科全书》的提法，即"责任政府是一种需要通过其赖以存在的立法机关而向全体选民解释其所作的决策并证明这些决策是正确合理的行政机构"。此外，也有学者在此基础上强调了"行为不当所应该承担的不利后果"的责任意涵。比如，刘驰宇认为责任政府就是"政府必须承担来自宪法和法律所规定的责任，并向所有公民及他们的代表机关负责。政府机关及其公职人员在违法失职或不当行政时必须承担政治上、法律上和道德上的责任"[②]。

学界对政府责任的界定主要从两个视角展开。一是从责任政府的视角出发，从责任的本意上勘定政府责任内涵，将政府责任界定为由法律和制度确定政府当为之事，公共组织及其人员主动行为、接受监督并就行为接受评判，准备承担不当行为造成的否定性后果的行政过程。譬如，姜裕富认为"行政责任是一种与职位或职务相关联的义务，强调的是作为公共行政与管理的机构及其当事人必须使其行为及其后果具有'可操作性''可度量性''可解释性'，这种行为必须是透明的，其后果是可以进行问责和追究的"[③]。陈国权和吴帅认为，责任政府为政府的责任确定了边界和约束激励机制，"政府责任有两层基本含义：一是政府法定应做的事，就是政府的职责和义务；二是政府在没有履行其职责或没有有效履行其职责并因而损害人民利益时应承担的否定性后果"[④]。陶叡和陶

[①] 温辉：《责任政府：内涵、形式与构建路径》，《法学杂志》2012年第4期。

[②] 刘驰宇：《当代中国服务型政府的责任和行政伦理的涵义》，《吉林省行政管理学会"政府法制与行政管理"理论研讨会论文集（行政与法）》，吉林省行政管理学会，2012年，第19—20页。

[③] 姜裕富：《论公务员忠诚义务与行政责任》，《中国行政管理学会2011年年会暨"加强行政管理研究，推动政府体制改革"研讨会论文集》，中国行政管理学会，2011年，第412—417页。

[④] 陈国权、吴帅：《责任政府的公共服务取向》，《社会科学战线》2009年第4期。

学荣也将政府责任从责任本身内容上加以界定,他们认为"就其内容来说,公共责任有三层含义:在行为实施之前,公共责任是一种职责;在行为实施的过程中,公共责任表现为主动述职或自觉接受监督;在行为之后,公共责任是一种评判并对不当行为承担责任"①。

二是从服务型政府的视角,将政府责任置于履行公共服务职责的轨道上加以确定。由此,政府责任被确定为维护公共利益的政府属性所要求的公共服务供给,以巩固政府权威和公信力。例如,陈国权和吴帅认为"能否提供有效的公共服务成为政府是否有效履责的基本依据。责任政府将责任定位于有效提供公共服务是巩固其合法性的根本要求。全心全意为人民服务,致力于增进和实现公民的利益,乃是政府存在的根本理由和目的"②。文宏认为服务型政府建设过程蕴含着丰富的责任内涵,"从理念层面看,服务型政府是一个执政为民的政府,必须转向直接向公众负责;从制度层面看,服务型政府必须保障公共服务行为的规范化,从而扩充行政组织及其工作人员的责任承担范围;从行为层面上看,服务型政府以社会和公众满意为依归,这就导致公共管理者必须对自身行为的结果负责"③。

2. 政府责任的构成与体系

按不同的维度划分,政府责任的构成要素可以有不同的内容,学者们对此也有大量阐述。孟焰和孙永军将政府责任从四个维度进行划分:一是"基本的服务职责和公平的规则制度职责",即"行政责任和法律责任、制度责任";二是"基础业务责任和可持续性常态责任";三是"政府责任公平和责任效率";四是政府部门的"决策责任、指挥责任、协调责任和监督责任"④。陈国权和吴帅从公共服务的视角,提出"公共服务

---

① 陶叡、陶学荣:《对建设服务型政府强化公共责任的理性思考》,《"建设服务型政府的理论与实践"研讨会暨中国行政管理学会 2008 年年会论文集》,中国行政管理学会,2008 年,第 1515—1519 页。
② 陈国权、吴帅:《责任政府的公共服务取向》,《社会科学战线》2009 年第 4 期。
③ 文宏:《服务型政府的责任内涵何以实现——基于问责体系的前提性问题探讨》,《中国行政管理学会 2011 年年会暨"加强行政管理研究,推动政府体制改革"研讨会论文集》,中国行政管理学会,2011 年,第 1600—1605 页。
④ 孟焰、孙永军:《服务型政府责任要素及国家审计鉴证指标体系框架研究》,《审计与经济研究》2014 年第 2 期。

是政府的政治责任、法律责任和道德责任之所在",依据公共服务的层次性特征,将政府责任划分为中央政府和地方政府公共服务责任,依据公共服务的程度性特征,将政府责任划分为基本公共服务责任和特殊弱势群体服务责任。① 温辉从责任政府的历史渊源和理论内涵入手,提出了政府责任划分的说明责任和过错责任二元论,并且有逐步向说明责任过渡的趋势。② 陶叡和陶学荣将政府责任划分为主动责任和被动责任,即基于法律的法定责任和基于回应的服务责任。③ 王武岭从行政与政治的关系出发,将政府责任细分为政治责任和行政责任。④

总体来看,政府责任的构成要素可以按以下维度划分。从责任主体角度,按主体数量划分,政府责任可以分为个体责任、集体责任;按主体层次划分,可以分为中央责任、地方责任;按主体的部门归属,可以划分为决策责任、执行责任、协调责任和监督责任。从责任客体角度,按责任的价值属性划分,政府责任可以分为效率责任、公平责任、民主责任、可持续责任;按责任的内容属性划分,可分为政治责任、行政责任、法律责任、社会责任和道德责任;按责任的具体内容划分,可分为常态管理责任、基本公共服务责任、特殊群体保障责任。从责任过程角度,按互动关系划分,政府责任可以分为主观(主动)责任、客观(被动)责任;按政府过程,可以分为过程性的说明责任和终局性的过错责任。

由于政府责任的构成要素具有多维度性、层次性和关联性,加之各类构成要素都具有一定的合理性和现实适用性,因此,学界需要并已经开始将不同维度的责任构成要素按一定的逻辑关系形成逻辑上或内容上层层嵌套的政府责任体系,以系统展示政府责任的构成全貌。

沈荣华和钟伟军将政府责任体系重构为制度性、体制性和机制性责

---

① 陈国权、吴帅:《责任政府的公共服务取向》,《社会科学战线》2009年第4期。
② 温辉:《责任政府:内涵、形式与构建路径》,《法学杂志》2012年第4期。
③ 陶叡、陶学荣:《对建设服务型政府强化公共责任的理性思考》,《"建设服务型政府的理论与实践"研讨会暨中国行政管理学会2008年年会论文集》,中国行政管理学会,2008年,第1515—1519页。
④ 王武岭:《论服务型政府的责任形式》,《中国行政管理学会2004年年会暨"政府社会管理与公共服务"论文集》,中国行政管理学会,2004年,第182—183页。

任三位一体，以明晰政府责任的合法性、结构性和操作性问题，形成逻辑嵌套的政府责任体系。制度性责任重在效能、民主、监督责任，体制性责任包括公共服务有效性、创造良好外部环境和服务监督评价责任，机制性责任包括责任全覆盖、主体明确性、问责及时性。① 孟焰和孙永军则是建构了三级责任维度层层嵌套的政府责任体系，其中以行政责任和法律责任、制度责任为第一级维度，并将其分解为基础业务责任和可持续性常态责任，最后再将二级责任维度分解为责任公平和责任效率角度加以阐释。②

3. 政府责任的挑战和转变

根据学界对责任政府和政府责任的概念分析，可以发现责任政府的构建和政府责任的运行都有一个前提条件，即政府当为之事的确定。只有政府应该做什么得以确定后，政府对当为之事的说明、公民的监督及政府对行为后果的承担等责任运行的后续程序才能开展。宏观地看，政府当为之事是基于人民主权和社会契约的民主思想以及委托代理理论而孕育的对公民利益的维护。从当前看，建设服务型政府的背景中，政府的当为之事、应尽之责具体表现为公共服务的有效提供。

在服务型政府的建设过程中，政府公共服务的体系化、均等化、社会化、法治化、高质量等新的要求不断涌现。信息社会也在深度发展，互联网为代表的信息技术应用取得巨大进展，互联网＋、物联网、大数据、云计算、人工智能等技术与传统产业和公众生活日益密不可分，数据化、网络化、智能化的智能时代、数据时代已显端倪。总之，服务型政府改革和建设的外部环境与自身要求在不断地因时而变。

面对内外部形势的不断变化，政府责任也面临着不少新的挑战。首先，服务型政府建设一定程度上忽视了政府责任内涵，政府责任建设与构建服务型政府的要求不够匹配。③ 特别是公共服务的体系化、高质量等

---

① 沈荣华、钟伟军：《论服务型政府的责任》，《中国行政管理》2005年第9期。

② 孟焰、孙永军：《服务型政府责任要素及国家审计鉴证指标体系框架研究》，《审计与经济研究》2014年第2期。

③ 文宏：《服务型政府的责任内涵何以实现——基于问责体系的前提性问题探讨》，《中国行政管理学会2011年年会暨"加强行政管理研究，推动政府体制改革"研讨会论文集》，中国行政管理学会，2011年，第1600—1605页。

建设的日益推进,迫切要求政府责任建设在行政问责制之外加强责任体系建设。其次,政府与市场的责任关系仍未完全调整到位。尤其是在公共服务社会化和法治化的趋势下,政府购买服务不断向前推进,公共服务法治化要求不断提高,政府与市场的接触日益频繁,加之法治高压线的强化,政府在与市场关系中的责任应该如何转变,这一挑战当下更为凸显。

在这样新的内外环境面前,政府责任需要及时转变,加强政府责任体系建设,以回应环境变迁带来的责任挑战。首先,创新法治思维统领责任政府建设。这里主要指处理好党规与国法的关系,在政府责任领域加强建章立制的党政联动,明晰党政职务责任的边界、程度和程序,力避党政责任及其问责缺位、错位。其次,完善政府信息公开制度,切实推进协商民主和监督体系建设,逐步加强人大监督,强化政府责任的外部动力源。最后,加快政府责任程序制度建设,进一步细化政府责任清单,清晰区隔积极责任和消极责任、个人责任和集体责任,明晰责任边界、责任等级、问责程序。

(二) 构建责任政府的模式选择和实现路径

1. 责任政府的建构模式

在政府责任研究日益深化的过程中,责任问题从政府管理的内容和手段逐渐演变为政府管理的重要价值取向。与服务理念类似,责任取向也日益成为政府建构的重要理念,责任政府的建构开始进入研究视野。

由于政府责任的议题在近代民主政治产生之初就已经凸显,尤其是代议制民主和责任内阁制的确立,责任议题的政治层面已经受到研究重视。在公共行政学兴起以后,尤其是传统公共行政的价值中立观被打破后,行政责任也开始受到公共行政学界的重视。因此,现代意义上责任政府的建构既有传统的民主政治意义上的要求,也有公共行政意义上的内容。

迄今为止,责任政府的建构研究总体遵循民主政治和有效行政的二元框架,大体形成了三种责任政府的建构模式。

一是以民主责任为重点的政治问责与行政问责二分模式。民主责任是从民主政治视角,将政府责任置于主权在民和社会契约思想、委托代理理论的民主框架中,突出责任的民主性即将责任作为公民授权的回报和保障，政府需要通过代议制或直接参与等渠道回应公民监督和质询并负担最终结果。① 同时，作为行政组织的行政机关，存在大量的委任制公务人员，加之，官僚制组织的岗位责任要求，政府责任还存在自上而下的行政问责。因此，在我国，责任政府建构就存在两个层面的问题，党领导下的党和国家通过人大制度对国家机关及其人员的政治问责，以及党领导下的党和政府通过干部管理、法纪制度等对委任官员的行政问责。当下我国责任政府的建构正在形成以加强政治问责和完善行政问责相结合的模式。

二是以说明责任为核心的说明责任和过错责任统一模式。西方发达国家的责任政府建构历史大体是从英国的责任内阁制起步的。西方政府在建立责任内阁以及责任政府的起步和后续过程中，就已经明确责任政府所包括的说明责任和过错责任，并逐渐开始向以说明责任为主的方向转变。② 然而，我国的责任政府建设却是从过错责任建立开始的，是以"非典"等一系列公共安全事件所引致的，在此过程中，逐步完善了党政公务人员的问责制度。但是，责任政府建设还是集中在过错责任方面，即终局性的不良后果的认定、追究、处分。显然，我国责任政府的建构应该着眼于这一缺憾，在说明责任和过错责任的统一中突出说明责任的核心地位，建立以"问"为核心，"问""责"统一的建构模式。

三是以治理责任为根本的政府多元责任模式。随着西方发达国家政府改革进程的推进，政府治理成为重要的政治议题，治理理论随之出现并成为热点的公共行政理论。在我国宣示推进国家治理体系和治理能力现代化的时代大势下，西方世界的治理理论和实践也开始影响我国责任政府的建构。特别是伴随着市场经济的牢固确立、公民社会的发育和社会组织的兴起，服务型政府建设中的多元协作越发普遍，责任政府构建面临着政府、市场、社会组织、公民等主体多元参与、协作的治理背景，政府的责任内容和形式在多主体对公共事务的参与、协作中变得多元和

---

① 韩升：《我国责权统一的服务型政府的基本内涵》，《中国行政管理学会2011年年会暨"加强行政管理研究，推动政府体制改革"研讨会论文集》，中国行政管理学会2011年版，第4页。

② 温辉：《责任政府：内涵、形式与构建路径》，《法学杂志》2012年第4期。

复杂。因此,责任政府构建需要抓住治理责任这一根本转变,建立治理责任为根本的政府多元责任模式。也就是说,即借鉴多中心治理理论,明确政府在管理和服务中的领导者、安排者、监督者、协助者和博弈者等多元化责任角色[1],以强化治理责任为总抓手,协调推进政府多元责任履行。

2. 责任政府的建设路径

责任政府的建设除了需要在理论上明确建设思路外,还需要在中观和微观层面明确建设路线图。故而责任政府的建设路径选择和具体设计也就显得十分重要。学界在对责任政府的理念和建构模式进行研究的同时,也必然会涉及责任政府建设的路径选择问题,毕竟理念和模式都是宏观层面的理论构建,需要配套中微观层面的方法路径才能更具有可行性和说服力。

总体来看,学界对于责任政府的建设路径研究深受责任政府的建构模式影响,可以分为以下三种路径选择。

其一,以政治责任为重点,通过发展政治问责,协同推进政治问责、行政问责,健全问责体系。这一路径选择是从责任政府理念发现的历史源流出发,以民主理论和委托代理理论为基础,激发公民有效政治参与,强化代议机关代表公民对政府机关的监督和问责[2],实现公民通过代议制等民主制度渠道对政府机关进行权威性问责,切实提升责任政府的实效性与合法性。

其二,推动政府责任制度化、法治化建设,在强化政府客观责任的前提下,实现客观责任与主观责任建设的统一,责任制度化与思想道德教育的统一。针对政府责任运行的全过程,要补强制度短板,包括完善政府信息公开制度、加快建立决策程序及其公民参与制度,健全权力制约与监督制度、完善异体监督尤其是人大监督制度。同时,同步推进政府责任法治化建设,对"问"与"责"的法治建设同等重视,既要加强责任追究相关的法治建设,如行政复议、诉讼、赔偿等,也要加快健全

---

[1] 任广浩、解建立:《公共服务中责任政府构建的模式创新:由单中心到多中心》,《甘肃社会科学》2009年第1期。

[2] 陈国权、吴帅:《责任政府的公共服务取向》,《社会科学战线》2009年第4期。

信息公开立法、行政程序及其公民参与立法，修订完善行政许可、处罚、强制等涉及公民权利和公共服务的具体行政行为法，着力体现责任设定明晰化、可衡量、可参与、可追溯。在完善以上政府客观责任的基础上，配套加强公务员道德建设，通过精神文明创建活动和组织培训等形式，培育公务员内在责任感和使命感，提升公共服务动机。①

其三，在强化客观责任建设和主观责任配套的基础上，将责任政府建设进行系统设计，通过思想观念、制度、法律、机制、环境等全方位的推进，整体实现责任政府建设良性推进。具体而言，责任政府建设需要多环节协作推进，这要求"树立责任行政理念、加强责任行政的立法、健全监督机制和责任追究制度、创新公民导向的管理方式"②，同时，也要求"培育现代公共领域和市民社会"③，责任政府建设提供良好社会环境。

（三）服务型政府视域中的公务员公共服务责任

在厘清服务型政府视域中的政府责任以及责任政府的理论问题后，为更好服务于研究主题，本书需要将重点放到服务型政府视域中责任政府所体现出的公务员公共服务责任的具体问题，以利于通过公务员服务责任强化，提升公务员个体绩效。

1. 公务员的公共服务责任构成

如前所述，学界对政府责任的构成维度问题进行了深入研究，提出了不同维度的责任构成划分。对于公务员行政责任而言，它属于政府责任领域的一个具体表现，其主体聚焦公务员个人这一微观角度。因此，公务员的行政责任具体构成应在参考政府责任构成的多元维度的基础上，重点从责任客体和责任过程角度加以界定。

既有的相关研究总体上也是遵循这一思路，即从行政责任的客体和过程的角度解析公务员行政责任构成。张东晔和张顺将公务员责任定位为过程性的岗位责任、维稳责任和不良结果过错责任，并细分为政治责

---

① 钱海梅：《论社会转型期的责任行政》，《上海大学学报》（社会科学版）2003年第2期。
② 孙彩红：《责任政府：当代中国政府改革的目标选择》，《中国行政管理》2004年第11期。
③ 韩升：《我国责权统一的服务型政府的基本内涵》，《中国行政管理学会2011年年会暨"加强行政管理研究，推动政府体制改革"研讨会论文集》，中国行政管理学会2011年版，第4页。

任、职业责任、法律责任、伦理责任。① 景云祥从库珀和沃尔多对公务员义务和责任的经典论述中得到启发,重点强调了公务员的道德责任和法律责任,从委托代理理论角度,提出公务员应该承担的效率、民主、公正、忠诚责任。② 徐邦友基于民主政治这一广义责任政治的视角,将公务员责任界定为政治责任、法律责任、道义责任。③ 姜裕富强调必须在明确个人责任和集体责任的关系的基础上,再将公务员行政责任界定为"道德责任与法律责任的融合,主观责任与客观责任的互补"④。

公务员公共服务责任是公务员行政责任的重要研究维度,它是从绩效导向和公民本位的服务型政府建设角度对公务员行政责任所作的进一步阐释。因此,公务员公共服务责任的构成维度应在既有的公务员行政责任构成的基础上进行筛选优化。具体而言,公务员的公共服务责任主要是对公民提供公共服务的过程及结果中所负的义务和不良后果承担,公共服务责任并不针对公共组织内部的公务员个体责任或不同部门责任。因此,公务员的公共服务责任可以按以下两个维度划分构成。

一是从责任客体角度看,按照责任内容属性划分,公务员的公共服务责任分为政治责任、职业责任、法律责任、社会责任和道德责任;按照责任价值属性划分,公务员的公共服务责任分为效率责任、公平责任、民主责任、可持续责任等。

二是从责任过程角度看,按照服务供给主体与客体互动关系划分,公务员的公共服务责任分为主观责任、客观责任;按照服务供给具体过程划分,公务员的公共服务责任分为公共服务传递岗位责任、公共服务不良后果过错责任。

2. 公务员公共服务责任的影响因素

鉴于公务员公共服务责任涉及主体众多,责任的构成维度多元、内

---

① 张东晔、张顺:《社会治理视野下的公务员行政责任伦理建设路径》,《重庆社会科学》2018年第8页。
② 景云祥:《责任政府及其公务员职责》,《学习与探索》2004年第1期。
③ 徐邦友:《公务员非自主行为及其责任承当》,《中国党政干部论坛》2005年第8期。
④ 姜裕富:《论公务员忠诚义务与行政责任》,《中国行政管理学会2011年年会暨"加强行政管理研究,推动政府体制改革"研讨会论文集》,中国行政管理学会2011年版,第412—417页。

容多样，推进公务员公共服务责任建设就成为一项系统工程。公务员公共服务责任建设是在公务员行政责任建设中统筹考虑的，也是在建设服务型政府和责任政府的宏观背景中推进的，公务员个人、公务员群体、公共组织、政治环境、社会环境等诸多因素均会对公务员公共服务责任建设构成实质影响。

第一，公共服务社会化和政府购买服务深入发展的影响。随着市场经济的牢固确立和西方改革政府有益经验的引入借鉴，我国政府购买公共服务改革不断推进，公共服务社会化趋势日益明显，社会组织、市场组织、公民个人均不同程度地参与到公共服务的生产之中，公务员的公共服务责任从单一的生产、供给合一责任演变为供给、监督、协调、博弈等多元化责任，这一责任形式的转变对公务员公共服务责任定位具有重要影响。

第二，政治体制和行政管理体制带来的制约。我国的党政关系、人大制度、司法体制等政治体制改革较为稳慎，这些政治体制改革的推进会牵涉到公务员公共服务责任建设中的党政干部责任边界、人大政治问责推进、责任追究与救济等重大问题。行政管理体制改革中的政府信息公开制度、权力监督与制约机制等重大问题，直接牵涉公务员公共服务责任建设的顺利推进。

第三，"官本位"的政治文化传统根深蒂固。两千多年封建社会形成的"官本位"政治思想遗产对当今政府运作以及公务员责任建设影响巨大，尤其是"官本位"思想带来的利益驱动、崇尚权力、等级观念、垄断资源分配等不良现象对当前政府公务人员造成极大影响。这使得政府从管制走向服务面临着巨大的思想转圜难度，公务员公共服务意识和责任的落实面临很大的传统思想的影响。

第四，转型期国家制度建设不完备带来的消极影响。改革开放以来，我国开始向市场经济过渡，社会也随之转轨。在国家和社会的转型期，由于法治和政策制度尚处于探索建立、逐步完善阶段，法律和制度漏洞不少，反腐倡廉建设面临严峻形势，公务员的行政伦理建设任务艰巨，公务员行政伦理责任较为缺失，造成公务员内在责任感约束不足，严重影响公务员公共服务责任建设。

第五，政府机关及其公务人员行政责任制度建设不健全。责任政府及其公务员的行政责任制度建设，包括政府和公务员行政责任制度的顶层设计，行政责任的边界、清单、程序、救济等全环节制度建设等内容，行政责任制度法制化、机制化等重点内容。作为公务员行政责任建设的重要组成部分，公务员公共服务责任建设能否顺利推进，行政责任整体制度的系统性、法制化至关重要。

第六，公务员个人的政绩观和服务能力的影响。公务员公共服务责任的建设，除了外部责任方面外，内部责任同样至关重要。也就是说，公务员的公共服务责任培育同样需要自身思想认识的提高和能力素质的提升来实现。因此，个人政绩观是否正确，公共服务意识是否牢固树立，公共服务能力的高低都对公务员重视并承担公共服务责任十分重要。

3. 公务员公共服务责任的现状与问题

在服务型政府建设和行政问责制的不断完善中，公务员的公共服务责任建设取得长足进步。在公共服务均等化、社会化和精细化等具体工作中，公务员的服务责任的设定和落实都得到了不同程度的重视，公务员公共服务责任制度化、法治化取得显著进展。

第一，在基本公共服务均等化和公共服务供给社会化进程中，公务员公共服务责任的规定均有不同程度的纳入。《"十三五"基本公共服务均等化规划》中明确提出了人才建设作为重要的实施机制，要求强化对公务员的激励约束和服务能力培养[①]；《国务院办公厅关于政府向社会力量购买服务的指导意见》也在购买机制和监督管理中，对公务员在具体工作中的信息公开、公正招标、合同管理、绩效评价等责任作出明确规定[②]；《政府购买服务管理办法（暂行）》也对公务员在开展购买服务工作中的预算、财务、绩效、监督管理责任作出具体规定。[③]

第二，在公共服务供给的具体过程管理中，各地都将公共服务事项

---

① 《国务院关于印发"十三五"推进基本公共服务均等化规划的通知》，2017年3月1日，http：//www.gov.cn/zhengce/content/2017-03/01/content_5172013.htm，最后浏览日期：2020年4月23日。

② 《国务院办公厅关于政府向社会力量购买服务的指导意见》，2013年9月26日，http：//www.gov.cn/xxgk/pub/govpublic/mrlm/201309/t20130930_66438.html，最后浏览日期：2020年4月23日。

③ 《关于印发〈政府购买服务管理办法（暂行）〉的通知》，2017年10月9日，http：//www.ccgp.gov.cn/gpsr/zcfg/201710/t20171009_8948637.htm，最后浏览日期：2020年4月23日。

纳入了政务中心或行政审批局集中办理，通过政务中心规范化、标准化建设，服务事项岗位责任制、首问负责制等均纳入了服务窗口标准化建设之中，公务员公共服务责任逐渐得以落实。

第三，公务员公共服务责任制度化、法治化不断加强。在微观层面，公共服务事项的责任清单制度得以普遍推行，服务岗位的问责制度得以建立。在宏观层面，《中国共产党问责条例》中有关领导干部类公务员在公共服务中的责任设定、认定、追责等细化规定。公共服务有关法律，诸如《社会保险法》《就业促进法》《义务教育法》《公共图书馆法》等，对有关公务员的公共服务责任的内容、等级、承担等实体和程序规定不断完善。

但是，我国公务员公共服务责任建设上还存在不少问题，特别是在人民群众对美好生活的需求日益多样化的今天，公共服务内容不断创新、供给形式不断创新，公务员公共服务责任的内容、形式、落实等都面临不小挑战。

第一，行政问责和政治问责发展不均衡，公共服务事项的政治问责不到位，责任落实不足。公务服务供给多是在基层的具体服务场景中传递的，当前的公务员责任设定、考核和责任追究更多的是上级行政部门基于职权发现或群众举报而进行，地方人大受理群众反馈、发挥监督作用还不足。公共服务事项涉及每个人民群众的切身利益，地方人大在对其他国家机关提供公共服务进行监督、评价、问责具有天然的宪制权威。但是，地方人大及其常委会关于公务员公共服务责任落实的执法检查、询问质询、专题报告等监督作用发挥还不到位，特别是对基层公务员公共服务责任监督和责任追究尤显不足，导致行政问责的"重拿轻放"弊病难以纠正，责任难以落实。

第二，问责重点有偏颇，过于重视责任追究，忽视了过程性的责任报告和询问制度建设。公务员公共服务责任建设在责任追究上成效显著，有关公共服务提供的法律法规、制度政策中均对公务员的供给责任及其后果作出了明示。但是，经常性的履职尽责述职、报告和监督制度建设明显滞后，公民反馈服务问题的渠道不畅、服务信息公开不完善，经常性责任说明和监督发现难、启动难。

第三，公务员公共服务责任制度化水平不高，程序性制度供给不足，制度法治化进程滞后。有关公务员公共服务责任的政策制度的层次较低，主要在各级地方政府，尤其是集中在基层政府，是以规范性文件为主，制度制定水平有待继续提高。同时，关于公务员服务责任的程序性制度供给不足，现有的公务员服务责任规定主要是对责任内容、后果和追究的规定，对责任边界、等级、评定、听证、救济等程序的规定不够详细，公务员权益保障不易。此外，公共服务责任法治化建设滞后，党政领导干部的公共服务责任法治化进展较快，出台了许多行政法规以及党内法规，但是，一般公务员特别是一线公共服务公务员的服务责任实体和程序性法律建设都明显滞后。

第四，在信息化、智能化、社会化等新兴公共服务创新领域，公务员公共服务责任建设配套滞后，亟待加强。在信息社会深刻变迁和治理现代化的背景下，在政府购买服务、PPP 服务项目、互联网＋公共服务等领域，公务员公共服务责任的边界、程序、责任追究等方面的针对性调整还未到位，公务员公共服务责任的规范性不足。

第五，部分公务员的责任意识和服务能力与公共服务责任要求还不适应。囿于职业发展需要和压力型行政体制的环境因素，部分公共服务岗位的公务员偏爱客观责任，回避主观责任，他们对政策法律、上级部门或领导要求的公共服务责任较为重视，而对面向具体服务情景服务群众的同理心和责任感等服务伦理观则相对淡薄。此外，特别是基层公共服务人员，他们的公共服务能力、场地、设备、经费相对受限，公共服务责任的相关规定的落实就会面临客观条件限制，导致问责不及时、追责不到位。

4. 培育公务员公共服务责任的路径

面临信息社会的深刻变迁和治理能力现代化的时代要求，人民群众对公共服务的需求不断升级，公共服务创新发展已成大势所趋。面对这样的形势以及当前公务员公共服务责任方面的突出问题，本书认为需要在以下方面着力强化培育公务员的公共服务责任。

第一，大力推进以发挥地方人大作用为突破口的政治问责，实现有效问责。党的十八大以来，民主法治建设成效显著，人大制度建设日臻完善，人大的立法和监督职能得到进一步强化，特别是备案审查、执法检查、专题询问、专项报告都取得了长足进步。不过，这些进展多体现在全国人大及其常委会层面,地方人大制度的相应完善多是以自上而下的方式进行,只有个别地方人大对诸如质询制度进行了探索,影响有限。公共服务作为一项具体的实务工作,与基层老百姓最为密切,人民获得感和满意度感受也最深,地方人大制度在公共服务责任领域迈出更大步伐,可行性更强、风险性更低、政治效益和社会效益更高。同时,完善地方人大关于公共服务责任的立法和监督工作对公务员服务责任的落实具有源于宪法权威的极大优势。

发挥地方人大作用,完善政治问责制度,要做好两方面工作:一是在立法方面,落实地方政府公共服务事项规范性文件备案审查制度,强化公共服务有关法律法规的执法检查制度,针对性就审查和检查中发现的公务员责任落实不到位问题进行问责。二是在监督方面,将地方政府公共服务清单事项纳入人大专题询问、专项报告范围,基于工作计划或代表与群众反映开展专题报告和询问工作,督促公务员公共服务责任落实,控制公共服务责任不落实的不良后果发生。

第二,加快建立公共服务过程性问责制度,配套推进相关行政体制改革。在公共服务供给中,公务员的政治责任和法律责任偏重于结果导向的过错责任层面,关于公共服务供给过程中的履责情况的报告、评价、监督则尚未引起重视。因此,当前需要加快建立公共服务履责情况的报告和监督制度,包括两个层面:一是向代议机关即本级人大及其常委会定期报告公共服务中的责任履行情况,在人大机关的指导和监督下完善公务员服务责任履行,预防不良后果出现。二是向社会公众定期报告履责情况,这就涉及行政管理体制改革中的服务信息公开制度完善、公民参与公共服务民主决策和民主监督制度建设。本书认为可以专门就公共服务清单内容,做实公共服务信息公示、公开制度,畅通信访举报制度和公务员公共服务责任说明与听证的联动,借助群众监督顺利解决实现公务员服务责任发现难、启动难问题。

第三,着力补强公务员公共服务责任的法治化制度、程序性制度短板,提升问责制度化水平。梳理、评估关于公共服务责任的制度政策规定,将其中较为成熟的部分有计划地纳入有立法权的各级人大和政府的立法计划,稳步提升公务员公共服务问责制度的法治化水平。此外,高度重视公务员公共服务责任追究程序性制度供给,将公务员公共服务责任问责的边界、识别、启动、调查、认定、听证、救济等程序性制度规范纳入议事日程，规范公务员服务责任的认定，保护公务员的正当权益和工作积极性。

第四，探索建立适应公共服务新兴领域的公务员服务责任制度。认真研究智能化和大数据时代特点给公共服务供给带来的影响，关注公共服务社会化过程中出现的公务员责任边界、识别、认定和追究等方面的新情况，针对政府购买公共服务、PPP 服务项目的运行实际情况，尽快完善此类公共服务的各类主体责任边界，研究出台公务员在招标、预算、财务、绩效和监管等工作领域的责任清单、认定标准和追究程序，规范公务员的服务行为。此外，针对新兴的"互联网＋"公共服务和基于智能化和大数据的公共服务创新活动，在探索建立公共服务供给制度规范的过程中，同步将供给主体的责任内容、问责程序等制度建立到位，预防公务员的公共服务责任失范问题。

第五，重点加强公共服务岗位和基层公共服务人员的思想教育与服务能力提升工作，改善公共服务软硬件环境。一是在公务员的培养工作中，加强对公务员的伦理道德教育，培育良好的组织文化，提高公务员尤其是基层公务员的公共服务能力。二是在公务员考核工作中，将客观责任完成和主观责任培育纳入考核指标，专项考核公务员在公共服务提供中的政治、职业和法律责任落实情况以及公共责任感的培育情况，引导公务员在服务中积极根据服务情景承担主观责任。三是完善体现公务员责任履行情况的激励机制，根据服务责任考核结果，对处于服务岗位和基层机关的公务员适度参照责任完成情况进行倾斜激励，激发公务员落实公共服务责任、培育公共责任感的积极性。

第五节　完善监督与问责机制研究

责任政治是现代民主政治的应有之义，也是建设服务型政府重要的组成部分。问责体现了对政府行为的监督与控制，是依法限制政府权力的重要体现。自从"非典"引发的政府信任危机促使我国首次启动行政问责以来，我国正式进入建设责任政府、发展责任政治的进程中，监督问责无论是从理念还是制度都得到了极大的重视。在责任政府建设和发展责任政治的过程中,从中央到地方都陆陆续续建立了各种形式的问责制,这些问责制度主要涉及政府滥用职权、行政不作为等一系列问题。党的十八届四中全会通过的《中共中央关于全面推进依法治国若干重大问题的决定》更是提出要建立"重大行政决策终身责任追究制度及责任倒查机制",这一制度设计针对重大行政决策效应迟滞性特点,对政府官员形成了强大的震慑力,促使政府官员在重大行政决策上更加审慎,推动民主决策、科学决策、依法决策的落实。除了针对政府监督问责机制外,我国也提出并建立了一系列的党内问责制度,力图从党纪国法上建立无缝隙的监督问责机制,强化党与政府的责任意识,强化责任政治,建立责任政府。

自从 20 世纪中期以来,世界各主要发达国家基本进入了"行政国家"行业,政府职能扩张、权力扩大,对社会的渗透和干预程度是深刻而全面的。政府不断地从立法机构和司法机构接受了委任立法权和委任司法权,行政裁量权不断地扩展。例如:"英国议会平均每年通过的立法大约为 40 件至 50 件,总数约 3000 页,而英国政府每年通过委任立法权制定的法定条规约 3000—4000 件数,总数逾 10000 页。"① 立法机构、司法机构和社会、利益集团、公民个人越来越难以对政府进行问责,这种问责的困难并不来自制度设计和政治原则,而来自作为以官僚制为基本组织原则的现代政府天然的保密性倾向。② 行政国家发展而强化的政府治理专业化倾向,使得实际的政治与行政问责越来越呈现出较高的参与门槛,政府之外的其他问责主体在缺乏信息和专业知识的情况下,对政府的问责越来越形式化。对于我国同样如此,我国脱胎于高度集中的计划管理体制,形成了强势政府和大政府的治理传统,不仅仅公民、社会难以参与到政府问责中,即便是人大、政协等法定的问责主体也难以有效和全面地对政府进行问责。无论是从行政国家的发展所体现的国家政治行政职能和权力的扩张,还是从我国服务型政府建设和公共治理的实际

---

① [英] 彼得·莱兰、戈登·安东尼:《英国行政法教科书(第五版)》,北京大学出版社 2007 年版,第 37 页。
② 韩志明:《政府解辩性责任的理论逻辑和实践途径》,《北京行政学院学报》2009 年第 3 期。

来看，原有的消极性、防御性、惩戒性的问责对于我们强化责任政治，建立责任政府是必要但不充分的，还需要对责任政治的理论基础和伦理原则进行分析和发展，强化作为美德意义上的责任对于建立服务型政府和责任政府的重要性。除了要继续完善作为惩戒性问责的责任政治外，还需要发展政府的解（释）辩性责任，政府应当接受问责主体对自己职权范围内的事项、行为与自己的角色、规范和伦理上的监督和批评，并作出回应和解释。从惩戒性问责到解（释）辩性责任是责任政治随着行政国家的扩张而发展的应有之义，各级党政领导干部和公职人员不是不做错事便万事大吉了，这仅仅是一种底线性质的要求，更重要的是要主动接受公民、社会等问责主体的监督，解释自己的行为的合理性。责任不仅仅是作为问责的事后的惩戒，更重要的也是政府的美德和伦理的体现。

一　监督问责制度理论基础的反思与发展

作为政治与治理实践的问责，起源于财政制度中。在英格兰威廉姆一世时期，英王要求在其领地内的财产所有者需要向征税官提供自己财产的完整记录，以便征税。而随着西欧国家间竞争烈度的不断提高，征税制度不断完善，问责便通过定期的会计和审计制度展开了。对财政官员问责的主要目的是保障国王财产安全以及财产增值。问责虽然发源于财政制度，但是随着国家建设的不断推进，问责制度得以嵌入国家制度的组织维度中，是现代国家制度中不可或缺的一部分，体现了国家建设的理性化进程。随着民主政治的发展，问责链条从国王或者君主向抽象的人民主权转变。可以说，监督问责制度并不是现代政治的产物，而是随着历史的发展演进的，但是赋予监督问责制度以公共性的则是现代民主政治。在民主政治的基础上，监督问责制度不仅仅是一种针对于人性自利的惩戒性的制度，同样也旨在强化政府官员的作为美德的责任意识。政府不仅仅要恪守底线、遵守宪法与法律，同样也需要积极履职与作为，回应社会需求和公民期望，增进美德。①

---

① ［英］密尔：《代议制政府》，汪瑄译，商务印书馆1982年版，第26页。

（一）问责概念的含义与类型

所谓问责，通常是嵌入在三个相互关联的概念中的，分别是责任（responsibility）、问责（accountability）和义务（liability）。所谓的责任是有权力进行判断和行动；问责则是个人对自己行为的解释、报告与回应，并接受评判；而义务是对错误行为造成的后果进行补偿、恢复。① 三个概念都是问责的基础，但是责任概念更接近于一种美德，强调政府和公职人员应当有权力来对公共事务进行判断并处理，而其基础在于政府和公职人员的美德。也就是说，政府和公职人员应当承担责任，这种责任促使政府和公职人员积极履职，扩大社会公共利益，提高社会普遍福利。而问责概念和义务概念较为相近，共同强调政府和公职人员应当就其行为的后果承担补偿和恢复的责任，无论这种补偿和恢复是物质资源方面上的，还是符号象征资源方面的，也就是说这两个概念更加接近于政治和行政语言中的问责一词的含义。

但是，责任三个关联概念的区分还不够细致，三个概念之间有相互重叠的部分，没有形成概念之间的正交②，即相互的独立性（具有明确的边界）。如果将问责概念从广义上来理解和分类，即将问责这一概念区分为"作为美德的问责（accountability as a virtue）和作为机制的问责（ac‐countability as a mechanism）"③，便能够实现概念类型化的目标，即概念的穷尽和正交。一般来讲，在通常的语境中，问责概念是作为机制的问责而使用的，即"一个人对其工作、职位和行为所必须承担的正式责任。个人接受了某种岗位的工作，就意味着他要承担起履行职责的相应义务"④。如果是作为美德的问责，那么则是指一种美好的品质，这种品质要求个人或者政府、公共部门积极作为，以实现公共利益和社会福利的增长。

作为机制的问责强调的是惩戒性的责任，是防御性的和消极性的负

---

① 马骏：《政治问责研究：新的进展》，《公共行政评论》2009 年第 4 期。
② 赵鼎新：《从美国实用主义社会科学到中国特色社会科学——哲学和方法论基础探究》，《社会学研究》2018 年第 1 期。
③ 张贤明、杨楠：《政治问责及相关概念辨析》，《理论探讨》2019 年第 4 期。
④ 韩志明：《政府解辩性责任的理论逻辑和实践途径》，《北京行政学院学报》2009 年第 3 期。

激励，它的假设在于通过利用人性自利假定，来迫使政府和公职人员遵守法律和宪法，约束政府权力，使得政府行为不超过应然的界限。随着行政国家的出现和扩展，政府规模膨胀、职能扩张，政府对社会的干预和渗透到了前所未有的广度和深度。在这种情况下，作为机制的问责经常会面临问责的无效性。作为机制的问责有效性建基在问责主体能够拥有完备的信息、有可以量化的标准的判断依据，并以此依据进行正确的判断，而政府和公职人员自身利益的重新分配或者减损用以对失责而造成的后果进行的补偿也是能够清晰界定的。但是，在行政国家的背景下，作为机制的问责的有效性基础面临被削弱的问题。首先，政府或者说行政机构通过立法与代议机构的委任立法权和委任司法权不断地创制法律，在实践中侵蚀了立法机构和代议机构的权力，使得三个政治机构的权力分配出现运行中不匹配的问题。其次，行政国家的扩展与福利国家的发展密切相关，在这个过程中，行政越来越复杂和专业化，行政官僚以法律和技术权威作为其权力的主要来源，而其他的偏向于非职业化的、辩论式的问责主体在信息掌握的完备和准确程度上，远弱于政府。在这种情况下，作为机制的问责的有效性可能要大打折扣。在美国，水门事件的爆发象征着美国宪制危机，而持续不断的经济停滞和通货膨胀使得美国以政府大包大揽和排斥公民参与的行政国家治理形态难以持续。从普遍性来看，20世纪中叶，哈贝马斯认为各大主要发达国家或者说资本主义国家都面临着系统性的合法化危机[1]，即公民不再愿意向政治—行政系统输入忠诚和认同。原因在于行政国家的出现意味着政治—行政系统的分离，而政治—行政系统分离的合法性在于行政系统的有效性和专业性能够解决经济系统周期性危机所带来的一系列问题，公民便可以通过代议制民主和中立性的行政官僚组织在投票机制下来实现有效治理，整个政治—行政系统的相互分离和介入经济系统周期性危机的治理使得政治与行政系统越发呈现出公共性的特点。然而，行政国家的无效性（经济周期性危机以及政府干预所引发的财政危机）使得行政国家以规避公民参与政治的合法性破灭。在这种宏观的背景下，新的政府管理与改革运

---

[1] ［德］尤尔根·哈贝马斯：《合法化危机》，刘北成、曹卫东译，上海世纪出版集团2009年版，第53—57页。

动勃兴,这种政府管理与改革运动被称为新公共管理运动。新公共管理运动以新制度经济学和公共选择理论为主要依据,将政治学和公共领域经济学化。新公共管理运动的假设在于官僚的理性自利是政府无效的根源。因此,新公共管理运动主张通过私有化和竞争等企业管理方法以及市场经济机制的引入,能够解决政府低效和回应力差的问题。从理论上来看,新公共管理运动持有一种改进的问责观,这种问责观关注于政府的行动是否在结果上能够增进"顾客"(公民或者选民或者纳税人)的福利,并且成本上得以控制。[1] 这种问责观实施的机制在于通过政府的解制、私有化、授权形成一个竞争的政治市场,公民以选票或者货币资源(是否在此地纳税)来行使"以脚投票"的权利,继而显示出政府绩效的高低,上级政府或者立法机构则以这种绩效作为判断依据,通过增长或者降低政府和公共部门机构或者相关成员的物质资源予以问责。

新公共管理运动的问责观相较于行政国家的政府大包大揽并且亲力亲为的治理形态的问责观而言,不仅关注政府行为是否符合规定和制度,更关注政府行为是否增进了相关问责主体的利益。新公共管理运动的问责观得以实现的机制在于利用官僚理性自利和市场竞争机制,进而实现了问责的目标,即回应社会和公民的期望。在新公共管理运动之后,治理的产生则发展出了更多样态的问责,例如等级问责、职业问责、法律问责和政治问责等。[2] 所谓的等级问责则是传统的问责形态,强调官僚制中上级对下级的问责,下级对此没有任何质疑的权力;而职业问责强调的是行动者需要符合职业规范和伦理道德;法律问责是公共部门和政府需要遵守相应法律法规;政治问责要求政务官或者行政部门官员需要向社会、公众、立法机构的质询作出回应。而在问责的类型学方面,从问责主体上来进行划分,可以分为同体问责和异体问责,通常所言的等级问责属于同体问责的范畴,而法律问责和职业问责则横跨了同体问责和异体问责,政治问责则属于异体问责的范畴。

作为一个含义丰富但又交叠重合的概念,问责的类型学可以从两种

---

[1] 李军鹏:《当代西方政府问责制度的新发展及其启示》,《上海行政学院学报》2008 年第 1 期。

[2] 张晓磊:《我国行政政治问责的问题与对策》,《中国行政管理》2010 年第 1 期。

分类标准进行建构：第一种建构标准是从问责是应然性还是实然性入手，问责便可以分为作为美德的责任和作为惩戒性责任机制的问责。而第二种建构标准则是从问责主体出发，分为同体问责和异体问责，在这两个对立的概念之下，等级问责和政治问责分别位于同体问责和异体问责两端，而职业问责和法律问责则在同体问责和异体问责上都有涉及。如果将两个标准结合在一起来看，问责主体的分类是问责概念的主要分类方式，而问责是否是美德，则渗透于问责主体的分类中，即同体问责和异体问责中。在公共行政发展的重要争论中，芬纳和弗雷德里克围绕问责和责任的争论便是关于问责概念和机制的重要的辩论。弗雷德里克认为行政责任具有双重标准："一是要考虑技术知识；二是要考虑公众情感。"[1] 而政府官员和公共部门成员在作出决策的时候同样需要考察政治责任，要将行政责任和政治责任相结合。所谓的行政责任通常是等级问责，而政治责任则需要自主进行判断。弗雷德里克实际上将两种责任观结合到了一起，一种是以等级问责体现的行政责任的惩戒性问责；另一种则是政治责任作为美德的责任，强调行政机构和政府官员除了考虑法律法规、上级命令、政务官员领导外，更需要考虑政治责任。而芬纳对此则提出了质疑和批评，芬纳在《民主政府的行政责任》一文中认为，弗雷德里克将问责系于官员的良心之上是不可靠的，坚持认为问责应当是作为惩戒性责任的问责机制而非作为美德的责任。芬纳和弗雷德里克的争论表明问责不仅仅是一个惩戒性责任的机制，也是一个负责任的美德。在实践当中，通常两种问责观是结合在一起的，但是在理论上，两种问责观却来自不同的理论传统。

（二）问责的理论基础及其反思

广义上的问责分为作为惩戒性责任的问责机制和作为美德的责任。而在现代政治中，构成问责的理论基础通常有自由主义、共和主义和民主主义，民主主义作为连接自由主义和共和主义而存在。自由主义通常是惩戒性责任的问责机制的理论基础，而美德的责任的理论基础则是共和主义。民主主义则将两种问责概念及其理论基础统一到人民主权和政府对公民和社会的回应性上。这也是尽管两种问责概念及其理论基础存

---

[1] 颜昌武、马骏：《公共行政学百年争论》，中国人民大学出版社2010年版，第7页。

在张力,但能够共同存在于现代民主政治中的原因所在。

自由主义是惩戒性责任的问责机制主要理论基础。自由主义将社会与个人进步的根源定位到私人领域上[①],而政府所处的政治领域则很有可能对私人领域构成侵犯,因此在自由主义尤其是经济自由主义的理论传统中,政府扮演的角色仅仅是守夜人的角色,政府作为有风险,而不作为反而是正常的。因此,惩戒性责任的问责机制强调政府职能的有限性、政府行为的消极性,是一种防御性的问责机制。自由主义将社会与个人进步的根源定位到私人领域上,而进步或者说福利的增长则通过市场竞争来实现,这种逻辑也是惩戒性责任的问责机制的基本逻辑。惩戒性责任的问责机制将官僚的自利性视为问责机制建立的人性假设,并将其作为逻辑基础,通过对官僚资源(物质资源和非物质资源)的剥夺而迫使政府和公职人员不能够乱作为。而在新公共管理的政府改革中,原初的惩戒性责任的问责机制面临着一系列的信息不对称、问责主体能力不足而导致的问责机制难以发挥出应有效果的问题,新公共管理政府改革并没有抛弃作为惩戒性责任的问责机制的理论基础,即自由主义,而是将自由主义中的市场竞争机制引入政治与行政领域中,通过将公共与政治领域市场化的方式,形成多元主体相互竞争,从结果上实现对政府的控制,促使政府回应,实现问责的目的。

作为美德的责任则以共和主义为基础。共和主义将社会进步和人的进步立足在公共领域上,共和主义同样区分了私人领域和公共领域,但是不同于自由主义保障私人领域免受公共领域的侵蚀,共和主义则保障公共领域免受私人领域的侵蚀。共和主义认为,参与公共生活、参与政治才能够真正地实现人的进步和福利的增长。因此,共和主义在现象上与自由主义一样,都认为需要对政府进行限权和问责,也就是说共和主义同样赞同惩戒性责任的问责机制。但是,共和主义赞同的理由与自由主义是有根本差异的,自由主义是站在官僚理性自利和权力容易扩张的逻辑上来限制政府权力,以免政府侵蚀私人领域;而共和主义则认为惩戒性责任的问责机制的存在是因为政府滥权和乱作为本身不符合公共领域的美德和伦理要求。相较于自由主义而言,共和主义的责任观更为积

---

① 马骏:《政治问责研究:新的进展》,《公共行政评论》2009年第4期。

极和有为，共和主义要求政府为了扩大公共利益、社会福利而积极作为。遵守法律法规，接受问责主体的质询仅仅是底线性质的，处于公共领域中的政府和公职人员不是一个理性自利的官僚，而是一个公共人，从规范上来言，政府官员和公职人员理应具有更强的伦理观和道德责任感。

两种问责概念分别具有不同的理论基础，但是自由主义和共和主义至少在现象上共同赞成作为底线性质的惩戒性责任的问责机制，但是自由主义认为惩戒性责任的问责机制建构在理性自利的人性假设基础上，通过对政府限权和官员作为的防御性监督、问责便能够实现社会繁荣进步。而共和主义则认为，惩戒性责任的问责机制仅仅是社会繁荣进步的必要但非充分条件，社会繁荣进步的基础是公共领域而非私人领域，那么还需要将作为美德的责任纳入问责概念中，政府官员与公共部门需要担负政治责任与行政责任，推动社会的繁荣进步。从实践上来看，现实的问责实践通常是两种问责观的共同存在和相互合作，并不存在必然的矛盾。问责的目标不仅仅在于限制政府权力的随意扩张、限制政府官员滥用权力和乱作为，这仅仅是问责的一个部分，问责的目标也包括政府积极作为，尤其是在促进社会福利整体提升、保障弱势群体利益方面。而现代政府也是一个民主政府、回应政府和服务型政府，现代政府要回应民意的同时，也是公共利益的看守者。因此，需要将公共意志和民众意愿结合在一起，进行判断并行动，民主主义正是如此体现的。

（三）服务型政府监督问责制度理论基础

服务型政府以社会为本位，以人民为中心，强调政府行政应当提高人民的获得感和幸福感，同时政府又要作为一个公共利益的看守者，避免对"私欲"的无限满足。服务型政府监督问责的目标不仅仅是给政府权力套上"紧箍咒"，更是要让政府积极作为、规范作为。因此，服务型政府问责监督制度的理论基础应当是强调惩戒性责任的问责观同作为美德的问责观的结合。前者构筑了政府权力和政府行为的底线，而后者则为政府和公职人员提出了伦理上的要求。

在责任政治中，惩戒性问责主要在同体问责体系中的等级问责，当然，在异体问责中也有体现。等级问责是惩戒性问责在行政问责中的集中体现，等级问责以官僚制作为基本的理论依据，认为权力的授予是自上而下的，因此，惩戒性问责的问责主体来自上级。而惩戒性问责在异体问责中则主要体现在政治问责上，上文所言的惩戒性问责的含义大部分是在异体问责中的政治问责情境下展开的。在立法机构、司法机构、公民、利益集团对政府的问责中，惩戒性问责的目标在于确定政府权力范围和边界，规制政府官员和公共部门成员的行为。政治问责中的惩戒性问责给政府权力确定了边界，而行政问责中的惩戒性问责则为官僚组织的自上而下的运行发挥了负激励的功能。问题在于，作为政府或者行政组织中的个体而言，行政问责使得下级对上级负责，但是，在日常行政管理和公共治理中，政府和公职人员经常要面临多种责任期望的相互冲突，上级部门或者上级官员的命令可能是违背政府和公职人员的法律责任、职业责任乃至政治责任，下级部门或者下级官员便面临着是否执行上级部门或者上级官员的命令的伦理困境。如果执行，则可能违背法律责任或者职业责任；但是不执行，则违背了等级责任。政府和公职人员面临这种情境带来的责任期望相互冲突以致于无法选择的困境，根植于官僚行政组织同民主政治天然的矛盾上。官僚行政组织的权力是自上而下授予的，但是这一原则并没有考虑到采用官僚行政组织的机构本身的角色和伦理，现代政府建基在人民主权原则上，宪制精神、公共利益构成了现代政府根本性的规范。而在官僚行政组织中，自上而下的权力运作机制，使得作为公务员的官僚可能面临着上级命令同宪制精神、公共利益的相互冲突，或者上级命令的模糊性使得官僚无法在实际情况中判断应当采取何种行动，才能够不违背上级命令，也不违背宪制精神和公共利益。因此，惩戒性责任的问责机制这一责任观并不能够构成政府行为和政府与公职人员进行自我判断的唯一依据。

从上述困境当中可以看到，不同责任观代表着不同的期望，这些责任观需要有一个统一的标准对这些期望进行排序，才能够切实可行地给政府提供判断依据和行为指导。因此，作为美德的责任的责任观的引入便显得尤为必要。在共和主义的视域中，公共领域才能够实现个人进步和社会福利的增长，共和主义将责任视为美德而不是惩戒，主张政府和公职人员应当担当这样一种责任，或者说美德，就是通过自主的良心的判断来作出行动，而判断的依据则在于公共领域相较于私人领域的优先性，也就是体现出公共性的宪制精神和公共利益的根基性。政治责任应当优先于法律责任、职业责任和等级责任。

服务型政府是我国政府发展和建设的主要目标,而责任政治是服务型政府的重要基础和原则。从问责监督机制的有效性层面来看,行政国家的扩展导致的行政专业化已经使得无论是同体问责还是异体问责的惩戒性责任的问责机制效果大打折扣。而从政府行政实践角度来看,政府和公职人员经常面临着多种责任期望的相互冲突,需要一个伦理标准来进行价值排序,以便确定在不同情境中,应当以何种责任为先。因此,需要引入作为美德的责任,鼓励政府和公职人员以宪制精神和公共利益为根本标准进行自主判断,积极作为,扩大公共利益,提高人民的获得感和幸福感。但是,惩戒性责任的问责观及其机制仍然具有重要的现实意义,正如芬纳所言:"依赖官员的良心也许就像依赖于官员的帮凶或者同谋者来监督官员。"① 惩戒性责任的问责观从防御性和消极性的责任观出发,给政府这一利维坦划定了边界,警惕政府扩权和滥权,尽管需要政府进行自主的价值判断,但这并不意味着政府有着逃脱惩戒性责任问责的特权。

二 我国监督问责制度的问题与改进路径

在相当长一段时间,我国并不存在稳定和成熟的政治和行政问责制度,各级党政领导干部和公务员受到处理基本上是因为违法问题。但是,违法仅仅只是问责的一个方面,问责制度涉及各个维度和领域,从内容来看,问责制度涉及法律问责、职业问责和政治问责,尤其是职业问责和政治问责,被问责主体在相当情况下并没有违法,甚至没有违纪,但其行为仍然可能与职业伦理、规范不符,或者没有回应社会关切、响应民意。自从"非典"所引发的政府公信力危机以来,我国政府推进了问责制度建设。我国监督问责制度在短短的十余年间取得了实践探索与制度建设的显著成就。我国监督问责制度建设,仍然采用的是地方探索和中央顶层设计相结合的制度设计路径,在各个地方政府对官员问责制度进行探索后,中央再开始进行整体性的制度设计。同时,由于党在我国政治结构中的核心地位和领导作用,我国除了在行政系统上建立问责制度,在党内也逐步建立了党内问责制度,并且初步解决了集体决策所带

---

① 颜昌武、马骏:《公共行政学百年争论》,中国人民大学出版社 2010 年版,第 15 页。

来的问责虚化问题。①

我国问责制度建设，无论是党内问责还是行政系统的问责仍然存在诸多问题。从问责主体上来看，同体问责远远多于异体问责。从问责范围来看，关于重大公共安全事件和群体性事件中的官员失职是问责的主要范围，政治问责还没有得到足够的重视。从问责频率来看，问责成为上级政府和部门利用压力型体制来传导压力，甚至转嫁责任的工具，问责过于频繁，问责过泛，出现了"问责超载"现象，这也是"懒政"和不作为现象的重要原因之一。从救济渠道来看，问责制度建设更关注的是问责主体的问责，但对被问责主体的救济权利与救济渠道关注不够。从问责制度的观念与理论来看，重视惩戒性责任的问责，对作为美德的责任关注较少。从制度设计上来看，主要关注消极的惩戒性问责机制，对作为美德的解辩（释）性责任关注较少。

（一）我国监督问责制度的现状与问题

从普遍性角度来看，我国监督问责制度与其他国家一样，都出现了问责机制运转失效的问题。这一问题与行政国家的发展有关，行政国家强化了政府相对于立法、司法机构的权力，而行政机构特有的执行特征，使得行政机构在信息掌握和控制上远远胜于立法和司法机构，达成集体行动上也远远强于立法和司法机构，更毋宁说资源、信息不够充足、完备，组织化程度也不够高的公民和社会组织了。一般来讲，问责机制通常所强调的是异体问责和政治问责，异体问责和政治问责需要问责主体能够掌握完备的信息和充足的资源，同时还需要明晰可操作的问责办法和惩处流程。但是在行政国家的结构中，异体问责和政治问责确实难以发挥出应有的效力，既无法切实限制政府权力的扩大，也难以确保政府回应民意、担当公共利益的守护者。异体问责和政治问责难以发挥效力既有立法、司法机构和社会相较于行政机构的权力下降原因，也有异体问责和政治问责建构在消极的、防御性的惩戒性责任难以激发政府和公共部门成员自身使命感、责任感的原因。

相较于其他发达国家而言，我国监督问责制度除了具有这些一般的

---

① 吕永祥：《新中国成立70年党内问责制的历史沿革、现实困境与破解之道》，《河南社会科学》2019年第7期。

共性的问题之外，也有自己的问题。从总体来看，我国监督问责制度以同体问责和行政问责为主，政治问责不足，异体问责也处于运转低效情况（典型的便是人大监督的失效，这种失效体现在质询权的虚置上）。① 据统计，"官员问责事件中81%的发起者是上级党政部门，99%的启动者也是上级党政部门"②。同时，官员问责主要原因是突发事件引发的失职责任，而政治问责事件极少发生。在学界对于监督问责制度的讨论中，逐步形成了这样一种共识，即"一个判断和一项主张"③。我国目前的问责主要是同体问责，也就是等级问责，即"上问下责"，而改革我国问责制度的总体方向是强化异体问责和政治问责，即人大、司法机关、民主党派、社会团体、新闻媒体、公民等问责主体对政府进行政治问责。

由于党在我国政治生活和国家发展中的关键性作用和根本性地位，除了行政问责之外，中国共产党也推动党内问责的发展。党内问责同行政问责制度发展一样，走的是先地方试验，后中央顶层设计的路径。2005年，中共海丰县委率先颁布了《海丰县基层党委问责试行办法》，是党内问责制度化、规范化的先行试验。在2007年，中共洞口县委则颁布了《洞口县基层党建工作问责暂行办法》，主要是规范问责情形和形式。各个地方党委的积极试验，逐步为出台全国性的党内问责制度提供了经验知识积累。④ 2006年，中共中央政治局审议通过了《关于实行党政领导干部问责的暂行规定》，该文件出台标志着党内问责制度进入全国推广的阶段。⑤ 党的十八大之后，中共中央又审议通过了《中国共产党问责条例》，该条例提高了党内问责制度的位阶和权威性，最为突出的是将个人问责和集体问责结合到了一起，而以往的集体决策分工负责导致的问责失效、问责失衡现象得到了一定程度的解决。但是党内问责制度在实践中也反映出一系列的问题，这些问题总结起来有两个方面：一方面是党

---

① 张贤明：《当代中国问责制度建设及实践的问题与对策》，《政治学研究》2012年第1期。
② 宋涛：《中国官员问责发展实证研究》，《中国行政管理》2008年第1期。
③ 韩志明：《对行政问责模式的比较分析及反思》，《探索》2011年第4期。
④ 吕永祥：《新中国成立70年党内问责制的历史沿革、现实困境与破解之道》，《河南社会科学》2019年第7期。
⑤ 吕永祥：《新中国成立70年党内问责制的历史沿革、现实困境与破解之道》，《河南社会科学》2019年第7期。

内问责制度设计水平问题；另一方面是党内问责制度理念和理论基础问题。从制度设计水平上来看，有论者认为，党内问责制度面临着如下问题：一是问责主体的缺位与越位，体现在党内问责主体集中在纪检部门上，而党的其他部门，例如组织部门则处于缺位。越位体现在诸如基于党政科层权威上级部门或者领导，直接将个人意志强加给问责主体，或者是类似巡检组、督导组等临时性的组织，越过问责主体直接进行问责。二是问责执行不到位，也就是所谓的"高举轻放"①。从党内问责制度设计理念和理论基础上来看，党内问责制度设计的目标应当是促进问责对象能够依纪、依规、依法履职，并且激励问责对象能够更为积极主动地作为，但是在实践中却出现了背反现象，也就是党政领导干部普遍没有违法、违纪、违规等问题，却出现了大量不作为、庸政和懒政问题。从现象上来看，问责的泛化是导致这一现象的原因，但其背后则是党内问责制度同行政问责制度一样，都是基于人性自利的惩戒性责任的问责制度而进行设计的。领导干部和普通党员在问责制度的逻辑中被视为需要防范和制约的"自利人"。因此，问责制度的逻辑在于不让领导干部犯错，而不是鼓励他们积极作为。那么，在压力型体制下问责泛化导致的不作为、庸政和懒政反而是一种正常的现象，是基于理性自利假设的自然而然的结果。

党的十八大以来，我国问责制度主要的进展是提出了要建立"重大行政决策终身责任追究制度及责任倒查机制"。"重大行政决策终身责任追究制度及责任倒查机制"是惩戒性责任问责制度的新发展，这一制度关注于重大行政决策失误导致的严重社会后果的时滞性，而这种时滞性与地方负有决策权的党政领导任期制的不匹配性导致了问责的困难。因此，这一制度的出台将弥补决策后果时滞性带来的问责困难问题。从该制度目前发展来看，尚属于国务院初步行政立法和地方探索阶段。有论者认为，该制度目前面临的主要问题是技术性的立法细节问题，行政决策概念属于政治学和公共行政学概念而非法学概念，因此在立法中直接运用行政决策概念是存在着一些问题的，例如问责范围不明、规则不统

---

① 吕永祥：《新中国成立 70 年党内问责制的历史沿革、现实困境与破解之道》，《河南社会科学》2019 年第 7 期。

一等。①

总体上来看，我国问责监督制度现状是虽有发展，但尚未形成系统化的问责监督制度，存在过于依靠同体问责和等级问责，异体问责发展不足，党内问责存在着滥用问责和缺乏救济渠道等问题。而在问责理论上，关注以人性自利假设为出发点的惩戒性责任问责观，尚不重视作为美德的责任观的新的问责制度设计理念。在同体问责和等级问责方面，也存在着一系列的制度设计问题，例如问责主体缺位、越位；问责范围不清晰、缺乏边界；问责执行不到位；规则原则不统一；问责过于频繁；缺乏控制等。在异体问责上，除2006年通过了《中华人民共和国各级人民代表大会常务委员会监督法》之外，人大也没有在异体问责上发挥应有作用，质询权实际上也被虚置，人大并没有成为实际上的问责主体。我国在问责监督制度设计的基础理论考虑不够全面，而在具体的制度设计上也存在着一系列的技术性问题和细节问题，这些问题同当代政府权力扩张和规模扩大带来的难以监督问题，共同使得我国的问责监督制度并没有发挥出应有的效果。

（二）我国监督问责制度存在问题的原因分析

我国监督问责制度存在的问题可以分为两个方面：第一个方面是问责目的是强化责任政治、推动责任政府的建设，但实际上却出现了懒政、庸政、不作为等一系列的问题；第二个方面是监督问责制度结构的失衡，即同体问责和行政问责居多，异体问责和政治问责偏少。同时，监督问责制度在具体的制度设计上也存在一系列的技术性问题。

第一个方面的问题，即问责制度与现实结果的背反现象。这一现象的原因在于我国监督问责制度的理论基础过于偏狭，过于依靠以人性自利为假设的消极性、防御性的惩戒性责任，这就使得各级党政领导干部倾向于缓作为、不作为，乃至庸政、懒政，借此避祸。同时，在压力型体制下，问责泛化使得各级党政领导干部不作为的动机更为强烈。而应对庸政、懒政问题，目前采用更为高压和高频的问责，使得整个问题陷入了恶性循环的困境。在以人性自利为假设的惩戒性责任观及其制度设

---

① 孔祥稳：《重大行政决策终身问责制度的困境与出路——以地方立法样本为素材的分析》，《行政论坛》2018年第1期。

计下，各级党政领导干部不作为是这一制度自然而然的后果，而这一制度的逻辑仅仅是为了防止各级党政领导干部乱作为，但是其副产品便是给各级党政领导干部积极作为以负激励。如果从普遍性角度来看，惩戒性责任的问责观及其制度设计是建立在社会福利增长、个人进步只能通过私人领域来实现，因此政府所处的公共领域便需要严格限制，政府不作为反而是好事。然而，政府不可能不积极作为，私人领域的存在并不是社会进步的充分条件，由此看来，仅仅依靠惩戒性责任的问责观及其制度设计只能在一定程度上制约政府的乱作为和权力扩张，但是其后果便是政府的不作为，这反而不利于社会福利增长和个人进步。

从惩戒性责任的问责观及其制度设计来看，其制度功能仅仅只是制约政府乱作为和权力扩张，并不具有激励政府积极作为的功能。问责是必要的，监督也是必要的，但更为重要的是，政府需要得到激励去积极作为，这同样也是政府的责任。

第二个方面的问题是监督问责制度结构失衡，同体问责和行政问责制度也存在一系列制度设计中的技术性问题。监督问责制度结构的失衡与我国强政党、强政府的治理传统有着密切的关系。在我国长期发展进程中，相较于司法与立法机构，行政机构发挥的作用是显著的，行政机构地位也是显要的。同时，党在经济社会发展进程中也担当着重大决策、方向领导等任务，而政府与重大决策和方向领导是最为密切互动的，这就使得党和政府形成了相较于立法机构和司法机构的强势地位。同时，行政国家的发展则又强化了这样的强政党、强政府的治理传统。因此，从问责效率和风险的可控性上来看，同体问责和行政问责反而是最为高效的。

在同体问责和行政问责制度中也存在着一系列制度设计的问题。通常认为，我国监督问责制度最容易存在的问题是党政冲突，而这种党政冲突通常体现在党委进行集体决策，行政首长予以执行，但是决策失败所引发的一系列后果却又由行政首长来承担，这就出现了问责的失焦，削弱了问责的权威和有效性。然而，这个问题在党内问责制度不断完善的情况下初步得到了解决。目前来看，同体问责和行政问责制度主要存在的是制度设计的技术性问题，例如问责主体不清晰、问责范围不明确、问责缺乏控制等，而这些问题都可以通过一系列的查缺来加以解决。同时，行政问责制度需要向法治化方向迈进，行政问责制度的政治学、行政学语言需要向法律语言靠拢，提高立法水平。

（三）我国监督问责制度的改进路径

针对我国监督问责制度存在的两个方面的问题：一个方面的问题是理论方面的问题，另一个方面的问题则是制度设计方面的问题。我国监督问责制度的改进应当在制度设计层面走一条渐进、稳健的道路，但是在理论观念更新方面应当脱离原有理论的窠臼。

监督问责的目的有两个：第一个目的是防止政府权力扩张、政府乱作为，将"权力关进制度的笼子里"；第二个目的是激励政府积极履职、积极作为，将以"人民为中心"、"提高人民幸福感、获得感"、保障公共利益为核心的政治责任感贯穿到政府履职、行政、治理的方方面面，强化公职人员的伦理观念，提高公职人员的道德水平。因此，在监督问责制度的理论研究方面，应当结合两种责任观：第一种责任观是惩戒性责任的消极性、防御性的责任观；第二种责任观是积极性的、进取性的作为美德的责任观。从目前来看，政府面临着政治责任、职业责任、法律责任和等级责任等在理论上存在张力，尤其是等级责任同政治责任的冲突，实践上还可能遭遇多种责任相互冲突难以选择的问题。因此，应当强化公职人员和政府的政治责任，将政治责任视为最高的价值要求，给予公职人员和政府判断的自主性。也就是说，目前围绕问责的制度设计不仅仅应当关注惩戒性责任的制度设计，也需要关注如何促进美德的责任制度设计，也就是关注"解（释）辩性责任"①的制度设计。所谓的"解（释）辩性责任"并不是指政府为推脱自己责任而进行的推诿和辩护，而是指政府有义务就自己的决策、施政、行为向相关问责主体进行积极的解释，诚恳地面对质询的作为美德，也作为义务的责任。"解（释）辩性责任"制度设计象征着作为美德的责任观的回归与落实，而这便需要一系列的制度设计予以保障。在问责方面便需要建立救济渠道和容错、纠错机制。对此，习近平总书记便提出了"三区分"的容错思想，即"要把干部在推进改革中因缺乏经验、先行先试出现的失误和错误，

---

① 韩志明：《政府解辩性责任的理论逻辑和实践途径》，《北京行政学院学报》2009年第3期。

同明知故犯的违纪违法行为区分开来;把上级尚无明确限制的探索性试验中的失误和错误,同上级明令禁止后依然我行我素的违纪违法行为区分开来;把为推动发展的无意过失,同为谋取私利的违纪违法行为区分开来。"① "三区分"的容错思想给监督问责制度指出了把作为美德的政治责任与行政伦理带回来的要求。在这一方面,也有了一些制度设计作为探索,例如"《中共教育部党组贯彻落实〈中国共产党问责条例〉实施办法(试行)》就综合考虑不可抗力因素、领导干部的动机与目的、挽回损失的程度等因素,规定了容错与免责的具体情形。与之相类似,北京市委在出台的《问责条例实施办法》中,则将习近平总书记的'三个区分开来'的容错思想直接写入免责条款之中。"②

我国正处于高度时空压缩的现代化进程中,责任政治的发展不可能亦步亦趋地前进,同时也要考虑到问责的可操作性和问责风险的可控性。责任政治的目的是在强化政府的责任意识,促使政府规范行政、规范权力运用的同时,还要激励政府积极履职、积极作为,回应社会,担当好公共利益看守者的责任。因此,对于我国监督问责制度改进路径而言,首先需要明确的是政府的政治责任的首位性,至于在问责结构上是同体问责还是异体问责并不是根本性的目标。从监督问责制度建设来看,首先需要转变的是过于依靠消极性、防御性的惩戒性责任观,需要将作为美德的责任观带回到监督问责制度建设中,具体而言就是从惩戒性责任走向解(释)辩性责任。同时,在具体的问责监督的制度设计中,考虑到问责监督制度的法治化进程,需要将公共行政语言、政治语言、文件语言转化为法律语言,提高立法水平,改善制度供给质量。

监督问责制度是服务型政府建设的应有之义,责任政治是现代民主政治的重要部分。强化责任政治,推动建设责任政府是我国推动服务型政府建设与发展的重要目标。监督问责制度的目标是限制政府权力,同时激励政府积极作为、规范作为,监督问责制度既要将公职人员和政府

---

① 《新时代要有新担当新作为——学习习近平总书记关于"三个区分开来"的重要要求》,2018年9月11日,人民网,http://politics.people.com.cn/n1/2018/0911/c421378-30286129.html,最后浏览日期:2020年4月23日。

② 吕永祥:《新中国成立70年党内问责制的历史沿革、现实困境与破解之道》,《河南社会科学》2019年第7期。

作为理性自利人进行消极性的、防御性的底线性质的制度构建，更要将公职人员和政府视为应当拥有美德、具有强烈政治责任感的公共人，需要激励政府和公职人员积极作为、积极履职。

从惩戒性责任走向解（释）辩性责任，不仅仅是制度设计方向的改变，也是政府和公职人员角色与期望的改变，更是具有政治责任感的公共人的回归。监督问责制度的改革在具体的形式上不需要拘泥于是否是同体问责还是异体问责，更为关键性的目标是将美德带回公共领域中，带回政府和公职人员中，是将惩戒性责任和美德的责任的有机结合。因此，需要建构多种责任期望的价值排序的伦理规则，鼓励公职人员积极主动地判断并作为，同时构建问责的纠错、容错机制和救济渠道，为公职人员和政府勇于作为、积极作为免除后顾之忧。

第五章

服务型政府建设的绩效评估与经验推广研究

党的十八大报告明确指出，要建设"职能科学、结构优化、廉洁高效、人民满意的服务型政府"，其落脚点在"人民满意"。当前，服务型政府研究的重点聚焦于服务型政府的实践层面，其建设理念、路径、人才、财政、职能、公共服务等具体方面也得到了比较深入的研究。然而，服务型政府建设的实际效果如何，现有服务型政府建设各个领域的研究对服务型政府建设整体推进的效果如何，是否符合"人民满意"这个根本目标，这些问题都迫切需要深化服务型政府建设的绩效评估研究，尤其是要探索"人民满意"导向的服务型政府建设绩效评估指标体系，以期提供科学可靠的评估工具，动态评估服务型政府建设的现状和问题，以利于服务型政府建设持续有效推进。同时，服务型政府建设的深入和子领域研究的细化，相关研究涌现了诸多经验材料和理论成果，这也要求我们做好服务型政府建设的经验总结，运用科学的理论和方法，提炼归纳富有理论贡献和实务价值的经验和制度化推广策略。因此，本部分专题研究如何建立有效的服务型政府绩效评估体系，致力于探索服务型政府建设经验的制度化推广策略。

第一节 服务型政府建设绩效评估的实践与问题

一 服务型政府建设绩效评估的发展演变

（一）服务型政府建设的发展脉络

不同时期的目标转变是对所处阶段社会发展要求的回应。服务型政府构建初期，适应并促进社会主义市场经济发展是为时代主题，政府职能转变向推动经济建设倾斜，从"全能政府"向"服务型政府"转变，工具理性是政府改革的价值核心，效率成为价值追求的重心。在此背景下，政府管理体制创新主要从组织机构改革及行政审批制度改革两大方面切入，为社会经济发展创造了良好的条件及较为自由的发展空间。随着经济建设的持续推进，社会问题日益复杂，政府改革及管理体制的完善面临更深层次的挑战，公共服务的提供与基本公共服务体系的建构成为新的发展重点。党的十六大报告明确了政府"经济调节、市场监管、社会管理和公共服务"四项职能，公共服务凸显出来，标志着我国服务型政府建设的萌芽。时任国务院总理温家宝在2004年2月首次从官方角度提出了"服务型政府"的概念，并在次年的十届人大三次会议《政府工作报告》中强调要"创新政府管理方式，寓管理于服务之中，更好地为基层、企业和社会公众服务"，服务型政府建设引起了全社会关注。党的十六届六中全会通过《中共中央关于构建社会主义和谐社会若干重大问题的决定》提出，"把更多财政资金投向公共服务领域，加大财政在教育、卫生、文化、就业再就业服务、社会保障、生态环境、公共基础设施、社会治安等方面的投入"，这使我国服务型政府建设的基本目标和主要任务得以细化。党的十七大报告提出将公共服务领域进一步扩大至"学有所教、劳有所得、病有所医、老有所养、住有所居"，标志着我国服务型政府建设步入新阶段。[①]"十二五"规划对如何建立健全基本公共服务体系进行了宏观规划与微观分解，促使服务型政府建设实现了从管理方式到制度创新，从"线性"改革到"复合"改革的跨越，服务型政府的建设逻辑和框架基本确立。党的十八大则进一步从"职能科学、结构优化、廉洁高效、人民满意"的角度为服务型政府建设完善作出了部署，"人民满意"成了服务型政府建设的标准。党的十九大报告再次明确提出要"建设人民满意的服务型政府"，标志着"人民满意"已由党的十八大提出的服务型政府的特征之一，上升为当前和今后服务型政府建设的主导目标，意味着必须"以人民为中心"，把为人民服务、让"人民满

---

① 雷浩伟、廖秀健：《中国服务型政府建设研究综述与展望》，《西部经济管理论坛》2019年第3期。

意"作为一种价值观念来强化,作为一种基本能力来提高。

(二)服务型政府建设绩效评估的演变逻辑

绩效评估是现代政府治理的核心议题,并且随着政府改革的推进不断完善。改革开放后,我国政府绩效评估经过了初创、偏重 GDP 评价、突破唯 GDP 评价、科学化与顶层设计几个阶段的探索①,凸显出诸多标志性改革事件②和代表性评估模式③,从目标责任制到效能监察,再到现代意义上的绩效评估,中央层面的主管部门先从人事部转到中纪委监察部,再到中央编办,形成了多样化的推进机制。④ 而在不同的阶段,绩效评估的价值取向、目标体系、重点内容和评估形式等都会相应发生变化,也由此肩负着推进政府职能转变和行政管理体制改革的重任。特别是在新公共管理及其之后的新公共服务理论指导下,政府绩效评估通过逐渐引入市场竞争机制和民主、公正等政治价值,借助渐成共识的"五 E"(Equality 平等、Equity 公平、Efficiency 效率、Effectiveness 效益、Ethics 伦理)评估基准而成为政府改进提升服务品质、赢取提高公众支持率及满意度的现代管理工具。⑤

当然,绩效评估并不是一种简单的工具,在公共部门应用时需要受到公共价值的外在约束。⑥ 现代政府改革的一个基点就是明确政府与公民的关系,并由此构建统治和管理、管理和服务此消彼长的动态变化过程。⑦ 从管制型政府到服务型政府的转变,是当代中国政府改革的价值选择,就是在公民本位、社会本位理念的指导下,在整个社会民主秩序的框架

---

① 尚虎平:《激励与问责并重的政府考核之路——改革开放四十年来我国政府绩效评估的回顾与反思》,《中国行政管理》2018 年第 8 期。

② 尚虎平:《合理配置政治监督评估与"内控评估"的持续探索——中国 40 年政府绩效评估体制改革的反思与进路》,《管理世界(月刊)》2018 年第 10 期。

③ 徐阳:《中国地方政府绩效评估的"模式壁垒"问题:形成、溯源与破解》,《中共福建省委党校学报》2019 年第 3 期。

④ 周志忍、徐艳晴:《政府绩效管理的推进机制:中美比较的启示》,《中国行政管理》2016 年第 4 期。

⑤ 张岩鸿:《地方政府绩效评估的系统反思与未来进路》,《甘肃行政学院学报》2017 年第 1 期。

⑥ 姜晓萍、郭金云:《基于价值取向的公共服务绩效评价体系研究》,《行政论坛》2013 年第 6 期。

⑦ 张康之:《本次机构改革的深层意蕴》,《中国党政干部论坛》2003 年第 4 期。

下,通过法定程序,按照公民意志组建起来的以公民服务为宗旨并承担着服务责任的政府①,其治理理念和治理模式,不仅明确了政府绩效评估的重要地位,也为改善政府绩效评估提供了新的制度基础和目标导向,并在价值取向、目标定位、评估内容、评估方式等方面为政府绩效评估带来了重大变化②,推动了政府绩效评估从遵循工具理性走向价值理性的逻辑演变。

1. 在价值取向上推动了政府本位走向社会本位

公共行政运行的价值取向主要取决于政府与社会的关系模式。长期以来,计划经济模式下的传统行政行为遵循权力导向、效率优先,强调以政府为主体,挤占了绝大多数的社会空间和社会资源,对公共服务和公共事务采取一种自上而下计划配给的方式,形成了强政府、弱社会的全能型政府模式。政府绩效评估同样遵循政府本位主义的理念,往往从政府自身管理的需要出发,片面强调政府对社会的管理和控制功能,忽视社会公众的需求和利益,也忽视绩效评估中的公民参与和社会反馈。由此导致政府行为泛经济化,甚至大搞形象工程,把绩效评估作为一个"打分排名""评比评优"的工具,以显政绩。③随着经济社会结构的深刻变化,政府职能加速转变,科学发展观的提出促使政府改革目标从经济发展型转为公共服务型,以人为本成为最重要的公共行政理念和价值准则。2005年,国务院提出了"构建科学的地方政府绩效评估体系",推动科学发展观的落实,强调"评估政府绩效主要不是看政府投入了多少、做了多少工作,而主要是看它在多大程度上满足了社会和公众的需要"④,社会本位导向的政府绩效评估理念逐渐形成。随着社会公众的主体地位和参与意识日益强化,政府也开始逐步向社会下放公共权力,汲取社会力量参与到政府绩效评估等国家治理的进程中,以提升统治的合法性和

---

① 刘熙瑞:《服务型政府——经济全球化背景下中国政府改革的目标选择》,《中国行政管理》2002年第7期。

② 彭向刚:《论我国服务型政府绩效评估的发展趋势》,《吉林大学社会科学学报》2008年第2期。

③ 姜晓萍、郭金云:《基于价值取向的公共服务绩效评价体系研究》,《行政论坛》2013年第6期。

④ 尤建新、王波:《公众价值——政府绩效评估的核心标准》,《上海管理科学》2004年第5期。

社会的稳定性。①

2. 在目标定位上推动了内部控制走向外部问责

绩效评估的目标定位决定和制约着评估活动的方向和发展，进而决定和推动政府职能和行政行为的重点内容。传统行政体制下，政府绩效评估专注于政府组织的内部管理问题，表现出明显的内部控制特征，"提高执行力"或"保障政令畅通"，是各地绩效管理的主要目标定位。② 早期实施的目标责任制、效能监察和效能建设，常规推行的"地方党政领导班子和领导干部综合考核评价体系"及"预算绩效管理"和"财政支出（项目支出）绩效评价体系"，都旨在将各类政府责任以目标的形式落到实处，以目标落实效果评价的形式，对政府责任、干部总体履责甚或上级政策、命令的执行实施考评、监督和控制，极易形成对上不对下乃至"官出数字、数字出官"的形象工程，极大损害政府的公信力和满意度。受新公共管理运动及政府绩效评估制度广泛运用的影响，特别是党的十七大明确强调人民主体地位，一切权力来源于人民，政府必须担负对人民的"受托责任"。2008年，中央提出"推行政府绩效管理和行政问责制度"，并将人事部规范绩效评估的相关职责转交给中央纪委监察部，政府绩效评估成为落实政府责任的有效手段。其本质意义就在于内在地包含"顾客至上"、"结果为本"和"责任行政"等行政问责必不可少的理念③，更加注重行政系统与外界环境的交互关系，促使问责重点从行政过程问责转向更为重要的行政结果问责，特别是注重通过立法规范强化制度监督，通过公众参与强化社会监督。实质上，由政府系统外拥有国家公共权力的机关（党的机关）负责的政府绩效评估具有鲜明的政治责任监督评估性质，体现了政府作为政治性组织的天然属性。④

---

① 王建军：《论政府与民间组织关系的重构》，《中国行政管理》2007年第6期。
② 周志任：《内部控制与外部责任：论政府绩效评估的目标定位》，《北京电子科技学院学报》2005年第3期。
③ 陈巍、盛明科：《政府绩效评估与行政问责的制度整合》，《湖南师范大学社会科学学报》2012年第2期。
④ 尚虎平：《合理配置政治监督评估与"内控评估"的持续探索——中国40年政府绩效评估体制改革的反思与进路》，《管理世界（月刊）》2018年第10期。

3. 在评估内容上推动了任务导向走向功能导向

绩效评估的内容即评估对象或客体，它决定了政府绩效评估的基本范围。在单一制行政体制下，传统管制型政府的绩效评估强调以机构为重心，注重测量政府机关职能具体运作过程/情况、机关作风/行风或工作人员的工作态度①，其实质是对政府内部上下级关系的监控，推动下级政府和机构对目标任务的层层落实。但是，由于受到长期计划经济影响和经济发展政绩驱动，政府及其机构的法定职能不明确，政府管理越位、错位、缺位，职责不清、履职不当等现象普遍存在，唯GDP导向、唯上是从、部门主义的政府绩效评估反而成为政府职能转变和行政体制改革的桎梏。然而，政府的首要功能不是确保政府组织的延续，而是作为创造者，根据环境的变化和他们对公共价值的理解，改变组织职能和行为，创造新的价值。② 2008年，胡锦涛在中共中央政治局第四次集体学习时明确指出，建设服务型政府要"推进以公共服务为主要内容的政府绩效评估和行政问责制度，完善公共服务监管体系"，通过政府绩效评估的指挥棒作用，将政府重心转移到公共服务上来，更加关注公共服务质量和结果，并由此呼应民主行政的价值理念和责任政府的功能定位，提高人民满意度。

4. 在评估机制上推动了理性主义走向宪政主义

评估机制是绩效评估得以实现的途径和方式，科学合理的评估方式能够引导评估主体进行客观公正的评估，保证评估活动有效开展。③ 在传统政治生态和规则下，对于评估机制的选择是政府绩效评估权力分配的现实表现，评估活动的决策者基于理性选择和权力依赖极易通过方式方法的设计控制评估结果。倪星曾探讨了评估权力分配失衡的根源，认为上级决策者往往将绩效评估作为分解工作任务和治理责任的技术工具，"层层

---

① 孟华：《推进以公共服务为主要内容的政府绩效评估——从机构绩效评估走向公共服务绩效评估的转变》，《中国行政管理》2009年第2期。

② Moore, M. H., *Creating Public Value: Strategic Management in Government*, Cambridge, MA: Harvard University Press, 1995, pp. 21 - 26.

③ 覃易寒：《我国政府绩效评估运行方式改进与政府绩效审计》，《审计研究》2010年第4期。

发包"权、责、利。① 吴建南组织的一项模拟实验揭示,利益相关性越强,评估结果的客观性越弱。② 特别需要警惕的是,我国的政府绩效管理中的"一把手主导"或者说推进机制的人治色彩比较浓③,难以摆脱封闭的、无序的、随意的评估方式,形成规范化、制度化的长效机制。2005年,温家宝在政府工作报告中提出"要抓紧建立科学的政府绩效评估体系",哈尔滨、杭州等地相继以专门立法推行绩效管理的尝试,对政府绩效管理的宗旨、基本原则、适用范围、机构职责,并对绩效计划、绩效评估、绩效信息、绩效诊断、绩效问责等方面做了具体规范。④ 各级地方政府还纷纷开展了公民评议、第三方评价、网络绩效评估等评估方式,在政府绩效评估中创新公民参与和社会监督机制,推动评估主体多元化,回归绩效评估的宪政价值。

二 服务型政府建设绩效的评估模式

从评价方法来看,政府绩效评估可以划分为客观绩效评估模式和主观绩效评估模式。就其形式而言,客观评估由学者、政府官员等所谓行政专家主导绩效评估过程,追求一种客观性、理性化,通过建立客观模型、技术分析和管理流程使之科学化;主观评估以公众的大规模参与和直接评价为主要形式,常用的做法包括公民论坛、公民满意度调查、公众听证会、公民咨询委员会等。⑤ 但是两者并不存在必然价值冲突,仅从管理工具和操作方法来说,两种模式的显著区别在于指标类型的差异,客观评估的指标基于经验观察和记录的成就和效果,主观评估的指标基于个人的认知、态度和主观感受。组织绩效评估的历史实则是一个客观指标和主观指标动态平衡的历史,早期客观指标占据主导地位,主观指

---

① 倪星:《反思中国政府绩效评估实践》,《中山大学学报》(社会科学版)2008 年第 3 期。
② 吴建南:《利益相关性是否影响评价结果客观性:基于模拟实验的绩效评价主体选择研究》,《管理评论》2007 年第 3 期。
③ 周志忍、徐艳晴:《政府绩效管理的推进机制:中美比较的启示》,《中国行政管理》2016 年第 4 期。
④ 同上。
⑤ 陈小华:《客观评估与主观评估:政府绩效评估的类型学分析》,《行政论坛》2012 年第 5 期。

标的出现及其相对地位的演进带着时代的烙印，折射了管理理念和制度技术的变迁。①

(一) 服务型政府建设绩效的客观评估

1. 客观评估的模型与方法

政府绩效评估的客观模式有着悠久的历史渊源，源于西方公共行政对于提高行政效率问题的普遍关注，其评估模型多种多样，并没有一个适用政府各个层级、各个职能部门统一的绩效评估模型或通用指标体系，但其基本内涵是一致的。王玉明在对国外典型政府绩效评估模型进行比较后，梳理总结了三大类型评估模型：基于政府运作过程模型、政府管理价值模型和政府管理职能模型。其中，基于政府运作过程的评估模型包括西奥多·H·波伊斯特评估公共项目运作过程的模型，美国政府会计标准委员会评估"投入、产出、后果、效率与成本效益"的评估模型，荷兰业绩测评小组增强"控制"公共部门生产过程或政策过程能力的模型。基于政府管理价值的评估模型包括英国雷诺的"3E"模型，美国埃莉诺·奥斯特罗姆等评估公共基础设施"总体绩效与间接绩效结合"模型和澳大利亚"计划评估"模型。基于政府管理职能的评估模型包括美国坎贝尔研究所的五维度模型、哈佛商学院平衡记分卡模型、瑞士国际管理发展学院的国际竞争力评估模型等。上述每种模型或指标体系具有一定的共通性，都包含经济、效率与效益等基本要素，或者以输入、过程、输出、结果等基本环节为逻辑框架。② 在实际的应用中，还有诸如卓越绩效评估模型、绩效三棱镜、ISO9000 系列、公民宪章、标杆超越和欧盟的通用评估框架（CAF）等，都是欧美国家用于客观评估公共部门绩效的一些基本评估模型。改革开放以来，我国政府大力借鉴和引进国际流行的新的管理机制、管理技术和工具，努力提高政府的效能，特别是 20 世纪 90 年代以来，广泛开展了地方政府绩效评估活动，如目标责任制考核、公民评议政府、行政效能评估、第三方评价和欧盟的通用评估框架

---

① 周志忍：《论政府绩效评估中主观客观指标的合理平衡》，《行政论坛》2015 年第 3 期。
② 王玉明：《国外政府绩效评估模型的比较与借鉴》，《四川行政学院学报》2006 年第 6 期。

(CAF)等,并形成了各具特色的政府绩效评估模式。[①] 同时,借鉴私营部门的做法,主要运用量化模型和计算方法形成了"3E"评价法、平衡计分卡法、层次分析法、数据包络分析法、360度评价法、模糊综合评价法、标杆管理法等政府绩效评估方法,并从绩效要素结构、关键绩效指标、标杆管理、围绕专题绩效、因果关系和QQTC等多个角度进行指标设计,以综合反映组织绩效的全貌。[②]

2. 客观评估的维度与指标

不论是上述哪个模型,政府绩效评估大多包含了成本、产出、效率、结果和效益等指标,有些模型还将公平性、责任性、合法性、回应性和治理能力纳入评估指标。[③] 围绕政府职能及其履职结果,运用3E评价或标杆管理方法构建关键评估指标是客观评估维度和指标设计的主要思路。我国政府绩效评估的维度划分通常还有两种类型:其一为基于广义政府职能及其影响的通用模式,从政治、经济、文化、社会全方位评估政府绩效。其中具有代表性的是范柏乃提出涵盖行政管理、经济发展、社会稳定、教育科技、生活质量和生态环境六个领域37个评估指标,以及后期以具体公共服务领域和项目为内容的公共服务绩效评估指标体系。其二为运用平衡计分卡研究政府绩效评估[④],诸如彭国甫、盛明科、刘期达和韩兴国、郭振中等人,以桑助来为首的人事部课题组于2004年提出的地方政府绩效评估指标体系,包括职能指标、影响指标和潜力指标三大类33个具体指标,也是应用平衡计分卡的代表。通过梳理归纳,可将此方法的评估维度划分政府成本指标、政府业绩绩效指标、政府管理内部流程指标和政府学习与发展指标。

3. 客观评估的结果与应用

我国学界和实务部门对于政府绩效的客观评估尚未形成统一的模式和通用指标,但是在不同阶段都进行了层出不穷的探索。在实践层面,

[①] 蓝志勇、胡税根:《中国政府绩效评估:理论与实践》,《政治学研究》2008年第5期。
[②] 卓越:《政府绩效评估指标设计的类型和方法》,《中国行政管理》2007年第2期。
[③] 王玉明:《国外政府绩效评估模型的比较与借鉴》,《四川行政学院学报》2006年第6期。
[④] 彭国甫、盛明科、刘期达:《基于平衡计分卡的地方政府绩效评估》,《湖南社会科学》2004年第5期。

相关职能部门设计开发的各种标准、测评体系、竞争力指数都在一定程度上涉及政府绩效评估的指标问题，而各级政府在宏观绩效方面，基本上符合了科学发展观的要求，体现全面协调可持续的理念，从经济、社会、文化、环境等各个方面进行评估。① 如甘肃省对市州政府绩效评议指标体系由职能履行、依法行政、管理效率、廉政勤政、政府创新5个一级指标构成，深圳市从经济调节、市场监管、社会管理、公共服务4方面对各区政府进行综合评估。② 人事部"中国政府绩效评估研究"课题组直接提出了一套包括3个一级指标、11个二级指标和33个三级指标的中国地方政府绩效评估指标体系。③ 在理论层面，国内学者也进行了大量的相关研究。厦门大学卓越教授（2004）、北京师范大学唐任伍教授（2004）、兰州大学中国地方政府绩效评价中心（2005）、湘潭大学彭国甫教授（2005）、浙江大学范柏乃博士（2005）、中山大学倪星教授（2007）较早探索了政府综合性整体绩效评估指标体系的构建。随后，学者们主要关注的是公共服务、社会管理和经济增长三个方面的政府绩效评估指标体系构建，尤以公共服务类的研究成果居多，涵盖公共服务均等化以及不同层次和类型的公共服务领域。也有选取了法治建设和治理现代化等多种不同的视角，或者从内部管理视角集中在政府信息公开、电子政务、政府公信力等方面，开展指标体系设计和应用。④

（二）服务型政府建设绩效的主观评估

服务型政府的公民本位、社会本位理念以及基于人民满意的价值取向和政府绩效评估所追求的"顾客导向""公众满意度"的目标是一致的。⑤ 因此近年来学界关于服务型政府绩效评估的研究逐渐从客观层面转向主观层面。所谓政府绩效的主观评估，实际上就是指强调满意度等软指标的公众主观评价模式⑥，是根据政府绩效评估专家、行政相对人

---

① 容志、陈家刚：《我国地方政府绩效评估指标的检视与反思》，《湖北社会科学》2011年第11期。
② 同上。
③ 桑助来等编著：《中国政府绩效评估报告》，中共中央党校出版社2009年版，第64页。
④ 徐阳：《政府绩效评估指标的研究轨迹》，《重庆社会科学》2017年第3期。
⑤ 彭向刚、程波辉：《服务型政府绩效评估问题研究》，《行政论坛》2012年第1期。
⑥ 倪星、李佳源：《政府绩效的公众主观评价模式：有效，抑或无效？——关于公众主观评价效度争议的述评》，《中国人民大学学报》2010年第4期。

以及社会公众的主观感知和体验到的政府绩效水平和服务态度来衡量政府绩效的方法。① 通过主观评估可以使政府及时掌握公众的期望与需求，了解政府工作的公民满意程度从而作出回应，利于改善政府服务质量，提高公众满意度，落实服务型政府的价值理念。尽管至今仍然没有一套完善统一的主观评估体系以及配套的政策法规，且各地方政府绩效评估实践中主观评估所占权重不同，但总体上主观评估呈现出逐步加大的趋势。

1. 主观评估的模型与方法

学界关于主观评估的模型与方法，早期主要是学习西方的方法和思想，其中最主要的就是西方的"顾客导向"与公共管理相结合的思想。20世纪80年代以后，西方国家的新公共管理运动改变了传统行政模式下公众与公共部门的关系，引入"顾客导向"，将公众定义为享受公共部门服务的顾客，"顾客至上"从此成为公共部门提供服务的核心价值观。1994年佛耐尔教授及其研究团队对美国40多个行业的产品和服务进行了调查和研究，并得出美国满意度指数模型ASCI模型。ASCI模型随后被广泛运用到众多领域。为了应对经济全球化带来的冲击，美国政府将ASCI模型运用于政府部门的满意度测评，并根据政府部门与企业之间的差异，对ASCI模型进行了一些改进。国内多位学者从我国国情出发，参照ASCI模型构建符合中国政府实际情况的满意度指数模型或者根据ASCI进行实证分析等操作。盛明科等人依据ASCI模型建立了具有中国特色的政府服务公众满意度评估模型（CPSI），为中国建设服务型政府提出参照建议，并在服务型政府绩效评价主体中凸显群众参与，多元主体相结合，提出公众评议的评估方式。② 吴建南、庄秋爽则对ASCI模型在公共管理部门应用的背景、测量模型及结果运用三个方面进行了分析与评估，为构建我国公共部门的顾客满意度测量体系提出了建设性建议。③ 阮敬对ACSI

---

① 盛明科：《政府绩效评估的主观评议与多指标综合评价的比较——兼论服务型政府绩效评估方法的科学选择》，《湘潭大学学报》（哲学社会科学版）2009年第1期。
② 盛明科、刘贵忠：《政府服务的公众满意度测评模型与方法研究》，《湖南社会科学》2006年第6期。
③ 吴建南、庄秋爽：《测量公众心中的绩效：顾客满意度数在公共部门的分析应用》，《管理评论》2005年第5期。

模型在公共部门公众满意度测评中遇到的问题做了一些提示和分析。① 吴建南等通过问卷设计对某个部门进行问卷调查并计算出公众满意度指数，并通过路径分析、相关分析、象限图分析形成数据分析结果，进一步对我国构建公众主观评估政府绩效模型进行了实证分析。② 朱国玮则通过修正ASCI模型进一步进行调整提出测评公共服务机构的PSCSI模型，并用我国CH地区公众对公共服务的评价进行验证。③ ASCI模型在国内学者早期研究中较受欢迎，很多学者都曾结合中国具体国情修正或重构该模型，试图为我国政府绩效的主观评估提出较为合适的模型或方法。

后来，随着服务型政府理念的不断深入发展，很多地方政府开始进行主观评估实践，部分学者开始转为对地方政府采取的评估方法进行研究探讨。如由独立的第三方来评价政府绩效的思想已经产生并在实践中逐渐展开，在探讨过程中学者们介绍了这种模式的内涵和定义并论述了优势比如独立性、专业性等与现存的局限，提出了一些可行性建议④。现代信息技术的发展也为主观评估提供了新的评估方式，网上评价政府、政府信息平台渠道等都使得主观评估更加方便。

2. 主观评估的维度与指标

主观评估是公众对政府服务绩效的主观评价，因此评价指标若设计不合理，将会使公众评价难以客观、真实地反映绩效的好坏，进而使得主观评估无法发挥实际价值。为此，众多学者围绕主观评估的维度选择和指标设计展开了激烈的讨论。早期主要集中从公众满意度这一维度出发，围绕公众的期望与政府服务的实际情况相比较后公众产生的心理状

---

① 阮敬：《公共部门公众满意度若干问题研究》，《首都经济贸易大学学报》2006年第3期。
② 吴建南、黄加伟、张萌：《构建公共部门公众满意度测评模型的实证分析》，《甘肃行政学院学报》2006年第3期。
③ 朱国玮：《公众满意度测评理论与实证研究》，《兰州大学学报》（社会科学版）2007年第3期。
④ 包国宪、张志栋：《我国第三方政府绩效评价组织的自律实现问题探析》，《中国行政管理》2008年第1期；郑方辉、毕紫薇：《第三方绩效评价与服务型政府建设》，《华南理工大学学报》（社会科学版）2009年第4期；徐双敏：《政府绩效管理中的"第三方评估"模式及其完善》，《中国行政管理》2011年第1期；彭向刚、程波辉：《服务型政府绩效评估问题研究》，《行政论坛》2012年第1期。

况展开，以主观感知进行绩效评估，之后再根据具体情况进一步设计指标。邵鲁宁等人从公众满意度出发，分出公众安全感、荣誉感、信任感和价值感四个维度，再基于层次分析法设计具体指标。① 高岳运用层次化结构制定了公众对政府服务的期望、公共产品质量、公共服务质量、公共产品价值的感知、公众满意度、公众抱怨六个心理感知维度进行主观评估。② 在盛明科提出的我国公众满意度测评指数（CPSI）模型中包括了公众期望、服务绩效考评、感知价值、公众满意度、公众抱怨、公众对政府的信任等基本维度。③ 王谦、李锦红从公众满意度出发，运用层次分析法和模糊综合评价法从依法行政、举止文明、环境规范、务实高效、程序简明等维度进行指标设计。④ 郑方辉、王珥从个人及家庭收入、就业机会、社会治安、医疗保障、自然环境、政策稳定性、政府部门态度、政府部门效率、政府人员谅解、执法公正性等十个方面对广东 21 个地级以上市公众满意度进行调查研究。⑤

　　选择合适的维度，设计主观评估指标，量化政府的工作效果，使之真正地可以进行测评，将感知这种不可以直接测量的指标，分解、具体到一些可观测的变量上，通过对这些可观测变量的测量，从而得出主观评估的实际结果。但从上文可知各学者对主观评估指标体系的设计不尽相同，原因可能是学者设计指标时的标准不同，自身对政府工作的感知划分不同以及参照的对象不同。最主要的原因也是所处的时代背景不同，20 世纪末期我国政府绩效的主观评估处于起步状态，很多思想和方法都借鉴学习西方已有的经验，但随着我国服务型政府理念不断深入，中国特色社会主义不断发展，学者所选择的维度就发生了变化，开始关注我

---

　　① 尤建新、邵鲁宁、杨淼：《公众满意理念及公众满意度评价》，《上海管理科学》2004 年第 2 期。

　　② 米子川、高岳：《公众满意度测量指标体系研究》，《山西财经大学学报》（高等教育版）2004 年第 4 期。

　　③ 盛明科、刘贵忠：《政府服务的公众满意度测评模型与方法研究》，《湖南社会科学》2006 年第 6 期。

　　④ 王谦、李锦红：《政府部门公众满意度评价的一种有效实现途径》，《中国行政管理》2006 年第 1 期。

　　⑤ 郑方辉、王珥：《地方政府整体绩效评价中的公众满意度研究——以 2007 年广东 21 个地级以上市为例》，《广东社会科学》2008 年第 1 期。

国公共服务的热门领域，并紧跟当前国情的走向，从"三个代表"重要思想到科学发展观再到习近平新时代中国特色社会主义思想，这些在潜移默化中影响了学者们的价值观念，并体现在政府绩效评估的指标设计上。另外，现代信息技术的高速发展也使电子政务成为评估的一个新维度。与此同时，也需要考虑评价主体由于各种因素在同等的政府工作背景下生成的政府满意度存在较大差异的问题，如收入差异、知识水平等。

3. 主观评估的结果与应用

1999年10月，珠海市启动"万人评政府"活动，用无记名方式对被测评单位作出"满意"或"不满意"的评价。[①] 2002年珠海市又向社会发放了万余份测评问卷，考核各被测评单位的工作情况，大力推动了"高效率办事、高质量服务、让人民群众满意"的机关作风建设，之后，连续大规模地开展评议活动，形成了"珠海模式"。沈阳市、南京市、邯郸市、辽源市等地区也相继开展的"万人评政府"活动。相比于以往客观评价，万人评议原则向"服务原则"和"公众满意原则"转变，体现了政府工作的关注点由"政府本位"向"公民本位"转变。这一评价模式采用定性指标，把公众的"切身感受"作为衡量政府绩效的尺度；评价主体与评价对象分离；评价主体的选择具有一定的随机性。[②] 2004年10月，甘肃省政府推行让非公有制企业评价政府绩效，以解决该省非公有制经济发展缓慢、落后的情况，进一步完善非公有制企业的发展政策。兰州大学中国地方政府绩效评价中心负责组织实施了这一第三方评价政府绩效的先河，形成了独具特色的"甘肃模式"[③]。甘肃模式演示了地方政府绩效评价由内部评价转向外部评价，由重经济指标评价转向执政能力、服务质量等综合性指标评价。[④] 此次实践也在一定程度上完善了评价方式，较为真实地反映了评价主体的意见；拓宽了评价主体范围，既有来自企业界的代表，也有来自学术界的专家委员会委员和政府工作人员；

---

① 张愈升：《珠海万人评政府》，《人民日报》（海外版）2002年1月11日。
② 包国宪、曹西安：《我国地方政府绩效评价的回顾与模式分析》，《兰州大学学报》（社会科学版）2007年第1期。
③ 同上。
④ 兰州大学中国地方政府绩效评价中心课题组、兰州试验：《第三方政府绩效评价新探索》，《上海城市管理职业技术学院学报》2005年第3期。

建立了科学的评价指标体系，且评价结果的分析更具科学性；评价活动透明、公开，使得参与者和公民能够更好地理解主观评估的意义、掌握评估的内容，也增加了评价的权威性和可信度①。

2019年1月10日以来，按照北京市政务服务管理局统一部署，西城区组织开展了"公众参与政务服务评价"活动。在全区政务服务中心、专业大厅、街道政务服务大厅和社区服务站张贴"公众评价二维码"宣传画、摆放扫描桌牌，公众可以用微信APP扫描"公众评价"二维码，参与政务服务评价，反映对当前政务服务感受，提出意见和建议。"公众参与政务服务评价"活动的开展，聚焦公众办事体验，从公众办事角度，推动办事流程进一步优化，整体提升政务服务效率效能。北京政府绩效的主观评估结合了现代信息技术，充分发挥公众的主观能动性，让公众通过参与评价的方式对政府服务工作进行评价，从而提高该区域政务服务的能力。②

上述案例是主观评估运用到政府绩效评估中，从珠海政府实行的"万人评价政府"，到甘肃的第三方结合公众参与评价政府绩效，再到北京结合现代信息技术收集公众对政府服务的评价，表明了服务型政府建设绩效的主观评估在随着时间不断进步发展，并且各地方政府并未放弃主观评估政府的方式，而是不断改进，使主观评估体系更加完善，同时运用现代信息技术，使得评价过程更加方便快捷。这些案例结果的反馈利用，有助于政府实现治理体系和治理能力现代化。但是其中"万人评价政府"和北京公众参与服务评价这些指标设计意味着主观指标成为评估的唯一形式，当我们为绩效评估中公民参与的进步欢呼时，也要意识到主观指标具有很多局限性。③

三 服务型政府建设绩效评估的实践困境

（一）缺乏现代性的绩效文化

文化人类学的研究表明，不同的文化对人类行为将产生不同的价值

---

① 兰州大学中国地方政府绩效评价中心课题组、兰州试验：《第三方政府绩效评价新探索》，《上海城市管理职业技术学院学报》2005年第3期。

② 中华人民共和国中央人民政府：《"公众参与政务服务评价"活动，提升公众办事满意度》，2019年1月23日，http://www.beijing.gov.cn/zfxxgk/xcq11B060/gzdt53/201901/23/content_70103c93b6444b13a1e8874a1b3ca2a6.shtml，最后浏览日期：2020年4月28日。

③ 周志忍：《我国政府绩效评估需要思考的几个问题》，《行政管理改革》2011年第4期。

判断标准,不同文化背景下的组织行为和管理行为肯定有不同的表现形式。① 随着政府绩效评估实践的推进,文化逐渐显现出对政府绩效及其管理过程的重要影响作用。尽管中国是一个非常注重功绩制文化的国家,注重实绩、强调德治、推崇考课一直是行政组织传统文化的重要部分和精华,但与西方国家支持绩效管理取得成功的法治理念、契约精神、绩效观念、民主意识等组织文化相比,长期以来中国传统文化、经济社会转型以及当前政治与行政体制改革滞后,导致组织文化呈现封闭性、集权性、人治性、非理性等特点,致使现代意义的政府绩效管理体系难以健全和有效发挥作用。② 与此同时,评估主体的评价意识不足、评价能力不够。公众主观评估方式的理论预设是公众能够知觉政府运作的实际绩效并且公众作出的评价与公共服务的实际绩效状况相一致。③ 然而在实际操作过程中,由于我国民主政治建设尚不完善,在大政府、小社会的体制影响下,公众评价政府的意识观念不强,很多人的参与积极性不高,使得动员公众参与评价政府绩效时需要耗费大量的人力物力。而且公众的素质能力参差不齐,评价能力因认知水平的不同而异,即公众会因为文化水平、价值观念、传统习惯及过去经验的差异,使他们在主观评估过程中表现出不同的认知能力④,以至评价能力较差的可能无法准确感知政府服务质量,使得收集的数据准确性和真实性大大降低,从而造成主观评估的最终结果的参考价值下降。

(二) 缺乏中国式的理论建构

绩效评估和绩效管理绝不是价值中立的,它受政治因素的影响很大⑤,政府绩效评估是在西方国家市场化、法制化发达的行政生态环境下

---

① 毕鹏程、席酉民、王益宜:《群体思维的跨文化效应:中国、美国和日本的比较》,《预测》2003 年第 6 期。

② 盛明科:《支持政府绩效管理的组织文化特征与培育途径——基于中西方国家比较的视角》,《武汉大学学报》(哲学社会科学版) 2014 年第 5 期。

③ 倪星、李佳源:《政府绩效的公众主观评价模式:有效,抑或无效?——关于公众主观评价效度争议的述评》,《中国人民大学学报》2010 年第 4 期。

④ 曾莉:《公众主观评价的影响因素研究述评——兼谈参与式政府绩效评价的进路》,《华东理工大学学报》(社会科学版) 2013 年第 1 期。

⑤ Janel M. Kelly, *Performanc and Budgeting for State and Local Government*, NY: M. E. Sharpe Inc, 2003, p. 37.

形成和发展起来的一种有效管理理念和方法，具有强烈的情境依赖性。我国的政府绩效评估仅仅"硬嵌"了西方国家结果导向的"链式工具"，使得绩效评估本身不能反映我国的绩效特征，同时却平移了国外的源问题，这些构成了我国政府绩效评估的总体性问题。① 具体表现在：一方面缺乏对西方国家政府绩效评估框架的批判性吸收，不仅在于政治体制、制度文化、社会基础本身的差异，在很大程度上，西方国家政府绩效评估所追求的既提高政府管理的效率和能力，又确保社会公平和对公众负责、提高服务质量，这种效率目标在实际运作上是无法达到统一的。② 另一方面，缺乏对中国古代绩效考核制度和当前政府绩效评估整体问题的反思性重构，如何消解传统"官本位"文化，对 GDP 的盲目崇拜，政府部门的自利倾向和政治锦标赛现象，干部选拔任用和制度性激励机制乏力以及社会基础薄弱等问题，都必须在理论上予以关注和解答。更为重要的是，作为一项制度设计，政府绩效评估必须贯穿中国特色社会主义制度的三条主线：（1）党的领导。作为国家治理体系的服务型政府发生的历史性变革，都与党的领导密切相关，如何确保服务型政府建设绩效评估过程中，全面贯彻党的基本理论、基本路线、基本方略，持续推进理论创新、实践创新，是建构中国化理论体系的首要任务。（2）人民当家作主。人民当家作主是中国特色社会主义制度的根基与优势，服务型政府建设的目标对象是广大人民群众，服务型政府建设状况的评价标准是人民是否满意、是否认同。如何在服务型政府建设绩效评估过程中，牢牢抓住人民当家作主的核心内涵，密切联系群众、依靠群众，从实践着的个体的人出发，推动人民共享发展成果，不断接近人民共享社会发展成果的价值目标，是架构中国化理论体系的关键。（3）依法行政。依法行政是服务型政府的题中应有之义，是贯彻依法治国方略的重要内容，发挥法治对政府绩效评估的引导和规范作用，通过法治化、规范化、科学化的绩效评估持续推进政府职能转变，是建构中国化理论体系的重要

---

① 尚虎平：《我国政府绩效评估的总体性问题与应对策略》，《政治学研究》2017 年第 4 期。

② 蔡立辉：《西方国家政府绩效评估的理念及其启示》，《清华大学学报》（哲学社会科学版）2003 年第 1 期。

保障。

（三）缺乏法治化的制度体系

相比于美、英、澳、韩等国家，我国政府绩效评估尚未制定国家层面的法律法规和通用框架，地方政府绩效管理在功能定位、制度设计、机制方法等方面各自探索，存在明显的差异性，缺乏稳定性和可持续性。特别是中央层面的体现统一、可比的地方政府绩效评估仍然处于缺位状态；区县及镇等基层层面的政府绩效评估或者基于上级政府的强制性要求而呈现疲于应付景象，或者由于资源经费等不足而处于走过场或干脆空白状态。①与此同时，评估主体单一，缺乏全面、明晰的评估标准和科学的指标体系，评估方法、手段也比较单一，相关配套机制和措施尚未建立，整个绩效管理的规范化程度不高，绩效评估结果与后续管理脱节现象较为严重。由于没有相配套的政策法规，评价组织者、评价主体和评价对象的权利和义务也没有明确界定，有些地方虽然将评估结果与政府工作人员的奖惩联系在一起，但是评价结果与自身利益紧密相关的同时又没有政策法规的约束和有效的监督体系，极易出现"暗箱操作"的现象，难免会导致行政化、官本位和人治现象滋生。

（四）缺乏治理型的评估体系

一是评估主体较为单一，多元评估体系建构尚不成熟。政府绩效客观评估模式在本质上是一种政府内部"自上而下"的单向评估方式，其评估主体仅限于政府部门自身和上级机关，而社会公众、专业机构、民间团体、大众媒体等外部参与、监督不足，较难适应社会主义市场经济体制和民主政治的不断发展。②随着我国服务型政府建设目标和价值取向的变化，"人民满意"越来越成为服务型政府的核心追求，因此仅用客观评估体系无法衡量政府绩效与民众期望的匹配度，也就无法反映服务型政府建设程度。

二是评估内容过于僵化，多维度评估指标体系建构欠缺科学性。对

---

① 张岩鸿：《地方政府绩效评估的系统反思与未来进路》，《甘肃行政学院学报》2017 年第 1 期。

② 刘倩：《困境与出路：服务型政府人力资源绩效管理模式改革探析》，《贵州社会科学》2014 年第 6 期。

于评估内容的确定既过分注重评估结果而忽略评估过程，形成"为评估而评估"的僵化局面，使评估活动失去其对于政府部门成员的个体激励功能；又忽略一些关键因素，导致评估指标之间缺乏内在逻辑联系，致使整个指标体系缺乏科学性。①

三是对评价结果重视度不够，且缺乏对评价结果的判断分析的理论基础和专业工具。很多地方政府实施政府绩效主观评价时大多是由政府内部的部门进行临时处理，这类部门缺乏专业性和独立性，且大多对主观评估流于形式，走走过场，并未能熟练运用专业的理论和工具对评价结果进行合理的分析和运用。

首先，无论是客观评估还是主观评估，都亟须完善服务型政府建设绩效评估的体制机制，使得其走向制度化法制化的道路，还要拓展参与的范围和评估的领域，不断发展和完善第三方机构，并逐渐深入政府绩效的其他领域。其次，要增强参与评估的渠道多样化，将互联网、大数据等信息技术运用到评估参与形式中。同时，应该有相应的培训、组织、引导和过滤等基础性工作，提高政府绩效评估的科学性。再次，要建构政府绩效评估的系统化，将客观评估和主观评估整合统一起来。主观评估和客观评估各有优长，同时也各有其缺陷，客观评估虽能全面、直接、客观地衡量出政府一段时间内的绩效，但忽视了政府服务接受者——公众的满意程度，并且未能突出服务型政府的价值取向；主观评估虽可以衡量出政府服务接受者的满意程度，但由于主观指标的局限性不能全面反映政府的绩效水平。

第二节 "人民满意"：服务型政府建设绩效评估的价值取向

政府绩效的价值取向是政府作为一个社会行为组织对其行为终极目的的基本价值判断、价值确认和利益选择，由此构成了政府绩效评价体

---

① 刘倩：《困境与出路：服务型政府人力资源绩效管理模式改革探析》，《贵州社会科学》2014年第6期。

系和绩效评价行为的深层结构。① 因而,绩效评估的目标不仅要关注服务型政府的建设任务,更要关注其任务背后所应体现的价值理念。与此同时,政府绩效评估作为特定社会生态环境中的一项具体制度设计,具有一定的生态性②,不仅表现在具体的制度环境和阶段性实践,更凸显在绩效评估背后的制度伦理和公共价值。党的十九大提出要"转变政府职能,深化简政放权、创新监管方式,增强政府公信力和执行力,建设人民满意的服务型政府",同时也确立"以人民为中心"作为习近平新时代中国特色社会主义思想的核心内容与基本方略,为建设人民满意的服务型政府提供了政治依据和伦理原则,由此构建了服务型政府绩效评估的价值取向。

一 "人民满意"的思想渊源

从根本上说服务型政府是由人民政府的性质所决定的。建设服务型政府不是否认政府的权威,而是强调政府的权威主要不是来自于它的强制力,而是来自于政府为人民提供了优良的公共服务,来自于政府对社会正义的坚守和维护。说到底,建设服务型政府最终要以人民是否满意为标准。③ 党的十八大以来,以习近平同志为核心的党中央立足于我国社会发展实际,从五位一体的总体战略格局出发,审时度势,提出了"以人民为中心"的发展思想,为新时代的治国理政和服务型政府建设提供了思想来源和价值取向。2012年,"人民对美好生活的向往,就是我们的奋斗目标"是习近平"以人民为中心"思想在十八大后最初的表达,朴实的文字蕴含了几代共产党人不懈的追求。

(一)"以人民为中心"发展思想的缘起

"以人民为中心"坚持了马克思主义的人民观,是中国共产党"为人民服务"思想发展的最新成果。"为人民服务"思想的形成和发展经历了一个漫长的过程,马克思在《共产党宣言》中提出"为绝大多数人谋利

---

① 姜晓萍、郭金云:《基于价值取向的公共服务绩效评价体系研究》,《行政论坛》2013年第6期。
② 张强:《美国联邦政府绩效评估研究》,人民出版社2009年版,第13页。
③ 周光辉:《构建人民满意的政府:40年中国行政改革的方向》,《社会科学战线》2018年第6期。

益"的论断开始之后，为人民服务思想在国际社会主义运动过程中经历了恩格斯、列宁、斯大林等的发展，最终在国际社会主义运动中形成了具有深刻内涵的"人民主体"思想，深刻地影响了国际社会主义运动的发展轨迹和中国社会主义的实践。

1. "为谁服务"

几位伟大理论家的理论焦点首先集中在"为谁服务"的问题上。在今天看来，为谁服务的问题其实也就是"人民性"的问题。首先，马克思认为的"人民"也就是"绝大多数人"，更具体地说就是被压迫者阶级，再具体地说就是无产阶级，这与当时资本主义剥削无产阶级的现实背景是分不开的。后来，列宁将"绝大多数人"具体化，将绝大多数人的概念扩大到无产者、工人、劳动农民，列宁之所以将概念扩大是基于十月革命前后的复杂形势，也是阶级斗争的必然。再后来，斯大林开展了阶级运动，采用计划的方式进行社会主义建设，并宣布了剥削阶级在苏联的彻底灭亡，斯大林将人民的概念扩大到工人阶级、农民阶级和新知识分子。至此，人民的概念经过三次理论延伸和发展，大大丰富了其自身的内涵。

2. "谁来服务"

在解决了"为谁服务"的问题之后，紧接着的就是"谁来服务"的问题。马克思在早期的学术著作中，很早就已经有了自己为绝大多数人服务的思想，随着马克思对共产主义研究的逐渐深入，马克思将为绝大多数人谋利益的思想推及全人类，根据马克思的相关论述，马克思认为共产党要为绝大多数人谋利益。列宁坚持了马克思无产阶级政党为绝大多数人谋利益的思想，并在此基础上进行了延伸，他认为只有无产阶级才能保证为绝大多数人的利益服务。斯大林从当时苏联的具体实际出发，提出了"知识分子为人民服务"的理论观点。

3. "如何服务"

为人民服务的最后一个问题是关于"如何服务"的问题。"如何服务"与当时的时代背景具有极为紧密的联系，在马克思所处的时代，无产阶级和资产阶级之间的斗争是社会的主要内容，因此，马克思的"谋利益论"也就是通过无产阶级的革命斗争争取自身解放。20世纪初的俄国社会是一个大变革时期，在革命的过程中，社会背景发生彻底变革。因此,十月革命之前,列宁的"服务"和马克思的"谋利益"具有一致性,即通过革命争取无产阶级的解放。但在建立苏维埃政权之后,列宁将"服务"的重心转向人民群众的生存和发展问题,进行经济建设,开创了新经济政策推行后苏俄欣欣向荣的景象。斯大林在提出"知识分子为人民服务"时,无产阶级政权已经得到巩固,此时苏联迫切需要通过提升综合国力来面对帝国主义,因此斯大林的"服务"也就更倾向于国家和社会的建设,同时也有服务基层人民群众的含义。

(二)"以人民为中心"发展思想的时代性

任何理论的形成都不是一蹴而就的,需要经历一个相当长的过程。在"以人民为中心"思想的形成过程中,以习近平为核心的党中央立足于新时代的时代要求,总结实践经验,反复检验,最后得出"以人民为中心"的高度凝练的理论表达。

2012年,习近平总书记在十八届中央政治局常委同中外记者见面时讲道:"人民是历史的创造者,群众是真正的英雄。人民群众是我们力量的源泉"①,坚持了人民主体地位,为新一代中央领导集体的工作指明了方向。

2013年,习近平在纪念毛泽东同志诞辰120周年座谈会上讲话中对群众路线做了大量论述,充分肯定了群众路线,并指出"不论过去、现在和将来,我们都要坚持一切为了群众,一切依靠群众,从群众中来,到群众中去,把党的正确主张变为群众的自觉行动,把群众路线贯彻到治国理政全部活动之中"②。

2015年,党的十八届五中全会正式提出了"以人民为中心"的发展思想,标志着中国共产党的人民观进一步演化成人民中心论,即秉持为了人民而发展、发展取决于人民、发展成果由人民共享的价值原则,使经济社会发展更加以人民力量和利益需求为导向。③

2016年7月,习近平总书记在庆祝中国共产党成立95周年大会

---

① 《习近平谈治国理政》第一卷,外文出版社2018年版,第4页。
② 同上书,第27页。
③ 杨愉:《从"以人为本"到"以人民为中心"的理论演进及升华》,《中共南昌市委党校学报》2019年第1期。

上的讲话中谈到,"全党同志要把人民放在心中最高位置,坚持全心全意为人民服务的根本宗旨""我们要顺应人民群众对美好生活的向往,坚持以人民为中心的发展思想"①。这是"以人民为中心"的话语表达首次提出。

2019年,十九大报告中采用"以人民为中心"的语言,取代了"必须坚持人民主体地位"的提法,这是"以人民为中心"字样正式出现在最高级别的政治报告中,标志着"以人民为中心"的发展思想真正成为新时期治国理政的核心思想。至此,"以人民为中心"思想走向成熟。

(三)"以人民为中心"发展思想的系统性

"以人民为中心"发展思想是系统化的理论成果,形成了一套独特的思想体系,贯穿新时代中国特色社会主义的始终。在新时代中国特色社会主义的实践中,"以人民为中心"不仅重新诠释了党的根本立场和为人民服务的价值取向,而且成为治国理政的根本要求,要求各项社会主义事业以人民为中心横向铺开,以同心圆状的形式作用于人民这个核心主体,全面推动中国特色社会主义进入新时代。

1. 理论体系化

"以人民为中心"的理论来源是系统化的,是现实和历史的统一。其根本来源于"人民是历史的创造者,是决定党和国家前途命运的根本力量"的现实,直接来源于中国共产党在不同历史时期形成的群众路线理论。准确把握"以人民为中心"的理论系统性,需要厘清以下概念。

第一,厘清人民的概念。以人民为中心,首先要求全党尤其是领导干部厘清人民的概念,准确把握人民的内涵。在我国宪法解释中,人民是一个区别于群众、公民的政治概念。我国《宪法》规定,在现阶段,人民的概念囊括了"全体社会主义劳动者、社会主义事业的建设者、拥护社会主义的爱国者、拥护祖国统一和致力于中华民族伟大复兴的爱国者"。同时,人民是一个动态的概念,因此,在理解人民这个概念时,要紧扣时代,不断更新人民的内涵,扩大人民的范围。

第二,树立人民主体意识。以人民为中心,需要全体党员及领导干

---

① 《习近平谈治国理政》第二卷,外文出版社2017年版,第40页。

部树立人民主体意识，肯定人民主体地位。我们不仅要深刻认识革命战争年代群众路线关于人民主体的理论与实践，更要认真分析新时代我国人民群众所处的地位，对新形势下人民生活等进行系统分析，厘清我国人民现阶段的实际需求，对人民群众所向往的美好生活进行认真研究。

第三，树立全心全意为人民服务理念。全心全意为人民服务就要求党员干部不能脱离正确方向，做到求真、务实、廉洁，要求党定期进行党性教育、作风建设，加强反腐败斗争。对于党员干部来说，以人民为中心就意味着要求革除个人利益、集团利益中心化思想，不贪图自我享受，树立积极的权力观和荣辱观，践行人民嘱托，为人民服务。

第四，中国特色社会主义的各项事业要围绕人民这个中心展开。以人民为中心，就意味着一切为了人民群众，一切依靠人民群众，各项事业必须紧紧围绕人民群众展开。现实中，各地经常出现政绩工程，造成了资源的无序配置和巨大浪费，而这些都是没有以人民为中心的结果。因此，在社会建设过程中，各项事业要以是否有利于人民作为标准。

2. 实践系统化

实践是检验真理的唯一标准，理论必须服务于实践。"以人民为中心"不仅是理论的伟大创新，更是中国特色社会主义实践的重要内容。习近平同志指出："以人民为中心的发展思想，不是一个抽象的、玄奥的概念，不能只停留在口头上、止步于思想环节，而要体现在经济社会发展各个环节。"[①]

以人民为中心的实践是一个系统化的有机整体，社会中人的存在是社会形成和发展的基础，而在人的基础上形成的人民则是整个社会的核心，各项具体事业要秉持以人为本的发展理念，紧紧围绕人民这个核心展开部署，统筹推进"五位一体"的总体布局和协调推进"四个全面"战略布局。同时社会管理者在各项事业的建设中要以为人民服务为最高的价值追求，保证不偏离方向，统筹协调，和社会主义各项事业一道，共推生产进步，为人民群众提供更多的物质产品和精神产品。

另外，人民利益的实现会助推社会主义各项事业的发展。从需求端

---

① 习近平：《深入理解新发展理念》，《社会主义论坛》2019年第6期。

引导资源配置,有利于创新、协调、绿色、开放、共享的发展理念的融入社会生产的全过程,形成一个良性循环,进一步赢得人民群众的认可和支持,加速实现中华民族伟大复兴的历史进程。

二 "人民满意"的价值维度

(一) 基于需求回应的公民维度

从政府提供公共服务的方式划分,公共服务的决策和供给存在着两种不同的模式:一种是自上而下的政府单向供给模式,即直接以政府意志作为公共服务决策和供给的标准;另一种则是自下而上的双向需求回应模式,即民众在政府引导下主动表达需求偏好,政府以回应公民需求和促进公共利益作为公共服务决策的驱动力,不断调整公共服务供给以满足公众多元化需求。政府单向供给模式虽然有效解决了在资源有限条件下突出的公共服务供给不足的问题,但是由于对公共服务需求缺乏应有重视,使得政府提供的公共服务与民众的现实需求脱节。

1. 需求回应型供给与服务型政府的融合

当前,我国经济社会快速发展,拥有了物权保障的城乡居民开始要求对公共服务供给享有一定的发言权。在公民需求日益多元化、复杂化、个性化的今天,公共服务需求向政府供给模式发出了更高要求的挑战。政府不仅要在公共服务的"量"上下功夫,更要在"质"上有所提升;不仅要有效率地提供公共服务,并且要遵循公平民主等原则;不仅要满足呼声高昂的部分公共服务需求,还要重视少数群体的差异化偏好。

需求管理是现代市场经济和企业管理重视和关注的概念,并逐渐形成了系统化的理论和实践体系。随着互联网技术的普及应用,20世纪90年代末期出现了客户关系管理的概念,客户关系管理强调企业通过对顾客行为和特性的深入分析,可以快速并完整地取得顾客的偏好、愿望和需求,然后应用这些信息资源去制定营销战略、编绘营销计划和开展营销活动。[①] 实践证明,对客户的偏好和需求进行分析有助于提高企业决策和

---

① 杨永恒、王永贵、钟旭东:《客户关系管理的内涵、驱动因素及成长维度》,《南开管理评论》2002年第2期。

服务的精准度和有效性，进而推动企业的服务创新。

然而，公共管理领域的公共服务提供对民众的需求和满意度的关注却比较滞后，使得自上而下的政府单向主导模式逐渐成为占比较大的公共服务供给方式，公众成为被动接受公共服务的群体，公众的声音在政府工作中缺乏重视和回应。20世纪90年代以来，在企业管理方式的显著成效和广泛运用背景下，新公共管理和新公共服务运动开始强调"顾客导向"和"需求导向"，倡导公共部门把服务对象的需求和满意度作为改进服务质量的依据，政府部门需求管理应运而生。[1] 然而，由于公共服务存在非竞争性和非排他性的特征，导致政府无法直接获取民众的真实需求。因此，相比起私人领域，公共服务需求管理更需要政府给予民众开放、民主和多元的环境，以及顺畅的民意表达、识别渠道，鼓励民众表达出自己的声音，并积极回应民众的需求。

要实现公共服务与公民意志的有效对接，应该从反思政府主导的自上而下公共服务供给模式，重新回到公民的公共服务需求，重视自下而上的双向需求回应在公共服务供给中的重要作用，对民众的需求偏好进行系统识别，"以公众的期望决定策略设计的蓝图，以公民的需求作为服务的内涵与方式，以公众的满意度衡量政策执行的成效，以公众的评价作为政策变迁的方向"[2]，通过以满足全面增长的公共服务需求为主要内容的服务型政府建设，在完善公共服务体系过程中促进社会公平与和谐。

2. 公共服务需求回应的流程

公共服务的需求回应是一个动态过程，本质上是政府和民众之间的信息互动。它包括民众主动表达需求偏好，以及政府对民众需求进行识别、整合与供给的过程（见图5-1）。

（1）政府引导民众提出诉求、民众主动表达需求

需求回应的前提是为民众提供主动表达需求偏好的场所和渠道。目前，全国各地基本建成了政务服务中心和社区服务中心等机构，也依托互联网技术搭成了电子化的公共服务意见、建议和投诉的集中管理系统。

---

[1] 陈水生：《公共服务需求管理：服务型政府建设的新议程》，《江苏行政学院学报》2017年第1期。

[2] 姜晓萍：《论"服务型政府"的基本内涵》，《四川行政学院学报》2004年第2期。

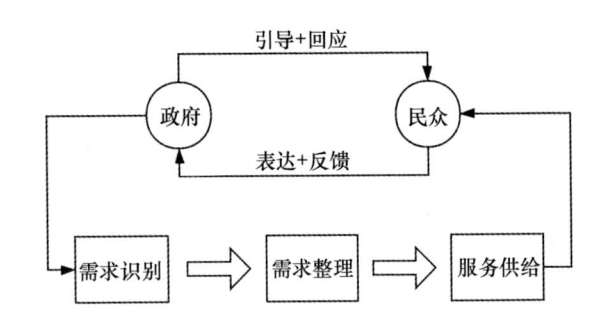

图 5 - 1　公共服务供给的需求回应流程

政府不仅鼓励民众将其需求通过法律、制度明确规定的渠道进行传递，也鼓励通过其他非制度化通道进行广泛表达，充分反映民众的真实想法。鉴于民意表达渠道的非全面性，除了通过民意表达渠道收集民众需求之外，还需要自上而下进行需求调查，完善需求收集系统，比如满意度调查、调研走访、组织召开座谈会等，以提高需求表达的全域性。

（2）政府主导需求识别、需求整合和服务供给

需求识别是政府对所有收集到的需求进行符合真实性、全面性、准确性、及时性、便捷性等环节的识别，以达到所谓需求识别的精准度。[①] 经过公共服务需求识别出来的信息有不同的内容，需求整合是对它们进行人为汇总和归类便于后续的服务供给和需求回应。服务供给即结合地方政府的实际情况和整合后的需求信息，对公共服务供给作出规划安排，满足目标群体的公共服务需求。

（3）政府以服务回应民众需求、民众对服务进行反馈

从民众的真实诉求出发，将需求转化为服务决策和供给，有效回应了民众的需求。同时，在公共服务供给完成后，民众在公共服务需求体系中的主体地位也应该得到尊重，这是服务型政府的应有之义。让民众对涉及自身利益的服务型项目进行反馈，有利于提高公共服务过程中的民主性和有效性，从而提升民众对政府的认同感。

---

① 容志：《大数据背景下公共服务需求精准识别机制创新》，《上海行政学院学报》2019年第4期。

(二）基于价值共创的参与维度

公民积极参与到服务型政府的建设中来，才能有效彰显人民的主体地位，发挥其应有的作用，体现人民当家作主的根本性质。[①] 如果忽视公民的参与环节，政府就会脱离群众，政府的行政权力缺少了外部的制约，政府行政的各个环节就会受到权力本位思想的侵蚀。[②] 广泛而深入的公民参与可以拉近政府与公民之间的距离，公共利益诉求的第一时间传达促使着公共政策的制定更加切合人民的需求。所以，公民参与是将公民本位思想融入服务型政府建设的重要前提。

1. 公民参与的实践困境

（1）政府本位与公民参与热情的张力

在新公共管理运动的影响下，在政府本位主义驱动下，政府尤其是地方政府，围绕自我定义的"效率"即 GDP，长期关注经济领域的资源发展，[③] 政府的服务职能被明显抑制，即使中央政府多次要求各级政府进行行政审批事项的缩减，注重对政府服务职能的转变，但地方政府为了满足短期的经济发展需要，忽略了对公民参与环节的重视。政府如果仅从自身逻辑出发，首先考虑的可能是固守甚至扩张自我利益，即使有意削减自我利益也是基于自身的需要，那么，即使改革方向正确、改革逻辑适宜、制度安排有效、工具选择恰当，在具体执行中还是会出现预期目标与实际产出不匹配的情况。无论是政府权力的不当配置，抑或是政府对部分权力的过度行使或对部分职责的放任不管，根本原因都在于政府改革的本位主义。受经济全球化、全球信息化的影响，相对于以往社会里大众的沉默，在数字时代下，享受政府福利和经济繁荣的大众借助文字工具、通信设备，特别是网络平台表现出参与公共事务的空前热情。突发事件、群体性的上访事件、网络空间中的各种论坛等大众话语，呈现出多元化、世俗化、群体化的特征。当公民因政府本位主义置身于政府焦点之外时，公众的参与薄弱，无法令政府了解到公民的真正想法，

[①] 李蕊蕊：《我国服务型政府构建过程中公民参与的问题研究》，硕士学位论文，郑州大学，2018 年。

[②] 郭颖：《我国服务型政府建设视域下的公民参与研究》，硕士学位论文，沈阳师范大学，2013 年。

[③] 彭小玫：《试论我国政府治理模式的改革》，硕士学位论文，南昌大学，2008 年。

政府所提供的产品、服务和制定的政策难免成为强制。① 政府本位主义和公民参与热情之间的张力，正在敦促政府改革者必须重新树立起对公民参与的重视。

(2) 公民参与能力不足、公民参与途径形式化

如今，虽然我们处在数字时代的背景下，公民参与的热情空前高涨，参与的方式层出不穷，但在实践中，我国公民的参与能力呈现出不足和无序的特征：公民在进行传统的参与过程中缺乏相应的专业知识和法律意识，容易盲目参与一些虚假和偏激的话题，对公民参与的良好秩序造成破坏和威胁。我国宪法赋予了公民表达自身利益的政治权利，但公民参与的途径透明度不高，流于形式，并没有起到通过鼓励公民参与来集中讨论公共事务的初衷。公民参与能力不足与公民参与途径不通畅，既增加了政府工作的成本，也在消耗着公民对政府的信心，是服务型政府建设过程中的阻碍。

(3) 缺少公民参与的实现机制

在西方国家政府改革的浪潮中，各国纷纷提出要转变政府包揽一切的传统理念，建设以公民参与为导向的民本政府模式。② 在我国服务型政府建设的体制机制层面，尽管后来新公共管理理论为我国政府转型提供了民本理念，强调了公民参与和回归服务本质，并且有国外实践经验的加持，但就如何实现公民参与并没有实际可操作性机制。

2. 价值共创：实现参与导向的创新路径

近年来，不论在商业服务领域还是在政务服务领域，由服务供需双方共同创造价值（value co-creation）的理念正越来越受到学者的关注，我们或许可以从中找到这个问题的答案。传统的价值创造观念基于商品主导逻辑，认为企业创造了价值，而后在价值链上将价值传递给顾客，因此顾客是价值的毁灭者。③ 然而，随着市场竞争环境的变化，越来越多顾客参与到决定和创造价值的过程中，价值不再由企业单独创造，而是由

---

① 刘辉：《公民本位的政府变革研究》，硕士学位论文，河南大学，2010年。
② 张岚：《公共服务：从政府供给导向到公共需求导向——基于杭州市"以民主促民生"的实践研究》，《现代城市》2009年第3期。
③ 简兆权、令狐克睿、李雷：《价值共创研究的演进与展望——从"顾客体验"到"服务生态系统"视角》，《外国经济与管理》2016年第9期。

企业和顾客互动共同创造。对价值共创（value co-creation）的理念自形成以来就逐渐成为学者们研究的热点，对价值共创理论及其实践的探讨也由最先发端的商业领域逐渐蔓延至公共领域。和商业领域的价值共创理论萌芽和发展的阶段类似，如今的社会用户对服务型政府的需求出现了新的变化，公众在政府中的角色也在寻求着转变，他们更愿意并且有能力与政府共同创造能够满足社会用户个性化需求的价值。目前，虽然价值共创思想已被广泛融入商业领域的运用中，但是由于公共领域和商业领域在许多方面的迥异，公共领域价值共创的研究成果相对商业领域来说数量较少一些。尽管如此，商业领域和公共领域价值共创的丰富实践成果表明，价值共创机制在主体间关系、目标和流程上契合以人民为中心的服务型政府理念，可以帮助完善我国服务型政府构建中的公民参与过程。

3. 价值共创的模型建构

DART 关键要素模型是价值共创领域中运用最为广泛的模型之一。在 DART 模型中，DART 分别对应对话（dialogue）、获取（access）、风险评估（risk assessment）以及透明度（transparency）[1]。对话意味着企业要平等地与顾客进行互动、分享、学习和沟通；获取要求企业为顾客提供获取信息的路径或工具；风险评估要求企业提前对顾客参与研发可能出现的危害作出评估，避免顾客出现危险或风险；透明性意味着企业与顾客之间要达到信息对称，顾客能方便地获得技术、产品、商业系统等信息。基于上述价值共创模型中，本研究对 DART 四个要素的内涵进行了相应的改进，分别对应了充分对话（D）、技术渠道（A）、激励保障（R）和公开透明（T）。充分对话是指政府与公民之间平等地分享、学习和沟通，主动互动与协商；技术渠道是指政府为公众提供先进、便捷的信息获取渠道，同时公众主动通过这些渠道获取信息、增进了解；激励保障是指政府建立基础的保障措施和有效的激励机制，鼓励公众积极参与公共领域的生产过程；公开透明是指政府主动公开政府过程中与公共利益相关的信息资源。

---

[1] Prahalad, C. K., Ramaswamy, V., "Co-creation unique value with customers", *Strategy & Leadership*, No. 3, 2004, pp. 4–9.

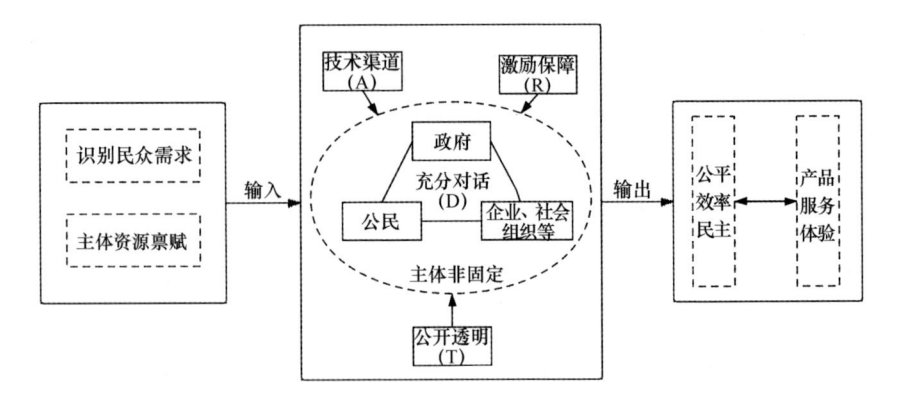

图 5-2 服务型政府价值共创图解

如图 5-2 所示，服务型政府的价值共创流程大抵可以分成输入、内输入和输出三个阶段。在输入阶段，社会用户（包括公民和企业、社会组织等）利用自身资源提出需求，政府作为主导者，对需求进行公共价值识别，筛选出符合公平、效率和民主价值取向的公民需求。在内输入阶段，政府和社会用户进行充分对话、政府积极引导开发有助于政府发展的技术渠道、保障公民参与公共生活的激励、确保政府过程公开透明，从而实现价值共创，输出符合公共价值的产品、服务和体验。整个价值共创流程是公民与政府之间的多元主体互动过程，公民可以经由民意表达渠道和监督等参与渠道，与政府共同平等地参与公共领域内包括公共产品和服务在内的设计、提供、改进或补救等价值创造过程，充分体现了公民导向的服务性政府改革理念。

（三）基于质量改进的绩效维度

满足公众更高的服务需求，改进和提升服务质量，是当今全球政府和公共部门的重要工作之一。政府改进公共服务质量，不仅要向内关注自身的有效性，还要向外关注社会的需求。[①] 因而，公共服务质量改进不仅是产品质量提升的技术问题，还是价值构建和社会参与的问题，公众必须参与到公共服务的质量标准设计、质量控制、质量评估等过程共同改善公共服务绩效。

---

① 舒放：《我国公共服务质量改进的理论框架与实施策略——〈公共服务质量管理——理论、方法与应用〉评介》，《当代财经》2019 年第 8 期。

1. 质量与绩效的异同

在公共服务领域，有人将公共服务质量的改进等同于公共服务绩效提升。虽然二者有相同点，但也有各自的侧重。质量的内涵前后经历了符合性质量、适用性质量、满意度质量三个阶段的发展，当代的质量观特别关注顾客满意度。虽然绩效更多的是衡量一个组织或者个体的行为表现和成绩效果，但在公共服务领域公众满意度又成为衡量绩效的重要指标，这更加深了公共服务质量和绩效的混淆。

质量与绩效的实质和评价侧重是不同的。质量的载体基础是客观存在的事物，而绩效的载体基础是个体或组织的行为结果。前者的评价标准是满足相关需求的程度，后者更侧重对既定成果目标的达成情况。随着时代的发展，二者表现出在价值目标上的趋同和对组织发展的共同积极作用。绩效虽然是一种工作考评，但对组织成员的工作考评是为了其能更好地工作并最终达到顾客满意，这与以顾客满意度作为质量衡量标准的价值追求不谋而合。同时，个人或组织绩效的提升同产品质量提高一样，能更好地促进组织发展，实现组织目标。

2. 公共服务质量改进的逻辑建构

张成福和党秀云将政府服务质量定义为"民众第一次及每一次接受政府服务时，该服务均能满足民众的期望和需求"[①]。吕维霞和钟敬红指出公共服务质量既有主观质量又有客观质量，前者是可通过公众满意度和感知质量体现出来，后者是公共服务本身的产出质量和结果质量[②]。陈振明、李德国将公共服务质量更侧重于使用者的体验，公共服务的实际水平、可获得性、及时性、经济性、准确性和响应性等方面[③]。可见，公共服务质量是个多维面向的概念，既有客观性又有主观性。公共服务相对于有形的产品具有无形性、生产和消费的同时性、不可储存性以及不确定性的特征，以致有学者认为公共服务的质与量难以衡量。[④]

---

① 张成福、党秀云：《公共管理学》，中国人民大学出版社2001年版，第311页。
② 吕维霞、钟敬红：《论信息公开对政府公共服务质量的影响》，《情报科学》2010年第11期。
③ 陈振明、李德国：《基本公共服务的均等化与有效供给——基于福建省的思考》，《中国行政管理》2011年第1期。
④ 叶子荣：《公共经济学》，清华大学出版社2010年版，第48页。

直到20世纪60年代，西方学者才开始关注公共服务质量提升的议题，各个学者（E. S. Savas、M. Landau、R. Mirand 和 A. Lerner）都提出相应的对策。20世纪70年代，西方学者开始重点关注公共服务领域公众反馈的重要性，公民评价一度被作为公共服务质量的关键因素。随后20世纪80年代新公共管理运动在公共部门引入大量的私人部门管理经验来提高公共服务的效率与质量。西方国家对质量圈与标准化的探索实践始于20世纪90年代。1997年美国的全国绩效评估委员会牵头制定"服务标准"，出版了史上第一本政府服务标准手册——《顾客至上：服务美国民众的标准》。①随后英国、法国等国家都相继实行了公共服务标准化。西方的经验表明，公共服务标准化是提升公共服务质量的重要环节，公共服务改进的首要步骤就是制定公共服务标准。②陈振明、耿旭在研究西方公共服务质量改进的过程中，发现公共服务质量改进是一个"推动—反馈"式的运行过程，如图5-3所示③。

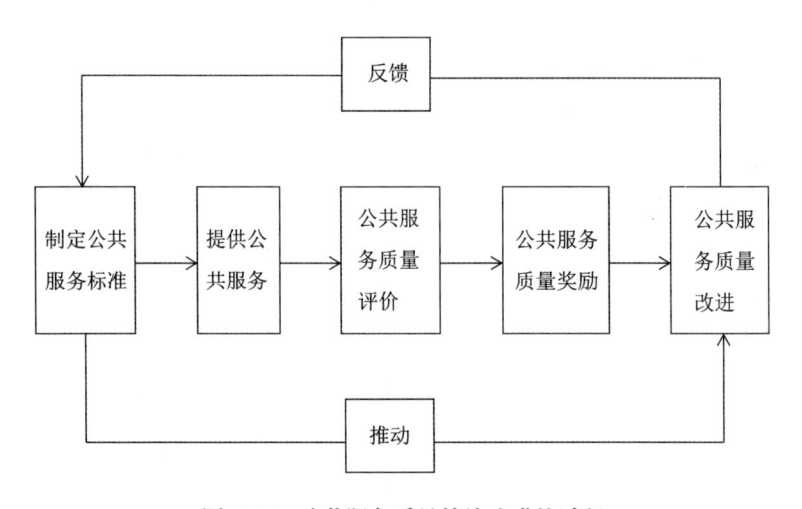

图5-3 公共服务质量持续改进的过程

---

① 卓越、张世阳、兰丽娟：《公共服务标准化顶层设计的战略思考》，《中国行政管理》2014年第2期。

② 陈振明、耿旭：《中国公共服务质量改进的理论与实践进展》，《厦门大学学报》（哲学社会科学版）2016年第1期。

③ 陈振明、耿旭：《公共服务质量管理的本土经验——漳州行政服务标准化的创新实践评析》，《中国行政管理》2014年第3期。

其研究认为公共服务质量的改进首先是制定公共服务标准。西方各国的经验表明先制定标准再提供服务，更有利于服务质量的提升。其次，公民满意度调查和专业评价的开展能够有效反馈公共服务的质量。对于结果给予标杆奖励，可以更进一步促进公共服务质量的改进。可见，陈振明所提倡的公共服务质量的改进过程的基础便是公共服务标准化。郁建兴和秦上人认为基本公共服务与标准化首先都有一致的价值关怀即实现大多数人的利益，且公共服务的对象是复数，这也符合标准化的共通性、抽象性、广泛性的本质要求。① 徐雷认为公共服务标准化能对法律和政策形成支撑，增加公共服务的透明度，推进公共服务均等化，促进公共服务质量的改进。②

（四）基于信任建构的公平维度

信任问题研究在20世纪80年代的社会学领域有一个新的高潮，研究内容也发生了相应的变化，突破了对信任问题的概念化、系统化总结研究，拓展了信任问题微观的人际信任研究视域，实现了宏观层面的研究，"制度信任"与"社会信任"等概念被提出，信任的社会关系属性成了信任的本质。③ 信任研究从微观个体到宏观层面的转变，将信任的应用拓展到了更大范围的社会领域中，同时也将信任区分为微观信任和宏观信任两种类型的信任。吉登斯认为信任的微观层面与宏观层面分别对应的是"人对人的信任"和"人对系统的信任"。福山主要是从社会层面对不同社会和文化的信任程度进行了区分，将世界文化分为低信任文化与高信任文化两种不同的类别，二者存在的社会关系不同，低信任社会是一种以血亲关系为基础而构建起来的社会文化区，如中国、意大利南部地区、法国等；高信任社会指信任超越血亲关系的社会，如日本、德国和美国等④。可以看出吉登斯和福山都是从人际信任与社会信任来对信任进行了区分，而在社会快速发展的时代，超越血缘的社会信任越来越受

---

① 郁建兴、秦上人：《论基本公共服务的标准化》，《中国行政管理》2015年第4期。
② 徐雷：《标准化提升公共服务质量与价值》，《质量与标准化》2011年第1期。
③ 刘昌明、杨慧：《社会网络视角下的东亚国家间信任建构：理论框架与现实路径》，《国际观察》2016年第6期。
④ 郑也夫"序"，见［美］弗朗西斯·福山《信任：社会美德与创造经济繁荣》，彭志华译，海南出版社2001年版。

到了人们的重视。

1. 政府信任的内涵及其危机

政府信任属于政治信任的核心内容，是指公众在期望与认知之间对政府运作的一种归属心理和评价态度。① 政府信任的内涵包括：第一，从主体上看，政府信任是发生在公民与政府二者之间，它依赖于双方的互动关系；第二，政府信任发生的前提是基于政府的服务、反馈以及内部状况等的现实情况；第三，政府信任高低的评价主体是处于接受政府服务的公民，而政府的合法性重要来源是公民对政府的信任。政府信任的产生是基于行政机关行为与公民互动的政治领域，它影响着公民对现实的政治制度和政府绩效的理性化评估。② 但是，不可否认的是，公民的理性化评估始终会受到公民自身的期望和理性认知的影响，公众以"理性人"的角色出现，遵循信任成本与信任收益的基本规律，进而对政府产生合理的预期希望，一旦这种预期希望与实际结果相吻合，公众的信任收益得到最大化满足，则公众对政府的信任度就被建构起来③。

在社会快速发展的过程中，社会矛盾与问题的出现引发了众多学者对于政治信任危机的思考。张成福、边晓慧将政府信任下降的表现归纳为：公民对于政府制度架构、组织结构以及法律、法规、政策体系的怀疑和对于政府工作人员个体的不满；公民对于政府的理性怀疑和公民对于政府的感性不满；政府产出未能有效满足公民期待而导致的公民不满和政府行为与政府过程本身失范引发的公民质疑等。④ 谷满意将政府信任危机产生的主要原因总结为执政为民思想没有得到有效贯彻和现阶段各种社会矛盾，政府信任危机表现有政府信息公开方面上负面舆论常常轻而易举地压倒正面舆论、政府不信任言论的"群体集化"现象使负面舆论极端化、网络社会权力"去中心化"使得政府更加难以控制舆论的方

---

① 李砚忠：《政府信任：一个值得关注的政治学问题》，《中国党政干部论坛》2007 年第 4 期。
② "Newtonk, Trust, Social Capital, Civil Society, and Democracy", *International Political Science Review*, No. 2, 2001, p. 201 – 214.
③ 艾明江：《理性选择制度下的我国政府信任度的建构过程》，《行政论坛》2012 年第 6 期。
④ 张成福、边晓慧：《重建政府信任》，《中国行政管理》2013 年第 9 期。

向三个方面。① 程倩认为，公民对政府的不满情绪和不信任感有了相当程度的增长，表现为两种极端状况：一是政治参与过度，如集体上访等大量群体性事件和因对政府某一行为或措施不满而引发恶性的自杀事件频繁发生；二是政治参与冷漠。② 总体来看，学者们对于政府信任危机的认识多角度的，原因是多方面的，主要包括公民对于政策法规以及服务公平性的怀疑、政府回应性不足、公民对于政府能力的落差感、公民参与问题等方面。

2. 政府信任的建构逻辑

社会建构主义强调自主性的发挥，是指在一定的社会文化背景下，个体在与他人的交往沟通过程中，积极发挥自主性来建构自己的认识与知识体系。③ 而政府信任建构是将社会建构主义应用到政府信任之中，突出强调政府与公民双方的共同作用，建立起双方持续互动的信任关系。政府信任关系的建构涉及很多的方面，是一个系统化的过程，它需要在一系列的制度安排基础上，营造出政府内部行政人员的职业道德氛围，并通过政府服务的公平性、公民参与的广泛与便利性来达到公民与政府之间关系的和谐化，让公民将人际信任拓展到对政府的信任，构建政府与公民之间的信任网络。

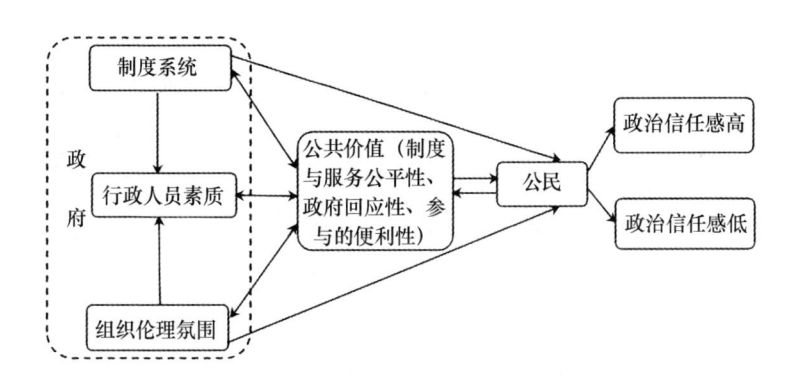

图 5-4 政府信任建构的逻辑框架

---

① 谷满意：《政府信任危机及其处置对策》，《人民论坛》2013 年第 14 期。
② 程倩：《政府信任关系：概念、现状与重构》，《探索》2004 年第 3 期。
③ 王文静：《社会建构主义研究》，《全球教育展望》2001 年第 10 期。

制度系统是各项制度所构成的集合体,包括行政组织外的法律法规和政府行政组织内部的各项具体的制度。制度对政府组织的作用包括:一是对政府组织架构进行规定,让政府内部各部门权责界定比较清晰,各司其职,保障制度执行的有效性;二是对政府内部的人员进行规制,严格规范行政人员的行为,以此来提升行政人员的素质水平,提升政府能力,减少对政府的监督、考核成本。同时,制度也对公民的行为有保障和约束双重作用,一方面法律制度中有关公民权利的规定,可以保障公民的主体地位,享受政府提供的公共服务并对政府进行监督;另一方面,法律制度对公民参与行为进行了规范,使得公民必须以合法合理的形式来进行参与,任何违法的参与都必须承担相应的法律责任。

组织伦理氛围是对组织内部占主导地位的伦理思维模式的描述,是组织价值观的体现。不同的组织具有不同的伦理氛围,它支配着组织以及组织内部个人的行为方式。Cullen 和 Victor 通过调查将组织伦理氛围归纳为五种,分别是自利型伦理氛围、关心型伦理氛围、基于规章制度的伦理氛围、基于法律和职业守则的伦理氛围、独立型伦理氛围。[1] 政府组织作为代表社会全体成员利益表达的组织,其组织伦理氛围是一种复合型的,兼有以上五种组织伦理氛围中的几种。从政府的产生来看,它由各级人民代表大会产生,对其负责并受其监督,所以政府组织首先应该以人民利益为重,要对社会进行关怀式服务。其次,政府组织应该遵守各级人民代表大会通过的法律法规,要依法行政维护法律的权威,应具有基于规章制度和基于法律和职业守则这两种伦理氛围。从政府的组织形式和运行看,政府组织是科层制的组织形式,必须有规章制度的严格约束,按照规章制度运行,这体现的是基于规章制度的伦理氛围。组织伦理氛围是一种内在的东西,但是它会通过组织内部的日常运行和工作人员的态度所表现出来,会影响到公民对政府的态度。我国政府是以"为人民服务"为宗旨,它的任何行为的出发点和落脚点都应以公共利益为重,虽然各个政府组织因职能不同,组织形式会有差异,但是以公共利益为根本的组织氛围应该是共同的特色。

---

[1] 吴红梅:《西方组织伦理氛围研究探析》,《外国经济与管理》2005 年第 9 期。

行政人员是直接与公民进行接触的人员，其素质是政府制度、氛围等最直接的表现，行政人员素质是一个综合性的指标，不仅仅包括行政人员的业务能力这种硬素质，同时也包含了行政人员的态度、价值观等的软素质。政府公共价值可以通过行政人员素质体现出来并直接影响到公民对政府的评价，同时公民对政府的信任评价也会对政府的价值观形成反作用，促使政府内部的各个部分来进行改变。

三 "人民满意"的评估框架

自 20 世纪 80 年代新公共管理运动兴起以来，"顾客至上"等理念影响下的政府服务评价便开始由公众——使用者说了算[①]，即公共部门政府的绩效是由其提供的公共服务能够满足其顾客（公众）的需要决定的，公众满意原则已成为政府绩效评估的全新价值取向。[②] 服务型政府的基本理念即政府是服务者，是为公众服务、体现公众利益的公仆，政府首要考虑的应该是公众的需要和认同。[③] 因此，对服务型政府绩效的评估主要以公众满意度为核心，建立"人民满意"的服务型政府绩效评估指标体系。

目前，国内外已有许多评价公共部门公众满意度的模型或方法，其中以美国的顾客满意度指数（American Customer Satisfaction Index，ACSI）的应用最为广泛，大多研究是以 ACSI 模型为蓝本而结合实际情况进行修正的结果。[④] ACSI 由 6 个变量构成：顾客期望、感知质量、感知价值、顾客满意度、顾客抱怨、顾客忠诚。其中，顾客期望、感知质量、感知价值等影响着顾客满意度的形成，顾客满意度是该模型的目标。[⑤] ACSI 是一个经过检验与验证，具备规范性、公正性及有效性的测量顾客满意

[①] 曾莉：《公众主观评价的影响因素研究述评——兼谈参与式政府绩效评价的进路》，《华东理工大学学报》（社会科学版）2013 年第 1 期。

[②] 吴建南、张萌、黄加伟：《基于 ACSI 的公众满意度测评模型与指标体系研究》2007 年第 6 期。

[③] 吴建南、庄秋爽：《测量公众心中的绩效》，《管理评论》2005 年第 5 期。

[④] 朱国玮、黄珺、汪浩：《公共部门公众满意度测评研究》，《理论与改革》2004 年第 6 期。

[⑤] Federal Consulting Group, *The American Customer Satisfaction Index (ACSI) and its Value in Measuring Customer Satisfaction*, Washington, D. C., April 2001.

度的指标体系，该模型具有针对性和倾向性的测评方式，能够更精准地了解公众满意度情况，对政府的绩效提高和工作计划制定都具有很强的实践意义。因此，本文基于 ACSI 模型来构建服务型政府绩效评估指标体系。

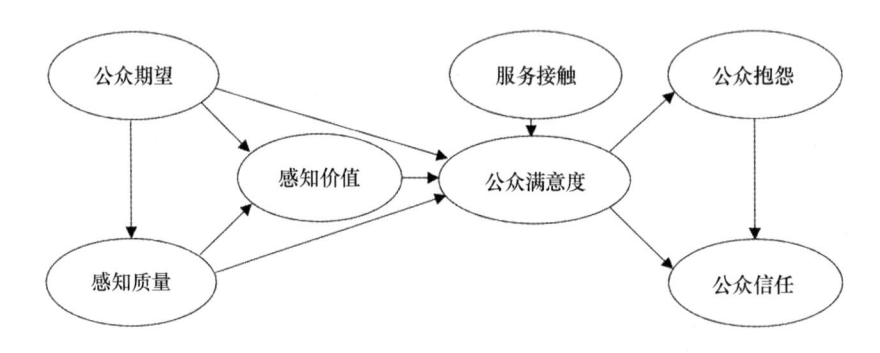

服务型政府绩效评估模型的构建应具备充分的理论依据，并体现出公共部门的特色。本研究通过对美国顾客满意度模型（ACSI）的重点分析，和对已有服务型政府绩效评估的实践与文献研究，结合我国服务型政府实际，设计出"人民满意"的服务型政府绩效评估指标体系（见图 5-5），主要包含公众期望、感知质量、感知价值、服务接触、公众抱怨、公众信任、公众满意度 7 个维度。与 ACSI 相比，本文所构建的指标体系新增了服务接触这一变量，并用公众信任取代了顾客忠诚，ACSI 中将顾客忠诚作为主要结果变量，但由于公共部门自身的强垄断性，公众是否忠诚并不明显，所以用公共信任取代了顾客忠诚。

图 5-5 服务型政府绩效评估模型

（一）公众满意度是公众对政府及其服务的总体满意程度

公众是否满意是评价政府服务好坏的关键，公众满意度是服务型政府绩效评估的核心，公众的满意度受到感知价值和服务接触的直接影响，且呈正相关关系。感知价值又来源于公众期望与感知质量的对比，当公众满意度低时，就会产生抱怨和投诉；当公众满意度高时，抱怨会减少，公众信任则会提高。当政府对投诉处理良好时，抱怨可以转化为对政府的信任，此时公众抱怨与公众信任呈正相关关系，但如果处理不好，便是负相关关系。因此,在公众满意度下设"公众总体满意度"这一二级指标。

(二)服务接触是指公众在接受、参与政府服务过程中与政府的关系及其感受

服务接触这一概念来源于商业领域,是指顾客在消费过程中发生的所有接触,优质的服务接触有利于提高顾客的满意度。[①] Hero 等通过数据调查发现,个体接触对公众评价模型具有显著影响[②],Worrall 也通过分析证实了接触评价是影响公众主观评价的最稳定因素。[③] 可见,服务接触对公众满意度评价模型有着重要影响。首先,公众在与政府互动的过程中的接触表现为公众对政府服务及政策信息的知晓程度,公众对信息的知晓是其进一步接触的基础。其次,公众参与政府服务的意愿和程度是公众服务接触的重要环节。杨道田指出政府绩效实践的经验表明,有效的公民参与对于政府绩效的全面评估及绩效提升有着重要影响。[④] 此外,公众对所处社区的归属感和政治效能感也是服务接触中的重要衍生变量,对公众满意度评价有着重要影响。Dehoog 等[⑤]和 Roch 和 Poister[⑥] 等通过实证发现,公众对社区的归属感,即公众把自己归入某一地域人群集合体的心理状态,以及政治效能感,公众认为自己的参与行为影响政治体系和政府决策的能力都是公众主观评价非常重要的解释变量,对公众主观评价有着显著影响。因此,在服务接触指标下设置知晓度、参与度、社区归属感和政治效能感四个指标维度。

---

① 李雪松:《服务营销学》,清华大学出版社、北京交通大学出版社 2009 年版,第 176—181 页。

② Rodney E. Hero, Roger Durand, "Explaining Citizen Evaluations of Urban Services: a Comparison of Some Alternative Models", *Urban Affairs Review*, Vol. 20, No. 3, 1985, pp. 344–354.

③ John L. Worrall, "Public Perceptions of Police Efficacy and Image: the Fuzziness of Support for the Police", *American Journal of Criminal Justice*, Vol. 24, No. 1, 1999, pp. 47–66.

④ 杨道田:《当代中国公民满意度研究的进展与评价》,《云南行政学院学报》2012 年第 14 期。

⑤ Ruth Hoogland Dehoog, David Lowery, William E. Lyons, "Citizen Satisfaction with local Governance: A Test of Individual, Jurisdictional, and City-specific Explanations", *The Journal of Politics*, Vol. 52, No. 3, 1990, pp. 807–837.

⑥ Christine H. Roch, Theodore H. Poister, "Citizens, Accountability and Service Satisfaction: the Influence of Expectations", *Urban Affairs Review*, Vol. 41, No. 3, 2006, pp. 292–308.

(三）公众期望是指公众对服务型政府的期待和希望，是在需求激励下产生的对公共需求实现的一种主观性的判断①。

作为纳税人的公众是政府正常运转的核心"顾客"，必然有权利要求政府提供优质的服务。②学界虽对服务型政府的理解多种多样，但都认可服务型政府是对政府的角色定位和职能定位，即服务是政府的基本性质，是服务型政府的首要职能和理念。③吴玉宗将服务型政府总结为"政府以满足民意为目标，在工作的各个方面公开为公民、社会组织和社会提供便捷、优质和高效的帮助，促进社会稳定发展"④。因此，公众期望可以从以下四个方面来考虑：首先，亲民。政府应执政为民，以人为本，其所有作为都应建立在为民兴利的基础上，满足最广大公民的利益。其次，有效。政府要灵活、精简、富有效率。再次，法治。服务型政府是严格建立在法律基础上并履行法律义务的政府，应当依法行使权力、履行责任，保障公民权利。最后，公平。服务型政府的所有服务都应是公开、公平和公正的，其决策和行为都要以公平为核心。

（四）感知质量

顾客感知质量，是指顾客依据自身使用产品的目的和需求，综合所能获得的产品相关信息而对产品作出的个人主观评价。⑤公共领域中公众作为主要顾客，其所接受的产品主要包含政府形象和政府服务。因此，服务型政府绩效评估中的公众感知质量可以理解为公众对政府实际形象及已经享受到的政府服务质量的评价。吴建南等将感知质量分为公众对内部程度、公务效率、廉政情况和对外形象的感知。⑥孙宇等按服务的性

---

① 同杨萍、刘冰：《政府电子信息服务质量的公众期望概念模型构建》，《情报资料工作》2015 年第 6 期。
② 盛明科、刘贵忠：《政府服务的公众满意度测评模型与方法研究》，《湖南社会科学》2006 年第 6 期。
③ 周望：《服务型政府概念研究综述》，《行政论坛》2008 年第 5 期。
④ 吴玉宗：《服务型政府：概念、内涵与特点》，《西南民族大学学报》（人文社科版）2004 年第 2 期。
⑤ 徐彪、张骁、张珣：《品牌来源国对顾客忠诚和感知质量的影响机制》，《管理学报》2012 年第 8 期。
⑥ 吴建南、张萌、黄加伟：《基于 ACSI 的公众满意度测评模型与指标体系研究》，《广州大学学报》（社会科学版）2007 年第 6 期。

质将公众感知质量分为保证性（人员素质和领导素质）、可靠性（责任感和透明性、伦理道德、企业家精神与创新性）、响应性（回应性）、移情性（沟通障碍、接触感觉）①。不同学者对感知质量的具体测量维度有所不同，但基本是从政府形象和服务质量两个方面来考虑的，政府形象主要表现为干部形象，即干部是否廉洁、实干、友好、负责等；服务质量主要分为政务服务和基本公共服务，对于政务服务，人民更多感知到的是其是否能够及时响应、透明高效和规范运作，对于与公众最为贴近的基本公共服务，便是对其是否充足、均衡、可及、优质等质量的感知。如上所述，本研究将从干部形象、政务服务质量和基本公共服务质量三个维度来测量感知质量。

（五）感知价值

感知价值最早被理解为顾客会选择对自己最有效用的产品或服务。②顾客感知价值具体可以理解为顾客对利益和得失的感知。③ 服务型政府评估中的感知价值是指公众认为政府服务对自己利益实现和社会发展带来的主观价值感受，感知价值体现出政府对公众的关爱，是以提供公众享受且满意的服务为前提。具体可以从两个方面来理解公众的感知价值：公众对自我价值实现的感受、公众对社会价值实现的感受。④ 公众对自我价值实现的感受主要体现为其生活幸福感和自我实现感，生活幸福感是公众基于政府及其服务的满意而产生的一种愉悦健康的心情，自我实现感反映的是公众在与政府互动的过程中，能够对自我潜能进行发挥的积极评价和自我认可；公众对社会价值实现的感受则体现在社会发展的方方面面，包括安全有序、社会文明、经济可持续发展等。

（六）公众抱怨是公众对政府不满意的行为表现

产生各种抱怨行为，如投诉、信访、向媒体公布等的频率或者受到

---

① 孙宇、刘武、范明雷：《基于顾客满意度的公共服务绩效测评——以沈阳市为例》，《沈阳大学学报》2009年第1期。

② Zeithaml, V., "Consumer perceptions of price, quality and value: A means-end model and synthesis of evidence", *Journal of Marketing*, No. 3, 1988, pp. 2–22.

③ Woodruff, R. B., "Customer value: The next source for competitive advantage", *Journal of the Academy of Marketing Science*, No. 2, 1997, pp. 139–153.

④ 盛明科、刘贵忠：《政府服务的公众满意度测评模型与方法研究》，《湖南社会科学》2006年第6期。

不公平待遇的经历，都是公众抱怨的来源和体现。促使公众产生抱怨的经历增多，公众抱怨的频率就会增多，表明政府服务的口碑变差，公众的满意度自然也会降低。相反，相关经历和频率的降低表明政府服务口碑良好，公众的满意度自然也会上升。公众信任是公众因满意度高而对政府的信任及支持程度，是公众对政府服务满意度高的必然结果，主要描述的是公众与政府之间的相互关系[1]，是公众在期望与认知层面对政府服务所持的一种肯定性心理和态度。[2] 公众对政府的支持和信任可以减少政府工作的阻力，为政府工作提供民众基础和工作动力，对政府绩效的提高有着很好的促进和监督作用。[3] 公众抱怨和公众信任是公众满意度的最终结果表现，两者之间互相作用，并同时对公众满意度有着重要影响。吕维霞[4]、梁建春[5]等认为处理公众对政府的抱怨有助于平息公众的怒气及怨气，促进公众对政府产生信任。公众对政府的信任与支持即是公众满意的长期结果，公众信任是由长期的公众对政府服务的满意经历形成的。综合以上分析，公众抱怨具体可以包含投诉与信访等的频率、受到不公平待遇的经历两个变量，公众信任具体可以包含公众对政府的信任程度、公众对政府的支持程度两个变量。

第三节 "人民满意"导向的服务型政府建设绩效评估指标体系构建

1975 年，罗格斯新泽西州立大学纽瓦克分校（Rutgers University in Newark）国家生产力中心的马克·霍哲（Marc Holzer）指出，构建一个优良的绩效评估和改善体系一般要经由七个步骤，即鉴别评估项目、阐明

---

[1] 吴建南、张萌、黄加伟：《公众参与、绩效评价与公众信任——基于某市政府官员的实证分析》，《武汉大学学报》（哲学社会科学版）2007 年第 2 期。

[2] 徐晓林、张梓妍、明承瀚：《公众信任、政务服务质量与持续使用意向——基于 PLS - SEM 的实证研究》，《行政论坛》2019 年第 3 期。

[3] 李小敏、胡象明：《邻避现象原因新析：风险认知与公众信任的视角》，《中国行政管理》2015 年第 3 期。

[4] 吕维霞：《公众感知政府服务质量影响因素实证研究》，《国家行政学院学报》2010 年第 5 期。

[5] 梁建春、向红：《政府对公众抱怨处理的行为模型》，《统计与决策》2013 年第 3 期。

目的和预期结果、选择衡量指标或标准、设置业绩和结果标准、监督结果、业绩报告、使用结果和业绩信息。[①] 由此可见，服务型政府建设绩效评估需要解决"评估什么—为什么评估—用什么评估"的问题。

一 评估指标体系设计的原则与程序

（一）评估指标体系设计的原则

1. 以人为本原则

服务型政府是在公民本位理念指导下，以为人民服务为宗旨的政府。"人民满意"是服务型政府绩效评估的主要导向，服务型政府的绩效评估指标体系的设计首先要体现以人为本的原则。一方面，政府应以实现公共利益、为人民创造价值为目的，增强公共服务能力，体现公众的服务要求，解决公众亟须解决的问题，不断地提高人民生活质量与文化素质，为公众提供高品质高效率的公共服务和公共产品。另一方面，公众的认同和满意是决定服务型政府建设成功与否的关键，服务型政府绩效评估应从公众角度出发，注重公众的感受，坚持"以人为本"原则，将公众满意作为评估服务型政府建设绩效的关键指标。

2. 科学客观原则

科学性是指标体系建立的重要原则，指标体系的科学与严谨直接决定服务型政府绩效评估指标的构建能否成功。科学的绩效评估指标体系使得政府的行动有目标、有计划，促使政府更严谨有效地增强能力、提高服务，建设服务型政府。因此，服务型政府绩效评估指标体系的选取应能够客观、有效地反映服务型政府绩效的状态和政府服务能力的高低，所选指标必须概念清晰、科学合理，与服务型政府的内涵相符合，且拥有科学规范的测算方法和标准。

3. 系统全面原则

以为人民服务为主导价值观的服务型政府，其绩效评估既包含可量化的硬性指标，又包含难以量化的软性指标，公共服务的多重性和复杂性要求建立一个规范性、系统性、全面性的服务型政府绩效评估指标体

---

① ［美］马克·霍哲：《公共部门业绩评估与改善》，张梦中译，《中国行政管理》2000年第3版。

系，以应对绩效评估过程中遇到的实际问题。因此，指标体系的构建要包含服务型政府建设和发展的各个要素，注重公众的满意及考虑其他利益相关者的利益，真正做到全面考虑，系统计划。同时，指标设计的各部分要形成相互关联的有机整体，避免指标的遗漏或重叠，保证指标的代表性，使各指标能相互独立且紧密衔接。

4. 可行实用原则

可行实用原则是指服务型政府绩效评估指标要具有可操作性，能够真正用于实践，测量服务型政府绩效。构建服务型政府绩效评估指标体系，应从实际情况出发，充分考虑评估的各项指标能否获得，保证指标体系的切实可行。一方面，指标的设计要精准合理。服务型政府绩效评估指标要做到有的放矢，有理可依，因地制宜，根据实际情况设定具体的绩效评价指标。另一方面，指标的设计要简单实用。在设计指标时，尽量采用简单、科学、可操作的指标，确保数据的可靠性和可获得性，并保证评估的方法标准、规范、简便，具有可推广性。

（二）评估指标体系设计的程序

如图5-6所示，"人民满意"的服务型政府评估指标体系构建的程序主要包含初步指标体系构建、指标筛选和指标赋权三个步骤。基于前面对服务型政府绩效评估的特性与实践分析，结合服务型政府绩效评估的原则，本书设置了公众期望、感知质量、感知价值、服务接触、公众抱怨、公众信任、公众满意度七个一级指标。

在对一级指标的内涵进行深度分析的基础上，参照相关文献与实践，最终在公众期望下设亲民、有效、法治、公平四个二级指标；感知质量下设干部形象、政务服务质量、基本公共服务质量三个二级指标；感知价值下设公众对自我价值实现的感受、公众对社会价值实现的感受两个二级指标；服务接触下设知晓度、参与度、社区归属感、政治效能感四个二级指标；公众抱怨下设投诉、信访等的频率，受到不公平待遇的经历两个二级指标；公众信任下设公众对政府的信任程度、公众对政府的支持程度两个二级指标；公众满意度下设公众总体满意度一个二级指标。进而以可操作性为原则，运用专家咨询法（德尔菲法）筛选初步指标。并依据专家问卷调查，运用层次分析法确定指标权重，实现有效和科学的指标赋权。

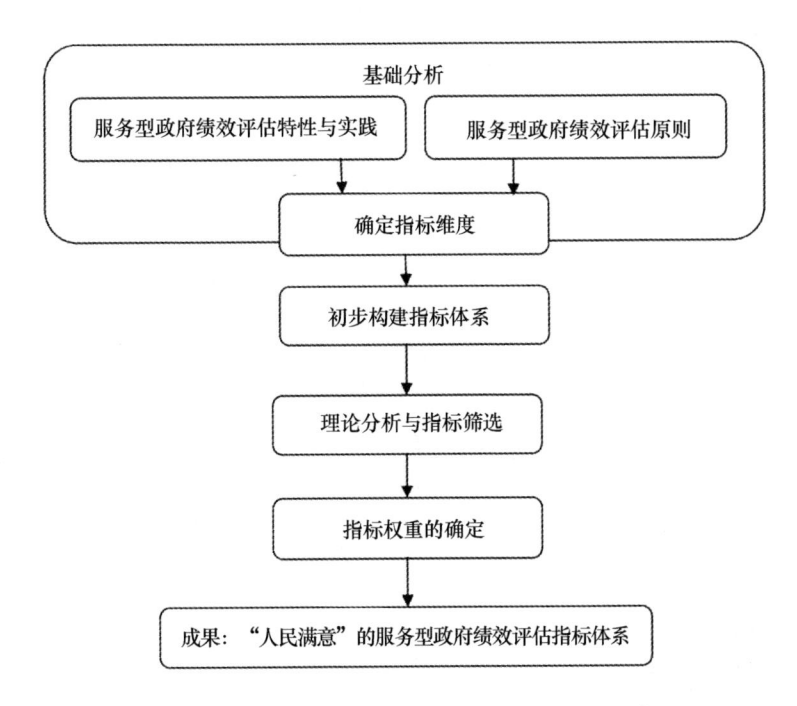

第五章 服务型政府建设的绩效评估与经验推广研究

```
┌─────────────────────────────────────────────┐
│                   基础分析                   │
│  ┌──────────────────┐   ┌──────────────────┐│
│  │服务型政府绩效评估 │   │服务型政府绩效评估││
│  │   特性与实践      │   │     原则         ││
│  └────────┬─────────┘   └────────┬─────────┘│
│           └──────────┬───────────┘           │
│              ┌───────▼────────┐              │
│              │  确定指标维度  │              │
│              └───────┬────────┘              │
└──────────────────────┼───────────────────────┘
                       ▼
              ┌────────────────┐
              │ 初步构建指标体系│
              └────────┬───────┘
                       ▼
              ┌────────────────┐
              │理论分析与指标筛选│
              └────────┬───────┘
                       ▼
              ┌────────────────┐
              │ 指标权重的确定 │
              └────────┬───────┘
                       ▼
        ┌──────────────────────────────┐
        │成果:"人民满意"的服务型政府   │
        │       绩效评估指标体系        │
        └──────────────────────────────┘
```

图 5-6 服务型政府绩效评估指标体系构建程序

二 评估指标体系的设计与筛选

（一）评估指标体系的设计

如前文所述，经过文献整理和研究论证，最终本文构建了"人民满意"的服务型政府绩效评估指标体系（见表 5-1），具体包括公众期望、感知质量、感知价值、服务接触、公众抱怨、公众信任、公众满意度七个一级指标，下设亲民、有效、法治、公平、干部形象、政务服务质量、基本公共服务质量、公众对自我价值实现的感受、公众对社会价值实现的感受、知晓度、参与度、社区归属感、政治效能感、投诉信访等的频率、受到不公平待遇的经历、公众对政府的信任程度、公众对政府的支持程度、公众总体满意度 18 个二级指标。

表 5–1　　服务型政府绩效评估指标体系（初级）

一级指标	二级指标	序号
公众期望	亲民	X1
	有效	X2
	法治	X3
	公平	X4
感知质量	干部形象（廉洁、实干、友好、负责）	X5
	政务服务质量（响应、透明、规范、高效）	X6
	基本公共服务质量（充足、均衡、可及、优质）	X7
感知价值	公众对自我价值实现的感受（生活幸福、自我实现）	X8
	公众对社会价值实现的感受（有序、文明、可持续发展）	X9
服务接触	知晓度	X10
	参与度	X11
	社区归属感	X12
	政治效能感	X13
公众抱怨	投诉、信访等的频率	X14
	受到不公平待遇的经历	X15
公众信任	公众对政府的信任程度	X16
	公众对政府的支持程度	X17
公众满意度	公众总体满意度	X18

（二）评估指标体系的筛选

1. 评估指标体系的筛选方法

前文基于实践情况和文献基础得到了服务型政府绩效评估指标体系的初始指标，在接下来的阶段，主要采用专家咨询法进行指标筛选。本研究运用专家咨询法进行指标初步筛选的具体步骤如图 5–7 所示。在提出初步评估指标的基础上，基于权威专家的意见和建议对初级评估指标体系进行调整完善。专家的选择，覆盖学界和实务界专家，但因为所构建的指标体系涉及较多方面，不可能对服务型政府相关各个主体的专家进行调查，故主要选择服务型政府绩效的研究者作为赋权专家。

依据统计学、评估学的要求，指标筛选需要经过四个关键步骤，即专家临界值确定、隶属度分析、相关性分析以及信效度检验。首先，通

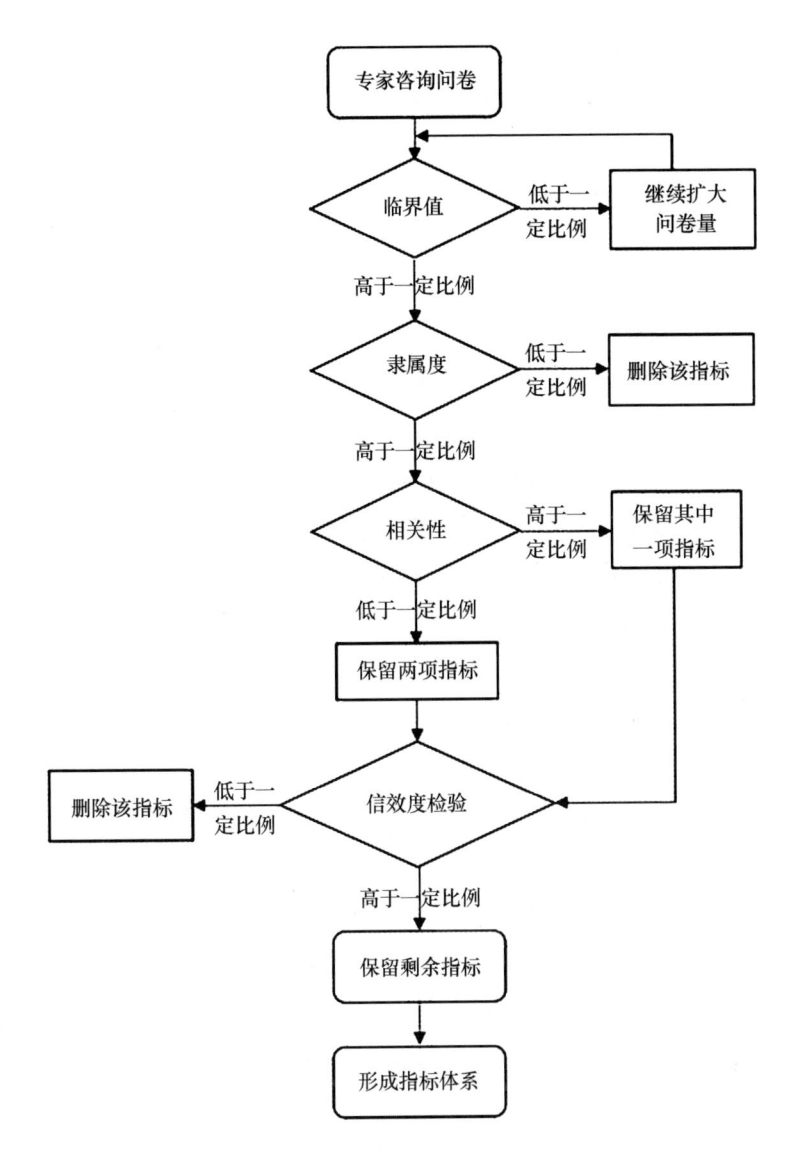

图 5-7　指标体系筛选流程

过收集各项指标的数据，采用临界值法计算专家临界值下线，确保回收的问卷数量科学可靠。其次，采用隶属度分析方法，向专家学者征询意见，根据专家的经验和判断，将该表中的各个指标的重要程度进行区分，也就代表要将隶属度低于设定值的指标剔除。再次，对剩下的指标进行相关性分析，这一步的主要目的是检验余下的指标中是否有相关性高的指标，将重复度高的两个指标删除其中一个，重复度低的两个指标都要保留，这样就可以降低评估指标体系中重复运用评估对象信息带来的影响。最后，为了保证指标的有效性和可靠性，还需要对筛选之后的指标体系进行信度和效度检验，从而得到最终的服务型政府绩效评估指标体系。

2. 评估指标体系的筛选过程

（1）专家临界值确定。

消除指标选取的主观性是指标筛选的首要工作。因此研究中采用德尔菲法，通过采集具有专业知识和学科领域代表性的专家学者意见来平滑主观性问题。在具体操作过程中，研究立足于初始指标池，借鉴李克特分级测量的方式，为每一项操作性指标设定了具体测量选项，用以考察其与从属维度之间的相关性。研究邀请专家依据自身的实践经验和专业知识，对每个初设指标进行重要程度评价。按照"非常重要、重要、一般、不重要、非常不重要"的顺序，分别赋予每项指标"5、4、3、2、1"分。随后在全国各地选择了政府相关研究的理论性专家 80 名，实践性专家 80 名，将指标池问卷通过微信、QQ、电子邮件等方式传递至每一名专家手中，最终一共回收了 150 份填答后的问卷，其中有效问卷 142 份，问卷回收率为 88.75%。

在问卷回收之后，需要检验平滑主观性所需要的最低阈值是否已经达到，如果未达成则继续扩大问卷量直至降至最低阈值。按照临界值法，计算专家临界值下线的公式为：

$$M = \mu + \frac{S}{\sqrt{N}} t_\alpha (X \in R^+)$$

其中，μ 表示专家的数量；S 表示每个指标被选择的数量的标准差；N 表示该指标被专家选中的频数；t_α 是置信度 α 取特定值的情况下的 t 检验值。

依照统计学原理，超过 30 个样本容量的样本就倾向于正态分布，可按照大样本原理计算，因此，将期望数量 μ 设置为 30 来计算专家临界值。置信度 α 取 1%，经过查询 t 分布表，$t_{0.01} = 2.4487$。将这些数值代入上述计算公式可计算出临界专家数量为 $M = 30 + \frac{17.53}{\sqrt{1439}} \times 2.4487 \approx 31$。

由于 142 > 31，故回收的问卷数量适合用来筛选指标体系，它们能够较为科学地消解主观判断。

(2) 隶属度分析

隶属度这一概念源于模糊数学，模糊数学认为很多社会经济生活中概念的外延并不十分明确，存在着大量的模糊现象，因此不能用经典集合论来描述这种模糊现象。某个元素对于某个集合（概念）来说，只能说很大程度上属于，我们将元素属于某个集合的程度称之为隶属度。[①] 假设对于第 k 个初选评估指标 X_K，所有专家选择的次数为 M_K，即共有 M_K 位专家认为 X_K 是评估服务型政府绩效的必备指标，该评估指标的隶属度 R_K 的计算公式为：

$$R_K = \frac{M_K}{N}$$

其中，N 为有效专家咨询问卷数量。因为调研的专家有效数量为 142，临界专家数量为 31，所以 $R_K = M_K \div 142$，隶属度的临界值可精确为 $R = 31 \div 142 = 0.218$。通过对 142 份有效专家咨询表的统计，分别得到了 18 个指标的隶属度（见表 5-2），所有指标的隶属度都大于 0.218，因此全部保留。

表 5-2　　　　　　　　评估指标的隶属度得分

一级指标	二级指标	序号	专家数	隶属度
公众期望	亲民	X1	82	0.577
	有效	X2	104	0.732
	法治	X3	103	0.725
	公平	X4	102	0.718
感知质量	干部形象	X5	78	0.549
	政务服务质量	X6	99	0.697
	基本公共服务质量	X7	85	0.599

[①] 江易华：《当代中国县级政府基本公共服务绩效评估指标体系的理论构建与实证研究——基于社会公正的视角》，中国社会科学出版社 2010 年版。

续表

一级指标	二级指标	序号	专家数	隶属度
感知价值	公众对自我价值实现的感受	X8	68	0.479
	公众对社会价值实现的感受	X9	70	0.493
服务接触	知晓度	X10	73	0.514
	参与度	X11	54	0.380
	社区归属感	X12	46	0.324
	政治效能感	X13	57	0.401
公众抱怨	投诉、信访等的频率	X14	62	0.437
	受到不公平待遇的经历	X15	78	0.549
公众信任	公众对政府的信任程度	X16	100	0.704
	公众对政府的支持程度	X17	90	0.634
公众满意度	公众总体满意度	X18	88	0.620

（3）相关性分析

前面通过运用专家咨询法对第一轮服务型政府绩效评估指标体系，进行隶属度分析后得到第二轮服务型政府绩效评估指标体系。为了建立更科学的测评指标体系，还需对第二轮指标体系中的18项指标进行相关性分析。尽管过了两轮筛选，其中一些指标之间可能仍存在相关性。如果高度相关性的基础类测评指标同时存在，会导致对服务型政府绩效相关信息资料的频繁使用，使测评结果丧失科学性和合理性。

因此，本研究运用SPSS软件，对第二轮服务型政府绩效评估指标体中的18项具体测度指标进行相关性分析。一般情况下绩效评估指标的相关分析可以分为以下三个步骤。

首先，进行数据的无量纲化处理。设 X_i 为第 i 项评估指标的原始数据，S_i 为评估指标的标准差，Z_i 为标准化值，则公式为：

$$Z_i = \frac{X_i - \bar{x}}{S_i}$$

其次，运用 SPSS 软件计算各个指标之间的简单相关系数。

$$R_{ij} = \frac{\sum_{k=1}^{n}(Z_{ki} - Z_i)(Z_{kj} - Z_j)}{\sqrt{(Z_{ki} - Z_i)^2 (Z_{kj} - Z_j)^2}}$$

最后，确定临界值，筛选相关系数较大的指标。

从数学与统计原理来说，相关系数主要有三个级别：|R|<0.4 为低度相关，0.4≤|R|<0.7 为显著相关，0.7≤|R|<1 为高度相关，根据研究需要，将相关性分析之中|R|≥0.7 指标予以对比删除。以表 5-3 中"公众期望"指标的各项二级指标的相关性为例，亲民（X1）和有效（X2）之间的相关系数为 0.344 < 0.7，表明指标之间的强独立性。其余指标的相关性与上述过程一致，通过分析，指标 X1—X18 的相关系数皆小于 0.7，指标的相关性检验合格。

表 5-3　　　　　　"公众期望"指标下的维度相关性

	X1	X2	X3	X4
亲民（X1）	1			
有效（X2）	0.344**	1		
亲民（X1）	1			
法治（X3）	0.482**	0.456**	1	
公平（X4）	0.373**	0.358**	0.442**	1

注：** 在 0.01 水平（双侧）上显著相关。

（4）信度和效度检验

经过三轮指标的筛选工作，服务型政府绩效评估指标体系基本筛选完成。由于信度和效度代表着指标体系测量时的稳定性与可靠性，以及测量结果的准确性和有效性，指标体系的高信度与高效度是指标用于实际测量的基础，因此还必须进行指标的信度和效度检验。

信度（reliability）也称可靠性，是指"对同一或相近的测量对象进行反复测量时，所测量结果的一致性和稳定性，也就是测量工具能够稳定地测量所测的变量的程度"①。本研究采用最常用的克隆巴赫系数（Cronbach's Alpha）α 来评估指标集 {X3} 的信度，其检验公式为：

$$\alpha = \frac{k}{k+1}\left(1 - \frac{\sum \sigma_i^2}{\sigma^2}\right)$$

---

① 于涛、粟方忠：《社会经济统计学原理》，武汉大学出版社 1996 年版，第 384 页。

其中，K 表示问卷中的题目数，是第 i 项得分的方差，以及全部题目的总得分方差。

一般来说，各个维度内操作指标的一致程度与测量内容有关，Cronbach's α 系数值越大，提示内在一致性越强。当 Cronbach's α < 0.6 时，信度非常不理想，要重新编制量表；当 0.6 ≤ Cronbach's α < 0.7 时，信度勉强可接受，最好增列题项或修改语句；当 0.7 ≤ Cronbach's α < 0.8 时，信度可以接受；0.8 ≤ Cronbach's α < 0.9 时，信度很高，理想；当 0.9 ≤ Cronbach's α 时，信度非常理想。①

表 5 – 4　　　　　　　　　　　可靠性统计量

Cronbach's α	基于标准化项的 Cronbach's α	项数
0.921	0.923	18

通过检验之后发现，服务型政府绩效整体指标体系的 α 值达到了 0.921（见表 5 – 4），每个二级指标的 α 值均高于 0.9，表明问卷的信度非常理想。

效度（validity）即测量的准确性或有效性，指"测量工具能够真实、准确、客观地度量事物属性的程度"②。当我们所需要检测的内容能够被准确地度量时，我们说这个测量有效度，反之，则无效度。在本研究中采用内容效度来进行测量。效度检验在具体操作中，内容效度主要是借助经验判断的方法，由该领域的专家、学者进行判断，通常用的一个评价指标是"内容效度比"，英文缩写为 CVR。计算公式为：

$$CVR = \frac{N_e - N/2}{N/2}$$

其中，N_e 的值代表专家中认为指标能够较好体现评估内容的人数，N 为专家总人数。CVR 出现负值时表明认为服务型政府绩效评估指标体系评价为适当的人数不到一半；CVR = 0 表示认为指标体系适合和认为指标

---

① 吴明隆：《SPSS 操作与应用——问卷统计分析实务》，重庆大学出版社 2010 年版，第 237 页。

② 袁方、王汉生：《社会研究方法教程》，北京大学出版社 2005 年版，第 192 页。

体系不适合的人数各占一半；如果 CVR = -1，代表所有评价者都认为该指标体系的内容不合适；与此相反，当 CVR = 1 时，就代表所有评价者都认可该指标体系的项目内容。本研究发放的 142 份有效问卷中，137 位专家都判断该指标体系能够很好地体现评估内容，CVR = 0.93。证明该指标体系具有很高的效度。

综上所述，运用专家咨询法，经过对初设指标体系临界值设置、隶属度、相关性分析，以及信度和效度检验，层层筛选与检验，最终得出服务型政府绩效评估指标体系（见表 5-5）。

表 5-5　　　　　服务型政府绩效评估指标体系（最终）

一级指标	二级指标	序号
公众期望	亲民	X1
	有效	X2
	法治	X3
	公平	X4
感知质量	干部形象（廉洁、实干、友好、负责）	X5
	政务服务质量（响应、透明、规范、高效）	X6
	基本公共服务质量（充足、均衡、可及、优质）	X7
感知价值	公众对自我价值实现的感受（生活幸福、自我实现）	X8
	公众对社会价值实现的感受（有序、文明、可持续发展）	X9
服务接触	知晓度	X10
	参与度	X11
	社区归属感	X12
	政治效能感	X13
公众抱怨	投诉、信访等的频率	X14
	受到不公平待遇的经历	X15
公众信任	公众对政府的信任程度	X16
	公众对政府的支持程度	X17
公众满意度	公众总体满意度	X18

三　评估指标体系的权重与计算

权重是一个相对的概念，在指标体系中，某一指标的权重是指该指标在整体评价中的相对重要程度。① 在服务型政府绩效评估指标体系中，每个指标的重要程度不尽相同，为了让构建的评估指标体系进行的评估工作更为全面完整，因此也就需要完成对其的实证检测。本研究运用层次分析法，以专家打分为基础，综合运用专家判断和统计分析来确定指标权重，通过定性与定量相结合的研究方式，保证权重分配的可靠性。

层次分析法（AHP）是将定性判断与定量分析有机结合的一种分析方法，兼具系统性和层次性，主要包括三个步骤：首先，依据目标层、维度层、指标层建立起有序且多层次的递阶层次结构模型；其次，通过两两比较，构造成对比较矩阵；最后，基于不同的相对重要性程度进行各指标的优劣排序，确定其相对权重。

（一）建立层次结构模型

根据本研究提出的服务型政府绩效评估指标体系，建立层次结构模型。最上层为目标层 A，即服务型政府绩效；第二层是维度层 B，即公众期望、感知质量、感知价值、服务接触、公众抱怨、公众信任、公众满意度 7 个一级指标；最下层是指标层 C，即亲民、有效、法治、公平、干部形象、政务服务质量、基本公共服务质量、公众对自我价值实现的感受、公众对社会价值实现的感受、知晓度、参与度、社区归属感、政治效能感、投诉信访等的频率、受到不公平待遇的经历、公众对政府的信任程度、公众对政府的支持程度、公众总体满意度 18 个二级指标。

（二）构造成对比较矩阵

成对比较矩阵是"通过两两比较因素的相对重要性，构造上层某元素对下层相关元素的判断矩阵，以便得到相关元素对上层元素的相对重要性序列"②。按照层次结构模型，利用 1-9 级比例尺度标度表，构造服务型政府绩效评估指标体系的判断矩阵，依据专家打分得出各指标的值，并依此确定各层次指标对总目标的优先次序。在构造成对比较矩阵时，

---

① 曾永泉：《转型期中国社会风险预警指标体研究》，博士学位论文，华中师范大学，2011 年。
② 胡鞍钢、王磊：《社会转型风险的衡量方法与经验研究（1993—2004 年）》，《管理世界》2006 年第 6 期。

需要不断考虑两个因素哪个更为重要，并依据重要性程度，对照尺度标度表进行赋值。

如果以 x_i 表示指标，$x_i \in X(i=1,2,3,\cdots,n)$。$x_{ij}$ 表示 x_i 对 x_j 的相对重要性指数（$j=1,2,3,\cdots,n$），x_{ij} 的取值如表 5-6 所示。

表 5-6　　　　　指标体系 1~9 级比例尺度标度表①

标度	含义
1	x_i 与 x_j 的重要性相当
3	x_i 比 x_j 的重要性略强
5	x_i 比 x_j 的重要性强
7	x_i 比 x_j 的重要性明显的强
9	x_i 比 x_j 的重要性绝对的强
2, 4, 6, 8	x_i 与 x_j 的重要性相比在上述两个相邻标度之间
1, 1/2, 1/3, ……, 1/9	x_i 与 x_j 的重要性相比为上述非负值的倒数

据此可以得出测评指标体系的成对比较矩阵：

$$P = (x_{ij})_{n \times n} = \begin{bmatrix} x_{11} & x_{12} & \cdots & x_{1n} \\ x_{21} & x_{22} & \cdots & x_{2n} \\ \vdots & \vdots & \vdots & \vdots \\ x_{n1} & x_{n2} & \cdots & x_{nn} \end{bmatrix}$$

P 判断矩阵显然具有以下性质及特征：$x_{ij} > 0$；$x_{ij} = 1$；$x_{ij} = \dfrac{1}{x_{ij}}$。（当 $i = j$ 时，$x_{ij} = 1$）。

（三）层次单排序及一致性检验

层次单排序计算就是计算绩效测评成对比较矩阵的最大特征值和特征向量问题。计算相对排序向量的方法通常有特征值和积法等。本研究

---

① 胡鞍钢、王磊：《社会转型风险的衡量方法与经验研究（1993—2004 年）》，《管理世界》2006 年第 6 期。

采用方根法，其演算程序为：

①计算判断矩阵 P 每行元素的连乘积 M_i：

$$M_i = \prod_{j=1}^{n} x_{ij}, \ (i, j = 1, 2, 3, \cdots, n);$$

②计算 M_i 的 n 次方根：

$$\overline{W_i} = \sqrt[n]{M_i}, \ (i = 1, 2, 3, \cdots, n);$$

③对向量 $\overline{W} = \left| \overline{W_1} \ \overline{W_2} \ \cdots \ \overline{W_n} \right|$ 进行归一化处理（正规化）：

$$W_i = \frac{\overline{W_i}}{\sum_{j=1}^{n} \overline{W_j}}, \ (i = 1, 2, 3, \cdots, n);$$

则据此可以得出，$\overline{W} = (W_1, W_2, \cdots, W_n)$ 即为判断矩阵的特征向量。

④计算判断矩阵的最大特征值 $\lambda_{\max}$：

$$\lambda_{\max} = \frac{1}{n} \sum_{i=1}^{n} \frac{(PW)_i}{W_i}$$

其中，$(PW)_i$ 为矩阵乘法 PW 的第 i 个元素。

由于判断矩阵的构建是由指标间两两比较得出，指标间的优先顺序是否一致的问题不可避免，因此需要运用一致性检验来保证指标权重排序结果的准确性和有效性。对判断矩阵进行一致性检验的过程如下：

CI（Consistency Index）为衡量成对比较矩阵不一致程度的指标：

$$CI = \frac{1}{n-1}(\lambda_{\max} - n)$$

CI 指数越大，表示该矩阵偏离一致性越大。反之，则偏离一致性越小。此外，阶数 n 越大，主观判断因素造成的偏差就越大，偏离一致性也就越大。反之，偏离一致性越小。因此，还必须引入平均随机一致性指标 RI（Random Index）。RI 随成对比较矩阵的阶数的变化而变化，"RI 值是用随机方法构造判断矩阵，经过多次重复计算，并加以平均而求出的一致性指标。"[①] 对于 1-9 阶的判断矩阵，具体 RI 数据值如表 5-7 所示：

---

① 蒋耀：《基于层次分析法 0.123（AHP）的区域可持续发展综合评价：以青浦区为例》，《上海交通大学学报》2009 年第 4 期，第 568 页。

表5-7　　　　　　　　　平均随机一致性指标 RI 值①

n（阶数）	1	2	3	4	5	6	7	8	9
RI	0	0	0.58	0.90	1.12	1.24	1.32	1.41	1.45

进而得出随机一致性比率（Consistency Ratio）进行单层一致性检验，即指标 CI 与 RI 的比值：

$$CR = \frac{CI}{RI}$$

一般情况下，当 $CR < 0.10$ 或 $CI = 0.00$ 时，判定成对比较矩阵 P 具有满意的一致性，或其不一致程度是可以接受的；否则就需要调整成对比较矩阵 P，直到达到满意的一致性为止。②

以公众期望等 7 个一级指标的权重计算为例，首先，依据专家打分构建成对比较矩阵：

表5-8　　　　　　　　　A-Bi 成对比较矩阵标度值

	B1	B2	B3	B4	B5	B6	B7
B1	1	1	2	2	3	1/2	2
B2	1	1	2	2	3	1/2	2
B3	1/2	1/2	1	1/2	2	1/4	1/2
B4	1/2	1/2	2	1	3	1/3	2
B5	1/3	1/3	1/2	1/3	1	1/4	1/2
B6	2	2	4	3	4	1	3
B7	1/2	1/2	2	1/2	2	1/3	1

$$\overline{W_1} = \sqrt[7]{M_1} = \sqrt[7]{1 \times 1 \times 2 \times 2 \times 3 \times 1/2 \times 2} = 1.426$$
$$\overline{W_2} = \sqrt[7]{M_2} = \sqrt[7]{1 \times 1 \times 2 \times 2 \times 3 \times 1/2 \times 2} = 1.426$$

---

① 蒋耀：《基于层次分析法 0.123（AHP）的区域可持续发展综合评价：以青浦区为例》，《上海交通大学学报》2009 年第 4 期，第 568 页。

② 范柏乃：《政府绩效评估与管理》，复旦大学出版社 2007 年版，第 239 页。

$$\overline{W_3} = \sqrt[7]{M_3} = \sqrt[7]{1/2 \times 1/2 \times 1 \times 1/2 \times 2 \times 1/4 \times 1/2} = 0.61$$

$$\overline{W_4} = \sqrt[7]{M_4} = \sqrt[7]{1/2 \times 1/2 \times 2 \times 1 \times 3 \times 1/3 \times 2} = 1$$

$$\overline{W_5} = \sqrt[7]{M_5} = \sqrt[7]{1/3 \times 1/3 \times 1/2 \times 1/3 \times 1 \times 1/4 \times 1/2} = 0.42$$

$$\overline{W_6} = \sqrt[7]{M_6} = \sqrt[7]{2 \times 2 \times 4 \times 3 \times 4 \times 1 \times 3} = 2.479$$

$$\overline{W_7} = \sqrt[7]{M_7} = \sqrt[7]{1/2 \times 1/2 \times 2 \times 1/2 \times 2 \times 1/3 \times 1} = 0.774$$

其次，对向量进行归一化处理（正规化）：

$$W_1 = \frac{\overline{W_1}}{\sum_{i=1}^{n} \overline{w_i}} = \frac{1.426}{8.136} = 0.175$$

$$W_2 = \frac{\overline{W_2}}{\sum_{i=1}^{n} \overline{w_i}} = \frac{1.426}{8.136} = 0.175$$

$$W_3 = \frac{\overline{W_3}}{\sum_{i=1}^{n} \overline{w_i}} = \frac{0.61}{8.136} = 0.075$$

$$W_4 = \frac{\overline{W_4}}{\sum_{i=1}^{n} \overline{w_i}} = \frac{1}{8.136} = 0.123$$

$$W_5 = \frac{\overline{W_4}}{\sum_{i=1}^{n} \overline{w_i}} = \frac{0.42}{8.136} = 0.052$$

$$W_6 = \frac{\overline{W_4}}{\sum_{i=1}^{n} \overline{w_i}} = \frac{2.479}{8.136} = 0.305$$

$$W_7 = \frac{\overline{W_4}}{\sum_{i=1}^{n} \overline{w_i}} = \frac{0.774}{8.136} = 0.095$$

则所求出的特征向量为 $W = (0.175, 0.175, 0.075, 0.123, 0.052, 0.305, 0.095)$。由于

$$PW = \begin{bmatrix} 1 & 1 & 2 & 2 & 3 & 1/2 & 2 \\ 1 & 1 & 2 & 2 & 3 & 1/2 & 2 \\ 1/2 & 1/2 & 1 & 1/2 & 3 & 1/4 & 1/2 \\ 1/2 & 1/2 & 2 & 1 & 3 & 1/3 & 2 \\ 1/3 & 1/3 & 1/2 & 1/3 & 1 & 1/4 & 1/2 \\ 2 & 2 & 4 & 3 & 4 & 1 & 3 \\ 1/2 & 1/2 & 2 & 1/2 & 2 & 1/3 & 1 \end{bmatrix} \times \begin{bmatrix} 0.175 \\ 0.175 \\ 0.075 \\ 0.123 \\ 0.052 \\ 0.305 \\ 0.095 \end{bmatrix} = \begin{bmatrix} 1.245 \\ 1.245 \\ 0.539 \\ 0.896 \\ 0.371 \\ 2.167 \\ 0.687 \end{bmatrix}$$

据此计算矩阵的最大特征根 λ_{max}：

$$\lambda_{max} = \frac{1}{n} \sum_{i=1}^{n} \frac{(PW)_i}{W_i}$$

$$= \frac{1}{7} \times \left(\frac{1.245}{0.175} + \frac{1.245}{0.175} + \frac{0.539}{0.075} + \frac{0.896}{0.123} + \frac{0.371}{0.052} + \frac{2.167}{0.305} + \frac{0.687}{0.095} \right)$$

$$= 7.17$$

最后，进行一致性检验：

当阶数 n = 7 时，RI = 1.32

$$CI = \frac{\lambda_{max} - n}{n - 1} = \frac{7.17 - 7}{6} = 0.028$$

$$CR = \frac{CI}{RI} = 0.021 < 0.10$$

所以，此成对比较矩阵具有满意的一致性，因而，W = (0.175, 0.175, 0.075, 0.123, 0.052, 0.305, 0.095) 的各分量可作为相应评估指标的权重值。因此，得到 B1、B2、B3、B4、B5、B6、B7 评价指标的权重为 (0.175, 0.175, 0.075, 0.123, 0.052, 0.305, 0.095)。

同理可得出二级指标的权重值，一级指标权重乘以一级指标下的各二级指标权重可以得到二级指标的最终权重值。如此，通过反复运用层次分析法，并结合专家打分法，经历上述复杂实证研究程序，最终得到服务型政府绩效评估指标体系各层次测度指标的权重系数（见表 5 - 9）。

表 5-9　　服务型政府绩效评估指标体系权重系数

目标 A	一级指标 B	B 相对于 A 的权重	二级指标 C	C 相对于 B 的权重	C 相对于 A 的权重
服务型政府绩效	公众期望	0.175	亲民	0.075	0.013
			有效	0.423	0.074
			法治	0.251	0.044
			公平	0.251	0.044
	感知质量	0.175	干部形象	0.163	0.029
			政务服务质量	0.540	0.095
			基本公共服务质量	0.297	0.052
	感知价值	0.075	公众对自我价值实现的感受	0.333	0.025
			公众对社会价值实现的感受	0.667	0.050
	服务接触	0.123	知晓度	0.525	0.065
			参与度	0.156	0.019
			社区归属感	0.081	0.010
			政治效能感	0.237	0.029
	公众抱怨	0.052	投诉、信访等的频率	0.2	0.010
			受到不公平待遇的经历	0.8	0.042
	公众信任	0.305	公众对政府的信任程度	0.667	0.203
			公众对政府的支持程度	0.333	0.102
	公众满意度	0.095	公众总体满意度	1	0.095

（四）评估指标体系的计算

上文对服务型政府绩效评估体系进行了赋权，但是要得出确切的服务型政府绩效得分还需明确计算规则，各个影响维度被赋予了权重，因此在测算指数时应选择加权算术平均的方法。加权算术平均法就是在 N 个观测数据中，根据每个观测值对未来预测值影响的程度不同，给予不同的权重，将各个观测值乘以自己的权重，然后将它们的和除以各个权重之和，所得之商就是未来预测值。其数学模型为：

$$\bar{Y} = \frac{\sum_{i=1}^{n} W_i Y_i}{\sum_{i=1}^{n} W_i}$$

式中：$\bar{Y}$ 代表加权算术平均值；Y_i 代表观测值（i = 1, 2, …, n）；n

代表总体中的数据点数；W_i 代表各个观察值对应的权重，W_i 在 0 到 1 之间，即 $0 \leq W_i \leq 1$。

已得出各二级指标相对于服务型政府绩效的最终权重，因此，服务型政府绩效测评得分为：

$$\frac{\sum_{i=1}^{n} W_i Y_i}{1} = 0.013 Y_1 + 0.074 Y_2 + 0.044 Y_3 + 0.044 Y_4 + 0.029 Y_5 + 0.095 Y_6 + 0.052 Y_7 + 0.025 Y_8 + 0.050 Y_9 + 0.065 Y_{10} + 0.019 Y_{11} + 0.010 Y_{12} + 0.029 Y_{13} + 0.010 Y_{14} + 0.042 Y_{15} + 0.203 Y_{16} + 0.102 Y_{17} + 0.095 Y_{18}$$

第四节 服务型政府建设的经验凝练与绩效检验

2004年以来，各级地方政府根据中央的倡导，积极推进从经济发展型政府到服务型政府的转型改革，围绕市场经济发展需要推进政府创新和职能转变，产生了诸多实践模式。陈红太、李严昌将其概括为发展型模式、保障型模式、参与型模式、竞争型模式[①]，陈学明等总结为效率保障型模式、公平促进型模式、民主推进型模式、多中心治理型模式。[②] 本部分基于人民满意导向的服务型政府建设价值取向，秉承需求回应、价值共创、质量改进、信任建构等价值维度，分别选取成都市社区公共服务供给、杭州市"最多跑一次"、上海市社区居家养老服务标准化、辽宁省"民心网"的实践案例，检验服务型政府建设的实践经验与绩效。

一 需求回应：成都市社区公共服务供给的实践检验

服务型政府必须以人民群众的公共诉求为导向，真正做到"思人民群众之所想，急人民群众之所急"[③]。随着社会民众的权利意识逐步提升，公民的民主意识、平等意识和公共服务意识逐步增强，公民的多元化需求呼吁政府的回应性，政府公共服务领域面临着新的挑战和要求。传统

---

① 陈红太、李严昌：《中国服务型政府的四种模式》，《中国行政管理》2007年第7期。
② 陈学明、朱凤霞、刘彦武：《我国服务型政府建设的理论基础及实践模式》，《中共四川省委省级机关党校学报》2009年第4期。
③ 姜晓萍：《建设服务型政府与完善地方公共服务体系》，中央编译出版社2015年版，第113页。

的自上而下的单向政府供给模式虽然有效解决了在资源有限条件下突出的公共服务供给不足的问题，但是由于对民众的公共服务需求变化缺乏应有重视，使得政府提供的公共服务与民众的现实需求脱节。当前，我国经济社会快速发展，拥有了物权保障的城乡居民开始要求对公共服务供给享有一定的发言权。在公民需求日益多元化、复杂化、个性化的今天，公共服务需求回应模式相比起单向的政府供给模式来说更顺应公民需求的时代性改变。在实践上，成都市社区公共服务的供给较好地体现了政府与民众如何有效双向互动，政府如何进行需求引导、需求识别、需求整合和服务供给，民众如何进行需求表达和需求反馈的公共服务需求回应流程。

（一）成都市社区公共服务供给的实践背景

社区是满足人民美好生活需求，实现高品质生活的基本单元。在社区居民参与治理的意愿日渐强烈、新型社区矛盾不断增加、社区居民公共服务需求越发迫切的背景下，成都市坚持"以人民为中心"的发展思想，积极探索建立多元共治的社区服务高质量发展机制，强调精细对应群众需求从而提升社区服务能力，为探索需求导向的公共服务供给提供了宝贵的经验和有益的启示。

成都市推动社区公共服务供给创新的实践探索，出发点在于新时代社会环境的变化，促使居民越发关注自身的权利实现，居民的参与意识越来越高，参与动机和参与能力越来越强，对共享社区发展成果的要求与日俱增。一项针对城市典型社区的调查研究结果显示[①]，居民认为"社区建设，人人有责，应该支持"的人占72.28%，社区居民投身到公共服务的意愿越来越凸显。同时，随着城镇化进程加快，商品住宅小区越来越多，陌生人组成的社区矛盾也越来越复杂，比如居民与业委会的信任薄弱、业委会与物业公司之间的矛盾突出，居民对居委会的期望得不到回应，居民自治得不到落实，社区内党的领导、社区自治组织和政府下沉到社区的行政力量之间的关系难以厘清等，这些社区新型矛盾亟待各方共同解决。

---

① 杨舟：《居民参与社区治理能力提升的社会工作介入研究》，硕士学位论文，西北农林科技大学，2019年。

（二）成都市社区公共服务供给的实践内容

针对社区品质不高、服务不优等社区发展中的新型矛盾和问题，成都市城乡社区发展治理委员会（以下简称"社治委"）以"诉求精准满足、服务高质供给、设施优质共享"为目标，先后出台了《关于优化提升社区党群服务中心的指导意见》《关于全面提升物业服务管理水平 建设高品质和谐宜居生活社区的实施意见》《成都市深化社区志愿服务的实施方案》等文件，并出台了《推进社区党群服务中心亲民化改造的指导意见》等配套措施，力求实现精准满足居民的服务需求。同时，成都市规划局制定了《成都市中心城区社区综合体规划》，将居民需求作为社区工作导向，着眼把服务群众落实到"最后一公里"。各区县在市社治委的指导下，纷纷制定了相关实施细则，推进了"一站式"服务进社区，既促进了"品质社区"的建设，又高效处理了社区发展中老百姓关心的问题，无缝对接回应了居民的公共服务诉求，形成闭环式的需求回应流程，如图5-8所示。

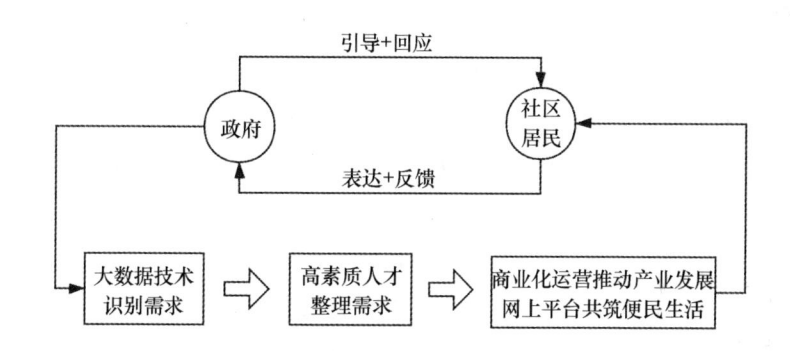

图5-8 成都市社区公共服务需求回应流程

1. 政府和社区居民之间的双向互动

政府与居民的双向互动主要表现为政府引导并主动收集居民公共服务需求，居民在政府鼓励下通过网上平台积极表达服务需求和进行服务反馈，并共同聚焦社区服务层次不高、供给低效等突出问题，推动社区服务互动，打通服务群众"最后一公里"。具体而言，以提升社区环境品质为出发点，实施老旧院落整治项目、"两拆一增"项目、"小游园·微绿地"项目、特色街区打造项目，整治背街小巷，社区环境面貌得到明显改善。以构建"15分钟生活服务圈"为目标，以社区综合体为载体，植入教育、医疗、家政、就餐等项目，向居民提供高品质生活服务，不断提升社区生活服务业态。

2. 政府主导社区公共服务需求识别和需求整合

在数字化时代，传统的数量小、主观性强的需求识别方式已经难以适应新形势要求，获得更多的需求数据和信息是提升公共服务能力的关键。目前，社区居民的海量信息资源和公共服务需求在大数据技术下获得了需求精准识别的新机遇。成都市以市民的"生老病死、衣食住行、安居乐业"需求为出发点，开发"天府市民云"APP，依托社区网络终端和各种线上平台，形成基于大数据的社区公共服务需求识别系统，同时，整合37个部门（单位）职能资源，集成交通出行、医疗服务、便民缴费等146项服务项目，实行"一次认证、全部通行"，推动"互联网+社区服务"。为了满足居民生活服务的便利性要求，推行了居民生活服务"一卡通"，并实施"互联网+社区"行动，加快公共区域无线网络覆盖，加强一体化信息服务站、信息服务自助终端等便民服务设施建设。

3. 社区服务的需求回应和供给能力提升

在需求识别和整合的基础上，成都市立足基层社区服务的"最后一公里"，强化社区服务平台和能力建设。一是大力实施党群服务中心亲民化改造。按照社区居民"第二个家"的定位，实施党群服务中心亲民化改造，最小化办公场地、最大化服务居民面积，植入亲民服务项目，让群众进得来、坐得住、能参与。二是努力推动社区减负提能。将社区证明事项从313项压缩到15项，健全社区工作事项准入制度；创设党组织领导下的居民议事会、监委会运行机制，推进物管、业委会等和社会组织联动，实现组织联建引领共治、事务联议问题共商、阵地联用空间共享、活动联办资金共筹。三是完善社区人才引留培用机制，让基层有人办事。推动社区工作者专职化，实施"千村万人村（社区）后备干部孵化行动"，建立社区专职工作者职业化岗位薪酬体系，打通职业上升通道。

（三）成都市社区公共服务供给的实践启示

成都市通过党建引领的优势，不断提升社区居民参与公共服务供给的热情和活力,在政府和居民的互动下实现社区公共服务的精准供给,是摒弃传统的政府单向供给模式的宝贵实践经验,并为发展公民导向的公共服务提供了新思路。从总体上看,成都市多元协同的社区服务供给新格局已初步形成,社区服务向精细化的方向稳步前进。(1)网络信息技术快速交互公民需求。信息技术手段充斥着居民生活和社区治理的方方面面,成都市利用互联网技术特别是大数据平台,在速度上远超传统的需求回应模式,给社区居民带来直接的获得感,显著地减少了服务成本和回应时间,并提升了社区服务的品质。(2)专业人才队伍精准回应公民诉求。充分发挥人的主观能动性,利用专业人才作为社区治理的重要资源支撑,培养一批专家型的需求回应型人才是成都市的重要任务。人才队伍设身处地为群众想办法,找出路,把群众的困难放在心上,营造了平等相处、面对面办公的和谐氛围,将社区变得亲民温暖,立足实现专业化、规范化服务解决居民"大情小事"。(3)因地制宜分类提供个性化服务。社区的发展水平、资源和历史传统决定了社区之间的差异性,因地制宜而非标准化统一才是社区公共服务供给的策略。在居民与物业公司矛盾加剧的社区对新型社区矛盾进行"浇水",在年轻人渴望创新创业的社区进行加大力度的创业培训等,成都市立足建设个性化的公共服务需求回应模式,为民众带来舒心的关怀,让居民得到归属感,也大大凝聚了社区的人心和文化。

成都市社区公共服务的供给较好地体现了政府与民众如何有效双向互动,政府如何进行需求引导、需求识别、需求整合和服务供给,民众如何进行需求表达和需求反馈的公共服务需求回应流程。其实践探索显示,公共服务供给的需求回应模式应构建开放多元的公共服务需求表达机制,完善公共服务及时有效的需求传递机制,重构公共服务需求的决策机制。

二 价值共创:杭州市"最多跑一次"的实践检验

从国内外公共行政学的理论思想流变中可以发现,公民参与的内容始终是热点和焦点话题,公民参与的范围和内容也随着客观环境的转变而日益扩展,这对中国政府如何扩大公民参与范围,提高公民参与能力,以及更深层次构建"服务型政府"具有不可忽视的重大价值。一般认为,公民参与是指公民试图通过一定的方式影响公共政策和公共事务的一切活动。① 提高公民的参与积极性，寻求公民参与的有效机制，是我们刻不容缓的任务。② 杭州市"最多跑一次"改革，将公民参与公共事务从话语落到了实处，形成了公民参与的"价值共创"的宝贵经验。

（一）杭州市"最多跑一次"的实践背景

经过十余年的不断丰富和发展，杭州市政务服务中心的服务内容、服务边界、服务功能、服务手段得到不断的充实和拓展，其支撑体系、功能结构、权益构成和组织目标都经历了有机融合与合理重构，并逐渐形成了一种网络结构组织形态的集成服务。与此同时，长期受政府主导、行政依赖的影响，政务服务改革难以摆脱路径依赖，往往强调效率逻辑和内部管理需要，忽视服务对象的互动参与和需求反馈。一是在政务服务中心的建设过程中，有的部门因为其较大的行政审批权而不肯出让权力和利益，只将简单的审批项目放在政务服务中心办理，致使协同的职能部门提供集中审批的成本高难度大。二是政府部门主导服务流程，对民众的参与意愿重视不够。比如，审批事项、主管部门、审批条件、办理结果、收费标准等信息大部分不公开，即使部分内容公开，公众也无从参与查找想要了解的信息；公民作为监督者中的重要组成部分，其地位没有受到重视。③ 基于此，2016年12月，时任浙江省委副书记、代省长车俊在省委经济工作会议上倡导提出，要以"最多跑一次"的理念和目标深化政府自身改革。"最多跑一次"改革并不只是以往政府改革的简单延续，而是试图通过借力互联网技术，从群众最渴望解决、最难办的事情上改起，"给人民群众带来更多获得感"，其实质是政府改革理念的重塑。杭州市作为浙江省先行进行改革的城市之一，从与群众和企业生产生活关系最紧密的领域和事项做起，积极探索实现政府与公民共同参与价值共创的可行路径。

---

① 王海峰：《地方公共服务型政府构建中公民参与的困境及对策》，《行政管理改革》2012年第2期。

② 姜晓萍：《构建服务型政府进程中的公民参与》，《社会科学研究》2007年第4期。

③ 李一宁、金世斌、刘亮亮：《完善政务服务工作运行机制研究》，《中国行政管理》2017年第6期。

(二) 杭州市"最多跑一次"的实践内容

杭州市开展的"最多跑一次"改革，是价值共创模式在地方政府创新发展的重要探索，为推进服务型政府建设拓宽了可行道路。从服务型政府价值共创的流程模型来看，"最多跑一次"改革主要有以下三点内容。

1. 价值共创输入阶段

在价值共创的输入阶段，杭州市政府以市民、个体工商户和企业的实际需求为出发点，依托杭州市数据资源管理局，运用技术手段对民众需求进行精准识别，并积极发挥一线窗口部门的位置优势，全方位收集分析公民需求。

首先，由数据资源管理局识别出民众最需要的服务。杭州市在2017年2月正式成立数据资源管理局，明确由数据资源管理局整合原本分散在各职能部门的政务数据。数据资源管理局利用互联网技术，统计分析各政府职能部门各类政务服务的办事频次，实时了解不同类型事项的办理情况，由此确定政府改革具体事项的优先次序和服务资源配置。在具体实践中，根据公民在不同窗口的排队等候情况，选取办件量大的重要事项优先予以改革，并调整一线窗口工作人员的数量与结构安排，推动后台的政务事项改革。

其次，积极发挥一线窗口部门的信息优势。杭州市通过政府数据的系统回顾和实时分析，帮助政府确定了大多数需要调整和优化的政务事项。同时，杭州市还十分重视一线窗口部门的信息优势，查漏补缺，识别和回应非规模化、个性化的公民需求。比如，针对群众在窗口前反映最强烈、最迫切需要解决的不动产登记问题，杭州市政府针对性进行了改革，实现了"60分钟领证"全市域全覆盖，达到全国最快速度。

2. 价值共创内输入阶段

得益于数据共享准确识别公民政务需求后，在价值共创的内输入阶段，基于已经经过收集和识别程序的民众需求，杭州市政府以"一窗受理""一网通办"为主要抓手，打造"线下服务＋线上服务"双轨并行的全方位的价值共创模式，从民众最迫切的需要入手，充分展示"发展为了人民、发展依靠人民、发展成果由人民共享"的精神内涵。

"一窗受理"致力于在物理空间意义上实现"最多跑一次"，通过行政权力归并、划转，将承担审批和服务职能的部门向行政服务中心集中，改造行政服务大厅的窗口设置，将原来按部门排布的服务窗口按"高频事项专门窗口＋综合服务窗口"的形式重新整合。同时，增加行政服务中心人员编制数量，强化规范培训，统一前台受理人员与后台审批人员的工作规范和工作要求，避免因政府设定的办事标准不一造成民众"跑多次"的情况。

"一网通办"面向民众网上办事，致力于实现"不用跑"的目标。依托各地的政务服务网、政务服务 APP、政务信息发布平台等线上综合服务窗口，对接、融合部门的既有平台，完善或新增投资项目和企业注册登记联合在线审批平台、商事登记服务平台、综合便民服务平台等，同时，结合人脸识别、实名认证等技术手段，提高网上办事比例，推进"跑一次"向"不用跑""网上办""不见面"等转变。在 2018 年底，杭州市实现 70% 以上公民个人办事高频事项移动可办和自助办事机可办，实现了"让数据代替老百姓跑"的目标。

在"线上服务＋线下服务"双轨并行、有序推进的过程中，民众不仅有参与表达需求的权利，也有参与决策和监督评估的环节。价值共创机制的四个要素体现了公民参与在内输入阶段的主要内容。充分对话意味着政府要平等地与民众进行互动、分享、学习和沟通；技术渠道是指公众可以享受政府提供的先进、便捷的信息获取渠道；公开透明是指政府主动公开政府服务过程中与公共利益相关的信息资源；激励保障是指政府建立起基础的保障措施和有效的激励机制，鼓励公众积极参与需求表达、决策和监督评估等过程。

3. 价值共创中的监督评估

在服务型政府的建设方向下，政府为公众提供何种公共服务必须是一个包含了公众决定的结果，监督评估也向来是公民参与的重要内容。

（1）政府依托互联网技术推进政府信息公开

杭州市政府借助互联网提供了充足、便捷的平台和渠道公开政府信息，同时方便公众主动获取政府信息。除了依托报纸、杂志等传统媒介及时公布信息，民众也可以通过杭州市政府官网、政务服务网、杭州政务服务 APP 等多样化的在线渠道查询信息或咨询问题，也可了解在某一服务中所要求提交的材料清单、具体的办事流程以及可以预期的办事费用等。并且,杭州市始终关注民众与政府之间互动的质量,完善了"一号问、一网答、一网查"体系,基本实现智能应答技术24小时实时在线应用,为民众了解政府某一方面的行为或提供的产品和服务提供有效渠道。

(2) 政府充分保障民众决策和监督的参与权利

杭州市政府建立了面向市民、个体工商户和企业办事人员等办事主体的反馈机制,帮助行政服务中心查漏补缺,发现改革中尚未涉及的重要内容。在"最多跑一次"改革开展之前,杭州市已经建立起比较成熟的12345热线政务服务反馈机制,供民众在获得政务服务过程中投诉各类问题和反馈服务体验。政务中心在接电话后必须在规定时间内给予解答或联系相关职能部门,责成职能部门在24小时内联系民众。同时,政务中心也会以周为单位统计投诉件的基本情况并将其抄报给本级党委、政府,由地方党政领导特别是分管领导督促各职能部门积极履职。行政服务中心借助12345政务服务热线为民众提供与政务事项有关的反馈渠道。另外,行政服务中心还建立了专门的投诉与反馈渠道,如政务服务网和政务服务APP上建立了由信访局负责的咨询投诉入口。通过这一入口,公民既可以直接评价各职能部门提供的政务服务,也可以投诉、举报或给予更为具体的建议。通过建立政府与民众沟通的桥梁、提供民众意见的反馈保障,杭州市政府较好地重构了政府与民众的关系,提高了行政机构的回应性、问责性。

(三) 杭州市"最多跑一次"的实践启示

从成效来看,杭州市"最多跑一次"改革经过政府与公民的共同创造,最终产出了以公平、效率和民主为主的公共服务价值。其主要成效表现为两个方面。(1) 坚持以人民为中心,以民众的参与获得感为重点。自改革开始以来,杭州市始终坚持以群众的参与获得感为标准来评判改革,通过传统的报纸、电视媒介,以及新兴的公众号、网站等新媒体了解老百姓的需求,推行政府干部面对面与群众交流互动,及时征集民众的诉求并加以改进。同时,以信息技术为支撑,围绕着打造"移动办事之城"的目标,杭州市各政府部门得以建立起民众办理事项的统一指南。根据市审管办公布的最新数据显示,截至2019年8月,杭州企业开办、不动产登记、车驾管业务、婚姻登记等250多个事项已实现全市通办。全

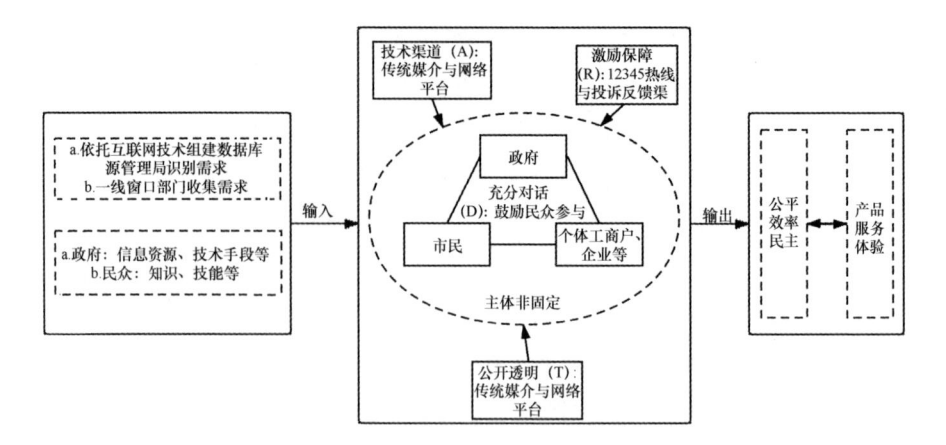

图 5—9　杭州市"最多跑一次"改革的价值共创图解

境设立了 20 个长三角一体化"一网通办"综合服务窗口，30 项企业事项、21 项个人事项在长三角城市群线上"全网通办"、线下"异地可办"。最为重要的是，群众和企业的获得感明显提升，2017 年"最多跑一次"改革的实现率、满意率分别达 87.9%、94.7%，比第一轮调查评估分别提高了 10.2 个、7.8 个百分点，显示出在简化办事环节、提高效率上取得了显著成效。(2) 坚持以深化服务型政府建设为核心，转变政府本位思维。"最多跑一次"改革超越了以往从政府出发，忽略公民的改革模式，摒弃了把减少或下放多少权力作为衡量政府改革成绩的标准，以深化深层次体制机制改革为核心，精准疏通以往改革中的堵点，转变了以往从政府自身出发进行改革的思维。杭州市逐步建立起"全面授权到位、全域告知到位、全员覆盖到位、全程代办到位"的工作体系，自始至终从重构和规范政府间行政权力、创新公民参与导向的服务型政府建设，从而推进了政府治理体系和治理能力现代化。

　　与传统的发展型政府不同，基于人民满意导向的服务型政府建设在理论上强调公民参与导向，在实现机制上与价值共创模式有相容性。杭州市"最多跑一次"改革的成效显示，将评价改革成效的权力交给民众，将识别民众需求的任务交给政府①，使政府和民众置于平等协作的关系中，共同参与政务服务的设计和改进等价值创造过程，是加快推进公民导向服务型政府建设，实现公平、高效和民主价值取向的有效机制。

三 质量改进：上海市社区居家养老服务标准化的实践检验

现代化政府要求及时回应公众的需求，但随着经济的发展和公民需求的变化，提升和优化服务质量，回应群众更高的服务需求，这是全世界公共服务实践的新趋势②，也是满足人民美好生活需要的必然要求。自改革开放以来，我国经济建设有了突飞猛进的发展，同时公众对公共服务的期望也日渐提升，改进公共服务质量和提高公共部门绩效成为当代公共管理改革的一项根本任务，其核心是公民参与公共服务提供、分配、获得、享用等服务链的亲身体验和综合评价。③ 开展公共服务标准化工作，对于提高公共服务供给水平和质量具有重要作用。2018 年 12 月，中共中央办公厅国务院办公厅印发《关于建立健全基本公共服务标准体系的指导意见》，其中明确了在基本公共服务中地方和中央的职责，并且阐明公共服务质量标准化的目标是促进基本公共服务均等化、普惠化、便捷化，成为推动服务型政府建设的又一重大举措。

（一）上海市社区居家养老服务标准化的实践背景

养老服务是典型的制度性公共产品，具有公益性、普惠性特征。上海市在步入 21 世纪时在提供养老服务上就面临极大的问题。其一，人口老龄化加速发展。上海自 1979 年进入老龄化社会，到了 2000 年人口老龄化水平已经达到 18.3%。其二，家庭结构改变，养老功能弱化。独生子女政策的实行导致很大一部分上海家庭结构向"421"转变，独生子女一代担起生活重负无暇照看父母。④ 其三，生活节奏的加快，减少了子女对

---

① 郁建兴、高翔：《浙江省"最多跑一次"改革的基本经验与未来》，《浙江社会科学》2018 年。

② 陈振明、耿旭：《中国公共服务质量改进的理论与实践进展》，《厦门大学学报》（哲学社会科学版）2016 年第 1 期。

③ 谢星全：《基本公共服务质量：一个系统的概念与分析框架》，《中国行政管理》2017 年第 3 期。

④ 周海旺、寿莉莉、高慧：《社区养老服务的供需矛盾与化解方略——以上海市为例》，《上海城市管理》2015 年第 6 期。

赡养老人的时间投入。上海处于竞争激烈的一线城市，房价和物价迫使大部分成年家庭成员卷入劳动力市场，老年人难以得到家庭的细心照料。其四，养老资源匮乏，无法满足养老需求。由于养老机构发展缓慢，但是老龄化的提前到来给养老服务带来了挑战。其五，受传统观念的影响，社会对机构养老不认可。老年人认为在养老机构养老就是在对传统孝道的挑战，表明缺乏亲情关怀。可见，传统的养老服务不仅在数量上没有办法提供令人满意的服务，质量上也达不到要求。

上海市最早的居家养老探索可追溯到 2000 年 5 月，当时上海选择了六个区开展居家养老服务的试点。① 社区居家养老是与家庭养老紧密联系的一种新型养老方式，是在不改变老年人居住环境和各自习惯的条件下，由社区提供居家养老服务②。当时上海市居家养老服务的探索共形成了社区日托、上门服务和志愿支持服务三种主要模式。社区日托主要针对身体硬朗无人照看的老人，社区日托为老人提供精神慰藉、生活照料、康复护理等日间服务③。居家上门服务主要是针对年纪偏大、行动不便的老人，由护理员上门为老年人提供包含吃穿住行谈等"十助"照料服务。志愿支持服务主要是号召社会力量为老年人开展文体娱乐活动，充实和丰富老年生活。

（二）上海市社区居家养老服务标准化的实践内容

自 2000 年开始的居家养老服务在取得老百姓的肯定后，上海市逐步开始规范并且不断推广。从政策文本和现实实践情况来看，上海市居家养老服务大致经历三个阶段：一是起步规划阶段，这一阶段吸纳试点工作的经验并发布相关的规范性文件使居家养老成熟化；二是推广普及阶段，这一阶段不仅使得居家养老的内容更为具体，而且从各方面对居家养老服务作出了更细致的要求使其不断体系化；三是不断完善阶段，上海市在实践的基础上与时俱进，不断完善对居家养老服务方方面面的要求，使其更加标准化。

---

① 白岩岩：《上海市居家养老服务多元化实现路径研究》，硕士学位论文，上海工程技术大学，2014 年。

② 李文军：《基于程序逻辑模式的社区居家养老服务绩效评估研究——以上海市为例》，《广东行政学院学报》2016 年第 4 期。

③ 陶翌：《上海市社区居家养老供需问题研究》，硕士学位论文，上海师范大学，2018 年。

1. 起步规划，居家养老服务不断成熟

在试点工作取得一定经验和成果的基础上，从 2001 年开始，上海市民政局首次出台关于居家养老的统领性政策，依次下发了《关于全面开展居家养老服务意见》《居家养老补贴资金来源和使用方案》《关于预拨 2001 年度居家养老补贴经费的通知》《上海市老年人日间服务机构管理办法》等相关文件，系统规范了居家养老的服务内容、补贴标准、管理办法等内容，力图在全上海市构建一个专业化、便捷化、多层次的社区居家养老服务体系。

2. 推广普及，居家养老服务体系化

2004 年，上海市出台了《关于进一步推进深化居家养老服务工作的通知》，文件加大了对居家养老相关规定的完善，肯定了居家养老服务的战略性和重要性，强调对这一养老服务模式的推广和支持。在这一文件中居家养老服务的内容主要包括上门服务和日托服务。2005 年，上海市出台了《关于本市实施社区助老服务项目的试行办法》，与此同时，本着更好地向公众提供居家养老服务原则，上海市民政局在充分调研的基础上，起草了《养老服务需求评估标准》，以更加科学的办法评估居家养老服务的需求。随着《关于全面落实 2008 年市政府养老服务实事项目进一步推进本市养老服务工作的意见》《关于进一步促进本市养老服务事业发展意见》等政策的出台，上海市居家养老服务越来越体系化。

3. 不断完善，居家养老标准化

随着居家养老服务实践的不断开展，服务所涉及的其他问题开始凸显。为了更好地提供相应服务，上海市对服务内容、标准、补贴、实施办法等做了相应的调整。于 2009 年出台了《关于进一步规范本市社区居家养老服务工作的通知》以及《上海社区助老服务机构资质要求及人员配备要求》。面对各社区所提供的居家养老服务有差异的问题，上海市在综合考察情况后又出台《社区居家养老服务规范》，对服务人员、服务内容、服务标准、服务考核等各方面进行统一的规定。2015 上海市民政局、上海市老龄工作委员会办公室制定了《社区居家养老服务规范实施细则（试行）》，细则不仅规定了养老服务的主要内容，而且将服务内容的具体要求都作了详细规定，比如洗发水温、梳头梳子款式等都有明确要求。2016 年上海市人民政府办公厅《关于全面推进老年照护统一需求评估体

系建设的意见》进一步完善相关体系建设，同年上海市人民代表大会出台《上海市老年人权益保障条例》。2018年为了让养老服务更加充分、均衡、优质，上海市出台《上海市老年照护统一需求评估及服务管理办法》。自此，上海市居家养老服务的标准化日趋成熟。

（三）上海市社区居家养老服务标准化的实践启示

上海市居家养老服务从前期试点试验到不断完善、全面推广，在全上海市建立了一套多层面、专业化、体系化的社区居家养老服务模式。这种模式得到了当地居民和上级政府的肯定，其主要实践成效如下。（1）制定全面的服务标准体系，完成公共服务质量改进工作。从一开始政策文本仅仅是对服务的内容、要求，相关机构的资质作出笼统的概述，到2009年对社区居家养老的服务规范细致到服务内容的十大基本内容、具体服务要求、评价指标和方法；再到2015年实施细则，其详细规定不仅仅涵盖基本服务内容，还将各内容的具体分点事项一一列举，服务的要求甚至细致到洗发的水温、力度、指法要求等非常细微的标准。上海市对社区居家养老公共服务的不断标准化，促进了公共服务提供者的职能转变、流程再造，保证了养老服务的质量和温情，还使得养老公共服务的可获得性与公平性得到保障。[①]（2）强化人民满意的绩效评估，确保公共服务标准执行。早在2009年，上海市《社区居家养老服务规范》就指出该公共服务的评估主体有三：机构自我评价、服务对象评价、第三方评价，并构建了涵盖各主体和服务过程的全面评价指标。可见，上海市社区居家养老的服务评估不仅有客观指标的评估，还包含服务对象是否满意的评估。在2015年的细则中关于社区居家养老的评估指标中分化成有形性指标、可靠性指标、响应性指标、保证性指标、移情性指标。除了有形性指标，其余四项指标都更加突出公共服务对象老年人的满意度，如可靠性指标其中一项为"表现出解决老年人问题的热忱"、响应性指标中"服务人员乐于帮助老年人"等。由此可见，上海市的社区居家养老评估已不是仅仅的截面评估，也是面向未来进一步地改进服务质量和更好地使人民满意。（3）推广社区居家养老服务模式，促进服务质量横向公平。

[①] 陈振明、耿旭：《中国公共服务质量改进的理论与实践进展》，《厦门大学学报》（哲学社会科学版）2016年第1期。

根据上海市民政局发布的信息，上海市目前有养老机构677所，养老机构服务床位数134300个，养老机构服务人数达81936人，社区日间照料人数1030人，社区留宿照料人数157人。2019年上海市共发放老年综合津贴56.7亿元，惠及老人3672万人，享受高龄补贴的老年人数2834220人，享受护理补贴的老年人数4601人，享受养老服务补贴的老年人数111912人。并且，上海市不断推广普及社区养老服务模式，逐步地向农村地区延伸，在农村的社区照料机构已达6个，日间照料床位数92张，社区留宿照料床位数1724张，推进社区养老服务成效均衡发展。

以标准化促进基本公共服务均等化、普惠化、便捷化、优质化，对于加强保障和改善民生，提升社会发展与城市治理质量具有重要意义。上海市社区居家养老服务标准化工作就是基于上海市老年人的需求，又兼顾社区文化与社会因素，一方面让老年人可以在自己熟悉的家中或是社区中养老，并且维持着以前的社会关系；另一方面通过规范化、标准化的服务品质，不断增进的老年群体的获得感、幸福感、安全感。

四 信任建构：辽宁省民心网的实践检验

"建设人民满意的服务型政府"，必然要求各级政府要转变职能、创新服务方式与理念，在服务上下功夫，真正为公民提供优质、高效、公平的服务，进而提升政府信任。强化信任建构是推进服务型政府建设的应有之义。辽宁省民心网是对政府—公民信任建构的典型实践案例，它通过政府与公民的有效沟通对话，实现了政府形象塑造和公民利益诉求解决的双重效果。

（一）辽宁省民心网的实践背景

"互联网+政务服务"是一种将网络技术与政府服务结合的新型服务提供方式，在一定程度上它超越了传统政府服务提供模式所造成的信任危机，促进政府与公民之间的互动关系，突破政府之前服务提供中存在的随意性与封闭性，让更多的公众能够参与到政府开放化的服务提供中，实现"一对一模式"的菜单式服务，推动公民在政府与公民之间信任关系构建中发挥主动性。辽宁省2003年12月筹建，2004年建成的民心网（2019年民心网并入辽宁省8890综合服务平台）是"互联网+政务服务"的典型模式，对于它出现的背景可以从政府理念转变和网络技术革新两个方面来把握。

"倾听民声、服务民众、实现民意"是民心网的宗旨,也是政府治理理念转变的写照。如何有效倾听民声,解答民困则是推进政府服务创新的重要难题。早在2002年,党的十六大提出科学发展观,和谐社会构建成为一个重要的使命,政府在这一过程中由管理向服务进行转变,重视与公民进行对话,尊重公民权利的行使,加大对政府的制约与监督。与此同时,互联网技术的发展为推动政务服务的高效化、简约化提供了实践可能。1994年互联网进入中国,经过十年的发展,到2003年时我国互联网的网络基础设施建设、网络设备和网络产品的自主开发生产、互联网服务新业务以及互联网的应用规模等均取得巨大成就,网络基础设施规模和互联网应用规模已经进入世界前列。① 这为互联网政务服务提供了群众基础和技术支持。随着更多的人运用互联网进行意见表达和交流,政府为了更好地倾听民意和理解民情,用"互联网+政务服务"模式来提供公共服务成为时代的必然要求,同时互联网技术的迅速发展让政府运用互联网来提供服务成了现实的可能。政府利用网络来与民众主动进行互动交流,一方面会让政府更加了解社会实际,制定更加符合实际的政策措施;另一方面,人们对于政府要求的提升,通过网络来沟通会让人们更加了解政府,推动各项政策措施的实施,构建稳定和谐的社会。

(二)辽宁省民心网的实践内容

辽宁省于2004年由省纪委、省监察厅和省政府纠风办合作创建了网络工作平台——民心网,充分调动全省各级政府部门和行业工作力量来公开受理群众举报投诉和政策咨询,在不断发展过程中,逐渐在辽宁省政府工作中发挥了收集与回应广大群众诉求、纠正政风行风、实施政务公开等工作平台作用,构建了政民良好的互动关系。通过民心网,辽宁省有效地保障广大公众的知情权、参与权、表达权和监督权,积极与民互动、不断满足群众的多层次需求,提高了公民对政府的信任感。

1. 革新观念,改进政府组织工作作风

长久以来官本位思想在政府部门中弥漫,很多公务员以"升迁"作为首要目标,将"为人民服务"当作口号,出现了说一套做一套的"盒

---

① 《中国互联网发展报告》,《现代图书情报技术》2004年第2期。

套"式工作作风，严重降低了公众对于政府的信任感。建设服务型政府就是要去除遗留的官本位思想，实现由管理到服务的职能转变，切切实实地以人民的利益为重。民心网打破了之前的工作惯例，通过网络平台聆听老百姓的心声，以人民的真切需求为基础，把"务实"作为政府工作的首要箴言，以政府部门敢于直面问题、解决问题以及工作满意作为工作的重要标准。

2. 畅通渠道，吸纳公民表达诉求与监督

辽宁省民心网将省、市、县三级政府平台整合起来，构建大型的网络平台，网上24小时受理群众问题，与此同时还开通了96515热线和手机短信平台来提升群众的覆盖率，拓宽群众的表达渠道。因此，民心网是一个集事务办理、政策咨询与监督于一体的多功能民意收集平台，可以最大限度地保障公众办理事务的权利，还将辽宁全省每天受理的投诉内容、互联单位登录在线、问题领办情况、办理结果反馈等信息实时公开，让政府工作处于公众的监督之中，同时也实现了官民的全员互动。通过畅通诉求表达渠道，让公众反映心声，并通过沟通回访、见面会等形式让互动成为现实。更为重要的是，民心网以民情民意分析报告的形式进行解读，推动政府对损害群众利益突出问题的专项治理[①]，及时反馈群众的关切问题，真正让公众对政府问题解决的全程监督，维护群众的利益，实现了解民忧、答民问的目标。

3. 创新机制，提升行政人员工作效能

民心网，对外是一个诉求回应、政策解读和政府监督的平台，对内则是一个效能提升、协同联动的工作机制。通过民心网，政府相关职能部门进行了有效整合，在明确职责的同时增强了各部门之间的协作配合能力，提升相关部门工作人员的综合工作能力与效率。在对公民意见建议进行收集与整理分析并形成相应的民情民意分析报告，也可以让更多的行政工作人员了解公民的所想、所需、所急，在日常工作中不断提升工作能力，以最有效的方式来满足公民的需求。再则，通过多种问题反馈渠道，可以让公民对政府的工作进行全程的跟踪，把政府工作置于公众的监督之中，也提升了政府工作人员的积极性。

---

① 何增科：《民主监督》，中央编译出版社2013年版，第217页。

（三）辽宁省"民心网"的实践启示

辽宁省以民心网为平台，充分了解民情、理解民意，并积极回应民众的关切与诉求，构建良好的政民互动交流的协作平台，有效地维护了民众的利益诉求，进而提高了政府信任，实现和谐社会构建目标。其成效主要有：（1）增进政民互信，化解信任危机。政府通过回应诉求、解答政策咨询、收集政策建议，使群众更深入地参与到公共管理之中，消除了因信息不畅而产生的误解，增强了双方间的信任，化解了群众因切身利益问题得不到有效解决而对党和政府产生的怨气与不解。[①] 通过民心网，拉近政府与群众的距离，让双方以更加积极的行为方式来解决、化解问题，促进社会和谐稳定。（2）表达群众诉求，维护人民权益。民心网是一个集合多方面网络的综合型民意表达网络机制，让更多的部门和涉及民众切身利益的领导通过网络联系起来，拓宽服务联网的覆盖面，使得民众能够真正通过民心网来反映自己的问题，让管理部门和领导能够快速了解真实的民情民意来更好地解民忧。[②] （3）促进社会监督，提升服务质量。民心网建立了五级量化考核指标，对各部门解决民众诉求问题进行量化考核，并将相关的结果在网上进行公布，让群众了解政府、了解问题办理情况。同时也有网上评议，通过网民对网上公布的办理情况进行评价，对网民满意与不满意的办理情况进行相应的奖惩，以此来激发个部门办理群众实际问题的效率与效果，真正实现民众关心的问题得到彻底的解决，同时也可以为公民提供更高质量的服务。

"互联网+政务服务"以其独特的方式将政府与民众连接起来，民心网的实践成效表明，政府信任建构是一个双方共同努力并协同的过程，需要政府一方面在管理中更多地吸纳公众的参与，让公众真正体会到"主人"感受；另一方面是政府要从表面化的服务质量提升到更深层的内在化质量提升，让民众在日常生活中切身感受到最有价值的诉求得到最优的满足，踏踏实实地解决民众身边最需要的服务需求。

[①] 宋艳：《从辽宁民心网看政府治理创新》，《中国行政管理》2015年第10期。
[②] 李占国、杨琳琳：《以民心为圆心——民心网14年为何生生不息》，《民心》2018年第5期。

第五节　服务型政府建设经验的制度化推广

服务型政府建设经验的制度化推广，是指在"人民满意"导向的服务型政府建设过程中，体现公民导向的需求回应、参与导向的价值共创、绩效导向的质量改进和公平导向的信任建构等价值维度的实践，通过经验优化及制度安排的政策扩散过程。

政策扩散，是指"一种政策活动从一个地区或部门扩散到另一地区或部门，被新的公共政策主体采纳并推行的过程"[①]。中国语境下的公共政策扩散，往往具有这样的特质：首先，选取政策试点区，这个试点区可以有一个、两个或者多个，以试点区的成功程度作为是否制度化推广的标准。其次，试点区如果成功，就总结试点区实施的政策经验，以中央政府的认同度作为扩大制度化推广的标准。最后，是大范围的推广，某项政策彻底推向全国。[②] 建设服务型政府中出台的各类制度也有着这样的路径依赖。本部分以"北大法宝"为基础数据库，基于服务型政府建设经验的制度化推广的内涵，分别以"服务型政府""服务型政府、需求、公民""服务型政府、价值、参与""服务型政府、质量、绩效""服务型政府、信任、公平"为检索词进行全文检索，检索库主要包含中央法规司法解释和地方法规规章（中央法规司法解释包含法律、行政法规、司法解释、部门规章、党内法规、团体规定、行业规定等，而地方性法规规章包含地方性法规、地方政府规章、地方规范性文件、地方司法文件、地方工作文件、行政许可批复等），力图对服务型政府建设经验制度化推广情况作出总体描述。

一　制度化推广的现状描述

以"服务型政府"为检索字段，在"北大法宝"中进行全文检索发现，涉及中央法规司法解释384条，地方法规规章7886条。从不同年份

[①] 许凌飞：《中国公共政策扩散动力机制研究》，《中国公共政策评论》第15卷，商务印书馆2019年版。

[②] 朱亚鹏：《政策创新与政策扩散研究述评》，《武汉大学学报》（哲学社会科学版）2010年第4期。

"服务型政府"相关制度数量可以看出，2001年地方性法规规章中就有了关于服务型政府的论述，早于2003年中央法规司法解释。中央与地方对于服务型政府建设的制度出台，整体上基本一致，近年来出现频次不断增加趋势。（见图5-10）就中央的各个部门而言，国务院各个机构出台最多，为300条，服务型政府的建设是随着国务院机构改革的步伐不断创新的。从地方法规规章而言，发布数量排名前十的省份分别是江苏省、河南省、四川省、浙江省、广东省、辽宁省、安徽省、山东省、福建省、湖北省，这些省份服务型政府建设经验相对丰富。

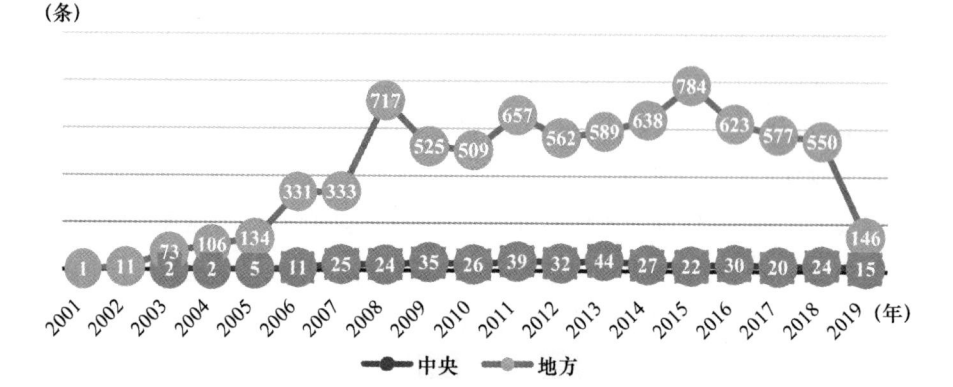

(条)

图5-10 不同年份"服务型政府"相关制度数量

资料来源：北大法宝，http://www.pkulaw.cn/2020-1-6。

（一）公民导向的需求回应

以"服务型政府、需求、公民"在"北大法宝"检索全文，获取相关制度共681条，其中中央法规司法解释63条，地方法规规章618条。在中央法规司法解释的63条中，以国务院各机构和党中央部门发布数量最多，分别发布39条和12条。从年份而言，关于"需求"和"公民"关键词的出现，晚于"服务型政府"出现的时间，从2002年至2019年，出现四个峰值，分别是2006年、2012年、2015年、2018年，总体与"服务型政府"出台数量的峰值保持一致。

从地方法规规章出台的地域来看，整体上呈现东部和中部出台数量高于西部的特征。整体而言，在服务型政府的回应公民需求方面，东部

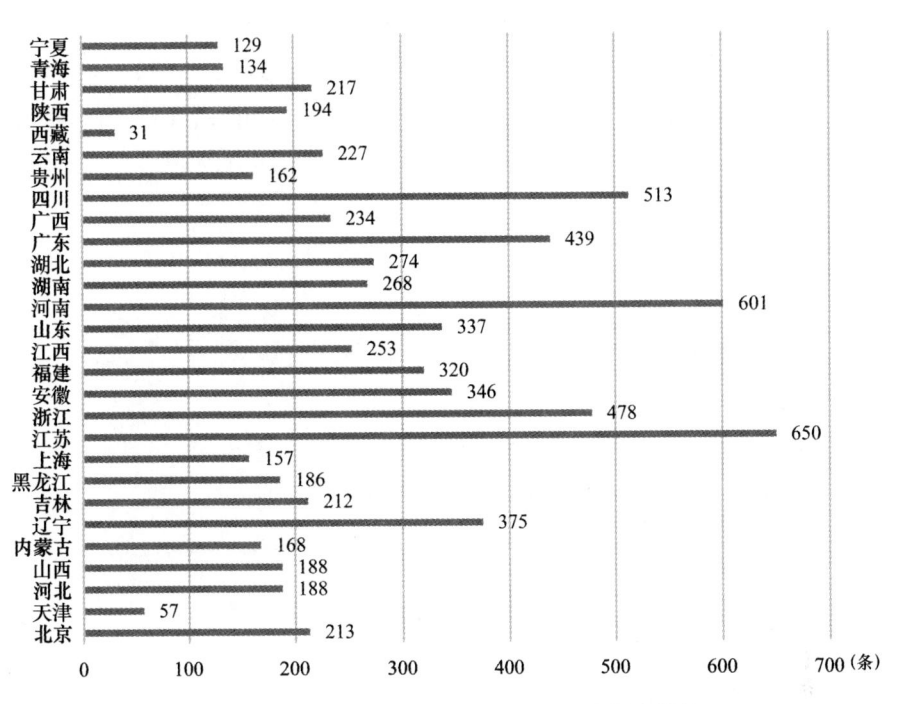

图 5-11　不同省份"服务型政府"相关制度数量

宁夏	129
青海	134
甘肃	217
陕西	194
西藏	31
云南	227
贵州	162
四川	513
广西	234
广东	439
湖北	274
湖南	268
河南	601
山东	337
江西	253
福建	320
安徽	346
浙江	478
江苏	650
上海	157
黑龙江	186
吉林	212
辽宁	375
内蒙古	168
山西	188
河北	188
天津	57
北京	213

资料来源：北大法宝，http：//www.pkulaw.cn/2020-1-6。

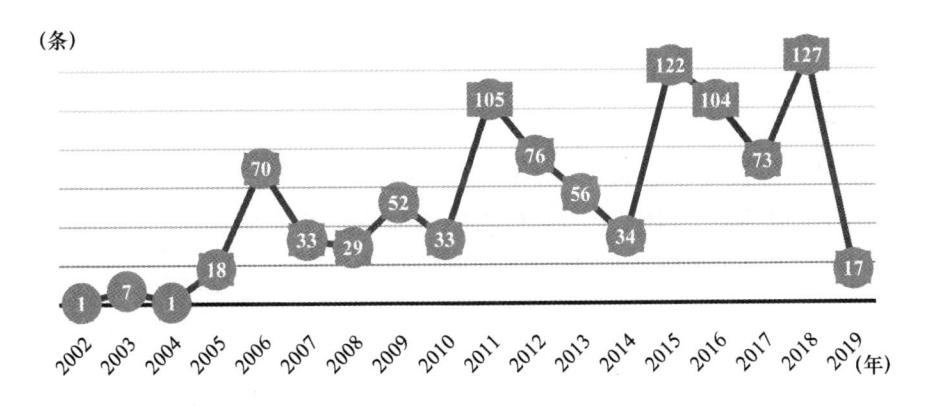

图 5-12　不同年份"服务型政府、需求、公民"相关制度数量

年份	数量（条）
2002	1
2003	7
2004	1
2005	18
2006	70
2007	33
2008	29
2009	52
2010	33
2011	105
2012	76
2013	56
2014	34
2015	122
2016	104
2017	73
2018	127
2019	17

资料来源：北大法宝，http：//www.pkulaw.cn/2020-1-6。

沿海地区如广东、江苏等和中部河南、山西等更加关注。从绝对数量上而言，有关"服务型政府 需求 公民"的出台数量排名前十的省级行政区域，分别是江苏省、广东省、河南省、浙江省、四川省、山西省、福建省、北京市、甘肃省、安徽省。西部地区关注数量相对较少。

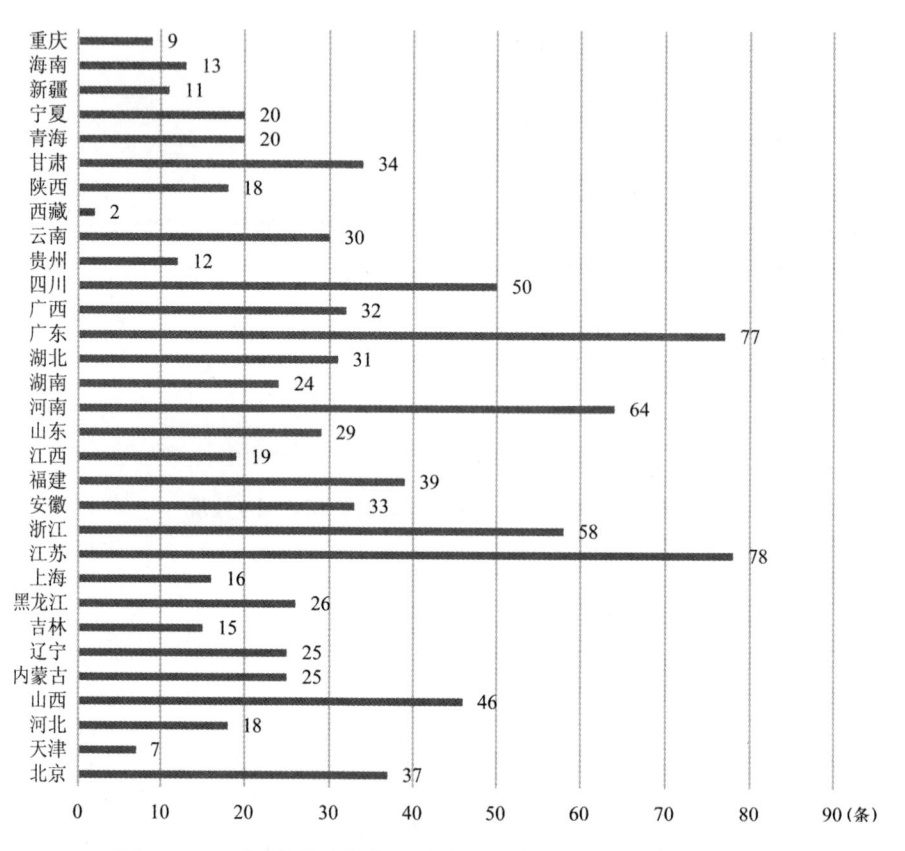

省份	数量
重庆	9
海南	13
新疆	11
宁夏	20
青海	20
甘肃	34
陕西	18
西藏	2
云南	30
贵州	12
四川	50
广西	32
广东	77
湖北	31
湖南	24
河南	64
山东	29
江西	19
福建	39
安徽	33
浙江	58
江苏	78
上海	16
黑龙江	26
吉林	15
辽宁	25
内蒙古	25
山西	46
河北	18
天津	7
北京	37

图 5-13 不同省份"服务型政府、需求、公民"相关制度数量

资料来源：北大法宝，http://www.pkulaw.cn/2020-1-6。

从制度涉及的领域与类别来看，关注的焦点是机关工作、营商环境、证券业、计划、建设业等。机关工作、营商环境、证券业的制度数量位列前三，均超过100条，其中机关工作是关注重点，有471条；营商环境次之，有271条。从回应公民需求的层面来看，更多落脚在政府内部，如机构改革、职能转变等方面。

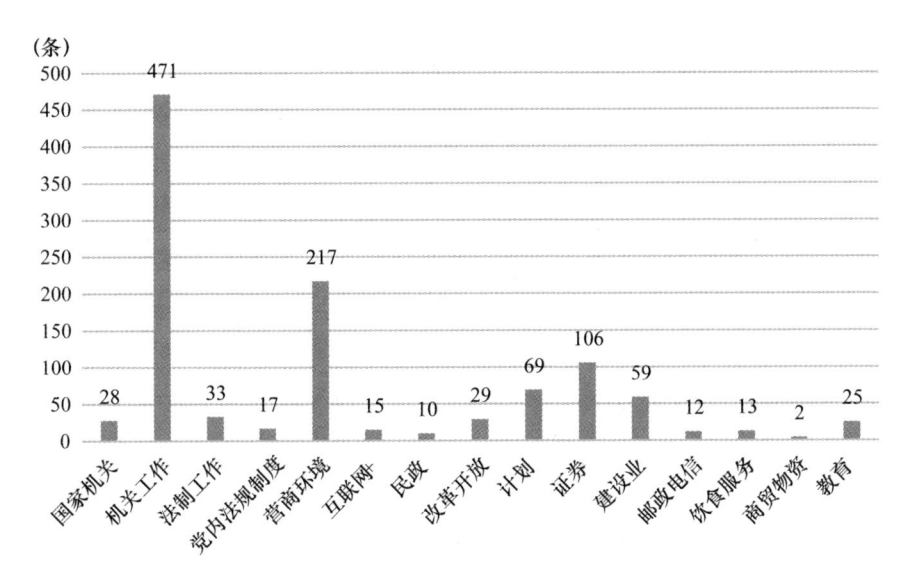

第五章 服务型政府建设的绩效评估与经验推广研究　471

图 5-14　不同类别"服务型政府、需求、公民"相关制度数量

资料来源：北大法宝，http://www.pkulaw.cn/2020-1-6。

（二）参与导向的价值共创

以"服务型政府、价值、参与"在"北大法宝"检索全文，获取相关制度共 1058 条，其中中央法规司法解释 99 条，地方法规规章 959 条。在中央法规司法解释的 99 条中，以国务院各机构和党中央部门发布数量最多，分别发布 66 条和 20 条。从年份而言，关于"价值"和"参与"关键词的出现，晚于"服务型政府"出现的时间，从 2003 年至 2019 年，出现过两个峰值，分别是 2011 年和 2017 年。

从地方法规规章出台的地域来看，整体上呈现东部和中部出台数量高于西部的特征。在服务型政府建设中的公民参与方面，东部沿海地区如广东、江苏等比较凸出。从绝对数量上而言，有关"服务型政府 价值 参与"的出台制度数量排名前十的省级行政区域，分别是江苏省、广东省、河南省、浙江省、辽宁省、北京市、山东省、四川省、福建省和安徽省。

从制度涉及的领域与类别来看，制度关注的焦点主要是机关工作、营商环境、建设业、计划、教育、改革开放等。制度数量位列前三的分别是机关工作、营商环境、建设业，均超过 100 条，其中机关工作是关注

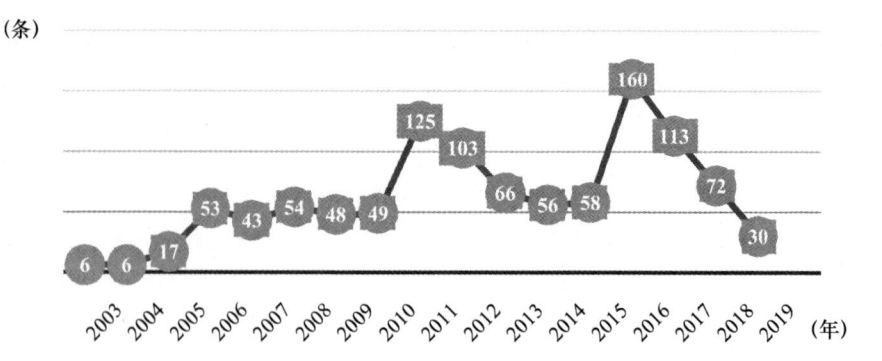

图 5-15 不同年份"服务型政府、价值、参与"相关制度数量

数据（年份：条数）：2003:6、2004:6、2005:17、2006:53、2007:43、2008:54、2009:48、2010:49、2011:125、2012:103、2013:66、2014:56、2015:58、2016:160、2017:113、2018:72、2019:30

资料来源：北大法宝，http://www.pkulaw.cn/2020-1-6。

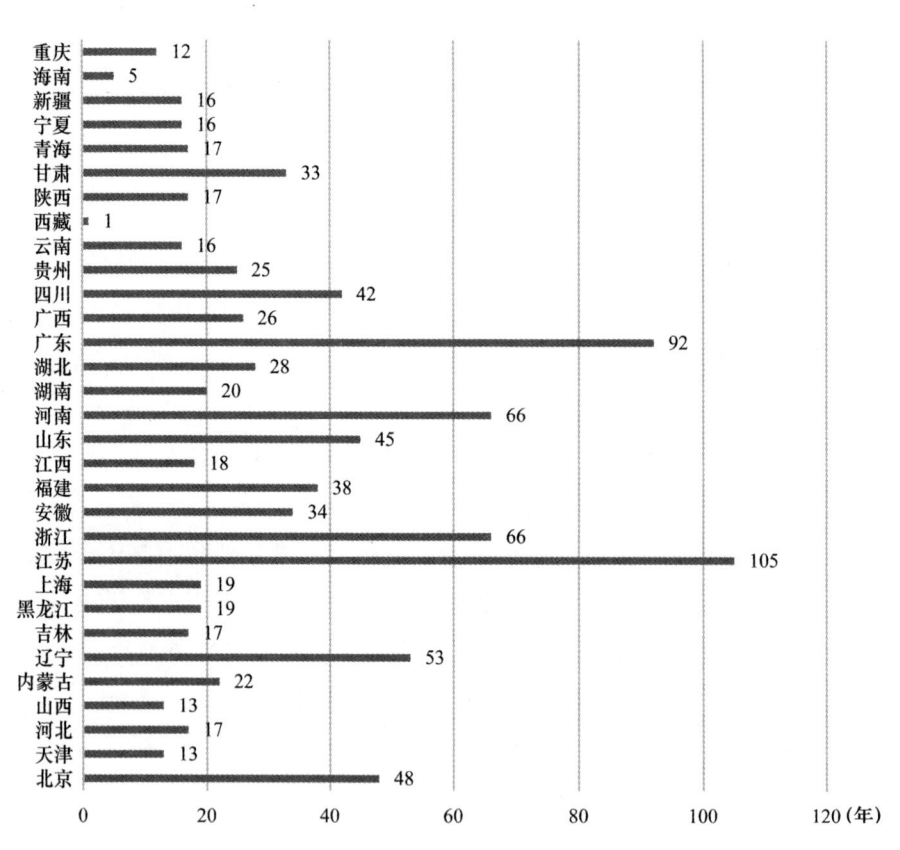

图 5-16 不同省份"服务型政府、价值、参与"相关制度数量

各省份数据（条数）：
- 北京：48
- 天津：13
- 河北：17
- 山西：13
- 内蒙古：22
- 辽宁：53
- 吉林：17
- 黑龙江：19
- 上海：19
- 江苏：105
- 浙江：66
- 安徽：34
- 福建：38
- 江西：18
- 山东：45
- 河南：66
- 湖南：20
- 湖北：28
- 广东：92
- 广西：26
- 四川：42
- 贵州：25
- 云南：16
- 西藏：1
- 陕西：17
- 甘肃：33
- 青海：17
- 宁夏：16
- 新疆：16
- 海南：5
- 重庆：12

资料来源：北大法宝，http://www.pkulaw.cn/2020-1-6。

重点，有432条；营商环境次之，有198条。从价值共创的参与层面来看，更多地也落脚在政府内部，如机构改革、职能转变等方面。

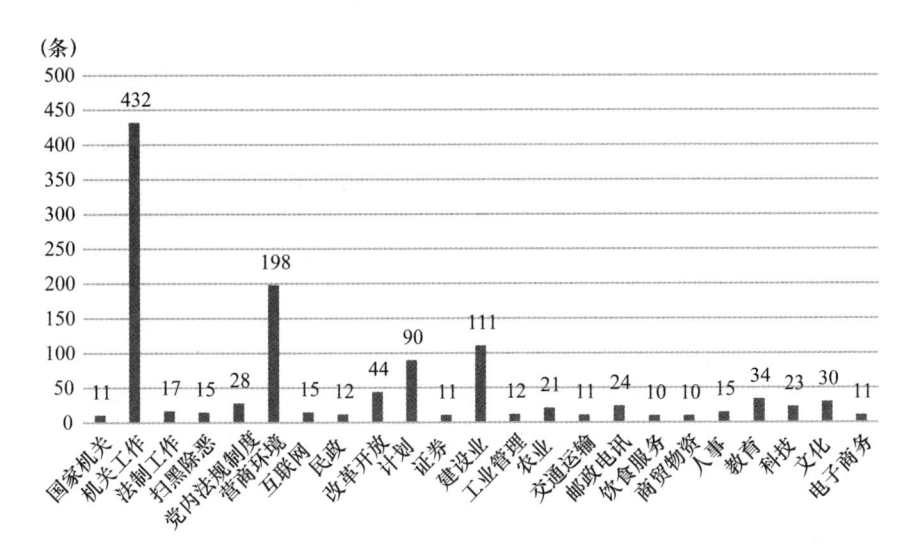

图 5-17 不同类别"服务型政府、价值、参与"相关制度数量

资料来源：北大法宝，http://www.pkulaw.cn/2020-1-6。

（三）绩效导向的质量改进

以"服务型政府、质量、绩效"在"北大法宝"检索全文，获取相关制度共2888条，其中中央法规司法解释136条，地方法规规章2752条。在中央法规司法解释的136条中，以国务院各机构和党中央部门发布数量最多，分别发布99条和20条。从年份而言，关于"质量"和"绩效"关键词的出现，晚于"服务型政府"出现的时间，从2003年至2019年，出现过两个峰值，2010年和2015年。

从地方法规规章出台的地域来看，整体上呈现东部和中部出台数量高于西部的特征。整体而言，对服务型政府的质量改进与绩效方面，东部沿海地区如广东、江苏等和中部河南等更加关注。从绝对数量上而言，有关"服务型政府 质量 绩效"的出台数量排名前十的省级行政区域，分别是江苏省、广东省、河南省、浙江省、安徽省、四川省、湖南省、辽宁省、福建省、北京市。

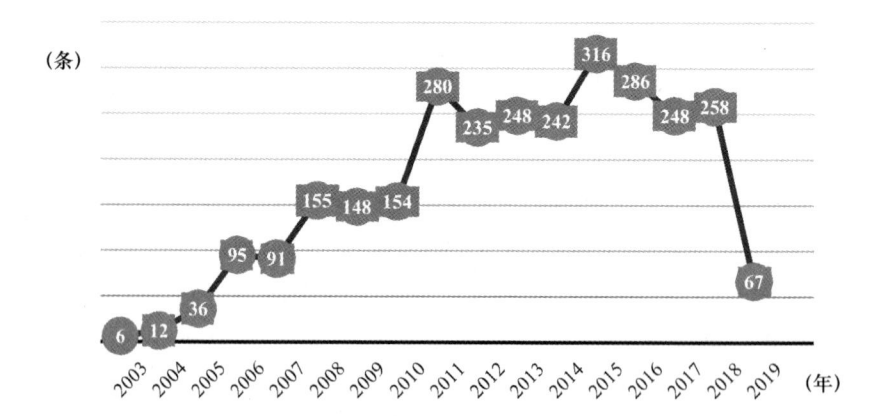

474 ▶▶ 服务型政府建设的战略要点与关键环节

(条)

年份	数量
2003	6
2004	12
2005	36
2006	95
2007	91
2008	155
2009	148
2010	154
2011	280
2012	235
2013	248
2014	242
2015	316
2016	286
2017	248
2018	258
2019	67

图 5-18 不同年份"服务型政府、质量、绩效"相关制度数量

资料来源：北大法宝，http://www.kulaw.cn/2020-1-6。

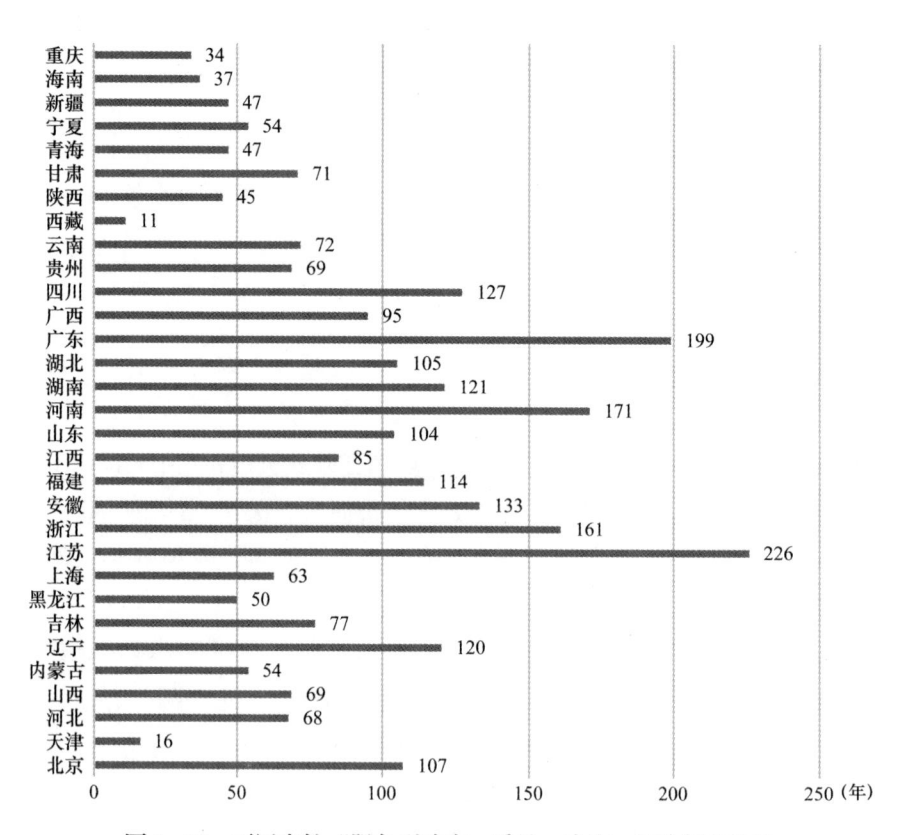

省份	数量
重庆	34
海南	37
新疆	47
宁夏	54
青海	47
甘肃	71
陕西	45
西藏	11
云南	72
贵州	69
四川	127
广西	95
广东	199
湖北	105
湖南	121
河南	171
山东	104
江西	85
福建	114
安徽	133
浙江	161
江苏	226
上海	63
黑龙江	50
吉林	77
辽宁	120
内蒙古	54
山西	69
河北	68
天津	16
北京	107

图 5-19 不同省份"服务型政府、质量、绩效"相关制度数量

资料来源：北大法宝，http://www.pkulaw.cn/2020-1-6。

第五章 服务型政府建设的绩效评估与经验推广研究

从制度涉及的领域与类别来看，制度关注的焦点主要是机关工作、建设业、营商环境、改革开放、计划等，均超过100条。其中机关工作是关注重点，有1632条；建设业次之，有1333条。从质量改进的绩效层面来看，落脚在政府内部和政治、经济、文化等方面的建设上。

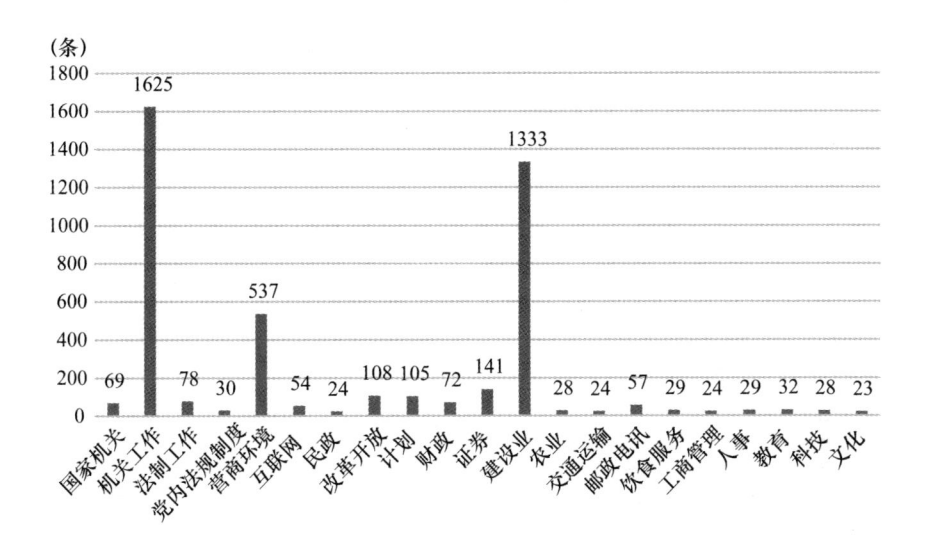

图 5-20 不同类别"服务型政府、质量、绩效"相关制度数量

资料来源：北大法宝，http://www.pkulaw.cn/2020-1-6。

（四）公平导向的信任建构

以"服务型政府、信任、公平"在"北大法宝"检索全文，获取相关制度共141条，其中中央法规司法解释20条，地方法规规章121条。从年份而言，关于"信任"和"公平"关键词的出现，晚于"服务型政府"出现的时间，从2003年至2019年，出现过两个峰值，2011年和2016年。

从地方法规规章出台的地域来看，整体上呈现东部和中部出台数量高于西部的特征。整体而言，在服务型政府的信任建构方面，东部沿海地区的广东、江苏等更加关注。从绝对数量上而言，有关"服务型政府 质量 绩效"的出台数量排名前五的省级行政区域，分别是江苏省、广东省、山东省、河南省、四川省。

从制度涉及的领域与类别来看，制度关注的焦点在机关工作、营商

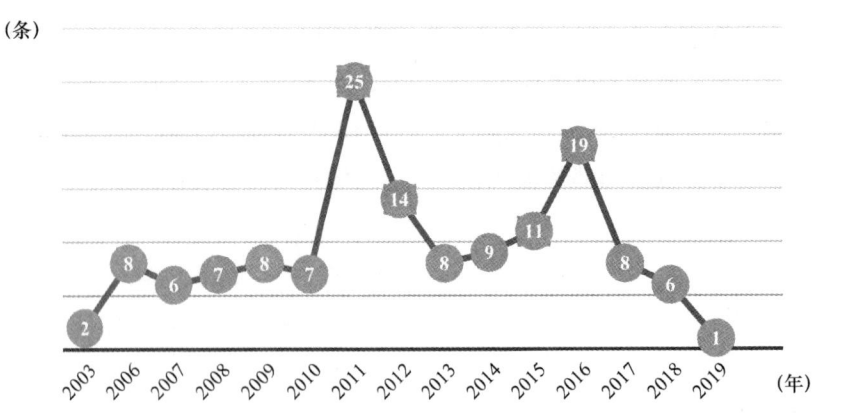

图 5-21　不同年份"服务型政府、信任、公平"相关制度数量

资料来源：北大法宝，http://www.kulaw.cn/2020-1-6。

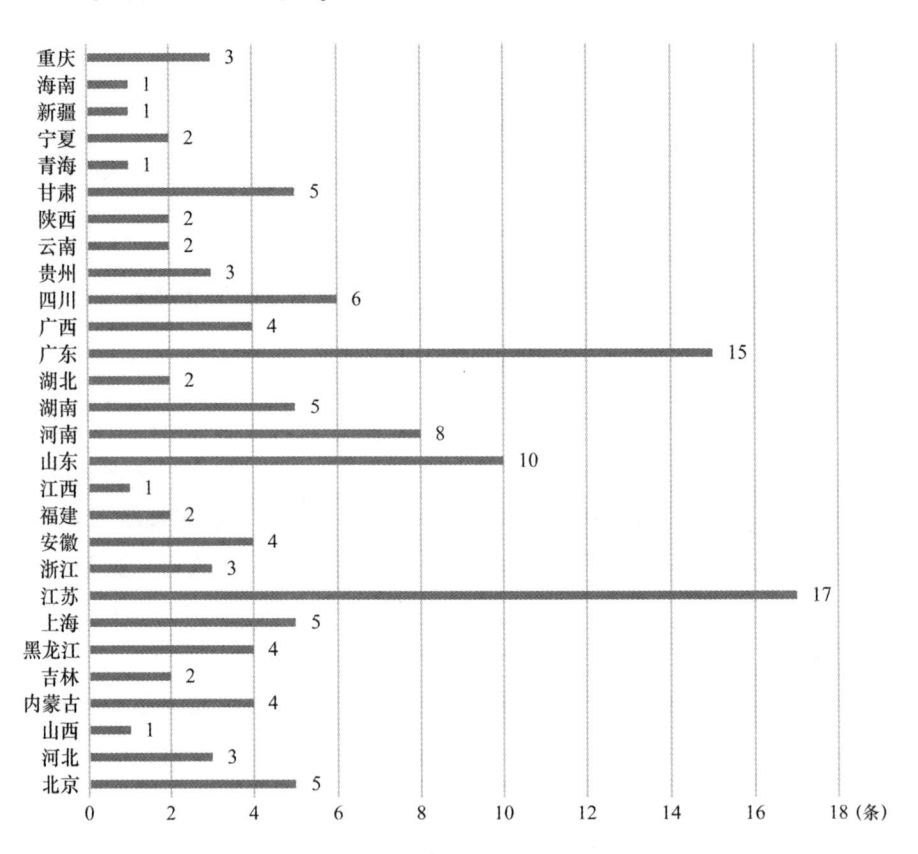

图 5-22　不同省份"服务型政府、信任、公平"相关制度数量

资料来源：北大法宝，http://www.pkulaw.cn/2020-1-6。

环境、计划、建设业等，均超过 10 条，其中机关工作是关注重点，有 59 条。从信任建构的公平层面来看，主要落脚在政府内部机关工作上。

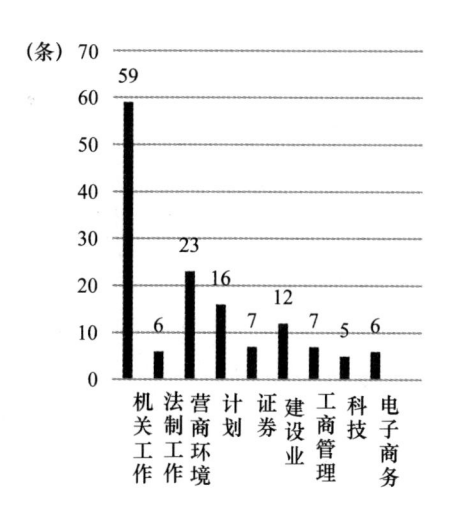

图 5-23　不同类别"服务型政府、信任、公平"相关制度数量

资料来源：北大法宝，http://www.pkulaw.cn/2020-1-6。

二　制度化推广的实践困境

2003 年"非典"以后，国家加大了对基础设施和各项基本公共服务的支出，使得我国的基本公共服务有了极大的提升，公共财政的支出结构也有了极大的调整。在中央政府通过顶层设计推动各项具体政策、试点经验制度化时，地方政府也积极履行着自己的职能，不断探索因地制宜的地方性制度设计。在制度化推广的过程中，各个地方政府都将焦点对准公民需求、公共价值、服务质量、公民信任等方面，在这些方面的投入大大促进了服务型政府的建设。但同时实践中也存在着公民需求管理不规范、公共价值导向不明、公共服务质量不高、公民信任不成熟等问题，这些问题掣肘着地方政府进一步创新服务型政府建设的可能性，理解这些实践困境才能更好提升服务型政府建设质量。

（一）公民需求管理不规范

公共服务是服务型政府的第一职责，实现公共服务供给与需求的有效匹配是公共服务管理的重要议题。公共服务供给,要注重提升供给效率和效益,这意味着两方面的含义:一方面,从体制上而言,要注重设计回应公民需求的决策体制;另一方面,要在了解公民实际需求的情况下供给公共服务。因此,对公民需求实施有效、规范管理是服务型政府建设的重要内容,也是基本保障。反观实践,在制定公共服务供给的相关政策时,由于部门主义和决策碎片化,公共服务决策渠道相对封闭,公众参与方式相对单一,对民众的普遍性需求难以有效收集调查、分析整合,并进而传递、吸纳转化为决策依据,公共服务的供给决策与社会真实需求存在着错位、脱节现象。与此同时,忽视公民需求的复杂性和结构性特质,对于经济社会及公民需求的发展趋势把握不准,也会出现公共服务供给的结构性矛盾。甚至由于强烈的政绩考量约束,又缺乏预算导向和有效的绩效评估,有些地方政府或部门违背"量力而行"的实际情况,出现过量供给、过度服务的现象,从而导致公共服务供给效率低、资源浪费。究其原因,是因为在制度安排上未能建立系统的公共服务需求管理体系,缺乏对公共服务需求调查、需求整合、需求传递和需求吸纳的管理能力。[①] 只有吸纳最广大人民群众的服务需求,切实提高公共服务的效益,才能更好地建设服务型政府。

(二) 公共价值导向不明

理论上看,制度与价值是双向互动的内在统一,制度是价值的外在形态,价值是制度的内在精神。就政府与社会的关系而言,在以往的制度安排中,由于偏重于政府对社会的干预与管制,因而造成了政府自主性的过度膨胀。[②] 公共服务作为民主政体下政府受托责任中的首要职能,在现实中有可能反而成为地方政府或职能部门之间利益博弈、理性选择的公共领域,公共政策偏向受到供给主体博弈结构和相关利益团体冲突协调的严重制约和影响。与此同时,社会力量的薄弱,特别是公民参与渠道和形式相对单一,服务型政府建设的"社会本位"和"公民本位"价值在制度设计和执行导向不明,致使公共服务的价值缺失。事实上,这

[①] 陈水生:《公共服务需求管理:服务型政府建设的新议程》,《江苏行政学院学报》2017年第1期。

[②] 刘祖云:《"服务型政府"价值实现的制度安排》,《江海学刊》2004年第3期。

也是很多地方在制定公共服务政策并进行制度化推广中面临的问题,如何让公共价值反映社会整体的最大公约数,是公共服务制度安排的价值诉求。

(三)公共服务质量不高

公共服务质量管理的实质也是一种制度创新。自服务型政府建设目标提出以来,我国政府在转变政府职能,建构基本公共服务体系,提高公共服务供给水平等方面取得了巨大成效。但是,目前有关公共服务质量的制度供给明显不能满足需求,如一些公共服务竞争不足、质量标准不明确、公共服务合同不完善、透明度不高、评价机制缺失、投诉渠道不畅、问责机制不健全等。① 在现实中也出现了重产出、轻效益,重数据、轻绩效,重客观、轻主观,重结果、轻过程等质量管理缺陷,从而导致公共服务的绩效损失,公众的满意度不高,获得感不强。2018年,中共中央办公厅、国务院办公厅印发《关于建立健全基本公共服务标准体系的指导意见》,借鉴质量管理原理,就推进基本公共服务标准体系作出了战略安排,以制度安排推进基本公共服务的标准化,确保高质量发展。但是,公共服务质量管理是一个集成体系,需要从标准体系、执行体系、控制体系、评价体系、保障体系等方面进行系统化安排。

(四)公民信任不成熟

公民对政府的信任,调节着政治系统的发展,也稳定着社会秩序,在培育民主社会、建设经济强国和打造和谐社会的路上,发挥着重要的作用。一般认为,改善公共服务能够提高公民满意进而增加政府信任度。但从实践来看,20世纪80年代以来,西方国家公共服务绩效的增长与创新却并未有效缓解政府信任的衰退趋势,或者说并未促进公民信任水平的提升。② 我国政府将公共服务供给、民生保障作为落实"以人民为中心"发展思想的重要途径,也是建构政府与社会信任关系的重要平台,但客观上讲,政府信任的差序格局依然存在,特别是民众对于基层政府

---

① 丁辉侠:《提高公共服务质量的制度安排与保障机制》,《河南师范大学学报》(哲学社会科学版)2010年第2期。

② 边晓慧、杨开峰:《西方公共服务绩效与政府信任关系之研究及启示》,《北京行政学院学报》2014年第5期。

的信任度还不甚稳健。究其原因，公民信任的社会建构不仅受到公共服务质量和水平的影响，还要受到了政府形象、政策延续性、服务接触、社会印象、主观感知偏差等影响，尤其是在具有极大接触量的基层公共服务岗位上，公务员的服务态度是否友善，办事效率是否高效，个人修养和道德是否高尚，影响着公民对政府的信任程度。更为关键的是，由于信息化和大数据的冲击，原来处于黑箱的政治决策信息变得透明和公开，各类新闻媒体和网络自媒体，能够非常快速地传播有关政府治理的负面消息，信息的公开，无论真假，都对公民对政府的信任带来了巨大压力。

三 制度化推广的优化策略

优化服务型政府建设经验的制度化推广，实际上是建设一个有限政府、法治政府、责任政府、透明政府和高效政府的过程，需要回归服务型政府的本质，即"人民满意"的服务型政府，回到公民需求、价值共创、服务质量和公民信任。

（一）构建公民需求管理的长效机制

公共服务需求管理是在公共服务过程中公共服务管理方对民众需求偏好和需求信息的调查、分析、整合、传递和转化的全过程。[①] 提高公民对公共服务的满意程度，必须在科学识别、理解公民的公共服务需求的基础上，实现公共服务供给与社会需求的精准契合，精细配置。

首先，构建开放多元的公共服务需求表达机制。需求表达机制，意味着鼓励公民通过各种渠道表达自己的需求，通过集合公民需求信息，精准识别公共需求。具体而言，可以包括主体筛选机制、需求整合机制、需求识别机制与需求吸纳机制。在一个开放的、多元的和民主的环境下，表达方式可能多样化，表达渠道顺畅，政府议程较为科学民主，则公共服务需求就可能更多。[②] 因而，构建需求表达机制的前提在于要有制度化的渠道。我国现有的宪法、人民代表大会制度、协商民主制度、信访制度

[①] 陈水生：《公共服务需求管理：服务型政府建设的新议程》，《江苏行政学院学报》2017年第1期。

[②] 容志：《大数据背景下公共服务需求精准识别机制创新》，《上海行政学院学报》2019年第4期。

等正式制度安排明确了公民言论自由、诉求表达以及与政府互动的开放渠道。特别是随着互联网技术和电子政务系统的广泛应用,包含公共媒体、公共网络等表达渠道也不断拓展,可以有效地推动公共服务需求信息的识别和整合。

其次,完善高效畅通的公共服务需求传递机制。在当前的信息社会中,海量的需求信息只有被类型化地整合,并以"规范性"或标准化的形式及时传递到供给系统,才有可能进入决策体系,形成供需互动。通俗而言,在现有的公共信息传递系统中,公民对公共服务的需求只有进入公共决策体系,才能有效及时地获得权威性回应和资源供给。公共服务需求传递的关键在于,要确保传递的及时和有效,避免需求信息在传递过程中的失真和遗漏。① 因此,一套能够明确安排需求传递各个流程的规则需要被建立,其中包含谁是需求主体,通过怎样的渠道,在什么时间,以怎样的路径、怎样的方法传递需求,甚至包括需求回应的责任主体、实施路径和保障体系。其重要作用在于一旦需求被传递后,公共服务的供给主体能及时对需求作出判别,进行反馈和评估,并决定是否进入供给决策环节。

最后,重构公共服务需求的决策机制。公共服务需求通常是个性化、多元化的,公共部门不可能无条件、无限制满足所有需求。因此,它必须对不同的服务需求进行分析、综合、比较以及筛选,也就是政策评估或决策评估。其评估结果很大程度上受制于实施公共服务供给的资源约束以及公共服务体系的复杂性,但也难免受到政府部门的利益偏好、价值偏差,甚或不成熟的公共决策机制。因此,有必要重构公共服务需求的决策机制,开放政策议程,鼓励社会个体和社会组织代表进入公共决策议程中来,进行多方协商和利益分享。

(二)优化公共服务价值共创的实现机制

公共服务价值共创可以理解为以公众为主体,包含政府、企业、社会组织等其他利益相关者在公共服务提供过程中投入自身资源,积极参与公共事业活动,并从公共服务活动中受益的过程,它强调把政府、企

---

① 盛明科、蔡振华:《公共服务需求管理的历史脉络与现实逻辑——社会主要矛盾的视角》,《北京大学学报》(哲学社会科学版) 2018 年第 4 期。

业、社会组织和公民的力量有机协调、互动起来。

首先，完善政府与社会互动的路径。尽管多元共治的结构强调公共服务参与者的平等关系，但在中国社会发展的现实中，党的领导角色和政府的负责任角色不容丢弃。[①] 政府作为公共服务的价值倡导者，第一要培育公务员的公民导向理念，增进公共服务工作人员的服务价值；第二要提高政府在公共服务中的互动响应能力，通过扁平化组织再造，多余程序简化，采用现代媒体技术健全公民需求信息搜集工具及数据库系统等方式加强与民众的互动；第三要推进公共服务互动导向中的公民赋能授权，增强民众的公民意识，通过在线论坛、咨询热线等方式听取民声民意，与民众分享信息，鼓励民众发表意见、建议、参与政策制定，增强民众对公务员服务绩效的满意感。[②]

其次，构建"政府—市场—社会组织"协作供给模式。公共服务供给主体多元化是满足人民群众日益增长的公共服务需求的必然要求。政府、市场、社会组织在这个立体供给模式当中，相互依存、相互促进，将各自优势充分发挥，形成供给坚强的"金三角"关系。[③] 基于价值共创的协作模式，一方面针对行政效率低下、服务质量不高的困境，需要发挥多元主体在公共服务供给中的各自职能，政府优先提供公共服务的制度安排、利益协调和供给监督；市场发挥资源配置的基础性作用，不断发掘社会人力和资金资源，寻求科学管理方法；社会组织弥补政府和市场失灵，优先提供公益性和志愿性的公共服务，从而形成公共服务价值最大化。另一方面，针对协调成本高、碎片化现象严重的困境，通过协同供给，倡导社会多元主体的集体行动，在互动共享中壮大社会力量，培育社会合作精神和责任意识，提高公共服务的溢出效益。

最后，拓展公民参与公共服务供给的渠道。实现公共服务的价值共创，就要改变以往公民被动参与的局面，使公民成为积极参与者。在此

---

① 兰旭凌、范逢春：《政府全面质量治理：新时代公共服务质量建设之道》，《求实》2019年第4期。
② 石云霞、赵西萍：《政府互动导向对基层公务员服务绩效的影响研究》，《中国行政管理》2014年第10期。
③ 郎晓波等：《社会组织参与公共服务：组织优势及路径选择》，《中共杭州市委党校学报》2011年第5期。

模式下，政府应发挥价值促进者的作用，在各个环节积极鼓励公民参与，与公民一起更好地创造价值。一方面，要优化公共服务供给决策与监督环节，将公众参与政治过程用正式制度安排予以规范，保障公民的参与权，特别是要完善政府信息公开制度，增强公共服务供给过程的透明度。另一方面，畅通公民参与的多元渠道，设计激励机制让居民充分表达需求，借助互联网技术和智慧手段拓展公众参与的渠道与途径，推动公众有意愿表达、有能力表达、有渠道表达。

（三）强化质量改进的绩效管理体系

为了推进服务型政府建设经验的制度化推广，有必要遵循高质量发展思路，构建强化质量改进的绩效管理体系，即以公共服务为评估的主要内容、以提高公共服务质量为主要目的的政府绩效管理体系和相关制度，确保基本实现基本公共服务均等化。

首先，构建基本公共服务均等化的质量监测系统。突出过程控制与科学管理，借鉴运用全面质量管理模式，建立包括"质量标准体系、质量控制体系、质量评估体系和质量改进体系"在内的基本公共服务均等化的质量监测系统。

其次，建成基本公共服务均等化综合指数。引入第三方评估机构，突出数据整合和预警监测，将基本公共服务均等化纳入各级政府政绩考核体系，建立激励约束兼顾、以基本公共服务为导向的政府绩效考评体系，有效推进基本公共服务清单动态调整。

最后，建立基本公共服务建设质量追溯制度。健全基本公共服务预算公开机制，创新公开的渠道和形式，切实加强对建设工程和专项拨款使用绩效的审计、监管，推动政府绩效管理全过程公开，进一步完善基本公共服务问责机制。

（四）重塑信任建构的公共服务制度

政府公信力是指政府及其公务员自身、公共管理与公共政策及其执行能否取信于民的能力，也是执政能力的重要因素。政府公信度来源于政府公信力，来源于政府良好的政治能力、行政能力和公关形象。[①] 公共

---

① 朱光磊、周望：《在转变政府职能的过程中提高政府公信力》，《中国人民大学学报》2011年第3期。

服务制度的实质是政府与公民之间的契约,制度设计、实施过程和效果都会对政府信任产生影响作用,并最终反映在制度推行的绩效上。

首先,建构促进地方政府能动性的激励制度。地方政府具有公共服务组织者、协调者和公共产品主要提供者的多重角色。[①] 而在完成各个角色职能时,地方政府要掌握好制度化推广的要义,充分发挥能动性,总结和学习先进地区或单位的经验,进一步加强和完善民生保障制度体系,提高公共服务供给水平和治理能力,以公共服务绩效赢取公民满意,进而建构社会信任,建设责任政府。

其次,建构公共服务制度运行的规范体系。信任建构既是对服务结果的一种绩效认同,也是对服务过程及其规则运行的公平感知。因而,公共服务要从权责配置、组织结构、供给内容和范围、质量标准到服务流程,再到服务机构和服务人员,都应当有完备的标准体系和规范的运行机制,进而确保公共服务效益和效率的最优化、最大化。

最后,夯实公共服务制度运行的社会根基。公共服务不仅仅是国家治理体系的主要议题,也是将原子化的个体,碎片化的社会黏合起来的基础制度。公共服务的制度运行要遵循"人人负责、人人参与、人人享有"的原则,激发社会、市场、社区、家庭、个体等多个方面的力量,夯实制度运行的社会基础,形成政府与社会、公民之间的新型信任关系。

---

① 陈谦、方浩伟:《深化简政放权与建设人民满意的服务型政府》,《湘潭大学学报》(哲学社会科学版) 2018 年第 5 期。

参考文献

《马克思恩格斯选集》，人民出版社1995年版。
《毛泽东选集》，人民出版社1991年版。
《邓小平文选》，人民出版社1993—1994年版。
《习近平谈治国理政》第一卷，外文出版社2018年版。
《习近平谈治国理政》第二卷，外文出版社2017年版。
《习近平关于社会主义政治建设论述摘编》，中央文献出版社2017年版。

［英］约翰·密尔：《代议制政府》，商务印书馆1982年版。
［美］弗朗西斯·福山：《信任：社会美德与创造经济繁荣》，彭志华译，海南出版社2001年版。
［德］哈贝马斯：《包容他者》，曹卫东译，上海人民出版社2002年版。
［美］全钟燮：《公共行政的社会建构：解释和批判》，孙柏瑛等译，北京大学出版社2008年版。
［德］尤尔根·哈贝马斯：《合法化危机》，上海世纪出版集团2009年版。
［美］诺德林格：《民主国家的自主性》，孙荣飞等译，江苏人民出版社2010年版。

安应民：《特区服务型政府公务员行政能力建设研究》，人民出版社2006年版。
薄贵利等：《建设服务型政府的理论与实践》，国家行政学院出版社2009年版。
薄贵利等：《建设服务型政府的战略与路径》，人民出版社2015年版。

陈奇星：《转变政府职能与服务型政府建设》，上海人民出版社 2012 年版。
高小平等：《地方服务型政府构建》，人民出版社 2015 年版。
高小平等：《服务型政府导论》，人民出版社 2013 年版。
何增科：《民主监督》，中央编译出版社 2013 年版。
黄学贤：《行政法视野中的服务型政府研究》，中国政法大学出版社 2011 年版。
江易华：《当代中国县级政府基本公共服务绩效评估指标体系的理论构建与实证研究——基于社会公正的视角》，中国社会科学出版社 2010 年版。
姜晓萍：《建设服务型政府与完善地方公共服务体系》，中央编译出版社 2015 年版。
金南顺：《城市公共服务理论与实践》，中国社会科学出版社 2009 年版。
靳江好：《服务型政府建设》，社会科学文献出版社 2012 年版。
李传军：《服务行政与服务型政府》，中国书籍出版社 2012 年版。
李军鹏：《公共服务型政府》，北京大学出版社 2012 年版。
刘熙瑞、马德普：《中国政府职能论》，学习出版社 2017 年版。
沈荣华：《政府大部制改革》，社会科学文献出版社 2012 年版。
沈亚平：《服务型政府及其建设路径研究》，天津人民出版社 2017 年版。
石国亮：《服务型政府：社会合作治理新思维》，国家行政学院出版社 2012 年版。
孙涛：《中国服务型政府：公共服务的内涵与机制研究》，天津人民出版社 2009 年版。
汪玉凯等：《特大城市服务型政府建设研究：以成都市为例》，四川人民出版社 2010 年版。
王雪丽：《中国"省直管县"体制改革研究》，天津人民出版社 2013 年版。
魏礼群：《建设服务型政府：中国行政体制改革 40 年》，广东经济出版社 2017 年版。
吴江等：《电子政务与服务型政府建设》，国家行政学院出版社 2009 年版。
吴金群：《省管县体制改革：现状评估及推进策略》，江苏人民出版社 2013 年版。

吴金群：《市县协调发展何以可能——省管县改革后的区域治理体系研究》，浙江大学出版社 2017 年版。

夏海：《政府的自我革命——中国政府机构研究》，中国法制出版社 2004 年版。

谢庆奎等：《服务型政府与和谐社会》，北京大学出版社 2013 年版。

徐勇：《乡村治理与中国政治》，中国社会科学出版社 2003 年版。

颜昌武、马骏：《公共行政学百年争论》，中国人民大学出版社 2010 年版。

燕继荣：《服务型政府建设：政府再造七项战略》，中国人民大学出版社 2004 年版。

郁建兴等：《服务型政府》，中国人民大学出版社 2013 年版。

郁建兴：《"最多跑一次"改革》，中国人民大学出版社 2019 年版。

张立荣等：《当代中国服务型政府建设和公共服务体系完善理论与实证研究：以促进社会公平正义为依归》，中国社会科学出版社 2013 年版。

张强：《美国联邦政府绩效评估研究》，人民出版社 2009 年版。

周黎安：《转型中的地方政府：官员激励与治理》，格致出版社 2017 年版。

周仁标：《"省管县"改革的动因、困境与体制创新研究》，安徽师范大学出版社 2012 年版。

朱光磊：《服务型政府建设规律研究》，经济科学出版社 2014 年版。

艾明江：《理性选择制度下的我国政府信任度的建构过程》，《行政论坛》2012 年第 6 期。

包国宪、曹西安：《我国地方政府绩效评价的回顾与模式分析》，《兰州大学学报》（社会科学版）2007 年第 1 期。

包国宪、张志栋：《我国第三方政府绩效评价组织的自律实现问题探析》，《中国行政管理》2008 年第 1 期。

边晓慧、杨开峰：《西方公共服务绩效与政府信任关系之研究及启示》，《北京行政学院学报》2014 年第 5 期。

薄贵利：《论服务型政府建设的战略目标与战略重点》，《国家行政学院学报》2012 年第 4 期。

蔡立辉：《西方国家政府绩效评估的理念及其启示》，《清华大学学报》

（哲学社会科学版）2003年第1期。

曹正汉：《中国上下分治的治理体制及其稳定机制》，《社会学研究》2011年第1期。

车俊：《坚持以人民为中心的思想将"最多跑一次"改革进行到底》，《求是》2017年第20期。

陈国权、吴帅：《责任政府的公共服务取向》，《社会科学战线》2009年第4期。

陈果：《服务型政府构建中的电子政务》，《国家行政学院学报》2008年第1期。

陈红太：《中国服务型政府的四种模式》，《中国行政管理》2007年第7期。

陈慧、祁凡骅、高璐：《地方政府绩效管理创新研究》，《行政管理改革》2013年第7期。

陈家刚：《党政联动式改革的样本：顺德大部制改革研究》，《广东行政学院学报》2018年第3期。

陈家泽：《从政府治理结构看服务型政府的建设》，《经济学家》2006年第4期。

陈建斌、谭望：《行政人格与构建服务型政府的关系研究》，《上海交通大学学报》（哲学社会科学版）2009年第2期。

陈鹏：《改革开放四十年来我国机构改革道路的探索和完善》，《浙江社会科学》2018年第4期。

陈水生：《公共服务需求管理：服务型政府建设的新议程》，《江苏行政学院学报》2017年第1期。

陈巍、盛明科：《政府绩效评估与行政问责的制度整合》，《湖南师范大学社会科学学报》2012年第2期。

陈小华：《客观评估与主观评估：政府绩效评估的类型学分析》，《行政论坛》2012第5期。

陈振明、耿旭：《公共服务质量管理的本土经验——漳州行政服务标准化的创新实践评析》，《中国行政管理》2014年第3期。

陈振明、耿旭：《中国公共服务质量改进的理论与实践进展》，《厦门大学学报》（哲学社会科学版）2016年第1期。

陈振明、李德国：《基本公共服务的均等化与有效供给——基于福建省的思考》，《中国行政管理》2011 年第 1 期。

迟福林、方栓喜：《加快建设公共服务型政府的若干建议（24 条）》，《经济研究参考》2004 年第 13 期。

迟福林：《全面理解"公共服务型政府"的基本涵义》，《人民论坛》2006 年第 5 期。

褚添有：《构建服务型政府：多维理论之考察》，《南京社会科学》2007 年第 9 期。

邓雪琳：《改革开放以来中国政府职能转变的测量——基于国务院政府工作报告（1978—2015）的文本分析》，《中国行政管理》2015 年第 8 期。

董靖、杨瑾、刘武：《推进电子政务建设 构建创新服务型政府》，《江淮论坛》2005 年第 4 期。

范永茂：《重塑公众主体地位：地方政府绩效评估之主体构建问题》，《中国行政管理》2012 年第 7 期。

方振邦、唐健：《公共服务动机理论及其应用研究述评》，《公共管理与政策评论》2014 年第 3 期。

冯仕政：《人民政治逻辑与社会冲突治理：两类矛盾学说的历史实践》，《学海》2014 年第 3 期。

扶松茂、竺乾威：《公共服务型政府建设若干问题的思考》，《苏州大学学报》（哲学社会科学版）2011 年第 5 期。

付敏杰：《分税制二十年：演进脉络与改革方向》，《社会学研究》2016 年第 5 期。

傅耕石：《服务型政府：我国政府发展的理性选择——关于服务型政府的内涵与合理性的思考》，《社会科学战线》2007 年第 3 期。

傅松华：《认识规律 把握特征 推进中国特色服务型政府建设》，《新视野》2010 年第 4 期。

高海虹、王彩云：《服务型政府建设中的社会组织发展契机及路径选择》，《湖北社会科学》2013 年第 7 期。

高海虹、邢维恭：《务型政府建设与公共服务有效供给》，《东岳论丛》2015 年第 4 期。

高培勇：《公共财政：概念界说与演变脉络——兼论中国财政改革 30 年的基本轨迹》，《经济研究》2008 年第 12 期。

高培勇：《中国财税改革 40 年：基本轨迹、基本经验和基本规律》，《经济研究》2018 年第 3 期。

高树彬、刘子先：《基于模糊 DEA 的服务型政府绩效评价方法研究》，《科学学与科学技术管理》2011 年第 12 期。

高祥荣：《"撤县（市）设区"与政府职能关系的协调》，《甘肃行政学院学报》2015 年第 3 期。

高小平：《创新行政管理体制和机制 建设服务型政府》，《中国行政管理》2008 年第 S1 期。

高小平、孙彦军：《服务、责任、法治、廉洁：服务型政府建设的目标、规律、机制和评价标准》，《新视野》2009 年第 4 期。

巩建华：《建立服务型政府应树立的基本理念》，《行政论坛》2005 年第 1 期。

顾杰：《"区区合一"：具有地方特色的大部制改革——武汉市东西湖区大部制改革及启示》，《中国行政管理》2014 年第 9 期。

顾严：《推进公共服务高质量发展的建议》，《中国发展观察》2018 年第 24 期。

郭道久：《论服务型政府建设是一个政治过程》，《探索与争鸣》2012 年第 9 期。

郭菊娥、袁忆、张旭：《改革开放 40 年政府职能转变的演进过程》，《西安交通大学学报》（社会科学版）2018 年第 6 期。

郭俊华、朱符洁：《我国公共部门预算透明度研究——以中央部门预算公开数据为例》，《财政研究》2016 年第 1 期。

郭晓东、黄建军：《当代服务型政府社会治理模式的实践转向》，《湖北社会科学》2013 年第 2 期。

韩旭：《调整事权划分：央地关系思辨及其改善路径》，《探索》2016 年第 6 期。

韩志明：《对行政问责模式的比较分析及反思》，《探索》2011 年第 4 期。

韩志明：《政府解辩性责任的理论逻辑和实践途径》，《北京行政学院学报》2009 年第 3 期。

何士青、徐进：《论服务型政府的伦理构建》，《中国行政管理》2008 年第 5 期。

何水：《服务型政府：争议中的透视》，《中国行政管理》2010 年第 10 期。

何艳玲、钱蕾：《"部门代表性竞争"：对公共服务供给碎片化的一种解释》，《中国行政管理》2018 年第 10 期。

何颖：《我国政府职能转变问题的反思》，《行政论坛》2010 年第 4 期。

何颖：《中国政府机构改革 30 年回顾与反思》，《中国行政管理》2008 年第 12 期。

何增科：《地方政府创新的微观机理分析——浙江省"最多跑一次"改革案例研究》，《理论与改革》2018 年第 5 期。

贺荣：《我国转型社会中服务型政府法治化研究》，《行政法学研究》2010 年第 4 期。

贺雪峰、刘勤：《为什么"以钱养事"的改革不可行》，《视点》2008 年第 3 期。

侯玉兰：《建设高效电子政务 创建新型服务型政府》，《管理世界》2003 年第 9 期。

侯志阳、丁元：《多样性管理、心理福利与公务员的周边绩效——基于美国联邦政府的调查》、《公共行政评论》2017 年第 6 期。

胡鞍钢、王磊：《社会转型风险的衡量方法与经验研究（1993～2004 年）》，《管理世界》2006 年第 6 期。

胡宁生：《服务型政府建构中政府流程再造的维度、阶段和类型》，《南京社会科学》2011 年第 2 期。

胡伟、柳美玲：《服务型政府、公众满意度与民意调查——基于中国 32 个城市公共服务民调的研究》，《江苏行政学院学报》2014 年第 1 期。

胡重明：《服务型政府：理想抑或现实——以国家与社会的辩证关系为视角》，《华中科技大学学报》（社会科学版）2010 年第 6 期。

简新华、黄锟：《中国城镇化水平和速度的实证分析与前景预测》，《经济研究》2010 年第 3 期。

简兆权、令狐克睿、李雷：《价值共创研究的演进与展望——从"顾客体验"到"服务生态系统"视角》，《外国经济与管理》2016 年第 9 期。

姜明安:《建设服务型政府应正确处理的若干关系》,《北京大学学报》(哲学社会科学版) 2010 年第 6 期。

姜晓萍:《构建服务型政府进程中的公民参与》,《社会科学研究》2007 年第 4 期。

姜晓萍、郭金云:《基于价值取向的公共服务绩效评价体系研究》,《行政论坛》2013 年第 6 期。

姜晓萍、刘汉固:《建设"服务型政府"的思路与对策》,《四川大学学报》(哲学社会科学版) 2003 年第 4 期。

蒋硕亮、徐龙顺:《中国行政体制改革的逻辑、样态与趋向——基于新中国成立 70 年来的经验分析》,《江汉论坛》2019 年第 10 期。

孔祥稳:《重大行政决策终身问责制度的困境与出路——以地方立法样本为素材的分析》,《行政论坛》2018 年第 1 期。

兰旭凌、范逢春:《政府全面质量治理:新时代公共服务质量建设之道》,《求实》2019 年第 4 期。

蓝志勇、胡税根:《中国政府绩效评估:理论与实践》,《政治学研究》2008 年第 5 期。

李德国、陈振明:《公共服务的法治建构:渊源、框架与路径》,《厦门大学学报》(哲学社会科学版) 2015 年第 4 期。

李洪川:《节约型政府:界定、策略与路径》,《学理论》2019 年第 3 期。

李华、丁俊萍:《中国共产党在创建服务型政府中的作用》,《湖南师范大学社会科学学报》2007 年第 5 期。

李金龙、王宝元:《创新政府间关系,构建服务型政府》,《马克思主义与现实》2006 年第 2 期。

李军鹏:《当代西方政府问责制度的新发展及其启示》,《上海行政学院学报》2008 年第 1 期。

李军鹏:《论全面建成小康社会与服务型政府建设》,《行政论坛》2013 年第 1 期。

李黎明:《社会工程学:一种新的知识探险》,《西安交通大学学报》(社会科学版) 2006 年第 1 期。

李明:《公共服务动机的跨文化研究及其中国文化本位内涵》,《心理研究》2014 年第 3 期。

李小华：《公共服务动机的结构及测量》，《武汉大学学报》（哲学社会科学版）2008年第6期。

李小华：《西方公共服务动机研究》，《理论探讨》2007年第3期。

李小敏、胡象明：《邻避现象原因新析：风险认知与公众信任的视角》，《中国行政管理》2015年第3期。

李砚忠：《政府信任：一个值得关注的政治学问题》，《中国党政干部论坛》2007年第4期。

李一宁、金世斌、刘亮亮：《完善政务服务工作运行机制研究》，《中国行政管理》2017年第6期。

林尚立、王华：《创造治理：民间组织与公共服务型政府》，《学术月刊》2006年第5期。

刘晶、陈宝胜：《公共对话式政策执行：建设服务型政府的重要突破口》，《中国行政管理》2013年第1期。

刘俊生：《论服务型政府的价值基础与理论基础》，《南京社会科学》2004年第5期。

刘守英、蒋省三：《土地融资与财政和金融风险——来自东部一个发达地区的个案》，《中国土地科学》2005年第5期。

刘树信：《服务型政府：我国政府管理的新范式》，《国家行政学院学报》2005年第1期。

刘熙瑞、段龙飞：《服务型政府：本质及其理论基础》，《国家行政学院学报》2004年第5期。

刘熙瑞：《服务型政府：经济全球化背景下中国政府改革的目标选择》，《中国行政管理》2002年第7期。

刘雪华：《论服务型政府建设与政府职能转变》，《政治学研究》2008年第4期。

刘勇、徐晓林：《建设服务型政府：构建和谐社会的本质要求》，《云南社会科学》2006年第6期。

刘勇政、贾俊雪、丁思莹：《地方财政治理：授人以鱼还是授人以渔——基于省直管县财政体制改革的研究》，《中国社会科学》2019年第7期。

刘兆鑫：《协商治理：服务型政府建设的路径依赖》，《行政论坛》2012

年第 1 期。

刘铮：《省直管县改革的新路径：构建新型市县关系》，《行政管理改革》2015 年第 8 期。

刘祖云：《历史与逻辑视野中的"服务型政府"——基于张康之教授社会治理模式分析框架的思考》，《南京社会科学》2004 年第 9 期。

娄兆锋、曹冬英：《公共服务导向中基本公共服务与非基本公共服务之研究》，《中国行政管理》2015 年第 3 期。

卢海燕：《我国服务型政府绩效评估的探索——基于 F 市服务型政府绩效评估的实践》，《行政论坛》2013 年第 5 期。

吕建华、魏岗：《服务型政府构建下的公务员角色定位的理性思考》，《湖北社会科学》2009 年第 10 期。

吕丽娜：《我国大部制改革的困境与整体性治理》，《湖北经济学院学报》2013 年第 6 期。

吕普生：《论新时代中国社会主要矛盾历史性转化的理论与实践依据》，《新疆师范大学学报》（哲学社会科学版）2018 年第 4 期。

吕永祥：《新中国成立 70 年党内问责制的历史沿革、现实困境与破解之道》，《河南社会科学》2019 年第 7 期。

罗文燕：《服务型政府与行政法转型——基于"善治"理念的行政法》，《法商研究》2009 年第 2 期。

马蔡琛、苗珊：《中国政府预算改革四十年回顾与前瞻——从"国家预算"到"预算国家"的探索》，《经济纵横》2018 年第 6 期。

马得林：《政府支出结构优化与服务型政府建设》，《统计与决策》2009 年 15 期。

马国贤：《服务型政府的预算框架研究》，《中央财经大学学报》2008 年第 11 期。

马骏：《政治问责研究：新的进展》，《公共行政评论》2009 年第 4 期。

马骏：《中国财政国家转型：走向税收国家？》，《吉林大学社会科学学报》2011 年第 1 期。

马丽：《服务型政府建设的挑战与途径：基于地方治理的视角》，《科学社会主义》2016 年第 1 期。

孟华：《推进以公共服务为主要内容的政府绩效评估——从机构绩效评估

走向公共服务绩效评估的转变》,《中国行政管理》2009 年第 2 期。

莫于川:《行政公开法制与服务型政府建设——略论〈政府信息公开条例〉确立的服务宗旨和便民原则》,《法学杂志》2009 年第 4 期。

倪星:《反思中国政府绩效评估实践》,《中山大学学报》(社会科学版) 2008 年第 3 期。

倪星、李佳源:《政府绩效的公众主观评价模式:有效,抑或无效?——关于公众主观评价效度争议的述评》,《中国人民大学学报》2010 年第 4 期。

聂华林、王桂云:《公民社会视角下的服务型政府构建:功能定位与路径选择》,《社会科学家》2011 年第 9 期。

彭未名、丁辉霞:《论我国服务型政府的行政伦理构建》,《太平洋学报》2009 年第 10 期。

彭向刚、程波辉:《服务型政府绩效评估问题研究》,《行政论坛》2012 年第 1 期。

彭向刚、刘振军:《我国公务员队伍职业能力的问题成因及对策探讨——基于制度分析的视角》,《行政论坛》2015 年第 3 期。

彭向刚:《论服务型政府的服务精神》,《社会科学战线》2007 年第 3 期。

彭向刚:《论我国服务型政府绩效评估的发展趋势》,《吉林大学社会科学学报》2008 年第 2 期。

秦国民:《政府职能转变的动因与服务型政府构建》,《郑州大学学报》(哲学社会科学版) 2005 年第 1 期。

邱霈恩:《试论公务员的能力构成与建设》,《新视野》2004 年第 3 期。

任剑涛:《宏观避险、中观着力与微观搞活:中国治理体系现代化的转变》,《政治学研究》2019 年第 1 期。

任剑涛:《中国政府体制改革的政治空间》,《江苏行政学院学报》2009 年第 2 期。

容志、陈家刚:《我国地方政府绩效评估指标的检视与反思》,《湖北社会科学》2011 年第 11 期。

桑玉成:《着力推进党领导一切原则下的党政领导制度化规范化建设》,《探索与争鸣》2019 年第 2 期。

鄯爱红:《服务型政府的伦理精神》,《哲学动态》2005 年第 2 期。

尚虎平：《合理配置政治监督评估与"内控评估"的持续探索——中国40年政府绩效评估体制改革的反思与进路》，《管理世界（月刊）》2018第10期。

尚虎平：《激励与问责并重的政府考核之路——改革开放四十年来我国政府绩效评估的回顾与反思》，《中国行政管理》2018年第8期。

尚虎平：《我国政府绩效评估的总体性问题与应对策略》，《政治学研究》2017年第4期。

申来津、邹译萱：《以人民为中心：构建服务型政府的核心价值取向》，《社会主义研究》2018年第6期。

沈德理：《服务型政府建设与运作中必须重视的若干问题》，《社会主义研究》2008年第6期。

沈荣华、沈志荣：《服务型政府论要》，《行政法学研究》2008年第4期。

沈亚平、李洪佳：《服务型政府建设中社会管理创新研究》，《兰州大学学报》（社会科学版）2013年第5期。

盛凌振：《服务型政府的公共精神结构分析》，《南京社会科学》2011年第6期

盛明科、蔡振华：《公共服务需求管理的历史脉络与现实逻辑——社会主要矛盾的视角》，《北京大学学报》（哲学社会科学版）2018年第4期。

盛明科：《坚持以人民为中心推进服务型政府建设》，《湖南社会科学》2017年第6期。

盛明科：《支持政府绩效管理的组织文化特征与培育途径——基于中西方国家比较的视角》，《武汉大学学报》（哲学社会科学版）2014年第5期。

施雪华：《"服务型政府"的基本涵义、理论基础和建构条件》，《社会科学》2010年第2期。

施雪华、赵忠辰：《党的十九大报告后中国新一轮大部制改革的背景和思路》，《理论与改革》2018年第4期。

石国亮：《回声与超越：政治体制改革中推进的服务型政府建设》，《行政论坛》2012年第1期。

石亚军：《当前推进政府职能根本转变亟需解决的若干深层问题》，《中国行政管理》2015年第6期。

石云霞、赵西萍：《政府互动导向对基层公务员服务绩效的影响研究》，《中国行政管理》2014 年第 10 期。

宋世明：《中国公务员管理的四大机制演进——以〈公务员法（修订草案）〉为分析蓝本》，《行政管理改革》2018 年第 12 期。

宋涛：《中国官员问责发展实证研究》，《中国行政管理》2008 年第 1 期。

宋艳：《从辽宁民心网看政府治理创新》，《中国行政管理》2015 年第 10 期。

孙彩红：《责任政府：当代中国政府改革的目标选择》，《中国行政管理》2004 年第 11 期。

孙宏丽：《和谐社会视野中服务型政府的构建》，《南京社会科学》2005 年第 11 期。

孙亮：《服务型政府的目标意涵及其实现途径》，《中国行政管理》2007 年第 8 期。

孙涛、蒋丹荣：《居民视野中的服务型政府建设》，《财经问题研究》2010 年第 12 期。

孙涛、张怡梦：《从转变政府职能到绩效导向的服务型政府——基于改革开放以来机构改革文本的分析》，《南开学报》（哲学社会科学版）2018 年第 6 期。

孙肖远：《"善治"出自于"良政"——公共理性视野中的服务型政府建设》，《江海学刊》2013 年第 3 期。

孙学玉、伍开昌：《构建省直接管理县市的公共行政体制——一项关于市管县体制改革的实证研究》，《政治学研究》2004 年第 1 期。

孙友祥：《公民治理视角下的公共服务型政府建设》，《国家行政学院学报》2009 年第 4 期。

谭桔华：《服务型政府背景下的领导干部服务能力建设》，《湖湘论坛》2015 年第 4 期。

唐婧妮：《兼顾公平与效率目标，改革个人所得税制度》，《税务研究》2018 年第 1 期。

唐铁汉：《建设服务型政府与基本公共服务均等化》，《国家行政学院学报》2008 年第 2 期。

唐铁汉：《强化政府公共服务职能 努力建设公共服务型政府》，《中国行政管理》2004 年 7 期。

唐亚林、鲁迎春：《基于 PSG 胜任力框架的英国公务员能力建设推进战略及其启示》，《中国行政管理》2011 年第 11 期。

田巍、张波：《服务型行政文化：服务型政府的灵魂》，《东北师大学报》（哲学社会科学版）2009 年第 6 期。

佟德志：《基于电子政务的服务型政府建设：模式与整合》，《中国行政管理》2008 年第 9 期。

汪永成：《基于政府竞争视角的服务型政府建设》，《学习与探索》2005 年第 5 期。

汪宇明：《中国省直管县市与地方行政区划层级体制的改革研究》，《人文地理》2004 年第 6 期。

王丛虎：《我国服务型政府的行政法分析》，《中国行政管理》2007 年第 6 期。

王锋：《服务型政府建设中公共行政的科学精神》，《江苏社会科学》2014 年第 1 期。

王桂云：《服务型政府构建的路径选择——基于公民社会框架下的分析》，《兰州大学学报》（社会科学版）2011 年第 5 期。

王海峰：《地方公共服务型政府构建中公民参与的困境及对策》，《行政管理改革》2012 年第 2 期。

王会玲：《民主法治视角下服务型政府构建路径选择》，《中州学刊》2008 年第 3 期。

王建军：《论政府与民间组织关系的重构》，《中国行政管理》2007 年第 6 期。

王克群：《市管县体制存在的问题及其矫治》，《南方论刊》2005 年第 10 期。

王谦、李锦红：《政府部门公众满意度评价的一种有效实现途径》，《中国行政管理》2006 年第 1 期。

王曙光、王丹莉：《财政体制变迁 40 年与现代化国家治理模式构建——从正确处理中央与地方关系的角度》，《长白学刊》2018 年第 5 期。

王伟：《十八大以来大部制改革深层问题及未来路径探析》，《中国行政管理》2016 年第 10 期。

王岩、王晓庆:《大部制改革的实践诉求与目标指向》,《中国行政管理》2008年第11期。

王章维:《建设中国特色的服务型政府》,《新视野》2008年第2期。

王卓君:《和谐社会与构建服务型政府》,《中国行政管理》2008年第1期。

魏礼群:《中国行政体制改革的历程和经验》,《全球化》2017年第5期。

温新民:《社区移动互联提升服务型政府建设质量研究》,《电子政务》2016年第4期。

文宏:《服务型政府创建过程中的对象满意度实证调查——以兰州市A部门为例》,《中国行政管理》2013年第6期。

文宏:《构建我国服务型政府问责体系的相关前提》,《社会科学家》2011年第9期。

吴建南、黄加伟、张萌:《构建公共部门公众满意度测评模型的实证分析》,《甘肃行政学院学报》2006年第3期。

吴建南:《利益相关性是否影响评价结果客观性:基于模拟实验的绩效评价主体选择研究》,《管理评论》2007年第3期。

吴建南、马亮、杨宇谦:《比较视角下的效能建设:绩效改进、创新与服务型政府》,《中国行政管理》2011年第3期。

吴建南、张萌、黄加伟:《公众参与、绩效评价与公众信任——基于某市政府官员的实证分析》,《武汉大学学报》(哲学社会科学版)2007年第2期。

吴建南、庄秋爽:《测量公众心中的绩效:顾客满意度数在公共部门的分析应用》,《管理评论》2005年5期。

吴江:《提高政府行政能力 构建服务型政府》,《国家行政学院学报》2005年第1期。

吴敬琏:《建设一个公开、透明和可问责的服务型政府》,《领导决策信息》2003年第25期。

吴伟、于文轩、马亮:《服务型政府建设取得进展了吗——中国城市的纵贯比较(2010—2014年)》,《甘肃行政学院学报》2015年第6期。

吴玉霞、郁建兴:《服务型政府视野中的公共服务分工》,《浙江社会科学》2011年第12期。

吴玉宗：《服务型政府建设欲行还难——服务型政府建设阻力分析》，《社会科学研究》2007年第4期。

谢庆奎：《服务型政府建设的基本途径：政府创新》，《北京大学学报》（哲学社会科学版）2005年第1期。

谢新水：《从服务型政府到人民满意的服务型政府——一个话语路径的分析》，《探索》2018年第2期。

邢华：《论公共利益与服务型政府建设》，《中国行政管理》2009年第7期。

徐邦友：《社会变迁与政府行政模式转型》，《浙江学刊》1999年第5期。

徐雷：《标准化提升公共服务质量与价值》，《质量与标准化》2011年第1期。

徐兴林：《完善服务型政府绩效评估机制的几点思考》，《中国行政管理》2009年第8期。

徐阳：《政府绩效评估指标的研究轨迹》，《重庆社会科学》2017年第3期。

许超：《和谐社会视野下的服务型政府意涵之诠释》，《学海》2012年第6期。

严仍昱：《服务型政府：对公共治理模式的反思与超越》，《理论与改革》2014年第1期。

燕继荣：《对服务型政府改革的思考》，《国家行政学院学报》2006年第2期。

燕继荣：《服务型政府需要怎样的施政理念——兼谈政府治理的误区与禁区》，《理论视野》2009年第1期。

杨道田：《当代中国公民满意度研究的进展与评价》，《云南行政学院学报》2012年第6期。

杨冬艳：《公共行政正义：服务型政府的核心价值取向》，《河南师范大学学报》（哲学社会科学版）2009年第6期。

杨光斌：《一份建设"有能力的有限政府"的政治改革清单——如何理解"国家治理体系和治理能力现代化"》，《行政科学论坛》2014年第1期。

杨宇谦、吴建南、马亮：《服务型政府与政府绩效评估体系创新——基于德尔菲调查法的发现》,《经济社会体制比较》2011 年第 5 期。

易承志:《构建服务型政府对执行机制的要求及其优化路径》,《学术论坛》2009 年第 4 期。

尤建新、王波:《公众价值——政府绩效评估的核心标准》,《上海管理科学》2004 年第 5 期。

于文轩:《政府透明度与政治信任:基于 2011 中国城市服务型政府调查的分析》,《中国行政管理》2013 年第 2 期。

俞可平:《善政:走向善治的关键》,《当代中国政治研究报告》2004 年第 0 期。

俞可平:《治理和善治分析的比较优势》,《中国行政管理》2001 年第 9 期。

俞可平:《中国的治理改革(1978 - 2018)》,《武汉大学学报》(哲学社会科学版)2018 年第 3 期。

郁建兴、高翔:《地方发展型政府的行为逻辑及制度基础》,《中国社会科学》2012 年第 5 期。

郁建兴、高翔:《浙江省"最多跑一次"改革的基本经验与未来》,《浙江社会科学》2018 年第 4 期。

郁建兴、秦上人:《论基本公共服务的标准化》,《中国行政管理》2015 年第 4 期。

袁曙宏:《服务型政府呼唤公法转型——论通过公法变革优化公共服务》,《中国法学》2006 年第 3 期。

曾军荣:《公共服务动机:概念、特征与测量》,《中国行政管理》2008 年第 2 期。

曾旭:《中国政府公共服务职能定位演变的历史逻辑——基于历史制度主义的分析视角》,《大连干部学刊》2016 年第 9 期。

翟校义:《我国公务员管理缺陷的实证分析》,《政法论坛》2010 年第 4 期。

张成福、边晓慧:《重建政府信任》,《中国行政管理》2013 年第 9 期。

张成福:《面向 21 世纪的中国政府再造:基本战略的选择》,《教学与研究》1999 年第 7 期。

张创新、韩艳丽:《服务型政府视阈下政府执行力提升新探》,《中国行政管理》2010 年第 10 期。

张定安：《实体政务大厅是建设人民满意的服务型政府的有力抓手》，《中国行政管理》2017 年第 12 期。

张国庆、王华：《公共精神与公共利益：新时期中国构建服务型政府的价值依归》，《天津社会科学》2010 年第 1 期。

张紧跟：《论府际治理视野下的地方服务型政府建设》，《天津行政学院学报》2014 年第 3 期。

张康之：《论主体多元化条件下的社会治理》，《中国人民大学学报》2014 年第 2 期。

张康之：《我们为什么要建设服务型政府》，《行政论坛》2012 年第 1 期。

张康之：《限制政府规模的理念》，《行政论坛》2000 年第 4 期。

张康之：《行政道德的制度保障》，《浙江社会科学》1998 年第 4 期。

张康之、张皓：《在后工业化背景下思考服务型政府》，《四川大学学报》（哲学社会科学版）2009 年第 1 期。

张康之：《走向服务型政府的"大部制"改革》，《中国行政管理》2013 年第 5 期。

张立荣、冷向明：《当代中国服务型政府建设的标准体系——基于系统权变模型的理论与实证研究》，《政治学研究》2009 年第 5 期。

张诺夫：《论公共服务型政府构建：职能配置的视角》，《东南学术》2014 年第 4 期。

张乾友：《临时社会中的政府信任——兼论服务型政府中的信任建构》，《南京农业大学学报》（社会科学版）2015 年第 2 期。

张乾友：《论服务型政府的规则体系》，《南京社会科学》2014 年第 12 期。

张素红、孔繁斌：《公共服务动机视角下的公共服务精神塑造》，《南京社会科学》2016 年第 11 期。

张韬、杨小虎：《行政文化创新对服务型政府建设的影响》，《黑龙江社会科学》2018 年第 5 期。

张莞洺：《构建和谐社会与服务型政府建设》，《北京行政学院学报》2008 年第 2 期。

张文礼、吴光芸：《论服务型政府与公共服务的有效供给》，《兰州大学学报》（社会科学版）2007 年第 3 期。

张贤明：《当代中国问责制度建设及实践的问题与对策》，《政治学研究》2012 年第 1 期。

张贤明、杨楠：《政治问责及相关概念辨析》，《理论探讨》2019 年第 4 期。

张晓磊：《我国行政政治问责的问题与对策》，《中国行政管理》2010 年第 1 期。

张孝德：《建立内生服务型政府的系统工程》，《国家行政学院学报》2004 年第 6 期。

张岩鸿：《地方政府绩效评估的系统反思与未来进路》，《甘肃行政学院学报》2017 年第 1 期。

张正军、张丽君、马红鸽：《公共服务动机研究的兴起和发展》，《西安财经学院学报》2018 年第 1 期。

赵鼎新：《从美国实用主义社会科学到中国特色社会科学——哲学和方法论基础探究》，《社会学研究》2018 年第 1 期。

赵敬丹：《服务型政府与第三部门的互动关系分析》，《社会科学辑刊》2011 年第 1 期。

赵立波：《统筹型大部制改革：党政协同与优化高效》，《行政论坛》2018 年第 3 期。

郑晓燕、刘俊哲：《服务型政府绩效评估制度的构建——基于浦东新区行政改革情况分析》，《行政论坛》2012 年第 1 期。

钟明：《电子政府：现代公共服务型政府的实现途径》，《中国软科学》2003 年第 9 期。

钟响、许晓东：《政务流程再造与服务型政府建设》，《中州学刊》2010 年第 6 期。

周定财、沈荣华：《论地方服务型政府的结构》，《江汉论坛》2015 年第 6 期。

周飞舟：《财政资金的专项化及其问题 兼论"项目治国"》，《社会》2012 年第 1 期。

周飞舟：《分税制十年：制度及其影响》，《中国社会科学》2006 年第 6 期。

周光辉：《构建人民满意的政府：40 年中国行政改革的方向》，《社会科学战线》2018 年第 6 期。

周庆行、李勇：《建构服务型政府：基于制度框架新视角分析》，《内蒙古社会科学》（汉文版）2006 年第 4 期。

周望：《服务型政府概念研究综述》，《行政论坛》2008 年第 5 期。

周晓丽、毛寿龙：《服务型政府：现实内涵、理论阐释及其实现》，《天府新论》2009 年第 1 期。

周佑勇、尹建国：《构建服务型政府的法治理念、原则与机制创新》，《中共浙江省委党校学报》2009 年第 1 期。

周志忍：《论政府绩效评估中主观客观指标的合理平衡》，《行政论坛》2015 年第 3 期。

周志忍：《我国政府绩效评估需要思考的几个问题》，《行政管理改革》2011 年第 4 期。

周志忍、徐艳晴：《基于变革管理视角对三十年来机构改革的审视》，《中国社会科学》2014 年第 7 期。

周志忍、徐艳晴：《政府绩效管理的推进机制：中美比较的启示》，《中国行政管理》2016 年第 4 期。

朱春奎、李燕：《政府 2.0、开放式政府与服务型政府建设》，《上海行政学院学报》2014 年第 3 期。

朱光磊，孙涛：《"规制—服务型"地方政府：定位、内涵与建设》，《中国人民大学学报》2005 年第 1 期。

朱光磊、薛立强：《服务型政府建设的六大关键问题》，《南开学报》（哲学社会科学版）2008 年第 1 期。

朱光磊、于丹：《建设服务型政府是转变政府职能的新阶段——对中国政府转变职能过程的回顾与展望》，《政治学研究》2008 年第 6 期。

朱光磊、张志红：《"职责同构"批判》，《北京大学学报》（哲学社会科学版）2005 年第 1 期。

朱光磊、周望：《在转变政府职能的过程中提高政府公信力》，《中国人民大学学报》2011 年第 3 期。

朱亚鹏：《政策创新与政策扩散研究述评》，《武汉大学学报》（哲学社会科学版）2010 年第 4 期。

竺乾威：《地方政府大部制改革：组织结构角度的分析》，《中国行政管理》2014 年第 4 期。

竺乾威：《服务型政府：从职能回归本质》，《行政论坛》2019 年第 5 期。

竺乾威：《政府职能的三次转变：以权力为中心的改革回归》，《江苏行政学院学报》2017 年第 6 期。

卓越、张世阳、兰丽娟：《公共服务标准化顶层设计的战略思考》，《中国行政管理》2014 年第 2 期。

Bozeman, B. & Su, X., " Public Service Motivation Concepts and Theory: A Critique", *Public Administration Review*, Vol. 75, No. 5, 2015.

Brewer, G. A, Selden, S. C., "Whistle Blowers in the Federal Civil Service: New Evidence of the Public ServiceEthic", *Journal of Public Administration Research and Theory: J – PART*, Vol. 8, No. 3, 1998.

Christine H. Roch, Theodore H. Poister, "Citizens, Accountability and Service Satisfaction: the Influence of Expectations", Urban Affairs Review, Vol. 41, No. 3, 2006.

Eithaml, V., "Consumer perceptions of price, quality and value: A means – end model and synthesis of evidence", *Journal of Marketing*, Vol. 52, No. 3, 1988.

Federal Consulting Group., "The American Customer Satisfaction Index (ACSI) and its Value in Measuring CustomerSatisfaction", Washington, D. C., April 2001.

Houston, D. J., "'Walking the Walk' of Public Service Motivation: Public Employees and Charitable Gifts of Time, Blood, andMoney", *Journal of Public Administration Research and Theory: J – PART*, 2006.

Janel M. Kelly, *Performanc and Budgeting for State and Local Government*, NY: M. E. Sharpe Inc, 2003.

John, L. Worrall, "Public Perceptions of Police Efficacy and Image: the Fuzziness of Support for the Police", *American Journal of Criminal Justice*, Vol. 24, No. 1, 1999.

Jun, J. S., *Social Construction of Public Administration: Interpretive and Criti-*

cal Perspectives, SUNY Press, 2006.

Kim S., Vandenabeele W., Wright B. E., Andersen L. B., Cerase F. P., Christensen R K, et al., "Investigating the structure and meaning of public service motivation across populations: Developing an international instrument and addressing issues of measurement invariance", *Journal of Public Administration Research and Theory*, Vol. 23, No. 1, 2013.

Liu, B. C., Tang, N. Y. & Zhu, X. M., " Public Service Motivation and Job Satisfaction in China: An Investigation of Generalisability and Instrumentality", *International Journal of Manpower*, Vol. 29, No. 8, 2008.

MOORE M. H., *Creating Public Value: Strategic Management in Government*, Cambridge, M. A.: Harvard University Press, 1995.

NEWTONK. "Trust, Social Capital, Civil Society, and Democracy", *International Political Science Review*, Vol. 22, No. 2, 2001.

Perry, J. L., "Antecedents of Public Service Motivation", *Journal of Public Administration Research and Theory*, Vol. 7, No. 2, 1997.

Perry, J. L., "Measuring Public Service Motivation: An Assessment of Construct Reliability and Validity", *Journal of Public Administration Research and Theory*, Vol. 6, No. 1, 1996.

Prahalad, C. K., Ramaswamy, V., "Co – creation unique value withcustomers", *Strategy & Leadership*, Vol. 32, No. 3, 2004.

Rainey, H. G., Steinbauer P., Galloping Elephants, "Developing Elements of a Theory of Effective Government Organizations", *Journal of Public Administration Research & Theory*, Vol. 9, No. 1, 1999.

Rodney E. Hero, Roger Durand, "Explaining Citizen Evaluations of Urban Services: a Comparison of Some Alternative Models", *Urban Affairs Review*, Vol. 20, No. 3, 1985.

Ruth Hoogland Dehoog, David Lowery, William E. Lyons, "Citizen Satisfaction with local Governance: A Test of Individual, Jurisdictional, and City – specific Explanations", *The Journal of Politics*, Vol. 52, No. 3, 1990.

Waldo, D., "A theory of public administration means in our time a theory of politics also", *Public Administration: The State of the Discipline*, N. J.:

Chatham House Publishers, 1990.

Wilson, P. A., "Politics, Values, and Commitment: An Innovative Research Design to Operationalize and Measure Public ServiceMotives", *International Journal of Public Administration*, Vol. 26, No. 2, 2003.

Woodruff, R. B., "Customer value: The next source for competitiveadvantage", *Journal of the Academy of Marketing Science*, Vol. 25, No. 2, 1997.

Wouter Vandenabeele, Sarah Scheepers and Annie Hondeghem., "Public Service Motivation in an International Comparative Perspective: The UK and Germany", *Public Policy and Administration*, Vol. 21, No. 1, 2006.